대분기

THE GREAT DIVERGENCE

대분기
중국과 유럽, 그리고 근대 세계 경제의 형성

초판 1쇄 인쇄일 2016년 3월 10일 **초판 1쇄 발행일** 2016년 3월 17일

지은이 케네스 포메란츠 | **옮긴이** 김규태 · 이남희 · 심은경 | **감수** 김형종
펴낸이 박재환 | **편집** 유은재 | **관리** 조영란
펴낸곳 에코리브르 | **주소** 서울시 마포구 동교로 15길 34 3층(04003) | **전화** 702-2530 | **팩스** 702-2532
이메일 ecolivres@hanmail.net | **블로그** http://blog.naver.com/ecolivres
출판등록 2001년 5월 7일 제10-2147호
종이 세종페이퍼 | **인쇄 · 제본** 상지사 P&B

ISBN 978-89-6263-145-6 93900

책값은 뒤표지에 있습니다. 잘못된 책은 구입한 곳에서 바꿔드립니다.

대분기

중국과 유럽, 그리고 근대 세계 경제의 형성

케네스 포메란츠 지음 | 김규태 · 이남희 · 심은경 옮김 | 김형종 감수

에코리브르

차례

《대분기》를 소개하면서

오랫동안 국내에서 번역·출간하기를 기대해온 케네스 포메란츠의 《대분기: 중국과 유럽 그리고 근대 세계 경제의 형성》이 마침내 공간되어 큰 기쁨을 느끼지 않을 수 없다. 더구나 이 책의 원고 내용에 대한 간략한 검토와 간단한 소개·감수라는 기회가 주어진 것에 대해서도 독자의 한 사람으로서 큰 보람을 느낀다.

미국 캘리포니아 주립대학교(어바인)에서 20년 넘게 가르치다가 지금은 시카고 대학교로 자리를 옮긴 케네스 포메란츠는 2006년에는 미국예술·과학아카데미American Academy of Arts and Sciences, AAAS의 회원으로 선출되었으며, 2013~2014년에는 미국역사학협회American Historical Association의 회장을 역임하기도 했다. 그는 이미 1993년에 《배후지의 형성: 화북 내륙에서의 국가, 사회와 경제, 1853-1937The Making of a Hinterland: State, Society and Economy in Inland North China, 1853-1937》(University of California Press, 1993)을 출간했는데, 이 책이 미국역사학협회에서 주관한 동아시아사 분야의 '올해의 책'으로 선정되어 '존 킹 페어뱅크 상'을 수상함으로써 일찌감치 중국 현대사 연구자로서 명성을 세운 바 있다. 또한 《대분기》보다 1년 앞선 1999년 초판을 출간한 《설탕, 커피 그리고 폭력: 교역으로 읽는 세계사 산책The World that Trade Created:

Society, Culture and the World Economy, 1400 to the Present》(2005년 재판. 스티븐 토픽과 공저)은 이미 오래전 국내에 번역·소개되기도 했다(박광식 옮김, 심산, 2003). 이를 통해 사회경제사, 또는 세계(경제)사 전문가로서 포메란츠의 뛰어난 역량을 엿볼 수 있다. 현재 그는《왜 중국은 그렇게 거대한가Why is China So Big?》라는 책을 통해 아주 거대한 영역과 인구를 가진 중국이 어떻게 단일한 정치적 단위를 구성하고 있는지에 대해 설명하고자 준비하고 있다고 한다.

하지만 좀더 일반적인 독자를 대상으로 삼은 앞의 책들보다 훨씬 학술서로서 면모가 강한《대분기》의 출간은 그의 위상을 세계적으로 드높이고 그의 학문적 주장이 국제 역사학계의 초미의 관심사로 떠오르는 계기가 되었다. 이 책은 2000년 존 킹 페어뱅크 상을 수상하고, 같은 해 주목할 만한 학술 저작의 하나로 선정되었을뿐더러 2001년에는 세계역사협회의 저작상을 공동 수상하는 등 학계의 큰 주목을 받았다. 그뿐만 아니라 실제로 이 책의 출간 이후 미국과 중국 등의 학회지를 중심으로 대규모 토론이 진행되는 등 학계로의 파급 효과도 엄청났다. 사실상 21세기 들어 세계 역사학계나 경제사학계, 또는 중국사학계에 가장 큰 영향력을 발휘하는 대표적 저작의 하나로 자리 잡으면서 학계의 연구 동향을 선도하고 있다. 최근까지도 이러한《대분기》의 시각을 잇는 여러 저작이 출간되고 있는 상황을 보면, 서구 학계의 유럽중심론에 대한 강력한 이의 제기로 잘 알려진 이른바 '캘리포니아학파'의 대표주자로서 그의 연구는 세계 역사학계에서 이미 필독서 목록에 올라 있는 셈이라고 하겠다.

필자도 10년 전쯤 이 책을 대학원 강의 교재로 선택했는데, 실제로 아주 복잡하고 수많은 가정과 단서가 부가된 기나긴 복문 투성이의 영어 문장을 통해 전혀 전공 분야와 거리가 먼 서유럽(경제)사 연구의 동향을 이해하려 적지 않게 골치를 썩은 바 있다. 그때는 이미 중국어 번역본(史建

雲譯, 《大分流: 歐洲, 中國及現代世界經濟籍發展》, 江蘇人民出版社, 2003)이 나와 있어 그 책을 참고하면서 그의 학술적 논점을 좀더 정확히 이해하고자 했으나, 결국 대학원생들에게 학문의 초보자들이 읽기에는 무리한 교재를 선택한 데 대해 사과를 해야만 했다. 필자가 전공 분야가 아님에도 한양대학교 사학과 강진아 교수의 추천을 받아 이 책에 대한 감수의 책임을 주제넘게 떠맡은 것도 바로 이러한 사정 때문이다. 이 책 자체에서 다루는 지리적 범위가 영국과 유럽, 나아가 아메리카와 아프리카뿐만 아니라 인도와 일본, 중국 등 전 세계적 범위까지 포괄하고 있기 때문에 동아시아사 연구자로서 적게나마 도움이 되고자 하는 동기가 작용한 것이다.

사실 포메란츠가 다루는 근대 세계의 형성 과정(좀더 구체적으로 말하면 유럽에서 공업혁명이 성공한 원인)에 대한 전반적인 서술은 다채로운 지역의 비교 및 그 상호적 또는 세계적 연관성(저자는 이것을 'conjuncture'라는 용어로 표현한다)에 대한 분석을 통해 워낙 광범위하고도 복잡한, 그리고 아주 다양한 방면에 대한 재검토를 시도하고 있어 그 본문의 흐름을 제대로 따라가면서 그의 논지를 정확하게 이해하는 것은 결코 쉬운 일이 아니다. 하지만 그는 비교와 상호 연관성이라는 시각을 통해 종래의 유럽중심주의적 역사관을 낱낱이 검토하면서 그에 대해 아주 대담한 도전과 결론을 제기하고 있다. 그러면서도 일반적인 마르크스주의의 제국주의론적 관점을 탈피하고, 한 걸음 더 나아가 세계의 많은 지역과 그들 사이의 상호 작용을 통해 근대 세계 경제가 형성되는 과정을 새롭게 해석하고자 한다.

그의 주장을 요약해보면 아주 간단하다. 오늘날 서유럽의 패권을 결정지은 대분기의 시점은 기껏해야 1750년대 중반 정도라는 것이다. 서유럽의 패권 장악에 결정적이었던 공업혁명의 성공 원인도 근대 초기(15세기 전후)나 그 이전으로 거슬러 올라감으로써 내재적인 유럽의 우위나 장점을 찾는 서구 학계의 전통적 시각에 대해 그는 분명하게 회의적인 시각을 드러내고 있다. 따라서 그는 1750년 무렵에도 중국의 장난이나 일본, 인도 등의 선진 지역과 비교하면 영국(과 서유럽)의 우위라는 것은 결코 존재한 적이 없다는 점을 누차 강조한다. 아울러 이러한 지역들은 모두 공통적으로 생태적 위기에 직면해 있었는데, 그럼에도 영국만이 공업혁명을 성취하고 나아가 근대 세계 경제의 패권을 장악할 수 있었던 것은 바로 주변에서 쉽게 구할 수 있는 석탄(노천 탄광)의 존재 덕이라고 그는 누차 강조하는 것이다. 이러한 석탄의 존재(마찬가지로 경제적 상황이 비슷한 중국의 장난에는 이러한 행운이 없었다)는 그가 여러 차례 강조하는 대분기의 중요한 요소 중 하나로 지목되는데, 이것이 증기 기관의 발명 및 이용과 밀접한 관련을 맺으면서 이른바 공업혁명과 기술 혁신으로 연결되는 것이다. 물론 이러한 과정에는 구대륙의 제한된 토지에서는 확보할 수 없는 신대륙 자원—원면, 설탕, 담배, 목재 등과 무엇보다도 은이라는 귀금속—의 확보라는 행운(서유럽의 폭력 또는 무장 교역 및 해외 약탈의 전통과 밀접한 관련을 맺는다)이 절대적 조건이었다는 것이 그의 또 다른 강조점 가운데 하나이다.

요컨대 유럽 우위의 원인을 내재적 배경이 아니라 비교사적 방법을 통해 유럽과 외부 세계의 관계, 즉 이른바 세계적 연관성이라는 점에서 찾고, 그것을 통해 자신의 논리를 전개하는 것이 포메란츠가 유럽중심론에서 벗어나고자 하면서 보여주는 뚜렷한 특징이다. 따라서 이러한 최근 역사학계의 동향을 가장 잘 반영한 포메란츠의 《대분기》가 뒤늦게나마 소개되는 것은 정말로 반가운 일이 아닐 수 없다.

그러나 앞서도 지적했지만 포메란츠의 글은 많은 국가·지역의 경제와 사회, 다양한 경제적 현상과 그에 대한 세밀한 분석, 종전의 연구에 대한 반론 등 아주 방대하고 복잡한 특성을 지니고 있어 그 내용을 최대한 살리면서 가독성 있는 번역물로 만들어내는 것은 정말로 만만치 않은 작업일 수밖에 없다. 10년 전에 이미 번역을 준비하고 있다는 소식을 들었는데, 이제야 원고가 완성된 것은 아마 이러한 어려움이 크게 작용했을 것이다. 감수를 위해 전체 원고를 다시 읽으면서 그 복잡하고 어려운 문장을 가능한 한 짧은 문장으로 나눔으로써 좀더 읽기 쉽게 만들어 독자에게 제공하고자 노력한 역자들의 노고를 느낄 수 있었다. 이에 대해 우선 독자의 한 사람으로서 감사의 뜻을 전하고 싶다. 다만 저자의 의도를 좀더 정확하게 이해하려는 독자라면 너무나도 다양한 방면에 대한 수학적·통계학적 분석과 추론으로 특징지어지는—포메란츠 교수는 아마도 수학적 두뇌가 탁월한 것으로 보인다—본문 내용의 미세한 부분에 집착하기보다는 저자가 도전하려 한 기존의 연구 시각이나 방법은 어떤 것이고, 그에 대한 반론으로 그가 제시하는 주장의 근거는 얼마나 설득력을 갖추었는가 하는 큰 흐름에 주목하면서 읽어나가는 편이 좀더 수고를 더는 방법이 아닐까 싶다.

2016년 3월

김형종(서울대학교 동양사학과)

한국어판 서문

내 책이 한국어로 번역되는 것을 기쁘고 영광스럽게 생각한다. 아울러 학문적 이야기를 좀더 할 수 있길 고대해왔는데 이번에 그 기회가 온 듯싶다. 먼저 김규태·이남희·심은경 님의 노고에 감사를 전한다. 이 책은 이제 10년도 더 지난 구닥다리가 되었기 때문에 자연스레 이번 기회에 내용을 수정하고 싶다는 유혹을 느꼈다. 그러나 오탈자와 부록 E에서 방적공과 방직공의 소득에 대한 몇 가지 계산적 실수를 정정한 것을 제외하면 내용은 그대로 두었다. (다행스럽게도 이러한 실수가 책의 주장에 영향을 주지는 않았다.)

이 책이 다루는 주제는 그 어떤 저자도 결정판을 쓸 수 있으리라고 기대하지 않을 것이다. 내 책이 전반적으로 우호적 평가를 받고 있는 동안 중요한 논쟁이 일어났다. 어떤 논쟁은 내 책 자체에 주목했고, 또 다른 논쟁은 중국사와 세계사 분야에서 '캘리포니아학파'라고 일컫는—비록 이 학파가 느슨하게 얽혀 있고 캘리포니아 지역에 한정된 것은 아니지만—좀더 폭넓은 학문적 수정주의에 초점을 맞춰왔다. 나는 내 책이 번역될 때마다 나라마다 다양한 반응을 보이는 것에 깊은 감명을 받았으며, 한국의 학자들도 특색 있는 의문을 찾아내줄 것이라고 믿는다. (지금까지 가장 방대한 분량의 새로운 연구는 유럽 지역에서 이뤄졌다—유럽에 초점을 맞춘 학술적 기반의 규모를 고려하면 놀랄 일도 아니다. 프랑스어 번역판의 서문을 쓴 필리프 미나르Philippe Minard는 이러한 연구들이 지향하는 것에 대한 흥미로운 설명을 내놓았다.) 내 책은 논쟁의 방향을 바꾼 것으로 여겨졌으며, 나의 다양하고 독특한 주장은 앞으로 우리가 새로운 사료를 찾아낼 때마다 분명 무너지고 말 것이다. 그러나 나는 이 책의 몇 가지 관점은 계속해서 입증될 것이라고 생각한다.

다시 비교경제사를 생각하며

첫 번째로, 유럽의 핵심 지역과 세계 다른 지역(대체로 동아시아를 의미하지만 때로는 그 밖의 다른 나라들)의 번영과 관련해 커다란 분기는 오로지 18세기의 어느 시점(대략 18세기 후반)에 일어났다는 주장은 내가 보기에도 지금까지 잘 버티고 있는 것처럼 보인다. 우리가 측정할 수 있는 범위에서 일반 대중 다수의 생활수준, 핵심 경제 분야의 노동 생산성, 주요 일상 용품의 범위와 자유 시장, 최소한의 일부 시장 요소 등은 대략 비슷해 보인다. 한 가지 예외는 미숙련 노동자의 실질 임금이 18세기 초 혹은 아마도 더 이른 시기에 동아시아의 부유한 지역과 영국 및 네덜란드(유럽의 나머지 지역은 아닐지라도) 사이에 차이가 있었던 것으로 보인다는 점이다. 그러나 근대 초기 동아시아에서는 임금 노동자(적어도 중국과 일본에서는 평균 수준에 해당하는 농민—비록 소작농일지라도—보다 더 가난했다)가 노동력의 극히 일부에 불과했기 때문에 이런 사실이 좀더 일반적인 비교 가능성을 방해하지는 않는다. 그러므로 우리가 많은 사람이 일반적으로 생각하는 것보다 '대분기great divergence'는 훨씬 후에 일어났다는 사실을 받아들인다면, 우리의 논지에 영향을 줄 것이다. 요컨대 동아시아의 소유권에 근본적 결함이 있었다는 식의 특정한 전통적 설명이 불가능해진다—그러한 설명은 분기 시점을 훨씬 더 일찍 잡아야 하기 때문이다.

내가 보기에 단단하게 유지해온 두 가지 다른 주장은 방법론적인 것인데, 모두 나의 이전 동료인 빈 웡R. Bin Wong, 王國斌의 연구에 힘입은 것이다. 무엇보다 동양과 서양을 비교(혹은 어떤 다른 비교도)하는 데는 비교 단위comparable unit가 필요한데, 근대 국가 형태를 당연하게 그런 단위로 규정하지는 못한다. 그러므로 하나의 전체로서 중국(혹은 하나의 전체로서 인도)을 유럽과 비교하는 게 특정한 유럽 국가들과 비교하는 것보다 나으며, 장난江南과 간쑤甘肅 지역을 포함한 중국을 영국과 발칸 반도를 포함한 유럽과 비교하는 경우도 마찬가지다. 물론 장난은 그 자체로 하나의 국가가 아니지만 18세기 러시아를 제외한 그 어떤 유럽 지역보다도 인구가 많았다. 아울러 이 지역은 더 큰 세계의 일부로서—하나의 전체로서 중국이 아닌—경제적 기능을 고려할 때, 영국(또는 네덜란드를 포함한 영국)의 호적수가 될 만했다. 이런 식으로 생각하면 비교를 의미 있게 하는 유사성의 기준선을 부여하며, 이러한 방식을 통해 세계 나머지 지역들 사이에서 중요한 관계의 차이점과 유사점을 살펴볼 수 있다. 이는 특별한 치명적 결함이나 지역마다 본래 갖고 있는 내재적 성공 요소를 찾기보다 지역들 사이의 상호 작용 결과로서 경제 발전을 차례로 살펴보게끔 해주며, 아울러 그러한 본질적 특성이 1800년 이전의 유사성과 1800년 이후의 차이점을 모두 설명하는 어려운 작업을 수행할 수 있게끔 해준다. 바꿔 말하면, 서구의 많은 사회 이론은 "왜 유럽인가?"를 묻고, 무대에서 세계 나머지 지역을 지워버린 다음 "유럽 안에서, 왜 영국인가?"를 묻는다. 그러나 장난이나 일본의 기나이畿內, 인도의 구자라트가—실제로 그랬듯이—이를테면 세르비아보다 성장을 지속시킨 좋은 후보지라면 어째서 대륙의 단위를 한꺼번에 배제하지 않고 핵심 지역을 바로 비교하는가? 이럴 때 우리는 유용해 보이는 좀더 관습적이고 국가적인 (혹은 문명적인) 단위로 되돌아갈 수 있다. 아울러 이런 경우에는 결국 영국이 식민지와 그 밖에 다른 교역 파트너와는 식민지 관계였던 데 반해 장난 지역은 그렇지 못했다는 것이 결정적으로 중요하다. 그러나 만일 우리가 그와 같은 관습적 단위를 너무 빨리 도입한다면 이러한 단위는 우리를 돕는 게 아니라 오히려 시야를 가로막을 것이다.

두 번째로, 나는 가장 최선의 비교는 상호적인 것이라는 웡의 주장에 입각해 논지를 펴왔다. 즉 단순히 왜 중국이 유럽처럼 되지 못했는가를 묻는 게 아니라 왜 유럽은 중국이 아니었는지를 묻는다. 웡의 주장은 몇 가지 장점을 갖고 있다. 무엇보다 그의 주장은 다른 장소에서 일어나는 변화의 다른 환경을 살펴보는 방법을 알려주지 않은 채 항상 발전을 이루는 데 '실패'했거나 발전이 '부재'했던 예를 드러내는 비서구non-West를 만들어낸 서구의 고전적 사회 이론(마르크스, 베버 등)에 대한 비판을 인정한다. 그러나 우리가 비교를 단념해야 한다는 논제에서 결론을 내린 일부 포스트모던 이론가들과 달리 웡은 유럽에서도 '부재'나 '실패'를 찾음으로써 유럽중심주의를 피해갈 (혹은 적어도 유럽중심주의를 최소화할) 다른 방법을 제공한다. 미국 속담처럼 있어서는 안 될 코끼리가 거실에 있다면 그것을 없는 듯 여기는 게 예의에 어긋나지 않을지도 모른다. 하지만 이는 너무나 현실과 동떨어진 일이다. 유럽의 발전은 이러한 코끼리와 같으며, 그 존재를 인정하는 것이 최선이다. 이 방법으로 내가 이 책에서 시도한 것과 마찬가지로 우리는 적어도 중국과 유럽의 실상을 비교해볼 수 있다. 우리가 '자신만의 언어로' 중국사(혹은 다른 비유럽사)를 쓰겠다는 포부를 가지고 종종 유럽을 그림에서 배제하려 해도, 유럽사라는 이상화된 시각에서 파생해 나온 일련의 예측들로 계속 공공연하게 나름의 주제를 설정하게 된다. 하지만 이 같은 방식으로 우리는 적어도 유럽의 많은 실상이 이런 정형화한 '유럽사'에 맞지 않는다는 것을 알 수 있다—실제로 우리는 18세기 대부분의 유럽이 이와 같은 예측에 중국보다도 들어맞지 않는 사례를 볼 수 있다. 그리고 분명 이상한 소리로 여겨질 "왜 영국은 장난이 되지 못했는가?" 같은 질문은 좀더 친숙한 "왜 장난은 영국이 되지 못했는가?"보다 본질적으로 우월하지 않다. 이러한 질문들은 또한 더 나쁠 것도 없고—종종 질문을 덜 받기 때문에—우리가 이를 탐구할 때 여전히 신랄하게 폄하하는 결과에 타격을 입히지 못하는 중요한 이점을 갖고 있다.

이 관점은 위에서 설명한 방법론적 관점을 경제적 성과가 꽤 늦은 시기까지 현저하게 나누어지지 않았다는 경험적 주장과 결합시킨다. 이 책에서 반복적으로 보여주겠지만, 전 세계적 핵심 지역이 18세기에 모두 같았던 것은 아니다. 오히려 누군가는 1700년대 유럽에서 이미 앞서간 어떤 특정 지역을 발견할 수 있는 반면, 동시에 뒤처져 있던 중요한 지역 또한 발견할 수 있을 것이다. 우리는 19세기에 무슨 일이 일어났는지 알고 있기 때문에 종종 이미 강조하는 그러한 방향, 즉 이전 시기 유럽의 약진과 중국의 어려움이라는 관점으로 초점을 맞추곤 한다. 그러나 좀더 정확한 역사는 다양한 쪽으로 나아간 방향을 인정하는 것이다. 우리는 앞서나간 곳이 모든 방면에서 부유했던 것은 아니었다는 점을 살펴보았으므로 좀더 구체적이고 역사적인 질문을 던질 수 있다. 예를 들면 (오랜 세월에 걸쳐 다양한 방법으로 조정해온) 지역 에너지 공급에서 장난의 상대적 불리함과 (장시간에 걸친 노동이 필요한) 곡식을 얻기 위한 면포 교역의 의존도가 훨씬 더 심각해진 반면, 영국이 직면하고 있던 문제들(이를테면 1에이커당 그다지 인상적이지 않은 농업 생산량, 변화 없는 최대 생산량, 한층 심해진 산림 벌채 같은 것)이—영국의 인구가 1750~1850년 3배로 성장하면서 문제가 더욱 심각해졌을 것임에도 불구하고—어떻게 전보다 덜 심각해졌는가 하는 것이다. 본문에서 언급했듯 이런 문제에 대한 연구는 영국의 어려움을 완화하는 데 아메리카 대륙과 석탄·증기의 역할이 적지 않았다는 것을 강하게 말해주는 것처럼 보인다. 그러한 강조점은 로버트 앨런Robert Allen(석탄에 대한 연구), 케빈 오루크Kevin O'Rourke와 제프리 윌리엄슨Geoffrey Williamson(해외 무역과 영국의 '토머스 맬서스Thomas Malthus에서 베르틸 올린Bertil Ohlin'으로의 이행에 대한 연구)을 포함해 나와 매우 다른 관심사를 갖고 있는 학자들의 최근 연구로 인해 더욱 설득력을 얻고 있는 것 같다.

이어서 균형 잡힌 비교 관점은 우리로 하여금 다시 국면과 관계, 상호작용에 대해 생각하게끔 해준다. 이는 가장 기본적인 하나의 특징 혹은 장기간의 경로를 설명하기 위해 단일한 지역을 살펴보는 우리의 엄청난 작업에서 중요한 보조물이라고 나는 생각한다. 비교 단위 중 하나 안에 전적으로 포함된 요인을 찾을 때조차 상호 비교에 근거한 접근은 일반적 특성화general characterization보다 집중적이고 특별한 요소에 대해 생각해보라고 우리를 부추긴다. 그러므로 우리는 특정 핵심 분야(광산업 같은)에 대한 청대淸代의 특수한 정책이 중국의 발전을 억제했다고 생각하는 상황에 처하곤 한다. 그러나 이는—청대가 좀더 폭넓게 '반상업적이었고' 혹은 '발전에 무관심했고', '지대를 추구했고' 또는 '봉건적이었다'고 설명하는—좀더 오래된 주장들과는 아주 다른 것이며, 여전히 놀라운 빈도로 나타난다.

내가 여기에서 초점을 맞춘 일련의 요소는 완전한 것을 의미하지 않는다. 실제로 나는 이 책에서 내가 언급한 것보다 '유용한 지식의 생산과 발전'('과학'이라는 협소한 용어보다)이라는 것들의 차이에 좀더 관심을 기울일 필요가 있다는 말에 동의한다. 내 목적은 내가 보기에 대부분의 설명에서 주목을 받지 못한 요소들에 관심의 초점을 맞추는 것이며, 그럼으로써 모든 것을 다루기보다는 불균형을 수정하는 것이다. 아울러 그러한 불균형을 수정하면서 지리적인 주제, 자원 문제 그리고 환경 문제에 대한 생각으로 돌아가는 것이 내게는 중요해 보인다. 근대적인 경제 분석은—비록 강력하지만—종종 모든 자원은 궁극적으로 대체 가능하다는 생각으로 우릴 잘못 인도할 수 있으며, 그리하여 단일한 척도(총소득, 혹은 자본 축적)가 경제 역량capability을 차지해버린다. 이는 심지어 오늘날 세계의 (거의 무한한) 에너지 공급, 저렴한 수송비, 탄화수소로 거의 모든 것을 만들어내는 화학 산업의 방대함이라는 측면에서 볼 때도 사실이 아니다. 이것은 식량·연료·의복용 섬유와 건축 재료가 대체로 식물의 성장과 햇빛의 상호 작용 및 물과 흙에서 비롯되었으며, 대다수 노동력과 자본은 오로지 주어진 땅의 일부를 통해서만 생산량을 늘렸고, 유라시아 양쪽 끝에서 모두 1000년간 굳건하게 지속해온 인구의 최대 한계를 넘어섰고, 지역적 토지 공급이 상당히 제한되어 있다는 사실을 깨달은 18세기 세계의 실상과 상당한 거리가 있다. 그런 환경에서 강화되는 토지 제약이나 이를 완화하는 풍부한 자원은 만약 우리가 그것을 단순히 현금에 상당하는 것으로 전환하거나 대체물로 여길 때보다 훨씬 중요한 것으로 판명되었다. 그것들 자체는 모두 가속화한 성장이나 위기의 도래를 위한 설명은 아니지만, 동양과 서양의 궤적에 모두 강력한 영향을 미치는 상황을 만들어냈다. 경제적·정치적 운명의 결과 나타난 분기는 18세기에 사람들이 예상했던 것보다 훨씬 엄청났다. 아울러 그러한 분기가 일어난 후를 돌아보면 너무나 거대해서 그것이 비교적 최근에 발생했으며 상당 부분 우연에 의한 것이라는 게 믿기 어려울 정도다.

다시 중국의 발전을 생각하며

특히 중국 문헌과 관련해 내 주장의 요지는 리보중李伯重, 피터 퍼듀Peter

Perdue, 제임스 리James Lee, 李中清, 빈 웡, 데빈 마Debin Ma를 비롯한 여러 사람들의 최근 재평가—청의 경제적 업적에 대한—에 잘 들어맞는다. 이는 우리 모두가 어떤 의미로든 구체적인 논점에 정확하게 동의한다는 얘기가 아니다. 그러나 일반적으로 우리는 청대 경제적 성과의 많은 측면과 관련해 상대적으로 긍정적 관점을 공유할 뿐만 아니라 일반적으로 초기 학자 세대들(마르크스주의자와 자유주의자 모두)에 비해 경제적 성과를 결정짓는 생산 관계의 능력에 대해 덜 강조하는 것도 유사하다. 우리는 특정한 자본주의 제도를 성장에 필수적인 것으로 보기보다 일련의 다양한 제도가 유사한 결과를 이뤘을지도 모르는 방법—제임스 리와 동료 연구자들이 (맬서스와 그의 후계자들이 매우 다른 메커니즘을 통해 영국에만 독자적인 것으로 여긴 많은 것을 성취한) 중국의 인구통계학적 체계를 살펴본 많은 방법—에 대해 살펴보았다. 이런 연유로 적어도 웡과 나는 '시장 경제'(청대의 중국이 대부분 그러했던)와 '자본주의'(상대적으로 거의 관련이 없던) 사이에서 프랑스의 위대한 역사가 페르낭 브로델Fernand Braudel이 제시한 차이를 언급해왔다. 이러한 차이는 후대의 서구 학자들(아마도 세계 체계 이론에 영향을 받은 사람들을 제외하고) 사이에서 각광받지 못했지만, 내게는 중국의 과거와 당대 중국에 대해 모두 생각해보는 데 상당히 쓸모 있어 보였다. 적어도 나는 청대의 이런 수정주의와 관련한 복합적인 노력들이 최소한 중국의 부유한 일부 지역이—18세기까지 상대적으로—경제적으로 대단히 역동적이었으며 꽤나 번영했다는 주장을 폭넓게 수용하도록 했다고 생각한다. 인구 압력 혹은 사회적 소유 관계의 본질 때문에 중국이 '갇혀' 있었고 매우 가난했다는 과거의 주장은 오늘날 내게 변명으로만 보인다. 동양과 서양 모두에서 19세기 분기 이유에 대한 논쟁은 오랜 시간 계속될 것이다. 하지만 만약 우리가 지역적 비교에 대해 그리고 비교적 갑작스러운 1750년 이후 어느 시점의 분기 대해 생각해볼 필요가 있다는 지금까지의 설명에서 '무엇'과 '언제'를 바꾸어왔다는 걸 인정한다면 우리는 이미 꽤 긴 여정을 지나온 셈이다.

만일 경제적 분기의 시기와 성격에 대한 이런 새로운 생각을 견지한다면 우리는 중국사의 시대 구분에 대해 새로운 생각을 해볼 수 있다. 중국과 서구 양쪽의 학자들은 '근대' 중국사의 시작을 명대明代 말기(토착적인 '자본주의의 맹아'를 강조하며) 혹은 1840년(아편 전쟁이라는 외부 충격을 거론하며)으로 보는 경향이 있다. 그러나 우리가 만약 명대 말기에 시작되고 17세기 중반의 단절 이후 다시 활성화한 상업화와 경제 발전의 급성장에 특별히 '잘못된' 게 없었다는 것을 받아들이더라도(다른 지역의 훨씬 적은 인구에 영향을 미친 근대 초의 유사한 급성장보다 그러한 단절을 반드시 덜 중요하게 만드는 것은 없다), 그럼에도 불구하고 (단절되지 않은 채 남아 있었다면) 이러한 근대 초기의 성장이 근대적 성장을 동반한 훨씬 더 극적인 전환을 이루어냈다고 추정할 이유는 없다. 만약 그렇다면 1550년은 다소 덜 중요하게, 1840년은 훨씬 덜 중요하게 보여야 할 것이다. 특히 아편 전쟁은 더 이상 외세에 의한 중국의 근대화 시발점으로 보이지 않으며, 자생적으로 발생한 근대화라는 좌절의 중요한 순간으로 여겨지지도 않게 된다. 대신 경제, 사회, 생태, 정치 그리고 외부 환경의 변화 간 복잡한 관계들이 어떤 국가에 대처할 수 없는 압력으로 작동한 많은 중요한 시기 중 하나가 될 것이다. 그 목록은 다가오는 신세계 농업 작물의 역동성과 쇠퇴, 서남부로의 이주 증가, 묘족의 반란, 상인 후원자, 더 이상 관직에 이를 수 없게 된 학자 그리고 문화적·지적 변화를 포함한다. 또한 장난-만주 연안 지역의 무역 성장, 황허黃河 통제 비용의 증대, 조운漕運과 대운하 체제의 부패, 중앙아시아 지역의 정복과 청대 군사 형세의 변화를 포함할 것이다. 아울러 이 책에서 중요한 사례로 다루는 다양한 내륙 지역의 인구 및 수공업 성장, 양쯔 강 상류 및 중류 그리고 하류 삼각주 지역의 직물을 얻기 위한 쌀과 목재의 장거리 교역 제약 등을 포함한다.

이 책의 지역적 경제 현상 분석에 대한 강조는 또한 중국의 다른 지역을 위한 다른 시대 구분이 필요할지도 모른다는 것을 시사한다. 이러한 관점은 비록 다른 이유이긴 했지만 윌리엄 스키너G. William Skinner가 여러 해 전에 주장한 것이기도 하다. 나는 그런 연유로 중국 연안을 따라 이루어진 교역이 계속 성장하는 동안—양쪽 모두에 운명적 결과를 가져온—장난과 내륙 사이의 장거리 교역이 1750년 이후 어느 시점에서 쇠퇴하기 시작했다는 게 옳다면, 이를 오늘날 사람들의 사고방식에 매우 근접한 어떤 발전이 일어난 중요한 시기로 볼 수 있을지 모른다는 점을 주장하고 싶다. 경제적으로든 뭐로든 부유하고 외부 지향적인 중국 연안과 훨씬 가난한 내륙의 격차가 벌어졌다. 1840년 이후의 세기를 다시 검토해 본 바에 따르면 한때 완전한 경제적 실패로 보였던 시기는 한층 복잡했던 것으로 드러났다. 엄청난 정신적 외상을 남긴 태평천국의 난(아편 전쟁 이후 쇠퇴기에 들어선 청 왕조에 대항해 광둥의 기독교도 홍수전 등이 주도해 일으킨 혁명 운동—옮긴이)이 끝나자 중국의 많은 연안 지역은 이후 70년에 걸쳐 눈에 띄는 성장을 경험했다. 이는 제국주의에 의해 중국에서 떨어져나간 지역(홍콩, 개항지, 대만 그리고 더욱 짧게는 만주)뿐만 아니라 양쯔 강 하류, 광둥 성, 푸젠 성 그리고 어쩌면 산둥 성 동부에도 적용된다. 이러한 성장은 종종 (수정modification을 통한) 해외 기술의 도입, (어떤 경우에는) 상업 관행 그리고 해외 시장과 이주민의 목적지에 대한 접근 증대와 연관이 있었을 뿐만 아니라, 18세기 중반 즈음 희소하고 비싸지기 시작한 내부 생산품으로부터 공급을 대체한 주요 생산품(예를 들면 동남아시아의 쌀과 다양한 지역의 목재)을 수입하는 능력과도 연관이 있었다. 그런 점에서 해상 무역 접촉의 증대가 가져온 경제적 자극과 19세기 후반 및 20세기 초에 두드러진 중국의 지역적 분리로 인해 생겨난 재정적·정치적·사회적·환경적 재앙에는 서구에 의존하지 않은 18세기 후반의 선행 요인이 있었다. 따라서 중국과 동아시아 교역에 대한 최근 연구가 주장하는 것처럼 농지를 정리하고, 광산을 개척하고, 중국으로 돌아가는 수출품을 위한 다른 자원을 개발하기 위해 해외로 향한 중국인의 이주 또한 마찬가지였다. 이는 1870년경 이후—동남아시아, 중국 그리고 우리가 순수하게 동남아시아로의 '서구식' 추진력이라고 잘못 이름 붙인 것의 실행 가능성과 관련해—매우 중요해졌다. 이러한 모든 방식에 따라 19세기 중반 서구의 침입과 그 밖의 다른 재앙이 이런 결정적 경향을 크게 가속화한 사건처럼 보일지라도 그 시발점은 아니었다.

다시 동아시아와 세계적 발전을 생각하며

만약 우리가 이러한 중국의 쟁점에서 한 발 물러나 동아시아에 대해 혹은 세계적 관점에 대해 생각해본다면, 이 책에서 제시한 사건들을 '대분기점 the great divergence'으로 고려할 수 있는지 아니면 '하나의 거대한 분기점 a great divergence'(내가 책 제목으로 삼으려 했던 것처럼)으로 가장 적합하게 고려할 수 있는지 물어볼 만한 가치가 있다. 차이점은 비록 구분하기 쉽지 않지만, 적어도 두 가지 방식에서 생각할 수 있다. 먼저, 한 가지 주장은 경제적 성과에서 차이가 커졌음에도 불구하고 19세기 초 동아시아와 서유럽이 사하라 사막에 속한 아프리카나 남아시아 일부에서 보면 놀라울 정도로 유사하다는 것이다(제도적으로든 소득 측면에서든). 그러나 이런 상황은 20세기 초부터 지속되지 못했다. 1913년경 동아시아 대부분 지역은—일본을 제외하고—대부분의 아프리카 지역보다 1인당 자본이 빈약했다. 아울러 1960년까지만 해도 동아시아에서 세네갈이나 코트디부아르보다 부유한 곳은 일본과 홍콩밖에 없었다. 1960년에서 시계를 멈춘다면 동아시아 대부분 지역은 별 무리 없이 실제로 '거대한 분기'가 있었던 19세기 초에 어울렸을 것이다. 북대서양 바깥 세계는 대부분 이매뉴얼 월러스틴Immanuel Wallerstein 같은 학자들이 "중심부core"라고 부르는 것과 비교해 계속해서 쇠퇴하는 경제적 위치에 갇혀 있었던 것처럼 보인다.

50년 후, 이는 세계 대부분 지역에서 여전히 사실로 남아 있다. 절대적 관점에서 보면 거의 대부분의 지역은 1인당 GDP가 100년 전보다 높아졌다. 그러나 가장 부유한 나라의 비율로 각 나라가 차지하는 GDP를 따져보면 1913년보다 두드러지게 부유해진 곳은 거의 없다(혹은 1820년의 수치로 봐도). 상당한 규모로 '따라잡은' 극소수 나라들은 유럽의 주변 국가(예를 들면 포르투갈, 핀란드 등)이거나, 다량의 석유나 외국의 금융 중심지가 된 작은 나라였다. 의미 있을 만큼—아울러 풍부한 희소 자원에 의존하지 않은 채—발전한 나라 중 유일하게 인구가 조밀한 국가들은 동아시아에 존재했다. 서유럽과 비교했을 때 동아시아는 아마도 '최소의 대분기the least great divergence'를 보여준다. 그 결과가 산업혁명 전야에 대해 내가 '놀라운 유사성'이라고 부른 것들과 관련해 어떻게 해서든 추적 가능한 것으로 판명된다면, 동아시아와 유럽 사이에서 발생한 것이 '대분기'가 아니라 '하나의 대분기'라는 주장의 논거가 될 수 있을 것이다. 여전히 확실한 게 중요하지만 일시적일 뿐이고, 발전한 지역과 그 밖의 다른 지역에 대한 비교는 제한적일 수밖에 없다. 그와 같은 주장은 많은 학자들이 제기했는데, 내가 보기에 가장 타당성 있는 사례를 구축한 것은 스기하라 가오루杉原薰이다.

스기하라의 주장은 매우 복잡해서 여기서 적절하게 요약하기 어려우며, 내 주장과 일치하는 것도 아니다. 하지만 현재의 목표로 볼 때 우리의 주장과 관련해 어느 정도 일치되는 몇몇 넓은 지역을 강조하는 데 적절하다. 스기하라의 주장은 근대 초 동아시아 핵심 지역의 생활수준이 비교적 높았다는 것인데, 수많은 가구들이 모두 연관되어 있던 상업적 농업과 비교적 분산된 지방 공업의 결합에 그 근거를 두고 있다. 그는 시장이 비교적 효율적이었으며, 소유권을 충분히 예측할 수 있었고(비록 북서부 유럽에서 등장한 소유권과는 차이가 있었지만), 주로 노동력을 흡수하는 기술력에 기초한 '근면 혁명'을 통해 적당한 성장 속도를 창출하는 데 필요한 자극을 제공하기 위해 지역적 상황(특히 논에서 짓는 벼농사라는 특별한 상황)에 적응하고 있었다고 주장한다. 이러한 경로는 좀더 자본 집중적이고 천연자원 집중적인 서구의 성장 경로와는 다르지만, 화석 연료 혁명과 대서양 너머의 '유령 토지ghost acre(본토의 웃도는 생명을 유지하기 위해 사용되는 해외의 땅—옮긴이)' 개발이 내가 이 책에서 논의한 분기를 낳을 때까지 적어도 비교할 만한 의미 있는 결과—수많은 사람에 대한 1인당 소득은 동일하거나 다소 낮았지만—를 만들어냈다.

게다가 스기하라는 분기 이전이나 분기 시점의 상황에 20세기 후반 동아시아의 성공을 연결하는 몇 가지 가능한 방법을 제공하는 설명을 덧붙였다. 특히 그가 주장한 것은 19세기의 많은 정신적 외상에도 불구하고 동아시아의 선진 지역이 발전한 상업적 농업과 노동 집약 산업을 유지하고 있었다는 점이다. 이런 지역은 서양에 의해 공식적으로 식민화하지 않았으며 세계 시장에서 원재료의 주요 공급지로 전락한 적도 결코 없었다(있음직하지 않지만 어쨌거나 주어진 인구·자원 비율로 볼 때). 반대로 다양한 지역들이—일본의 일부 지역을 시작으로—수입 기술(지역 환경에 맞춰 받아들인)을 구체화하고, 값싼 운송과 보험 등을 이용하고, 아시아 내 교역에서 확장된 네트워크를 가진 산업·상업 중심지로 스스로를 자리매김했다. 1945년 이전까지 동아시아는 이주민의 가장 매력적인 정착지에서 배제된 채 남아 있었으며 첨단 기술과 자본 및 자원 집약 산업에서 경쟁이 불가능했던 반면, 2차 산업과 노동력의 세계적 분할에서 비롯된 경공업 틈새시장을 차지하면서 미래의 발전을 기약하고 있었다. 비록 태평양 전쟁이라는 막간의 재난이 뒤따랐지만—일본의 어떤 지역에서도 서양인에 의해 자원 집약적이고 군사적으로 중요한 중공업 분야의 독점화는 시도되지 않았다—동아시아의 주요 지역들은 공업화하고, 교육과 건강 그리고 노동 기술이 향상했다. 아울러 1945년 이후 세계에서 상당히 유리한 위치로 자리매김했다. 미국의 냉전 우산 아래서 일본과 한국 그리고 대만은 정치적 충성의 대가로 자원과 넓은 시장에 대한 접근을 보장받았고, 스기하라의 관점에 따르면 그러한 무대는 동양과 서양의 발전 경로를 융합하기 위해 서구 상품에 대해 덜 자원 집중적으로 변형된 아시아 제조업(예를 들면 연료 효율성이 좀더 높은 자동차)이 중심 역할을 수행하게끔 했다. 스기하라의 주장에 따르면 이러한 융합은 경제 발전과 관련해 세계에서 가장 중요한 지역으로서 1800년 이전의 지위로 동아시아를 돌려놓았을 뿐 아니라, 세계에 서구보다 잠재적으로 더 인류 평등주의적이고 환경적으로 한층 지속적인 발전 경로를 제공했다. 이런 주장에 대해서는 많은 부분이 논쟁거리로 남아 있지만, 이는 좀더 크고 장기적인 구조에서 동시대의 경제적 가능성과 '대분기'를 어떻게 위치 지울 것인지에 대한 한층 깊은 숙고를 위해 매우 고무적인 틀을 제공한다.

한국의 특수성에 대한 몇 가지 가설

중국에서 동아시아로—혹은 '동아시아 연안'으로—관심을 옮기는 것은 (미처 대답할 준비를 갖추지 못한) 또 다른 중요한 의문점을 제시한다. 이를테면 '한국은 이 이야기에서 어디에 들어맞을까?'라는 의문이 그것이다. 내가 이 책을 쓸 때만 해도 한국사와 관련한 시대 및 양상에 대한 서구 언어로 된 자료가 거의 없었다. 게다가 나는 한국어를 읽지도 못하고 거의 말하지도 못했다. 이런 상황은 조금씩 변하기 시작했지만 여전히 가야 할 길은 멀다. 지난 반세기 동안—다양한 언어로 집중적으로 연구해온—한국의 놀라운 경제 발전은 일본, 홍콩, 대만이나 오늘날 중국 연안의 대부분 지역처럼 이른바 동아시아의 또 다른 '기적'이라는 동일한 종류의 질문을 불러일으켰다. 위에서 언급했듯 유럽과 북아메리카 바깥에서 주목할 정도로 경제 주도국을 '따라잡은' 지역은 정말 드물다. 그런 나라들은 대체로 동아시아에 존재한다. 만약 스기하라나 그 밖의 다른 학자들이 옳다면 이는 우연이 아니고 구제도의 타당한 결과물이다. 요컨대 스기하라가 "노동의 질"이라고 부른 광범위한 상품 시장(비록 필수적인 요소 시장이 아니더라도), 소규모 지주나 주요 의사 결정자로서 소작농 중심의 지방 경제 다양화, 매우 높은 수준의 건강과 읽고 쓰는 능력 그리고 아마도 정의하기(측정하기도) 힘들지만 그럼에도 불구하고 잠재적으로 중요한 (학습을 통해 습득한) 특징—규율, 적응 등—이 그것이다.

얼핏 보기에 일본과 대만, 중국 동부에서 우리가 발견해낸 제도적 연속성의 일부는 한국의 특색이 아닐지도 모른다. 특히 노동력을 사용한 지방 공업의 전에 없이 큰 역할은 이와 같은 다른 지역들의 공업화 과정에서 상당히 지속된—일본에서는 1930년대까지, 대만에서는 1980년대까지, 논쟁의 여지가 있지만 중국 동부 지방에서는 현재까지—완전한 프롤레타리아화가 일어나지 않았다. 한국에서 이러한 현상의 부재는 전쟁과 1950년대 토지 개혁 그리고 1960년대에 고도로 집중된 공업 분야의 정부 지원으로 인해 산업화가 상당히 발전하기도 전에 나타난 높은 수준의 도시화 등의 복합적인 영향 때문인 것으로 보인다. 비슷하게 스기하라가 지적한 일본과 대만 그리고 아마도 중국(적어도 일부 지역)에서의 특히 강력했던 경공업 우세가 한국에서는 작용하지 않았다. 실제로 많은 점에서 한국은 스기하라의 '동아시아' 경로보다는 '서구' 경로에 적합한 것으로 보인다. 그러나 좀더 철저한 분석은 내가 여기서 놓친 것들을 찾아낼지도 모른다.

그러한 질문을 통해 찾아낸 대답이 무엇이든 각국의 역사를 바꿔놓기보다는 각국의 역사에 새로운 질문을 제기하는 세계사를 위한 가능성의 사례가 될 것이다. 대체로 이는 가장 재미있는 역사적 질문이 등장할 수 있는 수많은 다른 공간적 및 시간적 범위에서 일어나는 상호 작용이다. 아울러 만일 내 책이—어떤 언어로 번역되든—독자 및 학자들로 하여금 새롭고 흥미로운 질문을 생각해내는 데 도움을 준다면 더 바랄 게 없겠다.

감사의 글

큰 프로젝트를 진행하다 보면 많은 분들께 신세를 지게 마련이다. 까다롭고 난해한 이 프로젝트는 원래 이와 전혀 다른 저서의 한 챕터에서 시작되었는데, 어느 때보다 훨씬 더 권위 있는 많은 분들의 평가와 조언이 필요했다.

스티븐 토픽Steven Topik, 빈 웡, 대니얼 시걸Daniel Segal, 조엘 모키어Joel Mokyr, 앤드리 군더 프랭크Andre Gunder Frank, 에드먼드 버크 3세Edmund Burke III, 랜돌프 헤드Randolph Head와 그의 세계사 세미나 연구원들인 제임스 기븐James Given, 잭 골드스톤Jack Goldstone, 로버트 마크스Robert Marks, 데니스 플린Dennis Flynn, 리처드 폰 글란Richard Von Glahn, 제이슨 헥트Jason Hecht 등 많은 분들이 몇 가지 버전의 원고를 읽고 유익한 지적을 해주었다. 또한 이 프로젝트의 일부를 소개한 많은 학회와 워크숍에서 동료들이 제공한 날카롭고 유용한 제안은 너무 많아 일일이 열거할 수 없을 정도다. 특히 대학연합경제사학회All-UC Group in Economic History 모임에서 내놓은 주목할 만한 논평은 이 책의 집필에 큰 도움을 주었다. 온라인 협력 시대에 이뤄진 프로젝트인 만큼 조슈아 로즈블룸Joshua Rosebloom, 앨런 테일러Alan Taylor, 새뮤얼 윌리엄슨Samuel Williamson에게도 감사를 드린다. 이들은 필자가 EH.NET에 이 저서의 논점을 간략하게 소개한 후 특별히 온라인에서 유익한 토론이 이루어지도록 애썼다. 그 토론에서 제기된 도발적인 의견과 유익한 제안(세계사 부문의 후반부 토론은 패트릭 매닝Patrick Manning이 이끌었다)은 매우 큰 도움을 주었다.

이 책은 필자의 전공을 넘어서는 것이기 때문에 한층 광범위한 분야의 참고 자료를 소개해준 여러 동료들의 도움이 절대적이었다. 위에서 언급한 많은 사람과 함께 로버트 묄러Robert Moeller, 앤 월트홀Ann Walthall, 제임스 리가 특히 도움을 주었다. 아울러 다른 동료들—피터 린더트Peter Lindert, 존 윌스John Wills, 조너선 스펜스Jonathan Spence, 디어드리 매클로스키Deirdre McCloskey, 케네스 소콜로프Kenneth Sokoloff, 하마시타 다케시浜下武志 등—도 이번 프로젝트를 진행하는 데 다양한 방식으로 도움을 주었다.

이렇게 신세진 사람들을 쭉 열거하다 보니 본의 아니게 정말 중요한 분께 감사하는 마음이 희석되지 않을까 걱정스럽다. 두 가지 버전의 원고를 읽은 후 논제의 문제점을 제기하고 참고 문헌에 대해서도 묘안을 제시해준 R. 빈 웡에게 특히 감사드린다. 필자는 이 프로젝트를 진행하는 동안 그의 긴밀한 협력을 기꺼이 받아들였지만 이는 결코 흔한 일이 아니다. 또 대니얼 시걸에게도 뒤늦게 활자로나마 감사의 말을 전할 수 있어 특히 기쁘다. 필자는 20년 넘게 친분을 쌓아온 댄이 우리 모두의 흥미를 끄는 주제나 좋은 친구의 의미에 대해 누구보다 잘 아는 사람이라고 생각한다. 지금까지 열거한 모든 사람이 이 책의 논점에 대해 적어도 몇 가지 이의를 제기했기 때문에 필자가 고집을 피운 오류에 대해서는 누구도 책임이 없다는 것을 거듭 얘기하고 싶다.

나 또한 이 책을 집필하면서 상당한 물리적 지원을 받았다. 이 책은 내가 다른 프로젝트 작업을 위해 잠시 떠나 있는 동안 캘리포니아 대학교의 총장 연구 장학금 및 미국교육학회평의회ACLS, 사회과학연구회SSRC, 포드재단 중국연구합동장학금의 지원을 받아 구체화되기(비록 아주 다른 형태이긴 하지만) 시작했다. 아울러 대부분의 집필은 존 사이먼 구겐하임 추모재단The John Simon Guggenheim Memorial Foundation과 캘리포니아 대학교 어바인 캠퍼스의 후원이 있었기에 가능했다. 또한 프린스턴 대학 출판사의 피터 도허티Peter Dougherty와 그의 조수 린다 창Linda Chang의 도움과 격려, 제니퍼 배커Jennifer Backer의 노련하고 꼼꼼한 교열 덕분에 한층 더 나아질 수 있었다.

직업적인 도움 못지않게 개인적으로도 결코 적지 않은 은혜를 입었다. 이 책의 상당 부분은 어려운 상황 속에서 집필했으며 많은 이들의 도움이 없었다면 참으로 난감했을 것이다. 어려움에 처할 때마다 오랜 친구와 새로운 친구, 동료와 훌륭한 이웃 모두가 참으로 대단한 방법으로 나를 지지해주었다. 그들의 이름을 일일이 열거하기는 힘든 일이고 그중 어느 누구라도 빠뜨린다면 정말 송구스러운 일이겠기에 지면을 빌려 모든 이들에게 감사의 인사를 전하고 싶다. 다시금 심심한 감사의 뜻을 전한다.

여기서 빼놓을 수 없는 것은 이 책을 집필하느라 늘 시간에 쫓기고 초조해하던 요 몇 년 동안 내 가족이 보여준 놀라운 힘이다. 데이비드, 제시, 벤지는 어린 아이 같지 않은 용기와 결단력을 보여주었으며, 거듭되는 어려움에도 불구하고 늘 따뜻하고 귀엽고 사랑스러운 모습으로 내 곁을 지켜주었다. 아이들 모두에게 큰 신세를 진 셈이다.

아내 모린 그레이브스에게는 무슨 할 말이 있겠는가? 우리가 지난 몇 년간 자주 했던 과거 이야기가 적절한 비유가 될 듯하다. 예전에 우린 파리로 여행을 떠날 계획이었는데, 대신 뉴질랜드로 갈 수밖에 없었다—당시 모린은 파리를 여행하고 싶었음에도 루브르 박물관에 간 것 못지않게 뉴질랜드에서의 시간을 즐겼다. 인내와 끈기, 선견지명, 사랑 없이는 그렇게 할 수 없었을 것이다. 그 고마움을 말로 다할 수는 없지만, 작으나마 감사의 마음을 담아 이 책을 아내에게 바친다.

1998년 9월

캘리포니아 어바인에서

서론

유럽 경제 발전의 비교, 연계 및 서술

근대 사회과학은 대부분 19세기 후반과 20세기의 유럽인이 서유럽[1] 경제의 발전 과정을 독특하게 만든 요소가 무엇인지 이해하려는 노력에서 비롯되었다. 하지만 이러한 노력은 학자들 간에 일치된 결론을 얻지 못하고 있다. 대다수 문헌은 유럽에 초점을 맞춰 초기의 기계화한 대규모 공업 발달 과정을 설명하고자 했다. 세계 다른 지역과의 비교는 '유럽'—명확히 표현하자면 서유럽, 신교도 유럽, 혹은 단지 영국—경계 내에 공업이 성공할 만한 독특한 요소가 자생적으로 존재했는지, 혹은 특이한 장애물은 없었는지 보여주는 데 이용되어왔다.

또한 유럽과 세계 다른 지역 간의 관계—특히 다양한 형태의 식민지 약탈—를 강조한 또 다른 설명은 대다수 서구 학자들의 지지를 받지 못했다.[2] 이런 주장은 마르크스가 "원시적 축적primitive accumulation"이라고 부른 것, 이를테면 아메리카 인디언과 노예로 전락한 아프리카인(그리고 유럽의 대다수 하층민)으로부터 강제로 몰수한 자본을 강조하지만 문제를 해결하는 데에는 도움을 주지 못했다. 마르크스의 주장은 이 과정에서 저지른 야만성을 강조하고 있지만, 이는 또한 대규모 자본 축적의 시작 단계였다는 의미에서 '원시적'이었음을 암시하기도 한다. 유럽의 농장, 작업장 및 회계 사무소에서 생계 수준 이상의 이익 잉여금이 생기면서 투자 가능한 흑자가 느리지만 뚜렷하게 증가했음을 보여주는 학문적 성과 때문에 이런 입장은 더 이상 견지될 수 없게 되었다.

이 책에서는 비유럽인들에 대한 착취—그리고 더 일반적으로는 해외 자원에 대한 접근—를 강조하지만, 그것이 유럽의 발전에서 유일한 동력이라는 의미는 아니다. 다만 유럽의 내적 성장을 주도했던 그 중대한 역할은 인정하되 1800년 무렵까지 유럽의 발전 과정이 다른 지역, 특히 동아시아의 발전 과정과 얼마나 유사했는지 강조한다. 몇 가지 중요한 차이가 존재하긴 했지만, 이 책에서는 해외 자본에 대한 특권적 접근이 형성되었기 때문에 19세기에 거대한 변화가 일어날 수 있었다고 주장할 것이다. 예를 들어, 서유럽은 막대한 자금을 동원할 수 있는 효과적인 제도를 마련했으며, 이를 바탕으로 수익을 위해서라면 비교적 긴 시간이라도 기꺼이 기다릴 수 있었다—하지만 19세기까지 무력을 통한 원거리 무역과 식민지화를 겨냥했던 것 외에 법인 형태를 통한 거래는 거의 찾아볼 수 없으며, 장기적인 신디케이트 론syndicated loan(다수의 금융 기관이 공동으로 대출하는 자금—옮긴이)은 전쟁 자금을 지원하기 위해 유럽 내에서 우선적으로 사용되었다. 더 중요한 사실은 18세기경에는 서유럽이 다양한 노동 절약labour-saving 기술을 활용해 세계 다른 지역보다 앞서나갔다는 점이다. 하지만 다양한 토지 절약land-saving 기술에서는 지속적으로 뒤떨어졌기 때문에 급속한 인구 증가 및 자원 수요 그리고 해외 자원의 부재 상황이 한층 더 노동 집약적 성장을 강화하는 길로 서유럽을 내몰았다. 이런 상황은 중국과 일본도 크게 다르지 않았다. 따라서 이 책에서는 해외 수탈이 가져온 장점이 유럽의 발전과 유라시아 대륙의 다른 몇몇 지역(주로 중국과 일본)에서 보이는 현상 사이의 차별을 해석하는 데 도움을 줄 것이라고 생각한다—하지만 유럽 발전의 전부를 해석할 수 있는 것은 아니고, 또한 유럽과 구세계Old World 다른 모든 지역 사이의 차별을 해석할 수 있는 것도 아니다. 또한 석탄 광산의 위치처럼 앞서 언급한 상황에 전혀 어울리지 않는 요소 역시 일정한 작용을 했다고 생각한다. 따라서 이 책에서는 비교 분석과 특정 지역의 우발적 사건 그리고 통합적 및 전 세계적 접근방법을 결합했다.

더구나 비교 분석과 통합적 접근 방법은 서로를 교정해주는 구실을 한다. 만약 서유럽과—이를테면—동유럽이나 인도를 구분해주는 요소(예를 들면 특정한 종류의 노동력 시장)가 중국에서도 마찬가지로 존재한다면, 이러한 단순한 대조만으로는 유럽의 차이에 대한 연구를 제대로 수행할 수 없다. 또한 유라시아 대륙의 양쪽 끝에서 공유하는 패턴들 역시 유럽 문화나 역사의 독특한 산물로 해석할 수 없다. (물론 어떤 사회와 다른 사회를 구분해주는 역할을 하기 때문에 그것들을 세계적 추세의 파생물이라고 해석할 수도 없다.) 서유럽과 기타 지역의 유사점은 일종의 단순한 비교 방법—이러한 방법은 실질적으로는 각기 서로 분리되어 있는 사회를 비교 단위로 삼는다—에서 전 세계적 연관성[3] 역시 또 다른 중요성을 지니고 있다는 점에 착안하는 방법으로 전환하도록 우리를 이끈다. 그것은 만약 우리가 유럽을 세계 체제의 중심으로 생각한다면 1800년 이전의 전 세계적 연관성을 이해할 방법이 없다는 것을 의미한다. 우리는 중심이 여럿 있는 동시에 지배적 지위를 차지하는 중심이 없는 세계를 갖고 있다. 전 세계적 연관성은 통상적으로 서유럽에 유리하다. 그렇다고 해서 반드시 유럽인이 그러한 연관성을 창조했거나 또는 거기에 영향력을 미쳤기 때문에 그런 것은 아니다. 예를 들어, 15세기에 중국이 은銀 경제로 전환한 것—유럽인이 아메리카에 도착해 그곳의 은을 수출한 것보다 앞선 과정—은 에스파냐의 광범위한 신세계 제국을 재정적으로 지속시키는 데 중요한 역할을 했다. 또 끔찍한 전염병의 창궐은 무엇보다 제국이 탄생하는 데 결정적 역할을 했다. 아울러 19세기 이후 공업화의 상당한 진전이야말로 유럽 패권주의의 유일한 '핵심'으로 보는 게 타당할 것이다.

그러나 기존의 문헌 대부분은 양자택일의 구조를 취하고 있다—유럽의 발전을 근본적으로 해외에서 원시적 축적을 수행한 유럽 중심의 세계 체제로 설명할 것인가,[4] 아니면 유럽의 내생적 성장으로 설명할 것인가. 이런 선택의 기로에서 대부분의 학자는 후자 쪽으로 기울었다. 실제로 유럽 경제사에 대한 최근의 연구는 대개 적어도 세 가지 방식으로 내재적 성장 요인에만 초점을 맞추도록 강화되어왔다.

첫째, 최근의 연구에서는 상당히 발달한 시장과 그 밖의 '자본주의' 제도를 한참 거슬러 올라간 과거에서, 심지어는 흔히 자본주의와 상반된 것으로 생각해온 '봉건' 시대까지 거슬러 올라가 찾아냈다.[5] (이런 식의 수정은 중세의 과학과 기술을 분석하는 과정에서 나왔다. 한때는 이 시기를 '암흑시대'로 폄하했지만 지금은 꽤 창조적이었던 시기로 여긴다.) 이는 서유럽이 해외 확장을 시작하기 훨씬 전에 이미 유례없이 전도유망한 길로 들어섰다는 인식을 강화하는 경향이 있었다. 최근의 몇 가지 논의에 따르면 산업화 자체는 더 이상 하나의 전환점이 아니고 몇 세기에 걸친 무차별한 '발전' 속에 함몰되어버렸다.

달리 말하면, 좀더 오래된 문헌에서는—19세기 후반의 고전적인 사회 이론부터 1950년대와 1960년대의 현대화 이론까지—근대 서구와 그 이전 시기 그리고 근대 서구와 비서구 지역 간의 근본적으로 상반된 점을 강조했다. 반면 좀더 최근의 문헌은 근대 서구와 그 이전 시기 간의 격차를 좁혀가는 추세인데, 이는 곧 근대 서구와 비서구 지역 간의 격차—유럽 예외론—가 생각했던 것보다 훨씬 더 과거에 뿌리를 두고 있음을 시사한다. 그러나 이 책의 핵심 논지는 18세기 유럽과 적어도 유라시아 몇몇 지역 사이의 격차를 좁힐 수 있는 근거는 누구라도 쉽게 발견할 수 있다는 것이다.

둘째, 시장의 역동성(동력)이 짐작건대 그에 대한 적대성을 포함하고 있는 중세 문화와 제도 속에서 출현할수록, 사람들은 더욱더 시장이 구동하는 성장을 유럽 발전의 전반적 역사로 간주하고, 아울러 복잡한 세부 사항을 무시하고, 분명하지 않은 정부 정책이나 지방 관습이 가져온 영향을 혼동하게 된다.[6] 만약 국내의 법령이 단지 유럽의 발전이라는 큰 경로로 통하는 샛길이나 우연히 발견한 지름길을 늘리는 데 지나지 않았다면, 왜 해외—역사의 주류에서 아주 멀리 떨어진 지방—에서의 수탈에 대해 더욱더 주의를 기울일 필요가 있겠는가? 동시에 개인의 주동성initiative에 대해 더욱더 집중적으로 관심을 기울인다면, 그것은 사람들이 갈망하는 명확한 역사의 주선율뿐만 아니라 지금 현재 유행하고 있는 신자유주의 관념과 아주 잘 들어맞는 역사의 주선율을 제공해줄 것이다.

셋째, 이런 지속적인 상업화 과정은 공업화 이전의 서유럽에 지대한 영향을 주었다. 따라서 최근의 많은 문헌은 통상적으로 공업혁명이 남긴 발자취가 무엇이든 영국적 현상이 유럽 내 다른 지역으로 확산한 것으로 보기보다 하나의 유럽적인 현상으로 다룬다.[7] 이런 유럽중심주의는 예전의 다양한 학문 분야뿐 아니라 공업혁명이 나타나기 수세기 전에 이미 영국이 결정적 측면에서 대륙으로부터 분기했음을 뒷받침하는 최근의 연구 결과에도 도전을 받고 있다.[8] 하지만 앞서 언급한 것처럼 정치의 중요성을 더욱 낮게 평가하고 '전통적' 행위와 합리적 이기주의를 취하는 개인 사이의 충돌을 축소함으로써 서유럽 내부에서의 차별을 좀더 쉽게 최소화하는 경향은 영국중심론에서 유럽중심론으로의 전환을 더욱 용이한 것으로 만들었다.

영국의 기적이 아니라 '유럽의 기적'이라고 단정 짓는 것은 중요한 시사점을 갖는다. 첫 번째 이유는 또다시 유럽 이외의 국가들을 덜 중요한 것으로 보이게끔 한다는 점이다. 대부분의 서유럽 국가는 대륙 이외 지역과의 무역 규모가 영국에 비해 훨씬 작았다. 따라서 상업 성장을 공업 발전으로 순조롭게 이끈 주체가 '영국'이 아니라 '유럽'이었다면, 당시 자체 시장과 자원 등이 그러한 전환을 하기에 적절한 상황이었어야 한다. 만약 발전이 주로 경쟁적 시장이 점차적으로 완전해지는 것을 거쳐 실현되었다고 한다면, 중상주의적 제약과 부자유스러운 노동의 방해를 받는 식민지—여기에서는 단지 두 가지 문제만을 언급한다—가 그 본국에 대해 거대한 영향을 줄 수 있는 충분한 동력을 가지고 있었다고 보는 것은 분명 이치에 들어맞지 않는 것처럼 보인다. 따라서 '유럽적' 견해를 대표하는 패트릭 오브라이언Patrick O'Brien은 만약 식민지와 노예가 없었다면 영국의 공업화가—그 가운데 면업이 가장 중요한 역할을 했다—지속되었을 것이라고 상상하기 어렵다는 점을 마지못해 인정하지 않을 수 없었다.[9]

오로지 면업을 중요한 부분으로 삼고, 영국의 개혁을 서유럽 발전의 발동기로 간주하는 지나치게 단순화한 발전 모델만이 이러한 논점, 즉 랭커셔의 면방직

공업이 이 핵심 지역의 공업화에 필수적이었다는 주장을 지탱할 수 있었다. 즉 이러한 과정은 이렇게 광범위한 전선 위에서 이뤄졌기 때문에 해양을 넘어 아시아와 아메리카로까지 그 공급선을 뻗쳐나간 선봉대의 실패 따위에 의해 저지될 수 있는 것은 아니었다.

하지만 그는 결론에서는 이렇게 이야기하고 있다. "이 핵심 지역의 경제 성장에 대해 이야기하자면, 주변부 지역은 그저 주변부에 지나지 않았다."[10]

이러한 관점은 유럽의 경제적 우세가 점차 지배적 지위를 차지해가는 과정 속에서 유럽의 해외 팽창을 사소한 부차적 요소로 만들어버린다. 유럽의 식민 제국에 대해서는 이러한 우세를 이용해 해석하거나 아니면 그것과 관련이 없다고 해석할 수도 있지만, 식민지는 유럽이 경제적 우세를 얻은 것과 아무런 관계가 없게 되는 것이다. 여기에서 생겨나는 논술은 두 가지 중요한 방면에서 상당히 자기 억제적이다. 그것들은 유럽이라는 지리적 범위를 벗어나는 것을 거의 필요로 하지 않으며, 또한 주류 경제학의 근저에서 이야기하는 구매자와 판매자 사이의 자유로운 경쟁이라는 모델을 벗어날 필요도 없다. 또한 대체로 창조성에 대해 좀더 확실한 이권을 보장해주는 특허 시스템을 가지고 기술적 변화의 급속한 가속화를 설명하려는 학자들에게는 이러한 결론이 그야말로 완벽한 것이다.

'유럽의' 산업화를 강조하면 필자가 비교를 하기 위해 사용한 단위들을 종종 쓸모없는 것으로 만들기도 한다. 어떤 경우 우리는 단순히 현대의 민족 국가에 근거한 비교 단위를 취해 영국을 인도 및 중국과 비교한다. 그러나 인도와 중국은 규모와 인구, 내적 다양성이라는 측면에서 유럽의 개별 국가보다는 유럽 전체와 더 비슷하다. 그리고 인도 아대륙 내의 한 지역만 보면 영국이나 네덜란드와 견줄 만하지만 발칸 반도, 이탈리아 남부, 폴란드 등과 흡사한 아시아 지역을 거기에 덧붙이면 평균치가 훨씬 떨어져버린다. 국가 정책이 논의의 중심이 아니라면, 국가는 크게 쓸모 있는 단위가 되지 못한다.

오랫동안 시들지 않은 또 하나의 유력한 접근 방법은 우선 '유럽'을 하나의 독특한 전체로서 만들 수 있는 것을 찾아낸 다음(그렇기 하기 위해 선택한 세부 사항은 보통 실제로는 유럽 대륙의 일부를 묘사하는 데 지나지 않지만), 세계의 다른 지역을 이러한 구도에서 아예 배제해버리는 것이다. 요컨대 그런 다음 유럽 내부에서 영국의 독특한 성격을 찾아내는 것이다. 이러한 유럽적 혹은 '문명적' 단위는 우리의 사상에 아주 강력한 영향력을 미쳐왔기 때문에 그것을 뒤흔들기란 결코 쉽지 않다. 그러한 경향은 이 책에서도 나타날지 모른다. 하지만 다양한 목적을 위해서는 내 동료인 R. 빈 웡이 몇몇 중요한 영역에서 이미 사용해본 다른 방법을 이용해 살펴보는 것이 아마 더욱 쓸모 있을 듯싶다.[11]

일단 네덜란드와 우크라이나, 혹은 간쑤 성과 양쯔 강 삼각주를 묶을 수 있는 본질적 특성은 없다는 것을 인정하고 넘어가야 한다. 양쯔 강 삼각주 같은 지역(정확한 수치에 따르면 1750년경 인구는 3100만~3700만 명)은 확실히 18세기 유럽 국가들과 비교할 만큼 규모가 컸다. 그리고 구세계 주변에 산재한 여러 핵심 지역—양쯔 강 삼각주, 간토 평야(태평양에 면한, 일본에서 가장 넓은 저지대—옮긴이), 영국과 네덜란드, 구자라트—의 경우에는 서로 몇 가지 중요한 양상을 공유했지만, 주위 대륙이나 아대륙의 나머지 지역은 이러한 것을 갖추지 못했다(예를 들면 비교적 자유로운 시장, 대규모 수공업, 고도로 상업화한 농업 등). 이런 경우 일상생활이나 무역 및 기술 보급 등의 패턴에서 거의 상관성이 없는 대륙을 멋대로 끌어들이기보다는 이들 지역을 먼저 직접 비교해보는 것은 어떨까?[12] 게다가 산재한 이런 핵심 지역들이 실제로 많은 공통점을 가졌다면—그리고 우연성이나 상관성의 역할을 승인할 용의가 있다면—그것들을 엄밀하게 비교해보는 게 훨씬 유익할 것이다. 즉 좀더 일반적인 방법에 따라 비유럽 세계가 표준화한 유럽적 경로로 나아가지 못하게끔 만든 장애 요소를 탐구할 뿐만 아니라, 영국을 좀더 양쯔 강 삼각주나 구자라트 지역처럼 만들었을 경로로부터 멀리 벗어날 수 있게끔 한 모종의 결여나 우연, 장애물 등의 원인을 찾는 것이다.

여기서 또한 필자는 웡이 최근 펴낸 《변화된 중국China Transformed》에서 개략적으로 기술한 과정을 따르고자 한다. 웡이 지적했듯 대부분의 정통적인 19세기 사회 이론은 유럽중심주의라는 점 때문에 당연히 비난받아왔다. 하지만 현재 일부 '포스트모던' 학자들이 선호하는 대안—문화 간 비교는 포기한 채 역사적 순간에 드러난 우발적이고 특이하고 어쩌면 알 수도 없는 사건에만 전적으로 초점을 맞추는 것—은 역사 속에서(그리고 동시대 삶에서) 매우 중요한 여러 문제에 접근하는 것조차도 불가능하게 만든다. 이런 방법보다는 차라리 더 좋은 결과물을 만들어내기 위해 노력하면서 이러한 편향적인 비교 방법에 대항하는 편이 훨씬 나을 것이다. 이것은 부분적으로 한쪽을 언제나 표준으로 설정해놓는 방법을 선택하기보다 차라리 비교 대상인 양자를 각자가 자신의 예측을 통해 관찰하게끔 할 때 나타나는 '편차'로서 간주하는 방법에 의해 가능해진다. 이 책의 많은 부분에서 이러한 과정이 진행될 터이지만, 내가 구체적으로 적용하는 이러한 상호적인 비교 방법은 웡의 것과 상당한 차이가 있으며, 아울러 얼마간은 그가 다룬 것과 다른 영역에서도 이러한 접근법을 적용할 것이다.[13]

비교적 시도된 적이 없는 이러한 접근법은 세계의 다양한 지역을 다른 각도에서 설명하게끔 하는 몇 가지 새로운 질문을 낳는다. 예를 들면—이 부분에서 필자는 다시 웡과 상당한 일치점을 발견한다—일련의 균형 잡힌 비교를 통해 1750년대 유라시아 대륙의 여러 지역에서는 농업, 상업과 원공업prpoto-industrial(즉 시장이 아니라 가정에서 사용하기 위한 수공업 제조)의 발전 속에서 몇 가지 놀라운 유사성이 있었다는 점을 드러낼 것이다. 이 때문에 19세기에 다만 서유럽에서만 한 걸음 더 나아간 거대한 발전이 다시 이루어질 수 있었다는 것은 좀더 설명이 필요한 문제 있는 주장이 되어버린다. 이와 반대로 최근의 몇몇 문헌은 연구의 시야를 유럽의 서로 다른 시기들에 대한 비교만으로 한정하고 아울러 거기에서 유사점을 찾아내기 때문에(분명 충분히 많을 것이다), 항상 이러한 문제점을 모호하게 만들어버리는 경향이 있다. 그 때문에 이러한 저작은 유럽에서의 각기 다른 시기로 한정되는 비교 속에서 당연한 '배경'으로 나타나는 공업화에 대한 중요한 기여 요인—특히 전 세계적 상관성—을 소홀히 여기는 경향을 자주 드러낸다.

또한 양방향 비교 전략은 서로 다른 두 가지 문제로 보이는 것을 서로 연결시키는 방법이 타당할 수도 있음을 보여준다. 서유럽 경제가 가장 부유해진 시점이 반드시 맬서스의 이론이 묘사한 세계를 벗어나 지속적인 1인당 경제 성장의 세계로 들어선 시점일 필요는 없다. 사실상 내가 '유럽중심적'이라고 일컫는 대다수 접근법은 서유럽이 공업적 돌파를 이루기 훨씬 이전부터 오랫동안 부유했다고 주장하고 있다. 그리고 만약 우리의 유일한 질문이 중국(혹은 인도나 일본)이 어느 시점에서 그러한 근대적 경제 성장 세계로의 돌파를 이루었는가 하는 것이라면, 유럽이 언제 맬서스적 세계에서 벗어날 수 있었는가 하는 질문을 던지는 것은 더 이상 중요하지 않을 수도 있다. 오히려 훨씬 더 중요한 것은 유럽이 아주 오랫동안 결국은 필연적으로 공업적 돌파로 이어질 수밖에 없는 길 위에 올라서 있었다는 점일 것이다. 반면 유럽이 아주 분명하게 다른 지역들을 능가한 시점은 유럽의 다른 가능성에 대해서는 거의 아무것도 언급하지 않으면서, 다만 유럽 이외의 다른 지역들이 언제 정체stagnation에 이르는 우회로로 들어섰는가 하는 점만을 이야기해줄 것이다.

그러나 만약 상호 비교를 통해 유럽이 중국이 될 수도 있었다는 가능성을 염두에 둔다면—1인당 성장률을 극적이고 지속적으로 유지하는 지역은 없었다—둘 사이는 더욱 유사해질 것이다. 만약 18세기 세계에서 몇몇 다른 지역이 자원 제약의 극적인 완화 없이도(유럽이 화석 연료와 신세계로 인해 가능했던 일 같은 것) 그들에게 주어진 경제적 가능성을 거의 유럽만큼 극대화하려 했다고 주장한다면—다음 장에서처럼—두 쟁점 간의 관계를 훨씬 더 쉽게 이야기할 수 있을 것이다.

두 쟁점은 여전히 분리되어 있다. 기후, 토양 등의 차이는 각 지역마다 서로 다른 전공업preindustry, 前工業을 갖게 했을 것이다. 그러나 인구가 밀집한 다른 모든 정착 지역의 잠재적 능력을 볼 때 유럽이 그러한 가능성에서 실질적인 우위를 점했을 것 같지는 않다. 특히 이 책 후반부에서는 공업화가 성숙기에 접어들 때까지 유럽이 동아시아보다 훨씬 더 부유했던 것은 아니라는 사실을 증명한다. 혹은 유럽이 공업화로 들어서기 직전까지는 동아시아를 앞서지 못했더라도 훨씬 더 이른 시기에 어떤 제도를 정비함으로써 결국 공업화를 달성했다는 사실이 밝혀질 수도 있다. 요컨대 아메리카도 없고 화석 연료도 나지 않았지만 특정 지역 자원이 부족한 상황에서도 기술적 발명을 통해 충분히 성장을 지속할 수 있었다는 얘기다. 아울러 다른 지역의 총성장—1인당 성장이 아니라—을 지속시키는 극도로 노동 집약적인 해결책에 의존하지 않았을 수도 있다. 그러나 이러한 필연성을 주장하는 강력한 가설은 우리가 실제로 이전의 다른 산업화 경제의 기준을 유럽에 적용하면 흔들리기 시작할 것이다—특히 산업화 이전 몇 세기 동안 유럽 경제사는 지속적이면서도 확고한 1인당 성장률을 기록하지 못했다. 이와 같이 양방향 비교 방식은 새로운 의문점을 제기하며 해묵은 문제들 사이의 관계를 재구성한다.

따라서 필자는 각각의 대륙 내에서 유사한 위치에 있었던 것으로 보이는 유럽과 중국 및 인도 지역들의 상호 비교를 강조할 것이다. 의문—핵심과 그 배후지의 관계 같은 것—을 제기함에 있어 필요하다면 우리는 대륙이나 좀더 큰 규모인 대서양 연안 세계로 돌아갈 것이다. 그리고 경우에 따라서는 다소 상이한 종류의 비교를 위해 규모를 전 세계로 확장할 필요도 있을 것이다—찰스 틸리Charles Tilly가 말하는 "포괄적 비교"란 어떤 것을 2개로 분리해 비교하기보다는(정통 사회 이론에서 행하는 방식) 좀더 큰 전체에 속한 두 부분을 상정하고 그 체계 내에서 각 부분의 위치 및 기능이 그들의 특성을 어떻게 형성하는지 알아보는 것이다.[14] 이 단계에서 필자가 웡보다 강조하는 것은 뚜렷이 구분되지 않는 연관성에 대한 비교 및 분석이다. 그러나 상호 분석은 여전히 중요하다. 상호 작용의 체계 속에서는 한 지역이 다른 지역보다 더 큰 이점을 가졌다고 해서 그곳을 '핵심 지역'으로 여기고 아울러 그 지역을 다른 모든 사물의 기형적unshaped 창조자라고 여기는 것은 결코 정당한 일이 아니다. 대신 우리는 다양한 방향으로 움직이는 영향력의 진로를 살펴볼 것이다.

유럽중심론의 다양한 변종: 인구, 생태와 축적

서유럽 경제가 독자적으로 산업적 변혁을 꾀할 수 있었다는 주장은 보통 두 부류로 나뉜다. 첫 번째는 존스E. L. Jones의 연구가 대표적인데, 그는 유럽이 "산업화 이전"에 유사한 조짐을 보였고 16~18세기에 이미 물리적 및 인적 자본을 축적했기 때문에 나머지 다른 지역을 앞질렀다고 주장한다.[15] 이런 견해의 중심 사상은 다양한 관행(늦은 결혼, 결혼하지 않는 성직자 등) 덕분에 유럽의 출생률 억제가 보편적인 '전 근대적 출산 제도'에서 탈피함으로써 일반적 생산량 증가가 인구 증가율을 수용할 수 있었다는 데 있다. 그 결과 유럽은 유례없이 힘든 시기에도 출산율을 조절하고 많은 시간과 노력을 쏟아 1인당(전체가 아니라) 자본이 증가할 수 있었다는 것이다.

이런 견해에 따르면 평범한 농민, 장인, 상인의 인구적 및 경제적 행동 방식의 차이가 더 많은 비농업인을 부양할 수 있는 유럽을 만들었다. 이런 유럽은 사람들로 하여금 더 좋은 도구를 갖추게 했을 뿐 아니라(더 많은 가축을 포함해) 영양 상태가 훨씬 좋고, 한층 건강하며, 생산성도 높게 만들었다. 따라서 생필품 이외의 상품을 거래할 수 있는 더 큰 시장이 등장했다. 이런 시각에 기초한 가장 중요한 주장은 30년 전 존 하이날John Hajnal이 제시했는데,[16] 그 당시의 구체적인 설명이 좀더 정교해졌지만 근본적으로 달라진 것은 없다. 그러나 1장에서 살펴보겠지만 중국, 일본 및 (좀 더 추상적으로) 동남아시아의 출생률, 기대수명 그리고 그 밖의 다른 인구적 변수에 대한 최근의 연구는 하이날이 유럽의 독특한 성취라고 생각했던 것들을 더욱더 평범해 보이게끔 만든다.

이런 결과의 중요성이 아직 완전하게 받아들여진 것은 아니지만, 최근 인구학 중심의 이야기에 한 가지 중요한 점이 추가되면서 부분적으로 인정을 받았다. 공업화 이전에 유럽 밖에서도 경제적 호황과 생활수준의 향상이 있었다는 인식이 그것이다. 그러나 이는 늘 일시적 전성기로 여겨진다. 정치적 변동에 취약한 것으로 입증되거나 생산성 강화를 위한 혁신이 호황을 촉진하는 인구 증가를 앞설 수 없다는 게 드러났기 때문이다.[17]

이와 같은 이야기는 초창기 문헌보다 중요한 발전을 이뤄냈다. 초창기 문헌은 근대 초기 유럽이 돌파구를 찾을 때까지 전 세계는 가난했고, 자본 축적도 아주 적었다는 것을 암시적으로 혹은 노골적으로 주장한다. 일부 문헌은 "유럽의 부상"뿐 아니라 "아시아의 쇠락"[18]에도 관심을 둔다. 하지만 흔히 이 같은 견해들은 적어도 두 가지 중요한 방식에서 시대착오적이다.

첫째, 19~20세기에 아시아 대부분 지역이 수차례에 걸친 생태적 재앙으로 고통을 받았다고 생각하는 경향이 있다. (근원적으로 조밀한 인구 문제도 있다.) 그래서 아시아 사회의 잠재적 가능성이 소진된 18세기와 그 이전 시기로 후퇴했다는 것이다. 몇 가지 설명은 이런 재앙을 1800년경의 '아시아'라는, 인위적으로 구분한 단위 전체의 탓으로 돌린다. 그러나 앞으로 살펴보겠지만 인도, 동남아시아 그리고 중국의 일부 지역도 주요한 기술의 발전이나 생활수준의 쇠퇴 없이 여전히 더 많은 사람을 수용할 여지가 충분히 있었다. 아마도 중국과 일본의 일부 지역만이 그와 같은 상황에 처했을 것이다.

둘째, 그런 이야기들은 흔히 유럽인이 신세계에서 획득한 엄청난 생태적 혜택을 '내재화'한다. 일부 학자들은 해외 진출을 유럽 내에서 이뤄진 '정상적인' 국경 확장의 한 형태로 이해한다(예를 들면 헝가리의 평야나 우크라이나의 정착지 혹은 독일의 삼림 개간). 이는 신세계에서 일어난 이례적인 규모의 횡재, 유례없이 강압적인 식민지화, 생산 구조 그리고 유럽의 아메리카 진출 성공을 가능케 한 세계적 역동성의 역할을 간과한 것이다.[19] 헝가리와 우크라이나의 새로운 농경지 개간은 쓰촨 성, 벵골 및 다른 많은 구세계 지역과 아주 유사했다. 그러나 신세계에서 일어난 일은 유럽이나 아시아에서 일어난 일과 아주 달랐다. 게다가 19세기 유럽이 국경 밖에서 생태적 압박을 완화해줄 엄청난 방법—자원을 취득하고 개척자를 이주시키는 것 모두[20]—을 발견했다는 설명은 16~18세기 유럽에서 인구가 다소 밀집한 핵심 지역의 경우 아시아의 핵심 지역과 근본적으로 다르지 않은 생태 환경적 압박과 선택에 직면했는지 여부는 거의 고려하지 않는다.

이와 같이 '아시아의 쇠락'을 수용한 문헌은 내적 자원을 완전히 이용할 만큼 아직 충분히 발달하지 않은 탓에 생태적으로 쇠퇴한 중국, 일본, 인도와 한편으로 성장의 여지가 많아진 유럽—명확하게 표현하자면 "후진성의 이점"[21]을 획득한 유럽—을 지나치게 단순화한 대조법으로 다루려는 경향이 있다.

그렇게 심각한 인상을 준 의견에서 탈피하기 위해 5장에서는 중국과 유럽에서 선택한 주요 지역의 생태적 제약에 대해 체계적인 비교를 제시한다. 관련 조사에 따르면 18세기 일부 유럽 지역은 동아시아 쪽보다 약간의 생태적 혜택을 받긴 했지만 전반적으로는 꽤 혼잡스러운 양상을 보인다. 실제로 중국의 주요 지역은 의외의 부분에서, 예를 들면 1인당 이용 가능한 연료 공급 같은 측면에서 유럽 쪽보다 앞섰던 것 같다. 게다가 사실상 공업화 시발지인 영국의 경우, 유럽의 다른 많은 지역에서 충분히 이용할 수 있는 자원이 거의 없었다. 나아가 영국은 목재 공급, 토양 고갈 및 그 밖의 중요한 생태적 대책에서 중국 내 일부 비교 지역—양쯔 강 하류 삼각주—보다 나았던 것 같지 않다. 따라서 만약 인구 성장과 생태적 영향으로 중국이 '쇠락'했다는 생각을 받아들이면, 해외 자원과 매장 에너지의 사용에 대한 잉글랜드의 돌파구가 결합함으로써(어느 정도 지리적으로 좋은 여건) 구제된 당시 유럽의 내적 과정도 똑같이 벼랑 끝—'도약'이 아니라—에 이르렀다고 말할 수 있을 것이다. 한편 유럽이 아직 위기 상황이 아니었다면, 십중팔구 중국도 그렇지 않았을 것이다.

이런 논쟁과 관련해 이 책은 스기하라 가오루가 세계 발전에 대한 연구에서 밝힌 몇 가지 논점과 일치한다—필자가 이 책을 저술하며 상세하게 다루기에는 너무나 늦게 발견한 저서다.[22] 필자와 마찬가지로 스기하라는 1500~1800년 동아시아의 높은 인구 성장을 '발달' 저해 요인으로 간주해서는 안 된다고 강조한다. 이와 반대로 그는 인구 성장이 사람들을 부양하고 기술을 창조하는 등 '동아시아 기적'을 가져왔으며, 이는 공업화에 따른 '유럽 기적'의 경제적 성취와 전적으로 비교할 만하다고 주장한다. 스기하라는 또한 필자와 마찬가지로 18세기 일본과 중국(그의 견해로는 더 적은 범위로)의 높은 생활수준을 강조하며, 더불어 많은 서구인이 시장의 전제 조건이라고 믿는 재산 및 계약과 관련해 그와 똑같은 국가의 보증 제도는 없었어도 시장에 많은 유익한 영향을 미친 다른 정교한 제도가 있었다는 점을 언급한다.[23] 그는 또한—나의 논증과 일치하는 관점이지만, 이 책의 범위를 벗어난다—장기적 관점에서 보면 단순한 서구적 성취의 전파가 아니라 서유럽과 동아시아 발전 형태의 결합이 세계 GDP에 최대의 공헌을 했다고 생각한다. 왜냐하면 후자는 서방의 과학 기술을 훨씬 더 많은 인구를 가진 사회 속에서 응용할 수 있게끔 했기 때문이다.

그러나 스기하라가 제시하는 이 두 '기적' 간의 근본적 차이점은 1500년 당시 유럽은 자본 집약적이었고, 동아시아는 노동 집약적 경로를 취했다는 것이다. 반대로 필자는—늦어도 1750년에 여전히 발견할 수 있는 두 지역 간의 놀랄 만한 유사성에 부합하도록 "양쯔 강 삼각주는 왜 잉글랜드가 아니었나?"라는 질문만큼이나 심각하게 "잉글랜드는 왜 양쯔 강 삼각주가 아니었나?"라는 질문을 간직했기에—유럽 역시 노동 집약적 경로에 있는 '동아시아'처럼 달라졌을 수도 있다고 주장한다. 하지만 유럽이 그렇게 되지 않은 것은 원래의 경로로부터 중대하고도 급격한 단열斷裂이 나타났기 때문인데, 이 단열은 화석 연료와 신대륙 자원의 이용을 기초로 한 것이었고, 이 두 요소의 공동 작용은 유럽이 토지를 집약적으로 사용해야 하는 필요성에서 벗어날 수 있게끔 해주었다. 실제로 많은 유럽 국가들이 18세기 후반과 19세기에 걸쳐 경로를 변경함으로써 극적인 발전을 이룰 때까지는 노동 집약적 경로가 더 우세했다는 증거는 많다. 이 책에서 우리는 유럽(잉글랜드 포함) 전역의 농업 및 초기 산업이라는 측면과 덴마크의 거의 모든 산업에서 그 증거를 찾을 것이다.[24] 노동 집약적 경로를 바탕으로 발전한 동서양의 차이점은 그리 주요한 것이 아니라 상당히 우발적이었다. 요컨대 인구 증가 분포(전체 규모와는 반대)는 한 가지 중요한 변수였던 것으로 밝혀졌으며, 이는 16~18세기 유럽 시장의 변형 및 19세기 신대륙을 향한 이주와 아주 깊은 관련이 있었다.

1750년 이후 중국과 일본의 인구 성장은 미개발 지역에 과도하게 집중되었으며, 이 지역들이 자원이 부족한 핵심 지역과의 무역을 통해 '배출'할 수 있었던 곡물·목재·원면 및 다른 토지 집약적인 생산물의 잉여는 비교적 적었다. 그리고 일부 주변부 지역은 인구가 증가하면서 원공업화proto industrialization(산업혁명 이전에 있었던, 봉건적 생산 및 근대적 공장 생산의 중간 형태인 농촌 제조 시스템을 의미—옮긴이)가 진행되고 있었기 때문에 핵심 지역과 무역을 할 필요성 또한 한층 적었다. 한편 1750~1850년 유럽은 대부분 지역에서 상대적으로 일찍 발전을 이루고, 주민이 대규모로 증가해 인구 밀도가 높아졌다. 예를 들어 대부분의 동유럽 지역은 1800년 이후에야 인구가 급속히 증가하기 시작했으며, 심지어 남유럽(특히 남동부 유럽)은 그 후에나 늘어나기 시작했다. 5장과 6장에서는 산업화의 차이점 및 중요성과 관련한 정치경제학적 및 생태적 근거에 대해 좀더 언급할 것이다. 한편 유럽과 비교했을 때 이것들이 동아시아(남아시아가 아니라)가 보유한 자원에 대한 전반적으로 엄청난 중압감을 반영한 차이는 아니라는 점은 강조할 가치가 있다. 그러면 유용 가능한 자원의 양—이미 축적했거나 개발되지 않은 것들—에 대한 논의에서 유럽의 제도가 장기적인 자급자족 성장을 위한 방향으로 자원을 할당했다고 주장하는 논지로 옮겨가보도록 하자.

그 밖의 유럽중심론: 시장, 기업과 제도

유럽 중심적 주장을 펴는 두 번째 논지는—페르낭 브로델, 이매뉴얼 월러스틴, 초두리K. N. Chaudhuri의 연구는 약간 다른 방식이며 더글러스 노스Douglass North의 연구는 분명 매우 다른 방식이다—부wealth의 수준에 관심을 두지 않는다. 대신 이들은 기존의 다른 지역에서보다 경제 발전에 더 영향력이 있는 것으로 알려진 근대 초기 유럽(혹은 그 일부 지역)에서의 제도 발생을 강조한다. 이런 주장은 일반적으로 효율적인 시장과 재산권이 출현했고, 이로써 토지·노동 및 자본의 사용과 관련해 좀더 생산적인 사람들에게 보상이 주어졌다는 데 주안점을 둔다. 이러한 관점은 비록 보편적으로 수반되는 것은 아니지만 하나의 공통성을 가지고 있다. 그것은 바로 여타 지역(특히 중국이나 인도)의 경제 발전은 정부의 억제를 받았으며, 그곳의 정부는 너무 강대해 사유 재산에 대해 적대적 태도를 취했거나, 아니면 너무 허약해 이성적인 기업가들이 지방의 관습이나 성직자, 토호와 충돌했을 때 그들을 보호해주지 못했다고 생각한다는 점이다.[25]

유럽 내부 발전 경로의 분위기가 재산권 제도를 변화시킨 계급투쟁의 결과라고 설명하는 로버트 브레너Robert Brenner의 연구는—앞서 언급한 의견들과 상당히 다르기는 하지만—이런 주장과 잠재적으로 일치한다. 그의 해석에 따르면, 서유럽의 소작농들은 전염병이 돈 이후에 귀족들과의 첫 투쟁에서 승리하고 강제 노동에서 풀려났다. 동유럽의 소작농들은 그렇지 못했다. 이후 수세기 동안 지배 계급은 소작농을 더욱 억압했으며, 농업을 근대화하거나 노동력을 절감하는 혁신을 도입하지 못했다. 브레너는 서유럽에서 두 번째 투쟁이 이어졌으며, 귀족들은 이제 이익을 극대화하기 위해 자유롭게 관리할 수 있는 토지만 소유하고 흔히 비생산적이거나 '남아도는' 소작인은 쫓아버렸다고 설명한다. 브레너에 따르면 프랑스 엘리트 집단은 이 싸움에서 패했고, 그 이후 프랑스는 엘리트 집단 중 일부를 불필요하게 만들 수도 있는 혁신에 아예 관심이 없었다. 아울러 혁신을 이루어낼 수 없는 수백만 소규모 소작농을 기반으로 하는 농업 체계로 인해 옴짝달싹 못했다. 그러나 잉글랜드에서는 귀족이 승리해 노동비용을 삭감할 수 있는 혁신에 투자했으며, 엄청난 수의 불필요한 인력을 토지에서 몰아냈다. 토지를 몰수당한 농민 중 일부는 결국 산업 노동자가 되어, 그들이 쫓겨남으로써 창출되고 아울러 과거 그들의 주인이 시장에 내놓은 잉여 농작물을 구입했다.

브레너는 맬서스 이론의 압박이나 좀더 완벽한 시장의 '자연적' 발생보다는 오히려 계급투쟁이 원동력이었다고 주장하지만 결과는 비슷하다. 한 사회가 얼마만큼 신고전주의 모델과 유사한지가 향후의 생산력을 결정한다. 특히 잉글랜드는 토지와 노동력이 극명하게 분리된 나라이며(또한 가장 완벽하게 상품화했다), 따라서 가장 역동적인 경제로 발전했던 것으로 추정된다. 여기서 브레너는 오히려 특이하게도 재산권 제도를 설명하면서 계급투쟁을 배제한 더글러스 노스의 견해에 동조한다. 노스는 또한 경제가 점점 상품화한 토지, 노동력, 자본, 지적 재산을 위한 경쟁적인 시장으로 진화하면서 더욱더 발전할 수 있었다고 주장한다.

노스와 브레너 두 사람의 주장은 대다수 사람들이 운용한 제도적 환경에 초점을 맞추었다. 이를테면 일용직과 임대 계약 및 평범한 사람들이 생산하고 소비하는 생산물을 위한 시장이 그것이다. 여기서 그들의 주장은 산업화 이전의 유럽인은 이미 유례없이 번영했고 생산적이었다는 위의 논점과 유사하며, 아울러 그러한 논점과 통합되는 경향이 있다.

하지만 그 밖의 주요한 제도주의적 주장—브로델과 그 학파—은 소수 부유층이 축적한 이익에 더 초점을 맞춘다. 이런 종류의 축적을 가능케 한 제도는 흔히 신고전주의적 시장neoclassical market을 어지럽힌 특허권과 관계가 있었다. 따라서 이런 학자들은 강압과 공모를 통해 얻은 이익에 더 관심을 두었다. 그리고 자신들이 주목한 많은 거상들이 원거리 무역과 관련이 있기 때문에 국제 정치 및 유럽과 다른 지역의 관계에 더 주의를 기울였다. 월러스틴은 특히 세계 경제의 진정한 시발점으로 '봉건주의적' 동유럽과 '자본주의적' 서유럽 사이의 무역 성장을 다룬다. 아울러 그러한 경제에서 자유로운 노동의 '핵심 지역'이 지속적으로 이윤을 축적하기 위해서는 가난하고 일반적으로 자유롭지 못한 '주변부 지역'이 계속적으로 존재할 필요가 있었다고 강조한다.

그렇기는 하지만 월러스틴 주장에서 핵심은 원거리 무역과 이익의 재투자를 불러온 상대적으로 자유로운 노동, 생산적인 대규모 도시 인구 그리고 상인과 정부가 서유럽에서 독특하게 결합해 있었다는 것이다. 이런 무역에서 파생된 국제적인 노동력 분배는 서유럽과 기타 지역 사이에 부의 격차를 증대시켰다. 주변부 지역은 점차 저가의 상품으로 특화되었고, 생산성을 높이기 위해 도구나 제도보다 강압적인 노동력이 더 중요해졌기 때문이다. 그러나 서유럽이 무엇보다 다른 지역을 지배할 수 있었던 요인은 기존의 사회경제적 차이에 기초한다.

유럽중심론과 관련한 문제

이 연구는 이런 논점들—주로 '제도학파institutionalist'가 주장한 다양한 논점—로부터 차용한 것이지만 궁극적으로는 다른 명제를 주장한다. 첫째, 아무리 우리가 옛날로 돌아가 자본주의의 기원을 찾아보더라도, 무생물 에너지원inanimate energy source(석탄 에너지—옮긴이)을 대규모로 이용함으로써 산업화 이전에 보편화한 세계의 생태적 제약에서 탈피할 수 있었다는 점에서 산업자본주의는 1800년대에 이르러서야 나타났다. 서유럽 경제가 그 이전에 총자본이나 경제 제도 같은 중요한 이점을 가진 덕분에 산업화가 이루어질 가능성이 컸고 다른 곳에서는 그렇지 않았음을 암시하는 것은 거의 없다. 산업혁명 이전 몇 세기를 거치며 서유럽 핵심 지역의 시장 주도형 성장은 실로 충분히 이루어졌으며, 이는 의심할 바 없는 산업화의 중대한 전조였다—하지만 이것이 아시아의 여러 핵심 지역에서 나타난, 서유럽과 매우 유사한 상업화 및 '원공업'의 성장 과정보다 산업화로의 전환에 더 많은 도움을 주지는 않았던 것 같다.[26] 또한 근대 초기 유럽에서 형성된 과학과 기술의 발전 패턴이 좀더 특별하긴 했지만, 우리는 서유럽이 근본적으로 (예를 들면) 동아시아와 다른 별개의 경제 발전 경로를 겪었을 거라는 사실을 이러한 패턴 자체로도 장담하지 못한다는 걸 보여줄 것이다.

둘째, 유럽의 산업화는 적어도 1860년까지 여전히 영국 바깥에서는 상당히 제한적이었다. 따라서 '유럽의 기적'을 서유럽의 보편적 특징 덕분이라고 보는 것은 위험하다. 서유럽 전역에서 폭넓게 공유하고 있는 산업화가 유라시아의 다른 지역에서도 동일하게 나타났다는 점에서 한층 더 그러하다.

이 책의 1부는 1800년 이전 유럽이 내적으로 경제적 우위를 점했다는 다양한 논점에 의문을 제기한다. 아울러 구세계 일부 지역의 인구 과밀화와 상업화 속에서 광범위하게 유사한 점을 묘사하는 것으로 대체한다. 1장에서는 유럽이 1800년 이전 대다수 다른 경제 대국보다 물적 자본의 중대한 이점을 축적해오지 않았으며, 맬서스 이론의 압력에서 더 자유롭지 않았다는(따라서 더 많은 투자가 가능했다는) 사실을 보여주는 증거를 도처에서 이끌어낸다. 유럽인 못지않게 수많은 다른 지역 사람들도 오래 살았으며, 각 가정의 자본 축적을 위해 자발적 산아 제한도 가능했던 것으로 보인다. 1장 후반부에서는 실제로 유럽이 산업혁명 이전에도 중대한 기술적 우위를 점하고 있었는지 여부를 살펴본다. 여기서 우리는 몇 가지 중요한 차이점을 밝혀낼 것이다. 그러나 에너지 혁명의 근본이 된 두 가지 행운, 곧 지리적 우연과 해외 자원 접근에 대한 유럽의 특권이 없었다면 산업화는 좀더 미약하게, 더 늦은 시기에 일어났을 것이며 아마 질적으로도 다른 영향을 주었을 것이다. 기술적 독창성은 산업혁명에 필수적이었다. 하지만 그것만으로는 충분치 않았으며, 이는 유럽에만 존재했던 것도 아니다. 맬서스적 세계에서 빠져나오기 위해 아주 중요한 기술적 독창성의 정도에 따라 어떤 차이점이 존재했는지는 명확하지 않다. (기술적 진보는 좀더 오랜 기간에 걸쳐 확장될 수 있었다.) 그러나 유럽의 자원 제약 완화에 도움을 준—하나의 특수한 경로(토지 이용, 에너지 사용, 노동력 절감)에 따른 기술 혁신이 큰 성과를 거두게끔 하고 나아가 그것을 더욱 강화하는 과정—세계적 범위에서의 차이들은 중요한 의미가 있다.

2장에서는 시장과 관련한 제도들을 살펴볼 것이다. 여기서는 주로 서유럽과 중국의 비교에 집중한다. 아울러 서유럽의 토지, 노동 그리고 상품 시장은 심지어 1789년 말까지도 중국 대부분의 지역에서보다 대체로 완전한 시장 경쟁과는 거리가 멀었다는 사실을 보여준다. 즉 수많은 거래 상대를 자유롭게 선택할 기회를 가진 다수의 구매자와 판매자가 형성되어 있지 않았던 것 같다—따라서 애덤 스미스Adam Smith가 구상했던 경제 성장 과정에도 들어맞지 않는다. 필자는 토지 소유권과 이용에 대해 다룬 법률 및 관례와 농업 생산자들이 자신의 생산물을 팔 사람을 선택할 수 있는 범위를 비교해보고자 한다. 그런 다음 노동과 관련한 것, 즉 강제 노동, 이주의 제한(혹은 이주의 권장), 직업 변경의 제한 등을 살펴볼 것이다.

2장의 마지막이자 가장 복잡한 부분에서는 소비 단위로서 가계와 노동력을 할당하는 집단으로서 가계—특히 아동과 여성—의 관계를 다룬다. 일부 학자들은 중국 가정에서는 서유럽 가정보다 여성과 아동이 더 지속적으로 노동하는 경향이 있었으며, 그들의 한계 생산성이 하락해 임금이 최저 생계유지에도 못 미치는 정도를 넘어서 일종의 '퇴축형 경제involuted economy(생산과 유통, 소비 과정이 위축되어 경제 규모가 줄어드는 것—옮긴이)'를 만들어냈다고 주장해왔다. 필자는 이 같은 주장은 거의 신빙성이 없다는 것을 보여줄 것이다.[27] 오히려 중국 가정의 노동력 배치는 얀 드브리스Jan DeVries가 유럽의 "근면 혁명"[28]이라고 불렀던 노동과 여가 그리고 시장에 대한 소비의 재교육과 아주 유사해 보인다. 요약하자면, 1750년경 중국과 일본의 핵심 지역은 서유럽의 가장 발달한 지역과 비슷했던 것 같다. 요컨대 틀림없이 더 완벽하게 실현된, 유럽과 유사한 방식의 정교한 농업 기술과 상업 그리고 기계화하지 않은 공업이 결합해 있었다. 따라서 이후의 격차를 설명하기 위해서는 이들 핵심 지역의 외부 상황을 들여다봐야만 할 것이다.

좀더 포괄적인 역사의 건립

2부(3장과 4장)에서는 생존을 위한 활동에서 벗어나 새로운 종류의 소비 수요, 여기에 동반된 문화적 및 제도적 변화 그리고 수요의 차이가 생산에 커다란 영향을 미쳤을 가능성에 관해 검토해보려 한다(3장). 우리는 여기서 중국, 일본 그리고 서유럽과 다른 지역 사이에 차이가 있음을 발견했지만 각각의 차이는 미미하다. 이들 사회에서 이용할 수 있는 상품의 양과 '소비지상주의적' 태도 모두 별다른 차이가 없고 지향점도 불분명했다. (예를 들어, 18세기 중반 중국인은 유럽인보다 확실히 더 많은 설탕을 소비했다. 그리고 양쯔 강 하류 핵심 지역에 사는 사람들은 영국인이 1800년에야 이룬 1인당 직물 생산량을 1750년에 이미 달성했던 것으로 보인다.) 또한 (비록 다른 곳에서는 필수적이지 않았더라도) 이 모든 핵심 지역 사회의 제도가 일상적 수요를 창출했지만 늘어난 수요가 공급을 창출했는지는 명확하지 않다. 결국 유럽에 유리했던 소비 행태의 차이점은 유럽 외의 부가적 요소들—예를 들면, 신세계 은의 채굴과 유럽에 색다른 '이국적' 상품을 끌어들인 아시아의 은 수요 그리고 신세계의 농장과 노예로 구축한 생산 체계—에 의해 크게 영향을 받았던 것으로 보인다.

그리고 4장에서는 3장에서 설명한, 새로운 '사치품'을 시장에 들여온 상인과 제조업자들의 발자취를 따라갈 것이다—수입을 했거나 모조품을 만들었거나(예를 들면 웨지우드Wedgewood '도자기') 혹은 순수하게 자국 내에서 생산했거나 상관없이 말이다. 그렇게 함으로써 상인과 제조업자가 관여했던 '전형적인' 가정과 토지, 노동, 소비재 같은 시장에서 탈피하게 된다. 여기서는 대규모로 이런 사업을 벌인 주체(자본가—옮긴이)들을 주시하는 대신 최후의 생산 요소인 자본 시장과 탁월했던 유럽 자본주의에 대한 논의를 검토해본다. 이는 서유럽 내에서 한층 완벽한 시장이 성장했다는 제도학파들의 논점에서 벗어나 외부 세계와의 관계에 좀더 관심을 기울이는 것이다. 아울러 불완전한 경쟁에서 몇 가지 중요한 요소의 이점에 대해 알아보고, 또한 식민지에 대한 또 다른 형태의 경제 외적 강압에 대해서도 좀더 주목할 것이다.

4장은 전반적 사회 구조나 상업적 재산을 둘러싼 특별한 법규가 유럽 상인들에게 자본을 축적하고 국가로부터 이를 보전하거나 합리적으로 배분하는 데 결정적 이점을 주었다는 다양한 주장을 반박하는 것으로 시작한다. 특정한 금융 자산이 유럽에서(혹은 적어도 영국이나 네덜란드 그리고 이탈리아 도시국가에서) 한층 잘 규정되고 안전했다 해도 그러한 차이점은 극히 미미해서 페르낭 브로델, 초두리 그리고 더글러스 노스 같은 여러 학자도 그런 논지를 설명하기는 부담스러웠던 듯하다. 게다가 이는 심지어 유럽의 초기 산업혁명과 연결시키기도 어렵다. 절대적 자본 집중이 아니었기 때문이다. 예를 들면, 중국의 몇몇 거대 기업은 분명 철도 이전 시대의 중요한 기술 혁신을 실행할 만한 대규모 자본을 모았다.

서유럽의 이자율은 아마도 인도나 일본 또는 중국보다 낮았던 것 같다. 그러나 상대적 이자율 차이가 농업과 상업 또는 원공업 분야의 확장에 중요한 차이를 초래했다고 보기는 어렵다. 아울러 초기 기계화 산업의 부상에 지대한 영향을 끼쳤다고 보기도 어려운 것으로 밝혀졌다. 그리고 18세기 유럽의 월등한 상업 조직이 무력 사용 없이 다른 구세계의 상인들과 경쟁했던 곳에서는 실적이 그다지 두드러지지 않았다는 점도 중요하다. 부채로 자금을 조달한 국가 경쟁 체제에 의해 성장한 유럽의 금융 기관은 오직 해외 식민지화와 무력에 기초한 교역에서만 결정적 우위를 차지했다.

더욱이 중요한 것은 브로델 자신이 강조한 것처럼 18세기 자본은 특별히 희귀한 생산 요소가 아니었다는 점이다.[29] 에너지와 궁극적으로는 토지의 양과 관련한 제약(특히 유라시아 전역에 걸친 핵심 지역 삼림 자원의 축소)이 더욱더 심각하게 다가오는 성장의 걸림돌이었다. 산업 발전의 본질인 노동과 자본 모두 토지에 비해 좀더 풍부했지만, 생존에 꼭 필요한 맬서스의 네 가지 요소—음식, 섬유(의류), 연료 그리고 건축 재료—중 어느 것이라도 생산하려면 여전히 토지가 필요했다.

어느 정도까지는 자본과 노동이 더 많은 토지를 생성하거나(개간을 통해) 혹은 관개 시설과 거름 주기, 아니면 각별한 주의를 기울인 제초 작업으로 더 많은 식량과 섬유를 생산할 수 있었다. 그러나 이는 19세기 후반 화학 산업이 토지의 생산성 증대에 기여한 성과에 비하면 극히 제한적인 것이었다. 그리고 화석 연료를 대량 사용하기 이전에 연료와 건축 재료를 생산할 때는 노동과 자본이 토지를 대체할 가능성은 지극히 제한적이었다. 이와 같이 심지어 유럽이 투자 자본을 축적해 우위를 점했다 해도 이는 대부분의 모든 '선진' 원공업 지역에서 직면한 생태적 병목 현상을 자체적으로 해결하지 못했다. 막대한 자본 축적과 불확실한 산업화로의 이행과 관련해 분명 유럽 내에서도 뒤늦게 산업화한 지역임에도 자본이 풍부했던 사례가 많다. 상업 경제가 고도로 발달해 자본은 풍부했지만 뒤늦게 산업화한 이탈리아 북부와 네덜란드가 확실히 이런 경우에 해당한다. 또 다른 예로는 충분히 발전하지 않은 경제에 막대한 은이 유입되면서 성장 지체를 경험한 에스파냐를 들 수 있다.[30]

브로델은 1800년 이전 유럽의 우위를 설명하는 데 영향을 줄 수도 있는 비교적 풍부한 자본에 관해 체계적으로 탐구하지 못했다. 대신 유럽의 자산이 좀더 안정적이었다는 입증되지 않은 주장으로 회귀하고 말았다.[31] 그러나 브로델학파의 논지는 우리로 하여금 원거리 무역과 그에 따른 현상—국가, 식민지 개척 그리고 비상업적 수탈—에 관심을 기울이게 했으며, 최근의 연구를 통해 이런 것들이 유럽이 돌파구를 찾는 데 한층 큰 역할을 수행했다는 사실이 밝혀졌다. 특히 필자는 근대 초기 유럽의 새로운 재산 형태(예를 들면 주식회사와 미래 현금 흐름에 대한 다양한 담보 청구권) 그리고 경쟁과 재정난에 처한 국가들이 1800년 이전 유럽의 생산 활동에 결정적으로 더 나은 환경을 조성하지 못한 결과 국가 간 해외 경쟁 구도가 중요해졌다고 주장할 것이다. 마찬가지로 주식회사와 허가받은 독점 기업들은 무력을 동원한 원거리 무역 추구와 수출 지향적 식민지 건설—이러한 활동은 당분간 수익을 거둘 때까지 비교적 오랜 시간을 기다릴 의사가 있는 예외적인 대규모 자본을 필요로 했다—에서 특별한 혜택을 누린 것으로 드러났다. 유럽이 국가와 무력 사용에 대한 권리를 연계하고 중요한 시장을 선점했다는 이러한 유럽 자본주의에 대한 인식에 발달한 시장 경제가 도처에서 생태적 문제에 직면해 있었다는 인식을 접목하면, 유럽의 가장 결정적 차이점이 드러나는 새로운 그림이 나온다.

3부(5장과 6장)에서는 유럽의 발전 경로에서 내적 요인과 외적 요인 간의 관계를 고찰하는 새로운 밑그림을 그려본다. 5장에서는 유라시아에서 가장 인구가 밀집하고 시장 주도적이고 상업적으로도 발전한 지역이 더 크게 성장하는 데 걸림돌로 작용한 심각한 생태적 문제에 대해 논의해보고자 한다. 이런 문제점은 대규모 식량 위기 사태를 불러올 만큼 극심하지는 않았지만 연료와 건축 재료의 부족 그리고 어느 정도는 섬유의 부족에까지도 영향을 미쳤다. 게다가 비옥한 일부 지역의 토양에 위협을 주기도 했다. 이 같은 생태적 제약을 검토한 후 5장 마지막 부분에서는 이러한 자원 부족 문제를 인구 밀집도가 덜한 구세계 지역과의 원거리 무역을 통해 해소하려 했던 모든 핵심 지역의 시도를 살펴본다. 요컨대 여기서는 그러한 원거리 무역이 완벽하게 적절한 해결책을 제공하지는 못했다고 주장한다. 이는 증기 기관 시대 이전의 값비싼 운송비가 하나의 이유였지만 대다수 '주변부' 지역의 뿌리 깊은 정치경제적 상황 때문이기도 했다. 그런 지역에서는 상대적으로 핵심 지역 상품에 대한 낮은 수준의 수요밖에 없었다. 그리고 상품 거래를 강제할 식민지 시스템이 없거나 19세기 말까지 지역 간 제조업 생산성(종종 새로운 기술을 구현하는 자본재처럼 상대적으로 고정적인 요소들에 기초한다)의 격차가 커서 핵심 지역의 제조 상품을 원자재와 교환하는 데 지속적인 어려움이 발생했다.

6장에서는 산업화가 진행되는 동안 유럽의 토지 제약을 극적으로 완화시킨 것에 관해 고찰한다. 이는 요컨대 목재에서 석탄 연료로의 전환을 간단히 서술하고—중요한 이야기이지만 다른 이야기에 묻혀버린—그 후 신세계와 유럽의 관계가 제공한 생태적 문제의 완화로 방향을 바꾼다. 이러한 생태적 문제의 완화는 단순히 신세계의 자연 자원뿐만 아니라 노예무역과 그 밖의 유럽 식민지 시스템이 새로운 종류의 주변부 지역을 창출한 방식에 의존했다. 아울러 이것이 유럽에서 대규모로 성장하고 있던 수출용 공산품과 막대한 양의 토지 집약적 식민지 생산품과의 교환을 가능케 했다.

이런 상호 보완적인 상황에서 중요한 부분은 초기 산업 시대를 거치며 노예 제도가 발생했다는 것이다. 노예는 해외 신세계 농장에서 사들였으며, 그들이 자급자족하는 생산품은 제한적이었다. 이와 같이 노예가 있는 지역에서는 훨씬 더 많은 공산품을 수입했고, 동유럽과 동남아시아의 수출용 곡물 생산자들은 생필품을 충족하려 해도 뭐든 살 수 있는 현금이 없었다.

신세계 농장 지역은 중국 내륙 지방처럼 자유로운 노동이 이루어지는 주변부 지역과 결정적 차이가 존재했다. 동아시아의 쌀, 목재, 가공하지 않은 면화 수출업자들은 환금 작물 생산을 강요받은 주변부 지역의 소작농들보다 훨씬 더 많은 구매력을 갖추었다. 아울러 수출업자들은 해외 수요에 광범위한 유연성과 유인책으로 대응했다. 그러나 이처럼 주변부 지역에 역동성을 부여한 자유노동 시스템은 수익이 적은 일에 종사하는 노동력의 이동을 불러왔다. 시간이 지남에 따라 이들 지역에는 눈에 띄게 인구가 증가했고 (부분적으로는 수입이 높아짐에 따라) 자체적인 원공업화가 이루어졌다. 이는 공산품 수입의 필요성을 감소시켰고, 아울러 주요 잉여 생산품을 수출할 수 있었다.

비교해보자면, 카리브 해 주변 농장 지역에서는 생산품의 다각화라든지 노예와 식량 수입 수요가 사라지는 경향이 훨씬 더 적게 나타났다. 그리고 유럽은 획득한 대부분의 노예를 제조업(특히 의류 산업)의 수익을 위해 신세계로 실어 보냈다. 수많은 곡식과 목재를 영국령 북아메리카에서 카리브 지역 농장으로 보내는 동안 유럽은 신세계 식민지로 하여금 유럽 공산품을 구매하도록 했다. 따라서 신세계에서 필요한 수입품은—심지어 곡식과 사람마저도—유럽의 토지 부족 문제를 해결할 자본 및 노동력 이용에 도움을 주었다. 마지막으로 6장에서는 식민지 시대를 거치는 동안 작동한 역동적 환경이 19세기 전반에 걸쳐 가속화한—노예 지역과 자유로운 지역 모두에서 유럽으로 흘러드는—자원 유입의 토대를 마련했다는 사실을 알 수 있다. 식민지의 독립과 노예 해방에도 불구하고 말이다.

그 과정에서 6장은 또한 장기간에 걸친 핵심 및 주변부 지역의 차이가 다양한 유라시아 핵심 지역에 공통된 특징을 어떻게 변화시킬 수 있는지를 보여준다. 그 특징은 바로 '원공업화'다. 원공업화는 기계화하지 않은 산업의 거대한 팽창을 의미하며, 대부분 상인들의 중개를 통해 (흔히 원거리에 있는) 시장에 내놓을 상품을 생산하는 지방 노동자로 구성되었다. 유럽의 역사가들은 원공업화와 산업화 사이의 적절한 관계를 설정하는 데 의견이 엇갈렸다. 일부 역사가는 원공업화가 이윤 축적 그리고/혹은 시장 지향적 활동의 발전, 특화 그리고 집에서 만들기 힘든 상품들의 기호에 공헌했다고 주장한다. 그리고 조엘 모키어는 원공업 직업군에서 대규모 "의사 잉여 노동자pseudo-surplus labor" 인력의 발전이 산업화에 중대한 공헌을 했으며, 농업 분야의 "잉여 노동자"에서 이동해온 산업 노동자를 찾는 수많은 복잡한 상황이 발생하지 않고도 산업화에 기여했다고 보았다.[32] 이 논쟁에서 모키어가 유럽의 경우를 제시했다면 필자는 1750년경의 아시아 일부 지역에도 이를 적용할 수 있다고 주장한다.

그러나 모키어의 원공업화 모델은 원공업 지역이 그들이 속한 '세계'의 상대 가격에 영향을 받지 않고 그들의 수공예품 수출과 농산물 수입을 지속적으로 확대할 수 있도록 했을 거라고 추정한다. 이 같은 추정의 한계를 고찰해보려면 원공업화의 또 다른 측면에 집중해야 한다.

원공업의 성장은 일반적으로 현저한 인구 증가와 관련이 있었다. (이러한 관계의 정확한 본질에 관해서는 열띤 논쟁이 벌어졌지만 말이다.) 그리고 많은 경우 원공업 지역에서 급격한 인구 성장은 낮은 상품 가격의 악순환을 동반했는데, 충분한 식량을 사기 위해 애쓰는 노동자는 토지에 대한 접근이 상당히 어려웠고 원공업화로 인한 생산량 증가로 상품 가격은 낮았다. 상대가격에 변화를 일으키는 요인이 무엇이든—원공업 지역의 인구 증가로 식료품 수입의 수요가 늘어남으로써 발생한 수출 시장의 공급 과잉이든, 아니면 해외 공급과 시장의 감소에 의한 것이든 상관없이—식량과 상품의 상대 가격 변화는 궁핍한 상황을 심화할 것이다. 그리고 좀더 일반적으로 말하면, 인구 증가는 원공업과의 관계가 무엇이든 연료, 섬유 그리고 산업 발전에 따른 그 밖의 필수품을 늘리는 데 필요한 토지에 심각한 압력을 가져왔다. 이러한 상품을 무역으로 획득할 수 없다면 생산량 증대를 유지하는 유일한 방법은 기술을 이용해 토지를 좀더 집중적으로 경작하는 것인데, 당시의 기술은 오히려 농산물 가격을 끌어올리고 1인당 생산성은 떨어뜨려 산업 성장에 걸림돌이 되었다.

심각한 생태적 병목 현상 그리고 지나치게 많은 원공업 노동자와 실업 상태인 농장 노동자들 사이에 나타난 빈곤의 악순환 징후는 18세기 중반 유럽의 다수 지역 못지않게 중국이나 일본 지역에서도 모두 발생했다는 증거가 있다—실제로는 유럽이 더 심각했을 수도 있다. 아니 정반대로, 유럽과 동아시아의 처지가 뒤바뀔 수도 있었다.

중국의 양쯔 강 하류 지역을 예로 들면, 원공업의 성장 혹은 노동자의 상대적으로 높은 생활수준으로 인해 충분한 양의 직물을 판매하거나 충분한 양의 식량과 목재를 구입하는 데 문제가 커졌다. 이는 해당 지역의 내적 '결함' 때문이 아니라 자체적인 인구 증가와 원공업이 붐을 이뤘음에도 그에 따른 상호 보완성이 덜한 지역과 거래를 했기 때문이다. 어느 정도는 양쯔 강 삼각주가 선도 지역으로서—고품질의 직물을 특화해 부가가치를 높임으로써—보완 작용을 했지만, 이것으로는 충분치 않았다.

요컨대 중국 내에 있는 8~9개 대규모 지역(대부분 유럽 국가들보다 규모가 컸다)의 시장은 순조롭게 운영되었다. 시장은 집 안에서 일하는 수많은 노동자가 직물을 생산하는 데 더 많은 시간을 쏟을 수 있도록 독려했다. 아울러 토지를 개간하도록 하고, 강가의 나무들을 벌목하는 일 등을 촉진했다. 그러나 순조롭게 제 기능을 수행하던 이 지역 시장들과의 상호 의존성은 특히 1780년 이후 광범위한 식민지 제국주의 시장과 충돌했다. 이것이 1~2개 선도 지역으로는 성장을 지속하기 어렵게 만들었으며, 토지와 토지 집약적 상품을 보전하기 위해 노동 집약적 전략을 채택하도록 만들었다. 따라서 극적인 기술 변화가 없는 주변부 지역의 자유와 성장은 국가 경제를 총체적 궁지로 몰아넣었다.

이와 대조적으로, 북서부 유럽은 1750년 이후 한 세기 동안 전례 없는 수준으로 공산품을 특화했고(원공업과 산업 부문 모두에서) 이 시기에 이뤄진 막대한 인구 성장은 자산이 되었다. 이 같은 변화의 상당 부분은 물론 제조업의 계속된—상대적으로 값싼 상품을 엄청나게 만들어 토지 집약적인 상품과 교환이 가능하도록 한—기술적 진보와 엄청난 설비로 특화된 운송 수단 덕분이었다. 그러나 이와 같이 상대적으로 잘 알려진 발전만이 이야기의 전부가 아니다. 서유럽 또한 인구와 공산품의 특화, 1인당 소비 수준이 증가했는데—18세기의 소비 수준으로는 많은 사람이 생태적 가능성의 한계에 다다른 것으로 보인다—이는 한정된 토지 공급에서 비롯된 한계 상황이 갑자기 완화되고 그 중요성이 떨어졌기 때문이다. 이는 부분적으로 프랑스 혁명과 독일에서 일어난 '후기 나폴레옹 시대의 개혁 post-Napoleonic reform' 이후 자국에서의 제도적 봉쇄가 개발되지 않은 상당한 농업 자원을 남겨두었기 때문이다. 또 일부분은 동유럽(반대편에서는 중국의 양쯔 강 상류나 서남부 지역)이 훨씬 더 극단적인 제도적 봉쇄(무엇보다도 농노)

로 인해 극심한 침체의 늪에 빠졌기 때문이다. 아울러 19세기 초반 식민지 제국에서 본국으로 새로운 토지 운용 기술을 가져왔기 때문이기도 하다. 이런 모든 방법을 동원해—누군가가 주장하듯—유럽은 새로운 길을 개척했다기보다 오히려 삼림 농업에 최선을 다해 평균적으로 중국과 일본을 따라잡았다. 그렇다 해도 유럽의 변화는 인구 감소, 노예 무역, 아시아의 은 수요 급증에 의한 것이었다. 그리고 신세계를 토지 집약적 생산품이 끝없이 나오는 공급처로 만들어버리고, 비교적 풍부한 서유럽의 자본과 노예 노동력을 신세계에 투입함으로써 이루어진 것이다. 그리하여 독창성과 시장, 식민지 수탈 그리고 운 좋게도 세계적 국면이 어우러져 대서양 세계에 돌파구를 만들었던 것이다. 반면, 훨씬 더 이른 시기에 한층 원활하게 시장 기능이 확산하던 동아시아는 오히려 생태적 난관에 부닥쳤다.

이와 같이 6장에서는 금융 이익과 자본 축적 또는 제조업에 대한 수요—아마도 유럽은 본국에서 이를 충분히 창출해낼 수 있었을 것이다[33]—의 관점이 아니라 실로 희귀했던 토지와 에너지 자원의 공급에서 대서양 무역이 부담을 얼마나 많이 완화시켰느냐에 주안점을 두었다. 그리고 이것이 근본적이고 물리적인 제약의 완화에 도움을 주었기 때문에 유럽이 해외에서 탈취해온 것들은 직물 산업, 양조업 또는 다른 산업의 발전보다 오히려 맬서스 이론의 제약에서 벗어나게 해준 중대한 요인으로서 영국이 의존한 석탄 산업에 비할 만하다. 금융 자본 축적이나 노동 임금의 발전에 어떻게 기여했든 그것은 서유럽의 핵심 지역에서 토지와 에너지의 압박을 완화하기보다는 오히려 강화하는 경향이 있었다. 게다가 사실상 이 생태적 횡재의 중요성을 사전에 가늠해보려는 시도는 19세기에 들어설 때까지 해외 착취의 열매가 최소한 획기적으로 화석 연료로 전환한 영국의 경제적 변화만큼이나 중요하다는 점을 시사한다.

비교, 연계 및 서술 구조

이와 같이 1부에서 기본적인 비교를 통해 비교적 높은 수준의 자본 축적, 인구적 형태, 특정한 종류의 시장 존재가 결합해 경제적 가능성에서 극적인 변화를 위한 가장 적합한 환경으로 몇몇 지역—서유럽, 중국, 일본 등—을 구분해낼 수는 있지만, 실제로 서유럽에서 그 같은 변화가 왜 처음 발생했는지, 아니면 왜 유럽과 동아시아 모두에서 경제 발전의 변화가 일어났는지 그 이유를 설명할 수는 없다. 기술적 차이도 19세기(유럽이 토지 운용 기술의 격차를 줄이고 대다수 다른 지역을 폭넓게 주도했던 때) 이전에 대해 많은 설명을 해주지 못한다. 심지어 당시는 유럽이 빈번하게 무력을 앞세워 세계 다른 지역과 복잡한 대외 관계를 이루고 있을 때였다.

2부에서는 대륙 간 비교를 계속하는데, 맥락상 대륙 간 연관성 또한 중요해지기 시작한다. 물질적 필요와 직접적 관련이 없는 경제 활동으로—그리고 소수의 인구만이 공유했던 것과 관련해—논지를 옮겨보면, 다른 '핵심' 지역들과 비교해봐도 문화와 제도에서 어쩌면 중요했을지도 모르는 서유럽의 차이점이 나타난다. 그러나 이러한 차이점은 정도의 차이이지 성질의 차이는 아니었고, 그 강도와 범위도 제한적이었다. 아울러 이러한 차이점은 분명 서유럽이—오직 서유럽만이—'생산의 자본주의적 형태' 또는 '소비 사회'를 구가했다는 주장을 정당화하지 못한다. 또 극적인 분기는 19세기에 나타났을 것이라는 설명도 하지 못한다. 더구나 중대한 차이점을 확인할 수 있는 지역에서 그것들은 단순한 스미스적 시장 역학으로부터의 일탈, 특히 국가에서 허가받은 독점과 특권 그리고 무력을 앞세운 교역 및 식민지화로 획득한 성과와 일관되게 연결되어 있다.

3부는 다시 비교를 시작해 유럽이 지닌 이점이 무엇이든—그것이 좀더 발전한 '자본주의'와 '소비지상주의'인지, 좀더 집약적인 토지 사용을 막는 제도적 장벽이 남긴 침체인지, 아니면 기술 혁신인지에 상관없이—구세계 여러 '핵심' 지역이 공유한 근본적으로 내재된 생태적 제약으로부터 벗어날 경로에 접근한 곳은 전혀 없다는 점을 설명한다. 더구나 인구가 밀집하지 않은 구세계 지역과의 합의된 무역consensual trade—종종 1800년 이전에 유럽이 운용한 것보다 대규모로 이뤄진, 유라시아 모든 핵심 지역이 추구한 전략—은 이러한 자원 병목 현상 완화에 잠재적인 제약을 가져왔다. 그러나 신세계는 전 세계적 국면의 영향으로 인해 상당 부분 커다란 가능성을 갖게 되었다. 첫째, 전염병이 유럽인의 신세계 토지 전용에 대한 저항을 크게 약화시켰다. 둘째, 정복과 인구 감소에 따른 대서양 연안 국가들과의 관계—중상주의와 특히 아프리카의 노예 무역—는 필요한 자원이 유럽으로 유입되도록 자동적으로 촉진했는데 이는 쌍방의 합의로 이루어지는 구대륙의 무역에서는 불가능한 일이었다. 심지어 산업화 이전에도 근대 세계의 1차 생산품 수출업자와 제조업 지역 간에 자체적으로 영속 가능한 노동 분배가 이뤄졌다. 이와 같이 세계 최초의 '근대적' 핵심 지역과 최초의 '근대적' 주변부 지역이 동시에 나란히 생성되었다. 그리고 이런 세계적 국면이 별로 두드러진 주요 특징이 없던 서유럽에 발전한 시장 경제를 기반으로 그럴듯하게 독특한 뭔가를 구축하도록 했다는 데 중요성이 있다. 이어서 우리는 비교만으로 밝힐 수 없는 것을 각 지역 간의 연관성과 상호 작용으로 설명하면서 이 책을 마무리할 것이다.

지리적 범위에 대한 설명

이 책의 주된 개념을 요약한 다음 간단히 경고해둘 점은 적절한 지리적 범위의 적용에 대한 것이다. '세계사'의 급성장하는 현장에 가담하면서, 이 책은 세계의 지역들을 사실 균일한 비중으로 다루지 못한다. 중국(주로 동부와 남동부 지역)과 서유럽은 상당히 길고 자세히 다룬다. 일본과 남아시아 그리고 중국 내륙 지방은 훨씬 더 간략하게 다룬다. 동유럽, 동남아시아 그리고 아메리카 또한 자세히 다루지 못한다. 노예 무역 부분을 제외하고 아프리카는 더 말할 것도 없다. 또한 중동, 중앙아시아 그리고 오세아니아는 아주 드물게 언급한다. 나아가 중국, 일본, 남아시아 그리고 서유럽은 비교와 연관성이라는 두 가지 측면 모두를 다룬다. 다시 말해, 이 지역들은 그러한 변화가 실제 발생한 곳으로, 아울러 다른 지역들과 상호 영향을 미친다는 측면에서 그들의 경험을 눈부시게 부각시켜 근본적인 경제적 변화가 일어나기에 충분한 상황에 입각해 다룬다.

한편 동유럽, 동남아시아, 아메리카 그리고 아프리카는 주로 다른 지역과의 상호 작용 측면을 다룬다. 이는 그 지역들이 단지 다른 지역의 영향을 받기만 했다는 것을 암시하지는 않는다—반대로 개략적으로 제시한 논점은 우리가 '핵심'이라고 생각한 지역에서 가능했던 일이 그 주변부의 발전 경로와 내적 역동성의 영향을 받았다고 주장한다. 그렇다고 해서 비교적 중대한 변화가 발생한 지역만 다룬다는 얘기는 아니다. 산업 성장은 '근대성'이라고 칭하는 것에서 필수적인 단 한 가지 요소이며, 나머지는 지리적인 요인이다. 그런 점에서 우리는 그와 같은 지역을 지금 우리 시대가 따라야 할 우수한 특징을 가진 곳으로만 이해할 수는 없다. 그렇게 이해한다면 불가피하게 그러한 특징을 도입하는 위험이 상당히 늘어날 것이다. 요컨대 중국과 일본 이야기를 몇 가지 덧붙여 유럽 이야기를 돋보이게 한다고 해서 '세계사'가 만들어지는 것은 아니다.

그뿐만 아니라 세계사가 만들어진 데에는—이 책에서 초점을 맞춘 것과 같은—필자의 한정된 능력으로 연구한 것 이외의 이유들도 존재한다. 그중 일부는 필자가 제기하려는 의문과 관련이 있고 어떤 부분은 필자가 말하고자 하는 것과 관련이 있다.

가장 먼저, 다른 어떤 지역보다 중국은 스미스와 맬서스부터 마르크스와 베버에 이르기까지 근대 서구의 담론에 '타자他者'로서 역할을 해왔다. 따라서 이 책의 두 가지 중요한 목적은 유럽과 대립적인 것으로 가정되는 역할에서 벗어나 중국의 발전에는 어떤 차이점이 있는지 알아보는 것이고, 아울러 유럽 경제와 가장 빈번하게 비교해온 중국 경제의 유사점은 무엇이고 유럽 역사와 어떻게 다른지 알아보는 것이다.

두 번째로, 필자의 논의에서 강조하는 것은 세계의 인구 밀집 지역과 그들의 무역 상대국을 직접 고찰해보는 과정이다. 고도로 조밀한 인구는 한편으론 산업 특화를 발달시키는 동력이다. 만약 시장에서 거래하는 사람이 많지 않다면 각 개인이 필요한 것을 단지 가끔씩만 구하므로 일반적으로 사람들은 시장에서 거래할 상품을 만드는 특정한 일을 지속할 수 없다.[34] 인구 밀도는 스미스가 주창한 '시장 범위' 이론의 유일한 결정 요소가 아니다. 심지어 인구가 희박한 지역도 지역 문화가 중시하는 특정한 직업을 세분화한 정교한 전문가 집단을 보유할 수 있다. 그러나 수많은 지역의 경제 활동—식료품 생산, 의류 생산, 건축, 운송 그리고 교환 자체에 이르기까지—에서 정교한 전문화가 발전하기 위해서는 결국 어떠한 것도 물리적으로 또한 문화적으로 적당한 거리 내에 존재하는 대량의 인구를 대체할 수는 없는 법이다. (이는 또한 자연계에 대한 조사와 그것을 이용하는 새로운 방식에 대한 탐구의 전문화—이것은 예측하기 힘들지만 분명하게 중요성을 지닌 기술 혁신 발생 과정의 스미스적 요소이다—에도 마찬가지로 적용된다.)

한편 필자의 주장에서 역시 중심을 이루는 생태적 압박은 인구학과 좀 더 밀접한 관련이 있다.[35] 물론 절대적으로 인구가 희박한 지역 또한 커다란 생태적 압박을 받을 수 있다. 단순히 그 지역이 사람들을 먹여 살리기에 척박한 환경이거나, 아니면 사람들이 어떤 방식으로 환경을 이용했느냐에 따라 생태적 압박에 시달릴 수도 있다. 따라서 3부에서는 인구 밀집 지역과 필자가 '인구 포화' 지역이라고 일컫는 곳을 구분하려 한다. 인구 포화 지역이란 비록 1에이커(1에이커는 약 4050제곱미터—옮긴이)당 인구는 적지만 현저한 토지 절감 기술이나 제도적 개선 없이 집중적인 성장을 위해, 혹은 외부와의 무역을 통해 토지 집약적인 원자재 생산이 증가함에 따라 남은 땅이 거의 없는 지역을 말한다. (예를 들면 인구 밀도가 낮았음에도 18세기 영국은 벵골보다 '인구 포화' 지역이라고 할 수 있다. 당시 영국은 1에이커당 수익은 낮으면서도 생활수준은 높았다.) 하지만 이 같은 기준 역시 서유럽, 중국, 일본 그리고 정도는 덜하지만 인도 같은 나라에 초점을 맞춘 것이다. 한층 심도 있는 논점은 인구 밀집, 정보 공유 그리고 간단한 문제는 아니지만 특정한 기술 및 제도 변화의 가능성이다.

마지막으로 변명 같지만, 이번 작업의 요점은 다른 나라보다 중국과 유럽 그리고 일본에 대해 서술하고, 그 나라들에 대한 비교적 큰 규모의 기존 연구에 접근하는 것이 필자에겐 더 나은 연구를 위한 준비라는 것이다. 제임스 블로트James Blaut가 '균일설uniformitarianism(지질의 변화는 부단히 균일하게 작용하는 힘에 의한 것이라는 학설—옮긴이)'—이 개념은 어떤 시기(그의 분석에 의하면 1492년)에서 보면, 아프로-유라시아Afro-Eurasia(아시아·유럽 및 아프리카의 3대륙을 하나로 간주할 경우의 명칭—옮긴이)의 서로 복잡하게 연결된 지역이 일반적으로 '역동설dynamism(데카르트의 기계론에 반해 물질을 포함하는 일체의 자연 현상을 힘으로 환원해 생각하려는 철학 이론—옮긴이)'과 대략 유사한 잠재성을 지니고, 따라서 '근대성'을 띤다는 것이다[36]—을 통해 주장한 것이 유용한 출발점이 되기는 하지만, 거기엔 실증적 경험치를 발견해내야 한다는 한계가 있다. 이 같은 이론을 모든 지역에 적용할 수 있다 해도 이는 분명 우연의 일치일 것이다. 아울러 딱히 그렇지 않다고 주장할 만한 근거는 많다. 추측건대 앞서 언급한 인구 밀도는 극히 중요한 것으로 밝혀질 것이며, 따라서 인도 북부는 중앙아시아나 오스만 제국보다 중국이나 일본 그리고 서유럽에 속하는 것으로 드러날 것이다.[37] (10년 전 이런 내용의 책을 집필하려 한 사람은 중국의 사례를 뒷받침하는 문헌을 찾는 데 필자보다 더 힘든 시간을 보냈을 것이다. 25년 전에는 일본을 연구하기 위한 문헌을 찾기도 힘들었다.) 그러나 지금도 유용한 문헌을 가지고—필자 자신의 한계나 우리 지식의 한계에 근거한 것이기는 하지만—이 책에서 지리적 측면을 강조한 것은 우리의 논제에 새로운 의문을 제기하기에 적절하다. 필자가 비교적 집중 조명한 지역은 세계 전체가 아니며, 나머지 세계는 그 지역과 상호 작용할 때나 부정적 사례로 부각될 때만 중요한 것이 아니다. 예를 들어 동유럽은 중국과 서유럽 각각의 차이점보다 중국과 서유럽이 공통적으로 훨씬 많이 갖고 있는 차이점이 무엇인지 보여준다. 하지만 필자가 생각하기에 이는 오늘날의 산업화 시대가 시작된 곳에 대해 다시금 생각해보는 데 합당한 쟁점이다.

1부

사람을 놀라게 하는 무수한 닮은 점

1

유럽이 아시아보다 앞섰는가

인구, 자본 축적과 기술 측면에서 본 유럽의 발전에 대한 해석

19세기 중반에 이르러 유럽이 역사상 유례없는 부를 어떻게 축적할 수 있었는지에 대해서는 학자들 사이에 일치된 의견이 없다. 아마도 에릭 존스Eric Jones의 《유럽의 기적European Miracle》이 현재 '주류'의 입장을 가장 명확히 보여주는 저서일 것이다. 유럽지상주의자들은 절충적인 존스의 주장에 상당한 거부감을 표시하거나 의문을 제기할 것이다. 그럼에도 불구하고 존스가 제시한 몇 가지 진술은 폭넓은 지지를 받고 있다. 이런 일반적 진술 가운데서도 이 책에서 논할 가장 중요한 논제는 공업화가 다른 구세계의 역사적 궤적과 완전히 동떨어진 것은 아니라는 주장이다. 즉 공업화는 수세기에 걸쳐 미세하게 누적된 변화가 그 모습을 온전히 드러낸 것이라는 점이다. 다른 많은 저서에서도 이와 유사한 주장을 발견할 수 있고, 사실상 많은 학자들은 이런 주장을 당연한 것으로 받아들인다. 존스가 이런 주장에 관해 노골적으로 찬성하고 있기 때문에 그의 연구는 이 책의 출발점으로 적합할 것이다.

존스에 따르면 '유럽인'[1]은 산업화 이전에도 이미 유례없이 부유했으며, 특히 임의로 처분 가능한 자본(특히 가축)을 더 많이 소유하고 있었다.[2] 또한 그는 유럽인이 인구 증가를 적절히 억제함으로써 자본을 축적했으며, 그 결과 아시아인보다 어느 정도 높은 소비 수준을 유지할 수 있었다고 주장한다.[3] 더욱이 유럽은 자본 손실도 적었는데, 자연 재해가 덜한 데다 다른 지역보다 일찍 내화 벽돌과 돌로 집을 짓기 시작했기 때문이다.[4] 따라서 유럽에서 감가상각 상쇄에 필요한 연간 흑자액이 최저 생계비를 크게 상회하진 못했지만 자본 이익은 산업혁명이 일어나기 전까지 갈수록 꾸준히 증가했다는 게 존스의 주장이다.

그러나 사실상 1800년 이전 서유럽이 다른 구세계보다 자본을 더 많이 보유했다거나, 유럽이 자본 축적에서 상당한 우위를 점하게끔 만든 일련의 항구적인 환경—인구통계학적인 것이든 그 밖의 다른 것이든—이 존재했음을 시사하는 증거는 거의 없다. 유럽인이 두드러지게 더 건강했거나(예를 들면 인적 자본 측면에서 유리한), 생산성이 더 높았다거나, 아니면 더 발전한 아시아 일부 지역보다 오랜 시간에 걸쳐 서서히 축적한 이점을 물려받았을 가능성도 높지 않다.

총자본으로 구현한 기술을 비교해보면, 유럽이 우위를 점한 분야 중 상당수가 산업혁명 이전 2세기 혹은 3세기 동안 이루어진 것임을 알 수 있다. 아울러 유럽에는 여전히 낙후한 분야가 있었다. 유럽의 취약점은 토지 운용과 특정 토지 집약적 생산물(특히 연료로 사용하는 땔감)의 비효율적 사용 등 농업 분야에 집중되었다. 그렇기 때문에 우세한 유럽의 몇몇 지역은 혁명적인 발전을 이루는 데 중요했던 반면, 기술적으로 앞서 있던 사회임에도 특정 지역에서는 그렇지 못한 것으로 나타났다. 그러나 토지를 기반으로 하는 다른 사회 공동체보다 유럽을 훨씬 자유롭게 해준 변화가 없었다면, 유럽이 다양한 분야에서 기술을 주도했을지라도 비약적인 자립 성장을 이루어내지는 못했을 것이다. 이는 부분적으로 뒤떨어진 여러 가지 토지 절약형 기술을 따라잡은 결과였고, 식민지에서 획득한 지식 덕분에 크게 촉진되었다. 아울러 어느 정도는 아주 중요한 특정 자원(주로 삼림 보존에 기여한 석탄)의 발견이라는 뜻밖의 행운 덕택에 가능했다. 또한 이는 부분적으로 세계적 연관성에 기인한 것이기도 했다. 하지만 세계적 연관성이라는 것도 결국 유럽인이 이룬 성과(대부분 폭력으로 획득한), 계속된 행운 그리고 독자적 발전이 결합해 형성된 것이다. (독자적인 발전의 한 가지 예로 중국이 은 경제로 전환한 것을 들 수 있다. 그 덕분에 '신세계'의 광산들은 큰 돈벌이를 할 수 있었고, 유럽인은 수출할 만한 다른 상품이 나올 때까지 오랫동안 식민지를 유지할 수 있었다.)

이런 세계적 연관성 덕분에 서유럽 사람들은 막대한 양의 토지 집약적 자원을 추가로 이용할 수 있었다. 나아가 이들은 19세기의 인구 및 1인당 자원 사용량 급증 현상이 도래하기 이전에 이미 심각한 압박을 받던 유럽 생태계의 숨통을 틔워줄 자원을 확보했다. 결과적으로 유럽은 다양한 노동 집약적 활동에 막대한 노동력을 투입하지 않고도 생태 환경을 지속적으로 보존하는 가운데 생산량을 늘리는 방향으로 토지를 운용할 수 있었다. 만약 이런 '부수적' 요인이 없었다면, 유럽의 발명품만으로는 18세기 중국과 인도 및 다른 국가에서 꾸준히 이룩해온 주변적 기술 향상보다 사회·경제적으로 훨씬 더 혁명적인 충격을 주지 못했을 것이다.

농업, 운수와 목축 자본

유럽은 실제로 다른 어느 지역보다 1인당 가축 수가 많았는데, 유럽 농업 시스템에서 가축은 금전적 가치가 있는 자본재였으므로 통상 가축이 많다는 것은 더 큰 부를 의미했다. 그리고 아시아 몇몇 지역에서는 가축이 부족해 더 많은 땅을 경작하지 못했다. 예를 들어 18세기 벵골 지역 곳곳에서 토지를 소유하지 않은 노동자들은 쟁기질할 가축을 구하지 못해 놀고 있는 비옥한 땅도 이용할 수 없었다. 하지만 이는 가축이 절대적으로 부족해서라기보다는 소작농 수가 줄어들 것을 우려한 지주들이 필요한 가축을 독점했기 때문이다.[5] 유휴지가 여전히 많았다는 사실 자체는 가축을 갖지 못한 사람을 비난했던 맬서스 이론에 의문을 갖게끔 만든다.

다른 몇몇 아시아 국가의 경우, 인구수는 가축의 효율적인 이용을 제한할 정도에까지 이르렀다. 하지만 그런 경우라도 농가의 가축 수가 부족해서 농작물 생산에 지장을 받았다는 증거는 없다. 실제로 가축 부족이 심각한 문제였다면, 규모가 크고 부유한 농장주들이 왜 가축을 더 많이 기르거나 이용하지 않았는지 이해하기 어렵다. 필자가 갖고 있는 합리적인 자료에 의하면, 그때만 해도 중국 북부 지역의 경우 규모 큰 농장과 작은 농장 사이에 1에이커당 투입한 가축 수는 큰 차이가 없었다.[6] 게다가 유럽의 일반 농장에서는 아주 작은 수의 가축으로도 사용 가능한 경작지를 확보하는 데 필요한 일을 충분히 해냈다. 또한 이 지역—남쪽의 벼농사보다는 유럽과 유사한 혼합 작물을 경작하고 생태 환경도 비슷한—은 18세기 후반 상대적으로 가축의 수는 적었지만 동시대 유럽인보다 경작지에 더 많은 그리고 더 질 좋은 거름을 주었다.[7] 거기서 나오는 수확량은 밭농사 지역의 이례적으로 높은 인구를 먹여 살렸으며,[8] 곧 살펴보겠지만 생활수준도 서유럽에 필적할 정도였다. 한편 아시아의 벼농사 지역에서는 가축 수가 훨씬 적었지만 세계에서 가장 높은 농업 생산성을 보여주었다. 벼농사는 단순히 축력畜力만을 필요로 하지 않을뿐더러 밀을 빻는 것과 같은 수확 후 작업에 많은 에너지가 들지 않기 때문이다.[9] 중앙아메리카 같은 아열대 및 열대 지역 또한 경작에 가축을 거의 사용하지 않았음에도 많은 인구를 부양할 수 있었다. 가축이 많았음에도 유럽의 농업 생산성이 특별히 더 높지 않았다면 가축이 많다는 것을 결정적 이점으로 보기는 어렵다.

물론 쟁기질하는 가축은 짐수레도 끌 수 있다. 산업혁명 이전 유럽에서 육로 운송이 상당한 우위를 보인 것은 매일 건사하면서도 농사일에 필요할 때만 잠깐씩 사용한 가축을 충분히 이용할 수 있었기 때문이다. 그렇다면 당시 유럽에는 육로 수송 발전에 필요한 중요한 이점이 있었을까? 목초지가 거의 없는 동아시아와 비교하면 그렇다고 볼 수 있지만, 괄목할 만한 발전을 이룬 중국과 일본의 해상 운송은 이를 상쇄하고도 남았으며 적어도 중요한 운송 자본의 형태를 취했다. 요컨대 애덤 스미스는 당시 동아시아 운송 분야의 전반적 이점을 지적했다.[10] 그리고 아시아에서도 목초지가 많았던 농촌 지역에서는 필시 유럽과 마찬가지로 육로 수송이 상당히 발달했을 것이다. 북인도에서 때때로 화물 수송에 가축 1만 마리를 동원했다는 예는 이 사실을 강력히 입증한다.[11] 양적 예측은 많은 불확실성을 안고 있지만 단편적 지식을 종합해보건대 18세기 북인도에서 1인당 화물 운송에 가축을 이용하는 능력은 베르너 좀바르트Werner Sombart가 1800년대 독일에 대해 평가했던 것과 크게 다르지 않음을 알 수 있다.[12] 또한 중국과 인도는 오랫동안 엄청난 양의 목초지를 보유했던 중앙아시아에서 군마軍馬를 비롯한 다른 가축을 구입했다. 18세기 들어 청 왕조는 이 지역 대부분을 지배하면서 자국의 군마를 사육했다. 만약 중국인이 가축을 수입할 필요가 있다고 생각했다면 생태적 견지에서도 실행 가능한 일이었을 것이다.[13]

아시아에서 운송 능력이 부족했다는 다른 증거는 발견되지 않는다. 운송 능력이 부족했다면 아마도 유통에 지장을 받았을 것이며, 곡물처럼 부피가 큰 상품의 경우 특히 그러했을 것이다. 그런데 다른 어느 곳보다도 인구 밀도가 높았던 중국의 경우는 원거리 교역으로 유통하는 곡물의 비율이 유럽보다 상당히 높았던 것으로 보인다. 우청밍吳承明은 18세기에 어림잡아 3000만 섬[14] 또는 1400만 명가량을 먹이기에 충분한 양의 곡물을 원거리 무역으로 유통했을 것으로 추산했다.[15] 이것은 넉넉잡아도 18세기 유럽 전성기 이전의 교역량보다 5배 많으며,[16] 전성기 발트 해의 평년 곡물 무역량보다는 무려 20배 넘게 많은 양이다.[17]

게다가 우청밍의 자료 수치는 중국에서 가장 큰 규모의 곡물 무역 루트만 다루는데, 그것조차 신중하게 산출한 추정치를 사용한다. 예를 들어 그는 산둥 성을 제외했는데, 1800년대 이 지역의 인구는 프랑스보다 약간 많은 2300만 명가량이었으며,[18] 특별히 상업화하지는 않았지만 그렇다고 특별히 낙후한 지역도 아니었다. 이 지역에서는 18세기에 한 해 평균 70만~100만 명이 충분히 먹을 정도의 곡물을 수입하고—발트 해의 교역량을 능가하는 수치—또한 대략 비슷한 양을 수출했다.[19] 따라서 만약 중국 내에서 이뤄진 이와 같은 지역 간 곡물 유통을 유럽의 '국제 무역'과 맞먹는 것으로 간주한다면, 이 지역이 유럽의 원거리 곡물 무역을 모두 합한 것과 비견할 정도의 곡물 무역에 어느 정도 관여했는지 가늠해볼 수 있다. 나아가 그 지역 내에서도 역시 상당량의 곡물 교역이 분명히 이뤄졌음에 틀림없다. 왜냐하면 이 정도 규모의 수입량으로도 도시 지역의 수요를 충족시킬 수 없었기 때문이다. (그곳의 면화와 담배 재배자에 대해서는 언급도 하지 않았다.)

중국만 그런 것은 아니었다. 아시아의 다양한 지역에 있는 도시들—그리고 아마도 식민지 아메리카에 있는 한두 개의 도시—은 18세기 런던 이전의 그 어떤 도시보다 규모가 컸다. 물론 몇몇 도시는 런던보다도 규모가 컸다. 일본은 18세기에 인구의 22퍼센트가 도시에 살았던 것으로 추정되는데, 이는 서유럽의 경우 10~15퍼센트였던 것과 대비된다.[20] 또한 말레이 군도는 전체적으로 인구 밀도가 희박한 곳이었음에도 불구하고 15퍼센트의 인구가 도시에 거주했다.[21] 대부분의 이런 도시는—남아시아와 중동의 일부 지역은 물론—원거리 운송 수단을 이용해 부피 큰 식품들을 실어 날랐다.

전반적으로 당시 유럽이 운송 분야에서 우위를 점했다는 증거는 찾아보기 힘들다. 마지막 남은 가능성은 유럽의 경우 제분업 같은 산업 활동에 가축의 힘을 사용했다는 결정적 차이가 있다. 하지만 쌀을 주식으로 하는 아시아는 무엇보다 제분 작업을 할 필요가 없었다. 밀과 달리 쌀은 흔히 가루로 만들지 않고 먹었기 때문이다. 또 쌀을 빻을 때는 한 번에 아주 적은 양만 작업했는데, 이는 가축이 부족해서라기보다 쌀이 갖고 있는 본질적 특성 때문이었다. 쌀은 일단 가루를 내면 쉬이 상하기 때문에 그때그때 필요한 적은 양을 수작업으로 처리할 필요가 있었다.[22] 더욱이 유럽과 아시아 어느 곳을 막론하고 대부분 방앗간을 비롯한 산업 시설은 모두 소규모였다. 아울러 그런 시설들마저 제한된 수요와 축제 같은 관습적 규제 그리고 그 밖의 이유(예를 들면 대장간의 연료 부족) 등으로 쉬는 날이 많았다. 따라서 대개는 상당수 가축이 불필요한 경우가 많았으며, 축력이 부족해서 산업 발전에 제동이 걸린 분야는 없었다.

따라서 유럽에서 가축 수가 중요했다면, 그것은 자본재가 아니라 소비재일 때뿐이었을 것이다. 예를 들어 가축은 다른 데서 적당히 대체할 수 없는 단백질 공급원이었다. 유럽인은 확실히 아시아 사람보다 많은 육류와 유제품을 소비했다. 하지만 근대 초기에 와서는 이런 장점이 증대한 게 아니라 줄어들었으며, 그 속도 또한 빨라졌다. 예를 들어 중세 말과 1800년 사이 독일의 육류 소비량은 80퍼센트 감소했다.[23] 그뿐만 아니라 육류가 단백질 공급원이긴 해도 대체 불가능한 것은 아니었다. 중앙아메리카와 북아메리카의 많은 사람들은 육류에 함유되어 있는 필수 아미노산을 옥수수, 콩 및 과즙에서 얻었으며 동아시아 사람들은 두부로 섭취했다.

좀더 일반적으로 말하면, 식생활에 대한 논쟁이 한쪽이나 일부 내용만을 참고했다면 그것은 한결같이 빈약할 수밖에 없는데, 이는 벽돌을 더 많이 사용한 건물과 석재를 더 많이 사용한 건물 간에 우열을 가리기 힘든 것과 같은 이치다. 그렇다면 생활수준이 앞섰음을 보여주는 특징에는 어떤 것들이 있을까?[24] 일본, 중국 및 동남아시아의 많은 지역에서 안전한 식수를 공급했다는 주목할 만한 점은 거론하지 않고 왜 유독 유럽 주택의 우위만을 강조하는가?[25] 혹은 대부분의 아시아 지역에서는 가난한 사람도 두루 이용할 수 있었을 뿐 아니라 유럽에서는 일단 상용화하자 부자들까지 선호했던 면화의 더 큰 편리성과 내구성을 제쳐두고 왜 유럽의 주택이 더 나았다는 개연성만 역설하는가? 유일하고 거의 완벽한 대답은 물질적 재화의 특별한 혼합이 유럽인을 더욱 건강하게 하고, 더욱 오래 살게 하고, 더욱 활력 있게 만들었다는 점일 것이다. 하지만 널리 인정받고 있는 증거들에 따르면 그것은 전혀 사실이 아니다. 폴 베어록Paul Bairoch은 20세기부터 역산해 1800년경 전 세계 대부분 지역의 1인당 국민소득을 추산해냈다. 그가 제시한 도표를 보면 '아시아'는 서유럽보다 약간 뒤처져 있지만 유럽 전체와 비교하면 약간 우위에 있고, 심지어 중국은 서유럽보다도 앞서 있다.[26] 하지만 베어록의 작업 역시 여러 가지 문제점이 있다. 따라서 필자는 그가 도출해낸 수치에 의존하기보다는 차라리 독자적으로 18세기 유럽 경제의 '보편성'에 대해 적절한 사례를 들어 논증할 것이다.

수명이 더 길었나, 생활이 더 나았나

1650년 잉글랜드에서 출생 시 기대수명(아마도 유럽에서 가장 길었을 것이다)은 귀족의 자녀조차도 32세에 불과했으며, 1750년 이후에야 간신히 40세를 넘겼다.[27] 존 노델John Knodel이 조사한 독일 서부 14개 마을 사람들의 기대수명은 18~19세기 내내 35~40세였다. 앞으로 살펴보겠지만 이 수치는 19세기의 더 많은 독일 사람들을 대상으로 산출한 통계치보다 높은 것이다.[28] 앤서니 리글리Anthony Wrigley와 로저 스코필드Roger Schofield의 광범위한 연구 결과에 따르면, 18세기 내내 잉글랜드인의 기대수명은 30대 중후반이었으며 19세기에 40세까지 늘어났으나 1871년까지 그 수준을 크게 상회하지 못했다.[29]

비록 이런 수치는 놀랍게도 스톤이 귀족 자녀의 수명에 대해 언급한 것보다 잉글랜드인 전체의 기대수명이 약간 낮다는 점을 시사하지만, 여기서는 섣불리 그런 결론을 내리지 않을 것이다. 다른 학자들은 리글리와 스코필드가 1780년 이전 보통 사람들의 출생과 사망 신고가 매우 적었다는 사실을 철저히 숙지하지 못했다고 말한다. 그렇다면 이는 평범한 사람들의 기대수명을 낮게 계산함으로써 문서로 잘 정리되어 있는 귀족과 평민의 기대수명 간 차이를 더 벌어지게 만들었다는 얘기다. 피터 라젤Peter

Razzell은 1600~1749년 잉글랜드의 실제 유아 사망률이 리글리와 스코필드가 보여준 수치보다 60~100퍼센트 정도 높을 가능성이 다분하다고 추정한다.[30] 이것만으로도 37세라는 기대수명은 대략 31.6~34세로 떨어진다. 아울러 라젤은 이 시기 이전에는 연령별 사망률이 더 높았을 것이라고 추정한다.[31] 인구가 훨씬 더 많았던 프랑스의 기대수명은 현저하게 낮아 1770~1790년 남녀 모두 27.5~30세였다.[32] 도표를 통해 살펴보면 그보다 몇십 년 뒤인 1816~1860년 독일 내 여러 지역의 기대수명은 동서 프로이센 24.7세, 라인 주 29.8세, 베스트팔렌 31.3세로 프랑스와 비슷하다.[33]

다양한 아시아 집단의 기대수명을 보면 적어도 서유럽 사람들만큼 오래 살았던 것 같다. 수전 핸리Susan Hanley와 야마무라 고조山村耕造는 19세기 후반에서 20세기 초, 일본에 있는 두 마을 주민의 평균 수명을 남성 34.9~41.1세, 여성 44.9~55세로 추정했다.[34] 토머스 스미스Thomas Smith, 로버트 엥Robert Eng, 로버트 런디Robert Lundy는 문서상 충분히 입증된 19세기 마을 주민을 토대로 산출한 전체 평균 수명을 남성 47.1세, 여성 51.8세로 추산했다.[35] 따라서 시골에 사는—귀족과 법적으로 도성에 거주해야 하는 그룹을 포함하지 않은—일본인은 적어도 유럽인만큼 오래, 혹은 더 오래 살았던 것으로 보인다.

중국인의 수명은 놀랄 정도는 아니지만 역시 유럽인과 상당히 유사한 분포를 보인다. 다른 아시아계 사람들도 마찬가지다. 상대적으로 부유한 아시아계 혈통을 연구·조사한 테드 텔포드Ted Telford는 18세기 중엽의 기대수명을 39.6세로 추산했는데, 이때까지만 해도 잉글랜드의 추정치와 비슷했지만 19세기 초에 이르면 34.9세로 낮아졌다고 주장한다.[36] 1792~1867년 만주의 한 시골 마을에 거주한 주민들에 대해 매우 믿을 만한 자료를 토대로 제임스 리와 캐머런 캠벨Cameron Campbell이 추정한 출생 시 기대수명은 남성이 35.7세, 여성이 29세였다.[37] 이 도표에 나타난 결과를 보면 그 지역에 이례적으로 팽배했던 남아 선호 사상 때문에 여성이 억압받았을 가능성에도 불구하고 당시 기대수명은 텔포드가 산출한 18세기 중엽의 추정치보다 약간 낮을 뿐이다. 어쨌든 당시 그들의 기대수명은 번성했던 유럽의 시골 마을 사람들과 비슷했다. 윌리엄 레이블리William Lavely와 빈 웡은 18세기의 기대수명이 낮아진 것에 대해 의혹을 제기할 만한 많은 증거를 발견했다. 중국인의 기대수명을 측정한 자료를 수집해 다각도로 연구를 수행한 그들은 19세기까지 중국인의 기대수명이 유사한 집단의 북서부 유럽 사람들에 비해 일반적으로 더 높다는 사실을 밝혀냈다.[38]

청나라 황족—아마도 전근대premodern 인구 가운데 가장 완전한 기록을 갖춘 대형 표본이겠지만, 결코 보통 부자의 표본은 아니다—에 관한 최근의 연구 결과는 복합적인 양상을 띠고 있지만 전반적으로 '중국인'이 서유럽 사람들만큼 오래 살았다는 견해를 뒷받침해준다.[39] 기대수명이 낮은 이유는 유아 살해 비율이 높았기 때문인데, 18세기에 그 비율이 가장 높았던 점을 감안하면 유아 살해율이 25퍼센트에 달했을 가능성도 있다.[40] 유아 살해는 가족계획의 일환으로 널리 행해졌으며, 그런 일이 얼마나 광범위하게 이뤄졌는지 자료를 통해 비교적 정확히 알 수 있다. 하지만 18세기 후반 무렵 기대수명은 40세 또는 그보다 약간 높았는데, 이는 앞서 언급한 서유럽 사람들 가운데서도 부유한 사람들과 아주 대등한 수치다.[41] 이와 같이 유럽 사람과 비슷한 중국 사람의 기대수명은 다른 인구통계학적 자료를 통해서도 유추할 수 있다. 이어서 곧 설명하겠지만 중국은 출생률이 유럽보다 낮았으며, 인구 증가율은 처음엔(1550~1750년) 유럽보다 높았다가 그 후에는 비슷해졌다. (중국과 유럽 모두 1750~1850년 대략 2배로 증가했다.) 이는 중국인의 사망률이 유럽보다 낮았을 경우에만 가능한 일이다. (유럽에는 이주자들이 많았지만 이 시기 말까지 중요한 차이를 가져올 만한 수치는 아니었다.) 중국에 대한 추가 연구가 이루어지면 출생률과 사망률은 지금까지 알고 있는 것보다 더 높아질 수도 있을 것이다(특히 더 빈곤한 지역의 질 좋은 자료를 찾을 수 있다면). 하지만 유럽에 대한 자료 역시 비교적 번영을 이룬 지역에서 수집한 것이기 때문에 왜곡되었을 가능성이 있다.

18세기 중국과 유럽(아마 중국보다 약간 우세했을 것이다)의 부유한 지역을 대상으로 한 기대수명이 대략 유사하리라는 것은 빈약한 영양학 자료에서도 반영된다. 그러나 여기서는 사망률과 영양 사이에 밀접한 연관이 있다고 성급하게 속단하지 않을 것이다. 왜냐하면 이런 주장은 산업화 이전 사람들은 의식적으로 사망률에 영향을 미칠 방법이 없었고, 이용 가능한 자원의 변동(아울러 전염병이나 전쟁 같은 외부 요인)에 주된 영향을 받았다고 가정하기 때문이다. 예를 들어 제임스 리와 왕펑王豐은 새로운 공중위생 조치(천연두의 확산 근절), 개인위생의 생활화(비누 사용과 끓인 물의 음용), 대중의 태도 변화(영아를 살해하거나 방치하는 의료 행위를 발본색원하려는 자세)에 관한 좋은 사례를 제시했다. 예상과 다르게 이런 요인이 유럽의 인구에 영향을 준 것 이상으로 18세기 중국인의 기대수명에 더 큰 영향을 주었을 가능성도 물론 있다. 하지만 설령 그렇다 해도 1인당 음식물 섭취량이 사망률에 영향을 미친다는 맬서스의 기본적 견해를 간과할 수는 없다. 따라서 상대적으로 장수한 중국인이 더 풍요로운 식생활을 했다고 확신할 수 있다.

1800년 이전의 음식물 섭취량에 관한 유럽의 보고서에서 커다란 불일치를 발견한 브로델은 그것이 특권층의 삶에 관한 자료에서 비롯되었다고 지적한다. 더불어 에스파냐 함대에서 일하는 선원처럼 힘든 육체노동을 하는 사람은 하루 3500칼로리, '도시민'은 2000칼로리를 섭취했다고 주장한다.[42] 그레고리 클라크Gregory Clark, 마이클 휴버먼Michael Huberman, 피터 린더트가 정리한 19세기의 자료에 따르면 1860년대 농장 일에 종사하지 않은 노동자 가정에서 성인 남성은 2000~2500칼로리, 시골 농장 노동자 가정의 성인 남성은 약 3300칼로리를 섭취한 것으로 나타난다.[43] 판민더潘敏德는 양쯔 강 삼각주의 17세기 농업 매뉴얼에 소개된 농장 노동자들의 배급량에 관한 연구에서, 이런 배급량이라면 곡물 한 가지만으로도 4600칼로리를 섭취한 셈이라고 밝혔다.[44] 18세기 중국 전체 인구의 곡물 소비량은 자료마다 다르긴 하지만 하루 평균 약 2.2섬이다.[45] 따라서 중국인은 매일 한 사람당 1837칼로리를 섭취했던 것으로 추정된다. 만약 존 벅John Buck이 예시한 1920년대와 1930년대의 표본[46]과 1800년대 인구의 연령 구조가 동일하다고 할 경우 이를 성인 기준으로 환산하면 한 사람당 2386칼로리에 해당한다. (더욱이 이는 그들이 섭취한 식품의 종류는 고려하지 않은 수치다.) 성인 남자를 기준으로 환산하는 것은 영국과 비교하기 위해 바람직하긴 하지만, 이는 17세기와 20세기 중국 농민을 대상으로 한 자료 모두에서 성인 남성과 여성의 소비량 차이가 영국의 표본에 비해 상당히 크다는 사실 때문에 복잡해진다. 하지만 만약 19세기 말의 영국을 기준으로 환산하면, 중국의 성인 남성 한 사람당 소비량은 2651칼로리다. 이는 훨씬 번성했던 19세기 후반을 포함해 다양한 영국의 표본 가운데 하나를 제외한 모든 예시와 아주 흡사하며, 유럽 전체를 대상으로 브로델이 '대규모 도시의 대중'을 대상으로 산출한 열량 추정치를 크게 넘어서는 수치다.[47]

동남아시아의 자료는 천차만별이지만, 19세기 초 한 교구의 기록에 따르면 루손 섬 주민들의 기대수명은 42세였다.[48] 여기저기 산재한 증거는 1500~1800년 동남아시아의 지식인이 그들을 지배했던 유럽 귀족보다 약간 더 오래 살았으며, 당시 이곳을 방문한 유럽 사람들이 토착민이 얼마나 건강한지에 대해 종종 이야기했다는 사실을 보여준다.[49] 그 밖의 많은 지역에 대한 자료는 너무나 부족하다.

북서부 유럽의 기대수명 추정치보다 매우 질 낮은 자료를 제시하는 지역은 인도뿐이다. 1800년경 출생한 사람의 기대수명이 20~25세라는 것은 아마도 한 지역의 불확실한 자료를 기반으로 도출한 결과일 것이다.[50] 거듭 살펴보겠지만 엄청난 차이를 보이는 빈약한 자료를 조합한 것으로는 서아시아를 일반화하기 어려우며, 특정 지역에 있는 소규모 집단의 예를 중국·일본·유럽의 경우처럼 일반화해 말하는 것 또한 어려운 일이다. 이런 사례에서 특히 주목할 점은 규모가 월등하게 큰 중국 제국(하지만 정치적으로는 더 잘 통합된)의 노동 체제보다 인도의 노동 체제가 훨씬 더 다양한 측면을 지녔다는 사실이다. 다시 말하면 인도는 유럽 전역과 비교할 수 있을 정도로 변화의 폭이 컸다. 서유럽하고만 비교한다면 인도가 지닌 다양성의 범위는 한층 더 넓다고 할 수 있다. 따라서 소득 분배와 생활수준이 마찬가지로 큰 차이를 보인다 해도 놀라운 일은 아니며, 심지어 인도 내에서 자연 조건이 유사한 지역 간에도 차이가 있을 수 있다. (물론 이는 유럽도 마찬가지다. 이에 반해 중국의 경우는 지역 환경과 생활수준이 좀더 직접적으로 연관되어 있었던 것으로 보인다.) 한편 인도 사람들의 기대수명 25세도 이브 블라요Yves Blayo가 제시한 프랑스인의 기대수명보다 약간 낮을 뿐이다. 더욱이 최근 연구에서 18세기 중엽의 남인도 노동자는 최소한 식량 구입 능력에서만큼은 유럽 노동자를 능가했던 것으로 나타났다.[51]

출생률

만약 유럽인의 사망률이 이례적으로 낮지 않았다면 출생률 역시 그랬을 것이다. 따라서 유럽 가정은 자신들의 세습 재산을 보전할 만한 강점을 지니지 못했다. 존 하이날은 독신율이 높은 유럽의 출산 상황에 대해 최초로 언급했는데, 청소년과 청년이 취업을 하면 결혼하기 전까지 수년 동안 집을 떠나 생활했기 때문에 상대적으로 독신율이 높아지고 결혼도 늦어져 '산업혁명 이전의 인구 체제'(부부의 출산을 억제하지 않았다)보다 출생률이 더 낮았다고 설명했다. 이는 세계 대부분 지역을 이와 같은 전근대적 체제로 특징지을 수 있음을 보편적으로 가정한 것이다.[52] 사실상 당시 유럽 외에는 결혼을 늦추거나 억제하는 제도를 운용하는 대규모 사회가 거의 없었다. 또한 비교 연구가들도 유럽에서 결혼 생활 중 할 수 있는 효과적인 임신 조절 방법이 등장(18세기 말경)하기 전에는 유럽 이외의 지역에서 출산 억제 정책이 행해졌다는 사실은 생각지도 못했다. 하지만 이제는 아시아인 혹은 적어도 동아시아인이 출산을 어느 정도 억제했음이 분명해졌다.

일본의 자료는 최초로 놀랄 만큼 저조한 출산율을 보여준다. 의도한 것은 아닌 듯하지만 이렇게 저조한 출산율은 상당 부분 젊은 여성이 일자리를 얻어 고향을 떠나면 수년간 고용지에 머물렀던 관습적 계약의 간접적—아마도 우연적—결과로 보이며, 이런 현상이 하이날이 관찰한 유럽의 경우와 유사하게(좀더 명백하지만) 일본의 낮은 출산율에 영향을 미쳤던 것으로 보인다.[53] 더욱이 당시 사람들이 낙태와 유아 살해를 비롯한 다양한 방법으로 자녀의 수와 성별을 조절했으며, 따라서 산아 제한과 금욕에도 힘을 쏟았을 것이라는 명백한 증거가 있다. 유아 살해를 비롯한 이런 직접적 방법은 경제적 어려움에 처했을 때 생존 전략으로 이용했을 뿐만 아니라, 풍요로운 시대에는 부의 축적 및 경제적 유동성 전략의 일환으로 행해졌으며 시간이 갈수록 그런 점은 더욱 분명해졌다.[54] 일본의 경우, 유

아 살해는 사실 가난한 사람들보다 부유층에서 더 흔히 이뤄졌다는 증거가 있다.[55]

그보다는 더 드물고 강제성이 적긴 하지만 남아시아에서도 출산율을 억제하기 위해 부부들에게 여러 가지 노력을 하게끔 했다는 증거가 있다. 이주 노동에 참여한 많은 여성의 경우에는 특히 더 심했다.[56] 가장 최근 진행한 연구 덕분에 다양한 계층의 중국인이 호황기든 불황기든 상관없이 가계의 규모, 자녀의 터울, 성별의 선택을 제한하기 위해 각종 전략을 이용했다는 사실이 분명해졌다.[57] 결혼을 늦춤으로써 임신을 지연시키는가 하면, 가정을 이루고 나서는 피임법을 널리 이용한 것으로 보인다. 최근의 연구에 따르면 중국의 피임법은 유럽 여성에 비해 중국 여성의 결혼 연령이 더 빠름에도 불구하고 중국 여성의 평균 가임 기간을 유럽 여성보다 상당히 단축시켰다.[58] 결과적으로 중국의 부부 한 쌍당 그리고 여성 1인당 출산율은 1550~1850년 서유럽의 출산율을 훨씬 밑돌았다.[59]

요컨대 자신들의 생활수준을 유지하고 향상시키기 위해 지속적으로 출산율을 낮춘 유럽인만큼 아시아의 여러 집단 역시 그렇게 해왔던 것으로 보인다.[60] 나아가 중국과 일본의 출산율이 유럽보다 낮았다는 증거는 중국의 사망률이 더 낮았다는 (그래서 생활수준이 유럽보다 높았다는) 것을 가리키며, 그 반대의 경우도 마찬가지다. 만약 동아시아인이 유럽인보다 잘살거나 부유했다면 이들이 가계의 자본 축적에 덜 힘썼다고 생각할 만한 분명한 이유는 없다. 이런 사실에도 불구하고 다음 단락에서는 유럽인의 노력을 한층 효과적으로 만든 다양한 거시적 차원의 요소에 관한 논쟁을 고찰하고자 한다.

축적?

1750년 후반까지도 대부분의 유럽인, 심지어 북서부 유럽인조차 유례없이 부유했다고 생각할 만한 근거는 거의 없다. 따라서 그들의 자본이 더 가치 있었을 것 같지는 않다. 그들의 자본이 생활수준을 더 향상시켰던 것으로 보이지는 않기 때문이다. 존스는 유럽의 자본이 가치 하락을 덜 겪었다고 주장했는데, 그 가능성에 대해서는 별도로 관심을 기울일 만하다. 더 튼튼한 자본으로 오랫동안 다른 차이점을 상쇄했다는 그럴듯한 각본은 점차적으로 다른 차이점(예를 들면 저조한 총 투자율이나 숙련공의 부족)이 중요하지 않게 된 후에 나온 것이다. 그렇지만 현재로서는 그러한 각본에 높은 비중을 둘 이유는 없다.

물론 유럽의 건물이 벽돌이나 돌을 덜 사용한 중국이나 일본의 건물보다 재해를 더 잘 극복했을 가능성도 있다. 하지만 이런 점만으로 유럽이 다른 국가들을 선도했다거나, 총자본의 취약성에서 비롯된 차이를 보완할 만한 것이 없었다고 말하기에는 자료가 충분하지 않다.

존스는 유럽에서 발생한 일반적 재해—주로 전염병, 전쟁, 흉작—는 대부분 자본보다 노동력을 파괴한 반면 아시아 지역에서 잦았던 지진과 홍수는 자본에 더 많은 손실을 가져왔을 가능성이 있다고 주장했다. 그러나 재해가 유럽에 주목할 만한 정도의 이익을 안겨주었다는 주장은 상당히 의심스럽다.

사실 최악의 재앙을 제외하면 인구는 한두 세대 안에 대개 회복하지만, 총자본 파괴는 경우에 따라 그 파장이 더 오랫동안 지속되기도 한다. 13세기에 있었던 이란과 이라크 전쟁 때문에 관개 시설이 파괴된 이후 한 세기에 걸쳐 그 지역이 쇠퇴한 일은 가장 잘 알려진 사례일 것이다.[61] 하지만 한 나라의 근간이 파괴되지 않았다면 심지어 공들여 만든 기반 시설을 새로 구축하는 데 필요한 시간도 사람들이 전염병에서 회복하는 데 드는 시간과 거의 맞먹는 경우가 많다. 예를 들어 중국은 17세기에 수년간 전쟁, 전염병, 불황, 인구의 감소 등을 겪었지만 안정을 되찾자마자 양쯔 강 유역의 물 통제 시스템을 상당히 빠른 시일 내에 재건했다.[62] 또한 중국은 19세기 중반 초토화하다시피 파괴된 후에도—재건 속도가 파괴 정도에 비례하지는 않을지라도—몇 년 만에 양쯔 강 유역의 치수治水 체계를 원상태로 회복했다.[63] 그리고 추측하건대 홍수와 지진이 전염병이나 가뭄 이상으로 한 사회의 기본 구조를 파괴했을 가능성 또한 없다. 따라서 전쟁으로 인해 아시아 사회의 기본 질서가 입은 타격이 유럽의 경우보다 더 심하지 않았다면—근대 초기 유럽 내에서 벌어진 전쟁의 빈도를 감안할 때, 적어도 중국과 일본은 전쟁 발생률이 훨씬 낮았으며 동남아시아 지역이 전쟁으로 인해 입은 물리적 피해 정도가 제한적이었던 사례를 통해[64]—유럽이 자본의 피해가 더 적어서 혜택을 입었다는 주장은 매우 의심쩍다. (후속 연구에서, 존스는 실제로 발생한 물리적 파괴로 인한 차이에 주안점을 두었던 입장에서 몽골 시대의 유산이 아시아에 특히 보수적인 체제를 뿌리내리게 했다는 주장으로 전환했다. 이 내용에 대해서는 나중에 다룰 예정이다.)[65] 마지막으로 존스는 인적 자본을 대체하는 것보다 물적 자본을 대체하는 게 필시 더 큰 부담이었을 것이라고 판단한 이유를 밝히지 않았다. 유럽의 인적 자본이 중국, 일본 그리고 어쩌면 동남아시아만큼 빠르게 줄어든 것으로 보임에도 말이다.

유럽의 방직공, 농민 또는 그 밖의 노동자들이 유라시아의 다른 지역 사람보다 두드러질 만큼 더 생산적이었다는 어떤 징후도 포착할 수 없다—만약 인적 자본이 더 많고 우수했다면 그런 징후가 나타났을 것이다. 우리는 이미 유럽 사람들이 더 오래, 더 풍요롭게 산 것 같지는 않다는 사실을 알고 있다. 이는 그 자체로도 중요한데, 유럽과 아시아의 상품 경쟁에서 유럽의 제조업체들이 높은 실질 임금을 지불함으로써 불이익을 입지 않았다는 것을 보여주기 때문이다. 유럽 노동자가 더 생산적이었으므로 그들은 아시아 시장에서 자신이 만든 제품을 팔 수 있었을 것이다. 그러나 누구나 인정하는 것처럼 유럽 상인들은 아시아 상품을 본국 시장에 파는 것보다 아시아에서 그들의 상품을 파는 데 더 많은 어려움을 겪었는데, 엘리트층이든 일반 대중이든 마찬가지였다. (식생활에서는 아시아 사람이 유럽 사람보다 나았지만, 상품은 유럽이 더 다양했을 가능성이 있다. 중국과 일본의 경우에 대해서는 3장에서 자세히 살펴볼 예정이다.) 사실 아시아 상품을 유럽—인도 아대륙—으로 수출한 것은 아시아의 막강한 저력을 세계에 과시하는 것이기도 했다. 그러나 많은 학자들은 이 지역 노동자의 생활수준이 대개는 낮았다고 믿는다. (이는 실제 1인당 생산 수준에 따라 1인당 소득 분포가 매우 불균형했기 때문인데, 이런 사실에 대해서는 3장에서 살펴볼 예정이다.) 하지만 중국은 18세기 내내 그리고 19세기 대부분에 걸쳐 직물과 기타 상품의 판로를 찾아 유럽과 아메리카 시장 개척에 나서면서 획기적인 전기를 마련했다.[66]

기술은 어떠했나

적어도 1850년경 북서부 유럽은 이미 여타 구세계보다 눈에 띄게 기술적 이점을 확보하고 있었지만, 이런 움직임이 온전히 19세기에 시작되었다고는 할 수 없다. 그러나 앞서 살펴본 대로 18세기의 유럽인이 전체적으로 중국이나 일본보다 생산적이었을 것 같지는 않다. 아울러 이런 사실은 1750년경 유럽이 전반적으로 '기술적 우위'를 점했다는 주장에 대해 조심스럽게 선을 긋고 적절히 설명할 필요가 있다는 것을 의미한다. 결과적으로 '과학 문명'이 확산하도록 도왔던 문화적·산업적 요소의 중요성은 인정하지만, 추가적인 연구가 이루어질 때까지는 이런 문화가 얼마나 독특했는지 결론 내리는 걸 보류하기로 하자. 특히 각종 연구 결과를 보면 정치경제적 요소(특허법부터 거듭되는 전쟁 그리고 영국의 높은 임금에 이르기까지)의 역할이 극히 적었던 것으로 나타나는데, 대다수 학자들은 이런 요소를 매우 중요한 것으로 강조한다. 이런 학자들의 주장은 해외에서 받아들인 특정 핵심 기술에 대한 지식과 지리 및 자원의 이용 가능성과 관련한 일련의 '임의적 요소'의 중요성을 부각시킨다.

필자가 주장한 대로 만약 유럽인이 1750년 전반적인 생산성에서 우세하지 않았다면 그들이 효율적으로 활용할 수 있는 평균적 기술 수준이 뛰어났을 가능성은 없다. 하지만 평균적 기술 수준에서가 아니라 유럽이 이미 세계 최고 수준에 도달했던 분야의 기술을 유럽 내(주로 영국, 네덜란드 연합 주United Provinces, 프랑스 일부 지역)에 배치하고 활용했다는 주장은 좀더 신빙성이 있다. 유럽이 다음 세기 동안 그런 기술을 널리 확산시켰다면 유럽 최고의 기술과 평균적 기술 사이의 차이는 좁혀졌을 것이고, 1850년경에는 우리가 아는 많은 생산성의 이점을 창출했을 것이다. (예를 들어 분명한 것은 1750년 유럽에서 펌프와 운하의 수문을 고안하기 위해 뉴턴 역학을 가장 먼저 사용했다는 점이다. 하지만 널리 알려진 자료에 따르면, 중국의 운하는 유럽이 더 훗날까지 내륙 수로를 이용해온 것에 맞먹을 만큼 지속적인 우위를 점했을 가능성이 높다.) 설령 누군가가 이 같은 혁신적인 발명의 근거에 의문을 제기한다 해도 1850년 유럽이 가졌던 모든 우위는 1750년대 후반의 발명품에서 비롯된 것이다.

대부분의 공은 1750년 이후 최고 성과물들의 급속한 보급 그리고 마거

릿 제이컵Margaret Jacob과 그 밖의 사람들이 그보다 150년이나 앞서 영국에서 목도한—'과학 문명'의 요소로 작용한—새로운 발명의 개화에 돌려야 한다. 다시 말해 과학 문명이 도래하자 출판물이 증가했고, 과학에 대한 사회적 관심이 널리 확산했으며, 비교적 접근하기 용이한 공개강좌가 열리는 등 새로운 변화의 바람이 불었다. 이런 현상 배후에는 유물론적 연구를 조장하는 분위기가 있었다는 느낌이 강하게 드는데, 과학 문명은 각기 다른 입장에서 정치적 영향력을 행사하는 인식론자들에게 개인적으로는 물질적 혜택을 제공하는 한편 사회적으로는 안정과 지속적 발전의 토대였기 때문이다. 한쪽은 직관에 기초한 독단적인 '성직자로서 능력'을 바탕으로 과학 문명을 인식했으며, 다른 한쪽은 살아 있는 자연·신·사회 질서에 대한 신비한 인식을 바탕으로 대중적인 주장을 펼쳤다.[67] 이 같은 인식론의 대립 가운데 일부는 전 세계적 현상이 아니라 북서부 유럽에서만 발견할 수 있는 독특한 것이다. 예를 들어 중국은 17세기, 특히 1644년 만주족의 장악 이후[68] 물리학과 수학에 상당한 관심을 기울였다. 중국의 출판업자들은 대량의 서적을 팔고 자신의 작업을 통해 세계를 개선하겠다는 신조를 실현할 수 있을 뿐만 아니라 정복 이후 시기의 정치적 논쟁에 말려들지 않는 데에는 의학 서적이 가장 좋은 출구라는 점을 발견했다.[69] 좀더 일반적으로 말하면, 설령 풍성한 결실을 맺었다는 사실을 입증한다 해도 그게 유럽 방식만이 기술을 발전시킬 유일한 길이었던 것은 아니다. 그 밖의 지역들은 여전히 다방면의 기술을 발전시키거나 유지하는 가운데 독자적인 방향으로 발명과 보급을 이어나갔다.

많은 분야에서 여러 비유럽 사회가 선두 자리를 지켰다. 앞서 언급한 관개 분야에서는 아마도 유럽이 가장 앞섰을 것이다. 그러나 다른 많은 농업 기술 분야에서 유럽은 중국, 인도, 일본 그리고 동남아시아의 일부 지역보다 뒤떨어져 있었다. 1753년 농업적으로 발전한 사회를 구축한 웨일스 사람들은 이를 자명한 사실로 받아들이며, "중국처럼 번성"할 수 있는 그날을 염원하며 전력투구했다.[70] 실제로 우리는 두 지역의 기대수명이 (차이의 규모를 뚜렷한 증거로 제시하는) 유럽과 동아시아 인구 밀도의 커다란 차이와 유사하다는—요컨대 유럽인이 훨씬 더 영양 상태가 좋았을 가능성은 없다는—사실을 살펴보았다.[71] 또한 급증하는 직물 수요에 맞춘 (유럽의 농업은 1800년대 이후 성장을 멈췄기 때문이다) 중국과 일본의 농업 역량, 상대적으로 낙후한 중국 북부 지역조차도 영국과 프랑스보다 토지를 비옥하게 관리했다는 사실 역시 입증할 수 있다. (여기에 대해서는 5장에서 논의할 것이다.) 나중에 살펴보겠지만, 18세기가 끝날 무렵 열대 식민지에서 산림 벌채와 토질 악화를 방지하는 방법을 암중모색하던 유럽인은 인도와 중국에서 배울 점이 많다는 사실을 깨닫고도 19세기가 다 지나도록 인도와 중국에서 배운 것들을 자국에 체계적으로 적용하지 못했다. 유럽은 대서양 건너에서 엄청난 규모의 토지를 추가로 획득했다(약간의 행운, 천연두, 군사력 그리고 항해술과 상업 기술 덕분에). 그러나 다른 부문에 어떤 우위를 갖고 있었든 18세기 경제에서 가장 중요한 농업 분야에서는 유럽의 기술이 뒤떨어졌음을 쉽게 상상할 수 있다.

또한 18세기 후반 유럽인은 농업 이외에도 아직 따라잡아야 할 다른 부문들이 있었다. 서유럽은 방직과 염색 공업 분야에서 여전히 인도와 중국의 작업 공정을 모방하려 애썼으며, 자기磁器 제작 과정도 마찬가지였다. 영국 논평가 2명은 1827년 말과 1842년에 인도의 조철條鐵이 영국의 철만큼 품질이 좋거나 우수했으며 가격 또한 1829년에는 영국산 철의 절반에도 못 미쳤다고 주장했다.[72] 아프리카의 많은 지역은 엄청난 양의 철과 강철을 생산한 반면 특정 지역에서는 연료로 사용하는 목재가 부족해 생산에 제한을 받았다. 철 생산 지역이 숲에서 멀리 떨어져 비용이 많이 들었지만 적어도 품질만큼은 근대 초기 유럽에서 구할 수 있었던 어떤 철과 비교해도 손색이 없었다.[73] 또 의학 분야는 세계 어디든 심각한 수준이었을 테지만 동아시아—그리고 아마도 동남아시아—의 도시들은 위생 설비와 깨끗한 식수 제공 등 공중보건 측면에서 멀찌감치 앞서고 있었다.[74] 17세기와 18세기에 개발한 천연두 예방법 등 의학 분야의 몇 가지 중요한 발견은 유럽, 중국, 인도에서 각각 독립적으로 이뤄졌던 것 같다.[75] 최근의 연구에 따르면 적어도 산부인과와 소아과 영역에서는 청대의 의학이 유럽보다 뛰어났던 것으로 보인다. 나중에 살펴보겠지만 중국의 의학이 혈액 순환에 대한 윌리엄 하비William Harvey의 연구와 비교할 만한 기본 개념조차 정립하지 못하고 있었음에도 말이다.[76] 이런 목록에는 여러 가지 것들이 있다.

전반적으로, 1750년에 유럽이 이미 유례없이 높은 수준의 기술을 누리고 있었다고 주장하기 위해서는 확실한 증거가 필요하다. 그러나 당시의 에너지 사용—아마도 19세기 유럽의 가장 큰 이점(여기에 대해서는 나중에 살펴볼 것이다)—에서조차 증거는 100년 전만큼이나 불분명하다. 바츨라프 스밀Vaclav Smil은 1700년경 중국과 서유럽의 1인당 에너지 사용량은 비슷했을 것이라고 주장한다.[77] 어쩌면 개별적인 동력 기계(물레방아에서 증기 기관으로 이어지는)의 효율성이 유럽에 가장 큰 우위를 안겨준 것 가운데 하나일지 모르지만, 중국에서 요리와 난방 모두에 사용한 난로의 효율성도 개별적인 동력 기계와 동일한 것으로 나타났다.[78]

돌이켜보면 유럽은 19세기에 풍부한 화석 연료로 에너지원을 바꾸었는데, 열을 효율적으로 이용한 중국보다는 열의 사용법을 발견한 유럽의 이점이 더 혁신적인 잠재력을 가지고 있었음이 분명하다. 하지만 이러한 사실은 현시점에서 과거를 바라볼 때 그렇다는 뜻이며, 나아가 석탄 보유와 관련한 이점에서만 그렇다. 만약 연료 부족 때문에 유럽의 산업 성장이 둔화하고 에너지 문제를 유럽이 아닌 다른 사회에서 먼저 해결했다면, 유럽이 개발한 난로는 기술적 우위라는 유럽의 성장 스토리에 대한 사소한 '예외'가 아니라 연료를 비효율적으로 사용한 대표적 사례가 되었을지도 모른다. 혹은 유럽이 신세계에서 막대한 양의 방직 섬유를 공급받지 않고도 기계화에 성공했다면, 이는 유럽이 변화의 중심이었다는 주장보다도 한층 흥미로운 이야기가 될지 모른다. 아울러 우리는 당시 유럽이 식용 작물 재배를 위해 대부분의 땅을 투입했을 정도로 기술 수준이 심각하게 형편없었다는 점을 설명하기 위해 유럽의 1에이커당 곡물 산출량이 매우 낮았다는 사실을 인용할 수도 있다. 이와 같이 유럽의 발명품은 독창적이었지만 그것만으로는 부족했기 때문에 다른 곳의 기술을 모방하기 전까지 유럽은 침체의 길을 걸을 수밖에 없었다.

이번 장 끝부분에서 필자는 다시금 증기 기관과 방적—그리고 이러한 산업과 자원 횡재의 관련성—의 중요한 사례를 살펴볼 것이다. 지금 여기서 강조하고자 하는 것은 비유럽 국가들이 많은 분야에서 기술적 우위를 18세기 후반까지도 유지했을 뿐만 아니라, 그들이 보유한 기술적 우위가 사실상 장기적으로 보면 그다지 중요한 것이 아니라는 걸 반드시 입증할 수 있는 것도 아니라는 점이다. 유럽의 기술이 일단 매우 빠르게 광범위한 영역에서 앞서나갈 때에도 이것이 토지 관리, 자원 보호, 시장의 확대 문제와 관련한 고질적 결함을 반드시 극복한 것을 의미하지도 않았다. 또는 이러한 결함을 극복하기 위해 필요한 충분한 속도를 갖춤으로써 그 발전이 지속적인 효과 덕분에 동아시아나 서구의 몇몇 비전형적 지역(이를테면 덴마크)에서 발견한 노동 집약적 방법으로 문제를 해결하는 경로로 나아가지 않으리라는 법도 없었다. 따라서 유럽의 발전과는 별개로 농업 부문은 지속적으로 뒤처질 수밖에 없었다.

우리는 비유럽 지역의 우위가 서서히 효과를 발휘하며 한때 엄청난 영향력을 가졌지만 지금은 침체해 과거의 일이 되었을 뿐이라고 추정하지 않을 것이다. 아시아는 18세기에 조엘 모키어가 "거시적 발명품"—순식간에 장래의 전망을 바꿔놓는 새롭고 급진적인 발명품—이라고 명명한 것 가운데 어떤 것도 발명하지 못했으며, 유럽은 1500년부터 1750년 그리고 흔히 산업혁명으로 규정된 1750~1830년까지도 이런 발명품이 극히 적었다.[79] 한편 다방면에 걸친 소규모 기술 발전은 다양한 지역과 기술 분야에서 지속적으로 이어졌다. 유럽의 염료가 중국에서 한창 유행하며 잠시 붐을 일으키는 듯했지만 곧 중국의 혁신적인 발명품에 의해 한계에 부딪혔으며[80] 이는 유럽으로 진출한 많은 아시아의 제품 역시 마찬가지였다. 중국 북부에서는 당시 면화를 건조하는 데만 수개월이 걸렸다. 하지만 17세기에 특정한 조건을 갖춘 지하실이 습기를 빨아들여 면사 방적업에 유리하다는 사실을 우연히 발견했다. 이런 획기적인 발견은 다음 세기 동안 빠르게 확산했으며, 이로써 섬유를 자가 생산하는 유럽의 어떤 섬유 생산 지역보다도 월등히 큰 규모의 인구 밀집 지역이 생겨나고 계절노동자의 고용이 크게 줄어들었다. 이는 중요한 사건이라기보다 중국식 난로의 효율성이 화석 연료(화석 연료를 가장 효율적인 연료로 인식하면서 다른 가연성 물질은 이전보다 덜 중요해졌다)의 사용을 늘린 것만큼이나 부차적인 일에 지나지 않는다. 왜냐하면 우리는 이런 종류의 가내 섬유 생산이 다음 세기 안에 '후진성'을 면치 못했다는 사실을 알고 있기 때문이다. 다시 말해, 이런 지하실 방식은 중대한 기술적 돌파구가 아님에도 불구하고 간단하다는 이유 덕분에 빠른 속도로 확산한 것이다.[81]

지하실에서 운영한 방적업의 실례는—비록 이와 같은 혁신적 방식이 어떻게 보급되었는지는 거의 알 수 없지만—그것이 사실임을 보여준다. 구상은 단순했을지라도 그것에 대해 배울 필요가 있었던 이들은 가장 가난한 사람들, 지방에 사는 사람들 그리고 문맹인 일부였다. 이런 식의 확산은 비가시적인 메커니즘을 통해 상당한 파급력을 갖고 넓은 지역으로 급속히 퍼져나갔을 것이다. 또한 우리는 과학 단체나 뉴턴의 이론을 신봉하는 성직자들이 없는 중국과 그 밖의 국가에는 새롭고 유용한 지식을 확산시킬 적절한 수단이 부족했다는 주장에 대해서도 주목해야 한다. 우리는 지금 지식인들 사이에 벌어졌던 과학적 논쟁에 대해 아는 게 거의 없다. 벤저민 엘먼Benjamin Elman과 다른 과학자들에 따르면 이런 논의는 일반적 추측과 달리 18세기에 훨씬 더 활발했다.[82] 옛 중국 사회에서는 그런 토론이 제도화한 틀에서가 아니라 주로 고전적인 서신 교환을 통해 이뤄졌지만, 그 서신들은 사실상 사적인 문서가 아니었다. 토론의 내용 또한 광범위하고 정교했으며 많은 경우 상당히 실용적이었다. 그러나 조직화한 과학 단체가 없었기 때문에 복합적인 발견의 대중화는 영국이나 네덜란드보다 느렸을 것이며 엘리트 과학자 및 장인의 지식 교류 또한 한층 어려웠을 것이다. 하지만 과학과 기술에 대해 자국어로 간행한 출판물이 어떤 기여를 했는지에 대해서는 아직 연구해야 할 부분이 많다. 여기서 우리는 특히 자국어로 간행한 의학 서적의 활발한 거래에 대해서도 살펴볼 것이다. (의학 관련 문제는 분명 다른 종류의 과학이나 기술보다 널리 논의하던 주제였다.) 게다가 이 같은 공식적인 과학 단체가 종종 적대적인 기성 교회에 맞서 스스로를 보호해야 했던 유럽과 달리 중국에는 그런 강력하고 적대적인 존재가 전혀 없었다. 하지만 유럽에서 발달한 특정한 종류의 제도가 왜 모든 곳에서 과학과 기술의 진보를 죄악시했는지는 분명치 않다. 따라서 중국의 과학과 기술이 전반적으로 '정체한'—실행되지 못한—원인을 찾기보다는 차라리 지속적으로 발전한 측면에서 중국 경제의 대변혁을 꾀하지 못한 이유를 좀더 면밀히 검토할 필요가 있다. 게다가 유럽의 과학과 기술이 유례없이 급속하고 광범위하게 발전한 것은 제도 덕분이라고 하는데, 우리는 경제적으로 그 중요성이 입증된 특정한 발달 경로에 대해 생각해볼 필요가 있다. 아울러 유럽이 그렇게 발전할 수 있었던 요인도 찾아봐야 한다. 조엘 모키어가 비유한 것을 빌리자면(그는 다른 목적으로 사용한 것이지만) 기술 변화의 동력뿐 아니라 조정 장치—그리고 다른 사회들이 지향했던 분야—도 꼼꼼히 비교해봐야 하는 것이다.

서유럽이 모든 기술 영역을 선도한 것은 아니었으며, 더욱이 그들이 선도한 분야 가운데서도 일부는 장기적 차원에서만 중요한 것이었을 뿐이다. 예를 들어 이 무렵 서유럽 사람들은 세계에서 가장 효율적인 수차를 만들었지만[83] 이것만으로 수력을 이용해 유럽 산업의 높은 운송비(혹은 생산의 다른 측면에서 높은 비용)를 극복하거나 다른 시장을 차지할 수 있는 경쟁력이 생긴 것은 아니었다. 어쨌든 수차의 이점은 한정된 장소에서만 적절한 사용이 가능했고, 심지어 그런 장소에서조차 무한정 배치할 수 없었다. 이런 경우는 많은 기술이 유럽에서 만들어졌든 그 밖에 다른 곳에서 만들어졌든 상관없이 모두 마찬가지였다.

이번 장 마지막 부분에서 필자는 성장을 지속하기 위해 가장 중요했던 혁신은 다각도로 전개된 토지 절감 노력이었으며, 그중에서도 특히 화석 연료와 관련한 혁신은 토지 의존도를 낮추었다고 주장할 것이다. 하지만 다른 학자들은 기술 혁신에서 유럽이 노동력 절감을 중시한 것은 매우 중대한 현상이라고 주장해왔다. 이와 같은 일반적 주장은 경제적 차이(주로 서유럽 노동자는 자유롭고 상대적으로 높은 임금을 받았다는 사실) 때문에 유럽 사람들(혹은 일부 다른 논쟁에서는 영국 사람들)이 노동력 절감에 집중한 데 반해, 다른 사회에서는 노동력을 절감할 필요가 거의 없었다는 것이다. (이런 주장은 하이날의 인구통계학과 브레너의 획일적 주장에 근거를 두고 있는 것이 분명하다.) 그들의 주장대로라면 서유럽은 독자적으로 값비싼 노동력 사용을 줄이기 위해 기계화를 이루었고, 그 결과 근대 산업이 탄생했으며, 이것이 곧 1인당 생산성과 생활수준의 광범위한 향상으로 이어졌을 것이다. 이에 반해 다른 사회들은 토지와 자본 혹은 몇몇 특정 자원의 부족을 해결하기 위한 혁신적 방법을 찾는 데 더 관심이 많았다. 따라서 유럽인들이 반드시 더 창의적이었던 게 아니라 높은 임금이 실질적 변화를 창출하는 촉매 역할을 했다는 얘기다. 하바쿡J. B. Habbakuk(영국 대 유럽 대륙), 마크 엘빈Mark Elvin(중국 대 유럽), 데이비드 워시브룩David Washbrook(인도 대 유럽), 앤드리 군더 프랭크(거의 모든 아시아 대 유럽) 같은 학자들이 이와 비슷한 주장을 펼쳤다.[84] 이는 산업화 이전에 유럽이 이미 세계의 다른 사회보다 더 부유했다는 주장과 딱 들어맞는다. 그러나 이런 주장은 아마도 한두 개의 특정 산업을 제외하고는 적용되지 않는다.

무엇보다 실증적인 문제가 있다. 이번 장 앞쪽에서 살펴본 것처럼 일본, 중국, 동남아시아 지역의 평균 소득은 18세기 후반까지만 해도 서유럽 지역과 비슷했던(혹은 더 높았던) 것으로 보인다. 만약 이게 사실임에도 유럽의 제조업자들이 고임금 비용에 직면했다면 두 가지 가능성 가운데 하나일 것이다. 우선 서유럽에서는 소득 분배가 다른 곳에 비해 균등하게 이루어졌기 때문에(혹은 적어도 산업혁명이 시작된 영국에서만큼은) 1인당 평균 소득이 비슷한 다른 나라에 비해 노동자들이 더 높은 임금을 받은 것으로 추측해볼 수 있다. 또 다른 경우는 자유롭지 못한 노동 체계를 갖고 있는 사회의 노동자는 노동 대가로 꽤 높은 총임금을 받을지라도 더 열심히 일한 데 따른 추가 임금을 받지는 못했을 것이며, 설령 고용주가 해고시킨다 해도 다른 일을 구할 수 없었을 것이다. 이런 시나리오대로라면, 비록 겉으로는 고임금처럼 보이지만 실상은 권력층이 노동 절감 기술에 투자했다기보다 자신들의 고용인에게서 더 많은 노동 시간을 짜내려 했던 것으로 보는 게 타당하다.

후자에 해당하는 시나리오는 고도로 숙련된 장인들이 있었던 동남아시아 특정 지역의 상황을 잘 설명해주고 있는지도 모른다. 그러나 이곳의 장인들은 이따금 일에 대한 보상을 충분히 받지 못하는 경우가 있긴 했지만 그들을 '보호하고' 생산물을 독점하는 귀족 고용주에게 속박되어 있는 상태였다.[85] 그것은 또한 인도의 일부 지역에 해당할 수도 있다. 그러나 이곳의 장인들 역시 공식적으로 자유인이거나 반자유인인(종종 형편없는 보수를 받는) 경우가 더 일반적이었다. 적어도 영국 통치자들이 개인 자본으로 양성한 장인들의 자율권을 금지하는 법률을 제정하기 전까지는 그랬다.[86] 중국의 장인들 역시 1400년대까지 후자의 유형과 거의 무관했으며, 사실상 1500년대에도 정부가 지정하는 세습적 장인 체제는 한 번도 무너진 적이 없다. 다음 장에서 살펴보겠지만, 중국의 노동자는 당연히 근대 초기 유럽의 노동자보다 '더 자유로웠다'. 물론 그들보다 월등히 자유로웠다는 뜻은 아니다. 구속적인 노동 시나리오는 언뜻 일본의 도쿠가와 시대와 연관성이 더 많은 것 같다. 일본에서는 다양한 직업상 신분, 이동에 대한 제약 그리고 세습적인 후원자 및 고객과의 관계가 법령으로 정해져 있었다. 그러나 다음 장에서 살펴보겠지만 현실은 법령집과 매우 달랐다.

노동자 임금이 매우 낮았다는 주장은 한층 복잡한 문제다. 3장에서 우리는 중국 청 왕조와 일본 도쿠가와 시대의 소득 분배가 대개 서유럽, 특히 18세기 후반 영국에서보다 사실상 더 균등했음을 입증하는 몇몇 증거를 살펴볼 것이다. (한편 3장에서는 인도의 소득 분배에 대한 많은 증거를 제시할 것인데, 이는 유럽보다 인도의 소득 분배가 더 균등했음을 암시한다. 하지만 증거가 충분치는 않으며 일부는 시사하는 바도 각각 다르다.) 동아시아의 증거도 확정적이진 않지만 주로 중국과 일본의 최상층이 국민소득 가운데서 차지하는 비중보다 유럽의 지배층이 차지하는 비중이 더 높았음을 보여준다. 그럼에도 불구하고 중국과 일본은 서유럽보다 극빈층이 더 많았으며, 비숙련공의 임금은 유럽보다 상당히 낮은 수준이었다. 이것이 특별히 중국과 일본의 소득 분배가 불균등했음을 보여주는 근거라고 할 수는 없을지라도—아울러 1840년 이전에 동아시아를 방문한 유럽인들이 남긴 일화는 영국의 소득 분배가 더 균등했다는 주장과 상반된다[87]—그 가능성을 무시할 수는 없다.

나아가 중국과 일본의 핵심 지역에서 노동자들이 네덜란드나 영국보다 더 낮은 임금을 받으면서도 높은 생활수준을 유지한 것과 관련해 전혀 다른—그리고 개연성 있는—시나리오가 있다. 17세기 중반과 18세기에 네덜란드와 영국의 산업체는 대부분 시골에 위치해 있었는데, 당시 그곳의 노동자들이 농장 노동과 비농장 노동 사이에 계절적 이동을 거의 하지 않았다는 사실을 입증해주는 뚜렷한 증거가 있다.[88] 이 시기 이전에는 많은 산업 노동자들이 성수기 때 농경지에서 일했으며—적어도 네덜란드에서는 분명한 사실이다—상대적으로 높은 임금을 받았다. 그러다 점차 농업 노동 시장과 산업 노동 시장이 나뉘면서 하루 일당은 불완전 고용 노동자들이 생계를 유지할 수 있을 정도로 인상되었다. 하지만 임금이 오른 대신 결과적으로 실업의 증가라는 대가를 치러야만 했다.[89] 이와 반대로 중국과 일본의 많은 수공업 노동자는 농업에서 완전히 분리되지 않았던 게 거의 확실하다. 따라서 이론상으로는 베를 짜거나 방적 혹은 기와나 벽돌

굽는 일을 해 돈을 적게 벌면서도 여전히 네덜란드나 영국의 노동자들과 같거나 그보다 높은 생활수준을 유지할 수 있었을 것이다. 이런 시나리오는 확실하게 규명된 것은 아니지만 타당한 것처럼 보인다. 그리고 이 시나리오가 맞는다면, 일반적 주장과 다른 이 책의 조사 결과는 적어도 유럽의 일부 고용주들이 노동력을 더 적게 투입할 방법을 모색하게 된 특별하고도 강력한 동기를 설명해준다. (이는 또한 노동자를 고용해 경작했던 고용주의 어려움에 비하면, 최소한 일부 영국 고용주가 1년 내내 공장을 가동하며 겪었던 어려움이 더 적었다는 것을 의미한다. 따라서 그들에게는 공장과 설비에 집중 투자해야 할 더 강력한 동기가 있었다.) 유럽의 고용주들은 또한 상대적으로 더 높은 식료품 가격 문제에 봉착했다. 이는 비록 그들이 더 높은 실질 임금을 지불할 필요는 없었지만, 모든 국가는 아닐지라도 최소한 아시아의 많은 경쟁국보다 높은 실질 임금을 지불했다는 것을 의미한다.[90]

그렇지만 설령 우리가 서유럽의 임금이 아시아 어떤 지역보다 높았다는 주장을 잠정적으로 인정한다 해도, 이것이 산업혁명의 기술적 변화를 촉진했을 것이라고 생각하는 데는 문제가 있다. 사실 근대 초기 상황에서 높은 임금은 노동력 절감을 위한 투자를 촉진한 것만큼이나 일반적으로 기술 혁신을 방해할 수 있는 요소이기도 했다. 조엘 모키어의 이런 견해는 얼핏 역설적인 것 같지만, 18세기의 실상과 상당히 유사한 상황을 근거로 이런 결론을 도출한 것이므로 주목할 만하다.[91] 모키어의 말대로 새로운 기술은 돈이 들 수밖에 없는 새로운 자본 설비로 구현된다고 가정해보자. 또한 임금은 제조업자의 비용 가운데 많은 부분을 차지하는데, 더 높은 임금을 주는 회사나 국가가 특정 상품의 총생산 비용을 충분히 낮출 수 있을 만큼 기술이 크게 앞선 상태가 아니라고 가정해보자. 그렇다면 더 높은 임금을 주는 곳은 경쟁 업체보다 일반적으로 수익이 낮을 것이다. 만약 이런 상황에서—일반적으로 19세기까지 그랬던 것처럼—새로운 자본 설비를 하는 데 필요한 자금을 융자해줄 은행이 존재하지 않거나 혹은 그 존재가 미미해 회사 수입에만 의존해야 한다면, 새로운 기술을 구현하는 설비를 마련할 때 드는 모든 비용은 회사의 유보 이익으로 충당해야 하므로 높은 임금을 지불하는 회사나 국가는 그 비용을 줄일 수밖에 없을 것이다. 따라서 높은 임금은 노동력 절감 기술을 촉진한다기보다 오히려 그만큼 새로운 기술에 대한 의욕을 꺾어버릴 수 있다. 이런 모델이 오늘날의 직관에는 반하는 것 같아도 이전 시기에 대한 연구에서 흔히 나타난다. 예를 들어 이런 설명은 정밀 산업 위주로 고임금을 지불하던 네덜란드 경제가 왜 뒤늦게야 기계화 산업에 뛰어들었는지 설명하는 데 도움을 준다.

더욱이 지난 200년에 걸친 산업화 덕분에 일반적으로 노동력이 절감되고 자금 수요가 높아졌다 할지라도 이것을 항상 주요한 혁신의 원동력이라고 생각하는 것은 시대착오적이다. 물론 모든 생산 과정에 증기 기관을 적용함으로써 엄청난 노동력 절감 효과가 있긴 했다. 그러나 철, 유리, 맥주 등의 생산 공정에 석탄을 사용한 18세기의 혁신은 노동력 절감이 아니라 연료비(석탄은 목재보다 값이 저렴했다)를 줄이는 게 목적이었다. 그 밖에 탄광에서 물을 퍼 올리는 데 사용한 증기 기관은 사람이 하는 일을 대신하지 못했다. 탄광은 많은 사람이 들어가 일할 수 있도록 사전 작업을 해야 하는데, 이는 사람에게는 단순한 일이지만 증기 기관이 할 수 있는 일은 아니었다. 유리 세공, 제철 등 기타 산업의 발달은 생산 요소의 절감과 특별한 관련이 없었고, 대신 품질 뛰어난 제품을 만드는 것과 관련이 있었다. 산업혁명을 일으킨 사람들이 비싼 인건비를 줄여주었더라도 그들은 이런 사실을 깨닫지 못했다. 18세기의 특허권 소유자에 대한 연구에서 크리스틴 매클라우드Christine MacLeod는 혁신의 목표가 대부분 제품의 품질 향상이나 자본의 절감이었다는 사실을 발견했다. 〔이는 1870년 이후의 기술 변화와 달리, 산업혁명 초기 100년 동안에는 대개 저가의 자본재(소비재를 생산하는 데 사용하는 토지 이외의 원자재, 도구, 기계 등—옮긴이)를 생산했다는 사실을 기억하면 쉽게 이해할 수 있다.〕 예를 들어 노동 절감 목표치는 겨우 3.7퍼센트였을 뿐이다. 발명가는 특별히 노동력을 절감하는 데 관심을 두지 않았으며 그들의 발명품을 평가하는 사람도 마찬가지였다.[92] 1720년대까지도 만약 자신의 기계가 노동력을 절감한다고 말했다면 분명 특허 신청자에게 불리하게 작용했을 것이다.[93] 장기간에 걸친 변화로 인해 노동력을 절감할 수 있었다는 것은 의심할 여지가 없다. 그러나 높은 임금이 특정 방향으로 노력을 집중시켰다는 주장 때문에 이런 의식적인 동기 부여가 이 문제의 핵심처럼 보일 수도 있다.

마지막으로 유럽에서 임금이 상당히 낮았던 지역의 생산자조차도 값싼 자본재를 만들어 순이익이 얼마 되지 않았다는 점을 고려하면 저임금 지역이 인건비가 낮기 때문에 노동 절감 기술에 관심을 기울이지 않았다는 주장은 설득력이 없다고 볼 수 있다. 더욱이 훨씬 값비싼 자본재가 넘쳐나는 오늘날에도 그것을 입증하기는 어렵다.[94] (이와 같은 주장은 이따금 인건비 차이가 아주 큰 곳—동시대의 파키스탄과 독일을 예로 들 수 있다—을 제시하기도 하지만 실제로는 임금 차이가 있다 해도 엄청날 정도로 크지는 않다. 빅토리아 시대의 영국 대 미국이 또 다른 예다. 아울러 19세기 중반 이전에는 막대한 임금 차이를 발견하기 어려운데, 이는 국부의 차이가 결코 오늘날만큼 크지 않았기 때문이다.)[95] 만약 19세기 이전의 기업들이 이윤을 극대화했다면, 그것은 바로 기술 발전의 저해 요인인 값싼 인건비로 어쨌든 노동력 절감이 가능했기 때문이다. 다시 말해, 이런 인건비도 부담스러워 면화 방적 같은 사업을 포기한다면 제조업자는 비용이 전혀 들지 않는 노동력을 필요로 했던 셈이다. 2장에서 우리는 중국의 농장주들이 노동력을 절감하기 위해 비용을 지출한 다양한 사례를 살펴볼 것이다. 심지어 임금이 동기였다는 논리를 편 마크 엘빈을 비롯해 다른 연구자들은 중국의 경우에는 (유럽과 달리) 노동력이 지나치게 저렴했기 때문에 노동력 절감 장치를 간과했다고 주장한다.

그러나 고임금 가설은 브로델과 프랭크가 그 중요성을 역설했듯 여전히 중대한 분야인 면직물 산업과 관련이 있을 수 있다.[96] 방적업의 혁신만큼은 노동 절감 효과가 확실했다. 그들은 주어진 양의 원사를 방적하는 데 필요한 노동의 양을 거의 90퍼센트 이상이나 줄였다.[97] 이런 엄청난 규모의 노동 절감은 사실상 임금을 지불하는 모든 고용주에게 매력적으로 여겨질 수밖에 없었다. 이는 당시 가격에 민감한 시장에서 경쟁을 벌인 인도와 영국의 면직물 생산업자 가운데서도 특히 명목 임금이 높은 영국 면직물 생산자들의 마음을 사로잡았다. (서아프리카, 중동 그리고 특히 신세계에 있는 노예들은 가장 저렴한 면직물을 입었다.) 이 시기에 중국이 수출한 섬유는 품질이 상당히 뛰어났지만 대부분 가격 경쟁력이 없었다.[98] 그렇지만 영국의 면직물 제조업자들은 임금을 삭감하지 않고서는 도저히 중동, 아프리카, 신세계의 '인도 목화(인도 고산 지대 원산의 목화—옮긴이)'와 경쟁할 수 없었다.

당연히 영국의 섬유 생산업자는 쉽게 파산했고, 인도 생산자와의 싸움에서 패했다. 요컨대 필요가 반드시 발명을 낳는 것은 아니다. 영국으로서는 전체적으로 자국의 섬유 생산업자들이 이런 시장을 정복했는지 여부는 사실상 그리 중요한 문제가 아니었다. 왜냐하면 동인도회사가 경쟁국의 상품을 판매했기 때문이다. 설령 이런 섬유 시장이 상당히 전략적이었다 해도 여기에 작용하는 '필요성'은 '영국'이 아닌 섬유 생산업자 자신을 위한 것이었다. (섬유 시장에서 대부분의 전략적 대상은 서아프리카였다. 원하는 섬유를 미리 준비해뒀다가 공급하는 것은 그곳의 노예를 사들이는 데 필수적인 일이었기 때문이다. 그러나 적어도 여기에 필요한 옷감 가운데 일부는 가격이 비쌌으며 품질도 좋아야 했다. 사실 영국의 노예 무역상은 옷감 가격에는 그다지 관심이 없었고 오로지 필요한 양의 옷감을 구하는 데만 몰두했다—우선적으로 가격이 저렴한 인도에서 물품을 구하고 물량이 충분치 않을 경우에만 모국에서 가져오면 되었기 때문이다.)[99]

따라서 여기에서도 '고임금/필요성'에 관한 주장은 많은 문제에 직면한다. 그럼에도 불구하고 이와 같이 제한적이지만 중요한 사례들은 몇 가지 이점이 있을지도 모른다. 이런 사례들은 적어도 당시 세계 섬유 무역의 양상이 어떠했는지 보여준다. 특히 영국의 생산업자들이 벵골—동인도회사는 1757년 이후 저임금 구조(혹은 적어도 낮은 실질 임금 경제)인 벵골을 상대로 섬유 가격을 시장 가격 아래로 인하할 것을 강요하며 점점 더 많은 폭력을 일삼았다[100]—과의 경쟁에서 드러낸 폭력적 태도는 기계화한 방적업에 대한 연구 조사에 기폭제가 될 수도 있기 때문이다. 나아가 이것은 일반적인 '산업화'에 대한 설명을 찾기보다 특정 분야에서 발전의 실상을 밝히는 게 무엇보다 중요한 일임을 보여준다. 한편 관련 산업에 대한 일반적 설명이 고착화한 원인과 당시 사람들이 특정한 혁신을 통해 성취할 수 있다고 생각한 게 무엇인지 찾는 것도 중요하다. 다시 말해, 새롭게 나타난 유럽우월주의라는 광범위한 현상의 결정적 사례를 찾는 노력도 함께 병행해야 한다.

산업혁명이 어떻게 일어났는지에 대한 지식으로 무장한 사람은 유럽이 가진 가장 중요하고 역동적인 두 가지 이점을 찾는 데 관심을 기울인다. 요컨대 섬유와 석탄/증기 기관/철 복합체가 그것인데, 특히 후자가 여기에 해당한다. 그래서 사람들은 이와 관련한 유럽의 이점을 몇 가지 발견하기도 하지만 종종 의외의 곳에서 나타나는 경우도 있다.

섬유 산업에서 중국이 오랫동안 보유한 기계는 제임스 하그리브스James Hargreaves의 다축방적기 및 존 케이John Kay의 플라잉 셔틀flying shuttle(무늬 짜는 북—옮긴이)과 핵심 부품 단 한 가지만 달랐다.[101] 따라서 서유럽이 그런 혁신을 현실화하기까지 이런 부문의 기술을 현저하게 선도했다고 말하기는 어렵다. 돌이켜보면 두 기계에 모두 필요한 단순해 보이는 부품 하나를 만들지 못했다는 이유 하나로 중국이 기술 혁신에 완전히 실패했다고 결론내릴 수는 없다. 18세기 유럽의 기술은 대부분 산업혁명보다 150년 정도 앞서 발전하기 시작했지만 그 사이의 기간을 기술이 '침체한' 시기라고 말하지는 않는다.[102] 현재는 명백해 보이지만 발전하는 동안에는 결코 분명치 않은 경우도 종종 있었다는 사실을 기억해야 한다.

게다가 영국의 섬유 산업 혁신은 또한 역사상 중요한 이정표라기보다 쉽게 부차적인 것이 될 수도 있었다. 영국이 면사 방적에서 중요한 혁신을 이끌 당시 면직물은 유럽에서 중요한 직물이 아니었다. 아마亞麻 방적과 양모 방적을 기계화하기까지는 상당한 시간이 더 걸렸을 것이다. 그리고 5장에서 살펴보겠지만, 추가적으로 양모와 아마의 생산을 확장하는 데에는 생태적이고 사회적인 심각한 장애물이 있었다. 면직물은 해외에서 들여왔는데, 18세기 대부분 기간 동안 사용할 수 있는 수량은 매우 한정적이었다. 사실상 새로운 방적 기술은 원면에 대한 수요를 창출했으며, 이는 곧 급격한 가격 상승으로 이어졌다. 이때 만약 미국 남부에서 면화 재배량이 증가하지 않았다면 이런 기술의 유용성은 큰 제한을 받았을 것이다.[103]

이런 문제는 좀더 일반적인 방법으로 표현해볼 수 있다. 기술의 역사에서는 흔히 하나의 획기적인 창조가 '병목 현상(생산 능력의 증가 속도가 수요의 증가 속도를 따라잡지 못해 물가가 상승하는 현상. 수요의 갑작스러운 증가에도 불구하고 공급이 부족해 가격이 폭등하는 경우를 말함—옮긴이)'을 초래해 또 다른 획기적인 창조로 이어지는 것을 볼 수 있다. 이를테면 직조 분야의 발전이 방적 기술의 속도를 높이려는 동기를 유발했던 것처럼 말이다. 그러나 이런 병목 현상은 흔히 아무런 기술의 변화 없이도 자원을 더 많이 분배함으로써 해소되곤 했다. 또한 자원을 재분배하는 과정이 더 오래 지속될수록 기술적으로 해결책을 찾으려는 동기는 줄어든다. (19세기 후반 광산 자체의 생산성 향상과 더불어 모든 분야에서 화석 연료의 사용이 폭발적으로 증가하자 석탄 광부의 수가 엄청나게 증가했던 것을 한 가지 예로 들 수 있다.)[104] 섬유 생산 기계화의 경우, 병목 현상은 면직물(아울러 그 밖의 섬유)의 수요 증가에서 비롯되었으며, 이를 해소하기 위해서는 면화를 재배할 더 많은 토지와 더 많은 노동력이 필요했다.

5장과 6장에서 살펴보겠지만, 유럽에서는 이 병목 현상을 해소하는 데 필요한 토지를 발견할 수 없었던 것 같다. (폴란드와 러시아에서 양 사육을 늘렸지만,[105] 어디에도 필요한 땅이 거의 없었으며 면화 생산은 최소로 유지되었다.) 한편 병목 현상을 해소하기 위해 투입된 노동자들은 주로 아프리카의 노예 출신이었다. 이와 관련해 유럽의 노동자들이 병목 현상 해소를 위해 투입된 분야는 항해, 무역, 강제 노동, 제조업(여기서 생산한 상품은 아프리카의 노예 및 면화와 교환되었다)이었다. 6장에서 다루겠지만, 이런 병목 현상을 해결하기 위한 특별한 노동의 재분배 방식은 본국의 섬유 산업을 성장시키기 위해 농업 노동력을 투입하는 것보다 장기적으로 유럽에 훨씬 더 많은 이점을 안겨주었다. 그것이 설령 농업 노동력을 투입해 이용할 수 있는 토지일지라도 마찬가지였다. (중국과 일본 모두 이런 방식을 통해 얼마간의 땅에서 노동 집약적인 방법으로 생산하는 식량 및 연료를 착취했다. 아울러 장기간 상당한 비용을 들여 삼림과 농경지 일부를 섬유 원료 재배지로 용도 변경했다.) 면화의 경우는 이례적으로 병목 현상과 관계없이 뚜렷한 성장세를 보였다. 반면 그 밖에 다양한 산업들의 성장과 인구 증가에 따른 식료품 수요 증대는 병목 현상을 만들었지만, 유럽의 토지 사용을 늘리지 않고 또는 그 땅에 더 많은 노동력을 투입하지 않고도 극적으로 해소되었다. 파르타사라티P. Parthasarathi는 1에이커당 낮은 수확량 때문에 식료품 가격이 높게 형성되고, 이에 따라 현금 임금이 상승하고, 그 결과 경쟁력이 약화하는 악순환에서 벗어나기 위해 영국이 택한 방법이 산업화라고 보았다.[106] 이런 사실로 미루어 만약 농업 부문이 낮은 수확량 문제를 해결하지 못했다면 산업화에 따른 문제를 처리하고 산업 발전을 꾀할 수 없었으리라는 것을 알 수 있다. 예를 들어 1750~1850년 영국은 1에이커당 생산량 증가가 미미했기 때문에 그 문제를 해결하기 위해서는 큰 규모의 토지를 활용할 수 있는 교역 상대를 끌어들여야 했다.

그렇지만 좀더 기본적으로는 18세기의 생태적 압박이 있었음에도 근본적인 단절로 이어지지 않은 면사 방적 및 직조 부문에 막대한 생산성 증대가 있었을 것이라고 생각할 수도 있다. 방직을 위한 섬유 산업은 여전히 토지를 필요로 했으며, 18세기 내내 유럽에서는 맬서스의 네 가지 필수품 산업—식료품, 연료, 섬유, 건축 자재—의 토지 경쟁이 더욱더 치열해졌다. 18세기 대부분 기간 동안 유럽에서는 임금보다 식료품 및 연료의 가격이 빠르게 상승했기 때문에,[107] 섬유에 대한 수요가 어느 정도까지 증가할 수 있었는지—심지어 직조와 방적 비용이 하락했는지—알기 어렵다. 새로운 방직 기술을 다른 분야에 접목하지 못했던 것만은 분명하다. 면직물 생산의 이 같은 발전은 단지 오랫동안 성장해온 시골의 '가내수공업' 공정을 강화시킬 수 있었을 뿐이다. (여기에 대해서는 2장에서 좀더 심도 있게 논의할 예정이다.) 그 과정에서 인구 성장의 가속화, 토지에 대한 압박 증대, 노동 강도의 강화, 실질 임금의 정체 등이 나타났으며, 이는 성장이라기보다 생태적 궁지에 몰린 현상이었다.

18세기 서유럽은 심각한 생태적 압박에 직면했다. (여기에 대해서는 5장에서 더 철저하게 논의할 예정이다). 간단히 말하면 '길고 긴 16세기'와 18세기의 인구 및 경제 팽창으로 서유럽에서는 대규모 삼림 벌채가 횡행했다(특히 18세기 후반에). 따라서 숲의 분포와 1인당 목재 공급량이 인도는 말할 것도 없이 인구가 조밀한 중국 수준에도 미치지 못했다. 삼림 벌채는 또 다른 문제를 초래했다. 프랑스와 독일에서 입수한 고고학적 증거에 의하면, 두 번 있었던 사상 최악의 토양 침식 가운데 한 번은 18세기에 일어났다. 기록으로 남아 있는 증거는 여기에 몇몇 다른 삼림 훼손 지역을 추가함으로써 그것이 사실임을 입증해준다. 그로 인해 거대한 먼지 폭풍이 일고 생산량이 감소했으며 동시에 심각한 생태적 압박의 또 다른 표징들이 곳곳에 나타났다.[108] 근대에 일어난 침식 관련 연구는 이런 징후들이 훨씬 더 광범위한 일련의 토양 문제를 여실히 보여주는 경향이 있다고 주장한다.[109] 19세기 후반에는 비정상적으로 긴 가뭄과 강력한 집중 호우가 번갈아 나타나는, 이른바 '유럽 계절풍'이라고 알려진 특이한 기상 패턴이 목격되었다. 엄청난 강우량 때문에 토양이 심하게 침식했고, 곡물은 완전히 못 쓰게 되었다. 특히 유럽에는 (인도와 달리) 물을 저장하고 배수할 대규모 관개 시설이 없어 그 심각성이 더했다. 이런 기상 이변의 원인은 명확하지 않지만 삼림이 심하게 훼손된 지역에서 더 자주 나타났다.[110] 계절풍의 영향으로 국지성 폭우가 내릴 때는 삼림이 피해를 줄여줄 수 있기 때문이다. 그런데 오늘날 그런 계절풍 기후의 영향을 받는 몇몇 온대 지방 가운데 한 곳인 중국은 삼림 벌채가 심각한 수준에 이르고 있다.[111] (중국 북부 또한 북유럽보다 훨씬 남쪽이므로 열대 기압권 가까이 위치한다.)

이런 생태적 압박은 유럽의 생활수준이 곧 붕괴할 것이라는 맬서스적 위기에 포함되지 않았다. 반대로 유럽 일부 지역에서는 1인당 소비 수준이 향상했을 뿐만 아니라 인구 또한 증가했다. 그러나 이러한 것들은—우리가 살펴볼 것처럼—추가적인 성장에는 실질적 장애로 작용했다. 어쨌든 19세기 유럽은 인구와 1인당 소비가 빠르게 증가하는 동안 생태적 변수들을 일정 수준으로 유지했다. 400년 동안 줄어들던 서유럽의 숲 분포는 1800년부터 1850년 동안 안정되었으며, 19세기 내내 영국·프랑스·독일·벨기에에서는 증가하기까지 했다.[112] 아울러 침식이 줄어들고 토양의 비옥도가 일정 수준을 유지하거나 다소 향상하기도 했다. 또한 유럽의 '계절풍'이 사라지고 전형적인 폭우 현상도 점점 줄어들었다.[113]

산업혁명을 통해 유럽이 성취한 가장 큰 부분은 모든 성장엔 토지의 수요 증가가 필수적이라는 오랜 패턴에서 분명하게 벗어났다는 점이다. 몇몇 예외(덴마크)도 있지만 1에이커당 산출량을 늘리기 위해 많은 추가적인 경작을 시도하지 않았으며, 그러는 동안 토양의 비옥도를 보호할 수 있었다(에스더 보서럽Esther Boserup의 유명한 설명 방식에 의하면). 19세기 후반에는 1에이커당 노동 투입량도 상당히 떨어졌다. 오늘날 자본이 토지(그리고 노동)를 상당한 수준으로(특히 합성 비료를 사용하고, 성장을 막는 합성 물질을 만들어냄으로써) 대체 가능하게끔 한 화학에서의 돌파구는 바로 19세기 후반과 20세기에 열렸다. 그렇다면 생태적으로 지속 가능한 유럽의 성장은 어떻게 가능했을까?

어떻게 자립적인 성장이 가능했는지 이해하기 위해서는 앤서니 리글리가 주장한 것처럼 토지에 대한 압력을 어떻게 완화했는지 아는 게 중요하다. 리글리는 석탄을 사용함으로써 목재보다 지표 면적당 훨씬 더 많은 에너지를 얻을 수 있었다고 강조한다.[114] 필자는 리글리의 견해에 신세계에서 전래된 식용 작물을 덧붙이고자 한다. 특히 감자는 유럽 사람들에게 1에이커당 전례 없이 많은 열량을 얻게끔 해주었다. 리처드 그로브Richard Grove가 보여주었듯 생태적 이해 및 토지(특히 삼림) 관리 개선은 많은 부분 식민지에서 얻은 것이었다. 아울러 해외에서 얻은 거대한 새로운 땅에 기존의 기술을 적용함으로써 막대한 자원도 획득할 수 있었다.

이러한 발전의 마지막 단계는 주로 기술이었는데, 여기에 대해서는 6장에서 중점적으로 논할 것이다. 지금으로서는 신세계가 토지 집약적 상품(면화, 설탕 그리고 나중의 곡물, 목재, 육류, 양모)과 구아노guano(바닷새의 배설물이 바위 위에 쌓여 굳어진 덩어리. 질소분이나 인산분이 많아 비료로 쓰임—옮긴이) 같은 토질 회복 상품을 모두 생산했다는 사실 정도를 언급하는 것으로 충분할 듯싶다. 감자, 생태적 교훈, 석탄은 일반적으로 아주 중요한 역할을 했지만 이번 장의 기술 이야기 중 일부에 지나지 않는다.

감자는 유럽의 기존 작물보다 1에이커당 훨씬 많은 열량을 얻을 수 있었다. 감자는 18세기 중국과 일본에서도 도입했지만 전적으로 고랭지 작물로 받아들여졌다. 저지대에서 이미 1에이커당 엄청난 양의 쌀을 생산하고 있었기 때문이다. 곡물 산출량이 훨씬 낮았던 유럽의 경우(1에이커당 수확량 및 파종 대비 수확량 모두), 감자는 아일랜드와 벨기에 같은 인구 밀집 지역에서 저지대의 주력 재배 작물이 되었으며(플랑드르에서는 1791년 곡물을 통해 얻는 열량의 40퍼센트를 대체했다)[115] 얼마 지나지 않아 중유럽과 동유럽 대부분 지역으로 확산했다.

감자 같은 작물이 널리 알려지지 않은 요인은 기술의 발달이었다. 19세기 유럽 사람들은 삼림에 과학적 보존의 원칙을 적용하기 시작했으며, 전반적으로 삼림 보호와 생태계 보존의 중요성을 깨달았다. 리처드 그로브는 이런 특별한 돌파구의 경로를 주의 깊게 추적했다. 흥미롭게도 이런 발전은 상당 부분 과학—뉴턴의 역학은 나무가 어떻게 물을 재활용하며 지역 기후에 영향을 미치는지 이해하는 데 중요한 역할을 했다—을 적용한 덕분일지라도 유럽의 일부 대중적인 생각은 생태 환경 보호에 방해가 되기도 했다. 이를테면 19세기 초까지만 해도 유럽의 많은 의사와 식물학자들은 숲을 질병을 옮기는 '독기'의 근원지라고 비난하며 공중위생 조치의 일환으로 숲을 몽땅 벌채할 것을 권고하기도 했다.[116]

유럽의 생태적 이해—이는 지중해 일부 지역이나 심지어 중국 북부 지역이 겪었던 운명을 답습하기 전에 제때 북서부 유럽의 안정화에 도움을 주었다—가 견고해진 데에는 두 가지 중요한 방면에서 식민지 제국과 관련이 있었다.[117] 무엇보다도 먼저, 열대 지역의 섬에서 유럽 사람들은 토지 이용 및 기후(특히 건조 기후) 그리고 토질 변화 사이의 관계를 관찰할 수 있었다. 토질 변화는 빠른 속도로 이뤄지면서 그들이 이론적으로 풀 수 없었던 논쟁을 해결해주었다. 새로 식민지로 삼은 인도의 일부 지역(재산권에서 유럽의 수요와 변화가 토지 이용에 급속한 전환을 가져왔던 곳이다)에서 그들은 대륙의 광활한 땅에도 동일한 역학이 영향을 미칠 수 있다는 점을 고려하기 시작했다. 이런 관계를 이해한 식민지의 식물학자, 외과 의사 및 관리(종종 한 사람이 이 모든 직업을 겸하기도 했다)들은 많은 분야에서 그들 자신보다 진보적인 중국 남부와 특히 인도 남부의 관행을 접하며 생태계를 관리하는 방법에 대해 많은 깨달음을 얻었다. (일본의 관행이 더 나을 수도 있지만, 일본은 호기심 많은 외국인조차 접근하기가 쉽지 않았다.)[118] 마지막으로 식민지에서 매우 취약한 재산권을 갖고 있고 지역 내 부동산 소유자들로부터 비교적 독립적인 식민 정권은 영국, 프랑스, 네덜란드의 식민 관료들에게 실제로 환경 규제 제도를 실험하도록 용인했다. 그러한 실험 중 일부는 꽤 과격했는데, 그들의 고국에서는 결코 사용할 수 없는 방식이었다. 해외에서 익힌 지식은 삼림 업무, 수목의 존속을 위해 사용하는 안내 책자 또는 경작 가능한 토지의 이용도를 높이는 등의 일을 가능케 했다.[119] 이와 같이 식민지 제국은 유럽의 삼림 농업이 안고 있는 기술적 결점을 보완할 수 있도록 도왔으며(감자를 통해, 생태 환경을 통해, 식물학에 끼친 지대한 영향을 통해[120]) 뒤에서 논의하겠지만 자원의 수입과 더불어 중요한 지식의 수입도 제공했다.

그렇지만 유럽 차원에서 토지 절감 기술은 더 이상 발전하지 못했다. 대신 석탄 사용이 증가하면서(특히 영국에서) 땔감을 대체했으며, 이는 완전히 새로운 변화의 토대가 되었다.

기존 견해에 따르면 석탄은 산업혁명의 중심에 있었다. 면직물·철·철강·철도가 비슷하게 주목을 받았고, 그중 면직물을 제외한 나머지 부문은 석탄에 의존했다. 그러나 오늘날은 예전처럼 석탄이 산업혁명에 기여한 비중을 그리 높게 두지 않는다. 예를 들어 좀더 이른 시기의 공장들은 석탄보다 물에서 동력을 얻었으며, 영국에서는 대부분의 석탄을 가정용 난방과 요리 같은 평범하고 특별히 혁신적일 것도 없는 일에 사용했다는 점을 사람들은 지적해왔다. 그러나 리글리는 1815년까지 석탄에서 얻은 영국의 연간 에너지 생산량을 맞추기 위해서는 1500만 에이커(좀더 후하게 환산하면 2200만 에이커)의 삼림이 필요했을 것이라는 계산 아래 석탄이 중심 역할을 했음을 거듭 강조했다.[121] 그러나 이 수치가 우리에게 무엇을 알려주는지는 분명치 않다. 석탄을 널리 사용하지 않았을 때도 영국에는 나무가 많지 않았기 때문에 추가적인 나무 소비는 많지 않았을 것이다. (리글리도 영국에서 나무 소비가 많았을 것이라고는 말하지 않는다.) 우리는 구체적으로 얼마나 많은 대장간이 문을 닫았고, 어느 정도 양의 유리가 미완성인 상태로 사라졌는지 그리고 가정에 어느 정도로 난방 공급을 못했는지 확실하게 말할 수 없다. 사람들은 더 춥게 지냈을 것이고, 옷을 더 많이 구입했을 것이며, 철 생산을 줄이는 등 다각도의 적응 조치를 취했을 것이다. 아울러 특정 산업—좀더 일반적으로는 훨씬 덜 산업화한—발전의 정체 원인이 석탄 부족에 있을 것이라고 우리는 확신할 수 없다.

그럼에도 불구하고 적어도 앞서 석탄에 대해 강조했던 부분으로 돌아가는 것은 리글리가 말한 이유와 그 밖의 것들을 모두 정당화하는 것처럼 보인다. 일시적으로 더 많은 공장에서 석탄이 아닌 물을 동력으로 사용하기도 했지만 이는 고정 설비이기 때문에 지리적 제한이 있고 가끔씩 계절적 요인도 무시할 수 없었다. 더욱이 그것은 모든 종류의 화학적 및 물리적 과정에서도(양조부터 야금, 염료 과정에 이르기까지), 또한 노동 분업에 많은 힘을 불어넣은 운송 분야에서도 석탄을 대신할 수 없었다. 그리고 중요한 철 생산 부문(철강, 철도 등등)에서 화석 연료의 대안으로 무엇을 찾아낼 수 있을지 현재로서는 예측하기 어렵다. 사실 해머슬리G. Hammersley는 앞선 주장과 달리 1660~1760년 잉글랜드의 철 산업은 위축되지 않았으며, 위기라고 할 만큼 적정 연료가 부족하지도 않았음을 보여주었다. 또한 그는 잉글랜드 및 웨일스의 숲 가운데 2퍼센트 정도면 잉글랜드의 철 산업에 연료를 공급하는 데 충분했을 것으로 추정한다.[122] 그러나 18세기 말에 이르러 영국의 숲은 5~10퍼센트로 줄어들었다.[123] 따라서 이상적인 조건에서도 영국이 최대로 생산할 수 있는 목탄 선철charcoal pig iron(목탄을 연료로 사용해 용광로에서 만든 선철—옮긴이)의 생산량은 대략 8만 7500~17만 5000톤이었다. 그러나 1820년 영국의 실제 철 생산량은 40만 톤에 달했다.[124] 다른 목적으로 약간의 목재가 필요했기 때문에 목탄 선철을 만드는 데 모든 나무를 동원할 수 없음에도 그 정도의 생산이 가능했다. 대장간은 또한

(풀무를 돌리기 위해) 철과 수력 가까이에 위치할 필요가 있었다. 철 생산에 필요한 숯은 10~12마일(1마일은 약 1.6킬로미터—옮긴이) 이상 운송할 수 없었다. (5마일 이하가 바람직했다.) 용광로에는 커다란 숯덩이가 필요한 데 반해 숯은 아주 먼 거리를 이동하면 작은 조각(심지어 먼지)으로 아주 쉽게 부서졌기 때문이다.[125] 그래서 해머슬리는 1760년 수준의 철 생산으로는 '에너지 위기'를 맞지 않았음을 보여준다—더 강력한 이유는 삼림 파괴 때문에 석탄을 기반으로 한 철 산업에 대한 돌파구를 찾아내지 못했다는 데 있다. 아울러 동일한 조건에서 철 산업이 더 성장하기 위해서는 석탄이 필요했음을 보여준다.

그 밖에 영국 산업에서 석탄을 기반으로 한 대부분의 공정은 철 생산 공정보다 발달해 있었다.[126] 따라서 실질적으로는 석탄 생산이 거대한 증기 기관 동력의 확장을 앞당겼다. 그러므로 석탄/증기 기관 사용의 급격한 증가가 발달을 초래한 것은 아니지만 산업의 성장과 무관하지는 않았다. 설령 석탄을 주로 가정 난방용으로 사용했다 할지라도 산업에 석탄을 이용하기 어려웠다면 산업용 석탄 가격은 훨씬 더 높았을 것이다. 그래서 영국 목탄의 실제 가격은 1550~1700년에 가파르게 상승한 후 1700~1750년에 안정을 찾은 듯하다. (모든 목재 및 목탄 가격은 상당한 주의를 기울여 정한 게 틀림없다.)[127] 증기 기관을 채굴 과정에 더 많이 이용하기도 전에 저렴한 석탄은 점차 도로 및 운하 건설에 힘입어 더 널리 사용되었다. 간단히 살펴보자면 그런 점진적인 향상은 증기 기관에 의해 가능해진 것에 비하면 상당히 미미한 발전이며(특히 1750년 이후), 곧 한계에 도달했을 것이다. 게다가 실제 목탄 가격은 1750년 이후 다시 상승했는데, 더 많은 석탄 생산 라인을 가동하고 있었던 것을 감안하면 아마도 철 생산량이 그 이상 증가했기 때문일 것이다.[128] 엄청나게 비싼 연료는 확실히 많은 산업이 양적으로 확장하는 데 장애로 작용했을 것이다. 물론 그것이 발전을 제한했다는 걸 이해하는 게 어려운 일은 아니다. 앞으로 살펴보겠지만 심지어 증기 기관 자체도 처음에는 부피가 상당히 컸고, 연료를 많이 소모했으며, 위험 요소를 안고 있었다. 즉 만약 거기에 사용하는 석탄 비용이 훨씬 더 높았다면, 혹은 석탄 광산이 사용하기 이상적인 곳에 위치하지 않았다면 석탄은 가치가 없어 보였을 것이다. 삼림 벌채(그리고 유럽 대륙)에 대해서는 5장에서 자세히 논할 예정이다. 지금으로서는 석탄이 영국의 획기적 발전에, 특히 철·강철·증기 기관·동력·운송 분야의 발전에 얼마나 중요했는지 알아보는 것만으로도 충분하다.

나아가 19세기 초 석탄의 사용 증가와 관련해 결과적으로 저렴한 화석 연료가 다방면에서 한정된 토지 공급의 압박을 완화해주었다는(에너지 집약형 비료를 사용함으로써 농사에서도) 결론은 지나치게 목적론적이긴 하지만, 이는 분명 중요한 발전 단계였다. 수차가 아무리 발전했어도 화석 연료만큼 수력이 이후 수십 년 동안 빠르게 증가한 인구를 감당할 정도로 에너지를 공급하거나 화학 비료가 부족한 토지를 대체할 수 없었기 때문이다. 따라서 결국 석탄의 채굴과 사용을 유럽이 가장 유력하게 갖출 수 있었던 기술적 우위라고 간주하는 것은 상당히 그럴듯해 보인다. 왜냐하면 이런 우위는 순전히 국내에서 자생적으로 성장해 19세기의 획기적 발전에 중요한 역할을 했으며, 섬유 산업과 달리 그 번영을 유럽의 해외 자원 획득에 의존하지 않았기 때문이다.

화석 연료의 생산에서 증기 기관은 중요한 역할을 담당했다. 요컨대 다른 과정에 동력을 공급할 때 석탄을 사용한 기계로서 중요했고, 더불어 물 펌프를 효과적으로 사용하기 위한 에너지원으로서 탄광의 확장을 가능케 했다는 데 또 다른 중요성이 있다. 플린M. W. Flinn은 광산의 배수를 위해 바람·물·중력·말 등 여러 가지 방법을 동원했지만, 대부분의 국가는 이런 방법 중 어떤 것을 사용해도 석탄이 매장된 깊이까지 접근할 수 없었다고 지적한다. 따라서 증기 기관이 없었다면 "영국의 광산은 〔연간 생산량이 1700년 수준 이상으로〕 확장될 수 없었을 것이며, 수확 체감 현상을 보였을 게 틀림없다".[129] 그 대신 생산량은 다음 50년에 걸쳐 70퍼센트 정도 증가했으며 1750~1780년에는 500퍼센트(총 생산량의 거의 900퍼센트까지)에 육박했다. 이는 채굴에 사용한 증기 기관의 수가 엄청나게 늘어나고 이를 더 효과적으로 이용했기 때문이다.[130]

18세기 이전에도 많은 사회에서 비슷한 증기 기관을 개발하긴 했으나 호기심을 끄는 정도에 지나지 않았다.[131] 중국인은 이와 관련한 기본적 과학 원리—대기압—를 이해하고 있었으며, 오래전부터 와트와 마찬가지로 복동식 피스톤/실린더 장치(중국인이 사용한 '궤 풀무box bellows'의 일부)에 통달했다. 그뿐만 아니라 중국인은 20세기 이전에 어느 곳에서나 잘 알려졌을 만큼 회전 운동을 선형 운동으로 전환시키는 체계 또한 알고 있었다. 당시에 풀어야 할 과제는 동력으로 바퀴를 돌리는 게 아니라 피스톤을 사용해 돌리는 것이었다. (풀무의 경우, 바퀴를 동력으로 움직이는 게 아니라 피스톤을 통해 옮긴 뜨거운 공기의 분출이 목표였다.) 1671년 궁정에서 마차를 끄는 증기 터빈과 증기선의 작은 모형이 작동하는 것을 보여준 예수회 선교사는 서구 모형 못지않게 중국 모형으로도 많이 작업했던 것으로 보인다.[132] 엄정한 기술적 의미에서, 산업혁명의 중심 기술은 유럽 밖에서도 역시 개발될 수 있었다. 따라서 우리는 왜 증기 터빈을 먼저 유럽에서 개발했는지 분명하게 말할 수 없다. 그렇더라도 왜 유럽이—특히 영국이 더—산업혁명의 중심인 석탄과 증기에서 상호 연관된 일련의 개발이 가능한 곳이었는지에 대한 몇 가지 이유를 확인할 수는 있다. 아울러 잉글랜드를 양쯔 강 삼각주—이곳에서는 지역의 나무 공급에 대한 압력을 완화하려는 유사한 동기가 존재했으며, 발전한 기술과 대단히 상업화한 경제 또한 나타났다—와 비교하면 유럽의 우위가 전문 기술의 전반적 수준에 기초한 것만큼이나 지리적 우연에도 바탕을 두었음을 알 수 있다. 또한 이는 전반적으로 시장 경제의 효율성이 갖는 어떤(아마도 실재하지 않는) 이점 이상의 가치를 지니고 있었다.

18세기에 세계를 주도한 서유럽의 기술은 영국이 이끌었다. 그중 하나가 채굴 기술인데, 그 밖에 시계 제작·총포 제조·항법 도구 등은 채굴과의 관련성이 분명하지 않다.

보편적으로 알려진 중국의 채굴 역사는 특히 석탄의 경우 약간의 의문점을 남긴다. 중국 북부와 서북부 지역은 석탄 매장량이 엄청났다. 그래서 북부 지역이 정치, 경제, 인구의 중심지였던 오랜 기간 동안 중국은 엄청난 양의 석탄과 철 복합체를 개발했다. 로버트 하트웰Robert Hartwell은 1080년경 중국의 철 생산은 아마도 러시아를 제외한 1700년 유럽의 철 생산을 넘어섰을 것이라고 추정한다. 더욱이 이런 철과 석탄 복합체는 규모뿐 아니라 품질 또한 뛰어났다. 예를 들어 중국의 철 제조업자들은 수세기 동안 다른 어떤 곳에서도 발견하지 못한 코크스cokes(정제한 석탄)의 생성과 그 사용법에 대해 알고 있었던 것으로 보인다.[133] 그러나 1100년부터 1400년까지 중국 북부와 서북부 지역은 연이어 발생한 엄청난 재앙으로 타격을 입었다. 침략, (몽골과 그 밖의 민족에 의한) 점령, 내란, (황허의 주된 변화를 포함한) 최악의 홍수, 전염병 등의 재해가 잇따른 것이다. 12세기에 여진女眞 침략자들은 (일시적으로나마) 포위를 풀어주는 조건으로 수도권에 있는 가장 숙련된 장인들 가운데 일부를 넘겨달라고 요구했다. 그중 얼마나 많은 사람이 돌아왔는지는 확실하지 않다.[134] 1420년 이후 이 지역이 어느 정도 안정을 찾아갈 무렵, 중국의 인구 및 경제 중심은 생태적 환경이 한층 쾌적한 남쪽으로 확실히 옮겨갔다. 15세기 내내 중국 북부 지역 대부분은 국가 차원의 이주 정책으로 인구를 재배치할 필요가 있었다.[135]

우리는 한때 중국의 철 산업이 일련의 재앙에서 회복하지 못했다고 여겼던 것과 달리 지금은 중국의 철광석 채굴과 제련 작업이 몽골의 침입에서 벗어나 회복했음을 알고 있다. 광둥·푸젠·윈난·후난 등이 새로운 생산 중심지로 급부상했으며, 서북 지역에서도 일부 생산을 재개했다. 1600년 총 생산량은 최소 4만 5000톤에 달해 최고치를 경신했으며, 이와 동시에 생산 기술에도 어느 정도 새로운 발전이 있었다.[136] 황치천黃啓臣은 연구를 통해 몽골 침입에서 벗어난 후 이렇게 철 생산이 회복했다는 사실은—그는 철 생산의 70퍼센트 이상을 회복했을 것으로 추정한다—증명했지만, 연료에 대해서는 거의 언급하지 않았다. 아울러 새로운 철 생산의 중심지가 석탄 자원으로부터 멀리 떨어져 있었다는 분명한 사실은 철 생산 과정에 주로 나무와 목탄을 사용했다는 추측을 낳게 한다.[137] 그러나 17~18세기의 철 생산 과정에 대해 우리는 아는 게 거의 없다. 비록 이와 유사한 연구에서는 철 생산이 감소했다고 제시하기는 하지만 말이다(매우 빈약한 증거를 바탕으로).[138] 만약 그랬다면—혹은 이것이 단지 성장을 지속하는 데 실패한 것일지라도—몽골 이후 시기에 철 산업 시설을 재배치한 결과의 하나가 화석 연료에 대한 의존을 바꾼 것이었다면, 이는 아마 치명적인 작용을 했을 것이다.

석탄 생산과 좀더 광범위한 사용에 대해서는 알려진 자료가 많지 않다. 몽골 침략과 관련한 재난으로부터 산업이 결코 회복하지 못했다는 하트웰의 주장은—철에 관한 그의 유사한 주장과 마찬가지로—언젠가 심각한 도전을 받을지 모른다. 설령 그의 주장대로 석탄 생산이 극적으로 감소하지 않았다는 게 밝혀지더라도 철 산업이 중국 경제에서 다시는 산업의 선두 자리를 차지하지 못했던 것만은 확실하다.

12세기와 14세기에 걸친 재난으로 석탄의 채굴과 사용에 대한 지식이 얼마나 많이 파괴되었는지는 분명치 않지만, 어쨌든 파괴되었을 가능성이 높다. 많은 경우(19세기까지 중국과 유럽 모두에서) 장인은 견습생에게 문서가 아닌 구두로 기술을 전수했기 때문이다—아울러 중국 석탄 생산지 대부분이 침체하면서 얼마나 많은 광산의 사용과 개발이 중지되었는지, 주요 시장이나 다른 분야 장인과의 원활한 상호 작용이 어려워졌는지 분명치 않다. 중국에서 탄광 산업은 여전히 중요하지만, 이 분야 역시 다시는 산업의 선두 자리를 차지하지 못했다. 그 대신 다양한 연료 절감형 혁신(육중한 그릇에 음식물을 끓이는 게 아니라 중국식 전통 냄비인 웍鑊을 이용해 센 불에 음식을 볶는 방법 등)이 점점 더 중요해졌다.

18세기 양쯔 강 하류—중국의 가장 부유한 지역이면서 대부분의 삼림을 벌채한 지역 중 하나—는 강과 연안 항로를 따라 목재와 콩깻묵 비료를 교역하면서 공급량을 확대해갔다. (중국인은 비료를 사용함에 따라 그동안 거름으로 쓰던 풀이나 짚 등을 연료로 사용할 수 있었다.) 이 같은 교역을 통한 임시방책이 화석 연료를 대체할 수는 없었지만—그 두 가지, 즉 목재와 비료는 문헌상으로 많이 남아 있지 않지만 다른 곳에서도 공존했으며 아마도 양쯔 강 하류에서 성행했을 것이다—특히 석탄의 경우에는 양쯔 강 하류의 장인 및 기업가의 시선을 끄는 게 쉽지 않았다. 그 지역 내에서는 석탄이 나지 않았으며, 상인들은 석탄 생산지에 쉽게 접근할 수 없었기 때문이다. 중국 남부의 9개 지역은 당대 중국의 석탄 보유량 중 1.8퍼센트만을 차지했고 동부 11개 지역은 8퍼센트에 불과한 반면 산시 성 북서 지역과 내몽골자치구는 61.4퍼센트를 차지했다.[139] 몇몇 탄광은 중국 남부에 산재해 있었으며, 일부는 북쪽의 베이징 상권에 위치해 있었다.[140] 대부분의 탄광은 소규모인 데다 지리적으로 열악한 곳에 위치해 중국에서 가장 번창하고 연료 수요량 또한 가장 많은 시장을 활용하는 데 어려움이 있었다. 게다가 일관성 없는 정부 정책으로 인해 간헐적으로 생산이 멈추곤 했다.[141] 서북 지역의 탄광은 가장 큰 규모의 매장량을 자랑했으며, 생산성 증가와 수송 능력 개선을 위한 중점적 투자가 이론적으로 타당하다는 것을 보여주는 사례가 될 수도 있을 것이다.

이처럼 서북 지역의 석탄 매장량과 양쯔 강 삼각주가 연결되어 창출한 수익은 돌이켜보건대 너무나 거대해서 일부 사람들이 그것을 위해 엄청난 노력을 기울였을 것으로 상상은 할 수 있지만 실제로 그랬는지는 분명치 않다. 아울러 그런 프로젝트에서 우리가 상상할 수 있는 수익 대부분은—우리가 석탄의 용도에 대해 알고 있다 해도—어림짐작하는 것조차 불가능하다.

한편 보통 낙후한 지역에서 작업을 한 서북 지역 광부들은 자신의 기술적 문제에 적용할 수 있는 다른 지역의 발달한 기술을 배우기가 쉽지 않았다. 또한 그들은 시계 제작 같은 전문화하고 정교한 고급 공예 부문의 숙련된 장인을 만나볼 기회도 거의 없었다. 하지만 그런 장인은 존재했으며, 수적인 면에서는 아닐지라도 기술만큼은 서구와 비견될 정도였다. 그들은 대부분 양쯔 강 삼각주나 남동 지역 해안가에 자리 잡고 있었는데, 이곳에서는 시계와 정교한 잭jack으로 움직이는 장난감이 크게 유행했다.[142] 설령 광산 경영자가 채굴 기술의 개선 방법을 알고 있었을지라도, 석탄 생산을 늘린다고 해서 광대한 시장을 점유하는 것은 아니었다. 언뜻 보기에도 운송 문제는 극복하기 어려웠을 것 같은데, 이는 광산이 부유하면서도 생태적으로 연료를 제대로 공급받지 못하는 중국 주요 도시의 사

용자로부터 멀리 떨어져 있었기 때문이다.[143]

장쑤 성 북부의 쉬저우와 쑤셴에 있는 광산은 대운하(중국 톈진에서 항저우에 이르는 세계에서 가장 긴 수로—옮긴이)에서 그리 멀지 않고, 아마도 양쯔 강 삼각주와 가까운 거리에 있는 몇몇 광산 사이에 위치했을 것이다. 그러나 쉬저우 광산의 경우, 운하의 항구를 통해 운송이 가능했음에도 불구하고, 청대 당시 현청 소재지까지 소요되는 운송 시간으로 인해 석탄 가격은 무려 2배로 올랐다.[144] 이 광산들은 더 북쪽에 있는 지역과 마찬가지로 송대宋代에 중공업 단지(특히 철과 소금의 생산에 주력했다)의 일부였지만 12~14세기에 일어난 일련의 재앙에서 결코 완전히 회복하지 못했던 것으로 보인다. 18세기에 중국 조정에서는 양쯔 강 삼각주의 연료 부족을 완화하기 위한 명분으로 이 지역의 석탄 개발을 촉진하기로 결정했으며, 작고 깊지 않은 광산에서 채굴하는 가난한 실업자들에게 채굴 면허를 내주었다.[145] 자본이 풍부한 광산이라 해도 중국의 에너지와 운송, 금속 분야를 변모시킬 정도의 중대한 돌파구를 열기는 쉽지 않았을 것 같다. 중국의 광산업자들은 거대한 시장과 숙련된 장인들이 집중되어 있는 지역과 비교적 가까운 거리에 있는 몇몇 석탄 채굴 지역 가운데 한 곳만을 담당하는 아주 소규모 경영자들이었기 때문이다.

마지막으로 중국 서북 지역의 탄광업자들이 직면한 가장 큰 기술적 문제는 영국 탄광업자들이 직면한 문제와 근본적으로 달랐다. 영국의 광산은 물이 차기 쉬워 그 물을 제거하기 위해 강력한 펌프가 필요했지만, 중국의 탄광은 물에 대한 문제가 거의 없었다. 대신 너무 건조한 탓에 갱내에서의 자연 발화가 지속적인 위협 요소로 작용했다. 이는—강력한 펌프보다는 환기가 필요하다는 것—이 시기에 가장 중요한 중국의 기술 안내서 편찬자가 심각하게 고민한 문제였다. 그리고 그 문제를 결코 완전히 해결한 것은 아니지만, 적어도 당대의 채굴을 연구한 역사학자 가운데 한 사람은 이 안내서가 당시 상황을 매우 정교하게 묘사한다고 밝혔다.[146] 하지만 설령 좀더 우수한 환기 장치로 이 문제를 개선했다 할지라도—혹은 사람들이 이런 높은 수준의 위험을 감내할 정도로 석탄이 필요하지 않았다면—광산에서 갱내의 물을 퍼 올리는 데 사용한 영국의 증기 기관처럼 환기 기술은 석탄(그리고 일반적인 물건)의 운송 문제를 해결하는 데 아무런 도움을 주지 못했을 것이다. 그러므로 '유럽' 전체보다 석탄/증기 혁명은 그다지 뒤처지지 않았을지 몰라도, '중국'의 전반적 기술·자원 그리고 경제 상황을 살펴보면 부존자원의 분배만큼은 혁명을 꾀할 기회가 훨씬 더 적었던 게 사실이다.

이와 반대로, 유럽에서 가장 규모가 큰 석탄층 가운데 몇몇 곳은 좀더 전망이 밝은 지역인 영국에 위치해 있었다. 이곳은 인근에 훌륭한 해상 수송로가 있고 유럽에서도 상업적으로 가장 역동적인 경제 체제를 갖추었으며, 주변 지역에는 숙련된 장인들이 터를 잡고 있었다. 아울러 석탄을 얻고 이용하는 문제가 시급했다—이 지역은 1600년경부터 전례 없이 심각한 땔감 부족을 겪었다.[147] 그리고 목재 및 나무로 만든 생산품을 바다를 통해 수입했지만, 이는 강을 따라 통나무를 띄워 보내고 받는 양쯔강 삼각주의 수송 방법보다 비용이 더 들었다. 따라서 그 대응책으로 비교적 접근하기 쉬운 석탄을 이용하려는(그리고 석탄에 대해 배우려는) 사람들이 폭발적으로 늘어났다. 실제로, 1500년부터 영국에서 석탄은 가정용 난방 수요가 가장 많았다. 석탄 사용에 따른 연기와 가스 문제가 심각했음에도 석탄을 이용한 이유는 가격이 저렴했기 때문이다.[148] 산업계에 골칫거리이던 양조 주조, 유리 제작, 철 생산 과정에서 나오는 불순물 문제는 18세기에 이뤄진 일련의 혁신 기술로 해결되었다.[149]

석탄 채굴과 이용에 대한 대부분의 지식은 장인들에 의해 축적되었으며, 19세기까지도 문서로 남기지 않았다. 실제로 존 해리스John Harris는 18세기 동안 프랑스 산업계보다 영국 산업계에서 석탄 채굴과 이용 방법을 기술하는 경우가 더 드물었다고 지적했다. 이는 분명 장인의 정교한 기술을 배우고자 하는 사람에게 구두로 전수했기 때문이다. 해리스가 제시한 자료에 따르면, 프랑스는 장비를 복제할 때조차 기존에 확립된 다양한 석탄 이용 공정을 모방하기 위해 노력했다. 내열성 용광로를 만드는 과정에서는 경험을 통해 습득한 매우 상세한 지식과 아주 섬세한 시간 조절 능력이 필요했기 때문이다. 또 오류에 따른 재정적 손실이 컸기 때문이기도 하다. 불에서 얼마나 제련해야 하는지, 각도는 어떻게 해야 하는지, 어떻게 해야 다양한 부분을 살필 수 있는지 등 세부적인 중요 사항은 석탄 용광로에서 일하는 사람에게는 매우 익숙했겠지만 목재 용광로를 사용한 사람들의 경험과는 판이하게 달랐을 것이다. 하지만 한 가지 전통만을 고수하는 장인으로서는 다른 방법을 사용하는 사람에게 무엇을 설명해야 할지 알 수 없었을 것이다.[150] 따라서 프랑스는 영국의 노동자들을 데려오고 나서야(거의 1830년 이후) 필요한 지식을 효과적으로 전수받을 수 있었다.

이와 같이 유럽에서 석탄 산업의 획기적 발전에 가장 중요한 역할을 한 기술에 관한 전문 지식은 풍부하고 저렴한 물품과 함께 오랜 기간의 경험(그리고 계속된 많은 실수)을 바탕으로 전문 기술이 발달하면서 축적된 것임을 알 수 있다. 이런 경험은 장인의 기술, 소비자의 수요 그리고 석탄 생산지가 서로 가까운 곳에 모여 있었기 때문에 가능했다. 만약 그런 지리적 행운이 없었다면, 영국은 전망이 제한적인 지역(예를 들어, 목재 용광로를 상용화하고 개선한 곳)의 다양한 전문 기술 발달을 용이하게 하는 데 그쳤을 것이며, 그 결과 방대한 새 에너지의 공급과 활용을 이끄는 길로 나아가지 못했을 것이다. 그리고 중국의 상황으로 인해—이를테면 양쯔 강 삼각주는 파리 분지보다도 석탄층과 더 멀리 떨어져 있었다—경쟁국인 영국의 행운은 한층 더 두드러졌다.

증기 기관은 탄광의 터널을 뚫거나 맥주, 유리 및 철강 생산에 지장을 주는 연기를 처리할 방법을 터득하는 데 느리고 꾸준한 진전이라기보다 한층 중대한 돌파구를 제시했다. 우리는 이런 의미에서 영국이 채굴에 문제—폭발을 막기보다는 물을 퍼 올리는 데 필요한 문제—를 안고 있었던 게 차라리 행운이었다는 걸 알고 있다. 그 때문에 다른 많은 중요한 곳에 적용할 수 있는 엔진을 만들어냈기 때문이다. 증기 기관의 발전은 한계가 있었지만 기술 발전 과정에서 역사적으로 중요한 위치를 차지했다.

증기 기관의 효용성을 높인 것은 오히려 예기치 않은 몇몇 작업 분야의 사람을 비롯해 수많은 장인이 그 문제점을 점진적으로 개선해나갔던 데 있다. 모키어가 언급했듯 18세기 유럽에서 사실상 기술적 우위—그리고 유럽 내에서 영국의 기술적 우위—를 점한 것은 도구나 기계가 아닌 정밀기기, 즉 벽시계clock, 손목시계watch, 망원경, 안경 등이었다. 이런 기기들은 얼마간 생산재로—기본적으로는 원양 항해에—이용되기도 했지만,[151] 주로 부유한 사람, 특히 도시 부유층의 편의를 위해 쓰였다.[152] 하지만 토머스 뉴커먼Thomas Newcomen이 만든 최초의 증기 기관이 적절하게 작동함으로써 와트가 개발한 엔진의 효율성을 4배까지 높일 수 있었던 것은 기기 제작(그리고 어느 정도는 총기 제작) 과정에서 정밀 보링boring과 보정calibrating 기술의 이전移轉 때문이다.[153] 엔진은 개발 초기보다 안전해지고 연료의 효율성 또한 증가했으며 부피가 소형화하는 등 200년 넘게 점진적으로 개선되었다.[154] 그럼에도 우리는 조잡하기 이를 데 없는 초기 단계의 증기 기관을 잠재적 가능성에 매료된 사람들이 서둘러 도입했을 것이라고 생각하기 쉽다. 그러나 이는 과거를 되돌아볼 때만 그렇다. 무기와 기기의 정밀 제작 기술 덕분에 성능이 개선된 이런 기계들조차도 비용과 규모 및 그 밖의 다양한 문제 때문에 뉴커먼이 최초로 설비를 한 후 88년 동안(1712~1800년) 2500대밖에 생산하지 못했다.[155] 다른 산업계나 발명가들은 대부분 수차를 개선하는 데 주력했다. 실제로 폰 툰젤만G. N. von Tunzelmann은 증기로 움직이는 직조기의 단위당 에너지 비용이 1830년 이후까지 급격히 감소하지 않았기 때문에 그 당시까지도 수력은(수력이 유용했던 곳에서는) 경쟁력이 있었다고 주장한다.[156]

유일하게 석탄 분야(1800년에는 1000곳)에서만 두드러진 증기 기관의 장점은 몇십 년 내에 산업 현장 전체에 급속히 확산하면서 전반적으로 산업을 변모시켰다.[157] 증기 기관의 규모에 따라 탄광에서 사용하는 연료량도 엄청나게 증가하고, 그에 따른 비용 또한 어마어마했을 테지만 문제 될 게 없었다. 왜냐하면 사실상 갱도 입구에 설치한 증기 기관에 주로 사용한 질 낮은 '분탄'은 가격이 매우 저렴했기 때문이다. 그리고 분탄을 배에 실어 다른 곳에 있는 탄광으로 수송할 때에도 운송비를 지불하지 않았기 때문에 본질적으로 탄광에서 사용한 증기 기관은 연료 비용이 들지 않았던 셈이다.[158] 인접한 다른 분야의 장인들에게서 이전된 기술, 증기 기관을 인근 석탄 산지에 투입함으로써 얻을 수 있었던 지식 그리고 석탄 자체의 저렴한 가격 덕분에 얻은 약간의 이익 증대를 빼면—오늘날의 우리로서는 믿기지 않는 사실이지만—증기 기관은 장려할 만한 가치가 없었던 것처럼 보일 수도 있다.

장인 및 기업을 과학적 지식의 원천과 연결해준 것은 제이컵이 말한—유럽이 현저한 우위를 점했던—"과학 문명"이 이뤄낸 업적이다. 이처럼 유럽은 중대한 강점을 가지고 있었을 수 있다. (확신을 가지려면 좀더 연구해봐야겠지만 말이다.) 하지만 만약 유럽이 석탄 및 기계 숙련자들이 많은 지역과 멀리 떨어져 있고, 중국이 이런 지역과 가까웠다면 두 곳의 결과는 상당히 달랐을 것이다. 중국의 초기 석탄/철강 단지의 역사는 확실히 많은 것을 보여준다.

(사실상 같은 말을 반복하는 것 같지만) 유럽의 급격한 기술 변화가 확실히 산업혁명의 필수 조건이긴 했지만, 유럽의 창조성을 18세기 다른 사회의 창조성보다 훨씬 높은 위치로 격상시키면서 그러한 기술적 발명이 유럽의 탁월함을 보여주는 것이라고 말하기에 앞서, 영국의 석탄과 증기 기관이 최첨단 산업이 되기까지 지리적 행운이 얼마나 중요한 역할을 했는지 유념해야 할 것이다. 돌이켜보면 만약 유럽이 경주마에 제대로 돈을 걸었다면, 이기는 쪽에 베팅하도록 한 요인은 뜻밖의 행운, 특히 영국의 조건(대부분 지리적 조건)과 결정적으로 연관이 있는 것 같다. 산업혁명은 유럽의 과학적·기술적 및 철학적 성향만으로는 적절한 설명이 불가능한 것처럼 보이며, 경제 제도와 가격 요소(토지, 노동, 자본—옮긴이)에서의 차이를 추정해내리는 주장 역시 마찬가지다. 다음 장에서 살펴보겠지만 유럽이 세계 여타 지역의 정복을 통해 그 밖의 자원 문제를 상당 부분 해결하지 못했다면, 18세기와 19세기에 유럽의 급격한 인구 증가는 에너지의 이런 획기적 발견도 삼켜버렸을 것이다. 요컨대 석탄과 식민지가 모두 공존하지 않았다면, 나머지 하나도 거의 효과를 발휘하지 못했을 것이다. 아울러 석탄과 식민지 덕분에 자원의 압박이 완화하지 않았다면, 지속 가능한 성장이 불확실한 상황과 제한된 토지에서 유럽의 다른 혁신만으로는 새로운 세상을 만들어내지 못했을 것이다.

2

유럽과 아시아의 시장 경제

만약 서유럽이 1750년에 유례없이 번성하지 못했다면, 과연 서유럽의 제도는 그 무렵 시작된 급속한 발전에 더 적합했을까? 우리가 '제도'를 좀 더 폭넓게 정의한다면, 이런 논점은 적어도 북서부 유럽에서만큼은 틀림없이 사실일 것이다. 하지만 이런 논점에 대한 가장 일반적 견해—서유럽이 상품 및 생산 요소와 관련해 가장 효율적인 시장이기 때문에 가장 빠르게 성장했다는 견해—는 너무나도 설득력이 없다.[1] 물론 제도적 이점의 차별성 때문이라고 주장하는 학자를 비롯해 직접적으로 반대 의견을 표명하는 학자들도 있다. 예를 들면 제도가 정확히 유럽으로 하여금 자본 축적과 집약을 허용한 자유 시장 체제에서 탈피하고, 생태적으로 중요한 '침체된' 자원 등을 보호하는 길로 나아가도록 했다는 것이다. 이런 논점에 대해서는 뒤에서 다룰 예정이다. 여기서는 시장이 성장에 이바지해왔다는 가정 아래 유럽이 가장 완벽한 시장을 보유했다는 좀더 정통적인 주장에 초점을 맞추고자 한다.

물론 이런 시장 지향적 이야기에는 실제로 한층 미묘한 차이가 있다. 서유럽의 현실이 경제학 입문서의 추상적 개념과 아주 유사하다고 주장할 경제역사학자는 거의 없을 것이며, 많은 사람이 몇몇 특별한 경우 완전 경쟁에서 의도적 일탈(비록 대부분 일시적이기는 하지만)—예를 들면 19세기 미국과 독일의 보호 정책—이 특정한 경제 성장에는 꽤 도움을 줄 수 있을 거라고 주장할 것이다.[2] 그러나 이런 불완전한 정책은 다른 곳에서 손실을 유발한다. 예를 들어 영국이 완전 경쟁을 추구했다면 미국에 좀더 많은 판매를 했을 것이다. 혹은 보조금을 받지 못한 산업의 잠재 소비자들은 다소 특별한 산업을 보조하기 위한 목적으로 세금을 내야 했을 것이다—따라서 완전 경쟁 시장 체제를 벗어날 경우 실제적이고 잠재적인 무역 상대국 모두를 포함한 경제 체계에 장기적으로 순이익이 있었다는 신고전주의적 견해를 근거로 주장을 펼치기는 어렵다. 이와 같이 학자들이 유럽을 전체로서 다룬다면(특히 다른 대륙과의 연관성을 최소화한다면), 그러한 일탈이 상업주의와 시장의 다른 방해 요소에 상당히 유리하게 작용했다는 사실을 깨닫기 어려울 것이다.

마찬가지로 유럽의 역동성과 관련해 소규모의 생산성 향상 및 수많은 평범한 사람들의 자본 축적을 강조한 최근의 설명은 상대적 완전 경쟁 시장을 더욱더 그럴듯하게 내세우는 것 같다. 이는 조직적으로 사실을 왜곡했다기보다 모든 생산자를 경쟁하도록 만들고 다른 사람이 희생한 대가로 몇몇 생산자만 이득을 얻었다는 뜻이다. 따라서 유럽의 발전에 대한 많은 이야기는 국가 개입, 독단적 과세, 귀족과 교회의 독점, 토지 사용에서 노예의 노동과 관습적 제약, 직업 이동 등의 감소를 강조한다. 아울러 그들은 이런 경향이 일찍부터 다른 곳보다 유럽에서 더 강했다고 가정한다. 그렇지만 이번 장에서 우리는 매우 상이한 주장을 펼칠 것이다. 다시 말해, 실제로 시장 경제와 관련해 18세기에는 중국(그리고 아마 일본도)이 서유럽보다 신고전주의적 이상에 훨씬 더 가까웠다고 주장할 것이다.

규모가 단연 큰 분야는 농업이었다. 그러므로 필자는 토지와 농산물 시장을 주제로 논의를 시작하겠다. 이어서 한 사람의 노동력을 이용하는 데 따른 제약(강요된 직업과 고용살이, 이주 장벽, 특정 활동 금지 등의 형태로)을 비교할 것이다. 그런 다음 산업과 상업에 참여할 자유에 대해 논하고, 마지막으로 가정과 노동 시장에 강력한 영향을 미친 제도를 비교할 것이다. 자본 시장에 대해서는 4장에서 논할 예정이다.

중국과 서유럽의 토지 시장 및 토지 이용에 대한 제한

당연히 중국과 서유럽은 모두 시공간적으로 엄청난 다양성을 지녔지만, 16~18세기 동안 이 두 곳에 있는 더 많은 지역이 점차 마르크 블로크Marc Bloch가 지칭한 "농업 개인주의" 방향으로 변화해갔다. 대체로 중국은 서유럽을 비롯한 유럽 대부분 지역에 비해 시장 주도형 농업에 가까웠다.

여기서는 가상의 경제적 이상에서 벗어난 다른 일탈들을 어떻게 비교할지 생각해보는 것이 중요하다. 예를 들어 필립 황Philip Huang, 黃宗智은 양쯔강 삼각주의 토지, 노동 및 상품 시장에 대해 많은 관례적 제약이 있었음을 확인했다. 이를테면 자신의 토지를 팔던가, 저당 잡히던가, 혹은 임대하려는 사람들은 흔히 토지를 친척이나 동료 마을 사람에게 먼저 내놓아야 했다. 따라서 이들 시장은 완전 경쟁과는 거리가 멀었다.[3] 이를 통해 황은 단순히 활발한 시장이라는 게 반드시 "변화시킬 힘을 갖춘 성장"의 도래를 예고하지는 않는다는 사실을 우리에게 일깨워준다.[4] 그러나 역사적으로 세계 어느 곳이든 완전 경쟁 시장만이 변화시킬 힘을 갖춘 성장의 전제 조건은 아니었으므로, 서유럽의 경제 성장만큼 빨랐던 중국 경제의 실패를 완전 경쟁 시장의 여부만을 가지고 설명하기는 어렵다. 그렇게 하려면 누구도 제시하지 못한 증거와 기준 모두가 필요할 것이다.

매매 또는 임대에 대한 제약으로 인해 종종 토지 소유자가 희생당할 수도 있다. 또한 이런 제약 때문에 가장 효율적으로 이용할 수 있는 사람이 토지를 차지하지 못할 수도 있다. 제약이 많을수록 효율성은 낮아진다. 우리는 결코 그에 따른 손실 규모를 알 수 없지만, 특정 범위 안에서 평가해볼 수는 있을 것이다. 예를 들어 일정한 소규모 토지에서 농사일에 가장 뛰어난 농민이 생산한 것과 농사일에는 그다지 익숙하지 않지만 세법에 유리한 농민이 생산한 것 사이에는 그리 큰 차이가 없었을 것이다. 그 이유는 첫째, 기본 기술에 대한 지식을 대체로 공유했기 때문이다. 둘째, 생산량을 최대한 늘릴 수 있도록 임차인에게 각종 보상책을 제시하는 임대차계약(소작이나 고정 임대)을 압도적으로 많이 이용했기 때문이다. 아울러 덜 숙련된 농민에게 토지를 주는 관습 때문에 모든 거래가 제약을 받은 것은 아니다.

이상적으로는 이를테면 특정한 토지 사이에 나타나는 거대한 가격 차이가 토지 생산성을 반영한 것이 아니라 구매자와 판매자 사이의 사회적 관계를 반영하는 것이라는 주장을 입증하기 위해서는 불완전 경쟁 시장을 설명할 뿐만 아니라 정말로 특수한 결과들을 보여주는 원시 자료를 제시하는 것이 필요할지도 모른다. 우리는 17세기 후반의 이탈리아 북부처럼 훨씬 더 발전한 유럽의 실례를 갖고 있지만,[5] 중국에는 아직 그런 사례가 없다. 또 얼마나 많은 관습적 법규로 토지 시장을 신고전주의적 기대치에서 멀어지게 했는지 체계적으로 비교할 충분한 자료가 나올 가능성도 없다.

그 대신 우리는 다른 지역과 차이를 보였던 곳에서, 시장의 불완전성이 다소 부정적 영향을 준 증거를 찾아볼 수 있을 것이다. 유럽 대부분 지역에서 토지 사용을 제한한 것이 결국 기술 혁신을 저해하는 요소로 작용했다는 게 가장 적절한 예일 수 있다. 이러한 혁신은 종종 어떤 토지가 가격이 가장 높은 잠재적 입찰자에게서 더 낮은 입찰자에게 돌아감으로써 생산성에서 생각보다 큰 차이를 초래할 수 있다.

중국의 모든 지역에서는 대부분의 토지를 거의 자유롭게 양도할 수 있었다. 명 초기(1368~1430년경)에는 양쯔 강 유역에 있는 다량의 토지를 몰수했지만, 이러한 토지는 거의 대부분 민간의 소유로 넘어가기 마련이었다. 1500년대 중반 중국 조정은 이런 토지를 포기하고 아울러 세금을 납부하는 모든 토지는 다른 제약을 받지 않도록 하겠다고 승인했다.[6] 북부에 있는 몇몇 지역은 이론적으로는 여전히 국가 소유였으며, 세습 군인이나 대운하의 뱃사공에게 임대했다. 청대 황실 소유 토지는 대략 70만 에이커였다. 그러나 문서상으로는 350만 에이커보다 많거나 전체 경작지의 3퍼센트 정도였다.[7] 게다가 이런 토지는 어쨌거나 대부분 사유재산으로 여겨져 세습 소작인은 이를 팔거나 저당 잡힐 수 있었다. 그리고 나중에 조정에서 이 땅을 공식적으로 국유화하기 위해 비용을 지불하려 할 경우 거세게(그리고 성공적으로) 저항했다.[8]

좀더 많은 토지는 민간의 '자선을 위한 재산'에 속해 있어 범접할 수 없었으며, 이는 과부나 고아를 위한 기관의 의식儀式 비용 또는 사원과 학교의 유지비로 전용되었다. 이런 재산은 몇몇 지역에서는 중요했지만—광둥 성에서는 경작지 중 35퍼센트 정도를 차지했다—대부분 지역에서는 그렇지 않았다.[9] 20세기의 연구에서는 중국의 모든 농지 중 93퍼센트가

'무조건 토지 상속권fee simple(영미법에서 가장 보편적인 소유권 형식으로 부동산을 완전히 소유하는 것. 자유롭게 양도 및 임대, 상속도 가능함—옮긴이)' 형태를 취했다고 추정한다.[10] 게다가 통상적으로 양도 불가한 재산이 보편적으로 존재한 지방에서도 이것들이 그 밖의 토지와 얼마나 다르게 사용되었는지 또한 분명하지 않다.

소유주와 상관없이 많은 토지는 소작인이나 전차인이 경작했으며, 여기서 더 많은 제약이 개입할 여지가 있었다. 전체적으로 얼마나 많은 땅을 임대했는지는 문서상으로 잘 정리된 20세기라 하더라도 정확히 말하기는 어렵다. 중국 북부 지역에서 소작용 토지는 아마도 전체 토지의 15~20퍼센트를 초과하지는 않았던 듯싶다.[11] 매우 산업화하고 비교적 부유한 양쯔 강 유역에서는 토지의 거의 절반가량이 소작지였다.[12] 중국 동남부의 몇몇 지역에서는 거의 대부분의 토지가 소작지였다.[13]

관습법에 의하면, 흔히 토지는 응당 친족이나 마을 사람에게 우선적으로 소작을 주도록 명시되어 있었다. 동남부 지역, 특히 혈연관계가 강한 곳에서 친족 관계는 흔히 토지 구매자와 임대자를 가능한 한 제약했던 것 같다—대다수 친족 집단은 상당히 규모가 큰 데다 '친족 우선'이라는 규칙으로 인해 많은 사람이 주어진 작은 땅을 놓고 경쟁해야만 했다.[14] 더군다나 20세기의 몇몇 정보 제공자는 친족과 비친족이 똑같은 조건으로 문중의 토지를 빌릴 수 있었다고 보고했다.[15] 우리는 중국의 다른 지역에서도 친족을 부분적으로 선호하는 관습적 제약이 있었지만 토지가 궁극적으로 외부인에게 팔렸음을 보여주는 문헌을 확인할 수 있다.[16] 중국의 많은 마을에서 외부인에게 넘어간 토지의 양은 어쨌든 이런 관습이 무적의 장벽은 아니었다는 사실을 보여준다. 마지막으로 우리는 후손들이 부채가 없는 척하며 새롭고 어쩔 수 없는 발전을 위한다는 명목 아래 적어도

18세기부터 지속적으로 문중의 토지를 외부인에게 소작을 맡긴 많은 사례를 발견했다. 이는 불법이었지만 일단 기정사실화된 후에는 흔히 인정을 해주었던 것으로 보인다.[17]

훨씬 더 복잡한 문제들은 소작인의 권한 그리고 토지에 대한 투자와 소작인과의 관계에 영향을 준다. 소유주가 스스로 경작을 못하는 곳에서는 보통 경작에 대한 주요 결정 권한이 소작인에게 있었다. 이런 형태의 운영은 소유주(혹은 대리인)가 결정하고 노동자를 고용해 일을 시키는 '경영 농장managerial farm'보다 훨씬 더 일반적이었다.[18] 따라서 많은 논의들이 소작인에게 토지를 개선하라고 장려해도 좋을 만큼 그들이 충분히 안전을 보장받았는지, 그래서 경영 농장만큼 생산적일 수 있었는지에 중점을 둔다.

소작인의 권리가 얼마나 안정적이었는지에 대한 증거는 일관성이 없다. 현존하는 대부분의 소작권 계약은 소작인의 경작권을 꽤 안전하게 보장했던 것처럼 보인다.[19] 그러나 지주와 소작인 간의 분쟁에 대한 기록물은 이런 조항을 시행하기 힘들 수도 있었음을 시사한다.[20] 여전히 토지를 단순한 물품이 아닌 불가침의 세습 재산으로 보는 사람들의 두드러진 저항이 없었던 것은 아니지만, 18세기의 급속한 상업화는 지주와 소작인 간의 순수한 계약 관계의 변화 또한 가속화시켰다.[21]

하지만 이러한 관계를 관찰할 가능성은 희박할지라도—즉 불안정한 지위와 높은 소작료로 인해 소작인은 생산성을 높이고 투자를 강화하는 데 불리한 처지로 내몰렸다—우리는 두 가지 중요한 점을 유념할 필요가 있다. 첫째, 이런 시나리오에서 개선책을 도입하는 데 실패한 이유는 '전통'이 아니라 점차 막강해진 시장 때문이었을 것이다. 둘째, 우리는 토지 개량을 위해 투자한 경작자들이 직면한 부가적인 위험을 최대한 다루려

한다. 그리고 어쨌든 명백히 드러난 많은 위험들을 채택해 연구를 진행할 것이다. (장담할 수는 없지만 장기간의 토지 사용권은 아주 흔했다.) 우리는 어디에서도 관습상의 권리가 발전을 꾀하려는 농민의 의지를 꺾은 사례를 발견하지 못했다. 앞으로 설명하겠지만, 이는 서유럽에서 더욱 보편적인 상황이었다. 비교적 가난한 중국 북부 지역에서조차 일꾼을 고용해 농사를 짓는 경영 농장이 다른 곳보다 흔하고 소작권도 적었는데—아마도 이는 그 지역의 소작인이 다른 곳보다 생산성을 최대화할 수 없었음을 보여준다—경영 농장이 소작농이나 소규모 자작농보다 현저하게 생산성이 높았던 것처럼 보이지는 않는다.[22]

서유럽의 많은 농장은 중국에서보다 사고팔기가 더욱 힘들었다. 19세기에도 영국의 전체 토지 중 50퍼센트가량이 가족 승계로 처분되었는데, 가족 간에 승계된 토지는 매매가 불가능했다.[23] 18세기 에스파냐에서는 "시장에서 토지의 거래를 거의 허용하지 않았다. 또한 매입 가격이 너무 높아 투자를 권장할 수도 없었다. ……자본가와 소자작농을 충족시키기에는 한결같이 토지가 부족했다".[24] 그런데 세습 토지가 적었던 프랑스에서는 실제로 거래되는 토지가 있었다.[25] 한편 17세기와 18세기에 일부 서유럽 지역—네덜란드, 롬바르디아, 스웨덴[26]—에는 자유로운 토지 시장이 있었고 토지 시장의 규모도 중국보다 컸지만, 사실상 영국과 에스파냐의 경우만 해도 상속인을 제한한 토지가 더 많았다.

토지 거래가 제한되자 대신 임대 시장이 활발해졌다. 서투른 토지 소유주라도 자신의 세습 재산을 가장 잘 운용할 사람이 관리하도록 허용했다. (따라서 토지가 수익을 내는 동안에는 가장 높은 임대료를 챙길 수 있었다.) 그러나 일부 유럽에서는 여전히 토지 소유주가 자본을 늘리는 역할을 했는데, 이런 경우 강력한 임대 시장이라 해도 소유권 양도에 대한 제약을 완전히 보완하지는 못했을 것이다. 또한 일부 서유럽 지역에서는 토지 이용에도 토지 양도만큼이나 제약이 따랐으며 때로는 더 심하기도 했다.

14세기와 15세기에 걸쳐 영국 지주들은 세습이 보장된 대부분의 소작권을 되찾을 수 있었다.[27] 네덜란드 북부에서는 그런 세습 소작권이 제대로 정착하지 못했는데, 16세기에 경작된 대부분의 토지는 그 후 어쨌거나 세습 소작권을 새롭게 되찾았다.[28] 1600년대 중반에 이 두 지역은 유럽에서 농작물 생산성과 1인당 소득이 가장 높았으며,[29] 유럽의 획기적 발전을 설명하는 데 중요한 곳이다. 그러나 네덜란드와 영국 두 나라의 인구는 1750년까지만 해도 프랑스의 절반에조차 미치지 못했다. 따라서 세습 토지 보유권이 지배적이었으며 16~18세기에 걸쳐 좀더 큰 법적 보호를 받았다.[30] 그리고 이 시기 유럽은 농업에 투자할 상당한 규모의 새로운 자금이 필요했다. 그러나 이런 정도의 투자를 하려면 지역 사회 전체의 협조가 필요했으며, 동시에 지주(혹은 대리인)만이 할 수 있는 투자 규모였다. 따라서 이는 권리를 보장받는 소작인들의 지위를 향상시키기보다 (중국과 달리) 오히려 소작인들에게 장애가 될 가능성이 있었다.

세습 토지 보유권이 작은 토지의 통합을 어렵게 만들었는데, 지주들로서는 토지를 통합하지 못하면 인클로저enclosure(영국의 농업혁명 당시 대지주들이 분산된 자신의 소유지를 매매 또는 교환을 통해 한곳에 집중시켜 울타리를 쳤던 일—옮긴이)를 실행하는 게 비용 대비 실익이 별로 없거나 심지어 무용지물이 될 수도 있었다. 그리고 19세기 후반 유럽의 인클로저는 농민들이 이용할 수 있는 중요한 기술 변화를 위해 반드시 필요했다. 당시 토지의 3분의 1에서 2분의 1 정도에 사료용 작물을 재배했다는 것은 그 토지가 계속 휴경 상태였음을 의미한다. (토양의 비옥도를 높이고 가축을 위한 목초지 역할을 하기도 했다.) 16세기에 이탈리아 북부, 네덜란드 그리고 영국의 많은 농민들은 가축이 접근하지 못하도록 땅에 울타리를 치면, 식량을 재배하는 대신 특정한 사료용 작물을 심어 땅을 기름지게 하고 동시에 가축에게는 사료를 더 풍부하게 줄 수 있다는 사실을 알았다. 아울러 늘어난 가축을 통해 얻은 거름으로 농장 전체에서 훨씬 많은 수익을 거둘 수 있었다.[31] 최근의 연구는 적어도 영국에서는 가축이 늘면서 생긴 여분의 거름을 경작지에 투입하지 않았으며, 그 결과 가장 좋은 경작지의 1에이커당 산출량도 더 이상 증가하지 않았다고 주장한다. 그러나 경작을 위해 남겨둔 최상급 토지가 좀더 늘어나 목초지(이전에는 꽤 부진했던 것들을 포함해)의 생산성이 증가했기 때문에 그 과정을 거친 전체 농장의 산출량은 그럼에도 늘어났다.[32]

그러나 '새로운 영농법'은 일반적으로 두 가지 유형의 '인클로저' 중 하나를 선택할 필요가 있었는데, 이 두 가지 모두 흔히 관습에는 반하는 것이었다. 그중 하나는 마을이 공동으로 연료와 사료를 얻기 위해 사용해온 공동 부지를 사적인 작은 땅으로 나누는 것이었다. 또 다른 하나는 토지를 통합해 울타리를 치는 것이었는데, 이는 이미 사적으로 소유했지만 이전까지 마을의 가축을 방목할 수 있도록 2~3년마다 한 곳을 휴경해야 할 의무가 있는 땅이었다. (사실상 모든 토지가 그랬다.) 후자에 해당하는 인클로저에 대해서는 거의 논의된 게 없지만, 훨씬 많은 토지가 여기에 해당하므로 우리의 논의에서는 꽤 중요하다. 울타리를 친 작은 땅들은 굳이 클 필요가 없지만[33] 아주 작은 땅은 울타리를 치는 것 자체로는 가치가 없었다. 그래서 거의 사각형에 가까운 땅들은 프랑스 도처에 흔했던, 길고 얇은 줄로 울타리를 쳐놓은 땅보다 수익성이 높았다.

두 가지 종류의 인클로저는 18세기 프랑스에서 아주 서서히 진행되었다. 1750년 이후, 특히 1769년 이후에야 공동 부지에 칸막이를 치도록 인가하는 법률을 제정했다. 이미 소유하고 있는 토지에 소유주들이 합법적으로 울타리를 칠 수 있었던 시기는 이를 법률로 정한 1767~1777년이었다.[34] 그런데 이런 법률은 권리를 이론적으로 인정한 것이지만 확고하게 세습된 토지 보유권을 상대로 권리를 실현하는 데에는 도움을 주지 못했다. 사실상 영국에서 인클로저 조례를 제정한 목적은 울타리를 칠 수 있을 만큼 크기가 일정한 땅을 만들기 위해 산재된 소작권을 강제로 재분배하기 위함이었다. 그러나 프랑스에서는 이런 종류의 강압이 불가능했다.[35] 지방 법원이 특별한 소작인을 축출하거나 양도하는 것을 허용했을지라도, 프랑스 지역 사회는 19세기에 이르기까지 그런 소작인을 비롯해 소규모 토지를 새로 경작하고자 하는 소작인을 축출한 지주에 대해 지속적으로 '심한 처벌'을 해왔다.[36] 이와 같이 서유럽의 경우에는 규모가 가장 큰 국가에서 토지 이용을 심각하게 제한함으로써 새로운 영농법의 확산을 크게 지연시켰다. 당시에는 신기술이 보급돼 1에이커당 약 60퍼센트 높은 수확량을 올렸지만 프랑스, 독일 북부, 이탈리아 대부분 지역에서는 여전히 1800년경의 농법을 이용해 경작했다.[37] 에스파냐는 국왕이 칙령을 내려 인클로저를 한층 성공적으로 중단시켰다. 한편 임대료와 밀가루의 고정 가격제 시도는 좀더 생산적인 농업에 투자하려는 움직임을 방해했다.[38] 독일 대부분 지역에서는 삼포식 농법three-field system(중세 유럽에서 농지를 춘경지, 추경지, 휴경지로 나누어 윤작한 농법—옮긴이)이 나폴레옹 시대까지 여전히 유행했는데, 이는 대부분 공유지와 다양한 전통적 보호권이 그대로 남아 있었기 때문이다. 요컨대 농지 1800만 헥타르 중 400만 헥타르가량은 정해진 해에 휴경했다. 기존 제도가 소멸한 후 그 과정을 관찰하면 우리는 그 제도가 얼마나 많은 문제를 초래했는지 알 수 있다. 1850년경 휴경 제도는 사실상 폐지되었는데, 공유지로 그동안 경작을 금지해온 많은 토지를 경작에 투입함으로써 연간 2500만 헥타르를 이용했고 1헥타르당 산출량도 늘어났다. (그러나 남서부 지역에서는 공유지 제도가 더 오래 존속했으며 당연히 생산성 증가도 늦어졌다.)[39]

일반적인 설명에 따르면 대체로 1800년에 새로운 영농법을 시행한 서유럽 지역은 1600년보다 많지 않았다—기술적 '농업혁명'은 주로 19세기의 현상이었다.[40] 가장 잘 알려진 대규모 농법의 확산을 지체시킨 중국의 관습이나 법규에 대해 따로 비교할 만한 사례는 없다.[41]

최근의 몇몇 연구는 인클로저가 실제로 상당한 생산성 증가를 가져왔는지에 대해 의문을 제기한다.[42] 예를 들어 그레고리 클라크는 인클로저로 인한 임대 증가에 대해—많은 자료에서는 100퍼센트라고 주장하지만—영국의 경우 40퍼센트 이하였다고(아마 프랑스도 비슷할 것이다) 말한다.[43] 흔히 인용하는 산출량에서 소득이 높은 것은 울타리를 친 후 종종 땅에 투입하는 노동과 자본의 증가로 인한 것이지, 인클로저 자체와 이곳에 투입한 노동과 자본을 더 생산적으로 이용했기 때문은 아니라는 것이다. 따라서 이들 학자는 총 요소 생산성total factor productivity, TFP—모든 토지, 노동, 자본의 가치에 대한 산출량의 비율과 이에 따른 전반적인 효율성 평가—에서 이득이 그다지 안 좋았다고 주장한다. 일단 울타리를 치는 데 드는 자본은 임대료 증가분 40퍼센트에서 빠지므로 총 요소 생산성에서 이득은 더 줄어든다.[44]

이런 주장은 널리 인용하는 중세의 사례나 근대 초기 유럽의 '시장 실패market failure'[45]조차도 정말로 크게 문제 되지 않는다고 말하는 것과 같다. 하지만 우리의 목적을 위해서는 문제가 남아 있다. 인클로저에 따른 소득 평가 방법으로 총 요소 생산성을 이용하는 것은 양적으로 늘어난 울타리 친 농장에 투입한 노동력과 자본이 울타리 친 토지가 존재하지 않는 다른 지역에 거의 동일한 비용으로 고용을 이루어냈음을 가정한다.[46] 이는 울타리 건설에 사용한 여분의 자본과 울타리를 친 이후의 개선점에 대해 의구심을 갖게끔 하며 노동력에 대해서는 더욱더 그렇다. 바꿔 말하면, 우리는 총 요소 생산성을 이용해 평가할 때 인클로저와 새로운 영농법을 토지 산출량을 증대시키는 데 사용한 경우 토지—인클로저에서 산출량을 증대시키는 요소—가 다른 두 가지 요소인 노동과 자본보다 아주 부족한 건 아니라고 가정한다. 하지만 아래에서 살펴보겠지만—그리고 5장에서 더 많은 세부 사항을 다루겠지만—유럽의 다양한 지역에서 토지 부족 현상이 심화한 것으로 보기 쉬운데, 이는 오히려 노동과 자본을 상당량 사용하긴 했지만 1에이커당 수익의 증대가 산출량을 늘렸다고 평가했기 때문이다. 그런 평가가 없었다면 토지 부족은 더 많은 사람(돈도 마찬가지)을 다른 생산적인 일에 투입하기보다 실업 상태로 만들거나 혹독하게 일을 해야 하는 원인으로 작용했을 것이다.

훨씬 더 초기에 근대 유럽의 부는 생산 시설 확장보다는 새로운 목적을 위한 상품 개발 같은 비생산적인 곳에 쓰였다. (그래서 간접적으로 대부분 정부의 주요 활동인 전쟁에 이용되었다.) 사실 유럽 경제가 종교적이든 예술적이든 다양한 분야의 위상을 높이는 데 힘을 기울이기보다 축적한 부의 대부분을 점차 생산과 무역을 증대하는 쪽으로 집중 투자해왔다는 주장이 종종 제기되었다. 이런 과정에서 유럽 경제는 확실하게 '자본주의적'이 되었고, 반면 다른 지역은 '전 자본주의pre-capitalist'로 남았다는 것이다.[47] 유럽의 이런 변화 중 몇 가지는 정말로 '자본주의 정신'을 반영한 것일 수 있다. 그러나 또 다른 부분은 생산적 투자를 위한 새로운 시장의 발현이었으며, 이는 투자자(종종 다른 종류의 출세를 위한 활동을 하는 데 관심이 더 많은 사람)가 직접 경영에 개입할 필요 없는 시장도 포함한다.[48] 인클로저는 단지 자본을 투자하기 위해 천천히 나타난 수단 중 하나였지만, 그러는 동안 큰돈을 경제적으로 비생산적인 다른 곳에 투자하기도 했다. 인클로저의 법적 제약 때문에 자본을 반드시 토지에 울타리를 치고 생산성 향상을 가져오는 데 효과적으로 투자했다고 생각할 필요는 없다. 따라서 이와 같이 추정하는 평가 방법은 전체 생산량에 대한 울타리 설치의 기여도를 과소평가하고, 그래서 총 요소 생산성은 인클로저를 방해하는 제도의 비용을 과소평가하게끔 한다.

이와 똑같은 주장은 노동의 수요에 더 강하게 적용된다. 인클로저에 따른 변화—경작지를 목초지로 바꾸고 습지를 간척해 휴경지를 줄인 것—는 모두 노동력을 필요로 했다. 그러나 이런 노동력의 기회비용이 정확하게 시장 임금에 반영되었을까? 임금으로 생계를 이어갈 수 없다면 일할 이유가 없기 때문에 시장 임금은 최저 생계 비용 이하로 쉽게 내려가지 않지만, 모든 사람이 그 임금을 받고 일하지는 않을 것이다. 근대 초기 유럽—특히 인구가 급성장한 영국과 아일랜드[49]—의 시골에서는 전례 없는 수준의 불완전 고용과 실업이 발생했다.[50] 그리고 아서 루이스Arthur Lewis가 "잉여 노동력" 경제에 대한 고전적 연구에서 주장했듯,[51] 이와 같은 경제에서 피고용자의 임금은 노동자의 (매우 낮은) 기회비용—즉 현재 직업이 없는 경우, 일을 했을 때의 경제적 가치—수준으로 하락하기 쉽다. 그러므로 울타리를 친 농장에 고용된 경우 인클로저에서 얻은 순소득을 평가할 때 부가적인 노동에 대한 임금은 수익에서 공제해야 한다고 과장한다. 그래서 총 요소 생산성은 인클로저 방식에서 정립된 제도들의 비용도 깎아내린다.

근대 초기의 유럽이 언제 루이스의 순수 '잉여 노동력'이라는 시나리오와 노동력을 완전히 고용하고 그 한계 생산물을 얻는 시나리오 사이의 연속 구간에 진입했는지는 불분명하다. 16~18세기에 걸쳐 확실히 실업과 불완전 고용은 유럽의 시골에서 만연했던 문제다. 그리고 네덜란드의 노동 시장에 대한 상세한 연구는 17세기에 상당한 실업과 국제적 임금 하락에도 불구하고 도시와 시골 모두 임금이 거의 하락하지 않았다고 주장한다.[52] 한편 조엘 모키어는 이런 미고용 노동력을 가치 있는 일을 할 의욕을 가진 노동자가 실제로 많았다기보다 그 밖에 다른 요인들로 설명할 수 있다고 주장했다. 예를 들면 근대 세계보다 여가를 선호했다는 점, 값비싼 운송 및 정보 수집 비용과 결부된 작업의 계절적 변동을 그 요인으로 들 수 있다.[53] 그리고 순수 잉여 노동력—배제해도 전체 생산에 영향을 미치지 않는 사람들—을 구하려는 노력은 20세기의 아주 가난하고 인구가 밀집된 지역에서도 성공적이지 못했다.[54] 근대 초기 유럽에서 인클로저로 인해 흡수된 여분의 노동력에 대한 기회비용은 거의 제로에 가깝지만 우리가 살펴본 시장 임금을 훨씬 밑돌았던 것으로 보인다. 그리고 실제로 오늘날보다 여가에 더 높은 가치를 두었다면, 이는 역시 수익성 있는 노동력의 이용(여가에 큰 가치를 두는 노동자를 유혹하기 위해 많은 비용을 들이기 때문)을 미미할지라도 분명하게 생산량에 합산할 수도 있음을 암시한다. 따라서 사유지에서의 실제 임금은 아마 총 요소 생산성으로 계산한 값과 토지 이외의 다른 요소를 투입한 비용을 제외한 값 사이에 존재할 것이다. 이는 여전히 중국에 비해 매우 불투명한 토지 소유권이 초래한 시장 실패를 암시한다.

다른 발전들의 실패 역시 토지법이 빚어낸 필연적 결과였다. 18세기에 프랑스는 습지대의 배수 시설과 기존 농장 부지에 관개 시설을 구축하기 위해 토지 매입이 불가피했다. 하지만 프랑스의 관례적 규칙과 법적 절차는 토지 매수를 거의 불가능하게 만들었으며, 이로써 프랑스의 발전은 크게 지체되었다—설사 그렇게 하는 것이 가장 이익을 남기는 곳에서도 혁명이 일어나면서 특권 계층은 해체 위기를 맞았고, 토지 관련 절차는 간소화되었다.[55] 이와 대조적으로 18세기의 중국과 일본 그리고 16~18세기의 인도—개간 사업과 관개 시설이 빠르게 성장한 지역—에서는 관개 시설을 제공한 사람들의 보상 및 용수권water-rights 분쟁 판결에 대한 관행적 합의가 좀더 효율적으로 작동했던 것처럼 보인다.[56]

확실한 것은 프랑스 농민들이 생산량을 늘리기 위해 다른 방법을 찾았다는 것이다. 적어도 18세기 후반 도시의 시장에서 물건을 사고팔 기회가 있던 프랑스 북부의 대다수 농민(그리고 더 이른 시기의 일부 농민도)은 혼합 재배와 총 생산량을 현저히 끌어올릴 수 있는 기술을 적용함으로써 점차 변화에 대응해나갔다. 더욱이 프랑스는 기술적 변화 없이도 발 빠르게 제품을 특화했으며, 이로써 창출한 잠재적 이득은 산업혁명 이전까지 결코 사라지지 않았다.[57] 마찬가지로 스미스의 경제 성장(애덤 스미스는 성장의 원동력은 자본 축적에 있다고 보았다. 또한 경제 모형을 개발해 경제 성장을 극대화하는 최선의 방법을 제시했다. 특히 18세기의 경제 성장에서 노동의 역할과 제약받지 않는 시장의 역할을 강조했다—옮긴이) 이론에 비추어볼 때, 아직까지는 이러한 잠재적 이득이 새로운 이득을 창출할 가능성이 매우 높았다. 그리고 〈아날Annales(1929년 프랑스 역사학자 L. 페브르와 M. 블로크가 창간한 〈사회경제사 연보〉를 일컫는 말—옮긴이)〉의 몇몇 역사가들이 주장한 만큼 프랑스의 식량 공급 상황이 비관적이지 않았다 하더라도 도시와 멀리 떨어진 곳에서 생산량을 증대시킬 수 있는 농민에게 실질적인 소득을 기대해야 하는 만큼—권력을 가진 상인과 정치가 그리고 시민들에게는 중요한 이유가 되므로[58]—분명 충분히 암울한 상황이었다. 그러나 식량 공급은 회복 기미가 보이지 않았고, 구체제Old Regime 말기에 이를 때까지도 도시의 식량 부족 사태는 뚜렷하게 이어졌다. 심지어 상인과 관리들은 직접 먼 곳까지 곡식을 구하러 떠나곤 했다.[59] 정체된 시골 지역에 대한 개념을 강력하게 비판한 제임스 골드스미스James Goldsmith는 다음과 같이 언급했다. "토지가 제 역할을 못하고 골동품 같은 법 조항마저 영주의 법에 예속되었기 때문에 시골 지역의 재정비가 늦어졌다는 데는 의심의 여지가 없다. 하지만 이것들이 반드시 장애물은 아니었다. ……이와 같은 증거는 식량 부족의 원인이 맬서스 인구론에서 이야기하는 곤경이 아니라 자원의 불충분한 이용에 있음을 명백히 보여준다."[60] 요약하면 생산성을 향상시키는 다양한 혁신—인클로저, 습지의 배수 시설 등—이 상대적으로 느리게 확산함으로써 시장 실패로 이어졌고, 이는 또한 제도가 낳은 결과(장로랑 로젠탈Jean-Laurent Rosenthal의 설명처럼)이기도 했다. 반면 18세기 중국은 그 같은 논란에 휩싸일 필요가 없었다.

노동 체계

서유럽의 토지 소유권 제도가 대단히 효율적이지 못했다면 노동 시장은 어떠했을까? 우선 '자유노동' 문제가 어떻게 경제적 효율성 및 발전적 요소와 관련이 있는지 검토해보기로 하자. 자본주의 경제 체제에서 문제는 고용주들이 비자유노동자를 자유노동자보다 강압적으로 통제한다는 것이다. 특히 고용주들은 상대적으로 비생산적인 일을 계속하도록 노동자를 강요하는 경향이 있었다. 이는 권력자에게만 유리했을 것 같은데, 예속된 노동자의 잔업 시간에도 아무런 한계 비용marginal cost(재화나 서비스를 한 단위 더 생산하는 데 들어가는 추가 비용—옮긴이)이 없고 또한 인위적으로 노동자의 기회비용까지 하락시켰기 때문이다.[61] 만약 예속 상태인 노동자가 자유로워지면 실제로 좀더 생산적인 일로 옮겨갈 것이고, 그러면 결과적으로 강제 노동 시스템의 실제 총 생산성은 떨어진다. 이는 예를 들어 공식적으로 예속된 소작농이 '개량을 꾀하는' 토지 소유주의 농지에서 쫓겨나면 새로운 산업의 노동력이 된다는 시나리오다. ('개량을 꾀하는' 지주는 실질적으로 농산물 생산량이 줄어들 수 있으나 순이익은 더 많아질 것이다. 왜냐하면 그들이 상대적으로 비생산적인 일만 하도록 제한한 대규모 예속 노동자를 더 이상 먹여 살릴 필요가 없기 때문이다. 또한 이런 노동자는 다른 직업에 종사함으로써 경제 전반에도 도움을 준다. 더불어 노동자는 새 일터에서 그들의 최저 생계 비용 이상의 가치를 생산한다.)

하지만 이런 시나리오는 대개 장기간에 걸쳐 이루어진다. 새로운 산업이 하루아침에 성장하는 경우는 거의 없기 때문이다. 그러는 사이 수많은 노동자는 실업자가 되기 쉽다. 또한 이전의 노동이 생산성을 떨어뜨리는 데 일정한 기여를 했듯 총 생산량이 감소하는 것은 당연하다. 설령 그러한 기여도가 최저 생활 임금을 지불할 만큼 충분하지 않더라도 말이다(예를 들면 더 많은 잡초를 뽑으려 해도 남아 있는 잡초가 거의 없는 상황). 따라서 중단기적으로는 자유롭지 않은 노동이 총 생산성을 높이거나 더 낮출 수 있다.

또한 이런 문제는 노예, 농노 제도 등 다양한 종류의 예속 노동자가 처한 상황에서 발생한다. 일부 학자들은 소작농인 여성과 아동 노동자를 동일한 방식으로 분석해왔다. 그들은 문화 그리고/또는 제도가 여성과 아동을 집 밖에서 일하게끔 만들었다고 주장한다. 하지만 그들은 가정 내에서도 잘 팔릴 만한 물품을 생산했다. (게다가 요리나 육아 등을 통해 노동력을 재생산했다.) 즉 소작농 가족은 소수의 예속 노동자들이 갖고 있던 아주 작은 규모의 농지처럼 일종의 생산 체계를 형성했다. 설령 그와 같은 노동을 통해 버는 절대적 시간당 '임금'이 최저 생계비를 밑돌더라도 어쨌든 가족 구성원은 생계를 유지해야 하기 때문에 벌어들이는 돈이 얼마가 되었든 그것이 가계의 순이익이었다. 이러한 노동이 널리 퍼진 '뒤얽힌' 사회는 당연히 노예 제도나 농노제의 양상과 동일한 경제적(사회적 혹은 정서적이 아니라) 특징—이를테면 극단적인 노동 집약적 기술의 이용, 상품 구매자를 위한 아주 작은 규모의 시장, 노동 절감 기술 혁신을 통한 아주 적은 이익 등—을 나타낸다.[62] 우리는 혈족 관계가 아닌 사람들이 예속되어 있는 제도를 우선 검토한 후 가족노동을 되짚어볼 것이다.

중국에서 노예 노동이 경제적으로 보편화한 시점에 관해서는 학자들 사이에 의견이 분분하다. 중국은 막강한 영향력을 가진 지방 유지들을 통해 국정을 돌봤다기보다 직접적으로 과세와 징병이 가능한 '자유 토지 보유권freeholding' 대상을 찾는 데 오랫동안 관심을 기울여왔다. 하지만 조정이 늘 원하는 바를 얻은 건 아니었다. 일본 학자들은 특히 양쯔 강 유역의 토지에서 노예 노동의 세습화가 지속적으로 이루어졌다는 기록을 많이 찾아냈다.

그러나 15세기 말경—더 빠르지는 않더라도—그런 토지는 임금 노동자를 고용한 토지에 의해 밀려났다. 아울러 자유 토지 보유권을 가진 농민 또는 평민 소작농은 계약을 통해 소규모 농지를 경작하기 시작했다. 이로 인해 1600년대 초, 양쯔 강 유역에서 임금 노동자 혹은 노예 노동자가 '관리하던' 농지는 그 기반을 잃었다. 여전히 예속된 대부분의 노동자는 명-청 과도기(1620년경)가 시작되면서 전쟁과 혼란 그리고 뒤이은 50년간의 노동력 부족 시기가 도래하면서 마침내 자유를 얻었다. 양쯔 강 유역의 예속 노동자를 힘주어 강조하는 대부분의 학자들조차 그것이 18세기에는 별로 중요하지 않았다는 점에 대체로 동의한다.[63] (농사를 짓지 않는 대부분의 '평민'—음악가, 배우 그리고 일부 관리—은 1730년대에 접어들면서 평범한 서민이 되었다.)

다른 지역에서는 일반적으로 예속 노동자들이 좀더 일찍 평민층이 되었다. 예를 들어 중국 북부 지역에서 명대(1368~1644년) 농업 노동자의 신분은 다른 평민보다 법적 신분이 낮았다. 하지만 그들은 토지에 예속되어 있지 않았다. 18세기 후반에는 예속 농업 노동자가 드물었다. 또한 아주 작은 규모의 얼마 안 되는 토지(10퍼센트 이하)에서는 지주와 소작농 없이 경작이 이루어졌다.[64] 중국 북부 지역의 소작농과 농업 노동자가 직면했던 마지막 남은 법적 장애물은 1780년대에 사라졌는데, 이는 시기적으로 대략 서유럽과 일치한다. 그러나 이 개정된 법을 아주 소수의 사람들에게 적용하는 데는 오랜 시간이 걸렸다.[65] 반면 몇몇 예외 지역도 있었는데—특히 안후이 성의 후이저우—이곳에서는 19세기 심지어 20세기까지도 여전히 토지에 예속된 노동자가 눈에 띄었다. 이런 기이한 현상은 1780년 중국 인구 3억 명 가운데 수천 세대의 가구에 영향을 미쳤을 것이다.[66] 만주족 8기군(청 왕조의 지배 근간을 이룬 군사 조직—옮긴이)에 속한 사람들은 노예를 거느릴 권리가 있었으나 18세기에는 이 소수 집단 대부분이 아마도 노예를 갖지 못했을 것이다. 더구나 만주족 전성기이던 17세기에 그들이 거느린 노예는 보통 농민이나 기술자가 아닌 (어떤 의미에서는 종종 일가친척처럼 여긴) 사적인 하인의 형태였다.[67]

이 연대표는 서유럽에서 우리가 살펴본 것과 근본적으로 다르지 않다. 1500년 엘베 강(체코에서 발원해 독일을 거쳐 북해로 흘러 들어가는 강—옮긴이) 서쪽에서는 완전한 형태의 농노제가 매우 드물었다. 그래서 대부분의 소작농은 합법적인 결혼과 이주가 가능했으며, 자신의 땅도 소유할 수 있었다.[68] 그러나 프랑스에서는 18세기까지 여전히 농노가 어느 정도 남아 있었고,[69] 덴마크의 경우에는 그때까지도 강제 노동과 농노제가 현저하게 눈에 띄었다.[70] 게다가 프랑스와 독일 서부 지역에는 모두 매우 다양한 봉건군주제의 의무와 제약—이를테면 귀족의 곡물 제분업 독점, 소작농의 복종, 귀족의 지역 재판 통제 등—이 남아 있었다. 이와 같은 권력으로 인해 틀림없이 수많은 소작농은 자신의 권리를 주장하는 걸 망설였을 것이다.[71] 영국에서는 수세기 동안 소작농 제도가 이어져왔는데, 19세기 초 빈민구제법에 의거해 구제를 받으려면 원래의 교구에 머물러 있어야만 했다. 이로 인해 가까운 거리로 이주하는 것조차도 많은 사람에게는 매우 위험한 일일 수밖에 없었다. 이 법을 시행한 목적은 대규모 사유지 인접 지역에 몇 사람이라도—아니면 한 사람이라도—볼모로 붙잡아두고 그들을 노동력 공급원으로 만들기 위함이었다.[72] 또 유럽 내에서 원거리 이주는 언어 차이를 비롯한 그 밖의 다른 장애물 등 다양한 법적 장벽 때문에 크게 위축되었는데, 이제 곧 살펴보겠지만 중국의 경우보다 그 정도가 훨씬 더 심했다.

이주, 시장과 제도

이주하려는 가난한 노동자들은(조금이라도 이동이 가능하다면) 두 가지 행선지 중 한 곳으로 갔을 것이다. 노동에 대한 토지 비율이 높은 지역(전형적인 접경 지역의 미개척지), 아니면 노동에 대한 자본의 비율이 높아 건축이나 서비스 또는 제조업 분야에 일자리가 있는 지역(늘 그런 것은 아니지만 종종 도시)이 그곳이다. 16~18세기 동안 사람들은 후자보다는 전자의 이주 형태를 더 많이 택했고, 따라서 유럽보다는 중국이 훨씬 더 나은 발전을 이룰 수 있었다.

좀더 비옥한 땅을 찾기 위해 유럽인은—이론적으로는—중동부 유럽과 동유럽 혹은 대서양 건너편까지 찾아 나섰을지 모른다. 그러나 〔종종 '장원 제도', '봉건 제도' 혹은 '재판 농노제second serfdom(서유럽 대부분 지역에서 농노제가 붕괴한 데 반해 동유럽 지역은 오히려 고전적인 농노제보다 심한 농노제가 등장한 것을 일컫는 말—옮긴이)' 아래 하나로 뭉쳐진〕 제도적 안배의 다양성이 존재했다는 것은 서유럽의 혼잡한 지역에서 아주 소수의 사람들만이 동쪽 지방으로 이주함으로써 자신의 환경을 향상시켰음을 의미한다. 대신 이런 이주민은 그다지 자유롭지 못한 법적 지위와 그들이 권리를 주장한 땅에 대한 불확실한 법적 소유권을 받아들여야만 했을 것이다. (그런 접경 지역에 일반적으로 미개척지의 제한된 자본, 시장 접근성 같은 문제가 있었음은 말할 필요도 없다.) 비록 자유로운 독일인은 특정 협약의 체결에 따라 법적 지위를 보장받으면서 러시아와 프로이센·네덜란드·리투아니아 등으로 이주했지만, 이는 예외적인 경우였다. 전반적으로 이주 행렬은 비교적 인적이 드물고 비옥한 지역으로서 잠재성이 풍부한 동쪽으로 향했다. 유럽 전체를 통합한 경우, 혹은 중국에서 이와 유사한 장거리 이주가 발생한 경우를 상상해보면 서유럽의 이주는 규모가 매우 작았다. (여기에 관해서는 5장에서 좀더 자세히 다룰 예정이다.) 일반적으로 이런 지역이 사람들로 가득 차기까지는 19세기에 법이 대폭 바뀌고 동유럽 인구 자체가 큰 폭으로 증가하길 기다려야 했을 것이다.

심지어 1800년 이전에 토지가 풍부한 신세계로 이동한 유럽인조차도 중국인의 이주에 비하면 미약한 수준이었다. 1800년 이전 아메리카로 이주한 총 유럽인 수는 아마도 150만 명 미만이었을 것이다.[73] 더구나 영국에서 건너간 사람 중 3분의 2가량이 '계약 하인indentured servant〔주인이 유럽에서 아메리카로 가는 경비, 음식, 숙소를 제공하는 대신 정해진 기간 동안(주로 4~5년) 하인으로 봉사한 사람—옮긴이〕'이었다.[74] 한편 다양한 식민지 정책은 빈민의 자유를 억압하면서 신세계에서 획득한 기회를 활용했다.[75] 영국의 잉여 노동자와 비교했을 때, 유럽인의 자유로운 이주 흐름은 실개천처럼 가늘게 이어졌다. 노동 시장의 상황이 나아지자 대서양 양안에 사는 백인들이 누리는 자유로운 삶의 기회는 거의 비슷해졌다. 예를 들어 뉴잉글랜드(미국 북동부의 대서양 연안에 있는 6개 주를 통틀어 일컫는 말—옮긴이)로 갈 경우, 영국 젊은이의 기대수명은 1700년경 약 10년 더 늘어났다.[76] 그러나 1800년 이후까지 이주민의 대홍수는 일어나지 않았다.

신세계(동유럽이 아닌)의 경우 빈민의 소득과 저축을 고려하면 이주 비용이 아주 높았는데, 이는 아마도 어떤 법적인 문제보다도 더 큰 장벽이었을 것이다. 그래도 대부분의 사람은 계약 하인의 형태를 취해 이주 비용을 충당할 수 있었다는 것은 언급할 만한 가치가 있다. 하지만 합의하에 제시된 조건이라도 수출 주도형 대농장주의 노동력 수요가 한계에 부딪히고 계약 하인의 비용이 지나치게 비싸지자 그 대안으로 노예 고용이 성행했다.[77] 중국은 노동력이 희박한 지역으로 대규모 이주를 촉진하려는 노력을 계속하는 한편 이주 조건으로 경작자의 자립을 허용했는데, 유럽에는 분명 실질적으로 중국의 이런 점에 필적할 만한 것이 없었다.

중국의 이주 촉진 노력은 흔히 토지 매각을 비롯해 이주에서 정착까지 다각도로 이루어졌다. 여기에는 여행 경비 제공, 정착 지원 대출, 종자seed 및 쟁기질할 가축 지원, 이주 지역에 대한 기초 정보 제공 등이 포함되었다.[78] 중국에서 17세기 후반과 18세기 동안(17세기에는 전쟁으로 인해 인구가 감소했음에도) 미개척지를 향한 장거리 이주는 1000만 건이 넘었다. 아울러 대부분의 이주민은 자유롭게 농지를 소유할 수 있었으며,[79] 예속 소작인은 거의 대부분 자유 소작인이 되었다.[80] 또 이러한 이주로 인해 중국 전역에 걸쳐 얼마만큼의 소득 평등이 이뤄졌는지 확인할 자료는 부족하지만, 경험적 증거는 개척자들의 이주가 더 이상 진보의 수단은 아니라는 점에서 중국이라는 기회의 땅이 급속도로 채워졌다는 것을 보여준다. 따라서 이유가 무엇이든 중국의 이주는 유럽의 이주보다 지역적인 노동력 공급 과잉 현상을 극명하게 보여주는 듯하다.

한편, 풍부한 자본을 좇는 이주는 유럽에서 좀더 쉬운 일이었을지 모른다. 유럽 중에서도 자본이 척박한 지역(예를 들면 러시아) 사람들은 대부분 이주를 하지 못한 게 분명하다. 앞서 살펴본 대로 영국은 빈민구제법 같은 제도를 통해 가난한 지방에서 런던(혹은 나중에는 맨체스터까지)으로 이주하는 것을 인위적으로 금지했다. 그러나 17~18세기에는 수많은 유럽인이 비교적 짧은 거리 내에서 핵심 지역으로(예를 들면 독일과 스칸디나비아 사람은 네덜란드로, 아일랜드 사람은 영국으로) 이동했다.

중국에서는 정처 없이 떠도는 '유민'을 의혹의 눈길로 바라보았으며, 무산 계급 노동자proletarians(노동자나 빈농처럼 재산이 없어 자기 노동력만으로 생활하는 하층 계급—옮긴이)보다는 농민을 훨씬 더 선호했다. 즉 농민에게는 주변 지역에서 농사지을 곳을 찾을 수 있도록 도움을 주었지만, 핵심 지역에서 일자리를 구하는 빈민을 위해서는 아무런 조치도 취하지 않았다. 사실상 일부 정책이 그러한 이주를 위축시켰다. 예를 들어, 기아 구호 체계는 거주지 근처에서 식량을 배급받도록 했다. 또 이주를 막기 위한 목적으로 수행한 정책 가운데서도 보갑제保甲制(중국의 봉건 왕조 시대 때 오랫동안 지속된 일종의 사회 통제 수단—옮긴이)는 이웃이 서로의 행동을 책임지도록 한 매우 야심찬 계획이었다. 하지만 이런 계획은 아마도 이주에 실질적 영향을 미치지 못했을 것이다. 이보다는 관습과 중국의 산업 구조가 좀더 큰 문제였을 가능성이 높다.

18세기 중국과 유럽 모두에 가장 중요한 산업 분야는 섬유였다. 또한 두 지역 모두 대부분의 물품을 시골에서 생산했으며, 대부분의 생산자는 여성이었다. 실을 잣는 물레질과 베틀로 직물을 짜는 일은 여성이라면 누구나 해야 하는 일이었다. 하지만 중국에서 홀로 이주에 나서는 독신 여성은 거의 찾아볼 수 없었다. 중국에서는 여성이 단순히 종교적 순례 길에 올랐다 하더라도, 친족과 동행하지 않을 경우 평판이 나빠지기 마련이었다. 사실상 오늘날에도 중국의 일부 시골 지역에서는 일자리를 찾아 떠나는 이주 여성에게 눈에 띄는 반감을 드러낸다.[81] 남편과 함께 이주한 여성들로서는 부부가 거처할 집이 필요하고, 남편 처지에서는 가능한 한 농사지을 땅마지기라도 있어야 했다. 남성 임금 노동자를 위한 일자리는 다양했지만, 가장은 농사지을 땅(소유한 것이든, 임대한 것이든)을 갖고 있어야 한다는 인식이 대부분의 이주 가능성을 상당히 위축시켰다. 양쯔 강 하류와 일부 다른 지역에는 베를 짜는 사람과 물레질하는 사람이 넘쳐났지만 서유럽에서처럼 직조공 2명이 짝을 이뤄 일하지는 않았다. 게다가 대지주는 그런 사람들을 소작인으로서 자기 땅에 정착시키고 그 노동력을 이용하는 데 관심이 없었다. 요컨대 중국에서 이른바 '무산 계급 노동자의 이주 선택'을 논하기는 어렵다. 왜냐하면 규범적으로 물레질하는 사람과 베 짜는 사람은 무산 계급 노동자가 아니었기 때문이다. 가계 구성원으로서 물레질을 하거나 베를 짜는 여성은 토지를 소유하지 않았더라도 최소한 세입자로서 임대 보증금 정도는 보유하고 있었다.

노동력 과잉 지역 사람들이 자본이 풍부한 지역으로 이동한 이주가 (이론적으로) 균등한 경제를 창출하고, 유럽의 제도가 이런 이주를 촉진했을지도 모른다. 그리고 19세기 중국 주변부 지역의 인구가 급증했을 때 경제적으로 번성한 중국 대부분 지역에서는 오히려 인구 성장이 부진했다. 이런 특별한 차이점은 중요한 의미를 가질 수도 있는데, 여기에 대해서는 5장에서 다시 다룰 예정이다. 그러나 18세기 중반 양쯔 강 삼각주의 엄청난 번영이 성별 규범 및 다른 문화적 가치와 상관없이 임금 일자리를 찾는 수많은 이주자를 끌어들였을 것이라고는 상상하기 어렵다. 양쯔 강 삼각주에서는 이미 1제곱마일(1제곱마일은 약 260만 제곱미터—옮긴이)당 1000명 넘게 살고 있는[82] 반면, 대부분 비옥하고 관개 시설이 잘된 양쯔 강 중부의 후난 지역에서는 1제곱마일당 175명만이 살았다.[83] 그리고 물론 많은 사람(특히 남자의 경우)이 다른 일보다는 농사짓는 법을 훨씬 더 많이 알고 있었다. 이 같은 중국적 환경에서는 관습에 의해 이주가 위축되지 않고 정부가 새로운 땅으로의 이주를 촉진하지 않았다 해도 자본을 찾아 떠나는 대규모 이주는 생각하기 어렵다. 결국 유럽의 제도는 토지 소유를 상당히 어렵게 했지만, 풍부한 자본을 통해 일자리를 창출함으로써 직업을 구하는 데 거의 지장을 주지 않았다는 얘기다. 그렇지만 18세기에만 해도 직업을 찾는 사람들의 유입이 대폭적으로 이루어진 것은 아니다. 분명, 18세기에 자본이 풍부한 지역으로의 이주를 가로막은 관습적 장벽은 바로 심각할 정도로 '불완전한' 중국의 노동 시장이었으며, 이러한 관습이 앞서 설명한—유럽에서 토지를 찾는 사람들이 부딪쳤던—장벽과 동일한 것이라고 주장할 근거는 없다. 물론 중국이든 서유럽이든 신고전주의적 노동 시장이 순조롭게 작동했던 것은 아니다. 아마도 중국이 신고전주의 모델에 좀더 근접했으며, 아울러 완전히 동떨어지진 않았음을 알게 된 것만으로도 우리의 목표는 충분히 이룬 셈이다.

농산품 시장

중국의 농민들 또한 독점적 구매자에게 자신의 생산물을 다량으로 판매했지만, 하다못해 런던이나 파리 근교의 농민들에 비해도 그 수가 훨씬 적었던 것 같다. 어떤 대가를 치르더라도 그 자산의 보충을 갈망했던 영국과 프랑스 군주제에서는 '민간 시장private market'의 발전을 허용했으며, 이 시장에서 생산물의 '매점'—시장으로 나오기도 전에 곡물을 사들이는 일—을 막기 위해 제정한 규제는 무시되었다. 상인들은 더욱더 직접 농민에게서 곡식을 사들였는데, 일대일 거래는 항상 곡식이 판매자가 물건을 앞다퉈 사들이려는 구매자의 제안을 고려할 수 있는 물리적 시장physical marketplace(구매자와 판매자가 함께 만나 얼굴을 마주하는 실제 시장—옮긴이)에 진입하는 것을 방해했다.[84] 브로델이 강조한 것처럼 상인들이 원거리 시장에 대한 탁월한 지식을 얻고 현금을 벌어들일 수 있는 거래는 '본질적 불평등'의 기반이 되었다.[85] 아울러 그런 거래로 인해 대다수 농민은 영속적인 부채의 악순환에서 헤어나기 어려웠으며, 곡식을 팔 시기와 대상에 대한 선택권조차 잃고 말았다.

반면, 청 정부는 주로 지방 시장의 기본 물품을 중심으로 구매자와 판매자가 경쟁함으로써 창출되는 다양성에 관심을 두었다. 사실상 1850년대까지 상인과 중개인에게 허가를 내준 주된 목적은 이것이었다.[86] 이런 제도는 일반적으로(항상 그런 것은 아니지만) 곡물과 면화에 적용되었다는 많은 증거가 있으며, 이를 통해 농산품을 대량으로 판매할 수 있었다. 상인들은 흔히 자신이 찾아낸 농민의 생산품을 확보하기 위해 신용 거래를 했다. 농민은 최소한 1850년 이전까지는 구매 대상을 선택할 수 있는 권한을 계속 유지했던 것처럼 보인다.[87]

농촌 공업과 부업 활동

게다가 중국 농민은 대다수 유럽 농민에 비해 상당히 자유로운 환경에서 상업적인 수공예품 생산에 종사했으며, 경쟁적인 구매자를 상대로 상품을 판매했다. 편의상 우리는 섬유 산업에 초점을 맞출 것이다.

명 초기에는 여전히 대를 이어 세습하는 장인 가족이 있었으며, 1393년에 그 수는 전체 인구의 3퍼센트를 차지했다.[88] 그러나 이런 생산 체계는 이후 200년에 걸쳐 서서히 무너졌는데, 그 이유는 예속 노동자의 임금이 지나치게 낮아 대다수가 본업을 팽개치고 떠나버렸기 때문이다. 한편, 농민 가정 중에는 점차 의류 및 그 밖에 다른 수공예품을 판매하는 수가 늘어났다.[89] 명 말기에 이와 같은 세습 제도는 유명무실해졌고, 새로 들어선 청 왕조는 1645년 공식적으로 이 제도를 폐지했다. 산업은 주로 길드 형태가 일반적이었지만 섬유 산업에서 길드는 중요하지 않았다. 그리고 합법적인 섬유 생산에서 도시가 이를 독점하지 않았다. 반면 청 왕조는 농촌 여성의 물레질과 베 짜는 일을 적극 장려했다. 농가에서는 이 일을 통해 얻는 소득으로 경제적 안정을 강화하고 세금을 납부할 수 있었다. 아울러 베 짜는 어머니의 모습은 자녀들의 도덕 교육에도 바람직하다고 여겼다. 관리들은 목화 종자를 나누어주고, 관련 기술의 보급을 장려하며 굳건한 가정의 기초로서 노동 분담, 곧 '남자는 쟁기질, 여자는 베 짜기'를 촉진하는 내용의 안내 책자를 발행하기도 했다.[90]

대체로 이런 정책은 실효성이 있었다. 1600년대 초까지 양쯔 강 하류 지역의 거의 모든 농촌 가정에서는 시장에 내다 팔기 위해 베 짜는 일을 했다. 17~18세기 중국 북부의 많은 지역을 비롯해 링난嶺南(광둥 성과 광시 성 일대를 가리킴—옮긴이)에서도 이러한 선례를 따랐다. 그리고 양쯔 강 중류를 비롯해 그 밖의 다른 지역에도 주요 섬유 생산지가 늘어났다.[91] 지역 생산품이 발달하지 못한 곳에서는 적절한 지역 자원의 부족으로 인해—그래서 좀더 발전한 다른 지역에서 수공예품을 사들여야 했다—발전이 멈췄다.

서유럽 도시의 길드 역시 직물 생산에 대한 통제력이 약해지고 있었지만 그 속도는 훨씬 더뎠다. 시골 지역의 노동력을 이용하는 게 비용 면에서는 분명 유리했지만, 도시의 기술자들은 대부분 자신의 특권에 대해 합법적인 권리를 갖는 것에 합의했다. 그 권리는 규제는 가능하지만 쉽게 폐지할 수 없었다.[92] 계몽주의 사상가 중 일부가 이런 종류의 자산에 대해 문제를 제기했지만, 1789년 이후까지도 이들의 주장은 법규에 반영되지 못했다. 도시의 질서 유지에 지대한 관심을 갖고 있던[93] 유럽의 정부들은 도시 독과점 체제가 급속히 붕괴하면 대대적인 사회 불안이 일어날 것을 예견했으며, 따라서 지방의 직물 생산을 금지하는 일이 빈번했다. 17~18세기 독일 지역의 대부분 국가에서는 도시의 독과점 거래를 강화했다.[94] 실제로 독일의 대다수 길드는 18세기 동안 한층 막강해졌다(실제로도 혹은 법률상으로도). 그리고 19세기까지 '들토끼ground rabbit'—자신들의 거래에 끼어든 시골의 주제넘은 생산자—사냥을 계속했다.[95] 그렇게 갖은 애를 썼음에도 시골 지역의 산업은 지속적으로 확장되었다. 나아가 일부 장인은 시골 노동자를 배척하는 일을 단념하고 그들을 고용하기도 했다. 그럼에도 불구하고 도시 특권층은 여전히 수백만 시골 주민이 산업 활동을 못하도록 법적으로 차단했다.

시골 지역 자체 내에서도 다른 장애물이 존재했다. 러틀랜드Rutland(영국에 있는 자유주의 및 유럽 섬유 산업의 중심지)의 공작들dukes은 시골 지역의 편물 산업 확장이 분명 농업 노동자와의 경쟁을 초래하고 출산율을 높이며, 궁극적으로는 빈민을 지원하기 위해 더 높은 과세를 초래한다고 (그럴듯하게) 결론지었다. 또한 보트스포드Bottesford라는 마을의 4분의 3을 차지하는 특권층과 시판하는 생산품 대부분을 구매하는 이들 덕분에 그러한 악영향이 확대되는 것을 막을 수 있었다고 주장하기도 했다. 1809년 말에 윌리엄 피트William Pitt는 그들의 정책을 다음과 같이 묘사했다. "수많은 신체 건강한 농민이 여기서 지원을 받고 있다. 그러나 양말 짜는 사람은 지원을 받지 못했고, 이것에 관심을 갖는 사람도 없다." 레스터셔Leicestershire 지방 대부분 지역에서 섬유 산업이 호황을 누리는 동안, 단일한 귀족 가문의 지배 아래 있던 마을의 경우는 편물업 종사자에게 그런 지원을 해주는 것을 등한시했으며, 토지 소유권이 집중된 지역에서도 지원이 미약했다는 건 그리 놀라운 일이 아니다.[96] 19세기까지 줄곧 독일 일부 지역(특히 프로이센 외곽)의 길드들은 섬유 산업에 종사하는 수많은 노동자(특히 여성 노동자)를 효과적으로 견제했다.[97] 한편, 1848년까지도 온갖 노예 계약은 직조공과 새로운 기술을 도입한 혁신적인 사람들에게 문제를 일으켰다.[98]

다른 사례를 보면, 여전히 시골 지역의 산업은 눈에 띄게 성장했다. 하지만 이는 역시 시골의 엄격한 길드 제도에 비용을 지원할 경우에만 그러했다. 이런 경우, 도시와 시골의 길드는 기술 변화를 성공적으로 저지하기 위해 종종 단체 행동을(국가의 비호 아래) 하기도 했다. 실라 오길비Sheilagh Ogilvie는 독일의 기록을 연구하며 원공업 발전에 대한 제도적 한계와 지배 구조의 특권은 19세기에도 여전히 "경제적·사회적 변화에 직접적이고도 영속적인 장애물이었다"고 결론지었다.[99]

그러나 이상적으로 개방 및 통합된 노동 시장으로부터의 일탈을 단순히 열거해서는 안 될 것이다. 이는 어디에서든 발견할 수 있는 것들이고, 의미 있는 노동 시장이 존재하지 않았다는 걸 뜻하지도 않기 때문이다.

그러나 일부 유럽에 대한 평가 결과는 노동 시장의 통합이 아주 제한적이고 간헐적으로 이루어졌음을 보여준다.

펠프스 브라운E. H. Phelps Brown과 실라 홉킨스Sheila Hopkins는 잉글랜드의 임금에 대한 일련의 자료를 통해 임금이 오래도록 변함없이 고착되었음을 분명하게 지적한다. 비농장 노동의 수요와 공급 모두 빈번하게 변화를 거듭해왔음에도 불구하고 비농장 노동에 대한 임금은 수십 년, 심지어 수백 년 동안 변하지 않았다. 그리고 숙련 노동자와 비숙련 노동자의 임금 차이 또한 오랫동안 변하지 않고 지속되었다.[100] 우리는 현재 프랑스와 독일 일부 지역에 대해 유사한 자료를 갖고 있다.[101] 한편, 수요 변동에도 임금을 조정하지 못한 결과 나타나기 쉬운 실업 문제는 16~18세기 잉글랜드에서 매우 심각한 문제였다. 또한 18세기 잉글랜드에서는 심각한 계절적 실업에도 불구하고 비수기 동안 산업 분야에서 일하는 농업 노동자가 거의 없었다. 그리고 수확기의 비교적 높은 임금에도 불구하고 농업 직종으로의 계절적 이동 역시 거의 없었다.[102] 이와 같이 농업 노동 시장과 공업 노동 시장이 뚜렷하게 나뉨에 따라 도시와 농촌의 임금 격차는 변함없이 지속되었다. 18세기 말, 도시 노동자의 임금은 시골 노동자 임금의 154퍼센트에 달했다.[103]

네덜란드 노동 시장은 적어도 16세기 후반과 17세기 초의 황금기에는 한층 더 유연했다. 명목 임금과 기술의 차이는 훨씬 더 잦은 변화를 겪었다. 자유노동자들은 이런 노동 시장 통합에 기여했고 농업과 비농업 분야를 오가며 일했던 게 분명하다.[104] 그러나 1650년경 이후에는 임금과 기술 차이의 변화가 수그러들었다. 또 다양하게 조직화한 도시의 상거래로 인해 이윤이 감소하고 실업이 증가하는 상황에서도 높은 임금은 그대로 유지되었다. (심지어 1670년 이후 실질적으로 세계 물가가 하락하고 있을 때도 임금은 올라갔다.)[105] 다양한 계절적 비농업 노동에는 독일과 스칸디나비아 농장에서 온 일시적 이주자들이 유입되면서 노동력 공급이 늘어났다. 한편, 수많은 빈민과 고용 보장이 불안정한 네덜란드 노동자는 더 이상 임시직 노동에 맞춰 충분히 일할 수 없었는데, 비농업 노동은 공공사업(예를 들면 운하 건설)에 투입되거나 농장들이 점차 1년 내내 노예 노동자를 고용했기 때문이다. 엄청나게 많은 사람들이 네덜란드 동인도회사—궁여지책으로 만든 회사이지만 18세기에 성장을 구가했다—의 선원 혹은 소속 군인으로 자리를 옮기며 이주했다. 사실상 당시 네덜란드 임금 노동 시장은 세 부류로 확연하게 나뉘어 있었는데, 신중하게 선별된 하나는 가장 바람직한 쪽으로 진출한 반면, 나머지 두 노동 시장의 사람들은 계속 그 나라에서 살 수 없었다.[106]

18세기 후반 혹은 19세기 대부분 동안 노동 시장이 반드시 더 통합된 것은 아니다. 영국 도시-시골 지역의 임금 차이(1797년에는 54퍼센트)가 1820~1850년대에 급격히 벌어지면서(초기 산업화 시대의 일반적 현상), 1851년에는 81퍼센트에 이르렀다. 이러한 차이는 이후 수십 년에 걸쳐 점진적으로(주기적인 반등과 더불어) 줄어들었다.[107]

프랑스 노동 시장은 초기에는 한층 통합된 것처럼 보였으나 이는 일시적인 것으로 드러났다. 프랑스 시골 지역의 산업은 성수기 농업 분야의 임금과 경쟁이 되지 않았기 때문에 여름에는 폐업을 하는 게 오랫동안 보편적인 일이었다. 그리고 많은 산업 노동자가 점차 농업 분야에 전념하는 쪽으로 방향을 전환했다. 이는 일단 35세 정도가 지나면 산업에 종사하면서 받는 임금이 하락했기 때문이다. 이처럼 농업과 비농업 노동자가 광범위하게 겹쳐지면서(1800년경에는 프랑스 농업 노동자의 25~40퍼센트가 제조업에 종사했다) 적어도 도시 바깥에서는 한층 더 통합적인 노동 시장이 형성될 수 있었다. 더군다나 1750~1870년 프랑스 농업의 상업화가 확대된 것은 어쨌든 대다수 지역에서 이런 노동 시장의 통합이 활발하게 이뤄졌다는 것을 의미한다.[108] 그러나 이러한 통합은 특별히 자본 집약적이지 못했고(이로 인해 여름에는 재정적인 문제로 조업 중단 사태가 빚어졌다), 저임금 상태(매년 여름 농업 임금이 상승하면 조업 중단이 불가피했다)인 프랑스 산업에 많이 의존했다. 그런 산업은 19세기 후반 증기를 동력으로 이용하는 공장이 발달하면서 점차 경쟁력을 잃어갔다. 또 수확기의 높았던 임금 수준도 1870년대 농업이 침체기에 접어들면서 함께 낮아졌다. 산업에서 농업으로의 계절적 노동 유입 역시 멈추고 말았다. 그 결과 19세기 후반 프랑스에서는 도시-농촌 그리고 지역 간 임금 격차가 모두 크게 벌어졌다.[109] 20세기 무렵, 프랑스 노동 시장은 통합을 향한 장기적 추세라기보다 세분화하면서 새로운 형태를 갖춘 것으로 특징지을 수 있다.

산업 분야 및 지역 간 임금 격차가 유럽의 산업화 시대까지 그토록 오랫동안 지속된 이유에 대해서는 학문적 합의를 보지 못하고 있다. 그에 대한 설명은 매우 다양하며, 노동 시장의 '결함'으로 치부할 수 없는 수많은 요인을 담고 있다.[110] 그럼에도 불구하고 이 같은 결점이 임금 차이를 영속화하는 데 일정한 역할을 했다는 것에는 광범위한 합의가 이뤄졌다. 하지만 이를 설명하기 위해 다른 요소들에 비중을 둔다 하더라도, 여기서(우리가 알고 있는 동아시아와는 아무런 유사점도 없는) 스미스 이론의 효용성에서 벗어난—근대 초기와 산업화 시대 모두에서—유럽의 중요한 일탈에 대해 설명할 필요성에 다시금 직면하는 것은 놀라운 일이 아닐 수 없다.

불행히도 이와 같은 유럽의 상황과 중국의 임금을 비교할 수 있는 신뢰할 만한 자료는 없다. 그렇지만 우리는 18세기 농업 노동자와 시골 지역 섬유 산업 노동자의 소득이 상당히 비슷했을 가능성에 대해 이번 장 후반부에서 살펴볼 예정이다. 우리는 또한 이미 유럽의 상당수 지역과 비교함으로써 중국 노동자들이 농업과 섬유 산업 분야를 오가며 일하는 데 아무런 제약도 없었다는 걸 알고 있다. 아울러 중국의 지주는 개인적으로 러틀랜드의 공작처럼 막강한 권력을 갖는 경우가 거의 없었다. 중국의 지주는 어쨌거나 소작인이 점차 현금화하는 소작료를 지불하기 위해 부수입을 갖는 것을 선호했다. 또한 우리가 살펴본 것처럼 도시의 공예품 길드는 시골 지역 경쟁자를 배척할 만한 실질적 권한이 없었다. 토착 조직을 통한 이주자의 계절적 임시 고용과 정규 고용이라는 두 가지 경로에 대한 비공식적 합의가 폭넓게 이루어졌다는 것은 노동 시장이 분명 수많은 방식으로 세분화했다는 것을 의미한다. 그러나 법적 제약이라는 추가적 영향 없이 창출되었다고 해서 이러한 노동 시장이 근대 초기 유럽의 노동 시장보다 덜 통합되었다고 보기는 어려울 것 같다.

1860년대까지 이주와 부업 활동 모두에 많은 법적 제약을 두었던 일본에서는 오히려 유럽에서 관찰한 것에 가까운 세분화한 노동 시장 형태를 기대해볼 수 있을 것이다. 그러나 비공식적 합의에 따르면, 적어도 상업화한 지역에서는 종종 이런 제약을 매우 효과적으로 극복했던 것처럼 보인다. 사이토 오사무齋藤修는 1750년대부터 완전히 통합된 일본의 노동 시장을 강조하면서, 기나이 지역 마을의 일용직 노동자가 시골 지역 노동자와 거의 동일한 수준의 소득을 올렸다는 사실을 증명했다.[111] 니시가와 슌사쿠西川俊作 역시 농장 노동자의 임금과 거의 같은 수준이고, 인근 염전에서 일하는 노동자의 임금과도 거의 일치했음을 근거로 19세기 조슈長州 지방 노동자의 한계 생산력을 밝혀냈다.[112] 따라서 우리가 완수해야 할 연구 과제는 아직 많이 남아 있으며, 이제까지 우리가 수집한 증거로는 유럽 노동 시장이 일본이나 중국보다 신고전주의적 기준에 좀더 근접했다고 주장할 수 없다.

중국과 유럽의 가족노동: '퇴축'과 '근면 혁명'

소비와 생산량

그러나 필립 황은 청대 중국 경제가 번성했음에도 불구하고 서유럽과는 다른 방식으로 다소 '퇴축했다'고 주장했다. 생산성이 높아지고 상품 거래가 이제껏 볼 수 없던 대규모 무임금 가족노동에 의존하면서 노동 단위당 적은 양의(그리고 감소한) 소득만을 얻게 되었다는 것이다. 이런 소득으로 가계의 고정된 소비 수요—비용이 상당했음에도—를 어느 정도 맞출 수 있었다. 낮은 수익과 제로에 가까운 암묵적인 임금으로 인해 노동력을 절감할 수 있는 기계에 대한 투자는 무의미했고, 사람들은 생산성 낮은 일에 지속적으로 얽매일 수밖에 없었다. 결과적으로 '생필품 이외의 것들'만 취급하는 소규모 시장만 남았다. 그런 환경에서 시골 지역의 산업은 성장했지만 노동 생산성은 그렇지 못했다. 따라서 "이는 자본주의 기업의 시초가 아니라 소규모 소작농의 생산과 생계가 상업화한 것이었다". 이렇게 산업 역동성을 거의 배제한 기저에는 집 밖에서 일하는 여성에 대한 '문화적 제약'이 깔려 있었다.[113] 이러한 제약으로 인해 가족은 여성의 노동력을 하찮게 취급했다. 얼마나 많은 일을 했는지에 상관없이 여성을 토지 덕분에 먹고사는 노예나 농노와 다름없이 여긴 것이다.

황의 묘사가 당시 중국의 실제 모습이라고 가정한다면, 18세기 후반 이전의 서유럽과는 얼마나 많은 차이가 있을까? 유럽도 중국과 마찬가지로 1500~1800년 생산량의 증가를 확인할 수 있는 증거가 많다. 이러한 생산성은 특별한 타개책 덕분이 아니라 대부분 많은 노동력의 투입을 통해 향상한 것이다. 드브리스는 아주 일반적이고 기초적이면서 장기간 지속된 이런 현상을 일종의 '근면 혁명'의 시대로 개념을 재설정하자고 제안했다.[114] 그런데 1장에서 주장한 것처럼 서유럽의 평범한 사람들이 일을 더 많이 함으로써 생활수준이 엄청날 정도로 향상했는지는 확실하지 않다. 3장에서 살펴보겠지만, 1500년대에 비해 1800년대 유럽에서는 지식층 이외의 사람들이 한층 더 많은 재산을 소유했다. 그렇다고 해서 그들이 더 좋은 음식을 먹은 것은 아니지만 말이다—실제로 그들은 그다지 좋지 않은 음식을 먹었을지도 모른다.

우리는 앞서 중세 후반부터 1800년 사이 유럽인의 1인당 육류 소비가 줄어들었음을 살펴보았다. 한편, 파리의 1인당 빵 소비는 1637~1854년 장기적으로 상승 추세를 보이지 않았고,[115] 다른 도시들에 관한 증거도 이와 유사하다. 시간이 지남에 따라 빵을 얻기 위해 필요한 노동량은 늘어났다. 스트라스부르Strasbourg에서는 1400~1500년 4인 가족이 한 달 동안 먹을 밀을 구입하기 위해 40~100시간의 육체노동을 해야 했다. 보통은 60~80시간이 필요했다. 1540년에는 100시간을 훌쩍 넘어서더니 3세기 동안 그 수준 이하로 떨어지지 않았다. 프랑스에 관한 자료는 일반적으로 1880년대 이전까지 100시간 노동으로 한 달 치 곡식을 구할 수 있었다는 것을 보여준다.[116] 독일 노동자의 노동량 추세도 이와 비슷했다. 곡물에 대한 독일 노동자의 구매력은 1500~1650년 약 50퍼센트 이하로 줄어든 것으로 추산된다.[117] 영국의 경우는 구매력이 조금씩 하락하다가 건축 노동자의 임금이 한 차례 올라가면서 최고치를 기록했다(1740년경). 그러나 이 임금조차도 16세기에는 빵을 살 정도밖에 되지 않았다. 달리 말하면,

19세기가 되어서야 16세기의 구매력을 회복했을 뿐이다.[118] 곡물이 주식이었다는 점—도시 상류층 열량의 절반 이상과 빈민층 열량의 80퍼센트 정도를 차지했다[119]—을 감안하면 이 시기에 사람들의 노동에 대한 시간당 실질 수익은 하락했던 것으로 보인다. (일부 사람의 주식이 빵에서 감자로 바뀌며 임금에 대한 열량 구매력을 유지했지만, 이로 인해 식사의 질은 전반적으로 한 단계 낮아졌을 것이다.)

소규모 농민들—토지 자유 보유권자든 소작농이든 상관없이—이 생산하는 산출량은 약간 증가하는 데 그쳤다. 곡물 가격이 주기적으로 상승하면서 점차 많은 조리 기구와 가구 등을 사들일 수 있었지만 식생활이 개선되지는 않았다. 근본적으로 농민의 수가 크게 증가하면서 늘어난 생산량 대부분을 자체적으로 소비했다. 빈 토지가 갈수록 줄어드는 상황이 농민들로서는 불만스러울 수밖에 없었다. 그러나 이런 상황을 틈타 권력층과 국가는 더 많은 잉여 농산물을 독점함으로써 힘없는 농민 위에 다시금 군림했다. 분명 사람들의 장바구니 안에는 새로운 품목들이 들어갔다. 그러나 잃어버린 것을 감안하면, 새 장바구니가 예전 것보다 훨씬 더 나아졌다고는 확신할 수 없다. 결국 사람들은 장바구니를 채우기 위해 선조들보다 더 많은 시간을 일해야 했다. 농업의 실질 임금이 상승하거나 안정되었다면 시골 노동자들이 필요 이상으로 늘어나—기록으로 남아 있는—높은 실질 임금을 끌어내리는 데 일조하지는 않았을 것이다.[120]

'원공업화'—근대 초기 유럽 시골 지역 수공예품의 엄청난 성장—에 대한 연구에서 유사한 결론이 도출되었다. 데이비드 레빈David Levine은 영국 시골 지역 섬유 산업 노동자에 관한 연구를 통해 노동자의 단일 소득으로는 가족을 부양할 수 없었다는 점을 분명하게 밝혔다. 심지어 농업 소득 그리고/혹은 아동 노동자가 벌어들이는 소득이 없다면, 많은 경우 노동자 두 사람만의 소득으로는 먹고살기가 충분하지 않았다. 그럼에도 불구하고 섬유 산업 분야의 일을 함으로써 부부의 생계를 보장받을 수 있을 거라는 가능성에 기대어—혹시 아주 작은 규모의 농지라도 구할 수 있다면—한층 많은 사람이 세습 재산의 상속을 기다리지 않고 결혼을 서둘렀다. 이는 조혼과 높은 출산율, 섬유 산업 지역의 인구 과잉 그리고 임금 하락을 심화하는 결과로 이어졌다. 임금 하락으로 인해 수많은 사람이 더 많은 시간을 일할 수밖에 없었으며, 이런 악순환은 점점 더 가속화되었다.[121] 따라서 레빈은 원공업화가 산업화 미래의 전조는 아니었지만 영국은 외적인 기술적 돌파구를 발견함으로써 그들이 봉착한 난관을(비록 섬유 산업 노동자 전부에 해당하는 것은 아니지만) 넘어설 수 있었다고 주장한다.

이제 원공업화와 급속한 인구 성장의 관계는 초기 연구자들이 명약관화하게 규정짓고 설명한 것만큼 확실해 보이지 않는다. 또 농업 임금 노동자의 효용성이 증가하면서 토지권의 상속 없이도 생계유지와 결혼이 가능해졌다. 나아가 이 같은 현상은 원공업화가 인구 변화에 영향을 미친 것과 동일한 결과를 낳았다.[122] 또 생활을 위해 최소 두 사람이 돈을 벌어야 할 필요성을 느끼기 시작한 가정이 급격히 늘어났다. 그럼에도 불구하고 레빈이 주안점을 두고 주장하는 것은—원공업화가 막다른 골목에서 획기적인 돌파구로 수월하게 이어질 수 있다는—제법 적절해 보인다. 아울러 이는 우리에게 무산 계급(이론적으로는 얼마간의 토지를 계속 소유하고, 생산과 소비 단위인 가정의 일부 구성원으로서가 아닌 개인으로서 시장을 상대한 사람들)이 그럼에도 원공업화처럼 '퇴축적인' 방식을 통해 신고전주의적 기대치로부터 벗어날 수 있었다는 점을 상기시킨다.

페터 크리테Peter Kriedte, 한스 메디크Hans Medick, 위르겐 슐룸봄Jürgen Schlumbohm은 현대 독일, 프랑스, 영국 그리고 벨기에의 일부 원공업화에 관한 연구 조사를 수행했다. 그들은 이 연구를 통해 이윤과 상인에 의해 축적된 조직화한 기술 그리고 원공업화가 사실상 바로 뒤이은 공장의 출현에 기여했을지도 모른다고 주장했다.[123] 그럼에도 불구하고 그들이 기술한 노동자에 대한 경제학적이고 인구통계학적인 결론은 레빈의 주장과 매우 흡사하다. 즉 퇴축의 형태, 생활수준의 침체 그리고 사용 가능한 자원에 대한 전반적인 압박의 증대가 바로 그것이다.[124] 또 원공업화는 혼인을 제한하는 법률의 제정을 시도한 지역까지 있음에도 불구하고 18~19세기 초 독일과 관련 있는 지역에서 엄청난 인구 증가를 수반했던 것으로 보인다. 특히 1840년대에는 실업이 폭발적으로 증가했는데, 곳곳에서 임금이 최저 생계 수준 이하로 떨어지는 현상이 만연했다.[125] 전반적으로 1850년 이전에는 독일의 생활수준이 나아진 흔적이 보이지 않는다. 독일의 기능공 가운데 4분의 1에서 절반이 '빈곤선' 이하의 생활을 한 것으로 알려졌다. 프랑크푸르트 시민 가운데 넉넉한 재산을 소유한 남성의 비율은 1723년 75퍼센트에서 1811년 약 33퍼센트로 떨어졌다.[126]

이와 같이 생활수준에서 상대적으로 저소득 노동자가 늘어난 현상은 중국만이 아닌 16~18세기 유럽에서 나타난 특징이기도 했을 것이다. 그러나 드브리스가 묘사한 유럽인의 특징적 변화는 필립 황이 그려낸 중국의 모습과 큰 차이가 있다. "근면 혁명은 가계를 기반으로 자원의 배분이 이뤄지는 과정이었다. 이 과정에서 판매 상품과 노동 공급 그리고 시장에 공급하는 상품의 수요 모두가 증가했다."[127] 다시 말해 유럽 노동자는 시장에 내다 팔 상품을 생산하기 위해 더 많은 시간을 일했다. 그래서 이전에는 빵, 양초 등의 가정용품을 스스로 만들어 사용했지만 이때부터는 벌어들인 현금 가운데 일정액을 완제품 혹은 반제품 형태의 상품을 구매하기 위해 지출했다.[128] 따라서 총 노동 시간이 여전히 증가했다 해도,[129] 가사

노동을 줄이는 데 비용을 지출한 것을 보면 그들이 여성의 시간에 기회비용이 없다고 생각하지는 않았음을 알 수 있다.

이와 대조적으로 황은—아주 명쾌하게 밝힌 것은 아니지만—중국 농민들의 가사노동량이 눈에 띌 정도로 감소하지는 않았다고 주장한다. 따라서 시골 지역의 공산품 시장은 발전하지 못했다. 왜냐하면 드브리스가 서술한 유럽처럼 (특히 여성의) 가사노동이 증가하면서 재분배된 게 아니라 중국은 단순히 증가하기만 했기 때문이다. 이게 사실이라면 중대한 차이가 되겠지만 이를 뒷받침할 실증적 증거는 부족하다. 대신 드브리스가 서유럽의 모습을 기술한 것을 보면 마치 중국의 발전한 지역을 묘사하는 듯하다.

노동의 증가와 재분배는 두 가지 환경에서 이루어졌다. 우선 시골 지역에 사는 유럽인이 구매하기 시작한 대다수 새로운 물품—커피, 담배, 설탕(대부분의 농민은 아마 거의 구매하지 않았겠지만 시골 지역의 기능공은 수입이 다른 집단보다 높았으므로 이런 물품의 소비도 많았다[130])—은 단순히 한때 가정에서 힘들게 만들어 썼던 것과 달랐다. 사실 19세기까지 이 가운데 대부분의 물품은 가정에서 많이 소비하던 게 아니었다.[131] 따라서 우리가 새로운 물품을 몹시 선망해온(그리고 노동 집약적인) 고기 요리를 포기한 것에 대한 보상으로 바라보지 않는 한 가사노동 시간이 많이 줄었다고 볼 수도 없다. 농가에서 좀더 흔해진 다른 상품—가구, 접시, 벽 장식 용품 등—또한 노동 절감과는 무관했던 것으로 보인다. 대신 그런 물품은 최저 생활수준 및 여가와 관련한 특정 상품의 소유에 대한 효용성을 재평가하는 지표일 수 있다.[132] 따라서 최저 생활수준이 나아지지는 않았지만 변화하고 있었을 가능성이 있다. 예를 들어, 고기를 자주 먹지는 못하더라도 서랍장을 소유하는 게 자존심을 세우는 데 더 중요했을 가능성이 있다는 얘기다. 그러나 점차 보편화한 다른 상품—제과점의 빵, 양조장의 맥주, 맞춤옷—은 분명 가사노동 시간을 줄여주었다. 〔사실 우리가 가정에서 사용하는 모든 생산품을 순수한 '노동'으로 평가한다면, 부분적으로는 채산성이 꽤 맞지 않을 수도 있다. 또 시간당 임금의 하락에도 불구하고 근면 혁명의 큰 변화와 함께 전문성이 증가하면서 결과적으로 노동 시간에 대한 평균 수익의 증대가 이루어졌을지도 모른다. 한편 이런 문제는 어쨌든 부분적인 '여가 시간'이 발생할 수도 있는 몇몇 가사노동(요리, 육아 등)의 경우 상당히 복잡해진다.〕

유럽인과 마찬가지로 중국인의 설탕과 담배 구입량도 점점 증가했다. 나중에 살펴보겠지만 사실상 그들은 1830년 이전보다 많은 양의 설탕을 섭취했을지도 모른다. 이런 물품 구입에 필요한 자금을 충당하기 위한 노력은 노동의 재분배보다는 노동의 증가로 나타났다. 그리고 곡물과 고기 소비도 꾸준히 증가했는데, 조리 방법은 거의 변함이 없었던 것처럼 보인다.[133] 따라서 이 부분에서는 가사노동 시간이 그다지 줄어든 것 같지 않다. (비록 중국의 식품 가공 산업에 대한 연구가 이 같은 상황에 대한 재평가를 요구한다 해도 말이다.) 어쩌면 가장 중요한 것은—필자가 갖고 있는 미흡한 자료가 시사하듯—일정한 양의 쌀을 사는 데 필요한 노동량이 1100년경(경작지 대비 인구 비율이 중국인에게 가장 유리했을 때)부터 최소 1800년까지 꾸준히 증가했다는 사실일지 모른다.[134] 이런 상황은 흑사병이 창궐했을 당시의 유럽의 모습과 매우 흡사하다. (유럽과 마찬가지로, 18세기 일부 중국인의 식생활은 그다지 선호하지 않았던 식품, 특히 신세계에서 들여온 식용 작물을 소비하기 시작했다.[135] 그러나 이것 또한 늘어나는 식료품비의 일반적 형태를 바꾸지는 못했다.)

중국이 비식품 항목을 더 많이 구입하기 시작하고, 심지어 열량을 충분히 섭취하는 데 드는 비용이 늘었다는 점까지도 유럽과 유사하다. 중국 대중 사이에서 가구나 보석 그리고 기타 품목에 대한 소유가 늘어났음을 보여주는 몇 가지 증거도 있다. 우리에게는 유럽인이 죽을 때까지 소유한 물품 목록이 없기 때문에 중국에서 여가 관련 다양한 상품의 가치(따라서 돈의 가치) 상승을 유럽과 비교해 파악하기는 극히 어렵다. 그러나 변화의 방향은 유사해 보인다. 우리는 3장에서 그 증거를 검토하고, 유럽과의 유사성에 대해 살펴볼 것이다. 지금으로서는 이 문제—중국의 노동 증가가 유럽보다 확실히 더 퇴축적인 것이었는지 여부—에 대해 비식품 항목 구입이 다소 증가했으며, 유럽의 육류 소비 감소에 해당하는 중국의 선호 식품 감소분에 대해서는 알려진 게 없다고 말하는 것으로 충분하다.

또한 중국인은 과시용 장례 용품으로 내구 소비재를 선호한 유럽인에 비해 장례 관련 서비스 구매가 많았던 것으로 보인다. 예를 들어, 많은 증거 자료는 16~18세기 중국에서 제례 의식 전문가, 직업적 공연 예술가가 활동했으며, 비록 신분이 비천하긴 했지만 그 수가 크게 증가했음을 보여준다. 사실상 적어도 8세기 이후부터는 사례금을 지급해야 하는 제례 의식이나 공연 분야가 널리 확산했다. 이와 대조적으로, 대부분의 유럽 지역에서는 교회와 무보수 공동체 집단이 줄곧 봉사료를 받지 않고 생애 주기에 따른 대부분의 제례 의식을 주관했다. 17세기 후반부터 18세기까지 여가 시간의 상업화는 경제적으로 비교적 풍족한 중산층, 영국의 도시인과 '부르주아'에게도 꽤 새로운 현상이었다.[136] 다양한 문화적 차이를 감안해볼 때, 중국 소비자의 구매력 증가가 북서부 유럽인과 다르게 할당되었다 해도 그리 놀랄 일은 아니다. 중국인과 유럽인의 소비자 선호도에 차이가 있었다면 그것이 장기적으로 중요할지 모르지만 퇴축의 증거라고 하기는 어렵다.[137] 더욱이 유럽에 비해 중국의 육류 소비는 줄어들지 않았지만 다른 형태의 소비는 오히려 증가했다. 요컨대 노동의 증가에 따른 이득이 이와 같은 소비 증가로 나타난 것이다. 아울러 이는 곧 생활수준의 향상을 의미하는 것이 분명하다.

이로써 생활수준과 노동력 투입에 관해 일반적으로(지금껏 우리가 말한 것처럼) '근면한' 유럽과 '퇴축한' 중국으로 대비하는 것은 정당하지 않다. 이 같은 자료는 특히 우리가 가정의 역동성과 노동에 관해 알고 있는 것을 설명해주지 못한다.

만약 중국 시골 지역에 정말로 퇴축 경제가 존재했다면, 여성과 아동 노동의 기회비용이 너무 낮았기 때문에 그들은 쥐꼬리만 한 돈이라도 벌기 위해 심지어 더 많은 일을 하는 것조차 마다하지 않았을 것이다—혹자는 또한 그들의 가계가 여성의 노동을 줄이기 위해 거의 한 푼도 쓰지 않았을 거라고 예상할 수도 있을 것이다. 하지만 그들은 여성의 노동을 줄이기 위해 비용을 지출했다. 1350~1850년 면직 의류가 마직 의류를 완전히 대체한 것이 그 예다. 필립 황은 마에 대해 섬유 자체가 너무 짧아 옷감을 짜기에 적합한 실로 만들기 위해서는 "다소 정교한 가공 과정"이 필요하다고 지적했다. 이를테면 면의 공정 과정이 훨씬 수월했던 것이다.[138] 유럽 전체가 그랬듯 중국 전역에서도 양초 구매가 증가했다. 이는 가정을 꾸리는 데 필요한 노동력을 줄일 목적으로 기꺼이 돈을 사용했다는 증거다. 곧 살펴보겠지만, 중국의 가정은 또한 판매 상품을 생산할 시간을 확보하기 위해 더 많은 돈을 지출했다.

일부 특별한 상품은 여전히 가정용으로 생산했는데, 이는 시장의 원리에 바탕을 둔 효율성의 개념에 반하는 일이었다. 예를 들어, 청 제국 말기에 자수 기술은 점차 여자다움을 상징하는 결정적 표시가 되었다. 젊은 여성들로서는(적어도 어떤 집안의 여성에게는) 직접 수놓은 몇 가지 품목을 자신의 혼수품에 넣는 것이 적잖은 부담이었다. 젊은 여성들이 자수를 익히기까지는 상당히 많은 시간이 걸렸고, 따라서 전업으로 천을 짜거나 명

주실을 자아 시장에 내다 팔거나 수놓은 상품을 구입하는 게 경제적으로 더 나았을 텐데도 말이다. (자수 작업에 엄청난 공이 들어감에도 불구하고 일부 여성은 직접 자수를 놓았다.)[139] 하지만 완전하게 시장 주도적인 삶에 대한 그 같은 저항(혹은 달리 말해, 어떤 생산 과정을 이용해 문화를 표현하는 것)은 모든 사회에 존재했다. 같은 범주에 속하는 '집에서 생산하는 제품과 서비스'는 사실상 수많은 특정 상품들로 이뤄졌다. 그래서 자신만의 문화를 가진 사람에게는 그중 일부를 다른 사람이 아닌 바로 자신과 가족을 위해 계속 만들겠다는 생각이 강하게 자리 잡고 있었다. 시장에서 가족 구성원의 노동과 맞바꿀 수 있는 추상적 범주에 속하는 것들도 마찬가지다. '여가'를 그 예로 들 수 있는데, 이 용어는 온갖 종류의 활동(낱말 맞추기 놀이, 음악 감상이나 연주, 성적 행위, 다른 가족 구성원의 생일잔치 참석 등)을 포함한다. 그러므로 어떤 문화에서든 어떤 사람은 타인보다 많은 수입을 얻기 위해(따라서 구매를 통해 만족감을 얻을 기회) 기꺼이 희생을 감수할 수 있다.

이와 같이 일부 가사 활동—그러나 중국 문화를 이해하는 데 중요할지도 모르는—이 '근면 혁명'으로 전환하지 않았다고 해서 중국이 유럽보다 이런 근면 혁명으로의 전환에서 뒤떨어졌던 것으로 보이지는 않는다. 유럽의 가정에서 중국 가정보다 더 많은 활동이 이루어졌거나 기본적인 사항 이외의 일을 해야 했던 게 아니라면 말이다. (예를 들어, 타인에게 음식 대접을 하는 것이—단지 돈 때문에—낯선 이한테 베풀기에는 너무 친밀한 행위라고 생각하는 사회에서는 중국이나 유럽보다 근면 혁명에 대해 더 강력한 장벽을 갖는 셈이다.) 대신 이런 문제에 대한 유럽과 중국의 차이는 분명한 자기만의 이점을 갖지 못한 채 각자의 방식대로 흘러간 듯하다. 예컨대 중국의 농민 여성은 유럽의 농민 여성보다 대가족 속에서 살아가는 경향이 있었으며, 나이가 너무 많아 들에서 일하지 못하거나 베틀에 앉을 수 없는 사람들에게 공짜로 육아의 도움을 받기가 수월했다. 유럽 농민 여성은 그런 기회를 갖기가 한층 어려웠다. 중국 여성은 시어머니가 육아를 돕는 것을 당연시한 데 반해 유럽 여성은 이것마저도 강력히 주장하지 못했다. 게다가 친족이 아닌 사람에게 육아를 맡기는 것은 비용이 들뿐더러 (어떤 시대에는) 비난받을 일이기도 했다.

이 단계에서, 생산이나 소비 형태를 살펴본 것만으로는 '근면 혁명'—재분배를 비롯한 가족노동의 확대와 시간 절약형 소비의 증가—을 좀더 이룬 쪽이 중국인지 유럽인지, 혹은 어떤 지역이 완전한 '퇴축'에 더 가까웠는지 말할 수 없다. 두 가지를 동일한 범주에 놓고 노동 시장에 적절한 성장이었는지, 시간 절약형 상품과 기타 상품 모두를 위한 시장이었는지, 더불어 유라시아 대륙 양쪽 끝에서 조여오는 인구적 압박도 함께 확인해 보는 게 가장 안전한 것처럼 보인다. 비교를 통해 결론을 도출하려면, 사람들의 다양한 생산 방식에 잠재되어 있는 노동 시간에 대한 평가를 직시해야 한다. 우리는 먼저 남성 노동자에 대해 살펴본 다음 여성 노동자로 넘어갈 것인데, 여성의 경우는 취업 기회가 더 적으며 퇴축 경제의 덫에 걸려들었을 가능성이 크다.

생산 결정과 노동 분배

소규모 농가의 생산과 관련한 충분한 자료는 없지만 남성의 농업 임금이 당사자의 생계비 이하로 떨어진 적은 결코 없었다. 또 자작농도 시골 지역의 무산 계급에 비해 나쁜 상황에 처했던 것 같지는 않다. 더욱이 콩깻묵 비료—이는 퇴비(물론 특히 자급하는 거름)보다 비쌌지만 노동력을 훨씬 절약해주었다—의 구입이 크게 늘어났다는 것은 시사하는 바가 상당하다. 사실 임금과 거름 가격에 대한 자료를 보면, 콩깻묵을 구입한 가계는 남성 노동의 가치가 절대적으로 거의 시장 임금과 비슷했던 것 같다.[140] 결과적으로, 노동 일수는 양쯔 강 삼각주에서 벼 1무畝(중국의 토지 면적 단위. 약 666.7제곱미터—옮긴이)—혹은 6분의 1에이커—를 경작하는 데 드는 날짜를 계산한 것이므로 1600년대, 1800년대 그리고 1930년대에도 사실상 동일했다.[141] 한편 1무당 산출량이 증가했으므로[142] 산출량에 대한 비율만큼 소작료가 떨어졌을 가능성도 있다.[143] 중국 양쯔 강 삼각주 지역의 경우에는 노동 시간의 증가와 비숙련 노동자로 인해 수익률이 하락했던 게 거의 확실하다. 그러나 이런 점 때문에 이 지역이 근대 초기 유럽에 비해 농업 퇴축의 징후가 있었다고 보기는 어렵다.

여성 노동자와 관련한 비교에서도 중국이 좀더 '퇴축'했고 유럽이 좀더 '혁신적'이라는 게 명확히 드러나지는 않는다. 여성의 가외 노동에 대해서는 중국의 문화적 거부감이 유럽보다 강했다. 그렇다고 해서 이것이 중국 여성이 손수 만든 가내 수공업 제품을 시장에서 파는 것보다 유럽 여성이 더 자유로운 시장에서 그들의 노동력을 거래했다는 의미는 아니다. 이미 살펴본 대로 유럽 상인 길드의 규정은 대체로 여성이 상품 시장에 들어오지 못하도록 했다. 이 같은 규칙은 좀더 일반적인 문화적 규범으로서 남성은 가급적 자신의 부인으로 하여금 가사노동이나 육아 등 가정 활동에 집중하도록 장려했다. (그렇지만 이는 대부분의 유럽인에게 비현실적인 규범이었다.) 따라서 유럽 남성은 적어도 중국인이 그랬던 것만큼 여성이 사업을 하는 데 적대적이었을 것이다. 이로 인해 여성은 가급적 가족 구성원 내에 머물러야 했지만, 시장 지향적 생산에 종사하는 데에는 문제가 없었던 것처럼 보인다. 중국에는 한 해 농사를 시작할 때 황제가 쟁기질을 하는 의식이 있었는데, 이를 계몽주의 시대 유럽의 군주가 따라 했던 것은 우연이 아닐 것이다. 마찬가지로 황후가 공개적으로 뽕잎을 따 모으는 행사와 누에의 여신(중국 설화에 등장하는 황후. 누에고치에서 실을 뽑는 방법을 알아내 백성들로부터 '누에의 여신'으로 칭송받았다고 함—옮긴이)을 떠받드는 것 역시 우연한 일이 아니었을 것이다.[144] 중국 사람들은 분명 가정에서 사용하는 것 외에 시장에 내다 팔 상품을 생산하는 여성을 찬미하는 생각도 갖고 있었다. 더불어 이것이 자녀를 도덕적으로 양육할 의무가 있는 여성들에 대한 지원이라고 여겼는데,[145] 대다수 유럽인에게는 이런 일이 꽤 생소했을 듯싶다.

물론 중국 여성이 스스로 시장에서 물건을 팔거나 자신의 생산품을 관리 감독하는 경우는 거의 없었다. 통상적으로 남편 또는 시어머니가 감독하면서 그녀들의 여가 시간을 당연하다는 듯 경시했다. 그리고 심지어 그녀들의 수입이 시장 임금보다 낮아진 후에도 계속해서 일을 하도록 했다. 그러나 많은 유럽 여성은 친족이 아닌 사람들에게 자신의 노동력을 직접적으로 거래했다. 하지만 이는 그들이 원하는 것보다 이러한 노동력을 더 많이 팔도록 강제하는 가정 내의 유사한 압력이 없었다는 것을 의미하지는 않는다. 게다가 대가가 낮은 가사노동 역시 줄어들지 않았다.

더욱이 중국 가정에서 여성이 만든 섬유 제품을 사들인 상인은 경쟁적으로 세계 각국에 그것들을 팔았다. 소작농 가정과 상인 사이의 관계가 각양각색이기 때문이긴 했지만, 상인과 홍정이 잘 이루어지지 않을 경우 소작농 스스로 자신의 상품을 가지고 지속적으로 시장에 진입했다는 데에는 모두가 동의한다.[146] 반대로 유럽의 선대 제도putting-out system(상인이 가정에 생산을 의뢰할 때는 재료와 장비를 제공했으며 임금을 선불로 지급하는 경우가 많았다. 따라서 가정의 생산자는 따로 판매할 제품이 없었다)는 흔히 곡물 거래에서 이루어진 '개인 거래'와 똑같은 방식으로 사용자, 즉 상인이 경쟁적인 노동 시장을 무시할 수 있었다. 상인은 서로 간의 경쟁을 피하기 위해 종종 상권을 분할하기도 했다. 이 같은 분할 덕분에 상인은 생산 체계 안에 있는 노동자를 단일한 고용주에게 묶어둘 수 있었다. 이런 생산 체계는 빚을 갚기 위해 노예처럼 일하는 형태와 아주 유사하거나, 아니면 적어도 임금 인상 없이 노동자를 계속 증원하는 형태였다.[147]

결국 임금과 관련한 우리의 희박한 자료는 중국이 당연히 서유럽보다 '퇴축'하지 않았음을 시사한다. 필립 황은 18세기 허난河南 성 지역의 임금 계약서를 조사한 자료를 상당히 신뢰했는데, 이것에 따르면 남편과 부인이 팀을 이룬 노동자는 남편 혼자 고용된 경우보다 적은 현금을(식비 외에) 받았다. 그들이 이런 계약 조건을 받아들인 이유는 그 가정에서는 최저 임금을 받더라도 여성이 계속해서 일하는 걸 바람직하다고 여겼기 때문이다. 위의 자료는 또한 여성이 할 수 있는 다른 일(면화에서 실을 잣고 천을 짜는 일 같은)조차도 임금이 부당하거나 형편없었다고 지적한다. 그러나 제한적으로 상업적 섬유 제품 생산이 이루어진 가난한 지방의 몇몇 계약서에는 재산 및 섬유 생산지에 대한 논의와 관련한 내용이 아주 적었다. 더욱이 그 계약서의 내용 자체도 다소 모호했다.[148] 결국 물레를 돌리고 베를 짜는 여성의 소득에 대한 황의 추정은 17세기 후반의 가치에 근거한 것인데, 곧 살펴보겠지만 이는 평균적인 상황을 대변하지 못한다.

반면 판민더의 가설은 그럴듯해 보이는 18세기 중반 소작농 가정의 예산에 관한 일련의 자료로 구성되었다. 이 자료에 나오는 성인 여성과 그녀의 아홉 살 난 딸의 집안은 장난 지역의 꽤 가난한 소작농이었다. 그런데 그들이 일을 해서 1년에 은 11.73량tael(중국의 옛 화폐 단위—옮긴이)을 벌어들여 가정 수입을 늘렸다고 한다. 즉 가사노동을 병행하면서 누에를 치고 그들이 생산한 실로 옷감을 짜서 소득을 올렸다는 것이다. 만약 이 가정이 이런 일을 하는 데 돈을 빌리지 않고도 생산 자금을 마련할 수 있었다면 은 13.73량을 벌 수 있었을 것이다.[149] 또 이 지역에서 남성 농업 노동자는 본인을 위한 식비를 포함해 1년에 최대 은 5량을 벌었다.[150] 그것도 열두 달 내내 일해야만 이런 수입을 올릴 수 있었다. (하지만 1년 내내 일한다는 것은 쉬운 일이 아니다.) 만약 그가 일용직이나 월정 계약이 아니라 1년 내내 예속된 노동자였다면 매 끼니는 모두 해결했겠지만 고작해야 은 2~4량밖에 벌지 못했을 것이다.

따라서 '부가적인' 노동을 하는 여성의 이러한 잠재적 소득 추정치는 비숙련 남성 노동자의 시장 임금 정도이거나 이를 약간 웃도는 정도로 나타난다. 심지어 1750년경 남성 노동자 약 85퍼센트의 임금은 은 11.73량인 것으로 밝혀졌다. 이는 남성 노동자가 1년 열두 달 내내 일하면서 월급을 받고 또한 현금 급여 외에 식사를 제공받는다는 조건일 경우에 해당한다. 그리고 이 가설에서 누에를 치는 모녀는 평균적으로 성인 남성 쌀 소비량의 약 90퍼센트를 섭취했을 것이므로[151] 자신들의 기본 최저 생계비 이상의 잉여 소득(남성의 소득과 맞먹는)을 올린 셈이다. 이런 잉여 소득은 두 사람의 노동을 반영한 것이므로 그중 한 사람이 9세에 불과하다는 것을 감안하면 성인 한 사람의 몫만큼의 소득을 기대할 수는 없을 것이다. 다만 모녀 각자가 위의 남성 노동자처럼 열두 달 내내 일한 게 아니라 훨씬 적은 시간 일했을 경우 그리고 그들이 최고 금리(1개월에 10퍼센트)로 돈을 빌려 자신의 생산 활동에 자금을 댔다는 가정 아래 남성의 수익 능력에 관해 일반적 추정을 해볼 수는 있다.

당시 점차 확대되던 면화 산업 부문에서도 여성의 소득은 '퇴축적인' 수준을 충분히 넘어섰다. 루한차오盧漢超는 양쯔 강 하류 지역에 대한 연구를 통해 17세기 후반 만약 남편이 원면을 공급해주었다면 베 짜는 여성은 서너 명을 충분히 부양할 만큼의 소득을 올렸을 것이라고 주장한다.[152] 그러나 필립 황의 연구와 마찬가지로, 루의 추정치도 1690년대를 기초로 한 것이다. 당시 중국은 막 혹독한 불황의 그늘에서 벗어나고 있었으며 다른 생필품의 상대 가격이 매우 비정상적이었던 것으로 보인다. 예를 들어, 1696년의 주요 가격을 기록한 자료를 보면 그해 면직물 가격은 낮았던 반면 원면 가격은 8년 만의 최고 수준이었다. 이런 상황으로 인해 베 짜는 사람과 실 잣는 사람의 소득은 비정상적으로 감소했다. 혹자는 1690년대에 비정상적으로 낮은 면직물 가격 때문에 노동자들이 상당한 타격을 받았다고 말하기도 한다. 1680년대 면직물 가격은 50년 만에 최저치를 기록했다. 그리고 명대에는 전반적으로 그보다 훨씬 낮은 가격의 시세를 형성했다.[153] 한편, 청 중기에 중간 등급의 직물 가격은 17세기 가격의 2배에 달했다. 아주 크게 오른 것은 아니지만 최상품 직물의 가격 또한 상승했다. (최하품 직물에 대해서는 자료가 충분치 않지만 어쨌든 양쯔 강 하류 지역의 직물 생산은 점점 줄어들었다.)[154] 따라서 우리에겐 18세기 전반[全般]과 19세기 초반의 시기를 살펴보는 것이 가장 중요하다.

18세기의 인구 급증으로 수공예품보다 곡물 가격이 급격히 상승했을 것이라고 추정하는 데에는 의문의 여지가 있다. 따라서 차후에 실 잣는 사람과 베 짜는 사람의 실질적 수익 능력 평가가 필요하다. 필자는 부록 E에서 원면과 직물 가격에 대한 두 가지 서로 다른 자료를 활용해 1750년대 실 잣는 사람과 베 짜는 사람의 실질 수익 능력을 평가했다. 여기서 필자는 좀더 신빙성 있는 최저 가격에 대한 자료가 수록된 문서를 참고했는데, 이를 바탕으로 산출한 실질 소득은 현저히 낮은 것으로 드러났다.

필자는 또한—다른 무엇보다도—여성 노동자가 1년에 200~210일일한 것을 근거로 소득을 계산하는 한편 1년 내내 일할 수 있는 일자리를 찾은 남성 농업 노동자의 소득을 계속해서 추정해보았다. 현실적으로는 1년 내내 일할 수 있었던 실 잣는 여성과 베 짜는 여성을 대상으로 추정하는 게 좀더 분별력 있는 작업이었을 테지만 말이다. 20세기 양쯔 강 하류 중심부의 면화 생산 지역에 대한 연구에서는 여성 노동자가 1년에 305일을 일했던 것으로 추정했다.[155]

어쨌든 최저 가격을 이용한 시나리오에 의하면 면화에서 실을 잣는 일만 한 여성은 실제로 아주 적은 소득밖에 얻지 못했다. 요컨대 약 1.3섬의 곡물을 사거나 성인 여성에게 필요한 곡물의 겨우 절반밖에 안 되는 소득이었다. 그러나 필립 황이 지적했듯 물레질만 한 성인 여성은 극소수였다. 따라서 곡물 1.3섬이라 해도 (대부분 물레질을 한) 10~12세 소녀가 며칠간 먹기에는 충분했을 것이다. 더욱이 이는 원면과 직물의 최저가 자료를 바탕으로 추산한 것이므로 지나치게 깐깐한 관점에서 세운 가설일 수도 있다. 최고가를 이용한 시나리오에서는 여전히 이런 여성의 자급자족 비율이 상당히 높게 나타난다.[156]

면화로 실을 잣는 여성뿐만 아니라 베를 짜는 여성도 훨씬 많은 소득을 얻었다. 따라서 우리의 가설도 좀더 분명해진다. 세기 중반에 이런 여성은 210일을 일하고 약 은 12량을 벌 수 있었으며, 이는 쌀 약 7.2섬에 해당하는 소득이었다. 이 수치는 이 책에서 우리가 최상의 경우로 상정한 남성 농업 노동자의 소득 중간을 약간 웃도는 것이며, 성인 여성 한 명과 어린이 5명을 충분히 먹여 살릴 만큼 많은 소득이기도 하다. 아니면 좀더 현실적으로 말해서, 성인 여성 한 명과 (아마도 가사노동의 일부를 감당했을) 시어머니 그리고 2~3명의 자녀를 부양할 정도의 소득이다. 실제로 이 여성에게 필요한 식량이 적고 고소득이라는 점을 고려하면, 이는 자신의 최저 생계비를 충당하고도 남는 잉여 소득이 남성 농업 노동자의 1.6~3배에 달했다는 것을 의미한다.

결국 면사를 구입해 완전히 베 짜기에만 전념할 수 있는 여성은 드물었지만, 이론적으로는 낮은 가격을 적용한 경우에도 여성 혼자서 은 24량을 벌 수 있었다. 이는 베 짜고 실 잣는 여성 혹은 남성 농업 노동자 소득의 대략 2배에 해당하며, 아마도 아주 고품질의 면직물을 생산해내는 도시의 베 짜는 사람(주로 남성)의 소득과 비슷했을 것이다.[157] 또한 리보중이 주장한 바로는 베 짜기에만 전념할 수 있는 여성이 남성 노동자보다 소득이 더 많았으며 최저 생계 비용보다 훨씬 많이 벌었다. 하지만 리보중의 방법과 시기, 추정치는 여기에서 제시한 것과는 차이가 있다.[158] 요컨대 중국 여성은 시장에 팔 물건을 가내 생산해야 했기 때문에 유럽의 직업여성에 비해 사회적으로나 문화적으로 더 구속을 받았을지도 모른다. 그러나 이런 인위적 제약으로 인해 생산성이 크게 떨어졌던 것 같지는 않다.

집에서 일하는 중국 여성이 분명 남성 무산 계급 노동자 못지않은 (어쩌면 더 많은) 소득을 벌어들였다는 점은 우리가 잭 골드스톤이 제시한 새로운 형태의 선동적인 '퇴축' 가설을 고찰할 때 중요하다.[159] 필립 황과 달리 골드스톤은 중국이 서유럽에 비해 더 인구 과잉 상태였다거나, 덜 발달한 노동 시장(최소한 남성 노동자에 대해서는)을 갖고 있었다고 주장하지 않는다. 실제로, 필자의 수많은 연구와 마찬가지로 그는 레빈과 다른 학자들의 연구를 활용해 유럽을 상세히 설명한다. (막연한 의미로) 노동 과잉, 주축을 이룬 원공업, 중국과 비교할 만한 요소를 가지고 말이다. 중국과 유럽을 계속 비슷한 맥락에서 다룬 골드스톤은 두 지역 모두 인구가 아주 많았다는 사실을 발견했다. 아울러 그 인구의 대부분은 여성이었으며, 그들의 기회비용(따라서 그들에게 지불해야 하는 임금)은 미숙련 남성 노동자의 기회비용에 훨씬 못 미치는 수준이었다고 주장했다. ('퇴축'이라는 단어는 절대 사용하지 않았다.)

골드스톤은 이와 같이 극도로 저렴한 여성의 노동력 때문에 남성 노동자를 고용해 경쟁해야 하는 고용주 처지에서는 잠재적 이익이 줄어들 수밖에 없었다고 주장한다. 고용주가 자기 노동자의 생산성을 높이기 위해 기계 설비를 도입했더라도 말이다. 따라서 골드스톤(이는 필립 황과 유사하다)은 자기 착취적인 중국 농민 가정의 여성은 공장을 세우고자 하는 흡인력을 그들의 경쟁이 없을 경우보다 훨씬 낮추었다고 주장한다. (중요한 것은 남성과 여성 노동자의 임금 격차라고 한 골드스톤의 주장을 주목하라. 이와 같이 남성보다 적게 먹는 여성일지라도 자신의 최저 생계비를 벌어들였다. 황의 개념에서 '퇴축'을 배제하면 골드스톤의 주장이 유효할 수도 있다.) 유럽이 중국과 다른 점은 여성이 일을 하기 위해 집을 떠날 수 있었던 것이라고 골드스톤은 주장했다. 따라서 초기의 공장은 값싼 노동력을 고용함으로써 경쟁력을 가질 수 있었으며, 아울러 새로운 기계를 통해 잠재적 수익을 낼 수 있었다. 그러므로 중국 여성이 집에만 머무른 것은—비록 집에서 시장에 내놓을 상품을 생산하기는 했지만—매우 중요한 문제였다. 다시 말해, 이로 인해 중국은 거의 공장 없이도 산업을 지속할 수 있었다. 비록 그 밖의 모든 요인들—유용한 자본, 기술 투자 등—로 인해 유럽이 바람직한 산업화의 후보지가 되었지만 말이다.

골드스톤이 제기한 몇 가지 문제는 이 책의 다른 장에서 다루었다. 예를 들어, 우리는 이미 1장에서 기술적으로 획기적인 발전을 이루지 못한 이유를 설명해줄 방해 요인을 찾기 위해 몇 가지 문제점을 살펴보았다. 거기서 골드스톤은 일단 하나의 사회는 산업화에 필수적인 요소 대부분을 가졌다고 보는 게 논리적으로 타당한 것처럼 주장했다. 그리고 우리는 어떤 사회에서 기계화한 섬유 산업 한 분야만으로 자급자족적인 성장이 시작되었다는 메커니즘에 의구심을 갖게 하는 몇 가지 요인에 대해 이미 살펴보았다. 여기에 대해서는 5장과 6장에서 더 구체적으로 다룰 예정이다. 그러나 골드스톤이 제기한 다음과 같은 주요한 질문은 여전히 남아 있다. 중국에서는 성별이 섬유 산업의 산업화에 최대 걸림돌이 되었고, 유럽이나 일본에서는 그렇지 않았는가?

산업화의 장애물이 성별이라고 주장하는 강력한 근거는 분명 중국인이 여성을 가정 내에 머무는 것을 선호했다는 데 있을 것이다. 심지어 수많은 빈민 가정조차도 딸을 공장에 보내는 것을 주저했다는 사실 또한 유력한 근거일 수 있다. 그러나 자신들의 소득에 약간의 보탬이라도 된다면 이런 금기를 기꺼이 깬 여성(아니면 가족 내의 결정권자)도 충분히 많았던 것으로 보이며, 그런 곳에는 공장이 들어섰다. 그렇지만 리보중은 남자는 쟁기질, 여자는 베 짜기라는 단호하고도 아주 오래된 이상적 관습이 존재했을지도 모른다는 점을 지적했는데, 이런 관습은 실생활에서 그다지 잘 정착하지 못했다. 양쯔 강 하류 지역에 대한 수많은 문헌을 통해 명 말기(17세기)에 직물 제조를 도와준 남성과 들에서 일한 여성에 대해 알아볼 수 있다. 또 이와 관련한 청 중기의 참고 자료도 상당히 많은 편이다. 그리고 이런 관습은 1850~1864년 태평천국의 난 이후 완전히 사라졌다.[160] 더욱이 이 같은 이상은 점차 실용화한 것으로 보이며, 이런 현상을 강하게 억압한 것 같지도 않다. 따라서 직물 제조에 얼마간 도움을 주던 남성이 이 일을 그만둔 것은 그들의 기술 수준이 형편없었기 때문이다.[161] 게다가 짐작건대 그들의 부족한 기술력을 한층 더 약화시킨 것은 다모작(같은 경작지에서 1년에 종류가 다른 작물을 세 번 이상 경작해 수확하는 방법—옮긴이)이었다. 그로 인해 농사 외에 다른 일을 할 시간이 없어졌기 때문이다. 동시에 장난 지역은 직물 생산 분야에서 고품질 섬유 제품에 좀더 집중할 수 있었다. 더군다나 쌀과 비단을 함께 생산하던 이 지역의 들판에서 일하던 여성들이 자취를 감추었다. 이곳에서는 그동안 가정 단위로 비단을 대량 생산해왔는데, 이후 생산 기반이 마을 단위의 작업장으로 옮겨갔기 때문이다. 또 작업장에서 일하기 위해 잠시 집을 떠난 여성이 들일을 하러 돌아올 수 없기 때문이기도 했다. (이렇게 만들어진 작업장은 초기의 수많은 공장 형태와 많이 닮았다.)[162] 그리고 차tea의 고장 안후이와 설탕 주산지 광둥과 푸젠 지역의 여성은 19세기 전반에 걸쳐 계속 남성과 동일하게 일했다.[163]

만약 여성이 이 모든 현장에서 일할 수 있었다면, 공장에서도 마찬가지였을까? 골드스톤의 기록에 따르면, 20세기의 공장들은 어려움이 따르긴 했지만 여성 노동 인력을 충분히 구할 수 있었다. 동시대 중국 남부 지역에 대한 연구는 여성의 공장 취업을 찬성한 데에는 다음과 같은 편견이 작용했다고 주장한다. 즉 남성이 '자기 소유인' 여성이 다른 일을 하는 것보다 공장에서 일하는 게 '노출'이 덜하다고 느꼈기 때문이라는 것이다. 아울러 다른 많은 직장의 경우 통제가 느슨했던 데 비해 공장은 원칙적으로 '여자다움'을 계속 보호했기 때문이라고 한다.[164] 다시 말해, 중국인은 정숙한 여성이라는 엄격한 개념에 집착하기보다 문화적 규범과 공장 노동이 완벽하게 양립하는 길을 찾아낸 것이다. 골드스톤은 대중의 사고방식이 19세기 초에는 여성의 공장 취업에 상당히 큰 장애가 되었겠지만, 19세기 말에는 해외 문물의 영향으로 이러한 금기가 무난하게 완화되었을 것이라고 주장한다. 중국의 청 제국 말기 하층민 가정 사이에서 일어난 성 역할과 문화적 변화에 대한 자료가 거의 없다는 점을 감안하면 이 같은 주장을 전적으로 일축할 수는 없다. 하지만 명대와 청 초기에는 성별에 따른 노동의 분화가 별로 나타나지 않았다는 리보중의 주장은 앞서 언급한 내용의 신빙성을 떨어뜨린다.

또 다른 질문은 비단 산업에 대한 골드스톤의 설명에서 비롯된, 필시 엄격했을 이러한 금기가 얼마나 강력했는지에 관한 것이다. 증기 제사기製絲機—이처럼 기계화한 물레와 방직기는 개별 가정에서 최대한 발휘할 수 있었던 것보다 많은 노동력을 필요로 했다—는 면직 기술보다 빠르게 유행했다. 골드스톤은 이 같은 현상이 중국 남동부 지역에서 처음 발생했다는 것에 주목한다. 그곳은 특이하게도 혈연 중심의 대가족 제도가 강력히 유지되고 있었다. 그는 이 같은 대가족 제도가 아내나 딸을 친족이 아닌 사람들에게 노출하지 않고도 새로운 기계를 충분히 작동할 정도로 막강한 노동력을 결집시킬 수 있었다고 주장한다. 따라서 골드스톤은 다른 새로운 기술을 창출하고 적용할 가능성을 저해하는 가족 내에서 여성을 보호하기 위해 이런 지역의 대가족이 핵가족에 비해 기계에 비교적 빨리 적응했다고 주장한다. 여전히 광둥 성에서는 비단만큼이나 많은 다량의 면사와 면직물을 생산했다. 사실상 광둥 성은 16세기부터 이 두 종류의 섬유 산업에서 양쯔 강 하류 다음으로 큰 생산지였다. 그렇다면 면직물 생산에서는 왜 친족 구조에 의거해 대규모 여성 노동자에게 똑같은 기회를 주지 않았을까?[165] (사실 우리는 광둥의 포산佛山 지역에서 면직물을 제조한 수많은 작업장에 대한 1833년의 기록을 하나 갖고 있다. 비록 골드스톤으로서는 그 자료가 틀림없이 부정확할 거라고 생각하겠지만 말이다.)[166]

골드스톤의 가설에 맞설 가장 강력한 근거는 그래도—최소한 1800년 이전에—앞서 살펴본 소득 비교로 추정하면, 공장에서 남성을 고용하도록 강요하지는 않았다는 것이다. 더구나 황이 지적했듯 양쯔 강 하류 지역에서 하루 종일 물레질을 한 여성 대부분은 어린 아이였으며, 게다가 남녀 상관없이 공공연하게 10~12세의 아이들이 그런 노동을 했다.[167] 따라서 골드스톤이 중국 여성의 고립된 생활과 공장의 인력 부족을 연관 지은 것은 적어도 18세기까지는 근거가 약해 보인다. 골드스톤이 기술한 내용의 문제점은 실제 영국 여성에게도 집에 머무르도록 강요하는 경우가 있었다는 것이다. 왜냐하면 남성과 여성의 수익 능력 차이가 양쯔 강 하류 지역보다 훨씬 더 컸던 것으로 나타났기 때문이다.[168] 하지만 여성이 집에 머무르기를 바라는 사회적·문화적 요구가 있었음에도 불구하고, 중국 여성은—영국 여성과 비교하면 훨씬 못 미치지만—남편의 소득을 뒤쫓아가고 있었다. 게다가 중국에서는 농사철이 아닌 시기에 산업에 이용할 수 있는 값싼 남성 노동력 또한 존재했을 것이다. 이미 살펴본 것처럼 이런 현상은 수많은 프랑스 초기 산업에 힘을 실어주었다. (비록 이런 현상이 공장 산업화의 탄생지인 영국에서는 거의 나타나지 않았지만 말이다.) 마지막으로 우리는 일단 기계화로 인한 생산성의 차이를 파악한 사람들은 임금 격차의 원인이 그 기계화 때문이라고 생각할 수밖에 없다는 사실을 기억해야 한다. 어쨌든 여느 단일 사회보다 더 큰 임금 격차와 높은 운송 비용에도 영국에서 생산한 실은 19세기에 인도 시장을 정복했다.

이 모든 사실에도 불구하고 면직 산업이 한 차례 전환점(1300년 당시, 중국인은 이미 모시에서 실을 뽑아내는 설비를 갖추고 있었다. 하지만 영국은 이로부터 400년 넘게 지난 후에야 기술의 발전과 더불어 이와 유사한 방적기를 제작했다)을 맞이한 후, 중국은 20세기에 이르기까지 오랫동안 물레를 이용해왔다. 그런데 물레가 기계화한 시점에서는 골드스톤의 가설이 어느 정도 중요할지도 모른다는 주장은 전혀 논의할 가치가 없다. 실제로 우리는 6장에서 19세기 초와 20세기 초처럼 특히 인구 압박이 극심했던 시기에 베 짜는 중국 사람들의 실질 수익 능력이 농업 노동자에 비해 급격하게 하락했다는 사실을 살펴볼 것이다. 이 같은 상황에서 골드스톤이 제기한 질문 가운데 몇 가지를 되짚어보는 것도 중요하지만, 그의 가설은 왜 그 시점에 바로 그곳에서 산업화가 일어나기 시작했는지에 관해 많은 것을 설명해주지는 못한다.

전반적으로 중국은 노동력 이용 면에서—토지와 마찬가지로—적어도 유럽이나 상황이 좀더 나은 지역처럼 '시장 경제' 원칙을 따랐던 것 같다. 또 '근면 혁명'은 적어도 유라시아 대륙 양쪽 끝(영국과 중국—옮긴이)에서는 일반적이었던 것처럼 보인다. 근대화 초기를 거치면서 유럽의 발전한 제도는 중국의 제도보다 경제 기여도가 한층 높았다. 제한적이긴 하지만 이런 제도가 상당한 경제 활동 수익을 가져왔다는 사실도 물론 인정할 수 있다. 예를 들어 18세기 영국 특허법의 발전으로 발명가들은 전적으로 발명품의 가치에 근접한 보상을 얻었으며, 또한 그것이 산업혁명의 기술적 돌파구로서 영향을 주었을지도 모른다는 주장 역시 그럴듯해 보인다.[169] 하지만 이것이 사실이더라도, 이런 증거는 우리가 연구하는 시대의 말기에야 비로소 의미를 지닐 뿐이다. 그렇더라도 우리는 19세기 중반 이전의 새로운 기술에 의한 서유럽 경제(지리적 및 경제적 분야의 모든 측면에서)의 전환이 얼마나 미약했는지 그리고 가장 중요한 발명조차 얼마나 우연히 이뤄졌고 혁명적인 영향력을 갖추기 위해 유럽 이외 지역과의 연관성에 얼마나 의존했는지(1장에서 살펴본 것처럼) 기억할 필요가 있다. 따라서 발명의 시장을 지배하는 제도적 차이는 너무 협소해서—아주 이르면—1830년 이전의 어느 시점에 유럽이 궁극적으로 경제를 선도하기에 이르렀다는 주장을 뒷받침하기엔 너무나 미약하다.

1부 결론: 근대 초기 세계 경제의 다중 핵심과 공통적 제약

지금까지 19세기 중반 이전 내적으로 생성된 유럽 생산력의 장점을 강조하는 다양한 주장을 검토해본 결과, 그러한 주장 모두가 모호하다는 게 드러났다. 서유럽의 인구통계학적 결혼 제도가 독특하긴 했어도 출산율을 통제하는 효과적 수단은 되지 못했으며, 서유럽인을 다수의 다른 지역 사람들보다 더 장수하게끔 만들지도 못했다. 또한 서유럽의 총자본이 월등하게 크지도 않았고, 산업 전반에 걸쳐 결정적으로 구현해낸 탁월한 기술력도 거의 없었다. 서유럽의 토지와 노동 시장 요소들이 스미스 이론의 자유 개념에 근접하지도, 중국보다 효율적이지도 않았던 것 같다. 게다가 그런 요소들이 그다지 많았던 것 같지도 않다. 더욱이 혹독한 비난을 받아온 중국의 가족 노동력 활용 방식은—자세히 검토해본 결과—변화하는 경제 상황에 대한 대응책이자 북서부 유럽에서 이뤄진 것과 같은 가격 신호price signal(생산품에 부과되는 가격 정보를 생산자와 소비자에게 전달해주는 것—옮긴이)처럼 보인다. 한편 독특하지는 않지만 서유럽의 가장 발전한 지역들은 인구가 밀집한 유라시아의 다른 핵심 지역과 중대한 경제적 요소—상업화, 제품의 상품화, 토지와 노동, 시장 주도 성장, 출산율과 경제 동향에 따른 노동력 할당 조절—를 공유했던 것으로 보인다.

그뿐만 아니라 이런 형태의 발전이 어느 곳에서든 '자연적으로' 산업의 획기적 혁신을 이끌었다고 생각할 이유는 없다. 대신 이 모든 핵심 지역은 시장만으로는 해결할 수 없는 근본적인 기술적·생태적 제약이 존재하는 상황에서, 대부분 증가한 노동력의 분화를 통해 적절하게 1인당 성장률을 달성했다. 2부에서는 물리적 생존 및 재생산과 동떨어진 활동에 대해 탐구할 것이다. '불필요한' 소비 행태를 좀더 자세히 살펴보고, 요소 시장—상업 및 금융 자본의 대량 축적을 지배하는 합법적·사회적 체제—을 형성한 제도의 최종 형태를 비교해볼 것이다. 여기서 우리는 몇 가지 차이점을 발견하겠지만, 이는 유럽의 독특한 성장을 설명하기에는 충분하지 않다. 따라서 이 문제는 우리를 1장과 2장에서 시사한 생태적 제약의 공유를 좀더 자세히 살펴볼 3부로 이끈다. 또한 3부에서는 여기서 논의한 지속적인 성장 가능성과 훨씬 더 극적이고 새로운 성장에 대해 다룰 것이다. 아울러 동아시아의 핵심 지역이 시장 주도적 성장을 구가하는 동안, 주변부 지역이 점점 이런 시대적 흐름에서 뒤떨어지는 상황과 동일한 시기에 유럽의 핵심 지역이 취한 신세계의 생태적 이득에 대해서도 살펴볼 것이다. 또 이런 중차대한 생태적 이득은 어떻게 진행되었고, 새로운 성장에 어떤 역할을 했는지에 대해서도 다룰 것이다.

2부

새로운 흐름에서 새로운 경제로

: 소비, 투자와 자본주의

서론

1장과 2장에서 우리는 보편적인 일련의 주장에 대해 살펴보았는데, 이 주장들은 서유럽이 일찌감치 산업 성장의 길로 들어섰다는 것을 설명하기 위해 1800년 이전의 제도를 이용했다. 그러나 최근의 관련 문헌을 검토한 결과, 그런 주장은 설득력이 없음이 밝혀졌다. 요컨대 1750년, 심지어 1800년까지도 동시대 구세계의 다양한 인구 밀집 지역보다 서유럽이 더 생산적이었다고 생각할 만한 근거는 거의 없는 것으로 드러났다. 게다가 토지와 노동의 요소 시장을 바탕으로 발견한 중국의 경제 제도는 정말 놀랍게도 최소한 1800년 이전의 서유럽만큼 신고전주의적인 효율적 경제 제도 개념에 부합했던 것처럼 보인다.

그렇다면 우리에겐 이제 생활 경제—자원, 기술, 제도 그리고 다수의 주요 생필품 생산, 구매 및 판매를 통한 활동—발달의 수준과 경향이 서유럽과 유사했던 근대 초기의 다양한 핵심 지역이 남는다. 결과적으로 서유럽의 어떤 이점도 19세기 산업화, 나아가 유럽 제국주의의 성공을 설명하기에 충분치 않았다. 어떤 지역도 '당연하게' 산업화라는 급격한 변화의 길로 나아갔던 것은 아니며, 어떤 지역도 당시 공유했던 자원 제약이라는 문제와 '세계의 공장'이라는 역할에서 쉽게 벗어나지 못했을 가능성이 더 높아 보인다.

따라서 지금부터는 사회경제적 층차hierarchy에 대해 살펴보겠다. 여기서는 전반적인 경제 상황, 즉 이제까지 언급했던 자본 축적, 자원 재배치, 시장 수요 그리고 절대 다수 가정에서의 결정에 영향을 준 제도에 대해 다룰 것이다. 이러한 영역에서 중요한 차이가 없었던 것은 분명하지만, 어쩌면 부유한 가정의 몇몇 힘 있는 사람들의 능력과 성향에 영향을 준 차이점은 존재했을지도 모른다. 만약 그런 차이점이 존재했다면, 이는 그들이 구입하고자 하는 물품을 변화시켜 결과적으로 자본을 축적하거나 경제 변혁의 자극제가 되었을 가능성도 있다. 많은 학자들은 자아, 우주 그리고 그 밖의 경제 외적 요인에 대한 유럽인의 독특한 문화적 사고 변화에서 비롯된 그런 차이가 실제로 존재했다고 주장한다. 막스 베버의 '신교도 윤리'와 '금욕적' 자본주의에 대한 논의는 문화적 측면에서 유럽인의 특이한 발달 경로를 가장 잘 설명한 것으로 유명하다. 그러나 최근의 좀더 많은 학자는 소비(특히 사치스러운 소비)를 대하는 유럽인의 독특한 태도가 가져왔을 자극 효과에 초점을 맞추며, 일부 학자는 유럽인의 독특한 '유물론'을 주장함으로써 얼핏 모순되어 보이는 이런 입장을 결합하고자 한다.[1] 그래도—문화를 배제한—다른 주장들은 여전히 유럽의 정치경제가 이례적으로 상업 자본을 환영했으며 금융 자원을 좀더 쉽게 모으고, 더 잘 보존하도록 하고, 훨씬 생산적으로 사용하게끔 허용했다고 주장한다.

이들의 주장에는 차이점도 있지만 공통점 역시 많다. 요컨대 이들은 모두 절대 다수를 점하는 생산자의 활동보다 경제의 '위에서 내려다보는 높이commanding height'에 중점을 둔다(비록 일부는 궁극적으로 상류층의 생각이나 관습이 사회의 많은 부분으로 확산했다는 점 역시 강조하지만). 또한 모두가 상품의 생산, 소비, 분배에 초점을 맞춘다. 그런데 이 세 가지 과정에서 결정된 상품의 가치는 그 상품이 근본적인 생물학적 생존의 필요를 만족시키는 데 공헌했는지 여부와는 거의 상관이 없었다. 사회적 기대를 반영한, 즉 다른 가치를 부여받은 경우를 제외하고는 말이다(예를 들면 결혼과 합법적 출산을 위한 전제 조건으로 특정 사치품에 접근하는 것). 게다가 그런 상품의 경우는 흔히 이국적인 것이냐에 따라 가치를 매겼다. 따라서 지금까지는 원거리 무역이 우리의 논의에서 중요하지 않았는데, 여기서는 좀더 핵심적인 역할을 할 것이다.

증기선 이전 시대의 원거리 무역은 다른 문제들을 초래한다. 이 같은 원거리 무역을 통해 입수한 제품을 최종적으로 판매하기까지 시간이 지나치게 오래 걸렸다는 사실은 금융 중개financial mediation가 논의의 중요한 부분임을 의미한다. 따라서 추상적 재부wealth—이를테면 토지나 저장 곡물 혹은 기타 직접 사용할 수 있는 것으로 표현되는 재부가 아니라 지폐나 귀금속 또는 차용증 형태로 나타나는—의 지위와 관련한 문제 역시 사람들이 어떤 종류의 재부를 소장하려는 경향에 변화가 발생할 때—그것이 다른 종류의 자원으로 전환되고 아울러 법률이나 관습의 보호(이는 당연히 아마도 기타 자산에 부여하는 보호의 정도와 크게 다를 것이다)를 받는 한도 내에서—치명적 중요성을 갖는다. 추상적인 부와 더불어 우리는 흔히 원거리 무역과 상호 관련 있는 다양한 종류의 권리를 고려해야 한다. 이를테면 합법적으로 승인받은 독점권과 그 밖의 특권이 여기에 해당한다.

원거리 무역은 서로 만날 일 없는 생산자와 소비자가 관련되어 있고 비교적 소수의 사람들에게 전략적 우위를 점하도록 하기 때문에 이런 상거래에서 얻을 수 있는 수익률은 더 지역적이고 다양한 상품을 갖춘 면대면face-to-face 시장보다 훨씬 높았다. 따라서 페르낭 브로델은 15~18세기에 가장 큰 부를 이룬 거상의 '자본주의'는 완전 시장의 조건과 가장 동떨어진 곳에서 번성했다고 강조한다. 그럼에도 불구하고 그는 이런 유형의 교역이 특히 '자본가'를 잘 발달시킨 체계라고 생각했다. 이런 사회에서는 신용 및 금융 상품의 역할이 커서 일반적으로 자본이 자본을 끌어 모으고, 아울러 그와 같은 축적이 용이해지는 방향으로 점차 바뀌어가기 때문이다. 따라서 자본주의의 문화와 정치경제는 모두 지금까지 토론해온 일상생활 및 시장 경제 세계와는 별도로 다뤄야 한다는 것이 그의 주장이다. 자본주의에 대한 문화적·제도적 논의—문화와 제도는 사실상 절대로 분리되지 않는다는 사실은 별도로 하고—를 통합하는 방식에서 그들의 관심사와 우리가 1부에서 논의한 시장, 생계, 보통 사람들에 대한 주장에 담긴 관심사는 서로 다르다.

그러나 우리는 이런 주장 대부분이 중국과 일본의 가능성과 서유럽의 가능성을 명확히 차별화할 수 없다는 사실을 알게 될 것이다. 비록 세계의 다른 지역(인도는 복합적 중간체complex intermediate의 사례다)에서 이 세 가지, 곧 시장, 생계, 보통 사람들을 분리할 수는 있겠지만 말이다. 몇 가지 차이가 나타나긴 하지만 너무 미미한 정도여서 설명이 거의 불가능할 것처럼 보인다. 사치품의 수요와 자본주의(4장에서 필자가 설명할 넓은 의미의 자본주의) 정치경제는 둘 다 유럽이 신세계를 지배하도록 용인한 것과 상당한 관련이 있었다. (다른 것이긴 하지만 생태적 제약 역시 중요한 요인이었다.) 그리고 신세계는 자본 축적이 아니라(일부 학자들이 주장하듯) 유럽이 신세계의 자원으로 말미암아 엄청난 양의 에너지와 토지를 이용하고, 생태적 제약과 주로 노동 집약적이던 발달(중국과 일본 역시 노동 집약적이었다) 경로를 벗어나 훨씬 더 변화무쌍한 길로 나아갈 수 있도록 했기 때문에 결과적으로 아주 중요했다.

3부 5장에서 우리는 생태적 제약에 대해 살펴볼 것이다(따라서 세계의 보통 사람들에게 초점을 맞춰). 6장에서는 유럽이 제도적·생태적 제약을 완화할 수 있었던 이유를 검토한 다음, 산업혁명에서 그러한 제약이 갖는 의미를 검토할 것이다. 이어서 동쪽과 서쪽 지역의 차이가 나타나는 시점, 즉 '동과 서'의 분기를 간단히 살펴본다. 그리고 동시에 서유럽의 운명, 지속적으로 노동 집약적 및 자원 절약의 길(최근까지도 서유럽이 택했던 길)을 걸었던 지역들의 운명에 대해서도 살펴볼 것이다.

3

사치품 소비와 자본주의의 탄생

좀더 많고 좀더 적은 보통 사치품

15세기 이후 '사치품' 혹은 '소비자 사회'가 부상했다는 주장은 대략 두 부류로 나뉜다. 첫 번째 부류는 부유층 사이에 사치품 소비가 증가했다는 것을 강조한다. 흔히 값비싸고 내구성을 갖춘 물건(비단, 거울, 우아한 가구 등)을 새롭게 중시하면서 생산을 촉진하지 않는 대규모 시종을 거느리는 것과 같은 예전의 지위 표현 방식을 대체했다는 주장이다. 베르너 좀바르트는 이것을 사치의 "대상화"라고 불렀다.[1] 부분적으로 이런 변화가 이어지면서 사치품은 점점 더 그것을 살 만큼 충분한 돈이 있는 사람이면 누구든 이용할 수 있었다. 다시 말해, 권위 있는 상품이라고 해서 어떤 사회적 기준을 충족하는 사람만 제한적으로 이용할 수 있었던 것은 아니라는 얘기다.

과거보다 급속도로 변화하기 시작한 사치품 소비가 개인의 기호에 따른 것이라 할지라도 이와 같은 새로운 사치품은 단지 신분을 나타낼 뿐이었다. 다시 말해, 부를 이용해 손쉽게 살 수 있게 되면서 사치품은 곧 신분의 표시가 되었다. 기존의 엘리트층이 자신의 신분을 드러내기 위해 새로운 사치품을 지속적으로 구입한 것도 그 때문이다. 이런 '유행'이 확산하면서 가구나 크리스털 같은 내구재 상품을 대량 소유한 사람조차도 새로운 상품을 사들이는 게 점점 더 부담스러웠을 것이다. 그러는 동안 사회적 필요성은 여전히 커져갔고, 마침내 이런 상품에 대한 수요는 물리적 필요성과 점점 무관해졌다.

결론적으로 이런 주장에 따르면, 좀더 낮은 지위의 하층민은 지속적으로 높은 지위에 있는 사람들의 소비 패턴을 모방했다. 아울러 도시화가 이뤄지면서 이런 식의 모방은 점차 심화했고, 시장의 집중화 현상도 나타났다. 나아가 새로운 자의식이 싹트고 사회 구조의 유동성도 증가했다. 이런 사회 구조 속에서 졸부뿐만 아니라 중류층과 심지어 일부 가난한 사람조차도 자신들이 표방하고자 하는 사회적 위치에 걸맞게 돈을 소비했다.

두 번째 부류는—여기에는 근대 초기 및 근대 서양의 설탕 소비 증가에 대한 시드니 민츠Sidney Mintz의 유명한 논의도 포함된다—사치품 소비가 사회 최상층에서 시작되었으며, 한때 사치품이던 것이 중산층과 가난한 사람도 사용하는 일상 용품이 되었다고 주장한다. 이런 주장이 튼튼하고 내구성 있는 사치품보다 소규모 단위로 좀더 쉽게 이용할 수 있고 빠르게 소비된 상품에 초점을 맞추는 것은 그리 놀라운 일이 아니다. 이렇게 일상 용품이 된 물품에는 은비녀·액자용 그림 등이 있는데, 대개는 민츠가 "중독성 식품"이라고 일컬었던 것들이다. 예를 들어 설탕, 코코아, 담배, 커피, 차 등은 모두 16세기에 유럽 어느 지역에서나 이국적인 사치품이었지만 19세기 후반에는 유럽 대부분 지역에서 아주 흔한 것이 되었다.[2]

앞선 두 부류의 주장에는 공통점도 있지만, 상류 계급의 사치에 주안점을 둔 부류는 미천한 서민과 '중독성 식품'에 초점을 둔 부류에 비해 이런 현상이 산업화와 독특한 관련이 있다는 점을 강조한다. 즉 대중적 소비에 대한 논쟁에서 이들은 대개 이런 종류의 사치품은 시장을 통하지 않고서는 얻기 어려웠으며, 이러한 수요로 인해 보통 사람은 더욱더 현금을 갈망했다고 주장한다. 따라서 예전에는 사람들이 기초 생계를 유지할 정도면 돈을 버는 데 연연해하지 않았지만 이제는 더 많은 일을 더 열심히 하고 시장 지향적으로 변했다는 것이다. 바꿔 말해 그들은 '최저 생계'를 재정의했고, 이 정의에는 좀더 많은 구입 상품—그중 일부는 가정에서 생산할 수 없는 것이었다—이 포함되었다. 따라서 이런 현상이 우리가 앞 장에서 논의한 '근면 혁명'에 기여했다는 것이다. (만약 결혼하는 데 스스로 만든 누비이불 한 채를 가져가는 게 관습상 필수요소일 경우 엄마는 딸이 직접 만든 것보다 시장 상품을 구입하는 게 손쉽기 때문에 망설일 수밖에 없지만, 손님한테 대접할 차나 담배가 필요할 경우에는 비교우위에 서고 싶은 마음에서 주저하지 않고 구입했을 것이다. 하지만 이 두 가지 경우 중 어느 쪽이 더 '개인적 선택'에 반하는 '사회적 제약'에 따른 것인지는 분명하지 않다.) 그리고 변화하는 사회적 기대에서 아주 멀어진 몇 가지 새로운 식료품은 가벼운(혹은 그다지 가볍지 않은) 중독성이 있었다. 이런 상품은 점차 엄격한 일터의 일상에 적합해졌고, 노동자 가정에서는 차차 기피물품이 되었을 것으로 보인다. 하나같이 자극적이고 소규모 단위로 포장하기 쉬운 이런 상품은 업무 현장의 중간 휴식 시간에 '피로 해소제'로 제공되기도 했다.

따라서 이러한 주장은 이 같은 상품의 소비가 어떻게 총수요를 확대시켰는지, 아울러 그 수요가 어떻게 생산자인 보통 사람들의 행동 방식을 변화시켰는지에 초점을 맞춘다. 나아가 유럽인은 다른 모든 종류의 물품 생산자로서 그런 수요에 영향을 미쳤다. 그러나 유럽인 스스로는 중독성 식품을 생산하지 않았다. 설탕, 담배 등은 유럽 밖에서 종종 노예나 자유권 없는 다른 노동자의 힘을 빌려 재배했다. 또한 수요가 커진 다양한 소비자 상품은 노동 생산성을 높이기 위해 정작 그 일을 하는 노동자에게 제공하지 않았다. 유럽의 이와 같은 특별한 노동 체계는 유럽의 역사에 중요했다. 왜냐하면 그들의 존재가 유럽의 생산 확대를 부추긴 전형적 동기부여 사례라서가 아니라 그들로 인해 효용성이 늘어나고 중독성 식품의 가격이 낮아졌기 때문이다.[3]

내구성 있는 비싼 사치품에 좀더 주안점을 둔 주장은 이와 전적으로 다르다. 엘리트층은 이런 사치품 구입을 위해 현금이 필요했기 때문에 합법적으로 소유하고 있던 생산적인 자산을 처분할 수밖에 없었다. 따라서 시장에 더 많은 곡물이나 다른 평범한 상품을 내놓았다고 주장하는데, 이는 입증하기 힘들뿐더러 늪에서 물이 빠져나가듯 헛되이 낭비된 자금과 비교해야 한다. 그 밖에 가신들을 부양한 것을 비롯해 엘리트층의 오래된 행동 방식도 수요를 창출했다.

반면 이러한 내구성을 지닌 많은 사치품은 대체로 유럽에서 생산했다. 그런 수요가 집중된 중심 도시의 탄생은 생산자가 생산을 확대하는 동기로 작용했다. 이로써 규모의 경제를 실현하고 새로운 기술을 도입할 수 있었다. 이는 좋은 기회였지만 사치품을 생산하기 위해서는 영업 자본이 충분한 사람이라도 비싼 원자재를 구입하고 숙련 노동자에게 임금을 지불한 뒤 고객에게는 나중에 대금을 받아야 했다. 고객 중에는 영향력은 있지만 돈이 부족한 사람도 많았기 때문이다. 그래서 일부 사치품 생산업자는 자본가로 성장한 데 반해 다른 생산업자는 서서히 노동자로 전락했다. 결과적으로 엘리트층과 내구성을 갖춘 사치품 소비에 관한 논의에서는 비록 전체 경제에 대한 총수요를 거론하지만 정작 논의의 초점은 다른 데 있다. 요컨대 제품 생산 방식에 변화를 가져온 사치품 시장이 어떻게 성장했는지, 새로운 제도를 어떻게 이끌어냈는지, 생산자 상호 간에 어떻게 차이가 생겼는지 등에 초점을 맞춘다.

따라서 우리는 이 책의 목적에 맞게 중독성 식품 및 대중적 사치품에 대한 논의와 관련해 앞장에서 제기한 주제들을 되짚어보고자 한다. 이를테면 대중의 시장 참여, 노동 할당, 대중의 생활수준이 그것이다. 내구성을 갖춘 사치품 중에서도 좀더 독점적인 상품에 대한 논쟁은 한편으론 (4장에서 논의할) 자본주의와 관련 있는 문제—예를 들어 기업의 구조 변화, 신용을 제공할 수 있는 사람들에 의한 생산 통제의 증가, 투자에 강한 동기를 가진 비교적 소수의 사람들에 의한 이익 축적—를 지적하는 것이기도 하다. 따라서 시대 순으로는 엘리트 소비자중심주의가 먼저 나타났지만 그 변화는 일상의 사치품과 더불어 시작되었다고 분석하는 것이 타당하다.

근대 초기 유럽과 아시아의 일상 사치품 및 대중 소비

원칙적으로 이 책에서는 개별적인 상품의 소비가 아니라 마켓 바스켓market basket(필요한 식료품의 수량을 정해 이를 구입하는 데 드는 비용을 계산한 후 임금과 비교하는 생계비 변동 산출 방식—옮긴이)에 대해서만 비교할 것이다. 이론적으로는 두 지역이 문화를 뛰어넘어 제품에 대한 선호도가 상당히 유사하다는 것과 소비에서 나타나는 차이점이 곧 구매력의 문제라는 게 밝혀졌다. 18세기의 자료만으로는 아무것도 확언할 수 없으므로 이후 시기의 비교에 대해서도 신중을 기해야 할 것이다. 그렇지만 연구 조사를 통해 두 지역의 기대수명이 유사했던 것으로 밝혀졌고(1장에서), 따라서 기본적인 열량 섭취를 위해 가계 예산에서 지출하는 몫 역시 비슷했을 것으로 추정할 수 있다. (여기에 대해서는 이번 장 후반부에서 다룰 예정이다.) 이는 다른 종류의 소비를 비교해보는 것이 우리의 좀더 큰 과제를 위해 의미 있는 일이라는 점을 시사한다.

적어도 19세기 이전에는 '일상적 사치품'의 소비 붐에 한계가 있었다는 점을 기억하는 것이 중요하다. 1400년대 이후에나 등장할 법한 새로운 음식, 직물, 음료 등의 목록을 보면 감탄이 절로 나온다. 게다가 대다수는 중독성이 있었다. 그러나 이것들은 모두 적어도 18세기 그리고 대체로 19세기까지는 다소 느리게 확산했다. 다시 말해, 일반적으로 비율이 큰 폭으로 증가한 것은 소비가 아주 적었던 초기의 자료를 반영한 것이다. 이는 유럽의 가장 부유한 지역도 마찬가지다. 1800년경 영국의 연간 1인당 차 소비량은 1파운드(1파운드는 약 450그램—옮긴이)에 불과했지만 가격이 크게 떨어진 데다 평범한 사람들까지도 일상적으로 차를 마시게 된 1840년에는 1.4파운드였다. (1880년에 이르러서는 연간 1인당 5파운드를 소비했다.)[4] 그런데 유럽의 나머지 지역은 훨씬 낮은 수치를 기록했다. 1780년대에 러시아를 제외한 유럽의 연간 차 소비량은 총 2200만 파운드에 달한 것으로 알려졌다.[5] 이는 아마도 대륙 전체에서 1인당 2온스(1온스는 약 28그램—옮긴이)를 소비했으며 유럽 대륙 중에서도 비영어권 지역은 상당히 적었음을 암시한다. 1840년에는 8000만~9000만 파운드의 차가 유럽으로 수출되었는데, 이는 연간 주민 1인당 겨우 4온스를 제공할 수 있는 양이었다.[6]

중국은 현저히 많은 양을 소비했다. 우청밍은 1840년 약 2억 6000만

표 3.1 1인당 설탕 소비량(파운드)

	유럽	영국 외 유럽 지역	영국
1680년	1.0	0.85	4
1750년	2.2	1.90	10
1800년	2.6	1.98	18

파운드의 차를 중국 내에서 거래한 것으로 추산했다. 중국의 내부 상거래에 대한 그의 다른 추정치는 일반적으로 낮은 편이다.[7] 만약 당시 중국 인구가 3억 8000만 명이었다면[8] 1인당 11온스를 약간 밑도는 양을 할당했다는 의미다. 우청밍은 차 거래와 관련해 의미 있는 지방 혹은 지역적 순환을 놓치지 않았다(가능성이 낮은 경우까지).

물론 차 소비량을 비교하는 것은 불공평하다. 왜냐하면 높은 운송 비용과 관세 독점권으로 인해 중국보다는 유럽에서 차의 가격이 훨씬 높게 형성되었기 때문이다. 또 유럽인은 중국에는 없던 다양한 음료(커피, 코코아, 포도주 등)를 소비했기 때문이기도 하다. 그렇더라도 유럽인의 '일상적 사치'가 중국인을 앞지르기까지 아주 오랜 시간이 걸렸다는 것은 정말 뜻밖이다. 우리에겐 담배에 대한 통계 자료가 없지만 1793년 사절단으로 중국을 방문한 조지 스탠턴George Staunton과 조지 매카트니George MacCartney는 아주 많은 중국 사람이 담배를 피우는 것을 보고 놀랐다. 그들의 언급은 저장 성에서는(일반적으로 번영한 지역이지만 담배가 주요 작물은 아니었다) "키가 60센티미터 정도인 어린애도" 담배를 피웠다고 주장한 한 중국인의 편지로 입증되었다.[9]

설탕의 경우에도 유럽의 소비 우위는 생각만큼 빨리 나타나지 않았다. 영국의 설탕 소비량은 1700년 1인당 4파운드였고 1800년에는 18파운드에 달했지만,[10] 유럽의 나머지 지역은 여기에 훨씬 못 미쳤다. 유럽 대륙의 1800년 수치는 높게 잡아도 1인당 2파운드를 밑돌았다. 이는 브로델이 추산한 1788년 프랑스의 1인당 1킬로그램과 거의 비슷하다.[11] 게다가 표 3.1은 영국 이외 지역의 설탕 소비 증가 추세를 전부 표시한 것은 아니다.[12]

이는 설탕 소비의 증가가 전적으로 영국만의 이야기는 아니라는 뜻이다. '영국 외 유럽 지역'이라는 범주는 너무 안일한 분류다. 적어도 네덜란드와 파리, 보르도, 함부르크 주변 지역은 영국만큼은 아니지만 대륙의 나머지 지역보다 급속히 증가했음을 보여주기 때문이다. (1846년 파리의 설탕 소비량은 1인당 8파운드를 약간 밑돌았다.)[13] 게다가 1800년대 나폴레옹 전쟁이 한창일 때는 소비량이 줄어들었다. (실제로 파리의 설탕 부족은 프랑스 혁명 초기에 대중의 시위로 이어졌다.)[14] 이런 한계에도 불구하고 이런 수치는 곰곰이 생각해볼 만하다.

무엇보다도 첫째, 더욱 값싸게 설탕을 재배하기 위해 노예 노동력을 이용했음에도 불구하고 소비는 유럽 전역에 걸쳐 꾸준한 증가 추세를 보이지 않았다. 오늘날 유럽의 1인당 소비에 비해 1800년 영국의 소비량은 상대적으로 적어 보이지만, 일단 생산을 전문화하면서 설탕의 "세계 정복"[15]이 기정사실화되었던 것으로 보인다. 비용을 절감한 농장은 '소비 사회'를 맞아 꾸준히 성장했다. 민츠가 분명하게 말했듯 설탕은 단순한 상품이 아니었다. 설탕은 수세기 동안 유럽인이 찾아다니고, 왕과 교황에 의해 교역되고, 새로 발견한 담배나 코코아가 대적할 수 없는 전설과 신비가 깃든 상품이었다. 소비를 확대해 이익을 얻으려는 강력한 투자자와 중상주의 국가들에 의해 설탕 소비는 지속적으로 늘어만 갔다. 아울러 설탕은 중독성 있는 상품이기도 했다.[16] 이 모든 것을 고려할 때, 유럽이 소비 성장—보편적인 경제 호전 시기—에서 50년간 정체했다는 것은 1850년 이전의 돌이킬 수 없는 "소비 사회의 태동"[17]이 심각한 오해의 소지가 있을 수 있음을 시사한다. 마찬가지로, 어느 곳이든 '사치품' 소비 증가가 매우 오랫동안 정체했다는 주장은 일반적인 것으로 받아들일 수 있으나, 이와 달리 그 이유가 '자연적으로' 사치품 소비가 줄어드는 과정이 방해받았기 때문이라는 주장은 이례적인 것으로 여겨질 수 있다.

둘째, 표에서 유념할 사항은 1850년 이전의 유럽 산업혁명이 아닌 영국 산업혁명의 자료를 토대로 했다는 것이다. 영국과 유럽 대부분 지역 간 격차는 줄어들기는커녕 오히려 커졌다. 생산에 관한 시드니 폴러드 Sidney Pollard의 주장—유럽 전체가 아닌 유럽의 여러 중심 지역은 19세기에 혁명이 일어났다—역시 소비 수준의 유지에 있는 것 같다.[18] 우리가 이상적이라고 생각한 '유럽' 이야기와 다른 지역을 비교할 때는 소비 증가와 관련해 나타나는 이런 지리적 불균형과 단절적인 양상을 모두 염두에 두어야 한다.

당 왕조의 시대로 거슬러 올라가면 중국 상류층 사이에서 설탕은 중요한 의례(주로 불교 의식)뿐만 아니라 의학적으로도 사용되었다.[19] 이어진 송 왕조(960~1279년) 때 부유층 사이에서 설탕은 특별한 행사 외에도 널리 쓰였다. "사탕수수 제품은 부유한 사람의 생활 양식 및 식습관에 완전히 융합되었다."[20] 16~17세기에 중국을 방문한 많은 유럽인은 중국 부유층이 유럽보다 설탕을 얼마나 더 광범위하게 사용했는지에 관해 언급하곤 했다.[21] 한편 일반 대중도 특별한 행사 때 설탕을 사용한 것으로 보인다. 1680년경 광둥 성의 회계 장부를 보면 설탕으로 사람, 동물, 건물 모형을 만들었다. 또 설탕을 제공하는 것이 결혼식의 중요한 절차였으며, 이를 통해 '신부가 부자인지 가난한지' 가늠할 수 있었다. 따라서 부자는 연회를 위해 '수천 개의 사탕 단지'를 준비하곤 했다. 연회에서 베푸는 단맛의 양이 신부가 출산할 때 겪는 아픔에 영향을 준다고 알려졌으며, 사람들을 (사탕 잔치에) 초대하지 못하면 '사탕 거지'라는 놀림을 받았다는 기록도 있다.[22] 비슷한 시기의 다른 문헌을 보면, 아주 가난한 사람도 새해에는 설탕 과자를 먹었으며 다량의 설탕 졸임 과일이 결혼식 때 아주 중요했기 때문에 어떤 가정에서는 이 수요를 감당하느라 파산하기도 했다.[23] 이 같은 설탕의 용도는 의학적·의례적 사용과 모방적 소비가 결합한 것인데—부자는 설탕을 자주 사용했고, 가난한 사람은 특별한 행사에만 사용했다—민츠가 근대 초기 유럽에 대해 지적했듯 19세기에 설탕은 일반인의 주요 열량 공급원으로 등장했다. 하지만 중국에서는 이런 변화가 일어나지 않았다. 그렇다고 해서 이것이 18세기의 소비 양상에 대해 뭔가를 설명해주는 것은 아니다.

우리는 18세기 중반 중국의 설탕 총 소비량에 대해 아는 게 없지만, 단편적인 자료 중에는 상당히 유익한 것도 있다. 중국에서 설탕을 압도적으로 많이 생산한 곳은 광둥 성, 푸젠 성(대만 포함), 쓰촨 성이었다. 다행히 자료를 통해 1720년경 본토로 가져간 대만의 설탕 수송량을 확실히 알 수 있다(약 1억 400만 파운드). 대만의 경우에는 아편 전쟁 이후까지 설탕 생산이 더는 급속히 증가하지 않았지만, 천천히 꾸준하게 늘어났던 것으로 보인다. 따라서 어림잡아 추산한 1750년 수치 대신 1720년 수치를 이용하는 것이 안전할 듯싶다.

우리에겐 광둥 성 전체의 설탕 생산량에 대한 자료가 없다. 대신 우리는 광둥 성에 있는 사탕수수 '농장'의 1에이커당 생산량을 추산한 자료를 통해 2400파운드라는 수치를 확보할 수 있다.[24] 하지만 사탕수수를 재배한 토지 규모에 대한 직접적 수치는 나타나 있지 않다. 그러나 마줌다르

S. Mazumdar는 18세기의 사탕수수 생산 중심지 가운데 적어도 (92개 현縣 중) 15개 현의 생산량을 기록으로 남겼다.[25] 그중 3개 현은 토지의 40퍼센트 그리고 나머지는 60퍼센트에서 사탕수수를 재배한 것으로 나타났다.[26]

로버트 마크스는 최근의 연구를 통해 대안적 접근 방식을 제안했다. 그는 광둥 성과 광시 성에서 1753년경 환금성 작물에 투입한 토지가 최소 2400만 무, 즉 400만 에이커였다고 밝혔다. (이 수치는 4150만 무로 늘어날 수도 있다.) 이 시기 광둥 성과 광시 성 환금성 작물 재배 총면적의 70퍼센트 이상을 광둥 성이 차지했는데, 대부분 비곡물 경작지였다. (광시 성의 주요 환금성 작물은 벼였으며, 이것을 광둥 성에 팔았다.) 광둥 성에서 대지의 70퍼센트가 비곡물 농장이라는 평가는 줄잡아 계산한 것인데, 면적으로는 최소 1680만 무(280만 에이커)에서 최대 2905만 무(484만 1666에이커)에 달한다. 마크스는 광둥 성의 경작지 중 절반—2150만 무—이 비곡물을 생산했으므로[27] 1680만 무라고 추측하는 데에는 좀더 신중을 기하는 게 좋겠다고 주장했다.

아마 사탕수수 재배 면적이 여타 비곡물보다 넓었을 테지만,[28] 만약 사탕수수가 1위가 아니었다면 2위(뽕나무 다음)나 3위를 차지했을 것이다. (광둥 성은 면화를 대부분 수입했으며 담배도 거의 재배하지 않았다. 차와 과일은 이 목록에서 2위 정도에 해당하는 경쟁 상대일 뿐이었다.)[29] 그러나 1753년경 광둥 성의 비곡물 경작지는 필자가 가진 자료로 산출한 최소 추정 수치의 10분의 1로 잡아도 28만 에이커였다. 이는 그 지역의 사탕수수 총 재배지 가운데 3.9퍼센트를 차지하는 수치다. 거기다 마줌다르의 1에이커당 생산량 추정 수치를 곱하면, 광둥 성의 연간 설탕 총 생산량은 6억 7200만 파운드에 달한다. 여기에 대만의 생산량을 더하면 1750년에 총 7억 7600만 파운드가 되는데, 쓰촨 성이나 본토의 푸젠 성 혹은 사탕수수 경작지가 적은 다수 지

역을 포함하지 않은 수치가 이 정도였다.[30]

17세기 문헌은 푸젠 성(대만 포함)과 광둥 성이 중국 사탕수수 경작의 90퍼센트를 차지한다고 추정했다. 이는 적어도 8600만 파운드(푸젠 성과 광둥 성 생산량의 9분의 1)만큼 총 생산량이 증가했음을 보여준다. 사실상, 우리는 1750년의 사탕수수 분포를 상당히 큰 요인으로 반영해 이러한 사탕수수 생산량을 늘려 잡아야 할 것이다. 왜냐하면 사탕수수는 보통 푸젠 지역 사람들이 이주한 곳(중국의 다른 지역과 동남아시아)으로 확산했고, 1600년대보다 1700년대에 이주 현상이 더 늘었기 때문이다.[31] 그럼에도 불구하고 필자는 광둥 성 및 대만 이외 지역의 생산량은 모두 제외할 것이다. 네덜란드가 대만을 지배했을 때를 제외하고 중국의 설탕 수출은 1840년대 이전까지 아주 적었다.[32] 한편, 1730년대 중국은 베트남에서 연간 8000만 파운드 정도의 설탕을 수입했다.[33] (태국에서 수입한 적은 양은 제외했다.)[34] 이 수입량을 더하면 18세기 중반 중국의 설탕 소비는 연간 8억 5600만 파운드 정도에 달한다.

1750년 중국의 인구가 1억 7000만~2억 2500만 명이었으므로[35] 1인당 연간 설탕 소비량은 3.8~5.0파운드였음을 알 수 있다. 중국 다른 지역의 생산량 수치를 더하면 소비량은 적어도 연간 0.4~0.5파운드 늘어나고, 앤더슨E. Anderson의 절대 하한 수치를 이용해 청 말기의 광범위한 생산량을 추산하면 1.1~1.4파운드 줄어들 것이다. 아울러 광둥 성의 사탕수수 경작지 비율이 아주 조금만 늘어도 추정 수치는 급증할 것이다.

이와 같은 추정은 1750년과 1800년에도 유럽의 평균치를 훨씬 웃도는 수치다. 중국의 설탕은 유럽인이 먹은 것보다 자당sucrose 함량이 적었는데, 오늘날의 기준으로 보면 상품의 질이 낮았을 것이다. 그러나 19세기까지 많은 중국인은 자국에서 생산한—불순물이 더 많고 풍미가 더 좋

은—설탕을 선호했다.[36]

18세기 후반 베이징의 설탕 가격을 보면—짐작건대 품질이 좋은 만큼 가격이 높았는데, 모든 설탕을 멀리 남쪽에서 들여왔기 때문이다—상당량의 백설탕을 살 경우 군인이 받는 3~4.5일 치 급여를 지불해야 했다.[37] 이런 가격은 쉽게 이해 못할 것도 없다. 또 농업 노동자는 설탕을 구입하려면 거의 한 달 치 현금 급여가 필요했는데, 이는 한 가지 품목에 너무 많은 비용을 들이는 것처럼 보일 수도 있다. 그러나 현금은 농업 노동자의 수입 중 일부일 뿐이었다. 만약 우리가 2장에서 언급한 남성 농업 노동자의 (인정하건대 다소 관대한) 현금 및 현물 소득 추정치를 사용한다면, 이 시기에 그는 동전 1만 800문文, copper cash 상당의 연간 수입을 올렸을 것이다. 최상급 설탕 5파운드는 이 연간 소득의 4퍼센트 정도에 상당하는 높은 가격이다. 하지만 가난한 시골 사람이 비곡물 식량을 구입하는 데 수입의 4분의 1가량을 썼다는 팡싱方行의 평가를 완전히 무시해서는 안 된다.[38] 그리고 토지가 없는 노동자는 중국인 중에서 가장 가난한 사람이므로 이들의 설탕 소비는 평균보다 훨씬 낮았을 거라고 생각할 수 있다.

유럽과 마찬가지로 중국의 총계도 지역적으로 큰 차이를 감추고 있다. 제임스 셰퍼드James Shepherd는 설탕 가격이 가장 저렴한 대만의 1인당 연간 설탕 소비량을 대략 10파운드로 추정했다.[39] 설탕 운송선의 경로와 지역 음식(특히 남부와 동남부의 설탕 졸임 과일과 여러 가지 달콤한 소스)의 풍미를 통해 중국 북부보다 남부와 동부에서 설탕 소비가 훨씬 더 많았음을 알 수 있다.[40]

따라서 1750년 중국의 설탕 소비량은 1800년의 유럽 대륙보다 많았다. 1750년 중국의 설탕 소비 추정치는 실제 수치의 2배임에도 불구하고 유럽 대부분 지역과 영국보다 중국과 유럽 대부분 지역이 훨씬 더 유사하다.

하지만 어느 시점에 이르러 중국의 1인당 설탕 소비량은 줄어든 반면 1840년 이후 유럽은 폭발적으로 증가했다. 1930년대에 존 벅이 조사한 자료에는 중국의 설탕 소비가 1인당 2.2파운드가량인 것으로 나타났다. 이는 필자가 가장 낮게 평가한 1750년 수치의 60퍼센트 수준이다.[41] 아마도 중국의 설탕 생산이 암울한 1850~1860년대를 거치며 늘어났을 것이기 때문에(많은 새로운 생산품을 수출하긴 했지만), 이 같은 설탕 소비 감소는 1750~1870년 사이에 일어났을 가능성이 높은 것으로 보인다.

반면 중국의 차 소비는 급락하지는 않았지만 침체했던 것 같다. 1912년 1인당 차 소비량을 2.6파운드로 추정한 자료도 있는데, 이는 매우 높은 수치다. 왜냐하면 같은 시기 도시민에 대한 상세한 추정치에 따르면 1인당 차 생산량이 딱 2파운드였기 때문이다. 장중리張仲禮는 좀더 가능성 있는 자료로 1930년대의 국가 평가national estimate에서 나온 1.1~1.3파운드(18~21온스)를 인용했다.[42] 이는 1840년의 11온스를 훨씬 넘어선 것이지만, 이미 언급한 대로 이전 시기의 수치는 아마도 과소평가된 것 같다. 1987년 중국이 한창 번영하던 시기의 1인당 차 소비량은 1840년보다 약간 낮았다.[43] 차는 맥주와 청량음료 및 다른 음료와 경쟁력이 있기 때문에 이렇게 비교하는 것은 불공정하지만 말이다. 사실상 1인당 '중독성 식품'의 소비는 전반적으로 줄어들지 않았으며, 19~20세기 초에는 매우 서서히 증가한 것이 확실하다. 18세기 중국은 일상적으로 사용하는 사치품에 대한 욕구가 늘어났는데, 자급할 수 있는 사치품은 아무것도 없었다. 마찬가지로 유럽의 소비 경향이 변화 조짐을 보인 것 역시 필연적인 일은 아니었다. 그러나 유럽이 중국의 발자취를 따랐는지에 대한 기록은 충분하지 않다. 실제로 유럽 대륙에서는 1750~1800년에 차를 마시기 시작한 것 같다. 여기서 우리는 결국 분기 과정에 대해 설명할 수밖에 없다.

이런 분기는 인구의 추세에 따라 크게 과장되었다. 나중에 좀더 상세하게 살펴보겠지만, 1750년 이후 중국 인구는 상대적으로 빈곤한 지역을 중심으로 폭증했다. 그러므로 각 지역의 소비가 1750년 수준이라 해도 국가적 평균치는 감소했을 것이다. 특히 설탕의 경우가 그러한데, 18세기의 설탕 소비는 수상 운송에 의해 산지와 연결된 세 곳의 번성한 거대 지역—링난, 남동 해안, 양쯔 강 하류—에 집중돼 있었기 때문이다. 1750년 중국에서는 거의 대부분의 설탕을 전체 인구의 40퍼센트 정도가 살고 있는 이 세 지역에서 소비했다.[44] (수도 인근에 있는 그 밖의 소규모 집중 지역은 제외했다.) 하지만 1843년(그리고 1953년)에 이들 세 거대 지역의 인구는 중국 전체의 25퍼센트로 감소했다.[45] 이것만으로 설탕 소비의 전국 평균이 37.5퍼센트로 떨어진 충분한 이유가 되며, 또한 1750년의 최저치 추정과 존 벅의 20세기 초 조사 결과(분밀당과 다른 공정을 거친 것 그리고 설탕 산지에서 가공하지 않고 먹는 것을 더한 2.2파운드) 사이에 나타난 차이 대부분을 설명할 수 있다. 이러한 인구 요소는 생활수준의 하락 없이도 얼마만큼 소비의 위축을 가져올 수 있는지 설명하는 데 도움을 준다. 특정 지역에서 소비가 크게 감소하지 않았다면 위축을 알아채지 못했을 것이다. 그리고 이런 인구 성장 분포는 유럽의 상황과 극명하게 대조되는데, 비교적 번영을 이룬 대륙의 경우(아일랜드 포함) 적어도 1750~1850년에 보편적으로 가장 빠른 인구 증가세를 보였다.

하지만 인구는 소비 확산에 대해 일부만 설명해줄 뿐이다. 예를 들어, 면직물 소비 지역은 설탕처럼 지리적으로 가까이 몰려 있을 수 없다. 아울러 중국 북부 지역의 면화 생산량이 절대적으로 감소했다는 증거도 있다. (이 지역의 소비가 거의, 심지어 전혀 줄어들지 않았을지라도 분명 양쯔 강 하류 지역으로의 수출량은 이전보다 감소했을 것이다. 자세한 자료와 그 범위는 부록 F에서 다루었다.) 그리고 물론 유럽의 소비도 1750~1900년 감소세를 면치 못했는데, 대개는 1840년 이후에야 이전보다 빠른 성장세를 회복할 수 있었다.

4장에서 살펴보겠지만, 이런 새로운 '일상 사치품'의 교역 구조는 어쩌면 방법적으로 중대한 차이가 있을 것이다. 중국에서 설탕, 담배, 차는 압도적으로 국내 생산품이 많았다. 이런 상품의 교역은 상당히 많은 중소 상인이 참여해 경쟁이 치열했기 때문에 비교적 이윤 폭이 적었다.[46] 게다가 이런 무역은 국가에 주요한 수익을 창출하지도 못했다. 결과적으로 이들 상품의 소비를 증진시킬 만큼 특별히 많은 이익을 남기지 못했기 때문에 정부 관리는 이들의 활동을 적극적으로 막았다.[47] 유럽에서도 이런 새로운 기호식품의 유통을 막으려는 몇몇 관리와 도덕주의자들이 있었다는 게 밝혀졌다. (일본, 오스만 제국, 인도에서도 이와 같은 일이 있었다). 그러나 여기에는 소비 확대를 조장하려는 사람들의 이해관계가 매우 강하게 얽혀 있었다. 세수를 확보하려는 세무 관리를 비롯해 상인과 식민지 농장주 등이 생산력을 높이고 독점 권한을 갖기 위해 거액을 투자했기 때문이다. 그렇기는 하지만 기호식품 소비는 19세기 중반 큰 폭의 가격 하락이 있기 전까지는 대부분의 유럽 대륙 사람들과 영국 빈곤층 사이에서 서서히 증가했다.

이 같은 사실을 통해 영국인이 단맛을 좋아한 이유는 그들의 다소 단순한 요리법 때문이며, 반대로 중국의 설탕 소비가 아주 적은 이유는 다른 감미료와 향신료를 상당히 많이 사용하는 복잡한 요리법 때문이라는 것을 알 수 있다.[48] 하지만 조사 결과 산출한 18세기 중국의 설탕 소비 수치가 높기 때문에 이런 주장에 지나치게 많은 비중을 둘 수는 없다. 설탕이 의약품에서 흔히 사용하는 '향신료'로 전환된 시기는 민츠의 연구 결과 밝혀진 대로 모든 계층의 유럽인이 설탕을 애용하게 된 시기와 비슷하다. 하지만 중국인이 '향신료'를 비중 있게 사용하고 아주 좋아했다고 해서 탄수화물을 주식으로 삼는 게 변하지는 않았다. 그리고 그런 변화에서 기호나 유통 때문에 생긴 차이는 아마도 생산, 가격, 식민지에 따른 차이보다 그다지 중요하지 않았을 것이다.[49]

유행만으로 '인기 있는 사치품'의 소비를 무한정 넓힐 수 없었던 것은 부분적으로 이러한 작물이 불가피하게 토지의 다른 용도와 경쟁했기 때문이다. 중국의 경우, 설탕이 다른 식료품과 경쟁하지 않은 곳에서 생산이 크게 증가했다는 것은 주목할 만하다. 대만은 19세기까지 여전히 인구가 적은 변경 지역에서 설탕과 벼의 경작이 나란히 증가했다—중국 본토에서는 설탕을 얻기 위해 곡물을 수출하지 않아도 되었다. 광둥 성에서는 17~18세기에 수요가 증가한 사탕수수를 재배하던 많은 농민들이 고구마와 땅콩 생산(주로 이전에는 농사에 적합하지 않다고 생각한 야산을 개간해서)의 길을 텄다. 이로써 그들도 식량을 자급했다. 다른 사례에서도 설탕 생산을 위해 한때 면화를 재배하던 토지를 이용했는데, 이는 설탕의 상대 가격과 벵골과 양쯔 강 삼각주 지역의 무역 성장에 관해 이해할 수 있는 하나의 전환점이기도 하다.[50] 하지만 중국은 곡물 생산을 줄이지 않고는 설탕(혹은 차나 담배)의 생산지를 확장할 만한 토지가 갈수록 부족해질 수밖에 없었다. 그리고 뒤에서 다시 다루겠지만 핵심 지역—중국 북부—의 면화(그리고 담배) 생산이 1750~1900년 상당히 감소했는데, 그 이유는 인구가 급성장해 식량을 생산하는 데 더 많은 토지가 필요했기 때문이다.

적어도 16~18세기까지는 식량 생산을 위한 토지의 필요성이 무한정 증가하면서 환금 작물을 생산하지 못했다. 그리고 생산량이 계속 증가하지 않는 한 1인당 소비 수준은 하락할 수밖에 없었는데, 이는 중국의 인구가 1750~1850년 2배 가까이 늘어났기 때문이다. 반면 현대적인 농기구를 사용하기 전에도 중국의 곡물 생산량은 분명 인구 증가에 뒤지지 않았다.[51] 따라서 일부 다른 농작물은 식량 생산 때문에 밀려난 것으로 보인다. 특히 인구가 급증한 북부 지역에서는 1에이커당 식량의 산출량을 늘리는 일이 비교적 어려웠다.

그러나 유럽은 설탕·담배·커피 등 거의 모든 것을 대부분 식민지에서 재배했고, 아메리카에서 가져온 은으로 차를 구매했다. 이런 이유로 유럽에서는 중독성 식품의 소비 증가가 중국만큼 곡물 공급에 부담을 주지 않았다. 아울러 대부분의 면화 역시 식민지나 이전 식민지에서 들여왔다.

게다가 특히 영국의 경우는 적절한 시기에 설탕 소비가 증가했다. 5장에서 살펴보겠지만, 18세기 후반 잉글랜드의 농업은 주요한 기술적 발전 없이 생산량 증가가 한계에 이르렀다. 하지만 19세기 중반까지도 다량의 화학 비료(처음에는 인산염을 채굴하고 구아노를 수입했다. 그 후 20세기엔 합성 비료를 생산했다)를 사용하는 것과 같은 획기적 발전은 시작도 되지 않았다. 한편, 잉글랜드는 인구가 급증한 초기에 국내의 곡물 공급이 부족했으며, 이에 대한 장기적 해결책—대량의 북아메리카 곡물—또한 수십 년간 여전히 요원하기만 했다. 과도기인 반세기에 걸쳐 산업혁명이 진행되는 동안 잉글랜드는 영국의 나머지 지역에서 좀더 많은 곡물을 수입했지만, 이 또한 완전한 해결책이 되지는 못했다.[52] 당시 잉글랜드의 식생활은 열량이 아주 부족했으며, 많은 빈곤층이 새로운 작업 환경(일하면서 정오에 식사 시간을 갖는 것을 포함해)에 적응하던 시기였다. 이런 상황은 잉글랜드인의 주요 식단에 설탕이 침투하기에 완벽한 환경이었다. 동아시아에서는 설탕이 중요한 양념과 동등한 역할을 했지만, 곡물 생산은 인구에 맞출 수밖에 없으므로 민츠가 "탄수화물의 핵심"이라고 칭한 부류에 설탕을 포함시킬 특별한 이유가 없었다.

식민지의 생산 구조로는 산지 가격이 하락해도 설탕 및 담배 생산을 늘려야 했기 때문에 농장주는 큰 압박을 받았다. 중국의 사탕수수 재배자들은 생계용 농작물도 키웠기 때문에 그런 압박이 훨씬 덜했다. 식민지 농장은 흔히 그들만의 특별한 환금성 작물을 아주 심도 있게 전문화한 경우가 많았다. 이는 그들이 다른 모든 것—식량부터 공산품, 노예 노동자에 이르기까지—을 수입했다는 것을 의미한다. 따라서 그들은 이런 비용을 지출하기 위해 상당히 많은 액수의 현금을 갖고 있었다. 심지어 자신들이 생산한 작물 가격이 낮게 형성된 해에도 마찬가지였다. (여기에 대해서는 6장에서 좀더 자세히 설명할 예정이다.)

식민지 농장의 매우 전문화한 특성으로 인해 앞의 주장—유럽의 희귀한 농지 운영 방법 때문에 해외에서 중독성 식품을 생산할 수밖에 없었다는 주장—이 곧 힘을 잃는 것처럼 보일 수도 있다. 그러나 중국은 바로 그 방식을 이용해 설탕과 담배의 생산량을 늘렸다. (토지는 부족한 반면 상대적으로 노동력과 자본이 풍부한 유럽에서 수요가 많았던) 공산품을 설탕과 교환함으로써 국내의 식량 수요에 지장을 주지 않았다. 공산품(혹은 아시아에서 획득한 상품)을 신세계에서 농산물을 재배하는 아프리카 노예와 바꾸거나 교환할 때에도 마찬가지였다. 그리고 신세계의 은으로 중국의 차를 구입할 때도 그랬다. 그러나 유럽이 신세계를 먹여 살려야 했을 때는 식량 수요라는 문제가 발생할 수밖에 없었다. 레날 신부Abbé Raynal는 "아메리카의 식민지를 먹여 살리려면 유럽의 한 지역에서 식량을 재배해야 한다"[53]고 언급했다. 적어도 프랑스령 카리브 해 지역에서는 이 말이 사실이었다.

그러나 영국은 다른 신세계 식민지—북아메리카—를 갖고 있었고, 여기서 설탕을 생산하는 식민지에 팔 수 있는 곡물, 고기, 목재, 대구cod를 과잉 생산했다. 반대로 북아메리카 식민지는 영국에서 제품을 사들였고,

영국은 풍부한 노동력 및 자본—토지도 부족하지 않았다—과 설탕을 효율적으로 교환할 수 있었다. 이는 아프리카 노예 무역과 같은 방식 그리고 카리브 해 지역에 직접 상품을 판매하는 방식을 통해 가능했다. (브라질의 설탕 농장은 대부분 식량을 자급자족했다. 그래서 포르투갈은 영국처럼 유럽에서 많은 식량을 공급받을 필요가 없었다. 그러나 영국이 했던 방식으로 식민지의 무역을 독점한 것은 아니다.) 5장과 6장에서는 토지 부족과 생태적 압박에 대해 좀더 자세히 설명할 것이다. 18세기 후반 영국을 제외한 유럽의 1인당 설탕 소비가 침체했으며, 당시 유럽 대륙의 대다수 지역은 영국보다 중국과 더 유사한 상황이었다. 따라서 지금으로선 이런 사실이 침체된 지역에 유사한 제약이 있었음을 반영할 가능성이 있기 때문에 주목할 만하다. 아울러 영국의 괄목할 만한 설탕 소비 증가에 대한 일부 설명은 북아메리카의 상황에 맞지 않을 수도 있다.

내구성 소비재와 사치품의 '대상화'

유럽이 가진 내부적 우세는 좀더 내구성 있는 상품, 예를 들어 가구·은식기·리넨 등에 대해서는 타당성이 있는 것처럼 보인다. 그러나 이는 특히 중국 및 일본과 관련해서는 주의해야 할 점이다.

이러한 비교는 이용할 수 있는 자료에 제각기 다른 점이 있어 특히 어렵다. 예컨대 아시아에는 유럽의 공증된 물품 목록에 해당하는 자료가 없다. 그럼에도 불구하고 엘리트층의 소비 변화는 1400~1800년 여러 사회에서 대략 비슷했던 것으로 보인다. 유럽, 중국, 일본, 인도에서는 실내장식, 정교한 직물, 식기 그리고 부유한 사람들이 오늘날 '수집품'이라고 일킨는 물품의 양과 종류가 급격하게 늘어났다. 물질적 부를 과시하는 것이 신분을 결정하는 데 한층 중요해졌고, 그러는 동안 제한적인 성공으로 성취한 부로는 정의할 수 없는 신분을 나타내기 위해 사치품 소비를 반복했다. 한편, 신분을 표시하는 개인 수행원의 중요성은 줄어들고, 유서 깊은 엘리트 가문은 소비를 통해 계속 신분 경쟁을 할 여유가 사라졌다. 그러나 우리는 그런 아주 보편적인 유사성 이외의 것을 살펴볼 필요가 있다.

사치품 소비의 발달은 아시아나 유럽 사회에서 완전히 똑같지 않았다. 또한 소비의 목적은 사회마다 다양하므로 이 책에서 그 모든 방식을 조사할 수는 없다. 우리에게 중요한 문제는 다양한 사회에서 신분 경쟁을 위해 상품을 효율적으로 사용한 방식과 관련한 질적 변화가 고용의 양적 증가를 몰고 온 것과 유사했다는 사실이다.

사유재산과 상품의 교환은 어떤 사회의 구성원에게도 신분을 나타내는 데 중요한 역할을 했다. 그러나 이런 일이 모두 아주 수월하게 이뤄진다고 해서 많은 재산을 가진 사람의 수적 증가가 단순히 재물을 축적하고자 하는 보편적 충동을 반영한 것이라고 생각할 수는 없다. 왜냐하면 이전에는 엘리트들의 강한 자부심과 미미한 생산성 때문에 그런 충동조차 좌절되었기 때문이다. 축적 과정에서 더 많은 사치품을 소유하려는 욕망은 시대를 초월해 영원한 것이니 더 이상 설명할 필요도 없을 것이다. 따라서 생산과 소득 분배만이 변화할 뿐이다.

그 대신 이전 사회에서는 사치품이 너무 희귀해 크게 문제 되지 않았기 때문에 소수 사람들의 사치품 소유를 묵인할 수 있었고, 근대 초기의 불필요한 소비 급증이 근본적으로 새로운 '물질주의적' 생활방식을 나타내는 것이라고 주장할 수도 있다. 후자의 이 같은 접근 방식은 무한한 요구라는 현대적 현상이 자연 발생적인 게 아니라 만들어진 것이라고 본다는 점에서 매우 중요하다. 그러나 이런 주장에도 문제는 있다. 우리의 논의와 관련해 가장 심각한 문제는 사회를 너무나 쉽게 양분한다는 사실이다. 어떤 사회에서는 '상품'과 '시장'이 사회적 관계를 결정하고, 교역은 개인주의적 이익 추구로 간주된다. 또 다른 사회에서는 사회적 관계가 경제를 조정하고, 신분이 소비를 지배하고, 사람들이 상호 이익에 관심을 갖는다.[54] 이런 양분화를 역사에 적용하면, 그 결과는 최초로 '물질주의자'가 된 유럽과 나머지 세계로 구분할 수 있다. 이런 차이점은 여전히 서로 교차하지 않기 때문에 외부로부터 도입한 '상품', '물질주의', '경제적 인간'이라는 용어를 사용해야 한다.

그러나 좀더 최근의 문헌은 이런 문제를 한층 자세히 다룬다. 아르준 아파두라이Arjun Appadurai는 한쪽은 '유행 제도', 다른 한쪽은 '배급'이나 '허가' 제도로 이어지는 체제를 만들어냈다고 표현한다. 유행 제도에 따르면 돈이 충분히 많은 사람은 신분을 부여하는 상품을 많이 구입할 수 있다. 그런데 물건 구입을 통해 즉각적이고 완벽하게 돈을 신분으로 바꿀 수는 있지만 사회 규칙이 끊임없이 변화하면서 이런 행위는 대개 제한을 받았다. 요컨대 사회 규칙에 따라 어떤 소비 행태는 '천박한' 것이 되고, 다른 소비 행태는 '고상한' 것이 되기도 한다. 반면 배급 제도에서는—확실히 중요한 요소인데—흔히 존중을 받으며 사회적으로 그런 물품을 보유할 수 있도록 '허가'받은 사람이 그 물품에 한해 법적으로 소유 및 교환할 수 있다. 두 경우 모두 사회적 지위와 상품의 소유 및 교환은 공통적으로 이뤄지지만 그 방법은 상반적이다.

> 신분 제도의 일부 사례는 상품 공급이 안정적인 세계에서 등가성equivalence과 교환을 억제함으로써 보호를 받고 재형성된다. 하지만 유행 제도의 경우는 상

품 공급이 불안정한 세계에서 기호를 억제하고 통제하기 때문에 상품을 완벽하게 교환할 수 있고 접근하는 데 제약이 없다는 환상을 갖게 된다. 사치금지법은 소비를 규제하는 중재 장치였으며, 상품이 폭발적으로 증가하는 상황에서 사회가 상품을 통한 신분 표시를 안정적으로 유지하는 데 적합했다. 그 예로는 전근대 시기의 인도, 중국, 유럽을 들 수 있다.[55]

이런 공식화는 사회를 명확하게 이쪽 아니면 저쪽에 위치 지우는 것을 피한다—사실 아파두라이는 심지어 동시대 유럽에서 몇몇 '배급' 상품을 발견했다. 아울러 이는 모든 사회에 '경제'와 '문화'가 있다는 것을 명확히 보여준다.[56] 서양의 독특한 '개인주의'에서 종종 그래왔듯 배급 상품은 소비에 규칙이 적용되는 것을 방해한다. 따라서 이런 사회에서는 강력한 지역 공동체를 늘어나는 소비자의 요구에 필연적으로 반反할 수밖에 없는 조직으로 간주한다.

지나치게 단순한 양분법을 제외한다 하더라도 아파두라이의 구상은 여전히 지위와 소비 사이에 뚜렷한 양상을 보이는 상호 작용을 통해 유행과 배급의 차이점을 강조한다. 나아가 유행과 배급의 차이점을 분명하고도 충분하게 정의한다. 따라서 우리는 이런 정의를 통해 유행 혹은 배급 제도로의 변화가 경제 발전에 얼마나 중대한 결과를 가져왔는지 짐작할 수 있고, 아울러 그런 변화에 대한 자세한 설명도 찾아볼 수 있다.

'배급' 제도가 약화한다는 것은 좀더 많은 사람이 높은 가격의 상품을 구매함으로써 시장에 점점 더 의존하는 것을 의미한다. 그래서 새로운 신분을 부여하는 신상품(아마도 '이국적'인 것)이 등장한다. 그리고 어떤 제도가 유행 제도에 근접할수록 사람들은 자신이 개인적으로 보유하고 있는 상품을 더 빨리 바꾸려 하고, 이에 따라 수요가 늘어난다. 더군다나 배급 제도에서는 당연히 하위 계층이 더 높은 지위의 소비를 모방하려는 걸 억제한다. 유행 제도에서 지배층은 대개 그런 모방을 막으려 하지는 않지만 새로운 상품으로 바꿈으로써(혹은 자신을 표출하는 방식으로) 오래된 것은 '천박하다'고 낙인찍는다. 따라서 이런 유행 제도는 모든 수준에서 사회적 차별을 유지하려는 사람들과 그런 차별의 교량 역할을 하려는(혹은 뛰어넘으려는) 사람들이 계속 사치품을 추구하도록 이끈다. 또한 유행 제도 아래서는 명백하게 규범화한 기호품 위주로 생산을 함으로써 기호의 상품화를 초래한다. 이런 과정에서 출판물과 고용된 개인 강사는 사람들의 경쟁을 부추긴다.

이런 간단한 설명만으로도 논의에 필요한 몇몇 구체적 사실을 알 수 있다. 예를 들면, 우선 사회적 의미를 부여한 상품이 다양해지고 변화의 속도가 빨라지며, 그런 상품을 소유할 수 있는 사람의 수가 증가한다. 아울러 이 같은 변화는 신분이 다른 사람을 통해 학습되며 그 범위도 달라진다. 다시 말해 모방 소비가 늘어나고 다른 계층의 신분을 나타내는 상품과 다른—자신만의 신분을 표현할 수 있는—이색적인 상품이 급증한다. 또 다양한 상품을 사용하는 '적절하고'도 '고상한' 방식에 대한 논의가 확산하는 결과를 낳는다.

이 모든 현상은 도시화한 서유럽 여러 지역—르네상스 시대 (북부) 이탈리아, 황금기의 에스파냐, 네덜란드, 프랑스 일부 그리고 영국—에서 가장 잘 입증할 수 있다. 각각의 사례를 보면 상류층 가정과 그들의 목적이 변화했음을 알 수 있다. 지방의 경우에는 성城이 군사적 방어와 대규모 가신들의 접대에 더 적합한 곳이었다. (예를 들면 아주 긴 의자를 몇 개 갖춘 중앙 연회장도 하나씩 있다.) 요컨대 더 많은 방(그리고 복도)을 만들어 사생활을 허용하고, 설계상 개인적 안락함을 지향하고, 장식을 더 화려하게 바꾸었다.[57]

그리고 많은 가정에서 다수의 주택을 소유했다. 권력이 집중된 주州의 궁정에서는 최소 연年 단위로 수행원이 필요했기 때문이다. 또 많은 지방 유지들이 도시에 두 번째 주거지가 필요할 만큼 사업을 확장하거나 자아 관념이 변화했기 때문이다. 따라서 개인이 속한 왕조에 지속적으로 기반을 두고 제공받은 주택의 위치나 스타일을 따르기보다는 자기 자신이 사용하고 즐기기 위해 기꺼이 집(대부분 첫 번째 집이 아니다)을 지으려 했던 것으로 보인다.[58] 도시의 주택은 지방보다 화려하지 않았지만 그 역시 수가 늘어났으며, 건물은 더 견고해졌다. 주택의 설계는 점차 안락함과 사생활 그리고 자신의 부와 기호를 나타내는 소유물을 전시하는 장소로서 새로운 '요구'를 반영했다.[59] 왕궁의 건축이 이런 추세를 주도하자 부유한 귀족과 상인들 사이에서도 빠르게 퍼져나갔다.

주택의 변화만큼 중요한 또 다른 변화는—특히 도시 지역에서 더 중요할 것이다—주택 내부의 물건이 급증했다는 점이다. 그중 몇 가지만 예를 들면 거울, 시계, 가구, 액자, 도자기, 은식기, 리넨, 서책, 보석, 비단옷 등이다. 이 모든 게 점차 부유한 서유럽 사람들의 신분을 나타내는 데 '필수적인 것'이 되었다. 게다가 이런 상품에 점점 더 중요하게 요구된 것은 다양성과 품질의 우수성뿐만 아니라 '유행을 따라야' 한다는 점이었다.[60] 그래서 매입한 사치품은 물리적 손상보다 문화적 가치의 손상이 더 빠르게 이뤄졌다. 나아가 사치품 소비는 점차 기존 물품에 의해 방해를 받지 않았다. 대다수 저자들이 이런 추세 때문에 사회의 부가 소진되고, 귀족 가문이 파산하고, 중요한 지위와 인간의 가치에 대한 평가가 훼손되었다는 문제를 제기한다. 유럽 전역에 걸쳐 정부와 종교 단체는 적어도 간헐적으로는 이런 추세를 막고자 했다—하지만 거의 성공하지 못했다. 점점 더 많은 사람이 끊임없는 부의 축적을 통해 스스로를 정의했다.

그러나 이런 '소비 사회'의 출현이 독특한 것은 아니었다. 크레이그 클루나스Craig Clunas는 중국 명 왕조(1368~1644년)의 상류층 가정도 점차 그림, 조각품, 질 좋은 가구 등으로 가득 찼다고 주장했다. 나아가 클루나스는 중국도 유럽과 마찬가지로 특별한 환경이나 사람, 혹은 목적에 꼭 맞는 사치품을 갖는 게 점차 중요해졌다고 밝혔다. 따라서 우아하게 조각한 침대가 똑같은 특제품이 유럽에 출시되기도 전에 중국의 남성이나 여성에게 어울리는 사치품으로 여겨지기 시작했다.[61] 아주 부유한 사람은 계절에 따라 침대를 바꾸었을지도 모른다.[62] 한편, 가장 고급스러운 사치품—위대한 예술가들이 만든 것으로 알려진 작품—도 점차 상품화했다. 아는 사람들 사이에서만 유통되는 게 아니라 돈만 있으면 구할 수 있었다. 그리고 부가 점차 소비를 통해 지위를 변화시킴에 따라(사무실과 토지를 매입하거나 자녀를 교육시키는 것을 통해서가 아니라), 출판된 지침서들은 그런 물품을 어떻게 적절히 평가하고 표현할지 조언하기 시작했다. 일부 책은 '천박한 사람'이 사치품에 더 많은 돈을 쓴다 할지라도 기존 엘리트들이 기호품을 갖고 어떻게 자신의 지위를 다시 주장했는지 보여주었다. 몇몇 다른 지침서는 벼락부자를 대상으로 삼았는데, 이런 물품을 획득하고 보여주기 위한 적절한 방법을 충고했다.

이런 담론—남의 눈을 의식해 '불필요한 것에 대한 보고서'라는 제목을 붙인 것들 중 하나—은 유럽보다 약간 더 이른 시기에 중국에서 나타나기 시작했다. 새로운 내용의 읽을거리를 계속 집필했으며 기존의 오래된 내용도 명조 시대 내내 재출간했다.[63] 그리고 명 초기에는 사치를 금하는 다양한 법을 공표해 여러 사회 집단의 옷과 식기를 아주 상세히 규제하려 했다. 하지만 이러한 법안은 거의 효과가 없었던 것으로 보이며, 곧 진부하고 의미 없는 것이 되고 말았다. 새로운 사치품과 유행이 확산했지만 1500년 이후에 새로운 조항 하나만 덧붙여졌을 뿐이다.[64] 그사이 사치금지법은 17세기 이탈리아와 에스파냐에서 계속 공표되었고, 이러한 법을 활성화하려는 시도는 네덜란드와 영국 같은 '부르주아' 국가에서도 있었다.[65]

일본의 무로마치와 도쿠가와 시대에도 유사한 증거를 찾을 수 있는데, 당시 도덕주의자와 일련의 비효율적인 사치금지법 조항은 '잘못된' 계층이 사용한 모든 종류의 상품을 '부적절한' 것이라고 언급했다. 여기에는 18세기경 농민 가정에 대한 '금·은·상아' 장식 제한을 비롯해,[66] 사무라이와 다이묘(헤이안 시대 말기와 중세에 걸쳐 많은 영지를 가졌던 봉건 영주—옮긴이)들이 부유한 평민의 소비 습관을 따르려다가 어떻게 파산했는지에 관한 내용도 수록되어 있다.[67] 유럽의 소비지상주의를 연구하는 학자 한 사람은 이런 사실로 미루어볼 때 중국과 일본도 서유럽의 동시대 국가들처럼 두드러진 발전을 이루었을 것이라고 결론지었다.[68]

반면, 인도에 관한 자료는 좀 애매모호하다. 확실한 점은 인도 무굴 제국에서 사치품 소비가 상당히 증가했다는 것이다. 수많은 유럽인들—런던, 파리 혹은 암스테르담에서 이제 막 건너온 많은 사람들—은 인도의 도시에 판매용 사치품이 휘황찬란하게 진열되어 있었다고 기록했다.[69] 그리고 18세기 무굴 제국의 붕괴로 다양한 지방 궁정의 역할이 한층 중요해졌는데, 흔히 유럽의 여러 궁정과 아주 유사하게 엘리트 소비를 모방하는 지역의 중심이 되었다.[70] 실제로 사치품 소비 증가는 부분적으로—이 시기에 인도 경제의 원동력으로 등장한—관공서의 특권을 통해 상업화가 확대되어 가속화했다(4장 참조).[71]

그러나 자료를 통해 중국, 일본 그리고 유럽에서 광범위하게 많은 계층의 참여로 '유행 제도'가 나타났다는 사실이 밝혀졌음에도 인도에 관해서는 아직까지 그와 같은 종류의 근거가 없다. 다시 말해, 인도에는 상품의 적절하고 세련된 배치에 대한 안내서 같은 게 없었다는 얘기다. 17~18세기 인도에서는 상인과 '공공 봉사 계급'의 중요성이 더 커졌지만,[72] 사치품 수요는 귀족들 사이에서 더 만연했던 것으로 보인다.[73] 반대로 좀더 구식인 '배급' 제도가 많은 영향력을 가졌다는 근거 자료는 서유럽이나 동아시아보다 인도에 더 많이 남아 있는데, 구식 배급 제도에서 신분은 배급을 통해 비교적 안정적으로 특정 상품을 이용하게끔 해주었다.[74] 그러므로 인도에서도 '소비지상주의'가 존재하기는 했지만 동아시아나 서유럽에 비해 발전하지는 못했던 것으로 보인다.

이는 한 사람의 개인 시종 규모로 신분을 표시하던 것을 '사치품의 대상화'를 통해 대체했다고 생각하는 것이 타당해 보인다. 적어도 16세기부터 중국과 서유럽은 예속 하인과 소작인 수의 급격한 감소와 더불어 엘리트층의 도시화가 확대되면서 대규모 시종을 유지하는 게 더욱 힘들어졌다. 그리고 일본은 중국이나 서유럽과 비교할 만큼의 법적 변화는 겪지 않았지만 사회적·경제적 영향력의 압박은 동일하게 받아왔다. 여기서 개인 시종의 중심적 역할 감소가 엘리트들이 대중의 소비에 좀더 불만을 갖게 만들었음을 주목해야 한다. 다양한 하인이 주인의 가정에 완전히 섞여 있을 때는 화려하게 치장해 더 눈에 띄도록 만드는 게 어느 정도 엘리트 가족이 자신의 부를 과시하는 방법 중 하나였다. 그러나 지위는 낮아도 자주적인 정신을 가진 하인들이라면 엘리트층의 이 같은 과시 행위가 부적절하고 좋지 않은 자만심이라고 쉽게 비난했을 것이다.[75] 많은 문헌에는 중국, 일본, 유럽의 대중적 소비를 비난하는—경제적 변화와 이들 지역의 엘리트가 자신보다 아래 계층인 사람들을 직접적으로 포용하려 하지 않았음을 모두 보여주는—기록이 있다. 아울러 엘리트 스스로가 사치품을 통해 사람들 사이의 신분 관계를 얼마나 드러내고자 했는지에 대한 묘사도 있다.

이와 반대로 인도에서 주인에게 구속된 노동자가 얼마나 중요했는지에 대해서는 의견이 분분하다. 하지만 분명 그들은 매우 중요한 존재였다.[76] 그리고 사무실을 보유한 귀족과 자민다르zamindar(영국 정부에 토지세를 바쳐 토지 사유권을 확보한 인도인 대지주—옮긴이)는 법적으로 많은 하인을 둘 의무가 있었다.[77] 사실 '귀족의' 많은 사치품 수요에는 아마도 선호하는 시종들에게 선물을 줘야 할 필요성도 반영되었을 것이다. 값비싼 선물은 그런 관계를 유지하려는 뜻에서 전하는 상징적 수단으로 여겨졌으며, 이것이 인도의 사회적·정치적 경쟁에서 구심점이 되었던 것으로 보인다.[78] 하지만 아마도 선물은 '유행'을 좇았다기보다는 순전히 개인 용도를 위해 구매한 측면이 더 강할 것이다.

인도의 엘리트들은 대개 도시민이었는데 아마 그 수는 중국보다 많았을 것이다. 하지만 서유럽보다는 적었을 것이고, 일본보다는 확실히 적었다. 그러나 외국인 관찰자들은 흔히 어마어마한 수용소 같은 거대 도시에 깊은 인상을 받곤 했는데, 대부분의 사람들은 자신이 섬기는 신을 중심으로 모여 살았다.[79] 만약 이처럼 신을 섬기고 의존한 게 사실이고 보편적이었다면 그리고 이런 현상이 서유럽이나 중국보다 강했다면, 인도 사회는 '유행' 제도를 통해 경쟁 사회로 전환하지 못했을 것이다. 아울러 도시의 사치품 시장 또한 중국, 일본, 서유럽만큼 꾸준하게 성장하지 못했을 것이다. 베일리C. A. Bayly가 설명한 것처럼 사치품 수요는 1780년 베나레스(인도 북부 갠지스 강 연안에 있는 도시—옮긴이)와 러크나우(인도 우타르프라데시 주에 있는 도시—옮긴이)에 크게 집중되었으며, 이런 상황은 무굴 권력층 및 귀족 거주지에 더 집중되었던 1680년의 델리(인도 북부에 있는 무굴 제국의 옛 수

도—옮긴이) 및 아그라(인도 중부 뉴델리 남쪽에 있는 도시—옮긴이)와 크게 다르지 않았다.[80]

이와 똑같은 주장은 동남아시아에서 훨씬 더 강력하게 적용되었다. 특히 이곳의 도시에서 우리는 1450~1650년경 '사치품의 대상화'에 대한 아주 흥미로운 증거를 발견했다. 특정 사치품은 값비싼 재료를 아낌없이 사용해 만들었으며, 세계 어느 곳의 제품과 비교해도 손색이 없었다. 그럼에도 불구하고 '사치품의 대상화'와 '유행'으로의 전환이 유럽이나 동아시아 같은 수준으로 나타나지는 않았다. 개인적 예속성이 사회의 주요 구성 원리로 여전히 남아 있었던 것이다.[81] 다시 말해, 큰 도시에도 야영지가 있어 사람들은 도시와 다소 떨어진 장소에서 마을을 이루고 자신을 보호해주는 귀족 주위에 모여 살았다. 그리고 인도와 달리 거의 모든 비종교적 건물은 꽤 단출했다. 이 같은 방식에서는 부유한 사람이 추종자를 거느리는 게 특히 중요했다.[82]

당시의 중국, 일본, 서유럽은 인도나 동남아시아처럼 독특한 사회를 이루고 있었다기보다 서로 유사했던 것처럼 보인다. 동유럽이나 중동 혹은 아프리카 사회를 비교해봐도 마찬가지일 것이다. 혹은—좀더 적절히 표현하자면—적어도 중국과 일본의 경우는 유럽의 새로운 엘리트 소비지상주의가 본질적으로 독특한 것이 아님을 보여준다. 그러나 우리는 소비지상주의의 정도에 중대한 차이가 있었는지도 고려해야 한다.

주택의 발전 양상은 상당히 달랐다. 대다수 유럽 지역에서, 부유층의 궁전·성·도시 주택 및 그 밖에 다른 거주지 건설 붐은 18세기 말까지 계속되었던 것으로 보인다(주기적으로 불안정하긴 했지만). 그러나 중국과 일본에서 궁전 건설 붐은 17세기의 정치적 변화(각각 청나라와 도쿠가와 시대에 시작)에 따른 것으로 오히려 유럽보다 빨랐다.[83] 적어도 일본에서는 실제로 내구성 있는 집의 광범위한 건축이 16~17세기에 발전했던 것으로 보인다.[84] 아울러 주택의 질이 16~18세기 동안 향상한 것은 분명하지만 유럽에 비해 그 차이점이 뚜렷하게 나타나지는 않으며, 집이 무엇을 위한 것인가에 대한 근본적인 생각의 변화도 보여주지 못한다.[85] 중국에서도 주택의 목적은 왕조 말기에 상대적으로 거의 변하지 않았다. 예를 들어 집은 먹고, 자고, 요리하는 것뿐 아니라 작업장이자 종교 활동을 하는 중요한 장소였다. 또 현재 거주하는 사람의 성취와 기호를 표현하기보다 여러 세대에 걸쳐 대물림된 소유물(조상의 제단과 위패를 모시는 것을 포함)로 여겨졌다(적어도 엘리트층에서는). 집에 대한 생각이 그다지 변하지 않았다는 것은 건축 양식에 대한 변화 또한 유럽에서보다 미미했음을 보여준다.[86]

게다가 중국과 일본에서는 여전히 건축 재료로 목재를 선호했고, 18세기에 품질 좋은 목재가 바닥나기 시작하자 두 나라 모두 건설 붐이 점차 수그러들었다.[87](주택에 석재 사용이 증가하긴 했지만,[88] 이는 흔치 않았다.) 예를 들어, 번성한 일본의 기나이 지역에서는 18세기 중반 도시와 시골의 건설 노동자 임금이 적어도 다른 분야의 노동자(농업 노동자 포함)에 비해 낮았는데, 이는 새로운 주택에 대한 수요가 특히 활발하지 못했음을 강하게 시사한다.[89] 이렇게 건축 경기 호황이 침체로 이어졌다고 해서 이것이 일반적인 경제적 둔화나 석재 사용이 불가능했음을 나타내는 것은 아니다. 일본에서는 기후와 지진의 위협에 대처하는 데 매우 적합하다는 이유로 목재를 건축 자재로 선호한 것이기 때문이다. 사실 일본 주택은 '환기'가 잘되어 습한 기후에서도 호흡기 질환을 줄여주었으며, 유럽 주택에 비해 도시인들의 기대수명을 높이는 데 기여한 것으로 보인다.[90] 그리고 프란체스카 브레이Francesca Bray가 지적했듯 중국인은 우주론적 또는 여러 가지 의례적 이유 때문에 주택 건축에 석재보다 목재를 선호했다. 중국인이 석재 사용법에 대해 알고, 명/청 시대에는 목재 가격이 점차 비싸졌음에도 말이다.[91] 이 같은 선호도 이면에는 일본에서 보편화한 몇 가지 신념도 숨어 있었다. 이런 선호도를 보이는 이유가 무엇이든 동아시아에서 '유행에 뒤처지지 않으려 애쓰는 것'은 개인 주택에 대한 투자를 줄여야 한다는 걸 의미했는데, 이는 동남아시아에서도 마찬가지였다.[92] 주택 건설에 많은 투자(그리고 석재 이용)를 한 것은 아마도 인도 엘리트들에게 더 흔한 일이었을 테지만 필자는 그 규모를 평가할 방도를 알지 못한다.

그러나 다른 종류의 지출과 관련한 차이점을 밝혀내는 것은 더 어려운 일이다. 부분적으로는 인도의 거대한 인구 집단 내에 존재하는 많은 다양성 때문이다. 계층과 종교의 차이점도 미미하나마 그 일부를 차지한다. 우리는 계층과 종교에 대해 철저히 분석할 수는 없지만 어느 정도 시도해 볼 수는 있다.

적어도 유럽 일부 지역에서는 신분이 아주 미천한 사람도 '사치품'을 구입했다. 다시 말해, 부유한 상인과 생활이 안정된 장인뿐 아니라 아주 열악한 환경의 직공들도 약간의 '사치품'을 샀다는 얘기다. 그 종류로는 벨트, 신발, 금은 단추로 장식한 조끼, 양조주 및 증류주, 커피, 설탕 등이 있다. 사실상 이런 물품을 공유하거나 과시하는 것은 도시의 평민 문화에서 아주 중요한 부분이었다.[93] 한스 메디크는 장인들이 다른 사회 집단보다 사치품 구매에 총예산을 더 많이 소비했다고 주장했다.[94] 메디크는 또한 유럽의 시골 장인에게서도 이와 유사한 증거를 모았는데, 이는 영국과 네덜란드에서도 마찬가지였다. 아울러 그와 같은 사례로 시골 작센 주에서 농민과 스스로를 구별 짓기 위해 도시적 유행을 흉내 내려 한 리본 제조업자들을 인용하고, 당시 뉴스거리였던 뷔르템베르크의 장인들이—감자를 먹는 것 말고는 거의 여유가 없음에도—"모닝커피를 포기하라고 강요당하면 자신을 인간 이하의 존재로 생각했을 것이다"[95]라고 언급했다. 그와 같은 소비가 존재했다는 걸 단순히 밝히는 것만으로도 의미 있는 일이며, 그중 몇 가지(커피나 차 같은 것)는 16~18세기 내내 새로운 것이었음에 틀림없다. 그러나 평민들 사이에서 '사치품' 소비가 얼마나 많았는지 또는 얼마나 새로운 것이었는지는 분명치 않다. 엘리트 아닌 사람이 '사치품'을 소비할 경우 아마 '더 나은' 사치품을 소유한 엘리트로부터 어울리지 않는다는 말을 들었을 것이다. 우리가 차와 설탕에 관해 살펴보았듯 전체 양을 보면 아주 적었을 때조차도 그랬을 것이다. 아울러 모든 새로운 소비 습관이 총수요에 지속적으로 더해지는 것은 아니다. 예를 들어, 18세기 초 영국에서 급격히 증가한 진gin 소비는 18세기 후반에 거의 동일한 수준으로 감소했다.[96]

농민의 사치품 수요를 정확히 파악하는 것은 여전히 어려운 일인데, 시골 장인들의 구매 습관과 아주 달랐던 것 같다.[97] 그러나 얀 드브리스는 1550~1750년의 프리슬란트Friesland(네덜란드 북해 연안 지방—옮긴이)에 대한 연구를 통해 적어도 유례없이 번성한 이곳에서 시골의 소규모 자작농과 소작농 역시 아주 다양한 종류의 불필요한 상품을 구매했음을 밝혀냈다. 또한 고급 가구와 목제 상품, 식기, 실내장식 등의 목록이 시간이 지나면서 상당히(꾸준하지는 않았지만) 증가했다고 주장했다.[98] (물론 구매율은 더 이상 상승하지 못하고 둔화했지만 내구성이 큰 항목의 보유량은 약간 늘어났을 것이다.) 하지만 특정 유형의 상품 재고는 많이 증가한 것처럼 보이지 않는다는 점 또한 중요하다. 가장 활발했던 섬유는 이 시기에 가장 규모가 큰 '산업' 분야였으며, 결과적으로는 산업혁명의 선두 주자 역할을 했다. 1550~1750년 대부분의 직물 가격이 다른 상품에 비해 하락했기 때문에 사람들이 더 많은 직물을 소유하지 않았다는 것은 특히 인상적이다.[99] 게다가 소비재 상품 목록은 자본재보다 완만한 증가세를 나타냈다.[100] 전반적으로—드브리스가 제시했듯—이 번성한 지역에서 농민 수요의 증가 규모든 정확한 구성 요소든 산업혁명을 제대로 설명해주지는 못하는 것처럼 보인다.[101] 그리고 특히 면직물은 유럽 이외의 지역에서 수요가 더 많았다.[102]

그렇기는 하지만 유럽의 대규모 소비자 수요는 다른 곳보다 아주 컸다. 이는 유럽이 다른 '선진' 경제에서 최종적으로 분기했음을 설명하는 데 일정한 역할을 한다. 안타깝게도 다른 사회의 소유물과 비교할 만한 기록을 찾지는 못했지만 커다란 차이가 있음을 파악할 수 있는데, 이는 다른 곳의 하층민이 필수품을 구매할 수 있는지 살펴봄으로써 어느 정도 가능하다.

그런데 사회별 수입 분배를 비교하기 위해 사용할 수 있는 근거 자료를 보면 안타깝게도 몇 가지 허점이 있다. 즉 에릭 존스는 소득—그리고 '일상' 사치품에 대한 실질적 수요—이 아시아 주요 국가보다 유럽에서 한층 균등하게 분배되었다고 주장하지만 필자의 견해는 이와 다르다.[103] 한편으로는 인도와 중국, 다른 한편으로는 일본과 서유럽 사이에 실질적 격차가 존재할 수 있지만, 이들 세 지역과 서유럽 사이에 큰 차이가 없다고 주장할 만한 증거는 빈약하다.

중국의 경우 사실상 20세기 이전의 소득 분배에 대한 양적 평가는 장중리가 언급한 것이 유일한데, 그는 19세기 중국의 '상류층'—대부분의 부유한 상인 가문도 포함해 광범위하게 정의했다—은 중국 인구의 2퍼센트 정도였으며 국민소득의 24퍼센트 정도가 이들에게 분배되었다고 평가했다.[104]

필자는 유럽 전체와 비교할 만한 수치를 알고 있지 못하지만 1688년, 1759년, 1801~1803년 잉글랜드와 웨일스의 소득 분배에 대한 동시대 추정치는 갖고 있다. 피터 린더트와 제프리 윌리엄슨이 수정한 이 평가에 따르면, 1688년 인구 상위 2퍼센트(왕족은 제외)가 국민소득의 19퍼센트를 차지했다. 1759년에는 22퍼센트, 1801~1803년에는 23퍼센트였다.[105] 물론 '잉글랜드'와 '웨일스'의 수치는 유럽에서 작고 비교적 번성한 지역을 기준으로 한 것인 반면, 앞서 언급한 중국의 수치는 '중국의 런던'과 '중국의 불가리아' 정도를 기준으로 얻은 것이다. 확실히 중국에서 토지-여전히 유라시아 양쪽 끝 지역에서 가장 생산적인 자산-분배는 좀더 광범위하고 균등하게 이루어졌다. 이런 정확한 비교는 당연히 중국에서 소득 균등화가 더 크게 이루어졌음을 시사한다. 토지 소유에 대해서도 중국은 유럽보다 인구 전반에 걸쳐 아주 균등하게 분배한 것이 틀림없는데, 유럽의 임대 시장은 중국처럼 토지 접근에 대한 불균형을 줄임으로써 일할 기회를 광범위하고 균등하게 분배하긴 했다. 토지에 접근할 수 있는 인구 중 하위 98퍼센트가 보유한 소득 지분은 물론 전체 소득 분배에서 극히 일부를 차지할 뿐이며 구매력 분배에 대한 적절한 지침도 되지 못한다.[106] 하지만 이용 가능한 양적 지표만으로도 관심을 기울여볼 만하다. 여기서는 역시 조지 스탠턴의 견해(스미스 및 맬서스의 견해와는 다르다)가 인상적인데, 그는 1790년대-심각한 빈곤 현상을 거의 발견하지 못한-베이징에서 광둥까지 오랜 여행을 통해 얻은 자료를 근거로 삼았다.[107] 최근 재구성한 양쯔 강 하류 지역 농민의 예산은 (단편적인 증거에 근거했을 때) 17세기 '전형적인' 농가의 경우 곡물 소비가 전체 소득(현금과 같은 것)의 55퍼센트를 차지했고, 200년 후에는 54퍼센트를 차지했다.[108] 기본 열량을 얻는 데 소비한 몫은 18세기 후반 영국 농민 및 장인의 수입과 거의 비슷했다.[109] 다만, 중국의 연구에서는 거의 확실하게 비곡물 소비가 빠져 있기 때문에 중국과 이런 비교를 할 때는 선입견을 갖게 된다.[110]

섬유 산업은 유럽과 동아시아 지역 모두에서 가장 비중이 큰 비농업 부문이었다. 그리고 직물은 산업화 시기에 처음으로 증가한 소비 품목이었다. 입수한 관련 자료가 완벽한 것은 아니지만, 유라시아 양쪽 끝 지역의 직물 생산 및 소비 수준은 비교해볼 만하다.

광둥 성의 설탕 생산량을 평가할 때와 동일한 방식으로 중국의 최고 직물 산지—양쯔 강 하류—의 원면과 비단 생산량을 평가할 수 있다. 사실 여기서 검토할 토지 사용 자료가 광둥 성의 것보다 더 우수하기 때문에 이 사례 연구는 좀더 정확하다. 이 연구에서는 양쯔 강 삼각주 남쪽에 있는 고도로 상업화한 11개 지역에서 1인당 목화솜 약 16파운드와 고품질 생사生絲 약 2파운드를 생산한 것으로 나타났다.[111] 약간의 면화를 방적하기 전에 링난 지역으로 공급했지만 원면 또한 중국 북부에서 공급되었다. 1850년경 장난 지역은 원면의 순 공급지였는데, 이는 중국 북부 지역으로의 공급이 줄면서 링난 지역의 수요가 계속 증가했기 때문이지만 그 양이 어느 정도인지는 알기 어렵다. 그리고 1750년에는 순 공급량이 좀더 줄었다.[112] 따라서 필자는 장난에서는 이불솜이나 옷솜으로 사용하는 것을 제외하고 원면 모두를 방적 및 방직했다고 추측한다. 20세기에는 1인당 1.3파운드였고[113] 아마 18세기에도 거의 비슷했을 것이다. 그러므로 1인당 면화 14.5파운드와 비단 2.0파운드는 양쯔 강 삼각주의 섬유 산업에 대한 평가로 타당해 보인다(약간 높은 수치이긴 하지만).

그에 비해 1800년 영국의 면화, 양모, 리넨 등은 모두 1인당 12.9파운드를 생산했는데,[114] 당시는 직조술의 변화가 순조롭게 진행 중이던 시기였다. (리넨과 양모 직물은 대개 면직물보다 1제곱피트당 무게가 가볍기 때문에 이런 다른 종류의 직물을 합치면 중국과 비교하는 데 편견이 생긴다.) 안타깝게도 양쯔 강 삼각주 지역에서 얼마나 많은 직물을 수출했는지에 대해서는 알 수 없다.

그래도 수출 점유율은 영국의 경우(대략 생산량의 3분의 1)보다 높았을 것으로 여겨지며,[115] 따라서 양쯔 강 삼각주 지역의 직물 소비는 영국 수준 이하로 떨어졌다. 그러나 중국과 유럽에서 가장 생산적인 지역의 1인당 직물 소비를 대략 비교하는 것만으로도 꽤 많은 것을 알 수 있다. 특히 앞서 살펴본 대로 양쯔 강 삼각주 지역의 인구는 영국의 거의 2배였다. 게다가 19~20세기 초 중국의 면직물은 적어도 영국에서 만든 것보다 내구성이 더 뛰어났던 것으로 보인다.[116] 그러나 유감스럽게도 중국과 유럽의 자료는 매우 허술한 데다 면직물 생산지가 지리적으로 너무 분산되어 소수의 주요한 지역에 집중할 수 없다. 하지만 예외적으로 비단에 대해서는 비교적 많은 것을 확인할 수 있다. 중국에서 비단의 주요 생산지는 양쯔 강 하류 지역으로 중국 전체 생산량의 4분의 3 정도를 차지했던 것으로 보인다.[117] 그렇다면 총 생산량은 1인당 1파운드가 채 안 되었을 것이다. 그러나 비단이 직물류에서 차지하는 비중이 그리 크지 않더라도 고급 직물로서는 결코 적은 양이라고 할 수 없으며 더욱이 유럽에서 생산하는 양보다는 많았다.

연구를 통해 비교적 고도로 상업화한 지역의 면화, 설탕, 비단 그리고 양쯔 강 삼각주 지역의 면화 생산량을 추정할 수 있지만, 안타깝게도 상업화하지 않은 더 넓은 지역의 생산량을 정확히 추정하기에는 역부족이다. 이와 같은 경우 가설을 세워 추정할 수도 있지만, 그럴 때는 내용을 약간만 바꿔도 추정치에 아주 쉽게 두세 배 차이가 날 수 있다. (말하자면 대규모 경작지 가운데 면화 재배 면적이 3퍼센트에서 9퍼센트로 달라질 수 있다는 뜻이다.) 따라서 아마도 더 나중의 수치를 가지고 역행 연구를 수행하는 것이 최적의 대안일 것이다.

'염군捻軍의 난'과 태평천국의 난을 제압한 직후인 1870년 중국의 면화 재배량은 대략 18억 5000만 파운드였다.[118] 비록 19세기 중반 잇따른 전쟁 여파로 인구 추정치가 매우 불확실하지만 아마도 1인당 5파운드가 조금 넘을 것이다. 그 뒤 생산량이 1900년경 15억 파운드로 잠시 감소했으나 새로 반등하면서 지속적인 증가 추세를 이어갔다. 중국의 주요 면화 산지를 고찰하다 보면 처음에는 놀라워 보일 수 있다. 1750년의 생산량이 1900년보다 그리 적지 않고 1인당 생산량은 더 높기 때문이다.

무엇보다 1750년 이후에는 새로 조성한 대규모 면화 산지가 많지 않았다는 점에 주목할 필요가 있다.[119] 양쯔 강 중류 지역은 1750년 이후 면화 경작이 증가했지만, 당시에는 면화를 대규모로 생산하지 않았다. 한편 19세기 쓰촨 성과 산시 성의 일부 생산지에서는 면화보다 가격이 높은 다른 환금 작물—양귀비—로 전환했다.[120] 그중 일부는 1870년 이전에 전환했고, 그 이후에 전환한 곳도 있다. 소규모 면화 경작지가 중국 전역에 산재해 있던 반면 1750년과 1870~1900년 사이에 가장 중요한 면화 산지는 양쯔 강 하류와 중국 북부 지역이었다.

그런데 19세기에 양쯔 강 하류 지역의 면화 생산량이 대폭 증가했다고 믿을 만한 근거는 거의 없다. 1750~1850년 인구는 소폭 증가했으나 경작 면적은 전혀 늘지 않았고, 이 지역 대부분이 상업화했기 때문에 남아 있는 땅이 거의 없었다. 19세기 중반에는 대참사로 인해 인구와 경작지가 상당히 감소했다. 1900년경 재앙에서 회복하긴 했으나 1949년 이후까지 더 이상 성장하지 못했다.[121] 한편, 1750년에도 이미 이 지역에서는 환금성 작물을 재배하는 토지 면적의 비율이 다음 두 세기에 버금갈 정도로 높았다. 사실 이 지역에서는 1750년대보다 1930년대에 쌀을 더 적게 수입했다.[122] 이런 사실은 1930년대에 일부 토지를 식용 작물 재배지로 다시 전환했을 가능성을 시사한다. 면화 경작지는 1900년경 오히려 감소했는데, 좀더 많은 토지가 1870년 이후 뽕나무 재배지로 바뀌었기 때문이다. 생산량 수치에 일관성이 없긴 하지만, 어떤 수치도 1750~1900년 양쯔 강 유역의 면화 생산량 증가를 보여주지는 않는다. 이는 예상 밖의 결과는 아니다. 왜냐하면 기술 측면에서도 이렇다 할 변화가 없었을 뿐 아니라 (인구가 증가하지 않아) 노동력 투입량도 분명 크게 변하지 않았기 때문이다.

이어서 중국 북부 지역을 살펴보면, 특히 자료가 부족하고 다른 곳에 비해 재배 형태가 빈번하게 변했다. 한편 리처드 크라우스Richard Kraus는 산둥 성과 허베이河北 성 모두 1900년 면화 경작지가 300만 무에 지나지 않았지만 1920년대에는 (군벌軍閥로 인해 심각한 피해를 입었음에도 불구하고) 500만~600만 무로 증가했으며 1930년대에도 재배 면적은 여전히 증가했다고 주장한다.[123] (산둥 성과 허베이 성은 중국 북부의 3대 주요 면화 재배지다. 그러나 필자는 세 번째 지역인 허난 성에 관해서는 유용한 자료를 찾지 못했다.) 이와 같이 면화 경작지가 증가하면서 면화 생산량은 이전 수준으로 쉽게 회복할 수 있었다. 지금까지 1870~1900년 중국 내 면화 생산량이 감소했다는 것에 관해 살펴보았는데, 19세기 말 중국 북부 지역은 극심한 가뭄으로 인해 전반적으로 경작을 포기한 토지가 증가했을 것으로 여겨진다. 심지어 크라우스가 제시한 도표에 따르면 1920년대 이 두 지역에서 면화 재배지는 경작지의 겨우 3퍼센트에 불과한 것으로 나타난다. 따라서 면화 생산량이 줄어든 것은 당연한 일이라고 할 수 있다.

한편, 자오강趙岡은 18세기 중반 자료를 인용해 허베이 성(당시에는 즈리直隸로 알려짐) 경작지 중 20~30퍼센트의 토지에서 면화를 재배했다고 주장한다. 그렇다면 이 지역에서만 1400만~2100만 무가량의 토지에서 면화를 재배한 셈이다.[124] 이런 주장은 믿기 어렵지만, 자오강은 다른 자료를 통해 바오딩保定 남부에서는 토지의 20~30퍼센트가 면화 재배지였다고 주장한 바 있는데, 이는 좀더 가능성이 높아 보인다.[125] 이는 자료에 포함된 정확한 지역을 근거로 볼 때, 즈리의 700만~1500만 에이커와 동일할 것이다.[126] 또 산둥 성과 즈리의 농지 면적 가운데 10퍼센트만 면화를 재배했다고 해도, 1700만~2400만 무 혹은 1900년 재배 면적의 6~8배 정도에 해당할 것이다.[127] 이는 또한 두 지역에서 비식량 작물을 재배할 수 있었던 대략적인 경작지 면적을 나타낸 것일 수도 있다. 그런데 만약 앞서 다른 지역을 평가할 때 사용한 방법을 적용해 이곳의 경작지를 평가하면 공식적으로 산출한 경작지 면적이 비현실적일 정도로 적게 나왔다고 밖에 볼 수 없다. 어쨌든 이런 주장대로라면 이 지역의 식량 소비는 1인당 2.2섬이었던 것으로 추정된다.[128] 대신에 만약 1750년대 경작 면적이 이미 1930년대 수준과 거의 비슷했다는 필립 황의 주장을 받아들인다면, 비식량 작물에 이용한 경작지는 7000만~9000만 무로 급증한다. 말하자면 1인당 식량 소비를 2.2섬으로 할지 2.5섬으로 할지에 따라 추정치가 변하는 것이다. 게다가 면화는 중국 북부 지역에서 재배 규모가 가장 큰 비식량 작물이었다.[129] 이와 같이 중국 북부 지역이 1870년이나 1900년보다 1750년에 면화를 상당히 더 재배했다고 믿는 데는 여러 가지 이유가 있다.

다른 자료에서도 역시 이런 사실을 확인할 수 있다. 산둥 성과 즈리/허베이 성의 인구는 1750~1870년 40퍼센트 이상 그리고 1913년에는 80퍼센트가량 늘어났으나 경작지 증가는 인구 증가에 비하면 훨씬 저조했다. 사실 드와이트 퍼킨스Dwight Perkins는 경작지가 전혀 증가하지 않았다고 주장하기도 했다.[130] 이런 주장에 대해 필자로서는 정말 놀랄 수밖에 없는데, 예를 들면 이들 지역은 아마 1930년대보다 1800년에 삼림이 상당히 더 많았을 것이기 때문이다(5장 참조). 그러나 1750년대에 대한 신빙성 없는 공식적인 수치조차도 경작 면적이 1873년보다 단 4퍼센트 낮았으며 1930년대보다는 45퍼센트 낮았다고 나와 있다. 그리고 이렇게 '증가한' 면적에는 추가로 과세 대상에 편입한—개간한 지 오래된—토지가 포함되었다.[131] 중국의 다른 지역에서 인구 대비 토지 비율이 악화한 것은 1에이커당 생산량이 늘어나면서 상쇄할 수 있었다. 다시 말해, 비료(거름과 콩깻묵)를 더 많이 사용하고, 다작을 늘리고, 1무당 노동력(예를 들어 아주 신중한 파종)을 더 투입함으로써 생산량을 높였던 것이다. 그러나 중국 북부 지역은 벼농사처럼 노동력이 지나치게 많이 필요할 경우에는 어떤 작물도 재배하지 않았다. 그 이유는 비료를 추가로 투입함으로써 노동력을 줄이는 방법이 있긴 했으나, 좀더 효율적인 콩깻묵의 값이 비싼 탓에 사용할 수 있는 거름이 상당히 제한적이었기 때문이다. 또 경작할 수 있는 기간이 비교적 짧은 계절적 환경 조건도 다작을 하는 데 제한 요소가 되었다. 게다가 1853년 황허의 물길이 바뀐 이후 토양이 침수되고 소금 성분이 증가하면서 산둥 성과 동쪽 허난 성에 있는 수백만 에이커의 수확량이 감소했다.[132] 결과적으로 중국 북부 지역에서 1750~1870년, 1900년 혹은 1930년에 필요한 식량을 생산하기 위해서는 분명 기존보다 꽤 많은 경작지가 필요했을 것이다.

따라서 중국 북부 지역의 면화 생산량은 쓰촨 성이나 산시 성과 마찬가지로 크게 감소하고 양쯔 강 하류 지역은 기존 생산량을 유지했던 것으로 보인다. 양쯔 강 중류와 (생각하건대) 허난 성 두 지역—면화로는 그리 중요하지 않은 두 지역—의 면화 생산량만이 증가했다. 그리고 1750년경 중국의 총 면화 생산량은 적어도 1870년이나 1900년 정도 수준이었다.

만약 충전재로 사용한 면화의 양을 뺀 최저치(1900년)를 인구가 더 적었던 1750년의 인구수(1억 7000만~2억 2500만 명)로 나누면 1인당 평균 소비는 6.2파운드로 나타난다. 1870년의 생산량 최저치를 1750년의 인구수로 나눌 경우에는 1인당 거의 8.0파운드다. 이것을 어떻게 유럽의 수치와 비교할 것인가? 1800년 영국(아일랜드 포함)의 직물 소비량은 면직물, 양모, 리넨을 합해 8.7파운드 정도였다.[133] 1780년대 프랑스의 리넨 생산량은 1인당 6.9파운드였고, 면직물은 0.3파운드에 불과했다.[134] 양모에 대한 자료는 파운드가 아닌 제곱야드로만 나와 있으며, 정확한 환산 단위는 당연히 직물에 따라 달라진다. 그러나 18세기 말에는 1인당 1.2파운드로 보는 게 타당할 것이다.[135] 이처럼 혁명 직전 프랑스의 1인당 직물 생산량은 줄잡아 추정한 중국의 최고치를 약간 상회하고, 최저치보다 3분의 1가량 많은 수준이었다. 독일의 생산량은 상당히 더 낮았다. 독일의 1816년 양모 생산량은 1인당 겨우 1.1파운드였고, 면직물 생산량은 1838년까지도 1인당 0.6파운드에 불과했으며, 1850년 리넨 생산량은 1인당 대략 3.3파운드였다. 따라서 독일의 1인당 총 직물 생산량은 5파운드였던 셈이다.[136] 한편 독일은 영국에서 직물을 수입함으로써 자체 생산량 이상으로 소비가 늘어났다. 그러나 이런 사실에도 불구하고 19세기 초 독일인—가장 가난한 유럽인—이 해마다 소비한 직물의 양은 중국인(제국 전체의 평균)이 앞선 75년간 사용한 직물 평균 소비량보다 적었다.

이와 같이 중국의 직물 소비는 18세기 중후반 유럽에 비견할 만큼 상당한 수준이었다. 더구나 단편적인 증거를 보면 소작농조차 비식품을 많이 구매했는데, 이는 적어도 16~18세기에는 소비 품목이 다양해지고 소비량도 증가했음을 나타낸다. 예를 들면, 양쯔 강 하류 지역에 대해 기술한 여러 문헌에는 양잠업 자금을 마련하기 위해 아내의 금이나 은제 머리핀을 저당 잡혀야 했던 시골의 소규모 자작농과 소작인에 관한 얘기를 언급한다.[137] 일부 빈곤한 시골 지역의 대중적 종교 의식을 비난하는 글은 이 같은 행사에서 소작농 여성조차도 지나치게 야한 옷과 화장 그리고 보석으로 치장했다고 묘사했다.[138] 성지 순례는 그 자체로 호황을 누리는 사업이었다. 1600년대 초 태산泰山(중국 산둥 성 북부에 위치. 예로부터 신령한 산으로 여겨진 도교의 주요 성지—옮긴이)은 근처에 주요 도시가 없었음에도 연간 100만 명 가까운 방문객을 끌어들였다. 단체 여행 상품은 균등한 경비를 한꺼번에 내야 했으며 엘리트 도덕군자들은 이런 여행을 아주 혐오스러워했지만 다소 '낙후한' 시골 지역에서는 오히려 판매가 활발했던 것으로 보인다.[139] 한편, 점잖은 상류층은 처음에는 종교 순례를 경멸한다고 주장했지만 나중에는 점차 그들 스스로 사업뿐만 아니라 교육과 오락을 위해 여행을 하는 일이 잦았다. 이에 대해 티머시 브룩Timothy Brook은 다음과 같이 기록했다. "여행은 상류층의 문화적 고양을 위한 활동에 흡수되었다."[140]

상업화한 음식점이 호황을 누리면서 이런 현상은 장이 서는 시골로 확대되었다. 적어도 양쯔 강 삼각주의 시장이 그랬던 것만은 확실하다. 19세기 초 문헌에 따르면 '몇 천 가구뿐인' 한 마을에 술집이 45개, 찻집은 90개 이상이었다. 게다가 인근 3개 마을은 각각 찻집이 40개, 65개, 80개에 달했다. 고객은 그 마을 거주자와 주변 지역에서 온 사람들이었다. 가격에 대한 정보를 얻기 위해 온 사람, 광대들을 구경하거나 도박을 하기 위해 온 사람도 있었다. 말하자면 상업화한 오락을 즐기고, 상업화한 음식을 먹고, 상업화한 순회공연을 구경하기 위해 온 사람들이었다.[141]

또한 16~18세기에는 종교 서적과 의학 서적 및 일반 독자를 겨냥해 쉽게 풀이한 역서曆書 등의 출판이 크게 붐을 이루었다. 1600년경 선교사 마테오 리치Matteo Ricci는 유럽보다는 중국에서 저렴하면서도 다양한 종류의 책을 폭넓게 이용할 수 있을 거라고 생각했다.[142] 물론 중국책 소유자가

17~18세기 기독교가 좀더 번성한 유럽 지역의 성서 소유자보다 많았던 것은 아니지만 그들의 존재는 거대하고도 부단히 발전하는 대중적 수요를 입증했다. (유럽은 알파벳을 사용해 활자 조판에서 원가의 우세를 누릴 수 있었다.)

주택은 중국과 일본 모두 분명 유럽에 비해 열세였던 분야 중 하나일 것이다. 앞서 살펴본 대로 에릭 존스는 유럽이 좀더 융성했음을 입증하는 핵심 증거는 주택이라고 생각했다. 그러나 1800년 이전 주택과 실내장식 분야까지도 중국이 유럽에 뒤처져 있었다고 보기는 어렵다. 16~18세기에 중국의 도시를 방문한 유럽인은 그들의 조상과 마찬가지로 경탄을 금치 못했다. 이는 특히 베이징과 양쯔 강 하류 유역의 대도시에 있는 거대한 공공건물과 기념비 때문이었다. 도시에서 멀리 떨어진 도서 산간 지역을 여행한 비교적 소수의 사람들 또한 그곳에 있는 부유층의 저택을 보고는 감탄하지 않을 수 없었다. 갈레오타 페레이라Galeota Pereira와 가스파르 다 크루즈Gaspar Da Cruz는 1560년대에 광저우 인근에서 일어난 사건 이후 멀리 떨어진 윈난으로 추방당했는데, 구이린桂林에 있는 친왕親王의 호화스러운 집들을 보고 특히 감명을 받았다.[143] 그러나 호화로운 집은 중국에만 있는 게 아니라 인도, 근동 및 동유럽에도 있었다. 따라서 소수 귀족과 학자/상류층 가정 이외의 중국인 가정을 관찰한 다 크루즈의 소견은 더욱 흥미롭다. 다 크루즈가 양쯔 강 유역이나 수도권 지역을 전혀 방문하지 않은 상태에서 밝힌 의견이기 때문에 더욱 그렇다.

다 크루즈는 처음에 더 작은 여러 도시를 비롯해 중국 내 다른 도시보다 광저우 지역의 "건물이 더 열악했다"고 썼지만[144] 곧이어 그곳 행정장관의 집이 "아주 호화로웠다"고 자신의 관찰 소견을 밝혔다.[145] 그는 계속해서 이렇게 썼다. "〔도시에 있는〕 일반인 집의 외관은 보통 아주 아름답다고 할 수 없지만 내부는 그야말로 경탄할 만하다." 아울러 석조를 이용한 작품, 훌륭한 목재, 염료를 높이 평가하고 특히 "집 안의 벽면에 섬세하게 만든 훌륭한 벽장"에 대해 찬사를 아끼지 않았다.[146] 좀더 흥미로운 것은 중국 남부와 서남부 시골에 있는 "부유한 농민의 집"—분명 상류층이거나 상인은 아니다—에 대한 그의 묘사다.

> 성벽에 둘러싸여 있지 않은 마을에 부유한 농민의 집 몇 채가 있다. 그 집들은 멀리서 보면 (갓 조성한 나무숲 사이에 있어 그곳에서는 다른 집이 잘 보이지 않는다) 나무숲 때문에 포르투갈에 있는 영주의 저택이 떠오를 정도로 웅장하고 높이 솟아 있으며 …… 이 집들은 3~4층 정도로 매우 높다. 기와를 올린 지붕을 볼 수 없는데, 담장이 집 꼭대기까지 솟아 있기 때문이다. 마무리 작업을 깔끔하게 잘했으며 사용한 물은 하수관을 통해 외부로 배출한다. 때론 요새가 되기도 하는 이 집들은 석재로 만든 정문이 커다랗고 웅장하다. ……이 집에 처음 들어서면(아주 넓다) 공들여 조각한 거대한 벽장이 여러 개 보인다. 그러나 이 벽장은 남에게 보여주기 위한 게 아니라 견고성과 내구성에 더 치중했다. 모든 등받이의자도 마찬가지로 아주 단단한 목재를 사용해 아주 잘 만들고 내구성을 갖추었다. 이러한 가구는 명성이 높은 데다 믿을 만한 제품이라 자자손손 대물림된다.[147]

확실히 이 부유한 농민의 가정은 양저우揚州, 수라트Surat, 오사카, 암스테르담의 상인 자제나 혹은 베이징, 델리, 에도, 파리의 상류층보다 사치스럽지 않고 유행에도 민감하지 않았던 것 같다. 또 양쯔 강 하류 지역의 지주들은《주택 보유자를 위한 지침서Advice to the Householder》같은 책과 그 밖의 다른 감상 기술 안내서 등을 읽으며 상류층에 끼어들기 위해 노력했는데, 부유한 농민은 이런 부분에서도 뒤떨어졌던 것처럼 보인다. 그러나 이들은 진정한 의미의 상류층이라기보다 시골의 '중상층'이라 부를 수 있는 사람들로서[148] 중국의 광활한 변방 중 사람의 발길이 닿지 않을 정도로 외진 마을에도 고품질의 상품을 거래하는 실질적인 시장이 있었음을 보여준다. 딱히 뭐라 얘기할 수 없지만 그들은 여느 부유층과 달리 얀 드브리스가 언급한 프리슬란트 농민들과 더 유사했던 것처럼 보인다.

안타깝게도, 중국 농민들의 경제 수준과 그들이 소유했던 토지 전반에 대한 가장 초기의 실제적 조사는 1920년대에 존 벅과 그의 동료들이 수행한 것이다. 게다가 그 조사에는 몇 가지 중요한 결함이 있다. 무엇보다도 그들은 규모가 큰 농장을 지나치게 부각시켰으며[149] 질문 항목을 보면 양적인 면과 달리 질적인 면에서는 사실상 아무것도 보여주지 못한다. 하지만 다소 흥미로운 점도 있다.

표본은 중국 전역에 있는 3만 가구 이상의 농민 가정을 대상으로 한다. 나아가 초기에 문제점으로 드러났던 것이 후기에는 그다지 큰 문제가 아니었을지도 모른다. 중국 시골의 생활수준은 아마 1800~1850년에 크게 좋아지지 않았을 것이다. 이후 25년 동안 대재앙이 있었는데, 무려 네 번에 걸친 내전과 대규모 홍수, 가뭄 그리고 크고 작은 재난이 잇달았다. 이런 대재난으로 5000만 명 이상의 사망자가 발생했을 것으로 추정한다. 그 뒤 19세기 후반과 20세기 초반에 1850년 수준으로 회복한 것처럼 보이며, 회복한 후 초기에는 물론 어느 정도 성장했겠지만 그다지 높은 성장률을 기록하지는 못했을 것이다. 사실, 일부 재구성한 '전형적' 예산은 1920~1930년대 중국 북부 지역과 양쯔 강 하류 유역에 사는 농민들이 1750년대의 선조들보다 형편이 더 어려웠음을 시사한다.[150] 또 1인당 직물, 차, 설탕 소비에 대한 추정 자료는 적어도 일부 대규모 인구 집단의 생활수준이 더 떨어졌음을 보여준다. 또 다른 연구에서는 1937년 양쯔 강

표 3.2 시골 가정의 1가구당 평균 상품 수

	중국 밀농사 지역	중국 벼농사 지역	프리슬란트 내륙 지역	프리슬란트 해안 지역
탁자	4.1	4.6	1.3	2.6
긴 의자	4.0	12.0	2.5	4.3
의자	2.1	4.0	6.7	13.5
거울	0.4	0.3	1.0	1.2
침대	3.4	4.1	3.3	5.2
장롱	2.2	2.7	1.0	1.2

하류 지역 지주들의 소득이 1840년에 비해 상당히 적었고,[151] 1700년대 후반보다 1840년의 소득이 더 적었던 것으로 나타났다. 따라서 이런 사실은 18세기의 마을 주민이 1920년대 사람들의 소유물을 대부분 갖고 있었음을 보여주는 것이라고 해도 과언이 아니다.

존 벅이 제시한 자료 대부분은 가구와 관련이 있다. 18~20세기에는 가구 가격이 다른 상품보다 확실히 더 높아졌는데, 그 이유는 목재가 점점 더 부족해졌기 때문이다. 어림짐작해도 1937년 1인당 삼림지는 1700년과 비교해 6~8퍼센트에 불과했다.[152] 따라서 중국인이 해마다 구입하는 가구의 양이 18~20세기—혹은 더 짧게 잡아 1800년 이후부터—에는 증가하지 않았을 것으로 보인다. 설령 전반적 생활수준이 어느 정도 높아졌다고 해도 마찬가지일 것이다. 한편, 19세기 중반의 엄청난 파괴로 수십 년간 축적해온 대부분의 소유물이 사라졌다.

존 벅은 8개 기후 지역에 대한 일련의 평균치를 제시했다. 그런 다음 이것을 다시 '밀농사'와 '벼농사'라는 2개의 거대 지역으로 통합했는데, 대략 중국 북부와 화이허淮河 남부가 여기에 해당한다. 표 3.2는 존 벅이 제시한 두 거대 지역의 수치와 얀 드브리스가 조사한 프리슬란트 내륙 마을

한 곳과 해안 마을 두 곳에 대한 17세기의 수치를 나란히 배치했다. 요컨대 존 벅과 얀 드브리스가 제시한 범주를 하나의 표로 제시한 것이다.[153]

이러한 수치에 지나치게 큰 의미를 부여할 필요는 없다. 앞서 열거한 네덜란드의 많은 가구는 꽤 정교한 반면[154] 중국의 가구는 대부분 상당히 조잡했을 것이기 때문이다. 다시 말해, 중국 가구는 36퍼센트 정도만 페인트칠을 했다.[155] 이는 상당한 편견을 갖고 비교한 것 같아 보이진 않지만, 가정의 규모 및 복합적인 측면을 고려하지는 않은 듯하다.[156] 그러나 비록 시골 가정의 가사 용품 일부만을 대상으로 삼았다는 한계에도 불구하고 이들 자료는 중국의 시골 가정이 매우 검소하고 엄격한 반면, 유럽의 가정에는 새로운 상품이 넘쳐났을 것이라는 기존의 고정관념을 상당히 약화시키기에 충분하다.

일본의 경우에는 메이지 시대 초기에 사회경제적 변화가 너무 광범위했기 때문에 19세기 후반의 수치를 갖고 역행 연구를 수행하는 것은 의미가 없다. 그러나 도쿠가와 시대 후반의 29개 마을에 대한 연구 결과에 따르면, 연구 대상 지역의 농민은 자신의 수입 중 적어도 20퍼센트 정도를 저축하거나 실제로 이 금액을 최저 생계비가 아닌 자유재량에 따라 지출했다. 일부 다른 연구에서는 더 많은 수치를 제시하기도 한다.[157] 아울러 18세기 후반 무렵에는 농촌 사람들이 가구와 의약품을 비롯해 먼 곳에서 온 다른 특별한 사치품을 구입했다는 사실도 밝혀졌다. 한편 마을의 상점들은 다양한 기성품 향수와 머릿기름, 향료, 종이 등의 상품을 갖추고 있었다.[158] 사치를 금하는 18세기의 포고령은 농민들이 너무 호화로운 음식을 먹고 값비싼 고급 목재를 사용하고 과도하게 장식한 옷과 우산, 금, 상아, 은 장신구 등을 소지한다고 지적했다.[159] 19세기 초반의 어느 마을 상점은 다양한 필기도구, 접대용 접시와 조리 기구, 담배, "그 밖의 일상 생

필품"을 구비하고 있었다.[160]

인도의 소득 분배는 중국, 일본이나 서유럽보다 상당히 불균등했다는 증거가 있다. (그리고 일반 대중의 소비는 좀더 제한적이었다.) 1647년 무굴 제국의 토지세에 대한 한 연구를 보면, 445가구가 전체 세입의 61.5퍼센트를 부담했는데 이는 농업 총 생산량의 50퍼센트에 해당하는 금액이다. 또 이 총세입의 4분의 1가량은 사실상 개인 소득이라는 명목으로 납세한 가족들에게 흘러 들어갔다. (나머지는 다양한 관공서의 운영비로 쓰였다.)[161] 이것이 정확하다면 이 445가구—아마 인구의 0.002퍼센트도 안 될 것이다—가 관공서에 낸 금액만 해도 농업 총 생산량의 7.5퍼센트 혹은 사회 전체 소득의 6퍼센트에 달한다![162] 쉬렌 무스비Shireen Moosvi가 제시한 1595년 추정치에 근거한 평가도 이와 유사하다.[163] 이 평가를 보면 671명의 무굴 귀족이 정부 세입에서 받은 금액만을 순 개인 소득으로 쳐도 제국 전체 생산량의 약 7퍼센트에 해당한다는 걸 알 수 있다. 무스비의 연구 기록에는 의문의 여지가 있지만, 그래도 여전히 그녀의 추측은 이곳 상황이 일반적 기술 내용과 상당히 다르다는 것을 보여준다. 그리고 적어도 중국을 방문한 일부 유럽인은 중국이 심각할 정도로 빈곤하지는 않았다고 언급한 반면, 인도를 경험한 유럽인은 부와 가난의 극단적 양극화 현상에 큰 충격을 받았던 것으로 보인다.[164] 따라서 베일리가 인도의 사치품 수요에 대한 논의에서 귀족의 수요가 거의 독점적이었다고 언급한 것은 놀랄 일이 아니다.[165] 이르판 하비브Irfan Habib는 17세기 중반 무굴 제국의 비단 생산량을 300만~400만 파운드로 추정했는데[166]—우리가 추정한 18세기 중반 중국의 15분의 1보다도 낮은 수준—이는 엄청나게 광대한 제국의 규모를 감안하면 시장이 다소 협소했음을 보여준다. (1650년 중국의 생산량도 1750년보다는 훨씬 적었다.)

그러나 어느 한 가지 상품이나 소수의 엘리트층이 벌어들인 소득액에만 치중해 비교하는 것은 바람직하지 않다. 게다가 파르타사라티의 최근 연구는 인도 노동자들이 전혀 빈곤하지 않았다는, 논쟁의 여지가 있는 사례를 제시했다. 따라서 인도는 영국보다 효율적인 거래에 대한 장애물이 더 적었을지도 모른다.[167] 그렇다면 이 사례는 분명 인도의 소득 분배가 최상위층에 상당히 집중되었으며, 하위 계층에도 비교적 적절히 분배되었다는 사실과 더불어 중산 계층의 소득과 소비 분배가 중국·일본·서유럽에 뒤처져 있었다는 점을 입증할 것이다. 그러나 새로운 증거에도 불구하고 다른 지역에 비해 인도의 대중 소비가 증가했다고 말하기에는 너무 이른 감이 있다.

인도의 시골 인구가 늘어나면서 환금 작물이나 공예품을 생산했지만, 그 즉시 빼앗기는 경우가 많았다. 따라서 상품 생산 증가가 반드시 소작농의 시장 참여를 높였다고 할 수는 없다. 실제로 소작농에게 당연히 지불해야 할 다양한 수수료와 상품을 착취하는 권리가 판을 치던 시장에는 그런 강제 가능성—소작농의 시장 참여권을 선점해버리는 것—이 여전히 남아 있었다.[168]

인도의 일부 하위 집단은 자신의 기술에 대해 수요가 증가하는 이점을 활용해 의무를 회피하거나 줄일 수 있었다. 사실상 18세기 대부분은 일반적으로 노동 수요가 상당히 많았다. 그러나 국가가 개입해 노동의 유동성을 저해하지 않았으며 노동자들이 그런 상황(다른 여러 지역과 일부 유럽에서도 마찬가지였다)의 혜택을 누리는 것을 막지도 않았다.[169] 특히 건지乾地 농법을 이용하거나 건조한 지역에 적합한 직업(우물 파는 일 따위)에 종사하는 카스트 계층은 상당히 유동적이었다. 그 이유는 건조한 지역이 많기도 했지만 이런 토지는 관개 시설이 되어 있는 토지에 비해 독점권을 얻기가 어려웠기 때문이다. 더구나 건지 농법과 관련 있는 카스트 계층이 집단으로 이주했기 때문에 그들은 직업 전환이 더 용이한 다소 자율적이고 독자적인 카스트 사회를 형성하는 경우가 많았다. 그러나 다른 경우에는(특히 습한 지역) 지리적·직업적 유동성이 지속적으로 제약을 받았고 토지 소유주와 소작인 간의 경제력 불균형이 매우 심각했다.[170] 건조 지역과 습한 지역이라는 이런 유형 구분은 루덴D. Ludden이 인도 남부의 한 지역을 나눈 것에서 비롯되었다. 하지만 만약 이런 구분이 좀더 보편적인 사실이라면, 인도에서 가장 많은 잉여 농산물을 생산한 지역은 소득 분배 역시 가장 불균등하게 이루어졌을 것이다. 아울러 이런 지역에서는 소작인이 비생필품 시장에 참여하는 일도 비교적 적었을 것이다. 따라서 일부 하위 계층은 이곳에 이주함으로써 생활 형편이 다소 나아졌을지라도 상품을 거래하기는 쉽지 않았을 것이다. 이는 다른 지역에 있는 사람들과 유사한 계층이 좀더 쉽게 물건을 사고팔 수 있었던 것과 비교된다. 따라서 잉여 농산물은 많지만 소득 분배가 불균등한 지역에 거주하는 하위 계층은 상품을 소유하는 게 쉽지 않았을 것으로 보인다.

최근 연구를 보면 확실히 15~18세기 인도의 시골과 도시는 귀족과 더불어 관리 수가 증가했다. 그리고 중소 상인은 적었으며, 나머지는 흔히 비생필품을 판매하는 사람들이었다.[171] 아울러 적어도 1820년대까지는 은장식품과 저축이 농민 사이에서도 보편화했다.[172] 그러나 여전히 인도에서는 일본, 중국, 서유럽보다 훨씬 적은 사람들만이 이런 시장에 정기적으로 참여한 것처럼 보인다. 베일리는 1850년경 마을 시장에서 농민이 직접 판매하는 경우, 소금과 철제품에 대한 제약이 훨씬 더 컸다고 주장한다.[173] 이와 같이 인도의 '사치품'과 '유행'은 필자가 여기에서 주장한 것보다 일본, 서유럽, 중국의 발달 과정과 한층 더 유사하다. 하지만 인도의 사회적 관계 및 노동 체계는 분명 전체 인구의 극소수 사람들만이 이런 사치품을 구매하도록 제한했을 것이다. 똑같은 주장을 이 시기 동남아시아에도 역시 뚜렷하게 적용할 수 있다. 아마도 동남아시아는 인도보다 가난하지 않았겠지만 예속 노동자는 중요한 제도로 존재했다.[174]

그러나 중국, 일본 그리고 서유럽에서 소비자의 수요는 계층을 초월해 매우 광범위해졌다. 공간을 초월한 소비 확산은 매우 복잡한 문제다. 예를 들어 설탕 사용과 관련해 우리는 중국과 유럽이 서로 얼마나 크게 달랐는지 이미 살펴보았다. 비상업화 지역의 사람들은 소비는 적게 하면서도 소비보다 더 많은 양을 생산해냈다. 이와 같이 시장 수요에 대한 지역적 차이는 생활수준의 차이보다 컸다. 이를테면 드브리스는 프리슬란트에서 번성한 지역과 내륙 지역 사이에 가정용품의 가치가 무려 4배나 차이 났다는 사실뿐 아니라 전문화한 공예가의 수도 큰 차이를 보였다는 사실을 발견했다. 이들 내륙 지역이 유럽에 만연한 빈곤 상황과 거리가 먼데도 이런 차이를 보인 것이다.[175] '낙후'했다는 사실은 그 지역에 사는 부자의 수요에도 영향을 미쳤는데, 그 이유는 소규모 시장은 가격이 높고 특별한 상품을 선택하는 데 한계가 있음을 의미하기 때문이다. 이런 지역은 아주 부유한 지역보다 급속히 수요가 감소했던 것으로 보인다. 퐁생피에르Pont St.-Pierre에 사는 부유한 농민들은 1750년 이후가 되어서야 시계를 매입하기 시작했다—프리슬란트의 많은 농민이 시계를 소유하기 시작한 것보다 60년이 늦다. 그렇지만 퐁생피에르는 프랑스에서도 좀더 번성한 지역 중 하나인 노르망디에 속했으며 파리와 해안 지역까지 강으로 연결되어 있었다.[176] 북서부 유럽의 더 번성한 지역 내에서도 그런 차이가 난다는 점을 고려할 때, 내부적으로 훨씬 더 이질적인 집단인 '중국', '일본', '유럽' 간의 수요 수준을 체계적으로 비교할 기회는 거의 없다.

따라서 다음 단락에서는 좀더 비교하기 쉬운 문제를 살펴보고자 한다. 즉 부유한 지역과 가난한 지역 간의 격차가 유럽보다 중국과 일본에서 더욱 컸다고 생각할 이유는 없다는 것이다.

추측건대 일본의 경우 수요가 유럽에 비해 지리적으로 덜 불균등했다. 물론 일본은 중국이나 유럽보다 규모가 작고 대부분 해상 운송을 이용했다. 17세기 중반 지방의 모든 다이묘는 일생의 거의 절반을 에도에 있는 쇼군(일본 무신 정권에서 막부의 행정 구역을 다스리던 우두머리—옮긴이)의 궁전에서 지내도록 강요받았다. 여기에는 수많은 가족과 수행원이 동행했으며, 새로운 기호품의 확산이 적어도 엘리트층 사이에서 조장되었다. 그리고 각 다이묘는 자신의 '도성'에서 행정 및 사법 직무를 수행했기 때문에—이런 점에서 겉으로 보기에 다이묘는 자기 집에 머무르는 일이 거의 없던 일부 프랑스 귀족과 다르다—지방 귀족은 다이묘가 에도에서 가져온 습관을 보고 모방할 기회가 충분히 있었을 것이다. 게다가 상류층 가족이 에도를 오가며 형성된 운송망을 다른 여행자에게도 제공했다. 따라서 적어도 초기 단계의 국내 시장이 생겨났으며 다양한 상품을 위한 지역(순수한 지방이라는 뜻과 반대되는) 시장이 활성화했다. 또한 일본에서는 다소 '발전한' 지역 사이의 임금 차이가 18세기 중반부터는 줄어들었던 것으로 보인다.[177]

중국의 경우는 상당히 더 복잡하다. 이곳에서도—6장에서 살펴보겠지만—역시 가장 발전한 지역과 중간 정도 발달한 지역 간의 소득 차이가 1750~1850년 약간 줄어들었지만 가장 가난한 지역은 그 뒤에 소득이 더 감소한 것으로 보인다. 그렇지만 중국에서 지역 간 격차는 유럽의 북서부 중심 지역과 나머지 지역 간 격차처럼 그렇게 급속히 벌어졌을 가능성은 없어 보인다.

그럼에도 불구하고 '사치품' 수요의 분포는 소득 분배보다 더 편중되었을지 모른다. 일례로, 크레이그 클루나스는 "불필요한 물건"에 대한 새로운 홍취는 양쯔 강 하류 유역에서 출현했을 것이라고 생각한다. 이 지역은 상류층의 사치품 소비를 위한 지침서를 발간하기도 했기 때문이다.[178] 그리고 중국에는 유행의 첨병 역할을 하는 황실 궁정이 그다지 많지 않았는데, 이와 달리 유럽의 경우에는 비교적 빈곤한 지역에도 사교계의 전초기지 역할을 한 왕궁이 있었다. 물론 명대에는 친왕의 궁전이 존재하기도 했지만 말이다.

한편, 이런 사치품 소비에 대한 지침서는 모두 양쯔 강 하류 지역에서 쓰였는데, 이는 유사한 집중이 유럽에서 설명해줄 수 있는 것보다 훨씬 적었다는 것을 의미한다. 다시 말해, 중국은 하나의 문자 언어를 사용했기 때문에 장난에서 출판한 다른 서적들과 마찬가지로 이런 책은 분명 좀 더 널리 유포되었을 것이다. 사실상 중국의 상인과 관리는 모두 넓은 지역을 여행했기 때문에—실제로 야망을 가진 사람이 고향을 떠나는 것은 아주 흔한 일이었다[179]—엘리트층의 새로운 기호는 빠른 속도로 널리 퍼질 수 있었다. 반면, 티머시 브룩은 1560년대 상류층은 장난 지역의 가장 두드러진 특징인 "유행 순환"과 아무런 관련이 없었으며, 이는 사실상 100년 후에도 불가능한 일이었다고 주장한다.[180]

기호품은 확실히 장난에서 베이징으로, 아니면 이와 반대 방향으로 빠르게 퍼져나갔다. 18세기에 남동 해안 지역인 푸저우福州에서 근무한 한 관리는 이 도시에 사는 엘리트층의 생활 양식이 양쯔 강 유역의 가장 부유한 도시만큼이나 풍족하다고 생각했다.[181] 광저우는 거대한 링난 지방의 중추 도시로서 무엇보다도 그 지역의 최고급 가구 중 일부를 생산하는 곳으로 널리 알려져 있었으며, 수백 킬로미터 떨어진 지역의 엘리트층 사이에도 애호가들이 있을 정도였다.[182] 17세기에 나온 《금병매金瓶梅》의 배경도 바로 중국 북부의 중소 도시 린칭臨清인데, 이 소설은 엄청나게 다양하고 값비싼 음식·가구·의복·장식품 그리고 성기구 등을 세밀하게 묘사한다. (1843년에도 이 지역은 규모가 비교적 큰 지방 도시 가운데 10위를 차지할 정도로 거대한 도시였다.[183] 17세기에는 아마 이보다 순위가 앞섰을 것이다.) 이 소설은 또한 '기호'에 대해 명확히 알 수 있는 사례를 몇 가지 보여주는데, 그중 하나가 나이 많은 엘리트층이 새로운 소비지상주의 세계에서 스스로를 방어하려는 내용이다. 이 사례의 주인공이자 상인은 클루나스의 여행 안내서에서 천박한 것으로 명시한 바로 그 방식대로 소비함으로써 계속해서 자신의 가치를 떨어뜨린다.

그다지 잘 알려지지 않은 17세기 소설 《성세인연전醒世姻緣傳》은 중국 북부에서도 아주 허름한 지역인 우청吳城을 배경으로 이야기가 펼쳐진다. 하지만 소설 첫 부분의 짤막한 4개 장에서 (벼락부자가 된 아버지를 둔) 주인공이 사들인 것을 보면 놀랍기만 하다. 비단 침대보에 망사 커튼을 친 침대 여러 개, 다양하게 구색을 맞춘 수놓은 비단과 다마스크damask(보통 비단이나 리넨으로 양면에 무늬가 드러나도록 짠 두꺼운 직물—옮긴이), 상아 젓가락, 은으로 상감하고 조각해서 만든 옻칠한 컵, 양가죽으로 가장자리를 덧댄 양단 신발, 장식용 검과 칼, 정교한 휘장과 누비이불, "사치스러운 장식", 금칠한 책상, 수많은 서책, 황금색 부채, 다마스크 양말, 다양한 약제, 희귀한 재료로 만든 정력제 등등.[184] 이는 지나치게 과장한 측면이 있는데, 이 정도 물품을 아주 짧은 시간에 구하려면 한 마을에서 2000~3000명 정도의 사람을 동원해야 가능할 것 같기 때문이다. 이는 분명 인구가 500명에 불과한 가장 큰 마을에서도 불가능한 일이다.[185] 주택에 관해 논의하는 과정에서 우리는 중국의 9개 거대 지역 중 가장 빈곤한 두 지역 가운데 한 곳인 남동 지역에서도 '중산층 사치품'으로 보이는 몇 가지 근거를 발견했다. 또 우리의 20세기 가구furniture 조사 결과는 국가 전체의 평균치를 보여준다.

유럽에 대한 여러 가지 사례를 통해 내구성 있는 새로운 상품이 프랑스 북부와 네덜란드같이 비교적 번성한 지역에서도 얼마나 불균등하게 분포했는지는 앞에서 이미 살펴보았다. 좀더 작은 사치품도 마찬가지였다. 알다시피 유럽 대륙의 1인당 설탕 소비는 가격이 급격히 하락한 1830년 이후에야 마침내 빠른 증가세를 보이기 시작했다.[186] 프랑스 대부분의 지방에서 커피는 20세기 전까지 특별한 경우 선물로 주고받는 사치품이었다.[187] 잉글랜드에서도 1840년 이전에는 노동자 계층의 담배, 차, 설탕 소비가 눈에 띌 정도로 많지 않았던 것으로 보인다. 전반적인 소비는 1840년 이전보다는 그 이후에 더 빠르게 증가했던 게 확실하다.[188] 잉글랜드의 빈곤층이 19세기 초보다 19세기 중반 이후에 술, 의복, 읽을거리를 더 많이 구매했다는 사실은 의심할 여지가 없다. 또한 그들은 담배도 어느 정도 소비했던 게 확실하다. 그러나 과연 새로 판매하는 상품에 대한 이런 요구가 구시대의 관습을 바꿀 정도로 충분히 강력했다고 말할 수 있을까? 아니면 이런 소비를 일종의 보상으로 보는 게 더 타당할까? 다시 말해, 생산 체계의 변화로 인해 오랜 권리와 정체성을 침해받았을 때 그리고 육류처럼 오랫동안 지위를 상징해오던 상품이 더 이상 그 지위를 나타내지 못할 때, 사회적 존재감을 드러내기에 이런 소비 말고는 달리 더 좋은 방법이 없었기 때문에 소비가 중요해질 수밖에 없었다고 보는 게 타당할까?[189] 이탈리아, 포르투갈, 아일랜드의 경우 시장 참여자 가운데 빈민층과 하위 계층—동유럽의 수백만 농노를 말하는 게 아니다—이 상대적으로 새로운 소비 사회로 진입하기가 더 어려웠다는 점을 고려해보면, 땅덩어리가 넓은 중국에서 새로운 상품의 분포가 결코 불균등했다고 말할 수는 없을 것이다.

외래품과 유행의 전환 속도: 세계적 관련성 및 경제적 차이를 기초로 한 문화적 외관

그러나 설령 서유럽인, 중국인, 일본인의 실제 상품 축적이 아주 비슷하다고 해도 흥미를 자아내는 차이점 또한 있다. 유럽 소비의 성장 및 변화 과정에서 실질 소득이 등락을 거듭했으며, 18세기 중엽에는 그 속도가 더욱 가속화했다. 중국과 일본의 추세를 비교해보면 가속화 경향이 동일했던 것으로 나타나지는 않는다. 예를 들어, 클루나스는 중국에 새로운 청 왕조가 확고히 자리를 잡은 이후(1683년경) 엘리트들이—명 말기에 많은 사람이 회피했던—공직으로 다시 돌아가기 시작하자 시중에 나오는 새로운 사치품이 급격히 줄어들었다고 말한다. 이어서 클루나스는 예전 방식으로 지위와 신분을 확고히 하고 재정립했기 때문에 "사치품에 대해 얘기하는 것은 상스러운 일이 되었으며" 결과적으로 "소비 사회로의 발달"이 "바라는 결과"를 얻지 못한 채 중단되었다고 지적한다.[190]

18세기 중국 문헌을 보면 16~17세기 문헌만큼이나 사치품에 대한 불만으로 가득 차 있다. 반면 귀족들은 싸구려 물건에 대한 광범위한 목록까지 기록해두었다. 만약 재산 목록 자료가 있다면 18세기가 16~17세기보다 평균적으로 더 많을 것이다. (이미 살펴본 대로 유럽의 경우에는 꼭 그렇다고 할 수 없다.) 새로운 유행을 좇는 경향이 둔화했다는 사실은 새로운 상품과 스타일로 사회적 야망을 표현하는 사람의 비율이 점점 줄어들었음을 나타내는 것이라고 할 수 있다. 중국의 복식사를 생생하게 묘사한 선충원沈從文의 기념비적 작품도 그와 같은 가능성을 주장한다. 예를 들어, 명 후기에 시작된 복식과 보석 스타일의 획기적 변화가 청 초기로 이어지는 동안 사회 상류층에서 아래로 확산했다.[191] 또 새로운 청 왕조는 관료들에게 스타일에 상당한 변화를 줄 것을 공식적으로 명령하기도 했다. 그럼에도 불구하고 명보다 청에서 평민의 의복 스타일 변화가 훨씬 적었으며,[192] 18세기 유럽에 비해서도 그러했다.[193]

한편 유럽에서 유행, 특히 의복의 경우는 변화의 속도가 빨라지고 그 폭 역시 커졌다. 실제로 유럽(그리고 북아메리카)의 유언장에 기록된 공증 목록에 대한 모든 연구를 살펴보면, 총자산 가치 가운데 소비재의 점유율이 점차 하락했음을 알 수 있다. 심지어 많은 연구를 통해 소비재의 절대적 가치 역시 하락했다는 사실이 밝혀졌다. 이런 연구 결과와 16~18세기에 이르는 동안 유럽에서 소비자 수요가 증가했다는 사실 그리고 소유한 상품이 한층 더 다양해졌음을 입증하는 엄청난 증거들을 조합해보면 다음과 같은 결론에 도달할 수밖에 없다. 즉 다양한 상품이 더 빠르게 폐기되었다는 사실에 비추어볼 때 살아가는 동안 더 많은 상품을 구입했다고 해서 어느 때고 그 상품을 모두 축적했다는 것을 의미하지는 않는다는 결론이 그것이다(한 번 사용하고 마는 장례 물품을 구입하는 것과 마찬가지로).

그렇다면 왜 상품 수명이 줄어든 것일까? 의류 같은 일부 품목은 (상대적으로) 값이 더 싸졌기 때문에 새로 구입하기가 쉬웠을 것이다. 다른 신상품은 예전 상품(예를 들어, 유리컵과 도자기는 아마도 백랍이나 주석 또는 나무로 만든 식기류보다 더 자주 깨졌을 것이다)보다 내구성이 떨어졌을 것이다.[194] 그렇지만 유행에 대한 인식이 높아진 것 또한 상품 수명 감소에 한몫했던 것으로 보인다. 결국 18세기에 유럽은 '목재 인형'의 안전한 통관을 용인함으로써 무역을 둘러싼 오랜 전쟁의 막을 내렸다. 이후 최신 시즌의 파리 패션을 입혀놓은 마네킹들이 상트페테르부르크에서 보스턴까지 유통되었다.[195] 이 책에서는 지금까지 이런 사치 품목의 보유 현황이 (게다가 그 상품 목록에 대한 사람들의 태도까지도) 비슷한 방식으로 변화했다는 가정 아래 유행에 대해 설명해왔다. 하지만 국경을 초월한 이 엄청난 유행의 변화를 통해 당시 사치품에 대한 유럽의 수요가 중국과 일본보다 빠르게 성장했을 가능성을 염두에 둘 수는 있을 것이다.

이는 유럽과 동아시아의 자산 자체에 대한 비교보다는 둘 사이의 자산 지출 수준에 대한 비교에서 더 큰 격차가 나타날 수 있음을 시사한다. 결국은 어느 한쪽을 가지고 다른 한쪽을 유추하기는 어렵다는 얘기다. 지금 이 책의 목적—유럽인이 매년 더 많은 상품을 구매했고, 따라서 다른 지역의 사람들보다 좀더 심도 있게 '근면 혁명'을 추진했을 가능성을 탐구하려는—을 위해서는 구매 속도를 기초로 비교하는 게 타당할 것이다. 그러나 이런 구매 속도의 양상이 '높은 생활수준'의 정도를 드러내는 것이라고 주장하기는 매우 어렵다. 대신 그것은 상품에 대한 취향 차이나 사용 가능한 소재의 차이를 보여줄 수는 있을 것이다.[196] 설탕, 차 그리고 의류에 대한 차이를 감안하더라도, 유럽인이 매년 비생필품에 더 많은 지출을 했다고 확신할 수 없다는 점을 염두에 두어야 할 것이다. 하지만 유럽인이 중국인이나 일본인보다 부유하지 못한데도 매년 비생필품에 더 많은 지출을 했다고 가정하면, 한 번쯤 다음과 같은 것들을 생각해볼 수 있을 것이다. 즉 경기 순환, 상대 가격, 정치적 안정성 등의 변화를 통해 사회적으로 유도된 "감가상각"이 유럽인들의 소비 성장을 대단히 견고하게 유지시킬 수 있었다고 말이다.

쓸 만한 상품이 버려지는 (혹은 옷장 뒤로 밀려나는) 데 속도의 차이는 왜 나타나는 것일까? 여기에 대해서는 비교사회역사학이 약간의 단서를 제공해준다. 17세기에 중국, 일본 그리고 서유럽은 하나같이 정치적으로나 사회적으로 엄청나게 불안정했다. 그러나 청 왕조와 도쿠가와 정권이 각각 17세기 중반 권력을 잡은 중국과 일본은 아마도 대부분의 서유럽 지역보다 18세기에 한층 더 안정된 사회를 이룰 수 있었을 것이다. 물론 유럽의 주요 지역—특히 새로운 소비지상주의가 가장 뚜렷했던 영국—또한 18세기에 상대적인 평화를 누리고 있었다(본국에서). 하지만 영국 정부는 청 왕조와 도쿠가와 정권처럼 열의를 가지고 전통적인 역할과 지위를 보존하거나 회복하기 위해 몰두하지 않았다. 중국과 일본에서는 아마도 유행을 통해 자신의 개성을 드러내고 서로 경쟁하는 일이 사람들에게 그다지 중요하지 않았을 것이다. 따라서 18세기에 '번영의 시대'를 구가하던 중국과 일본 두 나라는 상품과 부의 축적은 이루었지만 새로운 상품을 구입하거나 갖고 있는 물품을 교체하는 데에는 관심이 별로 없었을 것이다.

적어도 공직 생활 및 관직 서열에서 점차 멀어진 중국 엘리트층 사이에서 장기간 서서히 발달했고 결코 계층 간 신분 경쟁 및 자아 일체감과 밀접한 관련이 없던 유행에 대해서는 살펴볼 가치가 있다. 이러한 경향을 보인 중요한 시기는 16세기 후반과 17세기 초반이었다. 이 시기에 지식인은 관직으로 진출할 수 있는 경로에 대한 불확실성과 좌절감에 빠져 있었다. 그 결과 생계를 위해 다른 일을 찾거나 정부가 주관하는 시험 제도를 통하지 않고서도 높은 관직을 차지할 수 있는 방도(적어도 암암리에)를 모색했던 것으로 보인다. 이런 노력은 개인적인 부를 증대시켰으며, 앞서 논의한 유행의 발달과 과시적 소비뿐 아니라 불교 사원에 대한 지식인의 후원 증가와 사적으로 조직한 문헌학적 연구textual scholarship에 대한 관심을 높이는 데도 도움을 주었다.[197]

이런 관점에서 보면, 청 왕조는 1644년 이후 사회 질서를 재정립했을 뿐만 아니라 활발한 공익사업(공적인 입장에서 수행한 것과 국가가 장려하기는 했지만 참여하지 않은 자선 활동 모두)을 성공적으로 회복시켰지만, 이것이 불교 사원의 후원을 분명하게 저해한 것과 마찬가지로 엘리트층의 이상과 신분 표시인 유행의 성장을 막았을지도 모른다. 공직 활동의 부흥이 유행 산업의 성장 둔화에 광범위하게 심리적 영향을 끼쳤다는 주장은 추측일 뿐이지만 적어도 이와 직접적으로 관련 있는 한 가지 사실을 제시할 수는 있다. 요컨대 관리의 의복에 대한 엄격한 규제가 일종의 사치 규제 법안으로 청 왕조 내내 효력을 발휘했다는 사실이 그것이다.[198] 국가는 관리의 복장(단추의 재질과 화려한 모자 등)은 제한한 반면 그들에게 포상으로 다양한 옷을 입을 수 있는 권리를 부여했다. 다시 말해, 국가는 기근 구제에서 도로 건설에 이르기까지 공을 세운 상인과 지주, 지식인에게 가시적인 방법으로 보상을 했다. 그런 관리들은 자신을 폄하하거나 공을 세우지도 않았으면서 그 같은 복장을 한 것으로 보는 남들의 시선에는 전혀 관심이 없었다. 이런 관점에서 볼 때 청 왕조의 경기 부양책이 한때 일부 학자들이 생각했던 것처럼 그렇게 광범위한 경제 체제 내의 '자본주의 맹아'를 짓밟은 것은 아니었다는 게 분명해진다. 한편 이런 경기 부양책은 '유행' 산업의 성장을 다소 늦추기는 했지만 '배급' 제도에 활기를 불어넣기에는 충분했을 것이다.

청 왕조의 법질서는 공직에서 배제된 지식층과 여성에게도 상당한 영향을 미쳤다. 시문을 주고받는 일은—자기표현과 사회적 경쟁은 명대에, 특히 양쯔 강 하류 지역의 지식층 여성들에게 절대적으로 중요한 의미를 지녔다—'긴 18세기(영국 역사학자들이 표준역법 정의에 따른 단순한 사용이 아니라 자연적인 역사적 시대를 지칭할 때 사용하는 용어—옮긴이)' 동안 더 확고하게 자리를 잡았다. 이런 사실은 중국의 번영과 더불어 경쟁이 심해진 결혼 시장(세습 귀족이 없는 지역에서)의 풍속도를 반영한 것이다. 한편 문명인의 필수 자질로서 요구된 글쓰기(이는 문헌학적 연구의 급증에 따른 것이다)는 커다란 심리적 부담이었을지도 모른다.[199] 이런 식의 경쟁과 자기표현은 결과적으로 유럽과 달리 유행 상품 구매의 필요성을 감소시켰다. 새로 정복한 지역을 포함해 변방 지역에 더 많았던 여성의 시문집은 이들에게조차 청 제국 건설과 중국의 만주 문명화라는 사명에 간접적으로 참여하는 방법을 부여한 것이기도 했다.[200] 이는 이국적인 상품을 소비하는 것과 달리 국경 지역을 지배하는 아주 색다른 방식이었다. 청 왕조의 높은 도덕주의 문화는 여성들의 바깥출입을 명대보다 한층 심하게 제한했으며, 이와 동시에 스스로를 도시 환락가의 여성들과 분명히 구별하도록 했다. 명대 후반 양쯔 강 하류 지역에서는 엘리트 기혼 여성과 기생들 사이에 시문을 교류하고 사회적 행사를 함께하는 일이 아주 흔했다. 그러나 청대에는 이 같은 일이 많이 줄어들었다.[201] 따라서 이 두 계층 사이의 문화 교류가 중단됨으로써 상업화하고 유행에 민감한 유흥가가 좀더 광범위하고, 좀더 부유하고, 좀더 중요한 엘리트 기혼 여성 집단에 미치는 영향력도 많이 줄어들었을 것이다.

또한 청대의 정치사회적 '질서'가 사람들로 하여금 늘 유행을 따라 신속하게 상품을 구매하고 이전의 소비재를 폐기함으로써 자기 개성을 드러내는 데 그다지 관심을 갖지 않도록 만들었을지도 모른다. 하지만 이런 주장은 극단적 추론으로 간주해야 한다. 왜냐하면 지식층이 각각의 행사 때마다 갖춰 입는 의복에 관한 자료가 거의 없어(가계의 예산은 말할 것도 없고) 이런 관점의 연구를 훨씬 더 심도 있게 진행할 수 없기 때문이다. 이에 대한 단서를 더 찾아보려면, 유럽 유행 산업의 유례없는 성장 가속화에 대해 의문을 가질 필요가 있다. 적어도 중국인과 일본인의 유행 취향이 과도하게 변화해서 '실패했다'는 것만큼 많은 설명이 필요하겠지만 말이다.

수많은 저자들이 제시한 것처럼 일부 주장은 분명 사고방식의 매우 일반적 변화에 대해 설명한다. 18세기 서유럽인들 사이에서는 개인의 선택 혹은 기호―결혼 상대에서 직업, 종교 의식에 이르기까지 모든 것―가 신분과 품위를 특징짓는다는 인식이 팽배했다.[202] 소비자의 선택을 일종의 자기표현 행위로 인식함에 따라 기호의 중요성이 한층 더 커지고, 이런 변화가 결과적으로 유럽 '유행 제도'의 성장을 촉진한 것 같다. 한편 어떤 학자들은 한때 서유럽과 거의 같은 시대에 중국의 엘리트 사이에서도 개인의 선택(예를 들면 결혼 결정)을 중시하는 경향이 강해졌다고 보았다. 엘리트들은 또한 현명하게도 확연해질 때까지 이런 경향이 드러나는 걸 꺼렸다. 학자들은 아울러 중국인은 인간이 '개인적' 선택을 하는 존재라는 사상을 우선순위로 두지 않았다고 지적했다.[203]

이 문제를 조금 다른 시각에서 보면, 16~18세기에 걸쳐 유럽 국가들은 가족이 크게 확장하는 것을 막음으로써(예를 들어, 가족 간 불화를 금지하거나 표준화한 법률을 확대함으로써) 일정 부분 성장에 도움을 주었다고 볼 수 있다.[204] 그 과정에서 서유럽인의 정체성을 규정한 대가족적 혈연관계의 핵심 역할이 줄어든 게 거의 확실하다. 따라서 새로 구매한 물건으로 자신을 드러내는 경향 또한 틀림없이 증가했을 것이다(친족이나 세습 재산으로 자신을 드러내는 것과 정반대로). 이와 대조적으로, 일본 도쿠가와 시대와 청 왕조는 모두 꽤 많은 일상적 행정권을 부여받은 지방 기관과의 협력을 통해 사회 질서를 회복했다. 특히 중국에서 대규모 친족 집단은 이런 기관에서 중요한 자리를 차지했으며, 국가는 그들을 억누르기보다 대체로 그들의 권력과 사상적 구심점 역할을 더 독려했다. 어쩌면 이러한 지방 기관과 친족이라는 정체성을 좀더 중요시한 지역에 사는 사람들은 상품을 선택하고 드러냄으로써 끊임없이 자신을 특징지으려는 경향이 강하지 않았을 것이다.[205] 따라서 아직 쓸 만한 물건을 교체할 필요성 역시 더 적었을 것이다.

그러나 개인적 선택과 집단 구성원의 가치는 다양한 사회에서 수없이 많은 다른 방식으로 영향을 받을 수 있으며, 또한 금지하는 곳도 있고 장려하는 곳도 있기 때문에 대부분의 현상을 좀더 구체적이고 분명하게 설명해놓은 자료를 살펴볼 필요가 있다. 이번 사례를 통해서는 유럽 '유행 제도'의 성장을 가속화한 것과 관련한 연구 대상이 어떤 종류인지 엿볼 수 있을 것이다. 아울러 유럽의 생산품에 영향을 주고 전 세계적으로 분배하는 데 영향을 끼친 요소에 대해서도 주의 깊게 살펴볼 것이다.

만약 실제 유럽인의 기호가 중국인이나 일본인의 기호에 비해 급속하게 변화했다면, 이러한 차이점의 일부는 외국 상품, 특히 이국적으로 만든 상품이 얼마나 인기를 끌었는지 정도의 차이인 것으로 보인다. 결국은 인도와 중국의 섬유 제품, 중국 도자기 등등은 유럽에서—심지어는 지위가 아주 비천한 계층에 이르기까지—유행을 일으키는 데 아주 중요했다. 한편, 서양의 상품이 동아시아에서 같은 비중으로 중요해진 것은 아니다. 사실, 17세기 중국의 감상 안내서에는 다양한 외국산 명품 목록이 등재되어 있다.[206] 또한 그 시기 중국과 일본의 다양한 기록은 서양 물품에 관심을 보였다는 것을 시사한다. 서양의 안경과 그 밖의 장신구는 명 후반과 청 초기에 관심을 불러일으켰다. 게다가 '서양의 항해용 재킷'—이탈리아인 여행자가 명 제국의 탑 모양을 본떠서 매우 값비싼 원단으로 만든 것—이 지속적으로 유행했는데, 17세기 궁중 여인과 18세기 양쯔 강 하류 지역의 멋쟁이 여성들이 이를 입고 다니기도 했다.[207] 또 18세기에는 외국산 모피—처음에는 러시아산, 그다음에는 미국산—가 아주 인기를 끌었다. 그렇지만 해외에서 들여온 그 어떤 상품도 유럽에서만큼 중국인이나 일본인의 생활 양식과 아시아 섬유 제품의 소비 형태에 영향을 미치지 못했다. 그 이유는 무엇일까?

서구 학계에서는 동아시아인(특히 중국인)이 외국산 물품에 관심이 없었던 것은 그들이 자국 문명의 월등함을 지극히 확신했기 때문이라는 게 일반적 중론이다. 아울러 일부 기록이 이와 같은 주장을 뒷받침해준다. 이러한 태도를 여실히 드러내는 유명한 이야기로 중국 건륭 황제 때의 일화를 들 수 있다. 황제는 1793년 영국인 사절단에게 중국에서 필요한 것은 모두 다 생산하고 있으니 서구에서 권하는 교묘한 장난감에는 관심이 없다고 말했다. 결론적으로, 황제는 해외 무역 관계를 맺을 이유가 없다고 본 것이다.[208] 수많은 역사가들은 이 이야기를 '중국적' 오랜 사고방식을 보여주는 전형적인 예로, 호기심 많고 탐욕적이고 활동적인 '서구의 사고방식'과 상반된 중국인의 생각을 엿볼 수 있는 예로 받아들였다. 더 세밀한 연구는 외국 문물을 받아들인(보편적 통치를 자처하는 왕권의 일환으로서) 시기와 배척한(중국 문화의 우월성을 주장하면서) 시기에 황제의 태도가 얼마나 변했는지 지적했다. 아울러 이러한 연구는 황제의 가식적 태도가 외국 물품을 대하는 좀더 보편적인 '중국적' 사고방식이라며 제유법적으로 다루려는 경향이 있었다.[209] 따라서 이런 관점에서 보면, 유럽이 외국의 유행에 지대한 관심을 보인 것은 우연의 일치가 아니다. 이는 유럽의 분기가 결국 기본적 사고방식의 차이에 뿌리를 두고 있음을 나타낸다. 그리고 대개는 기꺼이 커다란 위험을 감수하고 혁신을 이루고자 했던 것과도 관련이 있을 것이다.

그러나 건륭 황제가 중국을 대표한다고 여기지 않으면, 외국 제품을 산더미같이 수입하는 일이 적었던 중국을 훨씬 더 간단하게 설명할 수 있는 방법이 생긴다. 요컨대 중국은 단지 자국 상품을 수출한 만큼만 수입품을 들여온 것이다(당연히 이 시기 외국과의 교역 제도를 감안했을 때). 그리고 특히 동남아시아와 중국의 무역은 온통 외국산 1차 생산물로 이루어져 있었다. 예를 들어, 여기에는 고급 요리에 쓰이는 상어지느러미나 제비집(별로 생소하지 않은 엄청난 양의 후추뿐만 아니라), 장신구로 쓰이는 진주, 중동과 태평양의 여러 섬에서 실어온 향료와 진귀한 목재가 포함되었다.[210] 이러한 수입품의 수요는 18세기를 지나 19세기 초에 이르는 동안 급격히 증가했다. 영국 상인은 다량의 상품을 말레이 제도에서 광둥으로 가져왔는데, 그들은 자신의 당면 과제가 시장에 물건을 과도하게 공급하는 게 아니라 충분한 공급량을 확보하는 것임을 확실하게 알고 있었다.[211]

영국에서 수입 담배와 차, 설탕이 인기를 끌었던 것과 달리 중국에서는 이 해외 수입품 중에 어떤 것도 선풍적 인기를 끌지 못했다. 하지만 중국인이 어떻게 수입품을 소유할 수 있었는지는 알기 어렵다. 그렇다 해도, 중국에서 귀하게 여긴 백단나무와 그 밖에 다른 해외 수입품은 수많은 태평양 섬에 심각한 생태적 파괴를 초래했다. 역설적이게도 이 섬들은 중국 선박이 아편으로 가득 차기 시작해서야 비로소 생태적 파괴에서 벗어났다.[212] 더욱이 후추를 제외하고 사실상 이 모든 외국 제품은 재배한 게 아니라 사람들이 채집한 것이었다. 게다가 이 단순한 사실은 신세계 농장에서 엄청난 수의 노예가 철저한 감시 속에 매우 강도 높은 노동을 했던 것과 비견할 만한 생산량 증대(단위 가격의 하락까지도)를 배제한 것이다. 요컨대 더 많은 상어를 기를 수도 없는 노릇이고, 사탕수수 재배를 위해 더 많은 경지를 정리한 것처럼 밀림에 더 많은 제비 서식지를 만들 수도 없었다. 그래서 기습 공격을 통해 사람들을 붙잡아 노예로 삼음으로써—특히 오늘날 필리핀 남부에 위치한 술루Sulu 왕국에서[213]—이러한 채집자 수를 늘리려 시도했다. 그러나 뿔뿔이 흩어져 작업해야 하는 이런 일의 특성상 노예도 상당한 거래 능력을 갖추고 있었다. 이런 현상은 카리브 해의 식민지 농장에서는 전혀 불가능한 일이었다.

사탕수수와 담배 소비는 급증했지만(이미 살펴본 바와 같이) 이는 중국 내에서 자유농민이 대규모로 생산한 것이었다. 이는 그 상품들로 인해 농지를 다른 용도로 사용했을 뿐만 아니라 생산자의 시간(여가를 포함한)도 달리 이용했을 가능성이 있었음을 의미한다. 이런 양상을 보아서는 중국인이 해외 사치품에 관심이 없었다는 어떤 근거도 찾아내기 어렵다. 어쩌면 중국인이 해외 사치품에 무관심했던 게 아니라 그들이 사들인 대부분의 외국 제품이 제한적이고 귀했기 때문에 가격이 저렴하지 않았고, 따라서 외국 제품이 '일상적으로' 소비할 수 있는 사치품화하기 어려웠을 가능성도 있다. 〔유럽인이 동남아시아에서 찾아낸 정향(정향나무의 꽃봉오리를 말린 향료—옮긴이)과 고급 향신료도 물론 여기에 해당한다. 그러나 유럽의 해외 수입품 중 사탕수수와 담배는 예외였다.〕

외국 상품에 대한 중국인의 상대적 무관심은 어떤 경우든 제조된 수입품의 부족을 의미하는 것일 수도 있다. 심지어 클루나스도 지적했듯 중국 감정 전문가들의 귀한 소장품 중에는 다양한 외국 상품이 포함되어 있었다.[214] 건륭 황제는 유럽산 제품에 관심이 없었는지 몰라도 광둥 연안과 푸젠 지역의 지식인 계층은 그렇지 않았다. 그중 일부는 시계와 그 밖의 진귀한 서양 물건을 사 모았다.[215] 그럼에도 중국의 1인당 공산품 수입량은 아주 적었기 때문에 이런 수입품이 잘 어울리는 복장이나 집 안을 꾸미는 일에 대한 중국인의 기존 사고방식에 거의 영향을 주지 못했다는 데에는 의문의 여지가 없다. 더욱이 유럽은 제조 상품 외에는 거의 공급하지 않았기 때문에 중국이 서양에서 들여온 수입품은 동남아시아에서 수입한 것들과 달리 놀랄 만큼 단조로웠다. 중국에 아편이 퍼져나가기 전, 유럽과 유럽 식민지에서 들여온 수입품의 90퍼센트 정도가 은제품이었다. 전체적으로 볼 때(단지 궁궐뿐 아니라), 중국이 외국 물건에 대해 관심이 별로 없었다는 사실은 역사가들에게 깊은 인상을 주었다. 한편, 중국으로 향하는 서구의 화물에 왜 그토록 은이 압도적으로 많았는지에 관해서는 좀더 상세한 설명을 할 수 있다(리처드 폰 글란, 데니스 플린과 아르투로 지랄데스 Arturo Giraldez 그리고 앤드리 군더 프랭크의 최근 연구를 근거로).

1400년경 중국은 경제 운용상의 문제로 불가피하게 통화를 개혁할 필요가 있었다. 이는 원 왕조 시기(1279~1368년)에 지폐 유통 시도의 연이은 실패와 동전을 잘못 관리하는 와중에 일어난 일이었다. 당시 원에는 통화 매개체로 널리 사용하기에 적절한 것이 없었다. 이 같은 과정에서 은이 통화 가치를 보존했고, 대규모 거래의 계산 화폐money of account(또한 일반적으로 실질적인 통화 매개체)가 되었다. 아울러 은은 이런 엄청난 규모의 고도로 상업화한 경제의 국가 지불 수단이었다. 이처럼 거대한 은 수요로 인해(금이나 대부분의 다른 상품에 비해) 전 세계 어느 지역보다 중국에서는 은이 훨씬 더 귀중해졌다. 게다가 중국 땅에는 은을 캐낼 광산이 거의 없었다. 결론적으로 말하면, 서양의 선박이 아시아에 도달하기 전 중국은 이미 엄청난 양의 은을 수입하고 있었다. (대부분은 일본에서, 이후에는 인도와 동남아시아로 수입 범위를 확대했다.)

세계 어느 곳보다 풍요로운 광산(1500~1800년 전 세계 은의 약 85퍼센트를 라틴아메리카에서 생산했다[216])에서 은을 발견한 서양인은 이것을 중국에 수출함으로써(직접 거래하거나 중개상을 통해) 크고 확실한 중개 수익을 거둘 수 있었다. 그 수익이 너무나 컸기 때문에 상인들은 이익을 극대화하기 위해 그 밖의 다른 물건을 대량으로 중국에 실어 보낼 아무런 이유가 없었다. (마셜 살린스Marshall Sahlins는 '중국의' 태도를 이해하기 위해 분석 연구를 진행했다. 그의 발표에 따르면, 베이징으로 향한 조공 사절단은 이런 상황에 영향을 받지 않았는데, 그 이유는 그들이 근본적으로 주권국 간에 정해진 가격으로 상징적 거래를 했기 때문이다. 사절단 거래에는 대개 이윤 추구를 목적으로 한 '사적인' 거래가 수반되긴 했지만, 그런 일이 부차적이었다는 것만은 확실하다.)[217]

오히려 은을 자국에 보유하려 한(예를 들어, 전쟁 자금으로 비축하기 위해) 서양의 여러 지식인과 정치가들은 끊임없이 은을 대신해 다른 상품을 중국에 수출해야 한다고 주장했다. 문헌에 기록된 서양인의 이런 노력에서 눈에 띄는 점은 '아시아인들'에게 외국 제품을 판매하기 위해 '서양'이 필사적인 시도를 했다는 사실이다. 그러나 중국인은 지나치게 자기 민족 중심적이어서(아니면 서양 기능공들의 솜씨가 너무도 형편없었던지) 이런 시도가 먹혀들지 않았다. 그러나 이런 논리에 치우치다 보면 조공 무역의 시행에서 적절한 형식과 범위에 대한 중국 황제의 공식 의견에 주의를 집중하는 것처럼 사회가 전반적으로 소수 정치 지도자들의 의견만 앞세웠다고 오해할 가능성이 있다. 그리고 중국이나 서양 모두 교역 상품에 대한 실질적 결정권은 시장에 개입한 상인들에게 있었다.

중국의 수입 편중을 문화적 보수주의의 징표로 간주하는 경향은 은을 근대적 '화폐'—다시 말하면 유럽의 '무역 적자'를 보충하기 위해 운반되는 추상적 가치의 저장 수단—로 간주하는 것 때문에 더욱 강화되었다. 대신 우리는 은 자체를 상품, 즉 광물이라는 기반을 가진 세련된 상품으로 간주할 필요가 있다. 서양에서는 아시아 어느 지역보다도(특정한 시기의 일본을 제외하고) 훨씬 저렴한 비용으로 은을 생산할 수 있었다. 지리적 행운이 따라주지 않아 중국은 은을 거의 생산할 수 없었다. 게다가 은은 서양에서 원자재를 공급받을 수 있고 발전된 생산 기술까지 배울 수 있는 이점을 가진 몇몇 제조 상품 중 하나였다. 요컨대 유럽인은 위조하기 어렵고 품질도 좋은 경화硬貨를 주조했지만, 아시아에서는 유용한 어떤 것도 만들 수 없었다.[218] 중국인은 은괴 형태로 은을 사용했기 때문에 이런 주화 제조 기술이 그다지 중요하지 않았다. 그러나 은을 대량 취급하는 남아시아인을 비롯한 다른 사람들에게 이는 상당히 중요한 문제였다. 그 이유는 초기에 그들이 유럽에서 많은 양의 은을 구입한 후 자신만의 교역망을 통해 중국으로 보냈기 때문이다.[219]

근대적 의미에서 은을 '화폐' 단위로 간주한 건 임의적인 일이었음에 분명하다. 상품 대신 동아시아로 보낸 은을 중국에서는 통화 매개체로 사용했던 것이다. 수많은 고급 상품—비단, 후추, 아편, 카카오 열매—또한 단지 상품이었음에도 불구하고 한 지역에서 혹은 그 밖의 지역에서 화폐 기능을 수행해왔다. 더욱이 다량의 은은 화폐와 장식 용품이라는 두 가지 기능을 모두 수행했다. (예를 들어, 은제 보석은 담보물로 저당 잡히거나 녹여서 사용했다.) 은을 현대의 달러 화폐와 대등한 것으로 다루기보다는 좀더 특별한 상품으로 다루는 게 다음의 사실을 이해하는 데 유익할 것이다. 요컨대 그렇게 함으로써 중국에 은이 유입되던 시기에 다른 한편에서는 상당량의 금이 중국에서 유럽과 인도 두 지역으로 흘러 들어갔다는 사실을 이해하는 데 도움을 줄 것이라는 얘기다.[220] 중국으로 건너간 은을 소비자 상품의 지불 수단, 즉 가치의 저장 수단으로 보는 경향이 점점 더 확고해졌다. 그 이유는 서구 학자들이 서구야말로 오랫동안 전 세계를 하나로 결합해온 능동적인(그리고 열정적인) 매개체였다고 간주하면서 이런 점을 강조해왔기 때문이다. 그러나 중국의 은 수요가 당시 세계 경제에서 40퍼센트 정도의 통화 기반을 바꾼 원동력이었다고 평가한다면(중국에 조공을 바치는 나라들 역시 '은으로 도배'를 했던 사실과 더불어), 이것이 도자기나 차 등에 대한 서구의 수요와 마찬가지로 세계 경제를 창출해낸 '능동적' 힘이었음을 부정하기는 어렵다.

신세계의 은에 관해서는 6장에서 좀더 광범위하게 다룰 예정이다. 여기서 중요한 것은 좀더 특별한 논점이다. 즉 서양이 엄청난 은 수출에만 몰두한 나머지 유행을 새롭게 정착시키는 데 실패했다는 것이다. 이는 왜 그토록 많은 외국 상품이 유럽으로 밀려들었는지 설명하는 데 도움을 준다. 그들은 은으로 값을 지불하면서 다른 곳에 비해 신속하게 유행 산업의 수레바퀴를 움직였다. (이러한 해외 상품 유입에 관한 몇 가지 다른 이유에 대해서는 4장에서 논할 것이다.) 이처럼 특이한 유입은 유럽의 독특한 "유물론"[221]이나 '호기심' 때문이 아니라 유럽과 아시아 그리고 미국의 경제적 상황에 그 원인이 있다. 또 유럽이 아메리카의 은광을 획득하고 운영한 방식을 감안하면, 이는 유럽이 경제적 우위에 서기 위해 저지른 너무나 가혹했던 탄압을 떠올리게 한다. (기술의 발전도 물론 중요했다. 하지만 유럽인은 광산을 점령하고 주민에 대한 의무 노동을 시행하기도 했다.) 이 특별한 방법을 통해 유럽이 달성한 해외 수탈의 성과는 유럽이 유행의 변화를 가속화하는 데 상당히 중요했을 것이다. 따라서 유럽 시장에서도 이런 수탈에 대해 암묵적인 공감대가 형성되었을 것이다. 하지만 여기서 중요한 것은 자국의 좀더 효과적인 마케팅과 산업 생산부터 해외 주민을 억압한 무력까지가 아니라 해외 수탈부터 자국 내 스미스 이론의 역학에 대한 지지도 상승까지(그리고 이후에 수입품을 대체 생산한 산업화에 이르기까지)에 대해 논의를 진행하는 것이다.

결국 은은 수입 사치품이 탄생하는 데 결정적 역할을 했으며, 이런 사치품은 다시 유행 산업의 메커니즘을 형성했다. 그러나 유행 산업의 메커니즘에 더욱 활력을 불어넣은 것이 무엇이든 중국이나 일본의 수요는 실질 경제에 상당한 효과를 가져왔다. 따라서 이런 경제적 효과보다 유럽인의 '비필수품' 수요가 훨씬 더 활발했음을 강조하는 주장은 단지 가설에 불과하다는 것을 기억해야 한다. 좀바르트, 브로델 그리고 그 밖에 다른 학자들 역시 이 가설에는 확신을 갖지 못했다. 앞에서 살펴본 대로 사회지도층의 사치품 수요에 어떤 일이 발생했는지에 상관없이 유럽의 '근면혁명'과 스미스 이론의 역학에서 대중의 참여가 중국(혹은 일본)보다 확연히 두드러졌다고 평가할 만큼 설득력 있는 근거는 없다. 두 번째로 중요하게 고려할 사항은 종종 새로운 사치품 수요를 효과적으로 관리하기 위한 합의가 있었다는 점이다. 이런 합의를 통해 성공한 상인과 장인은 계속해서 새로운 자본을 축적할 수 있었으며 대규모 사업가는 새로운 경쟁력을 갖추었다. 결과적으로 무산 계급 노동자를 고용하는 자본주의적 기업이 출현하기에 이른 것이다. 이번 장 마지막 절에서는 이와 관련한 주장들에 대해 심층적으로 논할 것이며, 다음 장에서는 좀더 일반적 관점에서 금융 제도와 '자본주의'를 살펴볼 것이다.

사치품 수요, 사회 체계와 자본주의 기업

베르너 좀바르트는 사치품과 유럽 자본주의의 기원에 대한 고전적 연구를 통해 사치품 수요의 증가가 새로운 부류의 장인과 상인을 양산해냈다고 주장한다. 원자재 가격이 비싼 데다 뛰어난 솜씨를 발휘하려면 시간이 필요하고 권력은 막강하지만 돈이 부족한 고객을 끌어 모아야 한다는 점을 감안할 때, 대부분의 장인은 이런 제품을 독립적으로 생산할 수 없었다는 주장이다.

이런 사실 자체는 전혀 새로울 게 없다. 수많은 사치품의 생산은 장인이 끌어 모을 수 있는 수준을 넘어선 자금의 회전율과 관련이 있다. 이는 작업을 의뢰하고 그것을 구매할 최종 소유자가 돈을 지불해야 해결되는 문제였다. 장인은 고객의 대저택에서 작업하는 경우가 많았으며, 이로써 장인이 선불을 받고 도주하는 일을 방지할 수 있었다. 또 고객은 작업 도중에 간섭을 할 수도 있었다. 그러나 곧 사치품 수요가 양적으로 팽창하고 동시에 도시에 집중되었다. 이런 현상은 생산자(혹은 판매자)가 자신의 자본을 투자해 생산할 수 있고 규모의 경제를 통해 이익을 취할 수 있다는 걸 의미했다. 나아가 이는 생산자(혹은 판매자)가 이전의 체계에서 장인이 작업했던 것보다 더 싸게 상품을 생산할 수 있다는 의미이기도 했다.

따라서 좀바르트는 새로 생겨난 몇몇 독자적인 상점이 처음에는 물건을 만들기만 하다가 나중에는 물건을 살 수 있을 만큼 돈을 가진 사람에게 직접 판매하기 시작했다고 주장한다. 이런 소수의 성공한 장인 출신 상인은 이후 대규모 생산을 시작했고, 적절한 자본이 없어 결코 독립적인 생산자가 될 수 없는 장인을 더 많이 고용하기에 이르렀다. 아울러 그렇게 고용된 이들은 점차 무산 계급 노동자로 전락했다.[222]

이와 같은 사례가 있긴 했지만 그들의 수를 과대평가해서는 안 된다. 심지어 18세기 후반까지도 주요 도심지 외곽에서 예전의 주문 제작 방식을 찾을 수 있기 때문이다.[223] 마찬가지로 중국과 일본의 주요 도시에서도 좀바르트가 묘사한 것과 같은 현상—이를테면 기성 사치품—뿐만 아니라 유럽과 동일한 주문 제작 방식을 똑같이 발견할 수 있다는 것이다.[224]

한편 또 다른 지역에서는 장인의 주문 제작 상품이 사치품 수요의 엄청난 폭증을 완전하게 충족시킬 수 있었다. 이런 제작 상품의 수요자였던 유럽인은 상상 가능한 물품은 모두 실제로 인도의 주요 도시에서 구할 수 있다고 언급했다. 또 그런 제품 중에는 독자적인 상점에서 구입한 제품이 아니라 수수료를 주기로 약속하고 장인에게 강압적으로 일을 시킨 뒤 갈취한 제품이 많다는 사실도 지적했다.[225] 그런데 이런 형태가 아대륙 전역에 걸쳐 일관되게 나타났던 것은 아니다. 예를 들어, 인도 시골 지역에서 일하는 대다수 직조공은 구매자/고객으로부터 상당히 독립적이었다. 아라사라트남S. Arasaratnam은 18세기 인도 동남부에 대한 연구를 통해 다음과 같은 사실을 명확히 했다. 요컨대 인도에서는 직조공이 작업에 필요한 선금을 미리 받았다 할지라도(대부분 이런 방식으로 진행했다), 제품 제작에 관한 통제권을 상당히 갖고 있었다. 이는 유럽 사람들이 선대 제도를 통해 원자재를 공급받는 방식과 달랐다. 더욱이 인도에서는 직조업을 하는 마을이 항구나 혹은 대다수 구매자가 있는 다른 지역과 가까이 있을 경우 상당히 자율적인 방식으로 바뀌었다.[226]

그런데 이는 장인들의 작업 방식과는 거리가 멀었다. 다시 말해, 직물 생산 같은 경우는 소수 거대 자본을 가진 고객의 직접적 지배를 받았다. 그러나 직조공은 대부분의 경우 직거래를 하기보다—이를테면—대표자를 통해(때로는 중개인을 통해) 상인과 거래했다. 직조공 대표들이 "직조공 집단에서 아버지 같은 통제력을 발휘했으나 직조공들이 노동으로 얻은 성과에 대해서는 어떤 경제적 지배권도 없었다"[227]는 이야기는 생산 현장에 널리 알려진 사실이었다. 바로 이런 점이 생산량의 대폭적 증가와 고품질 제품의 생산이라는 결과를 가져온 것으로 보인다. 생산이 자본가의 통제를 받지 않고, 동시에 무산 계급 노동자가 자금을 투자하고 물건을 내다 파는 사람들에게 직접적 감시를 받지 않음으로써 이런 일이 가능했다.

한편 동남아시아의 도시에서는 귀족 계급인 소비자가 여전히 모든 결정권을 갖고 있었다. 숙련된 장인은 그들의 의지와 상관없이 늘 귀족의 대저택으로 불려갈 위험에 처해 있었다. 아울러 이들은 특정 귀족이나 부유한 상인의 보호를 받기 위해 그 밑에서 일하는 경우가 많았다.[228] 심지어 17세기 멜라카Melaka—인구가 얼마 안 되는 유럽 도시들에 비하면 20만 명 이상의 인구를 가진 큰 도시—에서는 장인 출신 상인이 '자본가'로 성장하지 않았음에도 분명 온갖 종류의 사치품을 풍족하게 공급했다. 동남아시아에서는 장인이 드물긴 했지만, 오히려 이로 인해 이곳의 장인은 자신에게 유리한 조건으로 협상할 수 있는 경우가 많았다. 그래서 유럽 식민지 체제가 법적으로 개인의 강제 노동에 종지부를 찍은 뒤(그러나 문화적 의미를 갖는 후원 고객의 속박은 끝나지 않았다) 거의 19세기 말이 될 때까지도 장인은 후원 제도와 주문 제작 생산 방식을 (자본 집약적인 금세공에서조차도) 변함없이 고수했다.[229]

나아가 이렇듯 다양한 비사치품을 생산하는 논리는 자본주의 조직을 지향하는 여러 가지 강력한 이유를 설명해준다. 예를 들어, 중국의 벌목업은 숲에 투자한 후 수익을 얻으려면 오랜 시간을 기다려야 했기 때문에 자본주의 생산 방식으로 방향을 바꿨다. 그 결과 원목 대금을 지불할 자본과 상당히 큰 규모의 벌목꾼 집단이 필요했다. 19세기 벌목 회사는 소규모 자영업자들에게 목재를 사들이기보다 차라리 수천 명의 임금 노동자를 고용했다.[230]

도쿠가와 시대 후반에는 어업 분야에서 좀더 확실한 사례가 나타났다. 홋카이도의 어업은 오랫동안 영리를 목적으로 운영해왔다. 대부분의 어획물은 어육 비료 형태로 부자들에게 팔려나갔지만, 이 지역은 생태적 압박이 심한 곳이었다. 혼슈本州의 많은 지역에서 농경의 상업화가 지속되면서 도쿠가와 시대 후반, 어육 비료의 수요가 폭발적으로 늘었다. 그 무렵 혼슈 지방 북동쪽 끝에서 기근이 심각했기 때문에 인구가 희박했던 홋카이도에서는 혼슈에서 건너온 많은 사람을 임금 노동자로 고용할 수 있었다. 이로 인해 대규모 계약 어장은 고가이지만 새롭고 효율적인 그물을 광범위하게 사용했으며 동시에 그물을 다룰 줄 아는 15~20세 노동자들이 필요했다. 이와 더불어 계약 어업은 그 지역에서 자립적으로 어업에 종사하는 수많은 가정과의 경쟁력에서 우위를 점했으며, 그들과의 관계에도 변화가 생겼다. 어업 분야의 거상은 소규모 자립 어민에게 장기로 돈을 빌려준 다음 그들의 어획물을 사들였다. 하지만 극심한 노동력 부족과 수요 증가로 거상은 인센티브를 챙기지도 못했고 어획물을 공급해주는 어민을 무산 계급화시킬 수도 없었다. 심지어 전년도에 빌린 돈을 갚지 못한 어부도 자영업자로서 대개는 새로운 신용 거래를 계속할 수 있었다. 그러나 상황이 바뀌면서 노동자는 또다시 변화를 겪을 수밖에 없었는데, 그 과정에서 새 그물을 구입하는 문제가 중요한 요인으로 작용했다. 새로운 그물을 사려면 담보물을 맡겨야만 했기 때문에 채무를 갚지 못한 어민은 임금 노동자로 전락한 것이다. 요컨대 이전에는 어업 분야의 거상이 자본을 소규모 자립 어민에게 장기로 돈을 빌려주는 데 이용했지만, 이때부터는 그 자본을 생산 자체에 집중적으로 투입하기 시작했다. 따라서 임금 노동자가 증가하고 규범화한 고정 자본이 집중적으로 형성되었는데, 이는 가장 열악한 산업 현장 중 하나인 직물 산업과 거의 비슷했다.[231] 그리고 유럽이 사치품 소비의 한 분야—주택 건설—에서 중국이나 일본, 동남아시아(아마도 인도를 제외한)와 두드러진 차이를 보이는 것은 특히 점진적으로 쇠퇴한 기능공의 기술 구조와 20세기까지 규모의 경제를 실현할 수 없었던 주택 건설업계 때문이라는 사실을 다시 한 번 염두에 둘 필요가 있다.

그렇다면 다음과 같은 결론이 불가피해 보인다. 즉 사치품 수요의 규모나 특성 자체가—다른 생산 체계에 비해—미리 생산한 싸구려 물건을 파는 상점을 만들어낼 수밖에 없었다거나 많은 피고용인을 양산했다는 주장을 입증할 만한 어떤 증거도 없다. (앞서 베르너 좀바르트의 고전적 연구는 사치품 수요의 성장이 새로운 부류의 기능공과 상인을 양산해냈다고 주장했다—옮긴이.) 이는 차라리 상품과 요소 시장이 일반적으로 더 중요해지던 사회 내부에서 수요 증가의 (그리고 때로는 규모 경제의) 문제였다. 이와 같은 상황이 아니었다면 파리 장인에 대한 귀족 고객의 수요 증가는(좀바르트는 파리의 장인이 권력 이용에 대한 열망을 회피하고자 한 이유는 오로지 자금적으로 풍부한 장인만이 살아남을 수 있었기 때문이라고 주장했다) 장인의 생산 방식을 변화시킨 것만큼이나 쉽게 생산을 매개로 연결된 장인과 귀족 간의 오랜 관계를 되살릴 수 있었을 것이다. 상인과 '부농' 그리고 귀족보다 정치적 힘이 약했던 이들의 수요는 기성 제품을 생산하는 새로운 작업장에 활기를 불어넣는 데 더 중요했을 것이다. 그러나 앞에서 살펴본 대로 여기에는 다음과 같은 타당한 이유가 있다. 요컨대 유럽의 '사치품' 수요가 다양한 계층 사이에 분산되어 있었던 것처럼 최소한 중국과 일본에도 계층 간 사치품 수요가 분산되어 있었다는 사실이다. 또 상세한 조사에 의하면, 이것을 경제 전반의 '자유노동'과 시장 문제로 보았을 때, 유럽이 중국과 일본에 비해 사치품 수요가 두드러지게 많았던 것은 아니다. 실제로 적어도 중국보다 뒤처졌을 수 있다. 그리고 이 문제에 관한 한 이들 세 국가 사회는 인도나 오스만 제국 혹은 동남아시아보다 서로 닮은 점이 훨씬 많았다.

따라서 '자본주의'로 볼 수 있는 새로운 의미의 기업이 출현하기까지는 적어도 이들 국가 사회의 환경이 유사했을 듯싶다. 그렇다면 이러한 기업—아울러 좀더 일반적으로는 '자본주의'—이 왜 단지 유럽에서만 발생했다는 이야기를 그토록 자주 거론하는지에 대해 고찰해볼 때다.

4

눈에 보이는 손
유럽과 아시아의 기업 구조, 사회·정치 구조 및 '자본주의'

페르낭 브로델의 영향을 받은 대다수 역사가들은 유럽의 특별함을 설명하기 위해 경제의 정점에 있는 거대 기업으로 시선을 돌린다. 이런 다양한 논점은 (소비에 관한 논점과 마찬가지로) 1부에서 '완벽한' 시장의 분명하고 꽤 단순한 모형 그리고/또는 부를 정량화할 수 있는 방법을 언급했던 논의에 비해 분명하지 않을 때도 있다. 대신 그들은 자본 축적이 집중된—'자본주의'로 알려진—이상적 환경은 재산권(금융 자산을 보장하는 권리를 포함한)과 경쟁 시장의 광범위한 발전을 포함하고 있었을 뿐만 아니라 일부 사람들이 경쟁적 거래를 회피하고, 유한한 책임을 지고, 아울러 그러한 비시장적 요소 또는 반자유 시장에서의 권리를 독점권과 징세권을 보장함으로써 소수가 이익을 얻을 수 있었다고 주장한다.

이런 논점은 자본 축적을 위한 '정당한 권리'로서 이 모순된 특성이 복잡하게 뒤엉킨 상황을 내세우고 있기 때문에 다른 논점에 비해 제대로 비교하고 토론하기가 쉽지 않다. 반면 2장에서는 시장에 관한 논점을 단일하게 아시아 사회 하나만으로 언급했기 때문에 반박할 수 있었다. 또한 예외적으로 유럽 '자본주의'에 대한 논점에서는 한층 광범위한 사례를 비교할 필요가 있다. 그뿐만 아니라 이번 논의에서는 유럽이 진짜로 어떤 구조적 이점을 갖고 있었는지 알아보려 한다. 그러나 이런 이점에는 전쟁과 무기를 사용한 장거리 교역 그리고 식민지화를 제외하고는 어떤 일을 이루려 꾀했던 극소수의 시도만이 해당할 것으로 보인다. 따라서 이런 사안에 대한 논의는 결국 유럽 바깥에서의 무역과 식민지화에 대한 정치경제학에 관심을 돌리게 될 것이다. 3부에서 논의하겠지만 유럽 바깥에서의 활동은 결정적이었다. 왜냐하면 이런 활동이 재정적 축적을 이끌어냈기 때문이 아니라 물리적 자원 공급의 막대한 증가를 가져왔기 때문이다.

브로델은 직접 산업화 이전 구세계 전역에서 활동한 거상들의 행위가 얼마나 유사했는지 상세히 기록했다. 사실상 그가 '자본가'라고 명시한 사람들의 공통된 특징은 다음과 같다. 즉 '투명한' 경쟁 시장 밖에서의 영업 활동, 익명의 생산자와 소비자 간 상거래에 주력, 현금 없는 거래 상대(배고픈 기능공에서 감당 못할 빚을 진 왕자에 이르기까지)를 막기 위한 신용 거래 이용, 잠재적 경쟁자에 대한 대처 그리고 고수익을 내는 분야로의 끊임없는 투자 활동 등이 그것이다. 결과적으로 이런 행위는 자본가가 어떤 특정 상품군에서 전문화되도록 했다기보다는 "생산 과정에 자본을 끊임없이 투입하는(어쩌면 분배하는?)" 일에 전문화되도록 했다.[1]

이런 끊임없는 투자 활동의 원인 중 하나는 산업화 이전에는 상인이 한 분야의 사업만 해서는 경제적으로 최상의 성공을 거두기 어려웠다는 데 있다. "상인은 자본금 부족으로 상업의 한 분야만으로는 자신의 역량을 최고로 끌어낼 수 없었기 때문에 전문화를 꾀할 수 없었다. 과거의 자본주의에서는 흔히 자본이 부족했기 때문에 사업이 소규모일 수밖에 없었다는 점이 인정을 받았다. 사실 상인들의 서신과 상공회의소 문서는 자본금을 헛되이 투자했음을 보여준다."[2] 이 같은 자본 과잉은 19세기의 급격한 기술 변화와 함께 바뀌었는데, 결과적으로는 거액을 투자해 기계를 교체하고 생산 과정을 완전히 탈바꿈함으로써 수익성을 높일 수 있었다. 그 당시까지만 해도 가장 성공한 자본가들이 끊임없이 당면한 과제는 자신의 이익을 재투자할 수 있는 투자처를 찾는 일이었다. 이는 원래 안정적인 투자처에 경쟁자들이 몰리면서 수익성이 떨어지고 투자가 줄어들어 생겨난 문제다. (이렇게 함으로써 다수 투자자의 상황이 나아지기도 했지만, 결국 이런 방법은 수익성이 더 큰 사업으로 투자자들이 몰림으로써 한 사람의 이익을 나눠 갖는 비생산적인 방식이기도 했다. 이런 논점은 브로델보다는 다른 학자들이 더 강조한 것이다.)

따라서 브로델은 자본주의가 서서히 발달했으며, 사회 체제가 안정된 곳에서만 진정으로 강력한 힘을 발휘할 수 있었을 뿐이라고 주장한다. 아울러 그런 곳에서는 소유권을 신성불가침한 것으로 간주했으며 자본가 가문이 수세대에 걸쳐 자신의 보유 자산을 축적하는 것을 허용했다고 주장한다. 여기서 브로델이 주장하는 조건은 유럽과 일본에서만 충족된다.[3] 중국과 이슬람 세계에서는 모두—그의 주장대로—국가가 부유한 피지배자에게 강권을 행사함으로써 실질적으로 재산을 보장하지 못했다. 그리고 인도에서는 카스트 제도로 직업상 제약을 가하는 한편, 거상들에게 새로운 사업을 시작하는 것을 제한하기도 했기 때문에— 얼마간 보장을 해주기도 했지만—이를 자본주의의 발달이라고 보기는 어렵다.[4]

다소 의미를 좁혀보면, 초두리도 재산을 다루는 방법에서 나타나는 유럽인과 아시아인의 차이점에 관해 이와 유사한 주장을 한다. 초기의 연구를 통해 초두리는 투자를 용이하게끔 한 1500년 이후 특정한 형태의 사업—예금 상품을 취급하는 공공 은행과 주식회사—을 강조했다.[5] 초두리는 베버의 이론을 바탕으로 이런 주장을 펼쳤는데, 베버는 자신이 언급한 개념과 회계 제도를 발달시킨 서유럽만이 기업의 재원, 자본금, 신뢰할 수 있는 독립된 중개상을 유지함으로써 진정한 이익을 창출하고 자본 축적을 극대화할 수 있었다고 주장했다.

그러나 최근 연구는 이런 주장을 약화시키고 있다. 예를 들어, 중국의 회계는 베버가 생각한 것보다 훨씬 더 정교했다. 또한 19세기 후반 대규모 '경영' 기업이 대두하기까지 서구의 '합리적' 회계 제도를 채택한 서구 기업도 극소수에 불과한 것으로 드러났다.[6] 그리고 중국의 기업들은 사실상 기업과 완전히 분리되지 않은 가문의 흥망성쇠에도 불구하고 수세기 동안 살아남았다. 이런 종류의 성공이 좀처럼 드러나지 않듯 상업 명가名家에 대한 기록도 특히 드물다.[7] 그럼에도 불구하고 몇몇 사례가 남아 있다. 루이푸샹瑞蚨祥은 각양각색의 피륙을 파는 가게였는데, 300년 동안 영업을 계속했다. 그리고 식품 가공업체인 위탕Yutang Company은 1776년부터 1949년까지 존속했다.[8] 톈진에는 18세기(혹은 더 정확히 말하면 17세기 후반)부터 20세기까지 번성한 몇몇 상업 명가가 있었다.[9] 그리고 중국에는 대물림한 기업도 거의 없고 (이미 살펴본 대로) 양도 가능한 토지도 없었지만, 좀더 일반적인 명가들을 살펴보면 1000년 혹은 그 이상 존속한 곳도 여럿 있다.[10]

게다가 한 가문과 주로 관련을 맺은 기업은 자본 일부를 다른 곳에서 끌어들일 때도 많았으며, 전문 경영인을 고용하기도 했다.[11] 다수 기업이 지리적으로 넓은 지역에 걸쳐 충분한 운영 자금을 모았으며, 다양한 사업 분야에 진출하고 상당한 수준의 수직적 통합을 이루기도 했다.[12] 19세기 초반 산시 성의 큰 목재 회사들은 각각 3000~5000명의 노동자를 고용했다고 전해진다.[13] 이로써 산업화 이전 세계의 기업들 가운데 일부는 세계 유수의 기업으로 성장했으며, 이는 산업화 이전이나 초기 산업화 과정에서 기업을 운영할 충분한 자금을 모으는 것이 가능했음을 여실히 보여준다. 19세기경 한커우漢口의 주요 수출입항에 자리를 잡고 있던 다수 기업은 중국 내 여러 지역에서 온 투자자와 공동 출자를 원칙으로 설립되었다. 쓰촨 성 푸룽에 있는 거대 염전에서 소금을 제조하고 파는 기업들도 마찬가지였다.[14] 많은 비친족 투자자들의 모임인 복합 영리 조합은 인도 북부의 반자라banjara(인도 카스트 제도에서 소를 키우는 수드라 계급. 짐을 나르거나 자신들이 직접 무역 상인이 되기도 했다—옮긴이) 및 반야banya라는 상인 집단과 그 밖의 지역에서 흔히 볼 수 있었다.[15] 이런 기업들 역시 베버가 말한 이상적인 유형에는 미치지 못했다는 것은 의심할 여지가 없다. 하지만 실제로 대부분의 서양 기업들이 이것에 더 근접했다는 것도 확실하지 않다.

초두리의 후기 연구에서는 초기에 주장했던 합리적인 기업 조직에 관한 관심을 줄이고,[16] 대신 기존에 주장하던 상업 자본에 대한 아시아의 보장 결여에 대해 좀더 집중적으로 자신의 의견을 펼쳤다.[17] 일반적으로 아시아의 법체계가 좀더 독단적이었음을 반영하는 것이라고 언급한 브로델의 주장과 달리 초두리는 아시아에서 개인이나 토지를 가진 부유층이 유럽에서보다 반드시 더 불안정한 것은 아니었다고 주장했다. 그러나 아시아는 유럽처럼 상인 기업의 자본을 노동자와 분리해 취급하지 않았기 때문에 불안정한 상태를 유지했다.

> 이러한 아시아 무역국의 상인과 은행업자는 법과 국가적 제약에 따라 공익 분야에 투자할 수 없었다. 자신의 자금을 베네치아나 제노바 공화국 또는 암스테르담 은행의 채권에 투자한 일반 국민도 재정적 위험에서 자유롭지 못했다. 하지만 채권은 법적 인정과 담보 가치라는 특성을 가졌다. 지배 계층에 자금을 빌려주거나 세금 징수를 돕는 인도와 중국 상인은 그들의 공적 융자금을 시장

성 있는 자산으로 제도화하는 게 불가능했다.

아시아에서는 토지의 사유재산이라는 개념이 크기나 소유주에 따라 제한을 받지 않았다. ……이는 상업 자본의 경우와는 전혀 달랐다. 상인과 투자 활동은 여전히 불가분의 관계였다. 반면 인도양에서 상업 활동으로서 자본주의는 보편적이었다. 이곳에서는 소유주와는 별개로 자본이 생산적 역할을 하는 데 사회적 혹은 법적 개입이 거의 없었다.[18]

초두리가 주장했듯 자본과 자본가를 분리하기 어려운 것은 유럽 도시국가와 달리 아시아 대제국의 지배 계층이 애초부터 정부의 이윤을 위해서나 스스로를 위해 상업에 관여한 게 아니기 때문이다.

생산 요소인 토지와 노동력은 사회적으로 나눌 수 있는 것으로 여겨졌다. 그래서 충분한 구매력을 갖춘 사람이라면 누구나 토지를 사고 노동력을 이용할 수 있었다. 그러나 무역과 산업에 활용하는 자본은 상인 집단의 수중에 견고하게 장악되어 있었다. 고정적 수입을 낳는 상업적 투자의 권리를 소유하는 것이 상인에게 직접 과세하는 것보다 나을 수 있다는 관념이 아시아 지배자들에게는 떠오르지 못했던 것 같다. 만약 그렇게 했다면, 다음과 같은 필요조건이 뒤따랐을 것이다. 요컨대 이러한 권력과 권리에 대해 법률적으로 제한을 할 필요가 있었다. 법률적으로 명확하게 규정되지 않고 사회적으로 오해의 소지가 남아 있었기 때문에(고리대금, 전매, 독점과 관련해서), 자본의 사회적 소유와 구체적 활용, 운영 및 축적 범위 역시 줄곧 제한을 받았다.(강조는 필자)[19]

결과적으로 "〔정치권력에 의한〕 임의의 몰수라는 공포에서 결코 벗어날 수 없었던 것이다".[20]

그럼에도 불구하고 실제로 아시아 거상이 유럽의 상대 회사보다 재산 몰수에 더 시달렸는지는 명확하지 않다. 유럽 상인이 빌린 돈을 갚지 못했을 때 재산을 몰수당한 것을 포함하면 그런 주장은 특히 의심스러워 보인다. 앞으로 살펴보겠지만 이와 달리 일부 남아시아 상인은 상당한 보호를 받았다. 그리고 중국 상인은 대체로 이 문제를 피할 수 있었는데, 왜냐하면 정부가 거의 차용을 하지 않았기 때문이다. 브로델은 일본 도쿠가와 시대 상인이 유럽에 있는 상대 회사와 동일한 이점을 누렸다고 제시했는데, 아마 당시 일본 상인은 중국이나 인도 상인보다 실질적으로 재산 몰수(쇼군이 법으로 정한 귀족과 임대료 체납 및 부채 탕감을 통해서)에 좀더 시달렸을 것이다. 하지만 그 시대 후반에는 그런 일이 빈번하지 않았다.[21]

나아가 어느 정도 재산을 보장해주는 게 시장이 제 기능을 하는 데 필요한 일임에는 분명하지만, 보장이 추가로 늘어날 때마다 자동으로 위험 부담이 줄어들고 자본 가치가 하락하면서 경제 성장이 늘어나는지는 명확하지 않다. 그레고리 클라크는 1540년부터 1837년까지 장기간에 걸쳐 공채에 대한 이자율이 정치적 위기 및 안정 여부에 따라 변동했음에도 불구하고 개인 거래 수익률은 보통 그렇지 않았다는 것을 발견했다. 게다가 정치 체제가 크게 변하면서 몰수와 과세 모두에 대해서는 재산 보장을 강화했지만(예를 들면, 정부 예산을 통제하기 위한 의회의 결속), 이런 변화가 개인 거래에서 자본 가격에는 큰 영향을 미치지 못했다. 따라서 그레고리 클라크는 이른바 제도적 환경의 점진적 '향상'이란 게 과연 산업혁명의 시작을 알리는 중요한 서막이었는지 의심한다. 이런 관점에서 보면, 영국의 제도는 적어도 1540년까지는 충분히 안정적이었으며, 그 후 자본 시장을 중시하지 않으면서 전횡을 일삼던 정치 체제의 부정부패를 척결했다.[22] 영국에서 1540~1660년과 1690~1760년에 재산 보장을 강화했음에도 불구하고 자본 비용에는 별다른 차이가 없었다고 한다면, 18세기에 유럽과 동아시아(그리고 아마도 남아시아 역시) 사이에 왜 그토록 중대한 차이가 났었는지 더더구나 명확하지 않다.

그러나 중국이나 인도가 유럽 국가들보다 자국의 상인을 더 위축시키지 않았다 해도 상업 자본과 그 소유자가 완전히 분리되지 않았다면 이는 여전히 문제일 수 있다. 일부 학자들은 중국의 경우 부자인 가족 구성원에게 대가족 집단이 권리를 주장하는 것이 장기적으로 자본을 축적하는 데 저해 요소로 작용했으며, 미망인과 교육 그리고 구직求職을 지원하는 '공익 신탁charitable trust'의 수익률이 줄어들었다고 주장했다. 그러나 최근 연구에서는 성공한 톈진 상인들이 형제나 가족으로부터 자기 자산을 분리시키는 데 거의 문제가 없었음은 물론이고, 시간도 오래 걸리지 않았다는 게 밝혀졌다.[23] 따라서 앞선 주장과 달리 '공익 신탁' 자체는 장기적으로 상업 자본의 축적을 위한 수단이 될 수 있었다. 지금부터는 이런 신탁 재산이 이론적으로 토지보다 기업가나 상업 및 산업 기업 소유주에게 대여된 경우를 좀더 자세히 살펴보겠다.[24] 친족이 재산을 공동으로 소유하는 것은 장기적으로 자본 축적에 영향을 미쳤다. 요컨대 그런 관계 속에서는 한 가족이 자신의 원금을 빼내기는 매우 어려웠던 반면, 각각의 가족은 계속해서 사업으로 벌어들이는 소득을 배당받을 수 있었다. 경영자들(때로는 가문이 아닌 외부 사람을 고용하기도 했다)은 현대의 기업 경영자와 매우 흡사해서 회사의 배당금 분배율을 정하고, 지속적으로 필요한 수익을 창출하는 등 광범위한 능력을 갖고 있었던 것처럼 보인다.[25] 그리고 허빙디何炳棣가 45년 전에 연구한 양저우 거상들[26]—사치스러운 생활을 하고 지식인과 교류하기 위한 열망으로 가득 찼던 그들은 청 제국 후기 중국의 상인 엘리트층의 모습으로 오랫동안 사람들의 머릿속에 자리 잡았다—

과 달리, 톈진이나 푸룽의 상인 명가는 20세기에 정치적 논쟁거리가 늘면서 필요할 때까지 자신의 자식을 관직에 내보내기 위해 그다지 노력하지 않았다.[27] 마지막으로 19세기 후반—공장 시대—까지는 가족 기업이 유럽 경제의 일부 분야를 지배했다는 점을 상기해야 한다.

서유럽과 동아시아의 기업 조직은 유럽인이 가장 주목했던 바로 그 해외 무역이라는 한 분야에서 가장 차이가 많이 났을지도 모른다. 유럽인은 원거리 무역과 식민지 건설을 위해 동업이라는 새로운 형태의 조직을 만들었으며, 궁극적으로는 주식회사로까지 발전시켰다. 그들은 이런 형태의 조직을 통해 자본과 그 소유자 관계를 새로운 차원에서 분리하고 제도화했다. 따라서 단독 투자자를 통합으로써 방대한 규모의 무역 항해와 화물 무역이 가능해졌다.

이와 대조적으로 동남아시아 영해를 오가던 중국의 정크 무역선은 일반적으로 다양하고 많은 상인의 물품을 실어 날랐다. 그리고 상인이나 중개인은 선상에서 선원으로 일하며 임금 대신 자신들의 화물을 선적할 자리를 얻었다. 한 학자는 이들 배에 대해—배의 화물칸을 최대한 많이 만들기 위해 워낙 작게 나누었기 때문에—마치 "광저우 외곽에 있는 시장이 바다에 떠 있는 것 같았다"라고 기술했다. 반면 다른 학자들은 그러한 무역은 "낙후했으며" "보따리장사 수준"이었고 "소규모" 자본주의의 한 단면에 불과하다고 결론지었다.[28] 그러나 아래에서 살펴보겠지만 이런 방식으로 무역을 한 상인은 유럽인이 무력을 사용하지 않는 한 대부분의 항로에서 유럽인과 성공적으로 경쟁했다. (물론 그들은 더 낮은 이익을 감수하면서 시장을 점유할 수도 있었을 것이다. 그러나—증거는 갖고 있지 않지만—중국의 자본 비용이 더 높았다는 것을 고려하면 그랬을 가능성은 없다.)

사실, 그런 시스템은 이 항로에 부는 계절풍의 영향을 고려할 때 완벽했다. 풍향이 바뀌기 전에는 집에 돌아가지 못했기 때문에 항구에서 정박하는 시간을 대폭적으로 줄일 수 없었다. 따라서 육지에 상륙한 일부 기업가는 선박의 화물칸을 전부 사용하거나 현금을 지불하고 화물 적하장을 빌렸다. 아울러 그들은 해안에서 오래 머무르는 동안 전문 항해사들에게 주어야 할 막대한 임금을 감당할 수밖에 없었을 것이다. 그래서 좀더 짧은 시간 정박할 장소를 많이 확보하고 각각의 항구에서 화물을 사고팔 수 있는 현지 선원을 고용하는 게 좀더 효과적이었다.

이와 대조적으로, 18세기 동안 대서양을 오가는 화물선의 운송비는 큰 폭으로 떨어졌다. 선원에게 임금을 지불하던 유럽의 많은 선박업자가 회항 시간을 단축할 방도를 찾았기 때문이다. 예를 들어 1700년경 체서피크Chesapeake 만에서 화물을 배에 싣고 돌아오기까지 100일이 걸렸다면 1770년경에는 50일 이하로 줄었다.[29] 따라서 1년에 두 번까지도 왕복할 수 있었다. 하지만 배가 돛에 의지해 항해하는 한 남아시아, 동남아시아, 동아시아 지역을 지나는 바람 앞에서는 어떤 해결책도 소용이 없었다. 따라서 이 사례에서 살펴본 상인과 자본의 관계가 다소 물리적으로 덜 분리했다 하더라도 절대 불합리한 것은 아니다. 이는 그들이 대서양과는 다른 계절풍에 적응하는 방법이었기 때문이다.

중국 남부와 러시아 사이의 육로를 통한 차 무역—비교적 획일적인 상품(체서피크산 담배같이 선박이나 대상이 도착하기 전 중심지로 손쉽게 집결시킬 수 있는 상품)을 포함했으며 계절풍의 제한을 받지 않았다—은 훨씬 더 '유럽인'의 원칙을 바탕으로 조직되었다. 가르델라R. Gardella는 차 무역과 관련해 일부 큰 회사들(더 작은 회사들까지도), 복잡한 파트너십, 선진적인 금융, 선박 적재 시장(투자자는 물리적으로 자신의 화물과 분리되었다), 현물 및 선물 도매 시장 등에 대해 설명했다. 말하자면 기업 간 협력 관계는 여러 가지 방법으로 원거리 무역을 했던 근대 초기 유럽의 회사(예를 들면 영국의 머스코비 컴퍼니Muscovy Company)와 거의 비슷했던 것 같다.[30] 이는 17세기 기업—특히 자유로운—에서 좀더 발전한 모습으로 변모하지 못했지만, 특별히 그런 특징을 가질 필요는 없었다. 유럽의 초기 무역 회사처럼 기업들은 자신의 사업에 필요한 비인간성을 구체적으로 드러냈다. 그리고 나중에 살펴보겠지만, 경영자와 소유자가 좀더 분리되는 게 진정한 이점을 갖는 경우는 매우 특별한 환경일 때뿐이었다.

그러나 비교 영역을 중국과 동남아시아로 제한하는 한 유럽의 자본가에게 더 많은 투자 선택권이 주어졌다는 주장이 좀더 적절해 보인다. 직물, 간장soy sauce 혹은 벌목업과 달리 해외 무역에 깊숙이 관여하는 중국 기업은 정부로부터 달갑지 않은 시선을 받을 수도 있었다. 특히 기업주가 한 번에 한 가지 이상의 물품 교역으로 해외에 장기간 체류했을 경우엔 특히 그랬다. 따라서 앞서 초두리가 언급한 아시아 상업 자본의 불안정한 구조는 이런 제한이 가해진 중요 영역을 가리키는 것일 수도 있다.[31] 중국인은 정부가 이런 무역을 중단시키고자 전력을 다하는 동안에도 여전히—중간에 한 번 공백이 있었지만(17세기에 정치적으로 불안정했던 시기 동안)—상당히 많은 양을 해외 무역을 통해 거래했다. 그리고 심지어 이런 방해조차도 장기적으로 무역망을 기반으로 한 중국의 성장에 영향을 미치지 못한 것으로 보인다. 하지만 중국은 해외 무역이 이례적으로 높은 수익률을 얻을 수 있음에도 불구하고 이를 증진시키기 위해 강압적인 힘을 사용하지 않았다. 이미 살펴본 대로 청 왕조는 동남아시아를 연례적으로 방문하는 중국의 '해외 무역상'에게는 그나마 관심을 보였지만, 해외에 거주하는 중국인에 대해서는 무관심하거나 적대적인 태도로 일관했다—사실상 해외에 거주하는 중국 상인 집단은 교역소나 식민지 제국에서 아주 중요한 역할을 했을 것이다. 어떤 중국 정권도 개인에게 중국을 발판으로 무역업을 시작하고 발전을 도모할 자유를 허용하지 않았다. 청 왕조 시대인 1680~1760년 무역 규모가 2배 가까이 늘었지만, 중국은 중앙아시아에만 중점을 두었을 뿐 해상 무역을 하는 상인에게는 거의 무관심했다. 근대 초기 유럽의 경쟁국에 비하면 당시 중국의 정치경제는 특별한 자본가 한 사람의 노력으로 일군 성장을 달갑지 않게 여겼다.

게다가 중국 정부는 거의 돈을 빌리지 않았고, 세입을 늘리기 위해 상인을 끌어들이지도 않았고, 19세기 중반 이전에는 관직(시험 등급이 많았음에도)도 거의 팔지 않았다.[32] 그러는 동안 허가받은 소수의 사람이 국내에서 한 가지 품목(소금)을 독점함으로써 엄청난 부를 이루기도 했다. 아울러—유럽 국가들보다는 규모가 훨씬 작았지만—좀더 작은 규모의 독점 거래가 형성되기도 했다. 중국 내에는 설탕, 담배, 술을 독점하는 기업이 없었다. 그 밖의 '작은 사치품'은 당시 날로 인기가 높아짐과 동시에 유럽 지배자나 혜택을 받은 상인에게 엄청난 부를 안겨주었지만 중국 시장에서 이런 품목을 배타적으로 독점한 기업 역시 없었다. 따라서 중국의 거상이 공공 재정—유럽의 가장 부유한 다수 자본가에게 큰 수익을 가져다주었으며, 아울러 새로운 금융 제도에 대한 실험 역할을 한[33]—을 접할 기회는 훨씬 더 적을 수밖에 없었다.

그러므로 적어도 중국에 관한 한 당시 주로 토지에서 창출된 세수에 기댈 수 있었던 정부는 유럽보다 상인에 대한 간섭이 적었을 뿐 아니라 그들에게 기회와 특권적 역할을 더 줄여버렸다고 주장할 수 있을 것이다. 이런 가능성에 대해서는 뒤에서 다시 다룰 예정이다. 유럽의 거대 기업이 정부로부터 챙긴 이권은 필시 그로 인해 정부의 간섭을 받는다 해도 충분히 그 이상의 가치가 있었을 것이다. 따라서 자본가들이 부를 축적하는 데 유럽의 정치경제가 중국의 정치경제보다 더 도움을 주었을 것이다. 그러나 이러한 주장은 아직 입증되지 않았다.

또 다른 가능성은 유럽에서 국가의 재정적 필요를 충족하기 위해 제도를 혁신했는데, 이로 인해 자본 시장이 효율적으로 발전할 수 있었다는 것이다. 이는 타당해 보이긴 하지만 좀더 복잡한 자본 시장에서 중요한 문제일 수 있기 때문에 이런 활동을 명시하는 데에는 신중한 주의가 필요하다. 이에 대해 연구하기에 앞서, 유럽 정부가 신용 거래를 몹시도 갈망했기 때문에 금융 자산을 특별히 보장했다는 아주 광범위한 주장에 대해 좀더 다룰 필요가 있다. 중국 이외의 아시아 사례를 통해 공공 재정과 사설 시장 사이의 매우 다양한 관계를 조사해보면, 이들 국가는 자본의 신용 거래를 확고히 보장할 필요가 있었으며 동시에 이들 국가 내의 신용 거래가 일반적으로 용이하고 활발했다는 사실을 알 수 있다. 그렇다면 정부가 신용 거래의 안전을 보장하는 것과 일반적 신용 거래의 활성화는 어떤 관련이 있는지 살펴보기로 하자.

동남아시아에서 식민지 시대 이전 대부분의 국가는 유럽이나 중국을 기준으로 보면 상당히 국력이 약했다. 일부 본토 국가들이 강력해지고 있기는 했지만,[34] 이로 인해 섬이 좀더 상업화한 세상으로 바뀐 것은 아니다. 다수의 동남아시아 국가는 국가 간 무역을 증진하고자 노력했다. 그래서 적극적으로 정부 세입을 예측하고, 징수하고, 관리할 상인을 모집했다.[35] 그런 노력에도 불구하고 이들 사회의 흑자 가운데 국가의 몫은 상대적으로 얼마 되지 않았다. 그래서 상인이 금융이나 상업상의 특혜를 얻어 큰 수익을 얻을 기회는 근대 초기 유럽보다 훨씬 적었다.[36]

그러나 중국과 동남아시아에서 이런 공공 채무의 발달이 서유럽에 비해 훨씬 더디게 이루어졌다고 해서 이것이 곧 개인 부채와 금융 자산이 다른 곳보다 안전하지 않았다는 걸 의미하지는 않는다. 그러는 동안 남아시아와 중동의 많은 지역에서는 전력이 비등한 국가 사이에 군사력 경쟁이 점점 더 치열해지면서 근대 초기 유럽 국가들과 유사하게 재정적 필요성이 대두했다.[37] 아울러 이 지역 몇몇 곳에서는 유럽 국가들 못지않게 높은 수준으로 발달한 금융 기관을 찾아볼 수 있다.

좀더 최근에 학계는 남아시아의 자본주의를 설명하면서 초두리가 강조한 적 있는 한계점들을 확실히 무너뜨렸다. 예를 들면 프랭크 펄린Frank Perlin은 14세기 초 인도 각 지역에 있는 유력 가문이 마을의 지도적 지위를 확고히 하고, 세금을 징수하는 권리를 획득하고, 땅에서 수확한 생산물의 일부를 축적했다고 말한다. 이러한 권리는 종종 국가와 다른 주요한 가문 그리고 점증하는 소작농에게 직접 돈을 빌려주면서 얻는 경우가 많았다.[38] 그런 과정을 통해 소작농의 생산물 중에서 나눌 수 있는 몫을 제도적으로 규정하고, 보호받을 수 있는 몫의 범위를 합의했다. 왕이라도 그것을 폐지할 수 없었으며,[39] 토지 소유주는 명가나 소작농을 상대로 그 규정에 대항해 땅을 팔거나 빌려줄 수 있었다. 다시 말해 이런 규정은 브로델과 초두리가 언급한, 미래 수익에 대한 유럽의 채권 또는 유치권에 해당하는 유가증권이었다.[40] 실제로 인도에서는 공공 재정 운영이 거꾸로 민간 부문의 혁신에서 발전한 것으로 보인다.[41]

펄린과 앤드리 윙크Andre Wink가 북인도와 인도 중부에 집중한 반면, 산제이 수브라마니암Sanjay Subrahmanyam은 남인도에서 자본을 축적한 가문과 상업화한 국가 재정이 서로 관련 있다는 훨씬 강력한 증거를 찾아냈다. 수브라마니암은 자신이 "투자 자본가portfolio capitalist"라고 칭한 사람들의 이력을 추적했다. 요컨대 투자 자본가는 원거리 무역(대부분 높은 수익을 내는 사치품)을 통한 수익에 늘 변화를 겪던 사람들이었다. 또한 대출과 청구서 발송 그리고 그 밖의 다른 금융 활동을 했으며, 조세권과 정부 전매권(예를 들면 다이아몬드 광산에 대한)의 구입 및 임대, 자본 집약적 토지 개간(종종 변경 지역에 대한 조세권을 구입하고, 정착 자금이나 관개 시설에 자금을 댄 다음 신용 거래로 생긴 영향력을 행사해 지역에서 생산한 수출품의 구매 독점권에 세금을 부과했다) 등의 일을 했다. 나아가 그들은 영국과 네덜란드 사람들에게 물건을 사들이는 지역 구매업자 역할을 하기도 하고 조신朝臣(왕을 보필하는 신하—옮긴이)이나 장성, 군대 보급 장교로 복무하기도 했다.[42] 아울러 여기서도 역시 미래 소득으로 이어지는 권리를 관례화하고, 때로는 공식적으로 강력한 보호를 받았다. 궁극적으로 그러한 권리는 쉽게 매매할 수 있고, 상속 가능하고, 담보 대출도 할 수 있으며 대부분 유럽과 동등한 이익을 냈다.

최근 수브라마니얌은 이런 사실을 남인도부터 자신이 "근대 초기 아시아"[43]라고 칭한 지역들까지 일반화시켰다. 그는 특히 '투자 자본가' 중 대규모 중요한 두 집단이 인도양과 인접 해양의 광범위한 연안에 흩어져 있었다고 주장했다. 이란인은 동아프리카 연안부터 중동·남아시아 그리고 (훗날에는) 동남아시아 일부 나라에 이르기까지 각 지역의 무역, 세입 징수와 운송, 높은 이윤의 생산품(예를 들면 정부 광산) 같은 분야에 개입했다. 한편 광둥 연안과 푸젠 출신 중국인은 동남아시아 전역으로 흩어졌는데, 펄린의 말을 빌리면 두 집단 모두 처음에는 국가 세입 징수를 계획하기 위해 민간 기업과 금융 기관이 개발한 세금 징수 방법을 가지고 들어갔다. 한편 그들은 해당 지역에 머무르는 동안 국가와의 연줄을 이용해 수익성 있는 권리를 취득했으며, 이를 통해 특정한 정보를 얻거나, 아니면 더 많은 상업적 이익을 얻었다.[44]

투자 자본가의 활동과 국가의 일반적인 중상주의적 사고방식은 도시국가를 다룬 문헌에 잘 나타나 있다. 이에 따르면 도시국가들은 상업적 수출입항(멜라카, 호르무즈 등) 역할에 의존했으며, 유동성을 가진 상인에게 유리한 환경을 제공할 필요가 있었다.[45] 이런 국가는 단독으로 근대 초기의 유럽 자본가들이 누린 것에 필적하는 활동과 보장 영역을 만들었다. 여기서 초두리가 프랑스와 에스파냐 왕이나 유럽의 다른 큰 국가의 왕에게 돈을 빌려준 불확실한 신분의 사람이 아니라 분명히 합법적으로 지위를 보장받은 베네치아, 제노바, 암스테르담의 채권자를 언급했다는 사실에 주목해야 한다. (유럽 국가 중 가장 중상주의적인 영국 정부마저도 내란 기간에 발생한 상당한 부채를 갚지 않았고, 수십 년간 이어져온 일부 다른 왕실의 부채도 상환했는지 알 수 없다.)[46]

이어서 수브라마니암은 드넓은 영토를 가진 남아시아와 동남아시아 제국이 이들 도시국가의 선례를 따른 반면 일부 도시국가는 실질적인 배후 지역의 통제를 받고 있었다고 주장한다. 따라서 인도양에서는 이미 분리해 있던 거대 농업 국가와 상인이 지배하던 도시국가의 재정을 하나로 통합했고, 그렇게 합쳐진 거대 지역에서 '투자 자본가'는 안전하게 수익을 얻을 수 있었다.[47]

이렇게 광활한 영토를 소유한 몇몇 제국에서 국가 세입 중개인 역할을 한 18세기 상인은 그들의 유럽 동료 상인 대부분이 누렸던 것에 비해 훨씬 큰 이익을 얻도록 법적으로 보호받았을 것이다. 예를 들어 1770년 발생한 참혹한 기근 이전에 인구가 2000만 명에 달한 벵골의 경우[48]—러시아나 프랑스 인근에 있는 어떤 유럽 국가보다도 인구가 많았다—어용 은행가였던 자가트 세스Jagat Seth 가문은 원하던 징세권(결국에는 이 권리에 대한 계약이 파기되었지만)을 얻은 데 대한 보답으로 관례상 나와브nawab(통치자)의 세입을 늘렸다. 만약 내부 혹은 외부의 적들이 통치자를 실각시킨다 해도, 그들의 권리는 분명히 영향을 받지 않았을 것이다. 이런 점이 전임자가 판매해온 다양한 특혜를 폐지하려는 나와브에 대항할 음모를 자진해서 꾸미게 된 주요인이었다.[49] 유럽 군주에게 돈을 빌려준 그들의 동업자는 종종 이런 선택권을 가지길 원했겠지만 그런 일은 없었다.

어쩌면 일반 대중의 시장 참여율이 중국, 일본, 서유럽보다 떨어졌던 인도에서 투자 자본가가 번성했다는 사실은 인상적이다. 요컨대 그들의 존재는 특히 자본가 계층의 성장 조건과 사회를 변모시키는 전반적인 조건을 구별할 필요성을 뚜렷이 드러내준다. 수브라마니얌보다 앞서 진행한 연구에서, 베일리는 적어도 근대 초기 인도 자본주의의 변모 가능성을 제한한 요인 두 가지를 제시했다.[50]

베일리는 다양한 세입 징수권, 전매권과 그 밖의 다른 특혜—자신이 "왕권의 상업화"라고 칭한—를 매매하는 것 자체가 그 시장에서 많은 사람을 제외하는 것을 전제로 했다는 점을 강조한다. 그런 권리는 다양한 물품과 서비스를 파는 좀더 경쟁적인 시장의 발달을 계속해서 선취할 수 있다는 확신이 없는 구매자가 폭넓게 거래할 만한 안전을 충분히 보장해주지 못했을 것이다. 그런 면에서 어떤 종류의 자본주의는 시장 경제의 성장을 동반하지 않는데, 그로 인해 전반적인 경제 변화에 더욱 불리할 수 있다.

그러나 베일리는 인도의 자본주의 정신이라고 말할 수 있는 것에 관해서도 주장한다. 이는 신앙과 경제 활동 사이의 관계에 대한 베버의 개념을 따르려는 시도이지만, 베버가 비유럽에 대해 제시한 것보다 훨씬 더 나은 증거를 기반으로 삼는다. 여기서 그러한 주장을 같은 비중으로 공평하게 다룰 수는 없지만, 신앙과 경제 활동 간에 경제적으로 어떤 중요한 차이가 있는지 간단히 설명하고 고려해볼 만한 가치는 있다.

베일리는 북인도의 상인 대부분이 거대 투자 자본가를 모방하기 싫어

했다고 주장했는데, 왜냐하면 이러한 활동 양상이 자신들이 무슨 역할을 해야 하는지에 대한 일반 시장 상인의 생각과 충돌했기 때문이다. 이 투자 자본가는 고수익, 고위험, 빠른 자금 회전을 포함한 사업상 모험적 시도에 깊이 연루되어 있거나(주로 정부와 관련해) 토지 경영에 밀접하게 관여했다. 베일리는 특히 일반적인 인도 상인이 경제적, 사회적, 정신적으로 가문의 '신용'을 중시했다고 주장한다. 위험한 모험과 사치스러운 생활 그리고 단 한 사람(아니면 그 사람의 자식)을 사치스러운 생활로 이끌 가능성이 있는 일종의 부를 소유한 것으로 인해 신용이 위태로워질 수도 있기 때문이다. 그러므로 일반 상인은 신중한 사업 태도와 상대적으로 느린 자금 회전 그리고 크게 성공한 궁정 상인의 삶과 완전히 상반되는 금욕적인 생활방식을 통해 자신의 지위를 확립했다. 더구나 상인들 사이에 떠도는 여러 교훈적 이야기는 직접 토지나 토지 수익을 관리하는 일이 한 개인을 복잡한 이익 배당 의무 및 수확과 관련한 위험한 도박에 끌어들이므로 특히 위험하다는 점을 보여준다. 대중의 구매력이 제한된 국가 경제에서는 세입과 원거리 무역 그리고 잠재적으로 높은 수익을 올릴 수 있는 다른 영역의 운영에 참여하는 것이 언제나 매력적인 일이었다. 하지만 대부분 인도 상인의 기질은 이러한 활동과 맞지 않았다. 투자 자본가는 존경과 선망의 대상이었으나 보수적인 동료 상인은 그들을 종종 부정적인 모델로 간주했다.[51]

이런 상인 문화에 대한 묘사에는 이의를 제기하기 어려울 뿐만 아니라 얼마나 자세히 설명하고 있는지도 알기 어렵다. 어쨌든 크게 성공한 자신의 동료를 못마땅하게 여기며 신중한 태도를 보이는 상인은 비단 인도 사람들만의 특징이 아니었다. 심지어 암스테르담 같은 초기 자본주의적 도박 소굴에서도 그와 같은 상인을 찾아볼 수 있다. 그런 곳에서는—사이면 샤마Simon Schama가 주장한 것처럼—극도로 신중한 도시 은행이 가치 있는 영리 활동을 상징하는 반면, 증권거래소는 많은 시민을 대상으로 부적절한 투기를 하는 상징이 되었다.[52] 나아가 베일리는 북인도의 독실한 상인에 관해 대단히 흥미로운 사례를 언급했다. 이를테면 시장 가까이에 있는 꾸미지 않은 집에서 소박하게 사는 그 상인은 더 크게 성공한 업종에서 벌어들인 수익으로 도시 외곽에 대궐 같은 페르시아식 대저택을 마련했다는 것이다.[53] 당시 신앙적 경건함은 종종 겉으로 드러내는 것보다 은밀하게 표현할 것을 강요했는지도 모른다. 이는 중국의 사대부 집안이 상당한 상업적 투자를 은밀하게 계속 이어간 것과 유사한 또 다른 사례라고 할 수 있다.

많은 상인이 그들의 경험을 통해 정말로 고위험·고수익에 대한 모험을 피하려 했음에도 불구하고, 그것이 경제 전반에 얼마나 큰 영향을 미쳤는지는 분명하지 않다. 어쨌든 고위험과 고수익 영역은 투자할 수 있는 사람의 수가 한정적이었다. 더불어 고수익을 좇는 사람은 많아지고 자본도 충분하게 투자했던 것으로 보인다. 이와 같은 상황은 분명 경제에 영향을 미쳤을 것이며, 이에 따른 결과가 투자의 구조적 변화로 나타난 것처럼 보인다. 다시 말해, 이는 적어도 정부에 돈을 빌려준 일부 유럽 국가에서는 궁극적으로 신중한 투자의 전형이 되었다. 반면 한창 혼란스러운 시기인 18세기 인도에서는 국가가 남아 있는 투기꾼의 활동에 관여했다. (앞서 논의한—클라크가 인용한—영국 이자율 변화에 따른 공공 대출이나 민간 대출의 위험에 대한 상대적 평가에서 유사한 변화가 나타났다.) 간단하게 살펴보면 사실상 서로 경쟁하는 동인도회사와 서인도회사의 특정한 준국가 활동—전쟁을 벌이는 것을 포함해—에 대한 투자는 유럽의 인내 자본patient capital을 끌어 모으기 위한 새로운 형태를 창출했다. (동인도회사는 1600년 12월 31일 영국 국왕의 특허를 받아 조직했으며 독점적인 무역 기구로 발족해 나중에는 정치적 성격까지 띠었고 18세기 초부터 19세기 중엽까지 인도에서 영국 제국주의의 앞잡이 역할을 했다. 서인도회사는 서인도 제도, 남아메리카, 아프리카 서안에 위치한 에스파냐와 포르투갈의 식민지를 공략하고 이들 양국과 맞서 무역 전쟁을 수행하기 위해 1621년에 설립했다—옮긴이.) 반면, 이렇게 무력으로 이익을 취하는 곳에 투자하는 것은 상대적으로 짧은 기간에 이루어졌으며 투자의 성격 또한 다분히 투기적이었다. 하지만 이처럼 대조적인 이유는 본질적으로 문화 때문이 아니었다. 그리고 식민지 정착과 무력을 동원한 무역에 대한 금융 지원에 비해 그 밖의 다른 활동을 위한 새로운 금융 수단의 적용 가능성은 제한적이었던 것처럼 보인다.

물론 신중한 접근이 필요하겠지만 몇 가지 근거는 18세기 서유럽 자본 시장이 세계에서 가장 효율적이었다는 사실을 입증해준다. 최우수 대출자를 위한 네덜란드의 3퍼센트 금리는 아마도 18세기 동안 4~5퍼센트까지 떨어진 영국의 금리와 함께 17~18세기 세계에서 가장 낮았을 것이다.[54] 17세기 후반 수라트에서 최우수 대출자를 위한 금리는 약 7퍼센트였으며, 17세기 인도 전역에서는 금리가 하락하고 있었던 것으로 보인다.[55] 일본의 금리 역시 떨어졌으나 초기 금리 수준은 상당히 높았다. 다이묘—채무를 이행하지 않는 경우가 많았기 때문에 바람직한 대출자는 아니었다—에 대한 대출 이자는 1707~1740년 평균 12.45퍼센트에서 1860년대(이후 10년간 엄청난 정치적 혼란에도 불구하고)에는 8.68퍼센트로 떨어졌다.[56] 중국 사례에서 살펴본 단편적 증거는 명목 이율이 18세기 일본과 거의 같고, 19세기 일본보다는 높다는 것을 보여준다. 18세기 후반 텐진 '은행들'은 정부와 어느 정도 기반이 탄탄한 상인의 경우 연리 10퍼센트를 부과했던 것으로 보인다.[57] 반면 전당포는 국가에 대출해줄 때 12퍼센트의 이율을 적용했던 것 같다. 이런 이율은 다양한 국가의 규정을 고려한 것이며, 따라서 국가들이 충분히 만족할 수 있는 이율이었을 것으로 여겨진다.[58] 이로 인해 일반 경제에 대한 활발한 자본 투자를 목적으로 '군사적 재정주의military fiscalism'가 좀더 확실하게 이뤄진 지역과 공공 신용이 발달한 지역(남아시아와 무엇보다도 유럽에서)이 더 나은 방법을 개발한 것처럼 보일 수도 있다. 그렇다고 해서 중국도 값비싼 신용 거래에 시달렸다고 서둘러 결론지어서는 안 된다.

첫째, 우리는 18세기 중국의 물가 상승률을 알지 못하기 때문에 신용 거래의 실질 금리도 알 수 없다. 둘째, 대출자에 따라 바뀌고 국가들 사이의 위험도 높은 대출에 부과하는 금리와 우수 대출자에게 부과하는 금리가 늘 동일하지 않았을 수도 있다. 게다가 만약 대출자를 신용도가 아닌 다른 기준을 적용해 판단할 경우에는 반드시 낮은 금리가 신용 거래에 대한 시장 가격을 반영했다고 볼 수는 없다. 예를 들면, 영국의 법원 기록은 17세기 대출 기관이 채무를 이행할 수 없다는 사실을 알고도 그들보다 사회적으로 우위에 있는 사람에게 돈을 대출해줘야 하는(그에 대한 담보권을 행사하지 못한 채) 압력이 심했다는 것을 보여준다.[59]

더욱 중요한 것은 금리가 투자 자금을 빌리는 사람들의 의지에 반드시 중요한 영향을 미친 것은 아니라는 점이다. 예를 들어 담보로 잡은 토지를 압류하는 것은 중국에서 특히 어려웠다. 만약 소유주가 채무를 갚지 못했을 때, 그를 임대료를 지불해야 하는 소작농으로 만들 수는 있지만 쫓아내거나 혹은 언젠가 채무를 상환한 후 토지를 되찾을 권리를 박탈하기는 어려웠다. 이런 (관례적인) 규칙이 재산권에 대한 심각한 결함을 드러낸다는 관점에서 대출 기관이 요구하는 금리가 오를 것이라는 점은 의심할 여지가 없다. 베틀을 구입하고 누에 먹이로 깔아둘 뽕잎을 확보할 자금을 빌릴 것인지, 결혼 자금(그럼으로써 또 다른 노동자를 얻는)을 빌릴 것인지 결정한 수백만 소작 농가는 금리가 낮지만 채무 불이행에 대한 처벌이 혹독한 것보다는 높은 금리를 지불하더라도 토지를 몰수당할 위험이 전혀 없는 대출을 받을 가능성이 좀더 높았을 것이다. 이는 특히 양잠업을 하는 사람들에게서 많이 나타난 것으로 보인다. 보통 양잠업은 대출 기간이 짧고, 작황이 좋아 높은 수익을 얻을 가능성과 실패할 가능성 모두가 상당히 높기 때문이다.

반면, 유럽에서는 농촌 산업을 위한 운영 자본과 고정 자본이 대개 노동자보다는 일을 하청 주는 상인에게서 나왔다. 그리고 일반적으로 지불 능력이 좀더 있는 투자자는 아마도 리스크 회피를 덜했을 것이고, 비교적 자신들이 채무 이행을 못할 가능성이 적은 일을 선호하고, 혹여 채무 불이행을 했을 때 재산 몰수 등 혹독한 결과가 예상되더라도 낮은 금리를 선택했을 것이다. 하지만 중국의 저금리가 자본이 절대적으로 부족했음을 반영한 것이라거나 저금리로 인해 자본을 비생산적인 곳에 투자했고 그 결과 자본의 낭비를 가져왔다는 증거를 찾아내지 못한다면, 중국의 저금리가 초기 공업과 농업의 성장 혹은 기계화를 저해했다고 말할 수는 없다. 앞으로 간단히 살펴보겠지만 이와 같은 시나리오, 즉 자본이 부족했을 가능성과 비생산적인 곳에 자본을 투자했을 가능성 중 어느 쪽도 사실일 것 같지는 않다.

이 책에서 살펴본 어떤 핵심 지역도 산업화를 위한 절대적인 자본 부족에 시달리지 않았다. 앞에서 인용한 브로델이 지적했듯 초기 '자본주의'의 한계는 자본 부족에서 비롯된 게 아니다.[60] 이는 그 시대에 자본이 적절하게 쓰일 수단이 부족했던 데서 비롯한 것이며, 나중에는 생산 과정을 변화시키기 위해 고정된 공장과 설비에 막대한 자본을 쏟아 부음으로써 기계를 활용할 수 있었다. 더 정확히 말하면, 부유한 사람들이 부동산을 취득하는 것과 경제적으로 비생산적인 다른 자산(일부는 개인적으로 수익성이 있기는 했지만)에 투자하는 것 이상으로 그들의 마음을 끌 만한 투자처가 없다는 데 문제가 있었다.[61] 그럼에도 불구하고 중국—이번 장에서 논의한, 중국 내에서 금리가 높은 지역에서조차도(앞서 살펴본 중국 톈진 은행의 경우 대출 금리가 10퍼센트였으며, 이는 일본과 거의 비슷할 정도로 높은 이율이었다—옮긴이)—생산성과 생활수준은 유럽과 비슷했다. 따라서 중국이 심각할 정도로 총자본의 부족을 겪었다거나 제도가 미비해서 자본을 적절하게 동원할 수 없었다고 보기는 어렵다. 산업화 초기에 영국의 대부분 사업체는 금융 기관에 의지하지 않고, 기업주 혹은 그들의 친족에게서 자금을 조달했다. 중국 인구의 상위 2퍼센트가 국가 총소득에서 차지한 수입이 잉글랜드와 웨일스 엘리트들과 거의 비슷한 것으로 나타나는데도,[62] 왜 중국에서 같은 일이 발생할 수 없었는지 이해하기 어렵다. 상세한 기록이 남아 있는 시기의 자료를 살펴보면, 중국은 상당한 흑자를 기록했으며 잠재적으로 투자할 여력이 충분했던 것으로 나타난다.[63] 일본의 금리는 중국보다 아주 약간 낮았으며, 인도의 항구 도시나 서유럽의 도시들보다는 높았다. 그리고 1840년대 일본의 2개 도시와 29개 마을에 대한 연구는 소작농의 저축률이 20퍼센트 정도라고 주장한다.[64]

그럼에도 불구하고 금리 차이가 어느 정도는 영향을 미쳤을 것이다. 앞서 했던 방식으로 가장 가능성 있는 가설을 세워 금리 차이가 어떤 결과를 가져오는지 살펴보자. 우선 북서부 유럽이 값싼 자본을 소유했고 동시에 자본 시장은 좀더 정교해졌다고 가정해보자. 이 경우 특정 핵심 지역의 주요 상품 수요가 증가하면 원거리 교역을 통해 상품을 공급받기가 한층 쉬워질 것이다. 이와 반대로 중국의 금리가 높았던 것으로 가정하면 아마도(거의 추측에 근거한 것이지만) 중국은 이런 방법으로 상품을 확보하는 게 쉽지 않았을 것이다. 그러나 이런 가설을 살펴보기 전에 우리는 자본 비용의 차이가 핵심 지역의 자체 생산력에 직접 영향을 미쳤을 가능성을 고려해야 한다.

하지만 이런 차이점이 핵심 지역에서 농업이나 초기 공업 발전에 중대한 차이를 만들었을 것 같지는 않다. 판민더의 연구는 17~18세기 양쯔강 하류 지역(그리고 중국 북부 역시) 소작농이 주로 고금리 대출을 이용했음에도—사실상 종종 본래 무담보 신용 거래에 매겨지는 고금리에도—양잠업과 면화 재배, 가내 섬유 생산 같은 종류의 일을 시작하기 위해 어떻게 자금을 대출받아 상당한 수입을 올렸는지 보여주었다. 판민더는 다음과 같은 점을 분명히 했다. 요컨대 어떤 신용 거래를 이용할 수 있느냐가 중요한 문제라는 것이다. 다시 말해, 소작농이 단일한 후원자(지주와 채권자, 아니면 수요를 독점하고 생산하는 상인)에게만 의존하는 것을 막음으로써 생산자인 그들이 경쟁 시장에서 구매와 판매 활동을 무난하게 수행할 수 있도록 보호했다는 것이다. 그리고 실제로 중국에서 대부분의 소작농은 분명 단일한 후원자에게 의존하지 않을 수 있었다.[65] 필자가 앞서 제시했듯 중국의 소작농은 사실상 이율이 낮은 대신 채무 불이행에 대한 처벌이 강한 저금리보다 이율이 높지만 자신의 토지를 잃을 가능성이 없는 고금리 대출을 선호했다. 따라서 중국의 소작농은 금리와 상관없이 적극적으로 소득 활동에 나섰을 것이다.

그럼에도 불구하고 유럽에서는 같은 목적으로 구입할 경우 중국 농민보다 싼값으로 베틀과 물레 등을 더 많이 구입했다고 예상할 수 있다. 하지만 상인이 자신들의 이익을 보전하거나 기계를 이용해 생산비를 줄이려는 게 아니라 저리의 신용 거래로 생긴 이득을 생산자에게도 넘겨주려 했다면, 천을 짜거나 실을 잣는 일이 좀더 많은 사람에게 가치 있는 일이 되었을 것이다. 그러나 근대 초기 유럽에서 섬유 산업 시장은 경쟁이 심했고, 아직 원공업화 상태였던 지방의 노동력 시장은 완벽한 시장으로서 특성을 보이지 않았다. 많은 노동자가 그들의 거주 지역에서 노동력에 대한 수요 독점 혹은 독점 구매 상황에 직면했다는 것을 감안하면,[66] 오히려 이런 일은 벌어지지 않았음직하다.

일찍이 산업이 기계화하는 동안, 중국과 유럽 사이에 자본 비용이나 사업 형태에서 왜 결정적 차이가 났는지를 알아내기는 매우 어렵다. 초기 산업혁명의 기술 대부분은 비용이 적게 들었다. 초기 방직 공장에서는 많은 고정 자본이 필요하지 않았으며, 필요한 자금은 가족 회사에서 쉽게 확보했다. 영국 석탄 산업은 19세기 중후반까지 거의 가족과 지역 중개인으로부터 축적한 자본으로 산업화 이전의 제약에서 벗어나는 가장 중요한 변화를 꾀할 수 있었다.[67] 또한 법인 형태는 초기 산업 경제의 기계화한 산업 분야에서는 거의 이용되지 않았다.

게다가 영국에서 산업에 일찍 뛰어든 사람들은 굳이 이율을 낮춰주지 않아도 충분한 수익을 거둘 수 있었다. 반대로 17세기와 18세기 네덜란드는[68]—아마 세계에서 가장 금리가 낮은 신용 거래로도—에너지 돌파구를 마련하지 못했다. 그중 가장 전망 좋은 국지적 자원인 지표층 에너지, 곧 토탄은 시험 단계에서 많은 투자 비용이 들어가고 저렴한 비용으로도 운송이 가능한 기반 시설에 대한 투자에도 불구하고 양적·질적 측면 모두에서 그야말로 경제성이 없는 것으로 밝혀졌다.[69] 그러므로 19세기 후반 2차 산업혁명 이전까지 생산이라는 측면에서 자본 시장의 차이는 그다지 중요하다고 보기 어렵다.

지방 현지의 상업에서는 좀더 낮은 유럽의 금리를 바탕으로 신용 거래가 약간의 차이를 만들었을 가능성이 있지만, 그 차이가 어느 정도라고 말하기는 어렵다. 지금까지 논의한 모든 사회의 광범위한 자유주의 시장 경제로의 전환을 고려해볼 때, 중국과 일본 심지어 인도에서 경제적 차이를 만드는 중대한 '장애'가 되었던 높은 이율이 교역에서 얼마만큼의 불이익으로 작용했는지 알기는 어렵다. 그리고 무력을 사용한 대륙 간 교역과 이주라는 중요한 사건만 제외하면, 교역에 활용한 사업 형태는 다양한 유라시아 핵심 지역 사이에서 크게 다르지 않았다.[70] 분명한 것은 19세기 중반 이전에는 상인들이 법인 형태를 거의 도입하지 않았다는 점이다.

만일 서유럽의 신생 자본주의 기업에 아주 특별한 이점이 있었다면, 그것은 유럽의 기업이 아시아 상인과 경쟁한 지역에서 드러날 것이라고 예상할 수 있다. 하지만 유럽의 우위는 지리적 위치와 지방 정치가 독점 혹은 독점에 가까운 권리(주로 향신료에 대해)를 창출하기 위한 무력 사용에 유리한 곳에서 주로 나타난다. 이런 경우 유럽인은 경쟁자인 아시아인을 몰아내고 큰 수익을 거뒀다. 그 주요 사례로는 몰루카 제도('향료 제도'), 스리랑카 그리고 (간헐적으로) 멜라카 해협, 호르무즈와 홍해가 있다.[71] 반면 커피 교역에서 유럽은 중동에 기반을 둔 경쟁력 있는 무역을 지배하는 데 실패했다. 결국 유럽인은 1700년대에 자신들이 소유한 식민지인 자바, 산토도밍고, 레위니옹(아프리카 남동부 마다가스카르 섬 동쪽 해상에 있는 섬—옮긴이) 같은 곳에 새로운 생산 중심지를 만듦으로써 무역 경쟁에서 성공을 거두었다.[72] 유럽의 상인이 인도 토착 상인과 필리핀에 있는 중국 상인으로부터 일부(결코 전부는 아니다) 무역 통제권을 강제로 얻어내는 데 결정적 역할을 한 것은 역시 우수한 상업 조직보다 정치적이고 군사적인 힘이었던 것으로 보인다.[73] 유럽인은 그다지 많은 힘을 들이지 않고서도 17세기 중반 코로만델(인도 동부) 해안가 일부 지역에서 섬유 무역에 대한 중요한 통제권을 얻었다. 그러나 이는 토착 상인의 자원을 고갈시킨 지역 내 국지전과 전투에서 패한 사람들이 자신의 지위를 되찾기 위한 필사적인 노력의 일환으로 외국인과 맺은 동맹 때문이었다.[74] 일반적으로 무기를 비장의 카드로 제시할 수 없는 곳에서 유럽인은 중국인, 구자라트인 및 다른 아시아 상인을 굴복시킬 때마다 최소한 자신들이 그들에게 밀린다는—혹은 그들과 동맹을 맺는다는—생각을 했다.[75] 게다가 추측건대 유럽 최고의 선진 자본주의 기업인 네덜란드와 영국의 동인도회사는[76] 종종 투자자들의 배당금을 지급하지 않았다. 그리고 다양한 특혜까지 받고 있음에도 불구하고 주기적으로 파산 위기를 맞곤 했다.[77]

철도 건설의 경우 필요한 자본은 훨씬 많고 수익을 내기까지 오래 기다려야 했는데, 이는 철도 건설에 법인 기업과 저렴한 자본 이용이 중요했다는 사실과는 다른 이야기다. 그런데 철도는 산업혁명이 한창 이뤄질 때에야 건설되었다. 육로 수송에서 결정적 돌파구는 재정적인 것이 아니라 기술적인 것이었다. 즉 세기 중반에 철도 건설 붐이 일어난 것은 오랫동안 철도 건설의 가능성과 수익성 모두를 인식하고 있던 기업가들이 마침내 자금 투자 방법을 찾아냈기 때문이 아니다. 분명한 것은 철도 건설이 시작하자마자 매우 빠르게 이뤄졌다는 점이다. 왜냐하면 수많은 투자자(그 중 다수가 면직 공장이나 탄광, 그 밖의 다른 초기 산업체를 통해 부를 창출한 사람이다)가 막대한 수익을 재투자할 안전한 방법을 찾고 있어 비교적 많지 않은 수익이라도 받아들였기 때문이다(특히 새롭게 독립한 라틴아메리카에 대출한 자금에서 손실을 본 후에는).[78] 엄청난 자본이 안전한 수단을 모색하고 많은 산업 분야에서 여전히 고정 자본을 많이 사용하지 않았으므로 브로델이 주장한 풍부한 자본이 적절하게 쓰일 수단을 찾던 시대가 아직 끝난 것은 아니었다. 하지만 새로운 기술이 오랜 기간 거액을 예치해둘 수익성 있는 방법을 창출해내는 시점이기도 했다.[79] 그러므로 서구의 기업 형태와 금융 기관에 철도 건설이 도움을 주었지만, 대개는 절대적으로 필요하지는 않았을 것이다.[80] 확실하게 철도 건설이 필요했던 곳은 부분적으로 지리적 영향을 받은 영국이 이례적인 성공을 거둔 석탄 분야였다.

적어도 영국에서는 좀더 넓은 의미의 운송 사업이 저금리 자본과 정교한 금융 제도가 중요했던 분야 가운데 하나일 것이다. 영국에서는 많은 유료 고속도로와 운하를 민간 자금으로 건설했다. 그렇게 지은 시설은 생산자와 생산에 필요한 자원(석탄과 곡물 포함) 및 시장을 연결했다. 여기에는 철도 건설에 필요한 규모의 큰 자본이 필요하지 않았지만, 초기 투자와 수익을 실현하는 데에는 철도 건설과 마찬가지로 비교적 긴 시간이 필요했다. 1850년 이전 어떤 종류의 생산 또는 단일 대륙에서 투자한 무역 자본보다 수익을 내는 데 시간이 훨씬 더 오래 걸렸던 것이다. 그 결과 이런 기반 시설 정비는 기업이 결실을 보기 전에 일부 투자자들이 자신의 주식을 매각하도록 허용하는 것을 포함해 자본 축적 수단으로서 효율성에 민감해졌다. 19세기 영국이 아메리카에서 1차 생산물에 상당히 의존하기 시작했을 때, 운송 기반 시설은 훨씬 중요해졌으며 대륙 깊숙이까지 이러한 운송 시설을 개통했다. 그리고 공공 자금이든 민간 자금이든 운송 사업은 상당수 외국인이 공동 출자로 투자한 자본 시장을 구성할 필요가 있었다.[81]

그러나 조직화하고 효율적인 자본 시장(대서양 양안 모두에서)이 영국에 필요한 운송 기반 시설을 건설하는 데 도움을 주었다고 해서 중국의 미약한 자본 시장이 장난과 링난 지역에서 원공업의 더욱 진전된 성장이나 기계화한 산업화에 필요한 운송 능력을 결여하게끔 만들었다는 것은 아니다. 양쯔 강과 주장 강 삼각주 지역에서는 놀라울 정도로 발달한 하천과 운하망이 거의 모든 사람에게 저렴한 비용으로 지역 내 수상 운송 수단을 이용할 수 있게끔 해주었다. 그리고 애덤 스미스의 언급에 따르면, 중국 대부분의 주요 강(황허 지역 대부분은 상당히 예외적인 경우다)에서 선박 운항 가능성과 나아가 1400마일의 규모로 정부가 건설한 대운하 덕분에 중국은 전반적인 수상 운송에서 유럽보다 상당히 유리한 위치를 점할 수 있었다.[82] 분명, 장난 지역은 수상 운송의 대표지로서(대운하의 끝자락과 태평양 연안에 접한) 지속적으로 중국 인구의 3분의 1이 넘는 가구의 이동에 지대한 공헌을 했다. 장난에서 수로를 이용해 대량으로 들여올 수 없던 중요한 물품—석탄—대부분은 이미 살펴봤듯 현대적 건설 장비와 자동차도 없는, 수십 킬로미터 떨어진 내륙 산악 지역에 많이 분포해 있어 어떤 금융 메커니즘도 그에 따른 운송 문제를 해결할 수 없었다.

하지만 그럴듯한 가능성이 하나 있다. 다음 장에서 살펴보겠지만, 19세기에 장난 지역은 양쯔 강 중류와 상류 지역에서 들여오던 저렴한 쌀과 목재 그리고 다른 1차 생산물을 18세기 중반과 마찬가지로 들여올 수 없었다. 이 같은 환경 변화로 추가적인 성장과 제조업 특화는 중대한 한계에 봉착했다. 앞서 살펴본 대로 이 같은 변화는 대부분 내륙 지역의 인구 증가와 원공업 발전의 결과물이었다. 어쨌든 인구 성장은 이루어졌지만 그 이유가 바로 밝혀지지는 않았다. 예를 들어 양쯔 강 중류 지역에서는 더 많은 쌀을 수출하고 더 많은 직물을 수입하는 대신 독자적인 수공예품 개발을 시작했다. 많은 요인이 연관되어 있었지만, 아마 운송비도 그중 한 요인이었을 것이다.

훗날 정착지가 된 대부분의 지역이 양쯔 강 자체에서 멀리 떨어져 있어 이러한 새로운 공동체와 하천 제방에 있는 공동체는 높은 운송비 때문에 자급자족을 더 많이 장려했고 교역은 거의 이루어지지 않았다. 그리고 지방 정부나 민간단체 중 어느 한쪽이 저금리 신용 거래에 쉽게 접근할 수 있었다면, 이러한 운송 비용은 줄어들었을 것이다. 수많은 중국의 육로는 도로 건설에 대한 적절한 지식이 있었음에도 불구하고 상태가 아주 열악했던 것 같다.[83] 그리고 중국의 육로는 부피가 큰 상품보다는 개인적 이동(그리고 우편물 배달)에 좀더 적합했다. 심지어 주요 도시를 연결하는 몇몇 도로는 그다지 넓지 않고 기존 시골길보다 나을 것도 없었다.[84] 일부 지역의 육로는 수로의 우수한 체계와 상대도 안 되었다. 하지만 운송 체계가 없는 곳에서 우리는 금융 제도에 몇 가지 역할을 부여할 수 있을 것이다. 중국 서북부와 양쯔 강 상류, 서남부의 벌목 역시 수출이 안정화되기 전 좀더 오랫동안 수출 성장을 유지하기 위해 신용 거래를 더욱 수월하게 만들었다. 결국 벌목업은 대개 산업화 이전 시대의 활동에 들어가는 만큼 거액의 영업 자본을 필요로 했다.

그러나 쌀과 목재 두 가지 품목에서 자본이 차지하는 역할은 상당히 미미했을 것이다. 목재는 하천 제방까지 먼 거리에 걸쳐 운반되었다(유럽에서 목재를 줄곧 육로로 운반한 것보다 더 멀리). 그래도 필자가 찾아낸 매우 제한적인 자료에 따르면, 장난에서 목재는 발트 해에서 영국까지 운송한 것보다 산지 가격 대비 최종 가격의 상승 폭이 적었다.[85] 목재 무역에서 최대 제약은 어쩌면 숲의 규모라든가 혹은 자금 조달은 용이하지만 전근대적인 기술로는 극복할 수 없는 운반 문제(예를 들면 아주 가파른 산기슭)였을 것이다. 그리고 이 운반 문제가 쌀 교역의 침체와 관련이 있을 수 있다. 이와 관련해 5장에서는 훨씬 더 중요한 다른 요인들에 대해 살펴볼 것이다.

그렇다면 중국 자본 시장이 장난과 그 주변 지역의 관계를 유지하는 데 중대한 문제가 있다는 것을 어떤 식으로든 정확하게 짚어내는 게 불가능해 보인다. 중국 신용 기관이 원거리 지역에서 1차 생산물을 공급받는 데 얼마나 더 도움을 주었는지에 대한 이러한 연구는 유럽 금융 기관—사실상 자본주의의 정치경제학(브로델의 의견)과 전반적인 군사적 재정주의—이 아마도 가장 중시했던 곳에 대한 우리의 관심을 집중하는 데 도움을 줄 것이다. 다시 말해, 서유럽의 교역은 멀리 떨어진 주변부 지역과 이루어졌다.

이번 장 나머지 부분에서는 이러한 관계를 집중적으로 살펴볼 것이다. 맨 먼저 살펴볼 주장은 신세계, 노예 무역 그리고 해외 수탈이 일반적으로 유럽의 자본 축적에 결정적이었다는 것이다. 이런 주장을 무시할 수는 없지만, 어느 쪽도 설득력이 없다. 이어서 자본주의와 해외 수탈 그리고 산업화 사이의 한층 강력한 관계에 대해 살펴볼 것이다. 즉 유럽 자본주의의 정치경제 제도와 국가 간 격렬한 경쟁이 아주 운 좋은 세계적 관련성과 결합해 유럽(특히 영국)은 '핵심-주변' 지역 관계 중에서 대서양 세계의 나머지 국가들과 독특한 관계를 형성했다. 이런 관계는 결국—18세기 후반까지 충분한 공급을 보장하기 어려운 것으로 밝혀진—모든 주요 유라시아 핵심 지역에서 생산하는 토지 집약형 상품에 영국이 접근할 수 있는 특별한 혜택을 주었다. 이런 주장에 대한 논의는 통상적인 생태적 문제와 유럽이 그런 문제로부터 벗어난 이유에 대해 좀더 자세히 살펴볼 3부로 이어질 것이다.

해외 수탈과 자본 축적: 윌리엄스 이론의 재검토

주로 유럽이 아닌 다른 지역에 관심 있는 여러 학자는 노예 무역과 해적 행위 그리고 이와 유사한 활동을 통해 축적한 금융 자산이 산업혁명의 자금 조성에 매우 중요한 역할을 했다고 주장해왔다. 이런 주장 가운데 에릭 윌리엄스Eric Williams의 견해가 가장 유명하다. 가장 주목받는 학자 페르낭 브로델이 속한 소수 유럽지상주의자들은 아메리카 대륙의 광산과 농장 그리고 노예 무역이 유럽에 더 잘 살기 위한 중요한 능력을 부여하고, 그로 인해 유럽은 갖고 있는 생산력 이상의 투자가 가능했다는 것에 동의한다.[86] 하지만 대부분의 학자는 적어도 다음 세 가지 이유 가운데 하나 때문에 이런 주장에 반론을 제기해왔다. 먼저, 일부 학자는 무력에 의한 수탈이 평균 이상의 이윤을 가능케 했다는 것을 부인한다. 다음으로, 적어도 정상 이윤 이상의 수익 가능성을 인정하지만, 이런 이윤 축적은 유럽 내의 자체적 경제 활동으로부터 얻은 이윤의 축적에 비해 미미했다고 주장한다. 마지막으로, 필자가 앞서 설명한 것처럼 초기 산업혁명이 상대적으로 적은 자본을 필요로 했다는 점을 지적하면서, 설령 거기서 평균 이상의 이윤이 발생했더라도 산업화와는 크게 상관이 없었을 것이라고 주장한다.

마지막 주장—고정적 투자를 할 수 있는 자본을 쌓아두는 것이 산업혁명을 창출하는 데 결정적이지는 않았다는 주장—의 타당성은 정확히 어떤 근거를 가지고 반박하느냐에 달려 있다. 노예 무역과 신세계 광산에서 수익이 없었다고 치자. 그래도 영국에서 일부 사람들은 계속 면직 공장과 양조장을 지을 수 있었을 것이다. 심지어 훨씬 규모가 큰 철도 사업의 자금 수요도 면화 혁명으로 수익이 커지면서 충족시킬 수 있었을 것이다. 그러나 좀더 일반적인 주장이 여전히 지지를 받을 수도 있다. 18세기 유럽의 일부 지역이 증가하는 인구를 부양하는 데 상당한 어려움을 겪었다는 관점에서—그래서 만약 자본을 집약시키기보다 노동 집약을 더 증대시키는 방법으로 필요한 생산을 이루어냈다면, 장기적으로 유럽은 달라졌을 수 있다(이 주제에 대해서는 5장과 6장에서 상세히 다룰 예정이다)—이용 가능한 금융 자원의 감소는 이 과정에서 엄청난 영향력을 발휘했을 것이다.

해외 수탈을 통해 초과 이익을 얻지 못했다는 것은 가능성이 희박한 얘기다. 분명 노예 무역과 신세계의 광산업, 해적 행위 등등은 커다란 수익을 올릴 수 있는 분야였다. 그리고 유럽이 여러 가지 시도에 실패함으로써 평균 수익이 상당히 낮아졌지만, 막대하게 축적한 부의 일부는 이런 활동을 통해 이루어졌다. 사실, 유럽 내에서 일부 천편일률적인 경제 활동은 동등한 수익을 냈다. 하지만 해외 수탈에 치중할 기회가 없었다면 유럽의 부자들이 소유권이나 튤립, 혹은 티치아노Tiziano(이탈리아의 화가—옮긴이)의 작품을 좀더 많이 사들이는 대신 습지 관개 사업에 몰두했을지 결코 확실하지 않다. 사실 비교적 '부르주아적인' 영국에서도 투자 설명서에 해적 행위를 언급한 무역 사업에 상류층의 투자를 끌어들이는 것이 그렇지 않은 사업에서보다 훨씬 쉬웠다.[87] "유럽 경제에서 자본력의 증가를 이해하는 열쇠는 비밀스러운 자금원을 찾아내는 데 있지 않다. 오히려 이미 존재하는 총자본의 생산성을 지키고 유지하는 문제에 대한 해결책에 달려 있다"[88]는 것은 의심할 여지없는 사실이다. 하지만 우리는 자본에 일부 '생산적' 용도가 존재했고, 대체로 유럽 밖의 국가들을 수탈했기 때문에 대규모 자금을 만들 수 있었다는 사실을 간과할 수 없다. 일련의 문화적이고 제도적인 변화가 복합적으로 작용해 유럽인이 경제적으로 생산성 있는 기업에 자신의 부를 투자하는 성향을 점차적으로 늘리는 데 기여하긴 했다. 하지만 우리는 애국심과 이국정서 그리고 정복에 대한 동조가 적어도 일부 사람을 주식회사나 기타 제도적 혁신으로 창조한 수동적 투자의 새로운 기회로 유인했다는 점을 완전히 무시할 수는 없다. 간단히 말해, 해외 수탈은 서유럽의 자본 축적에 일부 기여했음이 분명하다. 하지만 이것이 그토록 중요한 문제일까?

분명한 것은 유럽 내 경제 활동 수익의 규모가 작았기 때문에 유럽 밖에서 식민지 수탈을 통해 벌어들인 대규모 수익에도 불구하고 유럽 전체의 수익 규모는 그리 크지 않았다는 점이다. 그러나 이 같은 논란에 머물 필요는 없다. 종종 인용하는 패트릭 오브라이언의 논문에서는 18세기 후반 영국이 총투자의 7퍼센트 이상을 식민지에 투입했으나 식민지에서 벌어들인 수익으로 이 투자에 대한 성공을 보장할 수는 없었을 거라고 추정했다(나중에 펴낸 논문에서는 더 높은 수치가 나올 가능성을 열어두긴 했지만). 그리고 유럽 전체로 보면 이 수치는 훨씬 더 낮았을 것이다.[89]

그러나 산업화 이전 세계에서 이 수치는 상당히 중요하다. 전형적인 산출의 증가율은 오늘날 대부분의 산업 경제보다 훨씬 더뎠다. 그리고 산업화 이전의 자본재는 지금의 자본재(과거와 다른 원료로 만들어지고 그 성분이 더 흔하게 노출된 것)보다 물리적 내구성이 평균적으로 훨씬 떨어진다고 알려졌다(비록 증명된 것은 아니지만). 이 같은 사실은 오늘날보다 연간 생산량에서 더 작은 몫을 순자본으로 축적했음을 시사한다. 즉 대부분의 자본 축적이 총자본에서 높은 감가상각 비율을 상쇄시켰다는 얘기다. 사이먼 쿠즈네츠Simon Kuznets는 경제 전반에 대한 낮은 연간 성장률을 사용해 이를 추정했는데(0.4 퍼센트 vs. 2.5퍼센트. 이는 쿠즈네츠가 산업 경제에 대한 일반적 수치를 측정한 것이다), 그에 따르면 총자본의 수명은 40년에서 30년으로 짧아졌다. 그리고 이런 차이점을 설명하기 위해서는 현재 유지되고 있는 수치를 늘릴 필요가 있다(생산량의 1퍼센트에서 2퍼센트로). 여기서 생각해볼 수 있는 한 가지는 '산업화 이전' 경제 모델에서 총 저축액 가운데 자본으로 축적한 것이 겨우 6퍼센트였지만 쿠즈네츠의 현대 경제 가설에서는 76퍼센트라는 것이다. 좀더 자세히 검토해보면, 쿠즈네츠가 가정한 전근대적 경제에서는 총비용 면에서 그가 제시한 근대 경제(24.9퍼센트)보다 절감되기는 했지만(26퍼센트), 총자본의 순수 증가분은 연간 생산량(19퍼센트와 비교해)의 겨우 1.32퍼센트였다.[90]

이런 맥락에서 보면, 상대적으로 아주 작은 '공짜 점심free lunch'—소비 비용으로 구매하지 않음으로써 이뤄지는 총저축의 증가—이라도 상당한 순자본 축적의 증가로 이어질 수 있을 것이다. 예를 들어, 우리가 쿠즈네츠의 산업화 이전 경제의 두 번째 모델(생산의 26퍼센트 총투자, 1.32퍼센트 순이익)과 오브라이언이 인정한 총투자 7퍼센트 상승에 정확히 들어맞는 경제를 상상해보면, '초과 이익'으로 인한 총자본의 연간 순 증가량은 2배가 넘을 것이다. 거꾸로 말해, 대부분 심지어는 전부의 순자본 축적을 없애기 위해 총자본을 구성하는 수량을 상당 부분 낮춰야 하는 것은 아니라는 얘기다. 어떤 모델이든 총투자가 7퍼센트 추가된다는 가설은 매우 중요할 수 있다.

그렇다. 사람들은 반드시 '그럴 수 있었다'라고 말하지, '그랬다'라고 말하지 않는다. 이런 주장을 하기 위해 오브라이언은 주변 지역과의 교역이 '통상적인' 교역에 비해 2배만큼의 수익을 냈다고 명시했다. 동시에 어느 누구도 아직까지 그와 같은 것을 입증하지 못했다고 분명하게 지적했다.[91] 그리고 해외 수탈에 드는 많은 비용을 특허 회사chartered company(무역 진흥을 위해 국왕의 허가장을 받아 설립한 회사—옮긴이)들이 지불했지만—오브라이언의 연구에서 이미 설명했듯—일부 추가 비용을 이런 사고 실험thought experiment의 어떤 철저한 형식 속에서도 추정할 필요는 없을 것이다. (이와 같은 계산은 또한 근대 초기 유럽에서 다시 한 번 노동의 기회비용에 접근하는 방법에 의문을 제기했다. 말하자면 이런 의문이다. 네덜란드 동인도회사와 계약한 스칸디나비아 이주자와 네덜란드 농촌의 실직자들은 집에서 할 수 있는 생산적인 일거리를 찾을 수 있었을까?[92] 아마도 많은 사람이 찾을 수 없었을 것이다.) 가능성이 보이긴 하지만 만약 수탈이 유럽에 어떤 추가 수익을 안겨주고 총투자에서 소폭의 증가라도 순투자의 큰 변화를 의미하는 것이라면, 유럽 밖 지역에 대한 수탈 행위가 유럽의 재정적 성장 능력에 기여했다는 점을 무시하는 것은 너무 성급해 보인다. 그럼에도 불구하고 이는 적어도 추가 이익이 중요했다고 가정하는 것과 똑같이 위험할 수 있다. 여기서 더 설득력 있는 주장은 해외 수탈이 기여한 것과 상관없이 18세기 후반의 장기적인 경로에 대해 많은 것을 설명해줄 수 있는 상업 자본의 축적, 보호, 효율적 사용 방식에서 유럽이 여전히 우위에 있지 않았다는 것이다.

명백한 요소의 중요성:
사치품 수요, 자본주의와 신대륙의 식민지화

유럽의 사치품 수요와 소비 그리고 자본주의적 정치경제는 신세계 경제의 성장과 아프리카 노예 무역을 촉진했다는 점에서 분명 중요했다. 하지만 이는 유럽의 정치경제와 신세계 정착을 추진한 유럽 및 아시아 두 지역—특히 중국—의 요구가 결합한 것이었다.

어느 정도는 식민지 주민을 종교적·정치적으로 자극하긴 했지만, 식민지 주민이 유럽이나 아시아에 판매할 수 있는 상품을 찾아내지 않았다면 유럽이 건설한 신세계 식민지가 크게 성장했을 것이라고 생각하기는 어렵다. 대부분 식민지는 이익을 좇는 이들이 댄 개인 자금으로 재원을 조달했다. 수많은 정착민은 불안정한 수출 경제에 참여하기보다 자신들이 비교적 자급자족하며 살아갈 수 있는 조그마한 땅이라도 구하려 했을지 모른다.[93] 그러나 1800년 이전에는 백인 정착민의 3분의 1 이하가 직접

항해 자금을 조달했다. 그리고 이주 비용을 지불한 사람들은 이주민이 자급자족의 꿈을 실현하도록 돕는 게 아니라 수출을 창출해내기 위해 이주민의 노동력을 사용하는 데 관심이 있었다.[94]

게다가 아메리카 대륙이 상당히 많은 담배와 설탕 등을 수출하지 않았다면, 이주 비용은 가난한 사람들이 모아둔 금액보다 훨씬 비싸졌을 것이다. 이런 상품을 운송하는 업자들은 귀항 길에 거의 비어 있는 선박 문제에 직면했고, 따라서 이주민 수송에 적극적으로 참여했다.[95] 사실 수출은 매우 중요해서 식민지 시대 북아메리카의 일부 경제사를 보면 해상 운송 비용이 감소했는데—이로써 정착민이 좀더 내륙으로 이동해 유럽 시장에 계속 상품을 팔 수 있었다—이는 백인 인구가 증가하고 통제할 영토가 늘어나는 원동력이 되었다.[96] 그리고 무엇보다도 카리브 해 지역 주변(북아메리카 남부와 브라질)으로의 아프리카인 유입—1800년까지는 백인 유입 인구보다 훨씬 더 많았다—은 분명 유럽의 사치품 수요 확대에 의해 추동되었다.

이런 메커니즘은 에스파냐 제국에서는 약간 더 복잡했다. 이곳에서 가장 중요한 수출품은 단연코 은이었다. 그리고 가장 중대한 수요 창출 지역은 유럽이 아닌 중국이었다. 이는 세계 제일의 경제 대국 중국이 지폐와 저급한 동전에 대한 실험에 잇따라 완전히 실패한 뒤, 주로 은을 기반으로 하는 체제로 전환했기 때문이다. (인도에서 화폐로 사용하기 위한 은의 수요 또한 증가했지만 중국만큼은 아니었다. 인도는 중국보다 인구 규모가 작았고, 통화 체계를 완전히 정립하지 못했으며, 심지어 금을 포함해 폭넓고 다양한 화폐 수단을 사용했다.) 1300년대 후반 중국이 일본 은을 대량으로 들여오기 시작했을 때, 유입된 금과 은의 비율은 1 대 4에서 1 대 5 사이였다. 신세계의 은이 유입되면서 금과 은의 비율이 유럽에서는 1 대 11 혹은 1 대 12였고, 페르시아에서는 1 대 10 그리고 인도에서는 1 대 8인 데 비해 중국에서는 그때까지도 고작 1 대 6이었다.[97] 은의 차익 거래는 매우 수익성이 좋아서 신세계 전체 은의 3분의 1에서 2분의 1 정도를 중국에 수출했다. 데니스 플린과 아르투로 지랄데스는 중국의 막대한 은 수요가 대부분의 신세계 은 생산품 가격을 적당히 유지해 시장성을 잃지 않음으로써 에스파냐 국왕에게 상당한 광산 사용료를 부담하게끔 했다고 주장한다. 사실상 16세기와 17세기 초 유럽의 막대한 물가 상승은 가령 중국이(인도와 근동 지역은 조금 적게) 대서양의 이렇게 많은 은(아울러 유럽에 남아 있는 은을 찾아내기 위해 교환 상품을 공급하면서)을 흡수했다 하더라도 은의 가치가 신속히 하락했음을 보여준다. 아시아의 은 수요가 없었다면, 아마도 신세계의 광산업은 에스파냐 제국이 왕조를 유지하기 위해 임대료를 지불한 수십 년 동안 계속 수익을 얻지 못했을 것이다.[98]

은이 사치품 수요에 주로 사용된 것은 아니었다. 왜냐하면 은이 중국 경제의 주요한 가치 저장소, 세금을 지불하는 주된 수단 그리고 중요한(독점권과는 거리가 멀지만) 유통 매개체가 되면서 실질적으로 매우 가난한 사람들도 흔히 은을 사용했기 때문이다. (12세기부터 이어진 일종의 복본위제複本位制, bi-metallic system를 창안함으로써 동전은 1700년대에 다시 안정적으로 사용되었다.) 사실, 유럽에 그대로 남아 있는 은—17세기 유럽에서는 일상생활에서 동전을 사용하는 사람이 늘어났다[99]—은 비록 전례 없는 규모이긴 했으나, 오히려 근대 이전 사치품 교역의 특징을 더 많이 갖고 있었다. 은 무역은 새로운 그 무엇—보통 사람들이 일상적으로 사용하는 물건에 대한 사실상 세계적 규모의 교역—을 대표했으며, 다양하고 특이한 환경에서 형성된 중국의 은 수요는 질적·양적 측면 모두에서 결정적 요소였다.[100]

그러나 유럽의 사치품 증가와 '소비지상주의'는 은과 관련한 부분에서 여전히 중요한 역할을 했다. 유효 수요effective demand(구매력이 뒷받침된 수요—옮긴이)가 된 아시아의 은 수요로 인해 그 밖의 상품이 아시아에서 대서양 세계로 유입되었기 때문인데 중국의 비단, 도자기와 그 밖의 제품 그리고 인도와 동남아시아의 면화 및 향신료가 그것이다. 사실상 앤드리 군더 프랭크는 유럽을 아시아의 상품 시장으로 만든(그렇지 않았다면 유럽은 거래할 상품이 거의 없었다) 신세계의 은이 1500~1800년 아시아 '원공업'의 커다란 성장과 그에 따른 상당한 인구 증가 역시 설명해준다고 주장했다.[101] 필자는 유럽의 사치품 수요가 적어도 중국에 대해서는 생산품 증가에 중요한 촉진제가 되었는지 의구심이 든다. 비단의 경우만 해도 국내 수요가 수출을 위축시켰으며, 그래서 아마 중국 대부분 지역에서 생산량과 노동 수요를 확대시켰을 것이다. 그러나 확실한 것은 중국 경제의 수레바퀴에 기름칠을 한 은의 유입이 중국 경제에 어떤 자극적인 영향을 주었다는 점이다. 그리고 3장에서 살펴본 것처럼 인도 혹은 특히 동남아시아가 외부 수요 없이 중국과 비슷한 성장을 이뤘을 가능성은 매우 희박하다.

프랭크는 특히 모든 능동적 역량이 유럽에 있다는 이론에 의구심을 갖는 데 주력했으므로 아시아 상품에 대한 유럽의 욕망을 기정사실화하는 경향이 있다. 프랭크가 강조한 것은 두 가지다. 우선, 신세계의 은이 어떻게 아시아 상품에 대한 유럽인의 욕망을—이들이 다른 상황에서 가질 수 있었던 것보다 훨씬 더 많은—유효 수요로 전환시켰는가 하는 것이다. 그리고 다음은 아시아 경제의 역동성이 어떻게 아시아인들로 하여금 이런 수요를 충족시키면서 통화를 매개로 한 예상치 못한 순수입을 얻게 했는가 하는 것이다. 유럽중심주의를 바로잡는 관점에서는 이를 강조하는 것이 유익하다. 그러나 아시아 상품에 대한 유럽인의 수요 증가를 단순히 막대한 지불 능력과 시대를 초월하거나 설명할 수 없는 욕망의 문제로 설명할 수는 없는 노릇이다.

예를 들어 만약 유럽인이 멕시코나 페루에 도착했을 때 모든 유럽 사회의 구조가 루마니아나 프로이센 같았다고 생각하면, 그렇게 많은 은을 중국으로 수출할 가능성은 없었을 것이다. 혹은 그렇게 극단적이지 않더라도 단순히 유럽을 선도하는 국가들이 사치금지법을 실제보다 훨씬 효과적으로 시행했다고 생각할 수 있다. 어느 경우든 아시아의 은 수요는 신세계의 은 공급 문제를 더 어렵게 만들었다. 또한 플린과 지랄데스가 주장한 것처럼 이런 상황이 없었다면 에스파냐가 신세계를 지속적으로 점유하는 데는 상당한 어려움이 따랐을 것이다.

여기서 요점은 유럽의 유행과 사치품 수요의 특이한 원동력이 무엇인지를 정하는 게 아니다. 어쩌면 중국이나 일본보다 1인당 수요가 양적으로 많았을지라도 이는 특이한 일이 아니었을 수 있다. 오히려 필자는 이 같은 수요가 신세계의 은 자체, 아시아 원공업의 생산 능력 그리고 일상적 용도로 쓰이는 물품(은)의 막대한 수입을 필요로 하는, 중국 경제의 예기치 못한 은 수요로 인한 경제적 국면에서만 중요했을 뿐이라고 강조한다. 그러나 유럽 사치품 수요를 정확히 설명하려면—잘 알려져 있으면서도 독특한 양상을 띤 두 가지 측면에서—은으로 인해 중국에 대한 무역 의존도가 높아진 뉴 에스파냐New España(중남미와 서인도 제도 등 16~19세기의 에스파냐령을 통틀어 일컫는 말—옮긴이)도 언급해야 할 것이다.

유럽의 사치품 수요가 카리브 해 주변 지역과 북아메리카의 식민지 확장을 촉진했다는 주장은 당연히 훨씬 더 직설적인 것이다. 마침내 아시아는 자국에서 사탕수수와 (커피나 초콜릿 시장을 대규모로 선점한) 차 그리고 오래지 않아 담배 또한 재배했다. 이와 같이 카리브 해 지역과 북아메리카의 성장 동력이 된 상호 작용 메커니즘은 대서양 항로였다. 비록 대서양 항로가 거대한 세계 경제 테두리 안에 자리하고 있긴 했지만 유럽의 사치품 수요는 신세계의 생산품을 증대시키는 이득을 가져왔다. 생산품 증가와 다량의 화물 운송으로 인한 단위 거래 비용 하락은 발항지original port로부터 훨씬 먼 식민지에서 민간단체의 자금 지원으로 더 많은 사람(노예, 계약 이민자 혹은 자유노동자)을 유입시켰으며, 민간단체에는 항만 시설 확충 등에 대한 자본 투자 가치를 충분히 높여주었다.

반면, 이와 같이 정부가 수출품에 재정 지원을 함에 따라 제품을 판매할 식민지 확대 작업이 필요했다. 이는 식민지와 수출품 모두 훨씬 더 신속하게 확대해야 한다는 전제조건을 만들었고, 훗날 이를 실행에 옮기기 시작했다. 이후 좀더 급속한 식민지 성장 단계에서 주요 수출품—면화와 점차 가격이 저렴해진 설탕 그리고 (19세기 중반 이후에는) 밀—이 날개 돋친 듯 팔려나갔다. 그러나 200년이 넘도록 은을 제외한 신세계 수출품 대부분은 브라질의 금, 북미산 모피 그리고 담배와 설탕 같은 사치품이었다. 요컨대 유럽의 사치품 수요는 펌프에 마중물을 붓는 것과 마찬가지로 중요했다. 이는 결국 19세기 유럽의 획기적 산업 발전과 폭발적 인구 증가에 필수적이었던, 훨씬 더 엄청난 규모의 자원 흐름에 이바지했다.

당시 대부분의 해외 탐험과 식민지 개척 그리고 해외 무역에 이르기까지 원공업화 사회 혹은 초기의 공장을 기반으로 이루어지는 것이 아닌 모든 일에는 많은 자본이 부족했다. 게다가 유럽의 새로운 금융 제도와 군사 재정 정책 확충은 무력을 사용한 식민지 개척과 해외 무역 진출을 도모하기에 안성맞춤이었다. 사실상 이러한 활동은 핵심 지역 자체 내의 생산 또는 거래에서보다 새로운 금융 제도와 군사 재정 정책 제도가 존재한 곳에서 가장 중요했다.

이는 초기 식민지 기업과 근대 다국적 기업 사이에 명확한 선을 긋게

하지만, 그들의 차이점은 똑같이 주목할 만하다. 어쩌면 가장 중요한 사실은 이들 기업이 식민지 확장에 특화되었고, 그들의 지리적 틈새시장에서 다른 이들을 모두 축출하려는 목적을 가졌다는 것이다(마치 국가라도 되는 양). 즉 그들은 수많은 지역을 오가며 특별한 생산품과 서비스를 특화하려는 목적을 가진 기업이 아니었다. 요컨대 이들 기업은 최초의 다국적 기업만큼이나 준정부적 성격을 띠고 있었다. 또 이들은 흔히 경제적 목적 못지않은 군사적·정치적 목적이 있었던 것으로 알려졌다.[102] 사실상 닐스 스텐스고르Niels Steensgaard는 그것이 무력을 앞세워 아시아와의 원거리 무역을 이행하고자 했던 특별한 도전, 곧 식민지 정복과 이주민 정착, 무기를 앞세워 신세계와의 무역을 달성하려는 목적을 포함했음에 틀림없다고 주장했다. 또한 이것이 네덜란드 동인도회사Vereenigde Oost-Indische Compagnie, VOC가 기존의 그 어떤 기업에 비해 일종의 좀더 '근대적인' 기업이 되는 기반을 이루었다고 주장하기도 했다.

요컨대 스텐스고르의 주장은 아시아에서 VOC의 군사적·상업적 제국이 갖고 있는 고정 비용이 막대해지면서—비용은 분리된 비영리 정부에 의존하기보다 내부적으로 해결했다—무역 협력 관계를 일정한 기간이 지난 뒤에는 완전히 청산하고 모든 자산을 동업자에게 재분배했던 이전의 관행을 따르는 게 불가능해졌다는 것이다. 대신 기업의 총자본 대부분을 영구적인 것으로 취급하고 유동 자본을 위해 가능한 한 많은 이익을 보유할 필요가 있었다. 이것만으로도 충분히 대량 무역에 대한 큰 규모의 고정 비용 확대가 가능해졌고, 자신의 자본 원금은 반드시 회수한 투자자도 적절히 만족시킬 수 있었다. 또 결과적으로 모든 투자자가 기꺼이 이 같은 기업에 충분한 인내심을 가진 게 아니었기 때문에 소유권과 회사에 대한 지배권을 단호하게 분리해야만 했다. 아울러 주식 시장은 수익 배분에 만족하지 못한 주주들이 점차 기업 정책에 대한 발언권을 얻지 못하면서 영구적인 협력 관계에서 탈피하게끔 만들었다.[103]

그러므로 이런 새로운 회사들이 경쟁자인 아시아의 여러 회사들보다 순전히 경제적 기업으로서 한층 더 효율적이었다는 스텐스고르의 좀더 앞서나간 주장에 의구심을 갖는 것은 당연하다. 그러나 이런 형태의 조직은 동인도 제도와 서인도 제도 양쪽 지역에서 상업 제국을 건설하기에는 안성맞춤이었다. 사실상 이 책의 목적에 부합하는 스텐스고르의 가장 흥미로운 주장은 서구의 회사가 철저하게 강압적인 식민지 무역을 바탕으로 점진적으로 발달한 형태라는 사실을 보여준다는 것이다. 이는 본국에서는 훨씬 더 나중에야(철도와 함께) 필요한 방식이었다.

그러는 사이 이들 회사가 유럽으로 가져갈 '외국산' 수입품 물량을 늘린 것이 여러 가지 커다란 효과를 가져온 것은 당연한 일일 것이다. 한 가지 예를 들면, 일부 아주 막강한 상인과 정치가들이 기호품으로서 담배와 설탕, 기타 수입품에 사람들이 길들여지도록 조장하는 일이 많았다는 사실이다. (그들이 정확히 얼마나 많은 이득을 얻었는지에 대해서는 뒤에서 논의할 것이다.) 그리고 새로운 기호품에 대한 과열된 홍보는 사치품이 국부 유출과 함께 국민성을 약화시킨다는 우려와 더불어 보통은 견제받기 마련이었지만(상인이 나서지 않는다면 정치가가 나서서), 그 같은 우려가 나머지 유럽 국가들로 재수출하기 위한 상품의 매입을 방해하는 일은 결코 없었다. 몇몇 회사가(또한 정부도) 이 같은 일을 시도했고, 국경을 봉쇄하는 게 불가능했기에 새로 나온 사치품의 매출이 엄청나게 늘어났다.

신생 기업은 일부 상품으로 인해 분명 그들이 의도하지 않았던, 적어도 한 가지 이상의 더 나은 효과를 얻을 수 있었다. 여전히 값비싼(부분적으로는 높은 관세나 독점 혹은 과점으로 인해) 신상품을 팔기 위해 공격적으로 유행을 조장함으로써 인도 제국(영국 정부가 직접 통치한 식민지 인도의 공식적 호칭—옮긴이)의 회사들은 '중국' 도자기를 모방한 델프트Delft, 웨지우드, 마이센Meissen부터 18세기 후반 인도 섬유 제품을 모방한 상품에 이르기까지 새로운 수입 대체 산업의 발전을 촉진했다. 5장에서 논의하겠지만, 다양한 토지 집약적 상품의 자국 내 공급이 제한적이었다는 것을 감안하면, 그러한 산업은 단독으로 자체적인 생산 과정을 계속 이어나갈 수 없었다. 결국 그에 대한 돌파구는 서유럽 또한 석탄과 식민지를 통해 생태적 제약을 완화하는 것이었다. 그러나 생태적 제약의 완화는 분명 유럽에서 소비와 전문화 그리고 '근면 혁명'의 확장을 추가로 불러왔다. 그런 의미에서 뛰어난 조직력을 가진 식민지 무역 회사들은 무력을 앞세운 거래를 하고—그들이 무력을 활용할 수 없는—국내 상품 모방업자와 경쟁하지 않음으로써 유럽 경제 성장에 이바지했을 것이다.

국가 간 경쟁, 폭력과 국가 제도:
그것들은 얼마나 중요하거나 중요하지 않은가

여기서 심도 있게 제시하고자 하는 논점은 근대 초기 유럽의 정치경제가—특히 끊임없이 이어진 값비싼 군비 경쟁과 관련해—유럽이 효과적으로 해외 상업 제국을 확장하는 데 외국 상품에 대한 사업 수완이나 호기심 자체보다 중요했을 것이라는 사실이다. 더욱이 이는 유럽의 군사적 경쟁이 아마도 유럽 경제 성장에 긍정적으로 기여했으리라는 점을 시사한다. 이러한 군사 경쟁이 이룩한 유럽의 경제 성장은 전쟁 유발, 관료화 등이 유럽 내 경제적 환경에 작용한 것(예를 들어, 기술 변화를 촉진하거나 심각한 자금 압박을 받고 있던 통치자가 새로운 재산권을 인정하는 것)을 통해서가 아니라 유럽을 뛰어넘어 해외로 확대됨으로써 가능했다. 그리고 성과가 가장 컸던 곳은 팽창하는 대서양 경제 중에서 수탈이 가장 강력한 지역이었다.

그러나 유럽 국가의 확장과 해외에서 벌인 전쟁의 중요성을 짚어보기 전에 유럽 내에서 이 같은 활동이 끼친 영향에 관한 논점을 고찰해보는 것도 가치 있다. 그러한 논점은 전쟁이 유럽의 발전에 미친 세 가지 가능한 이점을 제시한다. 이를테면 기술적 파급 효과와 수요 증가로 인한 경기 촉진, 생산량 증가(아울러 그에 따른 정부 세입)를 향상시키는 방식으로 정부 제도의 변화를 장려하는 것이다.

기술적 변화의 원인을 충분히 이해할 수 없다는 이유로 전쟁이 기술 혁신을 촉진했다는 주장을 완전히 일축할 수는 없다. 그러나 19세기 이전에 군사적 지원을 받은 기술 혁신은 놀라우리만치 적었다. 19세기 영국 해군에서 이루어진 식량 보존 기술의 진보는 그 같은 기술의 여파로 이후 기대되는 양상이 무엇인지를 보여주는 초기 사례다. 그러나 공업화한 전쟁이 출현하기 전까지 그 같은 사건은 비교적 드물었다.[104] 그리고 산업화 이전의 전쟁이 자연을 통제하려는 새로운 방식을 도모하기 위한 총체적 노력을 확산시켰다고 생각할 이유도 그다지 많지 않다. 그와 같은 목적을 띤 연구 개발 예산을 책정하지도 않았기 때문이다. 또한 특별한 문제를 해결한 것에 대해 때때로 포상을 하기도 했지만, 과학적 실험에 추가 인력을 투입하기보다는 한 과제를 완수한 발명가에게 다른 과제를 맡겼을 가능성이 높다. 여기에는 어떤 공정을 통한 학습 효과의 사례도 있었다. 예를 들면, 총기 제조를 위한 정밀 보링 기술을 습득하는 것은 증기기관의 개선을 위한 작업에도 유용했던 것으로 입증되었다. 그러나 다른 분야의 장인(예를 들면 시계 제작공)도 그러한 기술을 배웠으므로 전쟁과 관련한 작업이 특별히 나은 훈련 효과를 제공했다는 흔적은 없다. 만약 그런 것이 존재했다면 전쟁은 대규모 민간인을 포함한 프로젝트에서 정보의 흐름을 차단하며 발명가의 가능성을 말살하는 한편, 숙련된 기술자를 축출하는 등 기술 혁신에 전반적으로 부정적인 영향을 주었을 가능성이 높다.[105]

전쟁이 상품 수요를 늘리는 데 결정적 자극을 주었다는 주장은 다음과 같은 현상에도 아주 확실하게 유사한 논점을 적용할 수 있다. 군수품과 제복 등의 거래 계약은 분명 특정한 시기, 특정한 산업에 자극제가 되었다. 하지만 그런 수요 모두는 궁극적으로 세금을 통해 전쟁 자금으로 조달되었으며, 그로 인해 민간 수요는 감소했다. 앞에서 이미 살펴보았듯 서유럽은 (동아시아처럼) 다음과 같은 측면에서 제도와 문화의 틀이 잘 갖추어져 있었던 것으로 보인다. 소비자 수요가 장기적으로 계속 확대되었다는(주기적인 등락에도 불구하고) 측면에서, 또한 중상류 계층이 소비하는 상품 자체가 만들어내는 지불금이 생산자로부터 수요를 창출했다는 측면에서 그러하다. 요컨대 자연 재해를 입었던 시기(대부분의 사람들이 식량 사재기를 했던 때)를 제외하고는 부적절한 총수요가 유라시아 양극단 모두에서 문제시되었다고 알려진 것은 없다. 문제가 되지 않았다면 군사적 수요가 해결책이 되었을 가능성은 거의 없다.

국가 간 경쟁이 경제 발전에 특히 우호적인 제도적 안배를 이끌어냈다는 주장은 좀더 복잡하다. 그런 주장은 대부분 군사적 비상사태에 대응해야 했던 군주들이 단기 세입에 대한 대가로 흔히 대규모 재산권의 보장—시장 경제가 필수 조건이었던—을 인정했음을 지적한다. 따라서 그러한 주장은 재산권 보장의 확대가 끊임없는 군사 경쟁의 부산물이었다고 결론짓는다.[106] 그러나 만약 이런 주장이 사실상 유럽에서 재산권을 어떤 방식으로 잘 보장했는지에 대한 것이라면, 그런 결론을 내리는 데에는 여러 가지 다른 근거가 있을 것이다. 그렇지만 그와 같이 추정하는 사람들은 국가가 지속적인 군비 지출 증가로 더 많은 압력에 직면하지 않았다면 부를 소유한 자들과 협상할 필요도 없었을 것이며, 따라서 재산 소유권을 인정할 이유도 없었을 것이라고 주장한다. 그런 이유로 영토의 규모나 국부에서 이웃 국가보다 월등했던 중국 제국을 종종 고전적 예시로 언급하곤 한다.[107] 초두리는 주요 아시아 제국이 상업적 세입에 의존하지 않았기 때문에(아시아 제국은 군사적 경쟁에 발맞추기 위해 더욱 매진해야 했을 것이다) 유럽에 비해 범위가 좁지만 유사한 계통의 상업적 재산권을 결코 인정할 필요가 없었다고 주장한다. (피어슨M. N. Pearson도 여기에 동조한다.)[108]

중국의 시장 기능—18세기 유럽 시장에서 수행하던 기능보다 신자유주의적 원리에 더욱 접근했던—이 어떠했는가에 관해 장시간 논의한 후 앞서 설명한 종류의 '재산권'을 거론하면, 그 같은 주장은 거의 성립하기 힘들다는 결론을 내릴 수 있다. 요컨대 크게 논란의 여지가 없는 생산적 자산productive asset(경제적 속박 없이 자체적 소득 창출이 가능한 자산. 예를 들면 교육, 지적재산권, 우유와 고기를 판매할 수 있는 소 등—옮긴이)의 판매권과 사용권을 거론한다면 말이다. 그러나 국가 간 중대한 경쟁은 유럽을 그쪽으로 몰아갔으며, 다른 사회는 그와 다른 방식으로 비슷한 입장에 놓였다.

계속되는 전쟁이 재산권 보장을 지원한 방식은 특혜를 받은 재산, 조세 징수 도급 그리고 국가적 차원에서 독점권과 길드의 특권 형성을 승인해 준 것까지 기존 방식과는 꽤 다른 것이었다. 이미 살펴본 것처럼 그러한 특권은 군사적 경쟁이 치열했던 유럽과 남아시아에서는 보편적 양상이었다. 그리고 18세기에는 꽤 안전하고 손쉽게 타인에게 이전할 수 있는 권리였다.[109] 그에 반해 중국은 계속해서 심각한 군사적 도전에 직면한 것은 아니기 때문에 청대에는 단 두 가지만 국가적으로 독점권 혹은 과점권(소금 및 광둥에서 이루어진 무역)을 승인해주었을 뿐이다. 아울러 19세기 이전에는 관직(명예직인 경우가 많긴 했지만)을 매매했고, 국가 부채도 없었고, 세금 징수를 위탁하기보다는 직접 거두어들였고, 또한 도시의 길드가 시골 지역의 경쟁자를 배척하려는 시도에 반대하거나 동조하지 않았다.[110]

그렇다면 문제는 이처럼 특별한 소유권의 확산과 승인이 경제 발전을 이루는 데 어떻게 기여했느냐다. 총 생산량 측면에서는 이것을 긍정적인 방법이라고 보기 어렵다. 길드가 한가한 농촌 인력 동원을 저지하는 데 최선을 다한 반면, 관청의 조세 징수 도급자와 관직 구매자는 분명 생산량을 약간 늘렸다. 독점권자는 19세기에 그들이 접근할 수 있었던 일부 시장에 판로를 개척하면서 모든 종류의 상품 가격—설탕에서 담배, 소금 같은 필수품에 이르기까지—을 만족스러운 수준까지 고가로 유지했다.[111] (반면, 중국의 경우 유일하게 독점권을 가진 것은 소금이었다. 소금은 국내 대다수 지역에서 생산할 수 있었고, 불법적으로 생산한 소금과 밀수품 공급 체계는 발각당하기 마련이어서 수요를 크게 떨어뜨리지 못했을 것이다.) 펄린이 인도에 관해 강력하게 주장한 요점—그러한 특권이 다른 여러 사람이 대등한 조건에서 시장에 참여할 수 있는 권한을 보장하는 한 이는 엄밀한 의미에서 가치 있는 것이라는 주장—은 유럽의 경우에는 약간 어긋난다고 볼 수 있다. (유럽에서는 어쨌든 예속 노동자를 이용하는 일과 관련해 흔히 그 같은 권리를 거래하지 않았다.)

좀더 일반적으로, 이는 특정 유럽 사회 내에서 몇 가지 변화—좀더 확고한 소유권, 대의 정부의 발전(적어도 유산 계급을 위한) 그리고 특정 시민의 자유 확산—를 분리해볼 필요가 있음을 시사한다. 이는 통상적으로 '근대화', '자유화' 그리고 '합리화'라는 명목 아래 동일하게 취급하던 문제였다. 이 같은 특권은 대부분 전쟁 자금을 추구한 국가의 용인을 받고, 모두가 국내 경쟁을 허용하는 것과 어느 정도 관련되어 나타난 것이기 때문에(시장에서 혹은 '아이디어 시장'에서 정치권력을 위해) 각 나라 간의 강력한 경쟁이 대부분 국내 경쟁을 최대 특징으로 하는 사회가 선택한 것이라는 추정은 너무도 경솔한 생각이다. 이 논리는 얼핏 보기에는 자유주의적 제도가 가장 깊이 있는 수준까지 발전한 영국의 일시적 승리가 입증해주는 것 같다.[112] 하지만 좀더 엄밀하게 들여다보면 사정이 다르다.

무엇보다 먼저—찰스 틸리가 우리에게 상기시켜준 것처럼—그러한 주장은 국가 건설을 위해 틸리가 "자본 집약적인" 혹은 "강제 및 자본 집약적인" 경로라고 일컬은 개념을 따르는 국가에만 적용할 수 있다(틸리가 "강제 집약적인" 경로라고 일컬은 것과 상반된 것으로서).[113] 그런데 이들 국가만이 근대 초기의 투쟁(러시아는 명백한 반증 사례이다)에서 승리한 것은 아니다. 반면, 덴마크 같은 일부 '강제 및 자본 집약적인' 범주의 국가들은 그럼에도 불구하고 정치권력 경쟁에서 불안정한 상태였고, 전적으로 '자본 집약적인' 나라(네덜란드 공화국처럼) 또한 전혀 순조로운 상황은 아니었다.[114]

두 번째로, 이러한 변화가 모두 전쟁 혹은 국내 경쟁과 동등하게 관련 있는 것은 아니었다. 대의 정부와 다양한 소유권은 전쟁에 필요한 세수 확보에 대한 보상으로서 용인되거나 승인받은 것이었다. 그러나 언론의 자유는 보통 군사적 동원과는 거의 무관하게 쟁취한 권리였다. 그리고 국가 간 경쟁에서 자유화가 어떤 성과를 거두었는지에 대한 완벽한 사례로 종종 거론하는 영국조차도 연대순으로 보아 어떤 관계에든 의구심을 갖게 한다는 사실을 기억하는 게 중요하다. 1790~1830년은 영국에서 권위주의가 가장 팽배했던 시기 중 하나였음에 틀림없다—1832년 말까지 권위주의가 점점 더 심화했던 것 같다. 당시는 영국이 아메리카 식민지에서 입은 손실을 회복하던 시점이었고, 세계 주도권을 가진 국가였다는 데 이

론의 여지가 없으며, 나머지 유럽 국가들로부터 경제적으로 (한동안) 분기한 시점이기도 했다.[115]

게다가 모든 재산권이 경제자유주의 쪽으로 이어졌던 것도 아니다. 승인을 받은 많은 반경쟁적 특권에 대해서는 앞에서 이미 논의했다. 심지어 전반적인 경제 효율성을 빈번하게 저해하는 그런 특권은 오늘날의 기준으로는 별로 특이할 것도 없었다. 예를 들어, 프랑스(국가 간 경쟁에서 주요 승리국 가운데 하나였던)에서는 끊임없는 자금 부족에 시달린 국가가 지방의 '재산'권을(또한 지방법원의 판결권까지) 승인했다. 이는 토지 통합에 대한 소수 집단의 거부권, 소규모 토지의 인클로저, 소유권 이전, 또는 상식을 벗어난 분배를 포함한 것이었다. 2장에서 살펴본 것처럼 이는 혁명 이후까지 거의 합법적으로 수많은 제도 개선을 불가능하게 만들었다.[116] (독일 서부에 있는 여러 작은 나라는 자신들의 통치권을 지키지도 못한 채 유사한 정책을 따랐다. 국내의 자유화와 국가 간 경쟁 속의 성공 사이에서 필수적이었던 관계를 훨씬 더 약화시켰던 것이다.)

이 같은 특권이 중단기적으로는 생산량을 떨어뜨릴 가능성이 있다고는 해도, 이것이 자본 축적을 촉진했으며 따라서 장기적으로는 성장을 촉진했다는 생각도 해볼 수 있다. 오히려 이처럼 상당히 제한된 주장이 확실할 수 있으며, 모든 종류의 미래 수입원(조세 징수 도급 등) 판매는 그 밖의 미래 수입원을 유가증권화하는 도구로 발전시키는 데 도움을 주었다. 결과적으로 조세 징수 도급과 공공 부채가 개인 채권과 법인 회사 등의 활성화를 위한 길을 열어준 것이다.

법인 회사가 가진 근원적 요소—복잡한 협력 관계—는 세계 각지에서 발견할 수 있다. 하지만 기업의 업무는 일상생활과 끊임없이 결합해 있고, 법적인 성격과 분리되고, 특히 기업 내 자본 축적에 우세한 구조라는 점에서 서구를 다른 지역과 명백하게 구분 짓는 것처럼 보인다. 그러나 앞에서 살펴봤듯 철도 시대가 개막하기도 전에 출현한 기술은 다량의 인내 자본을 필요로 했다. 이 같은 자본은 규모가 매우 커서 대부분 다른 사업(초기 산업화 시대에 매우 중요했던 석탄이나 면화 사업 분야를 포함하는)에 자금을 대고 있던 전통적인 네트워크(보통 친족을 기반으로 하는)를 통해서는 자금을 끌어 모을 수 없었다. 이미 살펴본 것처럼 그때까지 기업은 주로 해외 식민지화와 무기를 앞세운 무역에서 중요했다. 회사의 활동은(전쟁 수행과 기반 시설 구축을 포함해 정부에 준하는 막대한 비용을 집행해야 했기 때문에) 막대한 규모의 인내 자본을 필요로 했다. 특히 영국에서는 19세기 내내 전 세계에 걸친 식민지 제국 무역을 포함해 가족 기업이 대부분의 경제 활동을 지배했다. (흥미롭게도 단 하나의 예외가 있는데, 그것은 아프리카에서의 무역과 식민지화였다. 영국은 아프리카에서의 상당히 많은 준정부적 활동을 숙고함으로써 다시금 주식회사를 만들 계획을 세웠다.[117] 우리는 여기서 잠깐 식민지 법인 회사 이야기로 되돌아가고자 한다.) 그렇다면 유럽 내 경제 활동에 대한 새로운 재정적 메커니즘 자체의 중요한 장점을 매우 장기적인 관점에서 검토해봐야만 할 것이다.

사실, 좀더 설득력 있는 주장은 전쟁 와중에 생겨난 특권은 자본 축적에 우호적이었을 것이라는 점이다. 왜냐하면 그런 특권은 부를 특히 최대 수익을 거둘 목적으로 재투자할 가능성이 있는 사람들의 손에 넘겨주었기 때문이다. 브로델은 자신의 연구 논문 중 몇 곳에서 다음과 같은 점을 상당히 많이 시사했다. 요컨대 그는 폭넓고 다양한 투자 수단 가운데 위대한 왕실 가문의 움직임과 관련한 중요성을 강조했다(우리가 익히 알고 있는 것처럼). 그러한 왕실 가문이 아무리 대단한 존재라 해도 그들이 찾아낸 모든 투자 수단이 중요했다는 것을 밝히기는 어렵다. 그리고 적어도 이렇게 국가가 관련된 일부 투자 수단은 아마도 좀더 생산적인 활동들로부터 자본을 이전했을 것이다. 얀 드브리스가 주장한 것처럼 근대 초기 유럽의 성장을 위한 상당량의 자본은 다양한 특권들로부터 자금을 이전함으로써 '만들어졌다'고는 하지만 경제적으로는 부가 비생산적으로 유출된 것이었다. 거의 모든 유럽 국가들이 더 많은 공직과 조세 징수 도급 그리고 시장에 대한 권리에 몰입하게끔 만든 군사 경쟁은 이런 변화에 도움은커녕 걸림돌이 되었다. 제프리 파커Geoffrey Parker는 심지어 네덜란드와 어쩌면 17세기와 18세기 유럽 일부 지역에서도 가장 많은 채권 소유자였던 대부분의 중산층은 전쟁이 끝났다는 사실을 알고는 혼란에 빠졌을 것이라고 지적했다. 왜냐하면 이는 그들의 돈을 넣어두었던 안전하고 수익성 높고 특혜를 받기도 했던(지적 요구도 많이 필요하지 않은) 곳을 빼앗기는 셈이었기 때문이다. 결국 생산적 투자라는 것은 어쨌든 일부 사람이 부득이하게 의존한 투자 방식이었던 셈이다.[118] 이런 상황에서는 군사적 재정주의가 유럽 내 경제 발전에 얼마나 많은 기여를 했는지 말하기 어렵다. 또 전쟁 자체는 당연히 자산의 감가상각 비율 증가와 기술력 손실 그리고 사업 비용을 상승시켰다.

그러나 유럽 밖에서 진행된 군사 경쟁은 커다란 이익을 낳았다. 국가간 경쟁 체계는 처음부터 해외에서 거칠게 밀어붙이며 진격하는 것이었다. 게다가 이는 단순히 인구가 희박한 지역에 자유로운 이주와 교역을 개방하는 것보다 유럽 자원의 병목 현상을 해결하려는 더 큰 목적으로 신세계 발전을 가속화했다.

물론 해외 정복 자체는 어느 정도 유럽 내에서의 강력한 군사 경쟁의 결과라고 볼 수 있다. 그 같은 경쟁은 군사적 기술과 전략에 중대한 진보를 가져왔으며, 이는 유럽인에게 매우 긴 거리의 군사 보급로 및 제한된 규모의 해외 병력을 보완할 수 있게끔 해주었다. 그러나 유럽의 '군사적 혁신'이 해외에서 유럽이 성공한 덕분이라는 지나친 생각은 경계해야 한다. 유럽인이 아시아에서 얻은 많은 이득은 땅을 놓고 싸울 일이 없던(포로들과는 대조적으로) 적과 마주쳤고, 그들로 하여금 영토를 포기하도록 했기 때문이며(동남아시아 일부 지역에서처럼),[119] 또는 내전 상황에서 완벽히 무장한 소규모 군대라도 유럽인과는 현격한 차이가 났기 때문이다(벵골에서처럼).[120] 그럼에도 불구하고 구세계에서 얻은 유럽인의 이득은 18세기 말까지 제한적이었다. (아울러 흔히 뒤바뀌기 쉬웠다.)[121] 무엇보다 신세계에서 유럽의 모험주의는 성과를 올렸다. 그리고 풍토병은 최소한 군사 기술이나 조직만큼 중요했다.[122]

여기서 더 중요한 것은 승인받은 독점권이나 조세 징수 도급 그리고 그 밖의 세수 부족, 특권의 허용과 관련해 경쟁 국가들이 유럽의 신세계 침략에서 특별한 경제적 효과를 얻는 데 필요했던 브로델적 '자본주의'와 같은 방식이다. 이에 대해서는 유럽이 신세계 각국에 미친 영향과 국가 지원 없이 동남아시아에 자리 잡은 중국 상인이 끼친 영향력을 비교해봄으로써 부분적으로 알아볼 수 있다. 신세계와 마찬가지로 대부분의 동남아시아 국가는 인구가 희박했으며, '본국에 보내야 할' 수요에 필요한 막대한 양의 토지 집약적 자원을 공급할 능력이 있었다. 신세계가 서유럽의 식민지가 되었던 것과 비교해 동남아시아에 진출한 중국인의 수가 상당했음에도 동남아시아는 결코 중국의 식민지가 되지 않았다.

유럽의 신세계 식민지화는 군사적 방어(아메리카 인디언이나 또 다른 유럽인 그리고 대다수 지역에서 백인보다 많았던 아프리카 노예로부터) 비용 및 정치 조직과 상당한 연관이 있었다. 그러한 비용은 대부분 전면적인 수출 규모를 축소할 수 있으면서 불로소득의 문제도 피할 수 있는 단일 단체(국가든 허가받은 독점권자든)가 손쉽게 부담했다. (1670년대 버지니아 담배밭에서 일하는 남자는 자신을 위해 일하거나 주인을 위해 일하는 것보다 정부를 위해 일했을 때 더 많은 소득을 얻었다.[123]) 이와 같은 독점은 유럽인에게 신세계의 생산자를 좀더 개방된 시장의 일부로 만드는 것보다 더 많은 외국인을 정착시키는 데 재정 지원을 하는 것이 좀더 가치 있는 일이 되게끔 했다.

식민지 건설을 위한 착수금을 내놓은 식민지 기업은 자신들의 기호에 맞는 상품을 본국으로 보내는 것을 촉진했다.[124] 적어도 몇 가지 사례에서는 그런 일이 공식적으로 이루어졌다. 비록 그 어떤 '사치품'의 수입도 탐탁지 않아 했던 유럽 중상주의자들에 관한 많은 기록이 있다 하더라도 영국, 네덜란드 그리고 프랑스가 그 같은 상품을 나머지 유럽 국가에 재수출하기 위해 보유하고 있는 자국의 기업을 강력하게 지원했다는 사실을 기억해야 한다. 어쨌든 만약 사람들이 외국 상품을 소비하려 했다면 심지어 대부분의 중상주의 관리들은 자국 기업을 통해 수입하는 것이 최선이라는 것을 손쉽게 확신했을 것이다. 더불어 정부도 수입 관세를 통해 그리고 특히 회사로부터 전시戰時 대출을 통해 한몫 챙기려 했다.[125]

독점권이 없었다면 19세기 이후 자유화로 가격이 하락한 것처럼 유럽 시장은 계속 더 급속하게 성장했을 것이라는 이론을 세울 수 있다. 그러나 처음부터 자유무역이 우세했던 식민지에서의 정착과 발전이 어떻게 자금을 융통했는지에 대해서는 아무것도 밝혀지지 않았다. 사탕수수 농장주는 여전히 더 큰 시장에 상품을 공급하기 위해 계속 더 많은 노예를 데려왔을 것이다. 그러나 이런 활동을 한 사람은 신세계의 농장주가 아니라 신세계로 노예를 끌고 오는 데 필요한 대부분의 운영 자본을 제공한 유럽 상인이었다. 심지어 재산이 많지 않은 신세계의 신참 상인이 사치품 수출—담배, 모피는 물론 틀림없이 (17세기 후반 수많은 소규모 개인 광산을 운영하던 곳에서 나온) 금과 은에 이르기까지—의 기회를 얻었다 해도 좀더 개방된 무역 시스템을 통해 얻은 대부분의 수익은 아마도 신세계의 생산자가 아니라 유럽 소비자에게 돌아갔을 것이다. 또한 수백만 명에 달하는 유럽 소비자의 분산된 수익을 어떻게 이주 확대나 신세계 발전의 간접 비용 overhead cost으로 투자했는지 알아내기도 어렵다.

궁극적으로 수많은 일반인이 대서양을 횡단하는 자신들의 이주나 친척의 이주에 자금을 제공했다. 그러나 이는 정보와 상품 거래 그리고 운송 비용에[126] 더해 자국민에게 군사력과 정치 질서 그리고 민간 경제 활동을 번성시키는 데 필수적인 기초 기반 시설을 제공하기 위한 신세계 정부의 세금 징수 능력에 이르기까지 매우 수준이 낮았던 19세기에 해당하는 이야기다.

유럽의 '사치품' 소비 성장(동아시아와 유사한)과 새로운 영토를 개발하기 위해 독점권을 허용했던(남아시아와 동남아시아에서 더 유사한 형태) 국가들의 경쟁이 왜 유럽만 중요한 해외 영토를 차지했는지를 '설명해준다'고 주장하는 것은 어리석은 일이다. 지리적 우연성과 전염병, 항해 기술의 발달 그리고 다른 수많은 요인이 이런 '과도한 결정over determination'의 고전적 사례를 만들고 있다. 그러나 유럽과 중국의 정치경제 상황이 초래한 영토 확장의 사례를 다른 맥락에서 고찰하는 것도 가치 있을 것이다.

해외로 진출한 중국 상인은 주로 푸젠이나 광둥 출신이었다. 그곳은 또한 토지 소유욕이 강한 사람들이 엄청나게 많았으며, 그들은 대만이나 중국 내륙의 여러 국경 지역으로 이주했다. 1800년 이전, 상당수 노동자들(주로 광부였으며 농민도 일부 포함되었다) 역시 인구가 희박한 동남아시아의 여러 지역으로 떠났다. 때로는 지방의 권력자가 그들을 불러들이기도 했는데, 환금성 작물 재배를 위한 농지 개간에 투입하기 위해서였다.[127] 그들이 정착한 곳에는 장차 사탕수수와 차 그리고 담배 농장이 될 땅(동남아시아의 '카리브 해')과 1850년 이후 동남아시아의 '북아메리카'가 될 이라와디(미얀마에서 벵골 만으로 흐르는 강—옮긴이), 메콩(인도차이나 반도를 거쳐 중국해로 흐르는 강—옮긴이) 그리고 차오프라야(태국을 남북으로 흘러 방콕 시내 한가운데를 지나 타이 만으로 빠져나가는 강—옮긴이)도 포함되었다(필리핀의 루손 섬도). 요컨대 막대한 양의 곡물을 해외 이주자들이 경작했다는 것이다. 노동력이 많이 부족했던 동남아시아의 임금은 비록 그곳에서 곧바로 자신의 땅을 소유할 수는 없을지라도 사람들을 유혹하기에 충분할 만큼 높았다.[128] 아시아의 삼각주를 논으로 바꾸는 데는—최대한 평평하게 만들려면—엄청난 노동력이 필요했다. 그러나 기술력이 없었기 때문에 이를 위해서는 프랑스와 영국 식민지 정권이 들어설 때까지 기다려야만 했다.

그런데 18세기에 농민의 대량 이주는 결코 중대한 기회가 되지 못했다. 중국은 자국민의 해외 진출에 직접적으로 정치적·군사적 지원을 제공하는 데 아무런 관심이 없었기 때문이다(왕궁우王賡武와 다른 학자들이 지적했듯이).[129] 이는 네덜란드와 에스파냐 식민지 당국이 분노한 '원주민'을 주기적으로 부추겨 중국인 대학살로 불만을 표출하도록 하거나 직접 그 같은 학살을 자행함으로써 대규모 중국인 상인 공동체의 마닐라 및 바타비아(자카르타의 옛 이름—옮긴이) 토지 매입에 지장을 주었다. (1740년 바타비아, 1603년과 1764년 마닐라에서 특히 이와 관련한 유명한 사건이 발생했다.) 이런 상황에서 중국 상인이 자산을 유동화한 것은 당연했다. 따라서 그들은 자신의 부를 토지 획득이나 개발에 묶어두기보다는(어쨌든 이런 곳에서 중국인은 토지를 소유하려 했던 것으로 추정되지 않는다) 탈출하거나 혹은 뇌물로 바치는 데 쉽게 쓸 수 있었다. 특별히 토지를 소유하려 한 사람들의 경우 일부는 고국으로 돌아가 토지를 매입할 수 있었다. 고국에서는 소유권을 좀더 보장하고, 친척이 꽤 믿을 만한 관리인을 알선해주었기 때문이다.

게다가 1850년 이전 동남아시아에 중국 상인과 농민이 공존할 당시, 두 집단의 결속력은 미약했다. 바타비아에서 발생한 사건들이 이를 분명하게 보여준다.

중국 사업가들은 1690년 이후 바타비아 도성 밖에서 설탕 생산 개발에 지배적 위치를 차지하고 있었다. 1710년에는 84개 공장 중 79개가 중국인 소유였다. 또한 노동자 대부분이 중국인이었다. 하지만 공장주는 도성 안의 부유한 중국 상인(제대로 대우해주지 않을 경우 도시를 마비시킬 정도의 능력을 행사한)이 아니었다. 한편, 시골에서 설탕을 생산하는 중국인 공동체는 극도로 부패했던 것으로 보이는 네덜란드 치안 담당관의 관리를 받았으며, 중국 '감독관'은 도시의 중국인들에 대해서만 책임을 지고 있었다.[130] 네덜란드 동인도회사는 통제된 가격에 설탕을 구입해 페르시아와 인도 그리고 유럽에 판매했다.[131]

설탕 시장이 침체에 빠졌을 때 시골 지역에서 불만이 터지자 네덜란드는 농업 노동자들을 실론 섬으로 강제 이송하려 했다. 그곳에서는 더 많은 노동자를 필요로 했기 때문이다. 네덜란드인과 자바 원주민이 시골에서 강제 이송할 예정인 사람들에게 폭동 책임을 물어 그들을 학살했을 때, 도시에 사는 중국인들도 여기에 가담했다. 이 같은 사실로 미루어보건대 실제로 도시와 시골 중국인 사이의 유대 관계는 지극히 미미했던 것으로 보인다.[132]

본국 시장과의 관계가 안정적이지 못한 상태에서—하물며 특혜를 받는 것도 없이—혹은 이후 동남아시아 정권이 중국인의 생명과 재산에 대해 최소한의 보장도 제공해주지 않는 상황에서 바타비아 내의 성공한 중국 상인들이 자국민을 대규모로 농장에 데려오거나 시골 정착지에 필요한 투자를 할 이유가 전혀 없었다. 따라서 본국 정부의 지원이 없는 상태에서 해외 중국인의 시골 정착지는 정착 자금을 본국에 되갚을 수 있는 토지 집약적 상품의 수출을 통해 공동체를 성장시키기 위한 중추(신세계의 농장들이 그랬던 것처럼) 역할을 했다기보다 단기적인 호황 정책으로 만들어진 임시 캠프와 비슷한 형태로 유지되었을 뿐이다.

1740년 청 왕조는 해외 중국인에 대한 부당한 처우 문제를 응징할 것을 분명 심각하게 고려했다. 이는 중국이 국경 너머 경제와 관련한 이해득실에 어두운 '세계 제국'이었다는 지나치게 포괄적인 주장에 대한 경고일 것이다.[133] 사실상 네덜란드의 대학살을 응징하는 통상 금지에 찬성하는 주요 주장 중 하나는—만약 적절한 처벌이 이루어지지 않았다면—네덜란드가 이미 장기간 체류하고 있는 중국인 거주자를 부당하게 대우해온 것처럼 이후에 이주한 중국인도 부당하게 대우했을 것이라는 내용이었다. 반면 통상 금지에 반대하는 주요 주장은 그런 조치가 남중국 해안에 살고 있는 수많은 중국인의 삶에 해로운 영향을 줄 것이라는 내용이었다. 중대한 차이는 중국 본토에 사는 사람들은 동남아시아와 무역을 하거나 그곳을 여행할 때 제국의 보호를 받을 자격이 있지만 다른 지역에 정착한 중국인은 그렇지 못했다는 것이다. 청 왕조도 분명 영토 확장을 진행하고 있었지만, 그곳은 중앙아시아였다. 중앙아시아는 상인의 지원을 받은 동남아시아의 정착민 제국처럼 장난과 링난에 기초 생산품을 제공해줄 수 없었다.

청 왕조의 안보 관념, 낮은 세금을 유지하려는 욕구 그리고 빈번한 예산 흑자(18세기 말까지)를 감안해볼 때,[134] 청 정부는 중국인에 의한 해상 무장 교역(이를테면 수입 독점권을 인정해줌으로써)을 수동적으로도 승인해줄 생각이 없었다. 결론적으로, 거대한 중국 시장과 해외 사치품 사이를 독점적으로 연계해줄 민간 집단이 전혀 없었다는 것이다(아주 짧게 지속된 예외적인 사례는 있었지만).

그 예외적인 사례는 17세기에 전성기를 맞아 두드러지게 부유하고 기세등등했던 정씨(정성공鄭成功—옮긴이) 가문의 해상 제국이다. 네덜란드인과 함께 상업적으로나 해상 전투력 측면에서 모두 다 성공을 거둔 그들은 본질적으로 '중국인'은 무기를 앞세운 무역과 식민지/해상 확장이라는 유럽의 방식에 관심이 없었고, 이를 추구하지도 않았을뿐더러 기술적으로 제대로 준비된 상태도 아니었다는 주장에 강한 의혹을 불러일으킨다.[135] 정씨 가문 역시 식민지화에 착수했다. 대만을 점유하고 정착지를 확장했을 뿐 아니라 루손 섬까지 위협했다.[136]

그러나 정씨 제국은 단지 중국 왕조가 위기를 맞은 동안에만 번성했을 뿐이다. 모국의 군사 안보적 지원을 받지도 못하고 모국 시장에 접근할 수 있는 특권마저 없는 상태에서 그들은 본토 항구에 몰려들어 끊임없이 이리저리 옮겨 다니며 거래할 수밖에 없었다. 더욱이 정씨 가문의 지도자들은 늘 해상 활동 자체를 장기적인 사업 계획이라기보다는 주로 중국에 있는 군대를 운영하기 위한 자금원(가망 없는 명 왕조의 복원을 노린)으로 보았다. 이와 같이 정씨 제국은 무기를 앞세운 유럽인이 무역과 식민지화에 성공을 거둔 것처럼 중국인으로서 대외 무역 활동으로 무역과 식민지화에 성공을 거둔 모범 사례로 흔히 거론되곤 하지만, 이는 중국 국가 체계의 정상적인 부분은 아니었다.

심지어 중국 해외 상인과 정착 이주민은 스스로 무장을 해서 어떻게든 무역 독점권을 확보하려 애썼지만, 또 다른 한계에 직면하고 말았다. 즉 설탕 수입 독점권은 해외 무역 상인들에게 별로 득 될 것이 없었다. 똑같은 상품을 중국 내에서 대량 생산하고 있었다는 점을 감안하면 말이다. 이에 반해 유럽 상인은 설탕, 커피, 차 그리고 비단(게다가 상당량의 담배 역시) 수입에 따른 높은 차익을 자신들의 해외 수출 비용을 벌충할 만큼 충분히 고정적으로 거둘 수 있었다. 왜냐하면 이들 상품의 국내 생산이 전혀 이루어지지 않았기 때문이다. (반면 그들은 북미산 밀 따위의 과도한 가격 인상을 피해갈 수 없었다. 펜실베이니아의 곡물이 유럽 일부 지역에서 판매되었고,[137] 사람들은 유럽 핵심 지역에서 좀더 멀리 떨어져 있는 내륙에 더 많은 비옥한 땅이 있다는 것을 알았다. 하지만 이 광대한 새로운 땅은 식민지 시대에 밀 수출이 가능할 만큼 개척된 상태가 아니었다. 밀농사를 지을 땅의 빠른 확장을 위해서는 다음과 같은 상황이 도래하기를 기다려야만 했다. 요컨대 화물 운송 비용의 더 큰 하락, 북미 자체 내의 대규모 도시 시장 성장 그리고 조급하게 식민지로부터 많은 수익을 거두려 하기보다는 국경 지역을 정복하고 지배하며 통합하는 데 필요한 자금을 투자할 독립적인 정부를 기다려야만 했다.)

이와 같이 중국의 해외 무역은 국가와 연계한 유럽 기업의 자본주의와는 아주 다르게 발달했다. 경쟁 무역의 비교적 낮은 차익은 1730년대에 대만을 1750년대 신세계 전체의 약 3분의 1에 해당하는 양의 설탕을 수출하는 유일한 지역으로 만들었고, 수많은 소규모 투자자와 선주들에게 적절한 수익을 가져다주었다.[138] 그러나 대만은 루손 섬 북부 지역을 차지하면서까지 설탕 수출을 통한 이윤을 집중적으로 창출하지는 못했다—비록 18세기에 대만과 가까운 거리에 있는 이 지역을 에스파냐가 미약하게나마 움켜쥐고 있긴 했지만.[139] 그리고 마닐라에 있던 중요한 중국 상인 공동체(1603년에 이미 1770년의 뉴욕이나 필라델피아 규모를 앞질렀으며 1770년에는 보스턴의 2배 이상 규모였다[140])가 큰 규모로 성장한 것으로 보건대 유럽 상인 공동체가 갖고 있던 특권과 마찬가지로 무력 사용을 허가받고 본국의 시장 진출 특권(그들의 군사 비용을 벌충할 수 있도록 허용한)까지 부여받은 푸젠 상인들이 존재했다는 가설이 완벽히 타당할 가능성도 있다. 1700년대 말까지 바타비아와 그 인근 지역에는 아마도 10만 명 이상의 중국인이 거주했던 것 같다. 이는 1770년 뉴욕, 보스턴 그리고 필라델피아의 인구를 모두 합친 것을 넘는 수치다.[141] 그러나 수입품을 사줄 소비자를 확보할 방법이 없었다면 식민지화는 불가능했을 것이다. 그런 의미에서 동남아시아의 설탕과 쌀은 모두 신세계의 담배나 설탕보다는 밀과 좀더 비슷한 양상을 보였다. 그래서 동남아시아 본토의 커다란 밥그릇은 아메리카의 커다란 빵 바구니와 마찬가지로 장차 그 안을 채울 것들을 수입하는 데 필요한 자본과 노동력을 개발하기 전까지 더 오랜 시간을 기다리는 수밖에 없었다.

더욱이 국가는 '일상 사치품'이 가져오는 수익에는 관심이 없었다. 중국에서 생산한 90퍼센트의 설탕 그리고 비단과 담배는 전량 국경을 넘어가지 않았다. 따라서 관세를 발생시키지도 않았으며〔1850년대 국내 무역에 대한 이금세釐金稅(통관세)가 생길 때까지〕, 청의 관리는 이런 무역을 장려해봤자 얻는 게 아무것도 없었다. 관리들은 규모가 컸던 대만으로부터의 설탕 수입에 관심을 쏟았다. 그러나 대만에서 수입하는 대규모 설탕에 관심을 두었던 관리들은 은 수출로 비단을 사들이는 것에 반대한 유럽 중상주의자들보다 반드시 더 '반反시장적'이지는 않았다. 결국 그들은 양쪽 지역이 자립 경제를 이룩하기보다는 대만 상인이 쌀, 수공예품 그리고 푸젠 지역에서 재배한 차의 상업적 판매를 지속하길 원했다.[142] 청의 관리들은 남중국 해안의 수많은 사람이 해상 무역에 의존한다는 것을 알고 있었다. 또한 그들은 국가 안보에 대한 우려가 높아졌을 때를 제외하고는 이런 무역이 지속되길 희망했다. 그러나 일부 관리들이 안보 문제에 주목해 '사치품' 수입의 축소를 원했을 때에도, 그들은—유럽의 은 수출에 대한 강경파처럼—국고나 군사 문제 그리고 자신들과 크게 대립적인 이해관계를 가진 식민지 관리와 맞닥뜨리지 않았다.

그것은 대륙 밖에서의 무역, 식민지 확장, 유럽 식민주의를 독특하게 만든 군사적 재정 정책하고만 관련된 것이 아니다. 중국이 좀더 '유럽/인도'식의 중상주의를 취했다거나 인도에서 좀더 '유럽/중국'식의 대규모 외국 수입품 수요가 있었다 해도, 그들은 아마도 유럽인이(또한 아프리카 노예가) 신세계에서 이룩한 것을 동남아시아에서 똑같이 이뤄내지는 못했을 것이다. 무엇보다 구세계/신세계 질병 증감률을 비교했을 때, 그들은 생물학적 우위를 전혀 갖고 있지 않았다. 그러나 유럽이 이런 요소—전염병, 유럽의 전쟁, 군사적 재정 정책과 사치품 수요, 중국의 은 수요 등—의 놀라운 조합으로 이득을 봤던 게 아니라면, 중국 역시 유럽이 신세계에서 했던 것처럼 이 지역을 이용할 수 없었을 것이다. 앨프리드 크로스비Alfred Crosby는 집단적 질병을 보유한 채 아메리카에 도착한 몇몇 구세계 사람들이 꽤 넓은 지역의 인구를 감소시켰을 것이라고 분명하게 주장한다. 그러나 단지 병원균에만 의존해서는 수출 지향적 경제 및 그러한 수출을 기대하며 재정적 지원을 받는 대규모 이민으로 현지 사회를 대체하고 궁극적으로 그들을 파멸시킬 수는 없었을 것이다. 곧이어 살펴보겠지만, 신세계의 수출은 특히 영국에서 비록 충분하지는 않았더라도 성장을 지속하고 가속화하는 데 필수적인 조건이었다. 따라서 우리는 여기서 두 개의 신대륙을 활동 무대로 삼지 않았을 때보다 실제로 신대륙을 활동 무대로 삼았을 때 유럽 자본주의와 소비지상주의가 훨씬 더 큰 작용을 한 배경과 메커니즘을 알 수 있다.

2부 결론: 유사성과 차이점의 의미

그렇다면 바로 18세기 중반까지도 서유럽이 특별히 생산적이거나 경제적으로 효율적이지 않았음이 드러난 셈이다. 그렇다고 해서 구세계의 다른 많은 지역이 서유럽만큼 번성했고 '원공업'이나 '초기 자본주의'가 존재했다는 결론으로 곧장 건너뛸 수는 없다. 일부 학자들의 지나치게 사실적인 주장에 의하면, 어떤 아시아 사회에서는 산업적 돌파구를 지향하고 있었지만 만주족이나 영국 침략자들이 '자본주의의 싹'을 짓밟았다. 좀더 가능성 있는 주장은 세계 어느 지역도 필연적으로 그러한 산업적 돌파구를 지향하지 못했다는 것이다. 확실한 것은 심지어 유럽에서도 18세기 후반 주요 경제 사상가들이 도래하고 있는 세상을 전혀 내다보지 못했다는 사실이다.[143]

오히려 구세계에서 가장 '인구 밀도가 충분하고'(즉 이용 가능한 기술을 사용하는 토지 수용력에 비해 인구 밀도가 조밀하고)[144] 경제적으로 발전한 지역 모두가 일반적인 '원공업화'의 막다른 골목으로 향하고 있었던 것으로 보이는데, 노동력의 투입이 꾸준히 증가하고 잘 알려진 생산 방식이 확산하고 상업화가 늘어나면서 더욱 효율적인 노동 분배가 가능해졌다. 하지만 생산량은 인구 증가에 비해 약간 앞서 있는 정도였다.[145] 이런 지역이 막연히 계속 앞서 있었는지—스기하라 가오루가 노동 집약을 바탕으로 한 지속적인 성장의 "동아시아 기적"이라고 칭한 것의 유럽 복사판을 만들어낸—아니면 뒤로 후퇴해 실제 맬서스 이론이 난관에 부딪혔는지는 알려져 있지 않다. 그러나 그 결과 중 어느 것도 자본 및 에너지 집약적이고, 토지를 독식한 '유럽 기적'의 실제와 아주 유사하지는 않았다. 직물의 생산과 소비 증가는—비록 '산업화'의 출발로 종종 인용되긴 하지만—그 상황 자체만으로는 산업화의 길로 들어설 수 없었다. 이는 근본적으로 곤경에 처한 상태를 해결하는 방책을 제시해주지 못했기 때문이다. 다시 말해 식량, 섬유, 연료, 건축 자재와 관련한 모든 생산 체계가 점점 부족해지는 토지를 차지하기 위해 경쟁했다. 실제로 섬유 작물을 심기 위해 삼림을 없앴기 때문에(또는 훨씬 더 상황이 나빠진 예로 양의 경우를 들 수 있는데, 양털실은 파운드당 매우 많은 토지를 필요로 했다) 운송이나 중공업에서 좀더 기초적인 돌파구를 마련하는 데 필요한 에너지를 확보하는 게 더욱더 어려워졌다.

따라서 16~18세기까지 다른 선진 경제를 '실패한 유럽'이라고 보기보다는 이 시기 서유럽을 그다지 특색 없는 경제로 보는 게 더 타당할 것이다. 다만 다행스러운 일은 18세기 후반과 특히 19세기에 예기치 못한 의외의 중요한 돌파 때문에 이전에는 모든 사람에게 제한되었던 에너지 사용과 자원 효용에 대한 기본적 제약을 타개할 수 있었다는 것이다. 또한 영국의 석탄 채굴 및 이용 급증으로 새로운 에너지 자체가 대량 생산되었지만, 다음 두 장에서 살펴봐야 할 것은 새로운 광물에서 얻은 에너지를 이용하려는 유럽의 능력 또한 다양한 신세계 자원의 유입을 필요로 했다는 사실이다. 유럽의 자본주의와 군사 재정 정책—범세계적 관련성의 일부로서—이 실제로 중요해진 것은 그런 자원 유입을 위한 전제 조건을 만들면서부터였다.

3부

스미스와 맬서스를 넘어서

: 생태적 제약에서 지속적 공업 발전으로

5

공통된 제약
서구와 동아시아의 생태적 긴장

어떤 지역에서 근대 초기의 경제 발전 과정이 어떤 '자연스러운' 진행의 결과라고 보는 것과 공업화를 서로 분리해서 생각하면, 우리는 이제 특정 지역 간 관계 형태의 발전이 어떤 식으로 공업화 전야의 서유럽에 중요한 이점을 가져다주었는지 제시할 수 있다. 이러한 이점은 반드시 공업적 돌파로 이어진 것은 아니지만, 그러한 가능성을 크게 증대시켰고, 또한 그러한 돌파가 훨씬 쉽게 지속될 수 있도록 했다. 이러한 이점은 구세계 핵심 지역이 공유한 주요 문제—즉 화학적 합성 비료와 합성 섬유 그리고 이러한 합성 물질을 경제적인 것으로 만들어주는 값싼 광물이 출현하기 이전에는 토지를 대체하는 노동과 자본의 능력에 한계가 있었다는 문제—를 해결하는 데 도움을 주었다. 이런 한계는 계속적인 인구 증가, 1인당 소비 상승 그리고 한 지역의 산업 전문화 수준 향상을 어렵게 했다. 더구나 19세기에도 앞서 언급한 경제적 수준의 상승 비율은 마찬가지로 저조한 상황이었다. 앞으로 살펴보겠지만 무역은 이런 문제에 도움이 되었을지 몰라도 이를 해결할 수는 없었다. 노동 집약적 토지 경영은 더 많은 사람을 부양할 수 있었지만 생활수준은 아마 크게 향상되지 않았을 것이다. 그리고 농업 이외의 분야에서 일할 수 있는 인구 비율은 높아지지 않고 더 떨어지는 경향을 보였다.

이런 제약에서 벗어나는 데 유럽이 가진 이점은 대체로 생태적인 것이었다. 그중 몇 가지는 유럽 자체가 보유한 유휴 자원에서 기인했다. 그리고 이런 자원을 더 일찍 개발하지 않은 데서 오는 역설적인 이익도 있었다. 그러나 이런 이점은 토지와 연료의 효율적 사용이라는 측면에서 동아시아가 우위에 있었기 때문에 대부분 상쇄되었다. 1장에서 이미 논의한 다른 이점은 운 좋게 발견한 석탄 매장 지역 및 채굴 기술과 관련이 있었다. 또한 이는 신세계의 풍요로운 자원과 유럽의 관계를 형성하게 했던 독특한 관련성에 근거한 것이기도 했다. (여기에 대해서는 6장에서 중점적으로 다룰 예정이다.) 결과적으로 이 전도유망한 자원의 이점은 또 다른 혁신이 나타날 시간을 벌어주었다. 즉 유럽을 경제적으로 가능성 있는 세계로 전환시켰던 것이다. 물론 또 다른 혁신이 나타날 시간적 여유가 기술적 창조력을 갖게 된 이유는 아니다. 그러나 이 두 가지 요소는 서로 공조했으며, 상호 보완적이었다.

그러므로 이번 장에서 필자는 우선—인구가 조밀한 다른 지역과의 공통점을 강조함으로써—서유럽의 전망을 다른 지역과 어떻게 비교할지에 대한 개요를 간단히 언급하고자 한다. 그런 다음 18세기에 공통된 일련의 생태적 문제를 제시하고, 서유럽이 중국이나 일본보다 절대적으로 인구가 조밀하지 않았음에도 비슷한 수준의 심각한 생태적 문제에 직면했음을 밝혀낼 것이다. 서유럽과 동아시아 모두 18세기 후반 무렵 중대한 제도적 변화, 새로운 토지 절감 기술 그리고/혹은 대폭 확대된 토지 집약적 상품의 수입이 없었다면 상대적으로 더 광범위한 성장을 일궈낼 여지가 없었다. 일본의 경우, 제도적 변화가 이루어졌다면 아직 집중적으로 이용하지 못하던 토지에 기존의 최선책을 적용함으로써 일부 주변 지역이 성장할 수 있었을 것이다. 그리고 유럽의 경우는 이런 상황에 처한 지역이 더 많았고(특히 동유럽), 상대적으로 중국은 거의 없었다. 이 세 곳 모두 핵심 지역(양쯔 강 삼각주와 주장 강 삼각주, 영국과 네덜란드, 기나이와 간토 지방)이 존재했는데, 오직 여기에서만 주요한 기술적 변화와 주변 지역과의 무역이 급증했으며, 이 두 가지로 인해 인구와 소비가 더욱 증가했다.

이론적으로 보면, 토지 이용에서 노동 집약이 심화해 인구가 성장할 가능성이 더 높은 곳은 동아시아가 아니라 유럽이었다. 그러나 유럽 농업의 특성상 이런 가능성을 완전히 활용할 가망은 없었다. 게다가 그런 방법은 1인당 소비 증가를 더욱 확대할 공산도 없거니와 산업화를 확대할 가능성은 더더욱 없었다. 이런 방향으로 어느 정도의 발전을 이룬 유럽 국가—덴마크—를 살펴보면, 노동 집약도를 높여 열악한 생태적 위기를 안정시키고 생활수준을 유지시켰음을 알 수 있을 것이다. 하지만 인구 성장과 1인당 소비 수준은 침체했고, 주요한 돌파구를 마련할 기반도 확립되어 있지 않았다.

마지막으로, 필자는 이 모든 핵심 지역이 인구가 충분하지 않았던 다양한 구세계 주변 지역과의 무역을 통해 자기 지역의 문제를 완화하려 한 것에 대해 고찰하고자 한다. 각각의 경우 그런 무역은 부분적인 해결책이었을 뿐이며, 이는 결국 극복 가능한 기술적 한계(예를 들면 높은 운송 비용) 때문만이 아니라 구세계에서 더 '발전한' 지역과 그렇지 못한 지역 간의 합의된 무역이 갖고 있는 사회적·경제적 한계 때문이었다.

비교적 조밀한 인구, 생산적 농업, 집중적이면서도 정교하게 발달한 상업 그리고 광범위하게 이루어진 수공업이 조화를 이룬 지역들만이 산업적 변화 가능성이 아주 높았던 곳이라고 추정하는 것은 타당해 보인다. 그런데 이런 기준은 서유럽과 마찬가지로 동일한 범주 안에서 중국, 일본, 어쩌면 인도—특히 인도 북부 지역—에도 여전히 남아 있었을 것이다.

그러나 더 깊이 생각하면, 인도는 다른 곳보다 가능성이 없는 지역처럼 보인다. 절대치로 보면 인구가 많고 조밀하지만 인도는 산업화 이전 전성기에도 여전히 상품 운송 능력이 없었기 때문이다. 무굴 제국 시대 인도의 인구 증가는 같은 시기의 중국, 일본 혹은 서유럽보다 훨씬 더 둔화했던 것으로 나타났다. 즉 1600~1800년 연간 0.1퍼센트에서 최대 0.3퍼센트까지 증가했고, 1830년 이후가 되어서야 좀더 급속히 증가했다.[1] 더욱이 카스트 제도를 시행하는 지역에서는 아주 긴밀하게 결속된 전문가 그룹에게 특정 자원에 대한 독점 통제권을 주었는데(적어도 이론적으로는), 이는 그런 사람들과 그 후손이 영구적으로 특정 자원에 의존해 살아갈 수 있게끔 해주었다. 인도의 이와 같은 특이한 상황은 중국, 일본, 유럽에서 더욱더 보편적인 문제로 대두한 급속한 자원 고갈을 막을 수 있었을 것이다. 또한 중국·일본·유럽 지역은 자원 남용에 대한 규제를 시행하는 게 훨씬 어려웠는데, 사람들은 직업적 혹은 지리적 유동성을 통해 고갈된 자원에 의존하는 상황에서 더욱 쉽게 빠져나올 수 있었다.[2] 한편 유럽인이 그 중요성을 지지한 곳에서조차 더 이상 영예로 여겨진 것 같지는 않지만 어쨌든 카스트는 경제 성장, 인구 증가(임금 노동과 직업적 유동성이 기존의 경제적 지위를 물려받지 않고 결혼할 수 있는 가능성을 높여주었다), 자원 고갈에 대한 일종의 제동 장치로 작용했을 것이다.

이유가 무엇이든 인도의 정치경제와 생태는 산업화 이전에 이미 인구가 거의 포화 상태였던 지역과 이전에 주기적으로 최고치의 인구 변동이 있었던 지역과는 차이가 있어 보인다. 분명히 18세기 후반의 인도는 여전히 삼림이 아주 많이 우거져 있었다. 즉 1700년대 중반 인구가 밀집한 벵골 지역의 경우에도 3분의 1이 경작하지 않는 숲과 습지였다.[3] 농민이 자기 자신의 권익을 보호하는—단독 혹은 집단으로 이주하는—일은 보통 중국, 일본, 서유럽 대부분 지역에서는 오랫동안 실행이 불가능한 비현실적인 일이었다. 그렇다 하더라도 최근 연구에서 식민지 이전의 인도 통치자들이 영국의 목재 및 환금 작물 수요가 있기 전에는 생태적 균형을 신중하게 유지했다는 주장이 허물어진 것으로 보건대 당시 인도의 단순 부동산권(소유권자가 사용 및 처분할 수 있는 권리—옮긴이)과 19세기 인구 성장은 균형을 잃은 상태였다. 그러나 식민지 이전 생태 관련 제도의 이상적 관념을 무너뜨린 유사한 증거—조세범, 반란군, 강도 등의 피난처가 되지 못하도록 숲을 불태울 권한에 대한 설명을 포함해[4]—는 인도가 유라시아 끝자락에 위치해 있어 생태적 개발이 부진했고, 드물기는 하지만 일종의 농민 저항도 있었음을 보여준다.

인도 상류층은 비교적 풍부한 공한지空閑地가 있었으므로 보통 예속 노동력에 의존했다. 토지를 획득할 수 없어 다른 사람을 위해 일해야 하는 시골 지역의 '자유' 프롤레타리아가 많았음에도 말이다.[5] 이미 살펴보았듯 인도 농장과 장인의 상품 모두가 대량으로 시장에 진입했을지라도—생산자는 대개 그렇게 하지 못했다—이는 생산자의 상품 구매가 더 적었고 그들이 '근면 혁명'에서 중요한 시간 배분의 문제에 직면하는 일도 더 적었음을 의미한다.

이 같은 형태의 토지 이용과 계층 간 관계로 보아 내릴 수 있는 한 가지 결론은 의외로 많지 않았지만 평민이 이용하는 일상 용품을 거래하는 내부 시장이 있었다는 것이다. 가능한 한 그 흔적을 따라 거슬러 올라가

보면, 인도는 상품(귀금속을 제외한) 수입에 비해 수출이 더 많았던 것으로 나타난다.[6] 경제적 변동에 대한 설명을 하는 데 외국과 상류층의 이런 수요 변화는 중국, 일본, 서유럽에서보다 큰 비중을 차지한다. 중국, 일본, 서유럽은 대개 생산자에 대한 직불제를 통한 생산량 증가가 수요를 창출했을 것으로 여겨진다. (이는 적어도 1500년경 이후, 중국의 경우는 1000년 이후에 발생한 상황이다.)[7] 예속 노동자들이 더욱 힘들게 일하거나 혹은 유휴지를 경작함으로써 생산량과 상류층의 소득이 증가하는 곳에서는 상류층이 새로운 생산 방식을 개발하는 데 투자할 가능성이 거의 없었다.[8] 또한 인구가 아주 많고 비교적 상품 운송이 용이해도 일상적인 상품의 생산을 확대할 수 있는 혁신을 보장해주는 확실한 시장도 없었다. 사람은 너무나 많고 돈은 아주 제한되어 있었다. 게다가 현명한 인도 장인들은 개인적으로 혁신의 혜택을 얻으리라는 것을 거의 확신하지 않았다. 결국 계층 간 호혜에 따른 물가 안정책이 대부분 '투자자-고객' 관계에 내재된 재정적 이윤 추구는 분명 존재했지만 중국, 일본, 서유럽에 비해 그다지 강력하지 않았을 것이다.

그러므로 인도는 수준 높은 상업과 기술을 보유했음에도 불구하고 산업의 획기적 발전 가능성이 별로 없었다. 특히 정치적으로 혼란스러웠던 18세기 인도의 모습이 얼마나 다양했는지 상기해볼 만하다. 일부 지역의 사회 체계는 '인구가 밀집한 지역'에서와 같은 방향으로 흘러가고 있었던 것처럼 보인다. 일본 도쿠가와 시대 사람들이 매우 상세하게 문서로 작성하는 동시에 제한된 법적 구속력을 가진 역할을 점차 회피했다는 사실은 이런 지역에서도 타당성 있는 유추인 것 같다. 인도의 경제적 행보가 중국·일본·서유럽과 완전히 다르다고 생각해서는 안 되겠지만, 필자가 이들 지역에 대해 기술해온 내용으로 보건대 인도의 경제는 양적으로 더욱 약화했고 다른 방향으로 이끄는 힘이 훨씬 강해졌다고 할 수 있다. 하지만 그러한 경향이 식민주의가 부재한 상태에서도 우세했다는 것은 추측일 뿐이며, 인도가 새로운 길을 모색하는 데에는 원거리 무역의 증가가 잠정적으로 기여했을 수도 있다.[9]

구세계의 다른 지역에서 인구는 산업화 이전에 이미 인도보다 많았고, 인도의 발전 경로는 서유럽과 동아시아가 서로 상응하면서 강력해졌던 것과 근본적으로 달랐다. 동남아시아에서 동유럽에 이르기까지 희박한 인구 밀도는 상류층이 예속 노동을 쉽사리 포기할 수 없게끔 했고, 상류층은 항상 예속 노동을 강화함으로써 그들의 생산품을 위한 새로운 시장에 대응했다.

중국·일본·서유럽의 경우를 보면, 이들 지역은—동시에 이루어진 것은 아니지만—"생물학적 구체제를 파괴했고"[10] 1800년 이전의 인구 밀도가 새로운 수준에 도달했다.[11] 적어도 이들 국가의 핵심 지역은 인구가 밀집해 있었고, 예속 노동 없이도 상류층—자신이 원할 때면 생산적인 자산 활용이 비교적 자유로웠던 사람들—의 실질적 자본 축적이 가능했으며, 상류층이 이익을 추구할 여지가 있을 경우 여전히 노동자를 구할 수 있었다. 아울러 마찬가지로 이들 지역은 공한지, 잘못 분배한 노동력, 그 밖에 다른 형태의 '유휴 노동력'이 가장 적었다.

따라서 이들 세 지역은 생산 과정을 변화시키기 위한 동기를 최대화하는 산업적 돌파구와 제도에 대한 필요성이 가장 컸다. 그러나 그 필요성만으로 결과를 창출해낼 수는 없었다. 그러므로 이런 '인구가 충분한' 지역은 모두 잠재적으로 궁지에 몰렸다.

이들 지역 가운데 어떤 곳도 곧바로 식량 생산 부족에 직면하지 않았지만, 다른 종류의 생물학적 압박은 분명히 나타났다. 중국과 일본에서 식량과 섬유 작물의 생산량은 인구 증가를 따라잡았지만 이는 심각한 삼림 벌채, 산사태, 여기에 수반된 홍수 위험의 증가에 따른 대가였다(적어도 19세기까지는). 아울러 중요한 새로운 경작 기술(채굴하거나 상품화한 비료 같은 것)이 없고 생태적으로 많은 비용이 드는 이런 종류의 노동 집약적 확대는 어느 정도 한계가 있었다. 대개는 서유럽도 비슷한 양상이었지만 두 가지 중요한 차이점이 있었다.

한편, 이미 살펴본 대로 서유럽의 농업을 강화시킨 다양한 방식은 1800년까지도 충분히 활용되지 못했다. 결과적으로 수익성을 가져온 제도와 가격 변화를 활용한 동아시아에 비해 '유휴' 자원이 좀더 많은 덕분에 농업 기술의 발달은 서서히 진행되었다. 예를 들어 조지 그랜섬George Grantham의 프랑스에 대한 연구를 보면, 시장에 대한 접근을 점차 개선하면서 혼작混作(한 곳에 두 가지 이상의 작물을 심는 일—옮긴이) 농법을 도입했고, 이전에는 활용하지 않았던 가정의 노동력을 이용했고, 기술적 변화는 크게 없었어도 1850년에는 1750년보다 많은 곡물을 판매하면서 그들 자신의 소비 양상이 변화했다. 독일에서도 이와 유사한 양상이 나타났는데, 서유럽보다는 조금 늦게 시작되었다. 요컨대 1800년 이후, 곧 구체제 말기에 토지 이용에 대한 제약으로 인해 휴경지가 엄청나게 줄어들었는데, 이로써 새로운 농작물로의 눈에 띄는 전환과 좀더 시장 지향적인 농업이 늘어났다.[12] 이와 같은 발전은 미래에나 이뤄졌다는 점에서, 18세기 유럽의 농업은 동아시아에 비해 맬서스적 압박이 있기 전에는 계속 성장할 여지가 더 많았다.

그러나 이런 '유휴' 자원은 19세기 새로운 인구와 그 밖에 다른 압력을 충족시키기 위해 빠르고 쉽게 동원할 수 없었다. 그랜섬의 자료를 보면, 비교적 발전한 프랑스 북부 지역에서도 좀더 생산적인 농업으로의 전환이 아주 고르게 나타나지는 않았다. 그가 다른 책에서 입증한 것처럼 경제 전반에서는 자본 부족 현상이 없었지만 농업 분야에서는 1860년대에도 충분한 자본을 공급받지 못했다. 문제는 농업 기술의 선택에 영향을 준 제도적 변혁이 아주 천천히 이루어졌다는 데 있다.[13] 그러나 프랑스 인구—특히 도시 인구—는 영국, 독일, 19세기 유럽 전체보다 훨씬 더 완만하게 증가했기 때문에 계속해서 식량을 자급할 수 있었다.

반면, 영국의 산업화와 인구 증가는 매우 빠르게 일어났는데, 아마 1750년에도 활용할 여지가 있는 부분은 거의 없었을 것이다. 시장 거래의 자극과 유리한 제도적 안배의 전파가 프랑스에서보다 일찍 널리 퍼졌기 때문이다. 결과적으로 영국의 농업 생산량은 1750~1850년 크게 변화했다.[14] 사료 작물의 개량으로 중급 품질의 토지를 초원과 목초지로 이용했는데, 최상급 토지는 오로지 곡물 경작에 더 많이 이용했다. 그 결과 이전보다 곡물 경작을 위한 땅과 동물 사육을 위한 땅이 더 엄격하게 나뉘었으며, 개량된 목초지에서 완벽하게 잘 사육한 가축 때문에 거름도 충분히 얻었다. 곡물용 토지는 이전보다 비옥도가 훨씬 떨어졌다. 따라서 경작지 1에이커당 생산량과 총 생산량은 증가하지 않은 상태로 하락세를 거듭할 위험이 있었는데,[15] 영국이 광산 채굴과 수출을 시작하고 이후에 비료를 합성한 1850년 이후까지 대체로 그러했다. 마우로 암브로솔리Mauro Ambrosoli의 논문은 영국인이 농업 기술에 대한 대륙의 관례와 고전적 경작 방법 그리고 자신들의 경험을 바탕으로 연구를 수행했지만, 생산량을 증대시키는 동안 토양의 비옥도를 어떻게 최상으로 유지하는지에 관해 습득한 농업 지식 대부분은 실제로 영국에서 적용되지 않았다고 지적한다. 여기에는 고도로 노동 집약적인 방법이 포함되었는데, 이는 영국의 자본가 농장주(암브로솔리가 제시한 대륙의 농민과는 달랐다)들이 노동 비용을 최소화하고 이윤을 최대화하려고 했기 때문이다. 오히려 그들이 노동 생산성을 높이기 위해 채택한 방식은 영농법에 대한 많은 문헌에서 가장 나은 방법으로 기재된 것들을 근본적으로 뒤엎었고, 실제로 많은 경우 토양의 비옥도를 보존하지 못하게끔 만들었다. 이는 부분적으로 19세기에 하락한 농업 생산량을 유지하는 데 필요한, 농지 외의 곳에서 인산염과 질산염 생산량을 늘리려는 전략 때문이었다.[16] 다시 말해, 이를 구제해줄 새로운 산업 기술을 투입하지 못했다면 영국은 토지에 더 많은 노동력을 투입하지 않는 상황에서 농업 생산량을 유지하느라 힘든 시간을 보냈을 것이다. 앞으로 살펴볼 것처럼 많은 다른 지역에서도 노동 집약적인 행로를 취했지만, 그것만으로 산업화를 이끌지는 못했다.

이런 새로운 기술을 투입했음에도 수십 년간 유지하던 생산량을 높이기는 어려웠던 반면 소비는 급증했다. 톰슨F. M. L. Thompson의 추정에 따르면, 영국의 농업 생산량은 1840~1914년 노동자 1인당 50퍼센트 증가한 것으로 보이지만, 실제로는 노동자 수가 감소했기 때문에 75년 동안 총생산량의 증가는 아마도 12퍼센트일 것이다. 1866~1914년 곡물 생산은 실제로 하락했다. 그리고 농장 이외의 곳에서 기계와 더불어 사료와 거름이 생산량에 기여한 정도는—1840년에는 아주 적었다—1938~1939년 45퍼센트에 달했기 때문에 이런 생산성 대부분은 그야말로 1800년경에는 이용할 수 없었던 기술을 도입해 얻은 것이 분명하다. 그런 점에서 영국 본토에서 얻을 수 있었던 것은 이미 시장 지향이 실현된 농업 속에서 시장이 이끌어낸 진일보한 생산 합리화의 이익뿐이었다.[17] 그중 일부는 사실상 총 농업 생산량을 감소시켰으며(다른 일로 노동력을 분산시키기는 했지만) 토양 비옥도를 유지하는 데에는 아무런 효과도 없었다.

더욱이 전반적인 유럽 인구가 1750~1850년 대략 2배로 늘었기 때문에,[18] 대륙에서 마침 가동되기 시작한 어떠한 유휴 능력도 모두 지방의 수요를 충족시키느라 바빴다. 북서부 유럽 전체는 1836년경—대륙의 산업화가 겨우 시작된 시점[19]—빵을 만들 곡물이 부족했다. 나폴레옹이 구체제를 해체하기 시작한 지 15년 후 경작지가 80퍼센트 가까이 늘어났지만, 독일에서 생산량은 인구 급증을 따라잡지 못했다. (또한 구체제 말기에는 어느 정도 생산이 이뤄졌다. 이 시기에는 결혼과 흔히 혼인을 함으로써 가능했던 원공업과 임금 노동 직종으로의 이동을 제한했다.) 사실상 '굶주린 40년대(1840년부터 1849년까지의 시기를 가리킴—옮긴이)'와 그 후 한동안 이민자 비율이 늘어난 것은 식량 공급 증가가 인구 증가보다 약간 밑돌 수도 있었다는 가능성을 보여준다.[20] 유럽 본토는 영국에 판매할 잉여분이 없었다.

영국에서 곡물과 고기의 국내 생산량이 점점 감소한 탓에 처음에는 다른 생산품에 비해 밀가루 가격이 급속히 오르더니(1760~1790년 40퍼센트)[21] 나폴레옹 전쟁 시기에는 심각한 문제로 대두했다. 이를 해결하기 위한 방안으로 처음에는 아일랜드로부터의 수입품에 의존했는데, 1784년부터 아일랜드 의회에 10퍼센트가량의 부가가치세를 보조금으로 지불했다.[22] 이런 수입품은 1824~1826년 영국의 농업·임업·수산업 총 생산량(독일과 폴란드에서 수입한 것을 합한 것보다 훨씬 많았다)의 약 10퍼센트 수준이었고, 1830년대(통계 자료를 입수할 수 없는 시기)에는 좀더 많았지만,[23] 더 크게 늘어나지는 않았다. 곧이어 아일랜드는 식량 자급에 크게 실패했으며 농산물 수출이 급격히 감소했다(동시다발적으로). 식량 부족이 계속 심화하던 영국은 구세계에 지나치게 의존했으며, 러시아와 오세아니아에 대한 의존도는 낮아졌다.

한편 19세기 영국의 식량 소비는 인구와 1인당 소득 수준의 예상 증가치만큼 빠르게 늘어나지 않았다. 클라크, 휴버먼, 린더트가 언급했듯 모든 평가치를 살펴보면 영국의 1인당 식량 공급은 19세기에 정체했거나 감소했다. 앞서 언급한 수입품과 6장에서 설명할 설탕 수입이 엄청나게 급증했기 때문이다.[24]

인구가 증가해도 더 많은 열량을 소비하지 않은 이유는 산업화 자체 덕분에 소비가 다양한 방식으로 이뤄졌기 때문이다. 농사일처럼 야외에서 일하는 사람은 줄어들었고, 이는 식량 수요를 감소시켰다. 1863년 농업 노동자 가족의 성인 남성은 도시 노동자 가족의 성인 남성에 비해 1인당 거의 50퍼센트 이상의 열량을 소비했고, 동일한 수입을 가진 도시 노동자보다 더 많은 식량을 소비했다.[25] 과중하고 기계화하지 않은 노동을 하는 사람은 더욱 줄었는데, 이 같은 변화는 열량 소모를 시간당 3분의 1에서 2분의 1 정도로 감소시켰다.[26] 면직물 가격의 폭락—1750~1850년 85퍼센트[27]—과 가정 난방 가격의 하락[28] 역시 에너지원 수요를 크게 줄였다.[29] 차와 설탕은 다른 식량에 비해 19세기에는 아주 값싸고 흔해졌는데,[30] 이는 식욕 억제를 유발하는 경향이 있다.[31] 따라서 영국의 곡물 수요 감소에 대한 차와 설탕의 기여도는 실질적으로 영국 에너지원에서 설탕이 차지하는 비율보다 높았다. (여기에 대해서는 6장에서 더 논의할 예정이다.) 이 모든 변화가 석탄의 획기적 발견 때문이거나 유럽 밖에서 원자재(면화, 설탕, 차)를 값싸게 수입했기 때문이라는 점을 주목하는 게 중요하다. 그러므로 여기서 강조하고자 하는 점은 그랜섬이 유럽 대륙에 대해 언급한 방식으로는 영국의 식량 수요 증가를 충분히 설명하지 못한다는 것이다. 이로써 석탄과 식민지, 중요한 이 두 가지가 없었다면 영국은 명백한 내적 해결책 없이 생태적 교착 상태에 직면했을 게 분명하다.

나아가 그랜섬의 주장은 도시의 수요 증가가 좀더 생산적인 작물 혼합 경작으로의 전환을 통해 공급을 늘렸다는 것인데, 아마도 혼합 경작은 대부분의 식량 작물을 포함했을 것이다. 섬유 작물은 좀더 심각한 문제에 처했는데, 이는 곡물 경작지보다 많은 노동력이 필요했기 때문이다. 영국 대부분 지역에서 아마와 대마는 원래 정원 작물이었으며 아주 제한된 공간에서 재배되었다. 정부에서 이들 작물 재배에 많은 보조금을 지원했지만 자급할 정도로 생산량을 늘리는 데는 실패했다. 그리고 이런 작물의 자급은 섬유 작물의 자급과 전혀 달라서 18세기 후반 이후 영국의 면화 수입량은 계속 증가했다.[32] 프랑스에서 섬유 작물은 토양을 황폐화했기 때문에 윤작 방식을 거의 이용하지 않았다. 대마 경작은 1750~1850년 약간 확산했지만, 인간과 동물로부터 거름을 풍부하게 공급받아 이용할 수 있는 도시 근처에서만 이루어졌다. 물론 도시 근처의 재배지 비율은 제한적이었다. 그리고 도시 주변 지역에는 구직 기회가 많았기 때문에 이런 농장은 노동 집약적인 섬유 작물 산업을 크게 확장하는 데 필요한 풍부한 유휴 노동력이 거의 없었다.[33] (반대로 아마 재배가 러시아에서 확산한 것은 이 지역이 재배 작물별로 경작하지 않고 놀리는 땅을 이용하기 쉬웠기 때문이다. 하지만 노동 문제나 운송 문제를 쉽게 해결하지는 못했다.) 이와 같이 유럽의 농업은 삼림 파괴나 토양 고갈이 심화하고 혹은 기술적 돌파구 없이도 늘어난 식량 수요를 충족할 수 있었지만, 섬유에 대해서만큼은 다른 돌파구를 찾지 못했다. 19세기 유럽에서 직물 생산이 급증했을 때를 보면, 유럽 대륙은 중국이나 일본보다 상당히 많은 섬유를 수입하거나 혹은 그럴 가능성이 있었던 것으로 밝혀졌다.

그리고 섬유 공급이 식량 공급보다 가격 탄력성이 떨어졌다면, 건축 자재와 연료 공급—맬서스의 네 가지 산업 필수 요건 중 마지막 두 가지—은 섬유와 식량 공급보다 훨씬 더 가격 탄력성이 떨어졌을 것이다. 육림育林, silviculture은 자연 상태보다 1에이커당 목재 생산량을 늘릴 수 있다. 그러나 1800년 무렵 중국이나 유럽보다 육림 기술이 조금 더 발전했던 일본 전역에서도 그런 노력은 꽤 초보적인 수준이었다.[34] 열대 지방에 대한 유럽의 경험과 동인도회사의 인도 보호림 탈취는 육림의 중요성과 기술 모두에 대해 귀중한 지식을 쌓게끔 했지만, 유럽은 이런 지식을 1840년대까지 적용하지 못했다.[35] 확실히 18세기 후반이나 19세기 초에 구세계 핵심 지역 어느 곳도 목재 생산이 급증하지 않았다. 오히려 구세계 핵심 지역 모두 목재 수요가 증가세를 보였고, 목재가 자라는 지역의 면적은 줄어들었으며, 1에이커당 생산량은 변화가 없었다. 이것이 바로 서유럽과 동아시아의 성장 가속화에 따른 심각한 생태적 위협이었다. 따라서 이 부분은 훨씬 심도 있게 연구할 필요가 있다.

유럽, 중국, 일본의 가장 발전한 지역에서 연료 부족은 삼림지를 경작지로 대체하면서 발생한 중요한 문제였다. 유럽의 목재 부족은 그리 놀랄 것도 없는 일이다. 목재 부족은 집중적인 경작 지역—시칠리아에서 덴마크에 이르기까지—에서 가장 심했지만, 대륙의 거의 모든 지역에서 나타난 현상이었다. 예컨대 나폴레옹 시대 유럽 전역에서는 목재 부족을 심각한 위기로 받아들였다.[36] 이런 인식이 스칸디나비아와 러시아 같은 지역에도 존재했는지는 확실치 않다. 하지만 목재 공급에 대한 걱정이 끊이지 않았던 것을 보면 이에 관해 인식하고 있었던 것으로 보인다.

우리가 브로델의 추정치를 받아들인다면, 전체 유럽의 연료 공급은 연간 1인당 대략 0.5석탄환산톤TCE(석탄 1톤이 내는 열량을 환산한 단위—옮긴이)을 공급할 만큼 충분했다.[37] 유럽의 석탄 공급량은 동시대 아시아의 농가에서 한 가족이 필요로 하는 최소량(1인당 0.33석탄환산톤) 추정치보다 높아 평균적으로 넉넉했을 것이다.[38] 그러나 북유럽의 겨울 날씨, 유럽의 에너지 집약적 조리 방식 그리고 비효율적인 난로를 감안하면, 브로델이 제시한 연료 공급 수치를 동시대 아시아 시골 지역의 '최저 수준'보다 충분히 높은 상황이라고 볼 수는 없다. 키아에르고르T. Kjaergaard가 제시한 18세기 후반 덴마크의 총 연료 사용량 수치를 보면[39]—연간 1인당 0.55석탄환산톤—브로델이 프랑스와 전체 유럽에 대해 추정한 것과 어느 정도 일치한다. 이런 수준의 연료 소비는 1740~1840년 덴마크에서 역사상 최저 실내 온도를 기록하고, 아울러 결핵의 창궐을 초래했다.[40]

목재를 육로를 통해 멀리 옮길 수도 없고 지방의 연료 부족은 흔한 일이었기 때문에 이와 같은 평균치는 문제를 축소시킬 뿐이다. 비교적 삼림 상태가 좋은 프랑스조차도 18세기에 '목재를 더 이상 발견할 수 없는' 지역과 '난로를 지피지 못하는 가난한' 지역이 있었다. 아울러 이런 상황은 인구 증가와 함께 더욱 악화했다.

18세기 유럽의 연료 가격 상승은 대체로 다른 물품의 가격 상승을 훨씬 앞질렀다.[41] 라브루스E. Labrousse의 추정에 따르면 프랑스에서는 연료용 목재 가격이 1726~1741년과 1785~1789년 사이 91퍼센트 상승했다. 이는 라브루스의 대규모 연구에서 가장 큰 가격 상승 폭을 보인 상품이다. 이런 상승은 특히 1768년 이후 급속하게 이루어졌으며 '뚜렷한 상승세'를 보인 19세기 초반까지 계속되었다.[42] 영국에서 장작 가격은 1500~1630년 이미 700퍼센트 상승했고, 1540~1630년에는 일반적인 가격이 3배 수준으로 급격하게 뛰어올랐다.[43] 17세기는 영국의 대부분 지역이 에너지 위기를 겪은 시기였다.[44] 1750년 이후 영국은 목재, 숯, 선박 용품, 조철(목탄으로 만든) 부족 현상을 끊임없이 겪었다. 조철 가격은 1763~1795년 2배로 올랐으며, 스웨덴과 러시아에서 들어오는 수입품은 관세 보호를 받았다. 실질적으로 석탄을 연료로 하는 생산이 증가하고 있음에도 불구하고 조철 가격은 급등했다.[45] 1750년대 영국 항구에 들어오는 총 선적 물량 중

절반 이상이 목재였다. 아울러 전나무 수입은 1752~1792년 700퍼센트 증가했다.[46]

이는 조리에 필요한 연료를 겨우 얻을 수 있는 정도였지 산업 용도로는 당연히 충분하지 않았다. 18세기 유럽 여러 지역의 대장간은 연료 부족 때문에 1년에 몇 주만 주기적으로 작업할 수 있었다.[47] 실제로, 1789년경 브로델이 추정한 연료 소비 수치를 유지하려면 프랑스 삼림 지대에서 실질적으로 생산하는 양의 90퍼센트 이상이 필요했다.[48] 따라서 만약 목재 생산지가 황폐화하지 않고 목재를 전부 필요한 곳으로 쉽게 운송할 수 있었다 하더라도 가마나 양조장 혹은 대장간 수가 늘어나고 더 많은 종이와 배 또는 주택을 만들었기 때문에 이용할 수 있는 소중한 목재는 거의 바닥날 수도 있었다. 석탄 사용의 증가―여기에 대해서는 나중에 다시 논할 것이다―는 영국 대부분 지역, 벨기에, 리옹 인근, 덴마크(수입을 통해)에서 상당히 두드러졌지만,[49] 1850년 이전의 나머지 서유럽 지역에서는 나타나지 않았다.[50]

흥미로운 것은 네덜란드가 중간에 이른바 반半화석 연료를 잠시 사용했다는 점이다. 바로 토탄이다. 토탄을 채굴하고 이를 운송하기 위해 막대한 자금을 투자함으로써 16~18세기에 걸쳐 네덜란드는 유례없이 풍부하고 값싼 에너지를 공급할 수 있었다. 그러나 장기적으로 볼 때 토탄은 지속적이고 규모 큰 산업을 성장시키는 데에는 역부족이었다.[51]

그렇다고 해서 네덜란드 산업의 문제점이 연료 공급 때문이라는 것은 아니다. 얀 드브리스와 판 데르 바우더A. D. Van der Woude는 산업이 위축된 동안에도 토탄을 다량으로 개발하지 못한 상태였기 때문에 에너지 공급이 네덜란드 경제를 제한한 요소라고 볼 수 없다고 말한다. (19세기에 토탄 생산량은 상당히 증가했다.) 게다가 토탄은 수입한 석탄 때문에 영국보다 비싸지 않았지만 가격 면에서는 네덜란드의 석탄 가격과 비슷해졌다. 화석 연료 부족은 네덜란드의 성장을 제한하는 요소가 아니었다. 대신 그들은 토탄 생산은 수요가 감소해서 침체했다고 주장한다. 결과적으로 네덜란드 산업은 여러 가지 이유 때문에 침체했지만 연료가 부족해서는 아니었다.[52]

이런 주장은 꽤 논리적이다. 그리고 토탄의 경우는 물론 매년 생산량이 증가하지 않았다. 그러나 150년간에 걸친 네덜란드의 인구, 산업 생산, 1인당 에너지 사용 침체는 네덜란드를 특별한 사례로 만들었다. 결국 네덜란드는 이런 이례적 환경으로 인해 서유럽 대부분 지역에 상업, 재정, 보험 업무를 수출함으로써 섬유와 연료에 대한 수요를 충족하고 곡물과 목재 모두를 오랫동안 수입에 의존해온 것도 사실이다. 우리는 여기서 발전한 모든 경제가 외부의 환경적 요인에 관계없이 일부 원자재 부족으로 인해 심한 압박을 받았다는 사실을 증명할 필요는 없다. 그리고 물론 연료가 부족해지기 전에도 제도적 문제가 생산 부진의 다른 요인으로 작용했을 가능성이 있는데, 이는 네덜란드의 경우를 보면 분명해진다. 그러나 어떤 대규모 경제라도 인구와 1인당 생산량 모두 지속적 성장을 이어가기 위해서는 화석 연료 그리고/또는 토지 압박을 극적으로 완화해 줄 다른 방안이 필요했을 것이다. 1780년대까지 인구가 정체하고 토탄이 풍부했던 네덜란드조차도 토탄 생산량의 약 3분의 1에 맞먹는 석탄을 수입했다.[53] 만약 18세기 초에서 19세기 초 사이에 네덜란드 인구가 영국처럼 2배로 늘었다면, 19세기 수준만큼 토탄 생산이 급격히 증가했다 하더라도 1인당 에너지 공급은 연간 200만 킬로칼로리 정도에 불과했을 것이다. 영국 경제는 증기 기관 붐이 극에 달하기 전인 1815년 이미 1인당 석탄 에너지를 800만 킬로칼로리 이상 소비했다.[54] 그리고 토탄을 다량 공급했다 해도 새로운 경제 체제에 연료를 공급하는 데는 불충분했을 것이고, 더구나 연간 목재 생산량 증가분으로는 훨씬 더 부족했을 것이다.

한편, 선박의 돛대 등에 필요한 좀더 질 좋은 목재 공급은 더욱 부족해졌다. 이 같은 목재 부족으로 인해 영국은 뉴잉글랜드 식민지에 있는 질 좋은 목재 전량을 해군을 위해 확보하려 했고, 퀘벡에서 마드라스까지 숲이 울창한 식민지에서는 상선을 대량 건조하도록 했다. 미국 독립혁명 직전 아메리카 식민지에서만 상선 선단의 3분의 1을 건조했다.[55]

또한 영국—심지어 프랑스도—의 목재 부족은 유럽만큼 그렇게 심각하지는 않았다. 아마도 프랑스의 숲은 16세기 중반 영토의 33퍼센트가 넘었고 1789년에는 여전히 16퍼센트가량 되었을 것이다.[56] 마이클 윌리엄스Michael Williams는 1850년 "유럽의 도서島嶼 및 반도"—이탈리아, 에스파냐, 저지대 국가들Low Countries(유럽 북해 연안의 벨기에, 네덜란드, 룩셈부르크를 말함—옮긴이), 영국—를 제외한 대부분 지역에서 숲이 5~10퍼센트 줄어들었다고 평가했다.[57] 덴마크의 삼림은—1500년에는 토지 면적의 20~25퍼센트—대대적인 연료 절감책을 강구했음에도 불구하고 1800년경에는 겨우 토지의 4퍼센트에 불과했다.[58] 앞으로 살펴보겠지만, 이는 중국의 거대 지역인 링난 숲의 비율과 거의 같다. 링난은 상업 발달과 인구 밀도의 조밀이라는 점에서 장난 다음 가는 지역으로 1930년대 들어 점차 숲이 감소하는 추세를 보였다.[59] 스칸디나비아 대부분과 동유럽 일부, 러시아의 거대한 지역은 여전히 삼림이 울창했다. 하지만 앞으로 살펴볼 유럽의 좀더 '발전한' 지역에서는 목재 부족량을 메우는 데 한계가 있었다. 독일과 오스트리아에 이르는 지역은 여전히 프랑스보다 삼림 자원이 많았는데, 대략 유럽 전체의 25퍼센트 정도였을 것이다.[60] 그러나 인구와 경작지가 크게 급증한 19세기 이전에도 독일 곳곳에서는 지역적으로 목재 부족 현상이 심각했다. 18세기 후반까지도 연간 목재 소비량은 독일 전체의 삼림

성장 수준을 초과했으며, 결국 독일 내 벌목량으로는 감당할 수 없어 목재를 수입해야 했다.[61]

한편, 식량 수요의 증가 또한 유럽에서 또 다른 종류의 에너지 공급을 위협했다. 토양의 비옥도가 바로 그것이다. 이전의 목초지가 경작지로 바뀌면서 양 떼와 소 떼가 줄어들었다. (이는 앞서 논의한 육류 소비의 장기적 감소에 의한 것으로 여겨진다.)[62] 또한 점차 줄어드는 삼림은 돼지 사육 비용을 더욱더 상승시켰으며, 그 결과 이들 가축 역시 감소했던 것으로 보인다.[63] 덴마크에서는 삼림이 특히 줄어들어 18세기에는 소의 숲 출입을 금지했다.[64] 이로써 많은 묘목이 살아남았지만 소 사육비가 크게 상승하고 그에 따라 거름 공급이 대폭 감소했다.

결과적으로, 17세기 후반과 18세기 동안 유럽 대부분 지역에서 농장 1에이커당 가용할 수 있는 거름의 양과 질이 떨어졌으며, 경작에 좀더 중점을 둔 일부 지역에서조차 그랬던 것으로 보인다.[65] 프랑스에서 거름의 양과 질이 급격하게 떨어진 것은 적어도 1750년 이후인 것으로 보인다.[66] 1700~1759년 덴마크의 거름 가격은 500퍼센트가량 증가한 반면, 작물의 가격은 거의 오르지 않았다. 더구나 초기에 만병통치약으로 통했던 클로버clover는 18세기 후반 한때 덴마크 윤작 토지의 40~70퍼센트에서 재배했는데, 이는 그 자체로 문제점을 유발했다. 즉 토양에 '클로버 황폐화 현상clover fatigue'이 발생해 클로버로 인한 질병이 식물에 급속히 확산했고, 이는 작물 생산량을 감소시켜 더 나은 개선책을 찾아야만 했다.[67]

고도의 시장 지향적 농업과 높은 식자율이 농업 기술 향상과 관련한 서적을 다량 출간하게끔 만든 영국에서는 반대로 가축이 증가했던 것 같다. 그러나 토양 비옥도에 대한 전망은 '농업혁명'에 대한 일부 평가에서 제시한 것보다 그다지 낙관적이지 않았다. 노퍽Norfolk(영국 동부의 주—옮긴이)

에 대한 1787년 보고서에서 분명히 드러났듯 유명한 '노퍽 윤작'은 적어도 경토light soils, 輕土(흙이 부드러워 갈기 쉬운 땅—옮긴이)에서 토양 악화 문제를 해결해주지 못했다. 즉 클로버가 고르게 자라지 못하고 땅이 황폐해지는 조짐이 나타났다.[68] 다양한 품종의 클로버와 그 밖의 다른 사료 작물이 수입되자 일부 척박한 토지를 좋은 목초지로 전환하는 데 무엇보다 큰 효력을 발휘했으며, 최상의 토지는 곡물 경작을 위해 남겨두었다. 그러나 이런 새로운 목초지를 유지하려면 목초지에서 얻은 거름을 계속해서 그곳에 보존해야 했는데, 따라서 그런 체계로는 곡물용 토지 개선이나 곡물 공급 상황이 나아질 기미가 보이지 않았다. 이로써 전체 농산물 생산량(곡물과 가축 생산물을 합한 것)은 증가했지만 작물 생산량은 그렇지 못했다.[69]

그 이후 대체로 토지 운용 지식이 점차 발전했음에도 불구하고, 유럽에서 경작이 가장 활발했던 일부 농경지(영국 포함)는 19세기 초 심각한 농지 감소 위기에 처했다. (그러나 뒤에서 간략하게 살펴보겠지만, 영국은 유럽 곳곳에서 골칫거리였던 심각한 농지 침식 문제에 직면하지는 않았던 것으로 보이는데, 이는 아마도 윤작을 시행하고 재투자할 자원이 충분치 않은 생산자 위주 농업에서 일찌감치 벗어났기 때문일 것이다.)[70] 19세기에 비료 수입(특히 구아노), 채굴 인산염, 이후 합성 비료 붐이 일지 않았다면 상황은 처참해졌을 것이다.[71]

결국 삼림 벌채에 이어 과도한 방목이 이루어진 곳에서는 토지 자체가 사라질 수도 있었다. 즉 모래가 바람에 쓸려나가고 엄청난 먼지폭풍(때때로 흙을 30마일까지 운반하는)이 발생하는 것은 18세기에 갑자기 나무가 사라진 헝가리, 프로이센, 스웨덴, 덴마크, 영국, 네덜란드, 프랑스 해안 지역에서 흔한 일이었다.[72] 과거 숲이었던 곳은 침수되고(나무뿐 아니라 다른 식물들도 수분을 흡수하지 못하고 재증발에 필요한 충분한 지표면을 공급받지 못했기 때문이다) 토양의 산성화가 심각해졌다. 이런 상황을 복구하기 위해서는 엄청난 노동력을 동원해야 하는 이회토泥灰土(진흙과 칼슘 성분의 비료—옮긴이) 뿌리는 작업과 배수로 건설이 필요했다.[73] 프랑스와 독일 지역의 고고학 연구는 토양 침식과 관련해 18세기가 유럽 역사상 최악이던 두 시기 중 가장 나빴다고 주장한다.[74] 더욱이 이처럼 심각한 침식은 대개 미래에 토양 문제가 생길 가능성을 의미하는데,[75] 이는 1750년 이후 대부분의 서유럽 대륙에서 생산량이 정체하거나 감소했다는 보고서로 확인할 수 있다.

유럽의 저지대 침식 대부분은 19세기에 호전되었다. (그러나 많은 고지대 지역은 결코 회복하지 못했다.)[76] 이는 경작 및 거름과 관련한 좀더 진보한 농업 기술(오랫동안 보편적이었던 중국의 기술과 아주 유사한 개량된 경작 방법)과 재식림 작업(새로운 생태적 기술, 비목재 연료의 사용 증가, 19세기 말 북아메리카의 목재 사용을 통해) 그리고 남아 있는 공유지(공유지가 줄어들고 인구가 늘어나면서 땅을 과도하게 이용해 황폐화시켰다) 사용을 폐지하는 노력이 조화를 이루어 나타난 결과다. 아마도 19세기 주변부 지역의 농민이 도시로(또한 아메리카로) 이주한 것 역시 도움을 주었을 것이다. 그리고 해외에서의 농산물 생산과 농지 밖에서의 비료(초기에는 천연 비료, 이후에는 합성 비료) 이용 가능성 증대 또한 1800년대에 좀더 많은 유럽인의 더 나은 음식 섭취를 위해 꼭 필요했는데, 그로 인해 토양의 질은 악화했다. 신세계에 크게 의존하는 이런 다양한 구제 방안이 없었다면, 19세기에는 생태적 악순환 상태—중국의 일부 지역에서도 발생한 것처럼 보이는—가 나타날 수도 있었을 것이다. 혹은 값싼 노동력을 산업에 제공하기보다 매우 노동 집약적인 토지 절감 기술과 관련한 일에 종사함으로써 인구 성장이 더욱 느려지고, 생활수준이 더 낮아지고, 토지에 대한 인구 비율이 훨씬 더 커지는 상황에서 생태적 악순환을 피할 수도 있었을 것이다.

서유럽의 삼림 벌채가 기후에 악영향을 끼치기 시작했다고 추측할 만한—더 이상 우리가 할 수 있는 일이 없을지라도—몇 가지 이유가 있다. 보통 유럽의 강수량 분포는 연중 고른 상태를 유지한다. 하지만 18세기 후반 단시간에 걸친 집중 호우(그래서 심각한 침식 현상이 빈번하게 발생한)와 비교적 긴 가뭄 상태가 번갈아 발생하는 "유럽의 장마철"이 나타났다.[77] 이런 현상이 발생한 원인을 파악하기는 어렵지만, 삼림 파괴 지역에서는 그 같은 기후 양상이 훨씬 더 빈번했다. 이미 살펴본 것처럼 실제로 유럽인은 농장을 만들고 해군에 공급할 목재를 생산하기 위해 삼림을 과도하게 벌채한 여러 식민지 속국에서 기후가 변화하는 것을 목격하고 나서야 이를 인식하기 시작했다.[78] 오늘날 그런 기후를 가진 많지 않은 온대 지역 중 한 곳인 중국 북부의 삼림은 심각하게 훼손되었다. 게다가 기후에 영향을 줄 정도로 삼림 벌채가 진행되지 않은 곳이라도 기후가 좀더 악화하면 토양에 동일한 영향을 줄 수 있다. 지표면의 최고 온도 수준은 숲을 경작지로 개간할 때 현저히 상승하는(뉴잉글랜드의 몇몇 실험에서는 10~11도가량) 반면 최저 온도는 더 떨어진다. 더욱이 나무가 거의 사라진 맨땅은 눈이 쌓이지 않고 녹아버리기 때문에 보호막을 잃고 전보다 한층 더 깊은 곳까지 얼어버린다. 또한 평균 풍속이 증가하고 그에 따라 침식이 심각해지며 유수 속도는 더욱 빨라진다. 아울러 대기의 날씨에 어떤 변화가 없어도 홍수와 가뭄 현상이 모두 심해지고 지하수면water table이 낮아진다.[79] 유럽 일부 지역은 이미 농업 생산량의 여유분이 거의 없을 정도로 변화 위기에 처한—혹은 그런 변화를 피하기 위해 좀더 많은 노동력을 투입할 필요가 있는—상태였으므로 산업화를 심각하게 지체시킬 수 있는 생태적 위기에 직면했다.

중국의 삼림 채벌과 지력 고갈: 유럽과의 몇 가지 비교

중국 시골 지역에 대한 자료는 거의 없지만, 우리는 자원 고갈이 대체로 심각했다는 것을 알고 있다. 양쯔 강 삼각주에서는 목재 부족으로 대규모 건물과 선박 가격이 급등했다. 원양 항해용 선박에 쓰이는 목재 가격은 1550~1820년 700퍼센트 상승했던 것으로 보인다. (반면 쌀의 가격 상승 폭은 100퍼센트 정도였다.) 해외 무역을 위한 정크선을 대량 건조했던 조선소 대부분이 양쯔 강 삼각주, 푸젠 성, 광둥 성에서 동남아시아로 이전했다.[80] 중국 각지에서 사람들은 가능한 한 질 좋은 목재를 땔감으로 쓰는 것을 자제했고 대체 연료를 얻기 위해 농작물 잔해와 풀, 거름 쪽으로 눈을 돌렸다.[81] 1750년경 적어도 거대 지역 세 곳—링난, 동남 해안, 특히 양쯔 강 하류 지역—은 생태적으로 민감한 영향을 받기 쉬운 다양한 상품을 외부 공급에 의존했다. 이 세 지역 모두가 상당량의 식량을 수입하고 있었다. (양쯔 강 하류 지역에서는 전체 공급량의 13~18퍼센트를 수입했다.) 또한 세 지역 모두 목재를 수입했다. 그리고 토지를 고갈시키는 면화의 주 생산지이던 양쯔 강 하류 지역에서도 최소한 콩깻묵 비료만큼은 만주에서 다량으로 수입했다.[82] (링난은 만주에서 생산하는 대부분의 면화를 수입했고, 19세기에는 훨씬 더 많은 콩깻묵을 수입하기 시작했다. 이 시기에 링난의 인구는 양쯔 강 삼각주 지역과 달리 계속 증가했다.)

사실상 중국은 인구 밀도가 높아서 생태 문제가 유럽보다 상당히 더 악화했다고 생각하기 쉽다. 그러나 실제로 그랬는지는 분명하지 않다. 물론 중국은 건축과 연료 집약 산업을 확장할 기회가 유럽보다 적었을 수 있다. 그러나 아마도 아메리카 식민지가 없는 가상의 유럽보다는 기존의 생활수준을 회복할 능력이 충분히 있었을 것이다. 실제로는 약간 더 나은 수준이었을 수도 있다.

습식 벼농사—토양보다는 물에서 대부분의 영양을 공급받으며 일년생 조류가 24시간 계속 논 작물에서 발생하는 토양의 질소 부족 현상을 회복시켜줄 수 있는[83]—는 중국 남부 지역의 집약적인 경작에 꽤 적합한 농법이었다. 또한 돼지(거름의 주요 공급원)의 수는 계속 증가했던 것으로 보인다.[84] 링난에서 관개 벼농사의 1에이커당 생산량은 콩깻묵 비료의 도움으로 계속 증가했다(1750~1900년에는 2배로). 양쯔 강 하류 지역에서는 이미 18세기에 콩깻묵을 상당히 많이 사용했는데, 이로 인해 1800년 이후에는 생산량 증가가 둔화했지만 1930년대까지는 새로운 농업 기술을 많이 이용하지 않고도 어느 정도 확실한 생산량 증가세가 지속되었다. (합성 비료와 농약은 1900년 이후에야 나타나기 시작했으며 1960년대 후반까지도 널리 이용되지 않았다.)[85]

건식 농업 지역이 생태적으로는 훨씬 취약했지만, 놀랍게도 그 수준은 여전히 서유럽과 견줄 만했다. 1800년경 대부분 밀과 수수를 재배하는 중국 북부의 건식 농업 지역에서 필자가 도출한 추정치는 아마도 경작지마다 서유럽에 비해 40~60퍼센트 많은 거름을 이용했을 것이라는 점을 보여준다. 이런 거름의 질에 대해서는 따로 알려진 게 없다. 하지만 서유럽보다 효율적으로 거름을 이용하고, 양분을 더욱 적절하게 보존하는 방법을 사용했다고 생각할 만한 근거가 있다.[86] 좀더 중요한 점은 가령 혼합 작물을 재배하는 윤작에서 6년마다 두 차례씩 질소를 고정시키는 클로버를 수확한 데 반해, 전형적인 중국 북부 지역의 농업에서는 평균적으로 6년 윤작에 질소를 고정시키는 콩을 세 차례나 수확했다는 것이다. (실제로 중국과 유럽에서 윤작의 형태는 아주 다양했다.) 부록 B는 중국 북부 지역의 밀 농장과 영국의 밀 농장 표본에서 질소 감소율을 추정한 것이다. 이런 작업은 정확도가 떨어지긴 하지만 토양의 영양분이 유럽 농업의 '선진적' 중심지보다 중국 북부 지역—면화 재배지는 제외—에서 더 잘 보존되고 있었음을 보여준다.[87] 더욱이 중국 북부 지역 대부분을 뒤덮고 있는 황토는 상당한 이점을 갖고 있다. 그런 토양은 모세관 작용이 매우 활발하기 때문에 지표면에서 상당히 깊이 떨어져 있는 물과 무기질도 끌어올린다. 지질학자의 말을 빌리면, 이는 수분을 유지하는 효율적인 "자가 공급 self-fertilizing" 방법이다.[88] 필자가 갖고 있는 증거를 보면, 수입 작물이나 인공 비료 없이도 19세기 중국 대부분 지역에서 1에이커당 작물 생산량은 계속해서 증가했기 때문에 소수 특정 지역을 제외한 곳의 토양 문제가 심각했다고 생각할 이유는 없다. 반대로, 영국과 다른 지역의 농민 대부분이 구아노를 수입하지 않고 그 밖의 비료를 채취하지 않았다면, 1800년경 그만한 생산량을 유지하지 못했을 것이다.[89]

섬유 부족은 어쩌면 유라시아 양극단 지역에서 더욱 심각했을 것이다. 앞에서 이미 살펴보았듯 18세기 중반과 19세기 후반 사이, 중국에서 1인당 면화 생산량은 상당히 하락했을 수 있지만 총 생산량에서는 상승세를 보였을 것이다. 그렇지만 이런 성과를 올리려면 적어도 만주에서 들여온 콩깻묵 비료를 대량으로 투입하지 못한 지역에서는 토양에 들어가는 비용이 상당했을 것이다. 물론 유럽과의 커다란 차이는 18세기 후반에 접어들면서 섬유 수입이 엄청나게 증가했다는 것이다. 특히 아메리카뿐 아니라 인도와 이집트 면화를 수입했고, 이후에는 오스트레일리아와 뉴질랜드의 양모까지 들여왔다.

중국의 삼림 면적과 연료 공급 문제는 좀더 심각했지만, 아마도 우리가 흔히 생각하는 것만큼 나쁘지는 않았으며—놀랍게도—서유럽보다 확실히 더 나쁘지도 않았을 것이다. 링다셰凌大燮는 1700년경의 삼림 지대 비율이 청 전체의 26퍼센트에 달한 것으로 추정했다.[90] 만약 우리가 청대의 나머지 지역과 거의 교류가 없고 외진 곳에 위치하며 인구 밀도가 희박한 지역 네 곳—티베트, 신장, 칭하이青海, 외몽골—을 제외하면 중국 나머지 지역 삼림 지대의 수치는 37.2퍼센트에 달할 것이다. 게다가 링은 중국 북부 지역의 많은 평야 지대에 대해 지나치게 낮은 평가를 했을 가능성이 있다.[91]

그러나 링의 수치는 1700년경에 해당하는 것이고, 당시는 청의 인구가 이제 막 크게 증가하기 시작할 무렵이었다. 그렇다면 1800년에는 상황이 얼마나 악화했을까? 확실히 18세기에는 꽤 넓은 숲이 농장이 되었는데 특히 옥수수, 고구마 및 그 밖에 다른 수입 작물의 보급과 함께 사람들이 이전에는 경작하지 않았던 땅에 농사를 짓기 시작했다. 그리고 마침내 산비탈을 개간한 것이 생태적 재앙을 불러왔다. 한편, 호수와 강을 메운 간척지가 계속 늘어나면서 강물의 유속은 더욱 느려졌고, 강바닥에는 침적토가 두껍게 쌓였으며, 홍수도 자주 발생했다. 하지만 이런 문제가 위기를 초래하기까지는 오랜 세월이 걸렸다. 1800년에 이런 문제는 다른 인구 밀집 지역에 비해 심각한 상황은 아니었을 가능성이 크다. 예를 들면, 고지대의 주거지가 침식하고 홍수가 늘어난 양상은 고도로 발전한 일본의 기나이와 간토 지역에서도 아주 분명하게 나타났다. 그리고 양쯔 강 유역에서는 이 같은 현상이 발생하기 적어도 50년 전에 이미 거의 상습적으로 홍수 위험 단계에 도달했던 것으로 보인다.[92]

우선 양쯔 강 하류 지역을 살펴보자. 거대한 이 지역은 유럽의 영국과 네덜란드만큼 심각한 생태적 압박을 받고 있었으며, 일본의 간토와 기나이 지역에 맞먹는 경제 수준을 갖추고 있었다. 과도한 저지대 간척 사업으로 인한 문제는 18세기 중엽 양쯔 강 하류와 중류 지역에서는 흔한 일이었지만, 이는 대체로 삼림이 아니라 물과 관련해 지출되는 비용 때문이었으며 그 영향은(주로 관개 시설에 대한) 그리 대단치 않았다.[93] 1780년대에는 산악 지대 개간으로 유발된 생태적 문제에 대한 불평이 거의 없었다.[94] (사회 문제에 대한 불평은 또 다른 문젯거리였다. 즉 산악 지대를 개간한 많은 사람이 다른 지역에서 이주해왔고 '원주민'과 '이주민' 사이에 잦은 충돌이 생겨났다.) 양쯔 강 대부분 지역은 숲을 개간하기보다 바다와 습지를 매립해왔는데, 이들 지역은 늘 대부분의 중국 남부 지역에 비해 목재가 거의 없었다. 반면 삼각주 지역 대부분에 해당하는 장쑤 성은 남부에서 유일하게 기원전 2700년에조차 50퍼센트보다 적은(46퍼센트) 삼림 면적을 보유했다.[95] 링다셰는 1700년경 장쑤 성—양쯔 강 삼각주에서 커다란 면적을 차지하고, 중국 북부의 평야 지대가 남쪽까지 펼쳐져 있는 지역—에는 대략 5퍼센트의 삼림 지대가 있었다고 추정했다. 이는 가장 저조한 수치를 나타내는 중국 북부 지역과 18세기 영국의 삼림 면적에 필적한다.[96]

그러나 숲은 멀리 떨어져 있지 않았다. 양쯔 강 삼각주 남부 지역의 절반을 차지한 저장 성의 대규모 구릉 지역은 1802년까지 숲이 우거져 있었는데, 1840년대 전반에 걸쳐 새로운 개간 사업이 계속 이루어졌다. 사실상 1820년 이후 개간 작업은 가속화했다.[97] 구릉지 개간으로 발생한 최초의 홍수 사례는 1788년까지 기록에 나타나지 않는다.[98] 16세기 남동 해안의 푸젠 지역—장난처럼 아주 많은 사람이 몰려드는 지역이자 선박 건설의 중심지—곳곳에서는 이미 구릉지 삼림 파괴, 침식 증가, 홍수 등의 심각한 문제를 안고 있었다. 하지만 상황은 점차 악화한 게 아니라 갈수록 안정된 것으로 보인다.[99]

양쯔 강 하류 지역의 생태계에 중대한 문제점이 발생했지만 유럽과 일본의 핵심 지역보다 문제가 더 심각해진 것은 아마도 19세기 들어서였을 것이다. 그리고 이미 살펴보았듯 당시 유럽에서 가장 발달한 지역은 지하 자원 및 해외 자원 덕분에 생태계가 상당히 호전되어 있었다. 유럽의 경우보다는 못하지만 일본에서도 상황은 비슷했는데, 이 지역은 원양 어업을 통해 획득한 식량과 비료에 점점 더 의존했다.[100] 그러나 이러한 생태적 구제 방안이 있었음에도, 일본의 인구는 대략 1720~1860년까지 정체했다. 또한 일부 학자는 일본의 1인당 소득이 유난히 높은 수준이기는 했지만, 18세기 중반에 접어들면서는 부진을 면치 못했다고 주장한다.[101]

링난 지역의 삼림 파괴와 연료 공급 압박에 대해서는 다수의 양적 평가를 할 수 있는데, 이는 아마도 이곳이 중국에서 두 번째로 상업화한 데다 인구가 조밀한 거대 지역이기 때문일 것이다. 그리고 이 지역은 분명 18세기 후반 생태적으로 문제가 있었지만, 대부분의 '유럽 도서 및 반도' 지역보다 공급 가능한 목재가 훨씬 많이 남아 있었다. 꽤 가능성 있는 이론은 링난 지역이 프랑스보다 양호한 생태적 환경을 형성했다는 것인데, 흔히 유럽에서 프랑스는 발전을 이루었지만 삼림 파괴가 심했던 영국과 대조적으로 양호한 생태 지역으로 지목된다.[102] (1753년경 링난의 인구는 1750만 명이었고 1853년에는 3050만 명에 이르렀다.[103] 1789년 프랑스 인구는 2600만 명이었고 땅 면적은 링난보다 40퍼센트가량 넓었다.)

링다셰는 1700년경 광둥 성 해안 지역의 삼림 면적은 54.5퍼센트, (광둥 성의 쌀 수급지로 광둥 성에 인접한) 광시 성의 삼림 면적은 39퍼센트라고 제시했다.[104] 중국 이외 지역에서 1700년에 막 시작된 인구 급증은 삼림에 엄청난 손실을 가져왔다. 그리고 양쯔 강 하류 지역과 달리 링난의 인구 증가 추세는 19~20세기에 걸쳐 조금도 줄지 않았다. 1937년경 광둥 성의 삼림 면적은 약 10퍼센트로 추정되며, 광시 성은 겨우 5퍼센트 수준이었다.[105] 그러나 두 지역 간 시기별 수치에 대한 자료가 없어 몇 가지 항목을

표 5.1 링난의 삼림 지역, 1753~1853년

	삼림 지역(헥타르)			삼림 지역(퍼센트)		
	광둥	광시	링난	광둥	광시	링난
1753년	9,000,000	6,500,000	15,500,000	45	35	40
1773년	8,200,000	6,020,000	14,220,000	41	32	37
1793년	7,440,000	5,660,000	13,100,000	37	30	34
1813년	6,560,000	5,240,000	11,800,000	33	28	30
1833년	5,760,000	4,940,000	10,700,000	29	26	28
1853년	4,880,000	4,700,000	9,580,000	24	25	24

추정할 필요가 있다.

한 가지 간단한 방식은 인구 추세를 살펴보는 것이다. 로버트 마크스가 수집한 자료의 수치를 이용하면, 인구 증가와 삼림 감소 간의 일반적 관계를 추정할 수 있다. 다시 말해, 늘어난 인구 1명은 광둥 지역에서 삼림 약 0.4헥타르(약 0.99에이커. 1헥타르는 약 2.47에이커에 해당—옮긴이), 광시 지역에서 삼림 약 0.6에이커의 감소를 의미한다.[106] (이런 차이는 광둥 지역이 삼림뿐 아니라 해안 지역도 개간했기 때문에 대규모 집약적 논농사가 가능했고, 또한 쌀을 수입한 광시와는 달랐기 때문이라고 설명할 수 있다.) 그러고 나서 마크스가 20년 주기로 산출한 인구 평균치를 갖고 특정 시기에 어느 정도의 삼림이 사라졌는지 계산할 수 있다. 이 방법이 조잡하긴 해도 우리는 실제 사례가 발생했을 때보다 이른 시기에는 상황이 몹시 나빴을 거라는 쪽으로 결론을 내릴 수 있을 것이다.[107] 그 결과는 표 5.1에 있다.

지속적인 하향세를 보인 것은 분명하지만, 링난 지역은 여전히 1제곱킬로미터당 인구수가 대략 77명이었던 1853년에 삼림은 거의 25퍼센트였다. 이에 비해 프랑스는 이미 1789년에 삼림이 16퍼센트로 감소했는데,

당시 인구 밀도는 1제곱킬로미터당 50명 이하였다.[108]

링난은 분명 프랑스보다 인구가 훨씬 조밀했기 때문에 삼림 지대의 비율이 높다고 해서 목재 부족 현상이 훨씬 덜했던 것은 아니다. 이를 살펴보기 위해 필자는 인위적이기는 하지만 간단한 두 가지 방법을 고안했다. 첫 번째는 지속 가능한 1인당 연료 공급량으로, 보통의 삼림지 증가분보다 많은 양을 벌목하지 않고도 1년간 어느 정도의 열에너지(석탄환산톤으로)를 얻을 수 있는지 측정하는 것이다. 두 번째는 1인당 산업용 목재 공급량으로, 낭비하는 목재가 없고 가정용 기본 연료로서 목재가 많지도 부족하지도 않은 상태라고 가정했을 때 다른 용도(종이 제작에서 화덕 장작까지)로 사용 가능한 목재가 어느 정도인지 측정하는 것이다.

이런 방법으로는 링난 지역보다 프랑스에서 한층 양호한 결과가 나올 게 분명해 보이는데, 프랑스에서 1헥타르당 삼림 면적에 의존하는 사람이 훨씬 더 적기 때문이다. 하지만 그 밖에도 최소 네 가지 요인이 더 있다.

첫째, 중국 남부 지역의 1인당 연료 수요는 아마도 프랑스보다 상당히 적었을 것이다. 따뜻한 기후를 가진 지역에서는 난방이 거의 필요 없기 때문이다. 중국의 조리법은 유럽보다 시간이 훨씬 빠르고 연료 효율도 더욱 높았다. 그리고 유럽의 일반적인 난로 및 (특히) 개방형 화로보다 중국의 난로 구조는 조리와 난방 모두에 훨씬 효율적이었다. 그래서 필자는 광둥 지역의 추정치(부록 C 참조)에 있는 이런 차이점에 대해 몇 가지 조정을 했지만 어떤 면에서는 거의 확실하게 그 영향력을 과소평가했다.[109]

둘째, 중국에서 재배한 나무와 목재 연료 채취의 일반적 형태는—각 가정의 마당이나 근처의 소규모 숲에서 구하기도 하고 통합 관리하는 삼림 지역에서 벌목한 것에 더욱 의존하는 특징을 보인다—운송 비용이 아주 적었음을 의미한다. 이와 같이 유럽에서도 숲에 가서 바닥에 떨어진 작은 나뭇가지나 낙엽 등 조금이라도 태울 수 있는 것은 있는 대로 긁어 모을 가치가 있다고 여겼다. 필자는 목재 산업의 규모가 어느 정도 차이가 있는지 알 도리가 없고 추정치에서도 이를 제외하겠지만, 중국 농가에서는 보통 대부분의 자원을 획득하고 조밀한 인구 밀도로 인한 생태적 비용을 상쇄하기 위해 어느 정도는 잉여 노동력(흔히 여성과 아동)을 이용했다고 보는 게 합당하다.[110] (또한 대규모 삼림 지역이 상대적으로 부족했다는 게 유럽과 다른 점인데, 중국의 상류층—유럽 대부분의 지배 계층이 즐겼던 사냥과 승마를 거의 하지 않았다—은 다른 정착 사회 대부분의 지배 계층에 비해 이용 가치가 적은 토지를 사용하기 위해 대규모로 소유하는 일이 거의 없었다.[111] 그 결과 토지 효율성은 더욱 커졌지만, 훗날 유럽에 대해 '후진성의 이점'이 될 유휴 자원은 훨씬 적었다.)

셋째, 개개의 수목 연간 성장률이 프랑스보다 아열대 지역인 링난에서 확실히 더 높았다. 이런 차이점을 평가해 추정치를 제시할 수 있겠지만 필자는 그렇게 하지 않았다. 이는 이러한 비교가 유럽보다 오히려 중국에 대해 편견을 갖게 하는 또 다른 방식이기 때문이다.

네 번째이자 가장 중요한 요소는 중국의 농업 가정이 취한 대부분의 연료 공급 방식이 나무가 아니라 농작물의 잔해를 땔감으로 사용했다는 사실이다. 따라서 프랑스에서 농지로 전환한 삼림은 연료 공급의 총 손실인 반면, 중국에서는 경작하는 토지라 하더라도 여전히 연료를 얻을 수 있었다. 농작물 잔해를 태우는 것은 환경적으로 대가를 치르지 않은 것은 아니지만 반드시 아주 큰 문제였던 것은 아니다. 그런데 이는 태우지 않았을 경우 토양에 환원되었을 유기 물질의 손실을 가져왔다. (유충, 박테리아, 곰팡이류는 식물 성분을 분해해 식물의 양분이 된다.) 그렇긴 하지만 질소 용해도 평가에 대한 자료를 보면, 이는 중대한 문제가 아님을 알 수 있다. 더욱 심각한 또 다른 문제는 농작물의 잔해를 제거하는 것이 어쩌면 풍화 작용으로 인한 토양 손실을 증가시키는 경향이 있다는 사실이다. 여기에 대해서는 나중에 다시 고찰해보겠지만, 링난보다는 중국 북부 지역에서 더 심각한 문제였을 가능성이 있다. 왜냐하면 북부 지역은 토양의 점도가 약한 데다 수확을 하고 나서 이듬해 강한 뿌리로 토양을 보존하는 데 도움을 줄 식물이 돋아나기까지 훨씬 더 오랜 시간이 걸렸기 때문이다. 이 책의 목적을 위해 필자는 적어도 링난 지역에 대해서는 이와 관련한 비용을 무시하고, 지역의 연료 수요를 충족시키는 이 같은 관행의 가치를 평가하는 연구를 진행할 것이다.

녹색혁명 이전에는 벼(그리고 낟알이 작은 다른 작물)에서 먹을 수 있는 부분이 작물 중량의 절반도 안 되었다. 그렇더라도 우리는 농작물 잔해의 양을 분명 과대평가하지 않을 것이다(우리가 그 수치를 먹을 수 있는 쌀의 산출량과 동일한 것으로 추정한다면). 그러나 일부 이런 농작물 잔해는 가축, 특히 돼지의 먹이로도 사용했다. 우리는 비록 1920년대 중국 농가의 가축 개체 수에 대한 자료를 아무것도 갖고 있지 않지만, 사람 수 대비 돼지 수의 비율(주요 육류 공급원)이 크게 변화하지는 않았다고 생각할 만한 이유가 있다. 필자는 농사에 주로 이용한 그 밖의 다른 가축이 대략 20세기 중국 북부 지역에 살던 사람의 수와 맞먹는 수라고 가정했다. 이는 거의 확실히 과대평가한 것인데, 링난의 농민은 북부 지역 사람들보다 훨씬 더 적은 농지에서 농사를 지었기 때문이다(출처, 가정, 추정치에 대한 좀더 세부적인 사항은 부록 B 참조).

1753년 링난의 식량 생산량에 이 방법을 적용해보면 (로버트 마크스가 재구성했듯) 불쏘시개로 이용한 농작물 잔해는 1인당 적어도 0.08석탄환산톤 혹은 아시아개발은행에서 평가한 오늘날 최소 수요량의 대략 4분의 1이라는 결론에 도달한다. 좀더 가능성 있는 수치는 1인당 0.16석탄환산톤이다. (18세기 농부는 오늘날 필요하다고 여겨지는 것보다 훨씬 많은 연료를 사용했던 것 같지 않으며, 그렇기 때문에 심각한 연료 위기 상태에 처했다고 추정하는 것은 불합리하다.) 만약의 경우 이런 평가가 약간 높게 편향되어 있을 수도 있어 필자는 곡물, 고구마, 콩 이외의 작물을 심은 토지에서 작물 잔해는 완전히 제외했다. 게다가 다른 작물들도 아주 널리 보급되었다. 마크스는 1753년 링난의 인구가 소비한 전체 식량은 아마도 경작지의 30퍼센트에서만 재배했던 것 같다고 추정했다. 그러므로 마크스의 생산량 추정치를 반으로 줄인 것은 아니지만, 링난 전역에서 다른 작물을 재배하는 토지 규모는 전체 경작지의 40퍼센트 이상이었다. 그런 토지의 농작물 잔해를 제외하면 농작물 잔해에서 얻은 난방 추정치는 낙관적으로 보아도 거의 확실하게 과도한 수치다.

이제 1753년과 그 이후의 연료 공급에 대해 살펴보자. 링난에서 20년 주기로 늘어난 인구와 적절한 수의 가축을 더해보면, 경작용 토지가 늘어났다 해도 인구의 식량 수요를 더 이상 충족시키지 못했다고 추정할 수 있다(모호하긴 하지만). 그리고 사라지는 삼림에 대해 앞에서 산출한 수치를 이용하면 표 5.2와 5.3을 도출할 수 있다. 표 5.2는 링난의 1인당 잠재 연료 공급량이 얼마나 변화했는지 보여준다. 표 5.3은 삼림 지대의 매년 지속 가능한 생산량만 취한 것이며, 아울러 이용 가능한 농작물 잔해와 사전에 다른 용도인 가정 난방 및 조리에 필요한 최소 목재 양의 차이를 제외하고 얼마나 많은 양의 목재를 다른 용도로 이용했는지 보여준다.

정확하다고 볼 수는 없지만 이들 수치는 두 가지 아주 중요한 점을 보여준다. 한 가지는 자원을 아무리 효율적으로 사용한 경제 체제라도 인구 증가가 얼마나 빠르게 목재 공급력을 저해할 수 있는지 살펴볼 수 있다는 것이다. 표 5.3에서 '비연료' 목재를 건물, 수레, 선박 및 다른 필수품

표 5.2 나무를 다른 용도로 사용하지 않은 경우, 1인당 총 '연료' 공급량(석탄환산톤)

1753년	1.75	1813년	0.99
1773년	1.45	1833년	0.83
1793년	1.19	1853년	0.70

표 5.3 가정용 연료 수요 외 목재 공급량

	삼림지(헥타르)	연료에 필요한 삼림	남아 있는 삼림	1인당 '비연료' 목재(톤)
1753년	15,500,000	1,650,000	13,850,000	2.85
1773년	14,220,000	1,675,000	12,545,000	2.25
1793년	13,100,000	2,260,000	10,840,000	1.73
1813년	11,800,000	2,469,000	9,331,000	1.32
1833년	10,700,000	2,956,000	7,744,000	1.00
1853년	9,580,000	3,339,000	6,241,000	0.74

에 사용했다는 것을 상기해보면, 어떤 산업이든(표백 및 염색 공정에 연료를 사용하는 섬유 산업일지라도) 성장에 필요한 에너지 공급이 급격히 감소했던 게 분명하다. 따라서 시장의 성장이 있는 한 수공업은 인구 증가를 촉진하는 데 일조했던 것으로 보이며, 이 같은 영향력은 결국 '근면 혁명'을 산업혁명으로 이끌 수 있는 생태적 창구를 차단할 수 있었다. 그런 경우를 제외하면, 화석 연료나 수입한 1차 생산물로의 대대적 전환이 있었고 머지않아 생태적 병목 현상이 발생했다. 돌이켜 생각해보면(단지 돌이켜 생각해보는 것만으로도) 이는 더 심화한 인구 증가, 1인당 수입 증가, 혹은 농업 이외의 활동에 상당한 제약을 주었던 것으로 보인다.

다른 한 가지는 이런 수치가 1853년까지도 맬서스적 위기가 임박했음을 암시하지 않는다는 사실이다. 링난의 상황은 더 이른 시기 프랑스(다시 말하건대 프랑스는 서유럽에서 가장 삼림 파괴가 심했던 지역은 아니다)의 처지보다 양호했던 것으로 보인다. 1550년경 프랑스는 아마도 주민 1인당 2.3석탄환산톤 혹은 1인당 채취 가능한 목재 3.6톤으로 기본 연료 수요 이상의 잠재적 전체 연료 공급량을 보유하고 있었을 것이다. 그러나 1789년 무렵에는 이런 잉여분이 거의 모두 사라졌다. 연료 공급량은 채취 가능한 목재 전부를 태운다면 1인당 약 0.64석탄환산톤일 것이며, 연료 소비가 브로델이 평가한 1인당 0.5석탄환산톤을 유지했다면 다른 용도를 위한 목재는 1인당 0.29톤가량 남았을 것이다. 유례없이 심각한 생태적 문제가 없었다면 중국에서 좀더 인구 밀도가 조밀한 일부 지역은 경제적으로 비교할 만한 유럽 일부 지역보다 부유했던 것으로 보인다.

그래도 마지막으로 중국 북부 지역을 고려해볼 필요는 있다. 이 건식 농업 지역은 논벼의 이점을 취하지 못한 채 중국의 수도(언제나 그랬듯 세계에서 가장 큰 도시 중 하나)를 부양해야 한다는 큰 부담을 떠안고 있었다. 1900년경 중국 북부 대부분은 생태적 재앙 지역이었으며, 일반적으로 오랜 기간 동안 그런 상태였다고 알려졌다. 링다셰가 제시한 1700년 수치는 중국 북부의 두 지역—산둥과 허난—이 이미 심각한 삼림 파괴 상태였음을 시사한다. (삼림이 각각 1.3퍼센트와 6.3퍼센트였다.) 중국 북부의 거대 지역에서 세 번째로 큰 즈리(22.7퍼센트)는 중국 북부의 일부인 산시(18.8퍼센트)보다 훨씬 양호한 상태였다. 그럼에도 이는 여전히 매우 걱정스러운 상황이었다.

대체로 중국 북부 및 서북의 거대 지역은 아마도 중국에서 가장 심각한 생태적 문제를 안고 있었을 것이다. 중국 서북 지역은 인구 밀도가 희박하기 때문에 이곳에서 악화한 문제는 제쳐두고—이 문제가 지역적으로는 중요하겠지만—좀더 인구가 많은 주변부 지역에 대해 살펴보겠다.

이미 3장에서 살펴본 대로, 사실 중국 거대 지역의 하나인 북부는 1750~1900년 비식량 작물 생산이 1인당 수치뿐 아니라 절대치도 하락했는데, 추정하건대 이는 식량 생산을 위해 점점 더 많은 토지가 필요했기 때문이다. 그러나 중국 북부도 1800년경의 전체 상황을 보면 획일적으로 형편없지는 않았다. 즉 생활수준이 높아질 전망은 제한적이었지만 여전히 안정적이었고, 어느 정도는 생태적으로 지속적 인구 성장이 가능했다.

1696년 대운하를 따라 여행한 프랑스 선교사 뒤알드Du Halde는 중국 북부에서 삼림 파괴가 가장 심하고 인구 또한 가장 밀집한 지역 중 하나인 산둥 남부에 있는 거대한 삼림에 대해 언급했다.[112] 그리고 18세기 전반에 걸쳐 옌저우兗州 인근—뒤알드가 보았던 숲 근처—에서는 운하를 통해 린칭에 있는 제국의 벽돌 공장에 쓰일 장작을 계속 보냈다. 그 총량은 규모가 작았지만, 링이 제시한 수치에서도 알 수 있듯 산둥 지역의 삼림이 사라진 게 아니었음을 보여준다.[113] 반면 1793년경 베이징으로 간 영국 선교사의 일원인 조지 스탠턴은 엇갈린 주장을 했다. 요컨대 중국 북부 지역 대부분의 평원에 나무가 "듬성듬성 널리 분산되어 있는" 게 아니라[114] 일부 지역, 대개는 묘지 근처에 거대한 숲이 있었다고 언급했다.[115] 그는 대체로 자신이 본 중국 북부 시골 지역 사람들은 가난하지만 기본적인 필수품이 부족하지는 않았다고 믿었다. 또한 중국 북부에서 수숫대는 보통 농장에서 비료로 쓰이는 재를 얻기 위해 태웠으나 "연료가 부족할 때"는 가정에서 연료로 쓰기도 했다고 언급했다.[116] 마지막으로 그는 중국 북부 지역의 대운하 제방을 보강하기 위해 심은 버드나무를 비롯한 다른 나무들이 수마일에 걸쳐 펼쳐진 것을 보았다.[117] 수적으로 많지 않더라도 이런 나무들은 연료 부족이 아직 심각하지 않았음을 시사한다. 20세기에 사람들이 실제로 심각한 연료 부족 사태를 맞았을 때, 벌목을

법으로 금지했지만 그런 나무를 보호하기란 불가능하다는 게 입증되었기 때문이다.[118]

양적인 평가로는 상당히 부정확한 수치이긴 하지만, 20세기 자료에서 거슬러 올라가 연구해보면 어느 정도 타당한 추정이 가능하다. 필자는 표본으로 약 500만 명 중 인구가 대략 1800명인 산둥 남서부의 27개 군郡을 선택했다. 중국 북부의 이 특별한 지역은 1930년대 무렵 중국에서 가장 심각한 연료 부족을 겪은 곳 중 하나였다—아마도 연료 공급량이 연간 1인당 0.09석탄환산톤이었는데, 이는 동시대 방글라데시나 사헬(사하라 사막 주변의 대초원—옮긴이)에서 최악인 지역보다도 더 나쁜 수치였다.[119] 이런 지역조차도 1800년경에는 꽤 살기 좋았던 것으로 보인다는 점이 인상적이다. 스탠턴은 방대한 자료에서 이런 사실을 보여준다.

개략적이지만 매우 신중한 방법으로 평가했을 때, 이 지역의 연료 공급은 당시 연간 0.62석탄환산톤인 것으로 나타났다. 이는 같은 시기 프랑스 에너지에 대한 브로델의 평가보다 20퍼센트 많으며, 동시대에 공급 가능한 최소량의 거의 2배에 해당하는 수치다. 아마도 연료 공급의 40퍼센트 이상은 농작물 잔해에서 얻은 것이겠지만, 1800년에는 아직 삼림 면적이 적어도 13퍼센트는 되었던 것으로 보인다.[120] 그렇다고 해서 산업 성장을 위해 쓰인 나무가 더 적었고, 다른 용도로—예를 들어, 시골 주택에서는 햇볕에 말린 벽돌을 많이 사용했다—쓰일 나무가 더 많이 남아 있었다는 뜻은 아니다. 그리고 농작물 잔해의 소각은 침식을 늘리고 토양의 양분을 빼앗아 장기적으로 보면 대가를 치를 수 있다. (특히 이후 수십 년 내로 삼림 파괴가 더욱 심해지고—뒤에서 다시 논의하겠지만—지하수면이 낮아지는 현상이 결합해 나타난다.) 그러나 1800년 당시 중국의 전반적 상황은 서유럽 대부분 지역보다 더 악화하지는 않았던 것으로 보인다.

그러므로 조밀한 인구 밀도에도 불구하고 중국의 토지 압박은 아마도 1800년 당시 유럽(혹은 일본)보다 심하지 않았을 것이다. 그리고 적어도 나무와 토양만 갖고 보면, 아마도 중국의 침체 수준은 18세기 서유럽보다 훨씬 완만했던 것 같다.

한편, 유럽의 다른 지역에서는 더 큰 생태적 대비책을 갖고 있었을 가능성이 있다. 예를 들어, 19세기 초반 북반구에 50년 동안 혹한이 닥쳤을 때(즉, 예상치 못한 태양 에너지 부족 상태), 주로 다작을 하는 동아시아에서는 토지가 더욱 쉽게 훼손되었다.[121] 그런데 추측과 달리 유럽에서는 여전히 경작지로 전환할 만큼 관개가 잘된 초원과 목초지가 상당히 많았다. 1700~1850년 러시아 이외의 유럽에서 늘어난 농지의 거의 3분의 2가 이런 목초지에서 비롯된 것이었고, 인구적 및 제도학적 역사 모두에서 보면 이런 전환은 1800년 이후에 나타났음을 알 수 있다. 그러나 중국(혹은 좀더 정확히 말하면 중국에 속한 중앙아시아 지역)은 남아 있는 초원 대부분이 거의 비가 오지 않는 지역이고, 농지가 된 땅은 거의 모두 삼림을 개간하거나 습지를 간척한 것이었다.[122] 이와 같이 비교적 풍부한 물(기본적으로 갖춰야 하는 물질)은 유럽으로 하여금 토지 압박을 대처하는 데 여유를 주었다.

또한 토지와 물 문제는 다른 식으로도 관련이 있었다. 중국에서는 삼림 보호를 위해 개간을 자제하고 더 많은 나무를 보존하는 것과 더불어 잔가지와 농작물 잔해 등을 세심하게 모아 연료 부족을 해결했다. 하지만 이것으로 모든 게 해결되지는 않았다. 삼림 파괴는 결국 토양 침식과 홍수 위험을 초래했다. 이미 언급했듯 토양 침식은 18세기 중국이 유럽보다 상황이 나쁘지 않았을 수도 있지만, 홍수 위험은 아마도 더 컸을 것이다. 삼림 파괴는 또한 사막화로 이어졌다. (벌목한 지역은 강수량이 더욱 적어지고, 지표면의 수분 증발률이 높아지고, 키 작은 식물이 햇볕에 노출되기 때문이다.) 특히 중국 북부 지역의 기후는 우기와 건기의 구분이 뚜렷하고 북유럽보다는 지중해나 열대 지역과 더 유사했는데,[123] 아마도 숲이 사라지면서 양상이 나빠졌을 것이다. 게다가 황토가 점점 건조해지면서 더 이상 강력한 모세관 작용을 통해 땅속 식물에 추가 영양분을 공급할 수 없었다. 무엇보다도 중요한 점은 황토의 점도가 너무 약해 방풍림 역할을 해주는 삼림이 파괴되면 특히 침식에 취약해진다는 것이다. 〔1930년대에 황진 지대dust bowl(모래바람이 자주 발생하는 북미 대륙의 로키 산맥 동쪽 분지로서 사발 모양 지형의 대초원 지대—옮긴이)인 아메리카 대평원에서 손실된 상당량의 토양 역시 황토였다.〕

따라서 유럽이 연료 부족에 대처하는 방식은(석탄이 인기를 얻기 전에) 삼림 보호의 다른 유형으로서 중국보다 나았을 가능성이 있다. 하지만 이는 유럽인이 삼림 훼손 지역을 나무로 뒤덮어 유지함으로써 의식적으로 건조를 막아보려 시도했기 때문은 아니라는 것을 분명히 할 필요가 있다. 이러한 노력은 유럽이 점령한 열대 지역 가운데 몇 군데(산림 파괴가 기후에 미치는 영향이 훨씬 더 분명했던 곳)에서 시작되었지만, 이런 발상(어느 정도는 중국과 인도의 자료를 통해 알았다)은 훗날까지도 유럽에 아무런 영향을 미치지 못했다. 즉 18세기 유럽에서 삼림 보호를 시행하기까지는 여러 가지 한계가 있었는데, 이는 유럽이 오로지 건축(특히 선박 건조)과 연료에 사용하는데 적절한 목재 확보를 목표로 삼았기 때문이다.[124]

지금까지 알려진 자료로는 확실한 결론을 내릴 수 없지만, 물 부족은 중국 북부 일부 지역에서 18세기 후반부터 1800년까지 계속 심각한 문제로 발전했을 수 있다. 지난 200년 동안 지하수면은 상당히 위험한 수준까지 낮아졌다. 실제로 오늘날 중국 북부 지역의 많은 도시가 물 부족과 심각한 지반 침하 문제에 직면했다.[125] 그러나 18세기 후반 이러한 문제는 아마 그다지 중요하지 않았을 것이다. 사실 중국 북부 지역 소작농은 특히 면화를 심을 경우, 더 많은 비용을 들여 관개 수로를 좀더 깊이 뚫어야 한다는 것을 알았다. (물론 결국에는 이것이 문제를 악화시켰다.)[126] 그렇지만 1771년 베이징 남부 인근 지역에 대한 한 조사에서는 당시 샘 117개와 큰 호수 5개가 존재했다는 사실이 밝혀졌는데, 이는 1420년에 알려진 내용에서 거의 변화가 없는 것이었다.[127] 지난濟南(산둥 성의 성도) 근처와 산둥 남서부 지역의 지표수가 없어진 것 또한 주로 19세기 후반과 (특히) 20세기에 일어난 현상으로 보인다. 그리고 1839년의 전국 지명사전에는 리청歷城 현에 있는 호수 7개, 샘 150개, 우물 11개, 연못 14개, 만灣 18개가 열거되어 있다. 특별히 언급된 리청 현의 유명한 72개 샘 중 2개가 사라졌고, 지명사전에 실린—오래전(때로는 아주 먼 옛날)부터 있던—다른 샘 7개와 호수 2개도 이후에 사라졌다. (리청 현에 대한 이전 지명사전은 1785년도 것이다.)[128] 이는 지하수면이 약간 내려갔음을 나타낼 뿐 급격히 낮아졌음을 보여주는 것은 아니다. 그러나 1920년대 무렵 다방면에 걸쳐 훨씬 더 상세하게 기술한 리청 현 관련 지명사전에는 단지 호수 5개와 샘 40개, 연못 5개, 개울 4개만 언급되어 있을 뿐이다. 특히 이 지명사전에는 여전히 존재하는 유명한 샘 72개의 절반가량(1839년에는 70곳이 여전히 마르지 않은 샘이었다)이 사라졌거나 수량이 상당히 줄어든 수많은 다른 수역에 관해 기록했다.[129] 따라서 18세기에 발생한 수원 감소 및 지하수면의 수위 하락과 관련한 문제는 1850년대 이후 언젠가는 상당히 심각해질 문제에 대한 비교적 가벼운 초기 징후였을 가능성이 있다.

뒤늦게라도 이 같은 사실을 알게 된 덕분에 어쨌든 중국과 유럽에서 발생한 생태적 문제와 경제적 문제 사이의 관계에서 몇 가지 중요한 차이점을 살펴볼 수 있다. 그리고 비교적 덜 집약적인 유럽의 농업과 (동아시아에 비해) 제한된 노동력 공급(이는 늘어나는 아마亞麻 생산, 좀더 세심한 연료 수집, 농작물 관해 이용에도 지장을 주었을 것이다) 그리고 아마도 19세기 유럽의 인구 증가에 맞춰 식량 공급을 늘릴 수 없었음을 고려해볼 때, 유럽은 자국 영토 내에서 의류용 섬유와 목재 공급을 확대할 기회가 거의 없었다. 그렇지만 원거리 무역(처음에는 면화, 구아노, 설탕, 목선, 해군 군수품으로 시작해 나중에는 곡물, 육류, 통나무까지)을 통해 이런 자원 부족 문제에 대처한 것으로 나타났다. 중국과 일본은 노동 집약적인 방법과 (앞으로 살펴보겠지만) 국내 무역을 통해 이처럼 필요한 자원을 상당 부분 충족시켰다. 중국과 일본은 당장 생태적으로 곤란을 겪지 않았음에도 이와 같은 자원 획득 방식을 취했다. 그러나 적어도 중국은 물 공급의 안정성 보장을 위한 비용이 줄어들고 (아마도) 냉해에 취약해질 것을 알면서도 그렇게 했다. 이런 문제는 무역이나 오늘날 손쉽게 이용 가능한 어떤 기술로도 해결할 수 없는 것이었다.

또한 중국 주변 지역은 상대적으로 생태적 안정도가 미약했기 때문에 물 부족 문제와 관련한 정부 정책의 효율성이나 책임 의식이 줄어들 수 있는 취약점을 안고 있었다. 그리고 19세기 중반에 지하수면의 급격한 수위 하락이 발생했다. 풍요로운 양쯔 강 삼각주 지역은 자체 물 관리와 그 밖의 생태적 과제 대부분을 오랫동안 관리해온 것으로 보이며, 따라서 이런 수량 감소로 인한 영향을 훨씬 덜 받았다. 비록 19세기 내전과 급증하는 아편 수입이 국가에 새로운 문제와 새로운 방침을 형성함으로써 상당한 영향을 받기는 했지만 말이다.[130]

결국 일단 이와 같이 더 집약적인 농업으로 생계를 유지하고 연료 수집을 하러 다니는 사람들이 존재하는 한 식민지와 기술 그리고 화학을 통해 풀 수 있는 것으로 입증된 유럽의 이런 방식도 문제를 없애거나 해결하기에 쉬운 방책은 아니었다.[131] 심지어 당시는 중국의 인구가 수출 주도형 산업으로 이동하고 1차 생산물(유럽이 그랬던 것처럼)을 더 많이 수입하는 상황이어서 이 같은 방법을 대대적으로 시행하기는 매우 어려웠던 것으로 입증되었다. 하지만 이는 집약적 농업과 연료 수집에 투입된 사람 수가 너무 많았기 때문일 뿐만 아니라 원공업의 '잉여' 노동자와 달리 이들 '잉여' 노동자는 사실상 농업 생산량 부족이 악화하지 않으면 공장으로 옮겨갈 수 없기 때문이기도 했다.

요약하면 19세기 동안 서유럽이 생태적 감소를 막기 위해 이뤄낸 변화는 중국에 아무런 영향을 끼치지 못했다. 또 중국은 공유지 그리고 삼포식 농업이나 말을 좋아하는 귀족을 위해 마련한 목초지 같은 아주 비효율적인 토지 이용 등으로 인한 뒤처짐도 없었다. 수세기 동안 일반화한 무거운 철제 쟁기(논이나 밭고랑을 깊이 팔 수 있어 침식을 막는다)의 보급으로 얻는 이익도 전혀 없었고, 해외로부터의 수입과 더욱 진보한 식림 아이디어 및 기술 발전으로 얻는 이익도 없었다. 주변 지역의 농부들은 산업 도시나 아메리카를 대안으로 생각하지도 않았다. 그리고 2장에서 살펴본 대로 훨씬 나은 돈벌이를 위해 원공업이 성행한 양쯔 강 삼각주로 이동해온 이주자들로부터 전해 들은 훨씬 더 제한적인 구제 방안조차도 관례로 인해 축소되었다. 중국에는 장작을 대신한 석탄 붐도 일지 않았고, 신세계에서 확보한 막대한 양의 토지 집약적인 상품도 존재하지 않았다. 그리고 비록 유럽에 비해 인구 증가는 느렸지만, 아마도 1800~1850년(그리고 1750년부터 1850년까지는 거의 비슷했다) 양쯔 강 삼각주로 1차 생산물을 수출하는 주요 지역이었던 중국 북부와 양쯔 강 중상류에는 인구가 집중되어 있었을 것이다. 따라서 1800년경 중국은 이미 유럽보다 생태적으로 더 취약했을 수 있다. (섬유 산업에서는 부분적으로 자급자족 상태였다.) 또한 제도적으로 뒤처진 부분이나 비교적 실현하기 쉬운 토지 관리 개선책, 아메리카에 필적할 만한 인구 배출구와 1차 생산물의 공급처가 없었을 수도 있다는 생각을 더해보면, 갑작스러운 분기가 그다지 놀랄 만한 일은 아니다. 중국의 생태적 상황은 1800년경 유럽, 특히 핵심 지역보다 많이 나쁘지 않았다. 심지어는 악화하는 속도가 좀더 느렸다. 하지만 이후 유럽 전역이 안정되었음에도 불구하고 중국 일부 지역은 급격히 나빠졌다. 그리고 반대로 모든(혹은 적어도 대부분) 지역의 다양한 생태적 구제 방안—일부는 새로운 기술을 통해, 일부는 추가적인 지원을 통해 그리고 일부는 신세계에서 얻은 뜻밖의 횡재를 통해 만들어진—이 없었다면 유럽 또한 경제적으로 그다지 변화하지 못한 채 환경적 고통에 처했을 것이라는 생각은 타당해 보인다.

이런 맥락에서 덴마크를 다시 살펴보면, 서유럽의 일부 사례는 영국과 비슷하다기보다 중국이나 일본의 일부 지역과 더 유사해 보인다. 16~18세기에 걸쳐 해군과 상선의 활동이 활발하게 늘어나고(숲을 상당히 훼손하는 대가를 치러야 했다) 영국과 네덜란드를 본받아 해외 무역 및 식민지 회사에 특권을 주었음에도 불구하고, 덴마크는 궁극적으로 해외 진출에서 많은 것을 얻지 못했으며 18세기에는 자국의 토지·연료·토양 비옥도 등의 문제가 심각해졌다. 그렇지만 국내 정책을 통해서 자국의 생태를 안정화시켰다는 점에서 대부분의 유럽보다는 상황이 훨씬 나았다. 당시 덴마크가 실시한 정책으로는 대대적인 이회토 뿌리기 캠페인과 모래 언덕 개간, 배수로 만들기, 체계적인 숲 관리, 윤작과 더불어 클로버를 대량 식재하는 방법 등이 있었다. 이런 정책은 상당히 노동 집약적인 방법이었으며—키아에르고르는 지방 노동자의 1인당 노동 시간이 아주 적게 잡아도 50퍼센트 늘어난 것으로 추정했다[132]—많은 사례에서 강압적인 대규모 농노 노동력(이는 18세기 덴마크에서 여전히 흔한 일이었다) 동원이 필요했다.[133]

이런 노력은 새롭고 생태적으로 안정된 기반 위에서 농업의 번영을 이뤄냈지만, 1500~1800년 덴마크는 도시에 거주하는 자국민의 인구 비율이 증가하지 않은 채 원공업만 부분적으로 성장했을 뿐이다.[134] 운송 문제가 있음에도 불구하고 유리 제품을 포함해 특정한 연료 집약적 상품은 사실상 모두 수입했다.[135] 이런 양상은 19세기까지 줄곧 이어졌다. 적절한 자본량과 훌륭한 운송 시설을 갖추고, 유럽의 과학 발전에 기여하고, 인근에 문화적으로 유사한 산업화 모델이 많았음에도 불구하고 말이다. 게다가 이처럼 농사, 연료 보존, 토지 관리에 매우 노동 집약적인 접근 방식이 실질적으로 장기간에 걸친 물리적 노동 생산성의 감소를 가져오긴 했지만 노동력은 압도적으로 농업에만 집중되어 있었다. 키아에르고르는 1500~1800년 농업 생산량이 최대 100퍼센트 늘어난(이렇게 증가한 몫은 연료 같은 수입품 대금 지불에 쓰였다) 반면 노동력 투입은 200퍼센트 넘게 늘어난 것으로 추정했다.[136] (19세기 후반 덴마크에서 노동력에 대한 수익이 늘어나기 시작했을 때, 초기에는 그 증가 폭이 아주 적었다. 이는 주변국들이 점점 더 산업화했기 때문이 아니라 덴마크 사람들이 농산품을 구입할 수 있는 수입이 늘어나면서 물리적 생산성이 향상했기 때문이다.)

따라서 적어도 화학이나 기계가 좀더 급속하게 농업을 변화시키는 게 가능했던 20세기 전까지는 일단 지방의 노동력 강화를 통해 생태적으로 자급자족에 가까워지는 길을 채택하면 쉽게 다른 경로로 전환할 수 없었다. 그런 점에서 덴마크가 취한 방향은 영국이나 플랑드르 지방보다는 18세기와 19세기 초 동아시아의 여러 지역이 택한 경로와 유사했다. (이는 구아노 투입이 생태적 재앙을 불러올 수 있는 모험이고, 농장 외에서 비료 사용이 불가능해지면서 영국의 '소작농'이 분화했다고 본 암브로솔리의 설명과 같다.) 그리고 이와 같이 토지 관리에 막대한 노동력을 투입했지만 그 결과는 겨우 생태적 균형을 이루는 데 그쳤을 뿐이다. 그 예로 1740년 이후 특히 1820년 이후에

석탄 수입이 꾸준히 증가한 것을 들 수 있다.[137]

하지만 유럽의 생태적 문제가 중국에 비해 해결 가능성이 많고 기술 변화와 제도적 보완, 거기에 신세계 자원까지 모두 결합했을 때에만 해결 가능하다는 게 드러난 것은 나중의 일이다. 18세기 후반 동아시아가 유럽에 비해 '인구 과잉'이라고 생각할 수 없는 이유는 많은 사람이 잘살았고 어떤 점에서는 유럽보다 생태계에 대한 압박이 덜했기 때문이다.

심지어 1800~1930년대 중국 인구의 추가적인 성장도—최소 1억 5000만 명에서 아마도 2억 2500만 명까지—영양 상태를 유지하면서 이루어진 것이었다. 20세기 초 사회적 빈곤이 특히 극심하고 맬서스적 개념이 특별히 적절하다고 생각하던 시점에도, 전반적인 영양 상태를 나타내는 지표로 흔히 사용하는(비록 많은 논란이 있지만) 청소년의 평균 신장이 서서히 커졌을 것이다.[138] 비필수품에 대한 평균 소비량은 아마도 감소했겠지만, 그 이유는 이미 3장에서 살펴보았듯 인구 성장의 효과가 상당 부분 미개발 지역에 집중되어 있었기 때문이다. 그래서 비교적 생활수준이 높은 장난과 몇몇 다른 지역 사람들은 전국 소비 평균에 그다지 영향을 주지 않았다. 중국 북부와 서북부 지역은 예외일 수 있겠지만, 19세기 중반의 재앙 기간을 제외하면 특별히 어떤 지역도 생활수준이 하락하지 않았다. 따라서 이런 사실이 기존의 예상을 위협하는 것이라면, 이것만으로 1800년의(1750년보다 훨씬 덜한) '인구 과잉'이나 절박한 '생태적 위기'를 설명할 수는 없다. 기껏해야 생활수준 향상의 급격한 발전을 저해하는 생태적 '병목 현상'이 발생했다는 사실과 미래에 중국 북부와 서북부 지역에서 발생할 좀더 심각한 문제를 암시하는 몇 가지 징후가 존재했다는 주장이 고작일 것이다.

당시 유라시아 양극단 지역 모두 전반적으로 심각한 어려움에 처해 있었다. 그 어려움의 차이는 (국내 자원만을 기준으로 보면) 아마도 거의 없었을 것이다. 그리고 유럽이 가진 이점 대부분은 집중적인 토지 이용을 가로막는 제도적 느슨함 때문이지, 점진적 축적을 가능케 한 우수한 경제 제도 때문이 아니었다. 논의 자체를 이들 지역의 내부 자원에 한정시키는 한 무엇보다 어느 지역이든 경제적 수명과 1인당 자원 이용량의 급진적 변화를 잘 들여다볼 수 있는 생태적 창구가 인구 성장과 원공업화로 인해 얼마나 빨리 닫히고 있었느냐 하는 점이 중요하다. 따라서 대량의 연료, 직물 그리고 식량을 횡재한 곳에서는 산업혁명이 발생해 지속되고, 그렇지 못한 곳에서는 오랜 시간 원공업이 발달한 것을 알 수 있다.

그러나 이처럼 뜻밖에 얻은 횡재의 진의를 이해하기 위해서는 먼저 전반적으로 유사한 마지막 한 지역을 살펴보아야 한다. 필자는 앞서 매우 효율적으로(그리고 흔히 노동 집약적으로) 자원을 활용하는 방법의 도움을 받아 중국과 일본 핵심 지역은 토지 집약적 자원의 부족을 해결하기 위해 현지에 맞는 임시 방책을 찾는 게 더 나았다고 주장했다. 하지만 이런 해결책은 완벽하지 않고(특히 목재에서), 다른 지역의 자원을 수입하는 데 의존한 것이었다(예를 들면, 면화를 재배할 흙을 중화하기 위한 만주 지역의 콩깻묵). 요컨대 유럽과 아시아 핵심 지역은 인구가 덜 밀집한 지역과의 원거리 무역을 통해 토지 집약적 자원을 확보해야 했다. 이런 원거리 무역은 구세계의 일부 다른 지역들과 합의한 거래였기 때문에 유라시아 양극단에 있는 핵심 지역도 유사한 기회와 한계에 직면했다. 하지만 중국 핵심 지역은 서유럽 상대국보다 이런 종류의 무역을 더 성공적으로 활용한 좋은 사례일 수 있다.

구대륙 주변부 지역의 자원 무역: 준맬서스적 문제에 대한 스미스형 해결 방식의 공통적 모델과 한계

주변부 자유노동 지역의 수입 대체품

중국과 일본 그리고 유럽의 핵심 지역은 모두 인구 밀도가 희박한 곳에서 토지 집약적 상품(특히 에너지 형태)을 수입했다. 이는 서유럽이 초반에는 발트 해와 동유럽의 곡식과 목재 그리고 소를 거래했으나, 나중에는 신세계에서 가져온 생산품이 남아돌았음을 의미한다. 한편, 링난 지역에는 동남아시아산 수입품과 심지어 인도에서 들여온 수입품도 일부 있었다. 그러나 장난 지역은 주로 양쯔 강 상류와 그 지류 지역에서 들여온 쌀과 목재에 의존했으며, 1680년경에 들어서면서부터는 만주에서 목재와 콩을 들여왔다. 16세기와 17세기 초반, 일본에서는 대외 무역이 심하게 제한을 받았다. 1640년 이후에는 국가가 이를 주도했고, 1700년 무렵에는 은과 비단을 일부 밀거래한 것을 제외하고 무역 거래가 거의 없었다.[139] 그럼에도 불구하고 핵심 지역(수전 핸리와 야마무라 고조가 "지역 I"이라고 칭한 곳)과 그 외 나머지 지역(핸리와 야마무라가 "지역 II"라고 칭한 곳) 사이에서 내부 교역 형태가 발달했다. 1720년경 인구 수준이 부양의 한계치에 도달한 지역 I은 못과 타일, 연장, 가죽신 그리고 무엇보다 직물 수출에 주력했다. 지역 II는 공산품과 수출용 쌀, 목재, 말 그리고 그 밖의 다른 토지 집약적 상품을 수입했다. 외곽 지역, 특히 멀리 떨어져 있는 북부는 어류 주산지이기도 했다. 어류는 18세기 중반부터 지속적으로 핵심 지역의 식량과 비료로서 점차 중요해졌으며, 이에 따라 점점 더 넓은 어장을 확보했다.[140]

토지 집약적 수입품의 대금을 지불해야 했기 때문에 지금까지 살펴본 핵심 지역은 모두 제조 상품, 특히 섬유 직물을 판매해 이를 해결하려 했다. 하지만 이런 교역 양상은 최소 두 가지 제약에 맞닥뜨렸다.

첫 번째는 원자재 수출업자들이 흔히 수입 대체import substitution 과정을 시작했다는 것이다. 이를테면 예전에 수입하던 공산품을 직접 만들기 시작한 것이다. 두 번째는 지역 주요 수출품 생산의 수익이 줄어들면서—예를 들어, 더 많은 목재를 수출하는 것은 점점 더 멀리 있는 강둑까지 통나무를 운반해야 한다는 뜻이다—사람들이 다른 일을 찾아 나섰다는 것이다. 20세기에 다수의 제3세계 정부는 산업화를 위한 의도적 전략으로 수입 대체를 채택했다. 그러나 장기적으로 봤을 때 이는 오히려 나쁜 결과를 가져오는 경우가 많았다.[141] 결론적으로, 경제학자들은 수입 대체를—경쟁적 위치에 있는 초기 산업을 인위적으로 개선하려는 것과 마찬가지로—관세 운용과 보조금을 통해 시장의 특성을 거스르는 시도와 같은 것이라고 보는 경향이 있다. 하지만 200여 년 전에는 대부분의 경우 핵심 지역과 주변부 사이의 기술적 차이가 크지 않았다. 아울러 특별한 기술도 국제적으로 공인된 특허권의 보호를 받지 못했다. 또 극소수의 경우 생산 과정에서 고정 자본에 대한 막대한 초기 투자가 필요했다. 그리고 비교적 높은 운송 비용(특히 부피가 아주 큰 일상 용품)은 일부 산업을 '자연스럽게' 보호했다. 몇 가지 생산 유형(예를 들면 양잠과 직조)은 너무 복잡해서 기존의 생산자와 경쟁하는 게 매우 어려웠지만[142] 그 밖에 다른 많은 것들은 간단했다. 그러므로 수입 대체는 1800년 이전 세계에서 '강압적인' 과정이 아니었다. 다시 말해 자유롭게 새로운 생산 방식으로 바꿀 수 있었고, 어떤 제품을 생산할지 스스로 결정할 수 있었다. 자신이 다른 노동을 통해 벌어들인 돈으로 자유롭게 제품을 구매하던(이를테면 드브리스가 말한 "근면 혁명"에 참여하는 것) 주변부 지역에서는 이런 일이 상당히 자연스럽게 발생한 것으로 보인다. 이런 수입 대체 과정은 일부 특수한 원자재가 고갈됐을 때, 혹은 특별히 복합적인 기술과 관련이 있거나 정부나 귀족의 독점을 허용한 곳에서만 차단되었다.

사실상 수입 대체는 마침내 양쯔 강 하류 및 링난 지역과 거래하던 중국 대부분 지역으로 확산되었다. 원공업의 발달로 이전에는 양쯔 강 하류 지역에 공급하던 쌀의 잉여 생산량이 줄었기 때문에(인구도 늘고 일부 토지를 현지 방적업자와 방직업자에게 공급할 면화 경작지로 바꿨기 때문이다) 장난에서 들여온 직물에 의존하지 않아도 되었다.[143] 중국 북부 지역은 17세기에 오히려 자체적으로 면직물을 더 많이 만들기 시작했다. 그리고 18세기에도 이런 과정이 지속되면서 장난에 원면을 거의 공급하지 않았다.[144]

중국 북부의 원면 수출업자 감소는 아마도 양쯔 강 중류 및 상류 지역의 쌀과 목재가 줄어든 것보다 더 심각했을 것이다. 왜냐하면 인구 성장을 막아줄 제어 장치가 거의 없고, 궁극적으로 생태적 문제가 훨씬 더 심해진 것처럼 보이기 때문이다. 양쯔 강 중류 및 상류 지역과 마찬가지로 중국 북부의 인구 증가는 1750~1850년 청나라의 평균치를 초과했다. 하지만 양쯔 강 중류 지역의 인구 증가는 양쯔 강 하류 지역처럼 자체적으로 조절된 것 같다. 토지와 물 부족 현상이 심화하면서 양쯔 강 중류 지역의 인구 증가는 19세기 중반 내전이 발생하기 전 수십 년 동안 상당히 둔화했다. 아마도 그동안의 많은 내전에서 회복하는 데 족히 50년은 걸렸을 것이다.[145] 비록 지역의 토지와 물 부족이 심각하긴 했지만 곧바로 인구 성장이 둔화했기 때문에 중대한 생태적 혹은 경제적 위기를 충분히 피할 수 있었던 것으로 보인다. 둥팅 호洞庭湖—중국에서 두 번째로 큰 호수—의 표면적은 양쯔 강 중류 지역의 인구에서 비롯된 생태적 압박을 살펴볼 수 있는 하나의 유용한 지표다. 왜냐하면 호수의 많은 지역을 간척해 홍수 위험이 크게 증가했기 때문이다. 둥팅 호의 면적은 1825~1850년 거의 800제곱마일(예전 호수 면적의 13퍼센트)까지 감소한 것으로 보인다. 하지만 그 이후 19세기 동안에는 거의 변동이 없었다.[146]

반면 중국 북부 지역에서는 인구가 계속 증가했다. 심지어 1950년대의 인구 증가보다 더 빠른 속도로 늘어나기 시작했다. 지속적인 영향을 준 환경적 대재앙이 잇따랐음에도 불구하고 인구는 증가했다. 그리고 1850년을 전후해 발생한 중국 북부의 가장 급속한 인구 증가는 거대 지역 가운데 대체로 가장 가난한 허난에서 나타났다.[147] 왜 이런 일이 발생했는지는 분명하지 않다. 하지만 다른 지역의 출산 통제에 대한 최근 연구가 일부 단서를 제공해줄지도 모른다.

중국의 인구 체계에 대한 제임스 리와 왕펑의 혁신적인 새로운 연구에서는 종족 조직이나 공동 거주하는 가족의 가장에 의해 움직이는 확대된 친족 집단의 역할을 강조한다. 이런 종족 조직은 결혼 생활에서 제한적 출산을 강요하고, 이에 대한 필수적인 보완책으로 입양을 주선했다. 게다가 종족 조직은 결혼한 부부가 생물학적 후계자로 사내아이를 출산하지 못했을 경우 노후 보장과 지속적인 전통 의례를 합리적으로 보장해주는 데도 필요한 집단이었다.[148] 좀더 일반적으로, 학자들은 앞서 설명한 내용을 보장해주는 것이 결혼한 형제들 간에 강력하게 유지된 사회적 합의이며, 이런 사회적 합의는 그들이 의지할 자식을 더 많이 낳음으로써 위험에 대비할 필요성을 줄이는 보험의 형태로 제공된다고 주장했다.[149] 종족 조직은 특히 중국 남부 지역에서 강력했다. (종족 조직을 구성하는 세대는 중국 북부 지역이 대체로 좀더 복잡했다.)[150] 제임스 리와 왕펑의 시골 지역 관련 자료에 따르면 공동 가구는 특히 랴오닝遼寧 지역에서 보편적이었다.

그러나 중국 북부와 서북부 지역에서 혈통을 중시했다는 것은 일반적 근거가 없고, 이 지역의 결합 가족 형태는 랴오닝과 비교할 때 훨씬 더 독특한 형태라고 할 수 있다. (이는 명백히 일관성 없는 자료에 근거한 것이다.) 그리고 이 지역은 근본적으로 독립된 핵가족이 한층 일반적이었다. 중국 북부는 남부 지역에 비해 형제들이 가족의 재산을 나눌 때(부모가 그때까지 살아 있든 아니든), 선대 집안에 속한 재산을 남겨두거나 혹은 재산을 바치는 경우가 훨씬 더 드물었다.[151] 심지어 조상의 위패를 모신 사당을 주택으로 바꾸거나 혹은 분할하는 경우도 있었다. 이후에는 심지어 형제들의 집이 여전히 공동 앞마당을 중심으로 모여 있다 하더라도, 각자 분리된 자기 소유의 제단을 보유했다.[152] 이런 상황에서, 물질적 힘이나 이상적 관념 때문에 생겨난 대가족이 장난과 랴오닝 지역에서 분명히 나타난 핵가족 내에서처럼 강력하게 출산 결정을 내릴 수 있다고 생각하기는 어렵다. 당시 이 색다른 친족 체계는 중국에서 비교적 인구 제한이 심하지 않은 북부와 서북부 일부 지역에서 인구 제한을 핵심으로 하는 가족 수준의 메커니즘을 만들었다. 이는 맬서스와 하이날 등이 중국 전역에 존재한다고 오인했던 인구 역학에 더욱 근접한 것이다.

중국 북부의 폭발적 인구 증가 원인이 무엇이든 그곳의 인구 밀도는 1840년대—물이 거의 없고 식물의 생장 주기가 더 짧아지는 등의 불리한 조건에도 불구하고—에 양쯔 강 중류 지역 수준을 50퍼센트 정도 넘어섰다.[153] 이어 1953년 중국 북부의 인구 밀도는 양쯔 강 중류와 상류 지역의 70퍼센트까지 넘어섰다. 이런 상황에서, 중국 북부는 1750~1900년—양쯔 강 중상류 지역과 다르게—모든 곳에서 비식용 작물의 1인당 생산량이 대부분 감소했다. 이는 아마도 절대적 생산 수준이 떨어졌기 때문일 가능성이 있다. 그리고 만약 현지에서 실을 더 많이 자았던 시기에도 원면 생산량이 줄었다면, 장난으로의 수출 하락 폭은 상당히 컸을 것이다

(이런 시나리오에 대해 좀더 살펴보려면 부록 F 참조).

주변부 지역의 발전 과정이 양쯔 강 중류와 상류 지역처럼 비교적 양호한 균형을 이루었든, 아니면 중국 북부와 서북 지역에서처럼 실패했든 이런 과정은 발전한 지역이 성장을 지속하고 추가적인 제조업 특화에 역량을 발휘하는 데 제약을 주었다. 그럼에도 불구하고—결론을 내기 전에—이와 같은 과정이 생겨난 원인에 대해서는 좀더 살펴볼 가치가 있다. 지금까지 필자는 이것을 '자연스러운' 과정으로 설명했고, 주변부는 대개 자유노동 지역이거나 특별한 제약(예를 들면 식민지 독점 체제)이 없었던 것으로 생각했다. 그러나 현실은 좀더 복잡하다. 주변부 지역 상품에 대한 외적 수요와 생활비를 벌 기회가 늘어난 것이 확실히 모종의 역할을 했음에도 이들 주변부 지역에 인구 증가를 유발한 원인이 무엇인지 아직은 파악하기 어렵다.

인구가 늘어나고 원자재 수출이 줄어드는 현상이 단순히 하나의 이유 때문은 아니기 때문이다. 건식 농법을 하는 중국 북부 지역에서는 노동력 투입 증가만으로는 수확량을 큰 폭으로 늘릴 수 없었다. 이는 인구 증가와 환경적 부담 때문에 해당 지역의 추가 노동력이 수공업 쪽으로 몰리고 원면 수출이 감소했기 때문이라고 설명하는 게 아마도 적절할 것이다.[154] 또한 인구 증가만이 목재 생산지의 현저한 수출 감소를 설명할 수 있을 것이다. 식량과 삼림은 토지를 두고 경쟁했으며, 1에이커당 목재 생산량을 늘리는 방법에 대한 지식은 여전히 초보 수준이었다.[155]

하지만 양쯔 강 중류 지역에서는 추가 노동력 덕분에 쌀 수확량이 손쉽게 늘어났다. 아울러 노동자 수는 증가했지만 그 늘어난 노동력이 쌀 재배 확대 및 직물 거래에 집중되지 않고 오히려 직물 생산에 투입된 이유는 확실하지 않다. 사실상 여러 곳에 산재한 퍼킨스의 자료를 보면, 양쯔 강 중류 후난에 있는 일부 수출 지향적 지역의 1에이커당 쌀 생산량은 그 지역을 먹여 살릴 정도로 급격히 증가했다. 생산량은 18세기 양쯔 강 하류 지역 수준의 약 60퍼센트였으며, 19세기 동안에는 하류 지역 수준을 따라잡았다.[156] 또한 경작지 역시 상당히 늘어났는데, 추측건대 주로 개발이 덜 이뤄진 지역에서 그러했다.[157] 1775~1850년 후난의 인구 증가율이 약 40퍼센트였기 때문에(이는 아마도 1750~1775년의 연간 성장보다 빠른 것이지만 관련 자료는 매우 부족하다),[158] 그 지역은 아마도 1인당 식량 생산량을 유지하고 수출 가능한 잉여분의 절대량도 증가할 수 있었을 것이다. 하지만 대신 수출이 감소했기 때문에 우리는 주요 수출 지역의 생산량 증가가 그 밖의 다른 많은 지역만큼은 아니었다고 결론내릴 수밖에 없다. 왜냐하면 적어도 부분적으로는 사람들이 자신의 노동력을 다르게 사용하려 했기 때문이다. 대다수 관료들도 그렇게 믿었다. 그러나 더러는 관료들이 심지어 이모작이 적합한 지역에서도 비협조적인 농부를 독려하는 캠페인을 통해 필요한 노동력을 투입하는 데 실패한 것을 비난받았다.[159] 그리고 비곡물 생산에 더 많은 노동력을 투입한 사람들—저지대 여성은 직물을 짜고, 고지대 남성과 여성은 차를 재배했다—이 계속 쌀을 소비함으로써 수출할 수 있는 잉여분이 줄어들었다. 이러한 노동의 재분배는 불가피한 일이었다.

특히 수출 관련 노동에 대한 물질적 수익이 줄어들었음에도 불구하고, 1차 생산물 가격은 분명 경제 다각화보다 수익성 높은 전문화를 지속하기에 충분할 만큼 상승했을 수 있다. 전근대의 비싼 운송 비용이 자급자족을 촉진했을 때, 하천과 해안 지역의 운송 비용은 대개의 경우 그리 높지 않았다. 왜냐하면 중국의 주변부 지역은 선박을 이용해 장난과 링난으로 대규모 화물(화물량이 감소하고는 있었지만)을 대량 운송하고 있었기 때문이다. 돌아오는 길에 싣고 올 화물이 필요했던 선주는 장난의 수출업자에게 매력적인 운송 요금을 제시했을 것이다. (비록 장난으로 내려가는 것에 비해 강을 거슬러 올라갈 때는 과중한 화물 중량이 큰 문제가 되긴 했지만 말이다.) 따라서 수출 산업 성장이 위축되거나 지역 내 산업의 다각화가 촉진되는 위기 상황을 돌파한 양쯔 강 중류의 원공업에 대해 심도 있는 설명을 할 필요가 있다.

이에 대해 논리적으로 가능성 있는 한 가지 설명은—비록 필자가 입수한 자료는 빈약하지만—지방의 운송 비용과 관련이 있다. 거대 지역에서는 사람들이 처음에 가장 비옥하고 접근하기 쉬운 곳에 몰려 있었다. 강과 가까운 그런 지역은 운송에서 주요한 대동맥 역할을 했다. 하지만 산업 성장 이후 대량 화물의 선적 비용이 상승함에 따라 운송업이 이런 대동맥과 멀리 떨어진 곳에서 이루어짐으로써 손익이 맞지 않았다. 중국은 유럽이나 인도에 비해 1인당 적은 수의 가축을 길렀기 때문에 그와 같은 운송 비용 상승이—비록 (1장에서 논의한 것처럼) 전반적인 운송 능력에서는 불리하지 않았지만—가능했을 것이다. 또한 운송 비용 상승은 사람들이 강둑을 떠나 이주하면서 매우 급격하게 이루어졌다. 하지만 이런 상황은 기껏해야 왜 수출이 인구나 개간 지역 그리고 주변부 지역의 총 생산량에 보조를 맞춰 상승세를 유지하지 못했는지 설명해줄 뿐이다. 만약 사람들이 1차 생산물을 차후 발전할 지역에서 생산한 주요 상품과 거래하기 시작했다는 것을 입증하지 못한다면, 우리는 왜 19세기에 운송이 용이한 지역 근처에 이미 정착했던 사람들의 수출 규모가 전보다 더 작아졌는지 설명할 수 없다.

이는 강을 떠나 계곡에 정착한 사람들을 통해 이해할 수 있다. 중국에서는 산비탈을 정리하고 개간한 사람들의 수가 18세기 후반 및 19세기 초반에 급격하게 불어났다. 이런 산비탈 정착민은 외국에서 도입한, 고지대나 척박한 땅에서 자라는 식량 작물(감자와 고구마 등)을 오랫동안 재배했다.[160] 이 같은 사실은 인구 증가가 사람들을 척박한 땅으로 내몰고 새로운 작물을 공급함으로써 그곳에서 생존할 수 있게끔 되었다거나, 혹은 새로운 작물을 재배하는 토지가 인구 증가를 더 심화시켰다는 주장과 함께 산비탈 개간을 맬서스 이론('인구는 기하급수적으로 증가하고 식량은 산술급수적으로 증가한다'는 이론—옮긴이)의 맥락에서 접근할 수 있게끔 해준다. 조악한 음식으로 연명하며 근근이 살아가던 고지대 정착민은 계곡에 사는 운 좋은 농부들이 잉여 생산물을 수출하는 일과는 무관했다.

그러나 고지대 농업에는 이 책의 논점과도 관련 있는 또 다른 측면이 있다. 요컨대 이전까지 버려진 땅이던 산비탈에서 재배하는 많은 수확물—차, 땅콩 그리고 다양한 유지 작물oilseed crop(기름을 짜기 위해 심는 작물—옮긴이)—의 수요가 점점 더 커진 것이다. 이는 단지 인구가 증가했기 때문이 아니라 이 지역이 날로 번창했기 때문이다. 사실 팡싱의 최근 기고문에서 17~19세기 양쯔 강 하류의 생활수준 향상에 관한 사례는 엄밀히 말해 비곡물 식품을 더 많이 소비했다는 것에 근거를 두고 있다.[161] 중국 나머지 지역의 음식에 대한 비교 연구는 아직 없지만, 양쯔 강 중류 및 상류 저지대에서 벼를 재배하는 농민은 상거래와 토지 생산성 모두 향상했던 것으로 보인다.[162] 또한 그들은 늘어난 소득 일부를 다양한 종류의 향신료를 구매하는 데 썼을 것이다. 만약 저지대 농부가 향신료를 구입하는 데 소득을 썼다면 그들은 고지대 농부의 소비자가 되었을 것이며, 결과적으로 그들에게 적어도 약간의 쌀을 건네야 했을 것이다. 관련 문헌에서는 중국의 비곡물 환금성 작물 생산자들이 어떻게 통상적으로 식량 작물을 함께 재배하게 되었는지—그 결과, 차와 고구마 생산이 동시에 증가했을 것이다—를 합리적으로 강조한다. 이는 중국인으로 하여금 카리브 해 지역에서 '중독성 식품'을 재배하는 매우 전문화한 생산자보다 식량 구매에 덜 의존하게끔 만들었다.[163] 18세기 후반과 19세기에 발생한 부수적 곡물secondary grain의 확대는 심지어 이전에 식량이 부족했던 후난 지역의 소수 주민을 순전히 수출업에만 종사하도록 변모시켰다.[164] 그러나 강 아래쪽에서 벼농사를 짓던 사람들이 이제는 대신 산비탈로 올라갔을 가능성도 여전히 남아 있다.

지금까지 필자는 중국에서 자유 시장 방식이 어떤 다른 우연한 힘에 의해 발생했다기보다는 오히려 시장 스스로 전개해나간 것이라는 구체적인 설명을 덧붙이며 이 논의를 경제적 요인에만 국한해왔다. 장난에서 주요 수입품의 부족 사태가 심화할수록 경제적 요인을 추가해 설명할 수 있는 부분은 훨씬 더 늘어날 것이다. 1800년 이후 중국 북부와 양쯔 강 유역 간의 수상 운송이 쇠퇴하면서 원면의 출하가 더욱 방해를 받았다. 따라서 1850년 이후에야 아편이 양쯔 강 상류 및 서북 그리고 서남 지역에서 면화를 대체할 환금 작물로 등장했지만 아무런 도움도 되지 않았다.[165] 수상 운송 쇠퇴 문제는 문화나 국가 정책과 관련한 영향 또한 고려할 필요가 있다.

이 문제에 영향을 주었을 가능성 있는 요소로는 국가 차원의 제도와 '상평창常平倉, charity granary'이 있는데, 이는 적어도 18세기에 계절적 가격 변동과 흉년의 가격 상승이라는 두 가지 경우에 모두 효과적이었다. 또한 피에르 에티엔 윌Pierre-Etienne Will과 R. 빈 웡이 지적했듯 이 같은 제도는 중국이 비곡물 생산에 매달리느라 시장에서 식량을 구매해야 하는 위험성을 줄였다.[166] 그런데 이 상평창 제도는 18세기에 가장 활성화했고 이후에는 유명무실해졌다. 그러나 다수의 지방 상평창은 이후에도 순조롭게 제 기능을 이어갔다. 하지만 정부는 더 이상 가끔씩 발생하는 식량 위기에 대처하기 위해 지역 간 대규모 곡물 수송을 계속할 수 없었다. 따라서 19세기 상평창 제도는 지역 간 전문화라는 위험을 충분히 완화하지 못한 반면, 곡물을 과잉 생산한 지역에서 생산품 다각화를 선택한 일부 농민에게 위험 부담을 줄여주는 역할을 이어갔을 것이다.

사실상 좀더 고질적인 병폐는 성별에 대한 중국의 규범이었을 것이다. 요컨대 여성은 들에서 일하는 것보다 집 안에서 일하는 게 훨씬 더 '적절'하다는 것이다(무엇보다도 물레질과 베 짜는 일). 이렇게 문화적으로 선호하는 규범(그래서 아내의 발을 묶어두는 전족의 풍습이 있기까지 했던)이 존재하지 않았다면 중국 내륙의 가정은 더 큰 틀 안에서 경제를 추구했거나 좀더 노동 집약적인 농업을 했을 것이다(따라서 판매할 수 있는 잉여 농산물을 대량으로 획득하면서). 아울러 직물 생산은 감소했을 것이다.

이 같은 규범이 경제적 선택의 기회에 얼마나 많은 제약을 주었는지 평가하는 데 따른 몇 가지 문제점에 대해서는 이미 앞에서 논의했다(2장에서). 그리고 우리는 1850년 이후까지는 장난 지역에서도 여성이 들판을 완전히 떠나지 않았다는 사실을 알고 있다. 또한 적어도 18세기 중반의 상품 가격을 감안하면 이 시기의 시골 지역 여성이 농사를 짓기보다 베를 짰다는 사실을 설명하는 데 문화적으로 선호하는 규범을 굳이 상기시킬 필요는 없다는 사실도 알고 있다. (상대 가격은 아마도 양쯔 강 중류에서 베를 짜는 게 훨씬 더 많은 이익을 가져왔을 것이다. 그곳에서는 쌀값이 더 저렴했기 때문이다.) 그러나 대다수 빈약한 설명은 항상 실질적인 동기를 감안해 타당성을 부여하지 못하는 법이다. 그런 의미에서 가족의 노동 분배를 이상적으로 설명한 '남자는 쟁기질, 여자는 베 짜기'라는 개념—명대 내내 중국에서 좀더 일반적인 개념이었으며, 특히 청대에는 국가가 이를 장려했다—이 아마도 내륙의 수입 대체를 촉진했을 것이다.[167]

'남자는 쟁기질, 여자는 베 짜기'라는 노동 분업의 개념은 이상적인 것이었기 때문에 사실상 때때로 무시되곤 했다. 이는 심지어 갈망하는 삶의 방식(이는 일부 서유럽 국가에서 여성을 가사노동에만 국한시키는 경우와 매우 흡사한데, 이런 경우 남성의 수입이 넉넉해야 했다)처럼 보이기도 하는데, 18세기 후반 훨씬 더 번창한 양쯔 강 중류 지역에서 더 많은 가정이 이 같은 분업 방식을 채택했다. 아울러 문화적으로 선호하는 규범은 저절로 확립되는 것이 아니기 때문에—후난의 남성은 면화 재배법을 배워야 했고, 여성은 물레질과 베 짜는 방법을 배워야만 했다—지식의 보급을 통해 농부/직조공 가정의 분업을 장려하려던 청대의 노력은 짐작하건대 몇 가지 차이를 만들어냈을 것이다.

더구나 이러한 성별 규범은 아마도 19세기 중반 한때 국경 지역에 가득했던(만주를 제외하고) 이주민이 장난으로 되돌아가는 걸 촉진하는 데 주요한 역할을 했을 것이다. 국내에 여전히 농사지을 땅이 남아 있는 한, 또 대부분 사람이 농업에 숙련된(본인 스스로의 생각이기는 하지만) 기술을 가지고 있는 한 해안 지역으로 대규모 이주를 하지는 않았을 것이다. 그러나 19세기 중반의 어려움에도 불구하고 장난은 여전히 중국에서 1인당 소득이 가장 높았다. 또한 다른 지역에서도 농사지을 땅이 부족해 토지 없는 사람들이 양쯔 강 삼각주에서 수공업이나 서비스 업종에 종사하기 위해 이주해왔을 거라고 생각해볼 수도 있다. 따라서 이는 다시금 인구 성장이 시작되고 임금 하락, 면직물 수출품 가격 하락 등의 현상을 가져왔을 것이다. 즉 사회적 낙인이 찍히지 않은 채 여성 혼자만으로도 가능한(섬유 제조업에 종사하기 위해) 이주 그리고 남편이 농사지을 땅을 확보한(농지를 소유하거나 장기 임대를 통해) 가정의 구성원인 여성에게 베 짜는 일이 이상적으로 보이지만은 않은 형태의 이주를 생각해볼 수도 있다. 그러나 사회적으로 선호하는 이런 규범이 존재했기 때문에—심지어 장난의 소작권은 보통 상당한 액수의 보증금이 필요했다—빈곤한 시골의 가정이 핵심 지역으로 이주할 가능성은 전혀 없었다. 그 같은 움직임으로 인해 1900년 이후 도시의 공장을 기반으로 하는 산업(일부 공장은 독신 여성 노동자를 위한 기숙사를 갖추고 있었다)과 유럽에서의 프롤레타리아 개념이 부상했다. 그리고 1950년대 중반 이후 중화인민공화국이 도시로의 이주를 금지하자 이런 추세는 다시금 멈추었다.

청 왕조는 낙후한 지역의 인구 성장과 수공업 발전에 우호적이었다. 이는 문화적 이상理想의 일부일 뿐만 아니라 국가에 세금을 착실히 납부할 수 있게끔 일반 가정을 최대한 번창시킬 수 있는 방법이었기 때문이다. 그런데 청 왕조는 이런 발전을 이끌어낼 시장 역학을 단순하게 신뢰하지는 않았다. 국가가 정보와 사회 기반 시설 투자, 때로는 대출을 제공하면서까지 인구가 더 적은 지역으로의 이주를 어떻게 장려했는지는 앞에서 이미 살펴보았다. 그리고 지세地稅 정책—장난과 그 밖의 소수 부유한 지역 모두에 법적으로 적용하던 과중한 공물 할당을 다른 지역에는 부과하지 않았으며, 실질적인 정책으로 상당수 신규 정착지와 재정착지를 과세 대상에서 제외하도록 했다—은 제국의 최고 핵심 지역에는 제약으로 작용한 반면, 주변부 지역의 발전에는 확실한 특혜로 작용했다.

만약 국가가 농업과 수공업에 관한 최상의 방식을 확산하기 위해 산발적이나마 노력을 기울였다면, 예를 들어 새롭고 다양한 곡물을 도입했을 것이고, 장난의 직조공을 고용해 다른 지역 사람들에게 기술을 가르칠 수도 있었을 것이다.[168] (본토에서 근무하지 않고 순환 재직하는 관리들이 이 같은 노력을 촉진했다.) 게다가 청 왕조는 북부와 서북부 양쪽의 생태적 한계 지역에서 최저 생활이 보장되도록 심혈을 기울였다. 그 같은 국책 사업 중 가장 규모가 큰 것은 황허 관리 사업(이는 다른 목적들도 충족시켰다)으로, 여기에는 아마도 19세기 초 정부 지출의 10퍼센트 이상이 들어갔을 것이다. 이는 전쟁 이외의 모든 공공 비용, 부채 상환 그리고 관리의 급여에 정부가 지출한 액수보다 많은 수치다.[169]

우리는 청 왕조에서 시행한 정책의 영향력을 명확히 평가할 수 없다. 그래도 이런 정책은 아마 경제 발전의 역학을 근본적으로 바꾸지 못했을 것이다. 그러나 어느 정도 영향을 미친 것만은 확실한데, 제국 전역에 걸쳐 농업과 수공예품 산업 그리고 상업 경제가 확산하는 시장 기능이 작동했기 때문이다. 하지만 그런 영향력은 시간이 지날수록 지속되지 못한 것 같다. 그럼에도 중국의 경제 상황이 언제 그리고 왜 변화했는지 연구하는 데는 충분한 가치가 있을 것이다.

R. 빈 웡이 지적한 것처럼 명과 청의 관료 앞에는 제국 전체를 아우르는 두 가지 경제 확장 모델이 놓여 있었다. 하나는 지역 간 무역과 전문화를 강조한 모델이고, 다른 하나는 광범위하게 독립적이면서도 자급자족하는 경제 지역을 늘리는 모델이었다. 두 확장 모델 모두 초기 단계에서는 어느 정도 국가의 노력을 수반했다. 그러나 후자의 경우는 현저하게 국가 고위층의 지속적인 주목을 끌지 못했다.[170](혹은 지역 생태계에 미치는 장기적 영향 또는 지방의 경제 자립 정책을 고려하면 이는 국가적 차원의 모델이 아닐 수도 있었다. 그리고 스키너의 거대 지역 이론에 따라 광대한 중국 제국 전체부터 지역 마케팅 공동체에 이르기까지, 이 같은 견해는 또한 상호 의존도나 자급자족 단계에서 상당히 다른 수준을 보이기 때문에 복잡해진다.) 1750년 이후 '세포 분리' 방향으로 강력하게 전환한 중국 경제 확장 정책의 실상은 또한 (특히 1800년 이후) 국가가 이 대규모 정책 사업을 마지못해 수행했으며 막상 그런 전환이 이루어졌어도 효과는 미미했던 것으로 보인다. 어느 정도 확산하고 있던 다른 정책은

무엇이 가능한지에 대한 변화를 반영하는 쪽으로 전환되었다. 혹은 거꾸로 공식적 비전과 구체적 정책 그리고 경제의 광범위한 추세가 정확히 어떻게 전환했는지는 모두 좀더 깊은 연구를 통해 구체화하는 수밖에 없다.

한편 유사한 형태의 발전 양상을 보여준 일본의 경우, 중앙 정부는 중국과 전혀 다른 공약을 내걸었다. 일본 주요 핵심 지역의 성장은 대략 1720년 이후까지 매우 제한적이었다. 사실상 간토와 기나이 두 지역 모두 18세기 말과 19세기 초에 인구가 감소했다. 반면 1780년경 이후에는 대다수 주변부 지역에서 인구가 늘어나고 수공업이 발전했다.[171] 도쿠가와 정권은 핵심 지역을 희생해가며 주변부 지역을 발전시키려 하지 않았다. 그러나 1760년경 이후에는 적어도 일부 지방 영지의 지도자에게 그들의 경제를 다각화하고 과거에 비해 안정적인 인구 성장을 뒷받침할 수 있는 새로운 방안에 착수하는 것을 암묵적으로 허용했다.

예를 들어, 목재를 수출하는 비교적 가난한 영지에 속해 있던 토사土佐의 경우, 17세기의 건설 붐으로 삼림이 크게 훼손되었다. 오사카에 목재를 공급하느라 산이 온통 벌거숭이로 변한 것이다. (게다가 토사의 영주는 쇼군에게 봉사하고 에도에서 거주하기 위한 막대한 비용을 치르기 위해) 그 후 벌목한 땅에서 경작을 하기 위해 노력했지만 인구 성장은 이를 따라잡지 못했고, 민둥산을 따라 쏟아지는 거대한 산사태에 시달렸다. 18세기의 토사는 17세기에 비해 훨씬 힘든 시기를 보냈다. 평민이 걸핏하면 끼니를 거르는 등 1750년대는 기근의 시기였다.[172]

그러나 세기 말에 토사는 인구가 다시 늘어나기 시작하고, 궁핍함도 어느 정도 나아졌다. 이는 고급 종이 같은 소규모 수출품의 선풍적 붐을 일으킨 영지의 독점권 폐지에서 비롯된 것이었다. 독점권 완화는 토사의 영주가 에도 막부에 바치는 막대한 비용과 쇼군에게 바치는 군역을 크게 줄였기 때문에 결과적으로 가능했다. 이 같은 변화로 정부는 이 특별한 주변주 지역에 무거운 부담을 지우기 전에 영주의 동의를 얻어야 했고, 따라서 주변부 지역의 부담이 줄어듦으로써 이 지역 경제는 재정적 압박의 폐해에서 벗어날 수 있었다.[173]

잘못된 독점권과 노동 의무를 철폐하고 주변부 지역의 많은 인구를 부양하는 것이 국가 재정으로 가능했기 때문에 인구 성장 자체는 자유화 추세를 강화하는 작용을 했다. 영지 외부의 인구 성장으로 말미암아 벼농사의 이모작과 전적으로 노동 집약적인 토지 이용이 증가했다. 또한 작물 재배 시스템을 감독하는 게 어려워져 소규모 농장이나 소작인에게 더 큰 자치권을 주는 방식을 장려했던 것으로 보인다. 기나이 지역에서는 일찍이 200년 전에 토지 시스템에 동일한 변화가 나타났다. 당시는 기나이 지역에 인구 성장과 벼농사의 이모작이 성행할 때였다.[174]

도쿠가와 막부는 청 왕조처럼 전 국토에 걸친 인구 증가와 원공업 확대를 촉진하지 않았는데, 궁극적으로는 핵심 지역의 인구와 수공업의 집중을 막기 위한 정책을 펼친 것이었다. 반면 일부 유럽 국가는 특화한 핵심 지역의 특권적 지위를 유지하기 위해 시장과 맞서는(늘 성공한 것은 아니지만) 정반대 행보를 보여주었다. 이유야 어찌 됐든 중국과 마찬가지로 일본의 원공업은 영국의 원공업에 비해 지역 노동의 분화가 훨씬 적었으며, 가족 노동의 분화가 더 많이 나타났음을 보여준다.[175]

구세계의 오지가 발전한 것은 좀더 발달한 지역의 농산물 부족으로 구세계에서 1차 생산물을 사들여야 했기 때문이 아니다. 심지어 인구가 밀집한 양쯔 강 하류 지역에서도 자신들의 산업 수출품을 원자재와 교환할 수 있는 시장을 계속 찾았기 때문이다. 고품질 섬유 제품의 경우는 아직 다른 지역이 경쟁할 수 없었기 때문에 일부는 먼 곳의 시장까지 진출을 했고, 일부는 특정 틈새시장을 노렸다. 그러나 이 같은 발전 과정은 제한적이었다.

1800년경 중국의 목재상은 제국 각지로 뚫고 들어갔다. 일부 목재는 최종 목적지를 향해 1000마일 이상 강을 따라 운반하기도 했다. 산시의 저임금 지역에서는 강가에 도달하기까지 목재를 65마일이나 운반했다. 이는 마드리드에 목재를 공급하는 아주 특이한 경우를 제외하고는 통나무를 육로로 운반했던 유럽보다 훨씬 먼 거리였다.[176] 그러나 대다수 자유노동자는 심지어 운송이 용이한 장난에서도 목재 생산에 지나치게 비싼 인건비를 요구했다. 18세기의 자료에는 "나무의 가치가 은 100량이든 1000량이든, 그것을 벌채하는 데는 여전히 1000량의 비용이 들 것이다"[177]라고 적혀 있다. 더욱이 높은 운송 비용은 수입하는 지역 입장에서는 이득이 없기 때문에 삼림 자원 고갈 현상이 늘어나는 역설적 영향을 미칠 수 있었다. 이는 가정의 앞마당에 연료로 쓸 땔감을 모아두었을 때 성취할 수 있는 효율성과는 정반대 형태였다. 예를 들어, 1920년대 중국 서북 지역에서 오는 목재의 운송 비용이 높았던 것은 귀중한 일부 목재만이 선적의 가치가 있었음을 의미했다. 하지만 그것이 벌목 속도를 늦추지는 못했다. 그뿐만 아니라 나무를 베어낸 그루터기 수와 벌목꾼이 남기고 간 '폐목재'의 양은 늘어만 갔다. 이로 인해 삼림 재생 속도가 느려졌다.[178] 18세기 말의 벌목업도 좀더 외진 산간벽지로 옮겨감으로써 앞서 언급한 높은 운송 비용의 사례처럼 비효율적이었던 것 같다. 따라서 원거리 생산물 시장의 주목할 만한 효율성에도 불구하고 중국은 성장하던 연안 지역에 원자재를 공급할 수 없었다.

18세기 일본의 지역 I과 지역 II 사이 무역은 속도는 빠르지 않았을지 몰라도 중국과 유사한 문제점에 부딪혔다. 지역 II의 대체품 수입은 가속화했고, 이들 영지의 농민은 현금 경제cash economy에 더 많이 개입하게 되었다. 비록 그 과정은 다이묘가 독점하는 바람에 속도가 다소 둔화하긴 했지만 말이다.[179] 이와 같이 19세기에 대부분의 지역 I은 지역 II의 소수 엘리트 계층을 위한 사치품을 판매하는 수출 틈새시장의 도전을 받지 않았다. 반면 오지의 인구 성장(지역 I에서 성장이 멈춘 후에도 오랫동안 계속되었다)은 토지 집약적인 잉여 생산물을 감소시켰다. 18세기에 부진을 면치 못한 목재 생산량이 그 예다.[180] 전반적으로는 콘래드 토트먼Conrad Totman이 언급한 것처럼 "도쿠가와 사회는 그들의 생태적 기반을 확장하는 데 예기치 못한 난관에 봉착했다".[181] 이는 핵심 지역의 인구 성장 정체와 목재 및 쌀 무역의 자유화[182] 그리고 대부분 지역에서 수상 운송에 어느 정도 접근할 수 있는 지형임에도 불구하고 발생했다.

자유롭지 않지만 유연한 주변 지역

서유럽은 동유럽과의 무역에서 일련의 특이한 한계점에 직면했다. 중국 내륙과 달리 동유럽의 토지는 다양한 수준의 강제 노동으로 경작하는 일이 많았다. 반면, 프로이센의 농민은 종종 자신의 권리를 보호하기 위해 소송을 제기할 수 있었다. 그러나 융커 Junker(19세기 중엽의 프로이센 귀족—옮긴이)가 재판정을 통제했기 때문에 소송에서 이기는 것은 쉽지 않았다.[183] 메클렌부르크Mecklenburg(발트 해와 인접한 독일 북동부의 옛 주—옮긴이), 폴란드 그리고 러시아의 농민은 심지어 재판을 통해 권리를 호소하지도 못했다. 게다가 농민이 재판을 청구했다가는 심각한 보복을 당할 수 있었다. 이는 아주 적은 권리마저도 잃을 위험에 처한 농민을 도망치게 만들 가능성이 있었다.[184] 도망친 러시아 농노는 많은 경우 되돌아왔다. 러시아 지주들은 도주를 막을 수는 없었지만, 상당한 통제력을 갖고 있던 인도나 동남아시아 계약 노동자의 '주인들'에 비해 농노의 요구를 조정해주었던 것으로 보인다. 폴란드 농민은 한동안 상당수가 도주에 성공했지만 18세기에 들어서는 점차 어려워졌다.[185] 최근의 학자들은 비록 동유럽 영주들이 단순히 농민에게 강압적이기보다 '타협적'이었다는 점을 분명히 하고는 있지만, 그럼에도 불구하고 이는 좀더 자유로운 지역과는 상당히 다른 역학적인 문제를 초래했다. 이런 차이점은 동유럽이 중국 내륙에 비해 인구 성장이나 수입 대체에서 좀더 느렸음을 의미한다. 그런데도 곧 살펴보겠지만 그들은 다른 방식으로 수출을 제한했다.

땅주인이 직접 경작하거나 임금 노동자를 통해 경작하는 경우보다 강제 노동을 통한 생산품 수출에 전적으로 의존한 지주들의 경우는 훨씬 더 늦게 수익 감소를 겪었다. 적어도 이론상 농노의 추가 노동 시간에 대해 영주는 별도 비용을 지불하지 않았다. 따라서 구하기 힘든 목재를 비싼 가격에 팔 필요가 없었다. 그리고 그런 상황에서 예속 노동자가 늘어나는 것은 자유노동자(비록 저임금의 자유노동자라 해도) 세계에서는 부당한 일이었을 것이다. 예를 들어, 때로는 지주의 수입을 유지하기 위해 가격 하락에 대한 대응책으로 생산량을 늘리기도 했다.[186]

사실상 노동은 단순히 수동적인 농민으로부터 착취한 것만은 아니다. 윌리엄 하겐William Hagen이 보여준 것처럼 16세기 곡물 시장 호황기에 강제 노동으로 착취한 막대한 추가 생산물은 현물 시장의 위축과 노동자의 현금 지급 요구로 인해 부분적으로 상쇄되었다. 결과적으로 이러한 노동자는 토지 소유주에게 상당한 비용 부담을 주었다. 더욱이 소작농은 늘어난 노동을 (마지못해) 어느 정도 받아들였다. 왜냐하면 예속적 노동 관계를 유지하고 있던 지주는 농민이 본인 소유의 소규모 농지를 경작하는 데 충분한 시간을 지속적으로 허용했기 때문이다. (게다가 자신들의 말도 이용할 수 있도록 해주었다). 이는 추가 노동 부담으로 짓밟힌 초기 농민의 모습이 당연히 과장된 것이라는 점을 시사한다. 실제로 농민은 자신들의 농지에서 비교적 노동 집약적인 원예 작물의 재배를 늘렸던 것으로 보인다. 부분적으로 이는 인구 증가 때문에 그 같은 소규모 농지가 줄어든 데 따른 불가피한 조치였다. 게다가 영주는 추가적으로 농지를 손에 넣기 위해 다양한 이점을 활용했다. 그러나 영주의 이러한 행동 역시 (곡물의) 현물 시장 위축과 임금의 현금 지급 요구를 반영한 것이다. 또한 이는 농민이 얼마 안 되는 곡식을 그럭저럭 추수했다는 것을 의미한다.[187] 만약 사람들이 영주를 위해 더 많은 곡물을 산출할 목적으로 더 많은 노동을 했다면 그리고 줄어드는 본인 소유의 소규모 농지에서 좀더 노동 집약적으로 일할 수 있었다면, 총 노동 생산량은 늘어났을 가능성이 있다. 아마도 수출 수요가 좀더 많았다면 농민의 시간당 소득도 늘어났을 것이고, 더 많은 여가 시간을 갖거나 혹은 더 많은 소비를 할 수 있었을 것이다. 그렇다면 이 지역의 '타협적인 영주'는 당연히 일방적으로 시행된 '농노 제도'의 구식 모델에서 기대할 수 있는 것과 크게 다르지 않은 영향력을 가졌을 것이다. 아울러 메클렌부르크, 폴란드 대부분 지역, 리투아니아, 러시아 그리고 농노 제도의 구식 모델에 가까운 다른 많은 지역에서도 그랬을 것이다.

한편, 동유럽에서는 도시와 원공업 발전의 약세가 오히려 수출 지향 산업을 지속하게끔 했고, 동아시아 주변부 지역에서 우리가 살펴본 일종의 수입 대체 가능성도 감소시켰다. 중세 말의 도시 침체와 몰락에 대한 설명 그리고 근대 초기 동유럽에 대한 설명은 다양하다. 동유럽과 서유럽 간에 새로운 노동 분화를 가져온 요인은 각기 다른 상업 및 산업 중심지의 경쟁 압박, 수많은 전쟁의 영향, 애초부터 도시 규모를 제한한 내륙의 농업, 어떤 비용을 치르더라도 부르주아 세력을 무너뜨리려 한 귀족들의 의식적인 노력(귀족들은 또한 농민이 도시로 도피할 가능성을 묵살했다) 그리고 곡물 생산 자체의 호황이 일정 부분을 차지했다.[188]

이유가 무엇이든 섬유 생산은 이르면 15세기부터 최소한 동유럽에서는 상대적으로 감소했다. 절대치로 보면, 곡물 수출량은 증가한 반면 섬유 생산량은 감소했다.[189] 그러나 예외적으로 섬유 산업이 급속도로 성장한 몇 지역이 있는데 슐레지엔Schlesien, 보헤미아Bohemia, 알프스 지역의 오스트리아가 여기에 해당한다. 하지만 그 같은 성장은 보통 영주의 권력이 미치지 않는 틈새에서 발생한 것이다. 예를 들어, 산간 지역에는 쓸모 있는 땅이 드물었지만 강제 노동은 없었다.[190] 대부분의 동유럽 평야 지대에서 토지는 좀더 강력한 힘을 지녔으며, 또한 동유럽 시골 지역의 산업은 서유럽에 비해 한참 뒤처져 있었다.[191] 헝가리 지역의 합스부르크Habsburg 왕국—이 지역은 발트 해 연안에 있지 않고 이후에도 주요 곡물을 서구로 수출하지 않았지만 '긴 16세기'가 시작되자 소와 포도주 그리고 그 밖의 토지 집약적인 상품을 수출했다—에서는 노동자의 80퍼센트 이상이 1860년대, 혹은 1870년대까지 여전히 농업에 종사했다.[192]

나아가 수출 붐이 일어난 것도 아니고 원공업이 발달하지도 않은 이 지역에서는 임금 노동자들로 인해 대체로 자유노동 추세가 강했던 지역의 번영과 아주 똑같은 인구 영향이 나타났다. 이 지역의 노동자는 대개 일찍 결혼해서 아이도 더 많이 낳았다. 프로이센의 영주들은 1763년 이후 곡물 가격 인상에 대응해 결국은 더 많은 임금 노동자를 고용했다. 영주에 대한 반발이 늘어나고 노동 효율성이 떨어지는 강제 노동자가 점차 증가한 데 따른 대응책이었다. 그렇게 함으로써 영주들은 많은 사람을 독립된 소농으로서 자신의 영지에 정착시켜 새로운 가정을 급속하게 늘려나가도록 했다.[193] 그러나 이는 지금까지 살펴본 것처럼 엘베 강 동쪽 여타 지역에서 나타나는 일반적 형태가 아니었다. 사실상 18세기에는 필요에 따라 일주일에 6일을 일하는 강제 노동자가 일반적으로 증가했다. 심지어 18세기 후반 프로이센에서는 최초의 농노 해방을 눈앞에 두고 있었다.[194] 그런데 프로이센의 경우는 농노 해방이 농노를 임금 노동자로 꾸준히 전환시키는 추세로 이어지지 않았다. 오히려 임금 노동자가 많이 증가함에 따라 그들은 부담스러운 소농이라는 노쇠한 노동력으로 전락하고 말았다. 1763년 이들 일용직 임금 노동자는 자신의 집과 안뜰 그리고 방목권을 유지하는 데 9.5탈러taler(대략 시골 일용 노동자의 주급에 해당한다)를 지출했다(탈러는 유럽에서 15~19세기에 사용한 은화—옮긴이). 그들은 탈곡을 해주고 물품을 대가로 받거나 그 밖에 여러 작업을 해서 현금을 받았다. 아울러 연중 6일의 무보수 노동을 제공했다. 1808년 현금 지대가 5탈러로 낮아졌지만, 그들은 각자 1년에 65일의 무보수 노동(탈곡과 쟁기질 그리고 그 밖의 과중한 노동을 합쳐)에 대한 빚을 지고 있었다. 그럼에도 소규모 농지가 상당히 많아진 것을 감안하면, 이 '완전한 소농들'의 채무는 대략 40퍼센트에 달했다.[195]

또한 원공업의 발전으로 동유럽이 서유럽에 비해 혼인율이 높아지거나 급격한 인구 성장이 일어났을 가능성은 없다. 한 지역에 대해 집중 연구한 위르겐 슐룸봄에 따르면, 18세기와 19세기 리넨 섬유 산업이 크게 성장했을 때도 토지를 소유하지 않은 이들 농민에게는 상대적으로 그 산업에 진입할 기회가 적었다. 대신 이 산업에 종사한 노동자는 대부분 '토지를 완전히 소유한' 농부들이었다. 그들은 가족을 부양하고 자신의 독립적인 소규모 농가를 유지할 수 있는 충분한 토지를 이미 갖고 있었다. 대규모 토지를 소유한 영주는 이런 소농 가정이 형성되는 것을 지속적으로 통제했고, 그들의 수가 너무 많아지는 것을 원치 않았다. 슐룸봄은 초기 저술에서 인구 성장이 원공업과 관련한 경제 호황과 보조를 맞추지 못했다고 주장했다.[196] 1800년경 동유럽의 일반적 모습을 살펴본 베르너 로즈너Werner Rosner는 시골 인구의 10~15퍼센트가 대규모 영지의 저택에서 하인으로 일했으며, 이들은 대개 가정을 이룰 수 없었다고 추정했다.[197] 1781년이 되어서야 비로소 농민들은 영주의 간섭 없이 결혼할 수 있었다.[198]

이 같은 통치 체제는 비교적 인구가 많지 않은 동쪽으로의 이주 또한 감소시켰다. 그곳엔 식민지화 책략이 있었다. 식민지 주민은 무려 30만 명이나 프로이센으로 흘러들어 습지에 거주했고 갈리시아, 리투아니아, 러시아에도 일부 들어갔다. 이 새로운 소작농을 확보하기 위해 통치자들은 보통 이들의 개인적 자유와 농장에 대한 세습권을 인정했고, 통상적인 세금을 다양한 방식으로 면제해주었다.[199] 그러나 이는 거친 불모지의 경우에 해당하는 예외적인 조항이었으며, 기름진 옥토도 이주자를 끌어들이지 못했다. 왜냐하면 그들과 계약을 맺은 서구인의 통제를 받으며 농사를 지어야 했기 때문이다. 더욱이 동유럽 이주의 물결도 있었지만(주로 독일), 이는 12세기로 되돌아가는 일이나 마찬가지였다. 이러한 통제력은 18세기에도 지속되었지만, 지역 상황에 대한 통제력은 점점 더 영향력을 잃어갔다. 초기 이민자는 새로운 농사 기술과 농업인의 권리에 대한 개념을 모두 들여왔다. 이는 프로이센, 보헤미아 그리고 폴란드의 일부 슬라브족 이웃 주민들에게까지 영향을 주었다. 그러나 훨씬 더 동쪽으로(주로 부코비나Bukovina와 러시아) 이주한 사람들에게는 영향을 미치지 못했다. 왜냐하면 그들은 인근 주민과 관계를 맺는 일이 극히 드물었고, 지나치게 고립되어 있었기 때문이다.[200] 이와 같이 서유럽의 인구 추세는 동쪽으로 이주한 사람이 더 늘어났으리라는 예상과 달랐다. 이런 흐름은 오히려 줄어들었다.

따라서 제도적 영향력은 인구 성장과 원공업화 추세를 둔화시켰고, 이는 동유럽에서 일본 주변부 지역이나 중국 내륙 지역에 비해 훨씬 더 수출을 어렵게 만들었다. 이로써 서유럽이 지속적으로 동유럽에서 주요 생산품을 거래할 수 있는 기회는 늘어났다. 좀더 깊은 연구 과정이 부재한 상태에서 사람들은 유럽을 구분 짓는 차이가 권력과 자원 그리고 기회비용의 획득에 있다고 생각했다. 이 같은 기회비용은 발트 해 연안의 목재가 영국 항구에 도달했을 때의 가격이 벌목비의 약 20배에 달한다는 사실을 고려한 것이다. 필자가 수집한 장난과 중국 내륙 지방의 목재 가격에 대한 극히 제한적이고 부정확한 자료는 십중팔구 그럴듯해 보인다.[201]

그러나 앞서 언급한 동유럽 같은 무역 상대국은 서유럽에 특이한 문제점을 발생시켰다. 첫째는 융통성 없는 제도가 생산량을 늘릴 수 있는 동유럽의 능력을 제한했다는 점이고, 둘째는 제조 상품을 위한 시장이 부족했다는 점이다. 이는 서유럽으로 하여금 주요 생산품을 사들일 돈을 벌어들이지 못하게끔 만들었다. 결과적으로, 예속 노동자는 동서 간 교역 형태를 안정시키는 데 일조했을 뿐 아니라 꽤 소규모로 이루어진 거래도 지속시켰다. 그리고 토지 집약적 상품은 점차 서유럽의 기호에 맞지 않았다. 지금부터는 먼저 생산량을 늘리는 데 장애가 된 것들을 살펴보고, 이어서 서유럽 상품에 대한 동유럽의 비교적 제한된 수요가 초래한 문제점을 살펴볼 것이다.

강제 노동은 비생산적인 경향이 있었다. 이런 상황을 개선하기 위해 투자를 한 것은 영주도, 소농도 아니었다. 따라서 융커들이 자신의 농장에 엄청난 자본을 더 많이 투자하기 시작한 것은 주목할 만하다. 또한 그들은 더 많은 임금 노동자를 고용하기 시작했다.[202] 동유럽의 영주 제도는 영주와 개별 농가의 관계였을 뿐 아니라 영주와 마을 공동체의 관계였다는 점을 기억하는 것 또한 중요하다. 이처럼 융커들은 다양한 공유 재산—삼림 지대, 공동 목장 그리고 공한지—을 재생산하는 데 일조했다. 이미 살펴보았듯 이런 곳에서 변화를 일으키는 것은 극히 어려웠다. 이와 같은 '침체'가 지속되었기 때문에 동유럽의 기관들은 미래를 대비해 수출이 가능한 곡물 잉여분을 따로 챙겨놓았을 것이다. 그러나 단기적 관점에서 보면, 가격적인 우대에도 불구하고 이런 기관들이 곡물 재배를 위한 토지를 동원하기란 무척 어려운 일이었다.[203]

2장에서 살펴본 것처럼 독일에서는 나폴레옹 시대 이후에야 토지의 공동 사용이 막을 내리면서 막대한 생산량 증대가 가능해졌다. 합스부르크 왕국의 영지에서는 농노 해방이 늦춰졌기 때문에 다음과 같은 쇠퇴가 뒤따랐다. 요컨대 1750년경에는 토지가 33퍼센트 감소했고, 1850년경에는 25퍼센트까지 줄어들었다.[204] 뒤이어 새로운 품종으로 대체해 윤작하는 농법이 19세기 중반 폴란드와 헝가리에서 막 시작되었다. 사실상 이모작 체계는 19세기 중반 이들 지역에서 완전히 사라진 반면 러시아와 루마니아, 불가리아 그리고 세르비아에서는 지속되었다. 이는 철도 건설로 농장 지역 너머 항구까지 용이하게 연결되었고, 1829년 보스포루스Bosporus 해협(흑해와 마르마라 해를 잇는 해협—옮긴이)의 개방으로 러시아 선박까지 접근 가능했기 때문이다. 따라서 러시아 일부 지역에서는 1860년대의 농노 해방 이후까지 이모작 체계가 지속되었다.[205] 일반적으로 더 먼 동쪽 지역에서는 새로운 기술의 확산이 좀더 늦었다. 이와 같이 농노 해방에서부터 생태적으로 가능한 수준보다 못한 생산 부진이 곡물 수출을 위한 공급 중시 경제의 원인이 되었다. 곧 살펴보겠지만 거기에는 수요를 중시하는 경제 문제 역시 존재했다.

동유럽은 (그리고 훨씬 더 북부에 위치한 유럽도) 서유럽 상품을 그다지 많이 구매하지 않았다. 대부분의 동유럽 농민은 거의 수입품을 구매하지 않았는데, 대부분 지역에 화폐 경제가 도입되지 않았기 때문이다. 도시민의 수도 극히 적었고, 상대적으로 몇 안 되는 부유한 영주 스스로도 그다지 큰 규모의 시장을 만들어내지 못했다. 프로이센에서는 최소한 '토지를 완전히 소유한' 농민이 자신들의 풍부한 곡식을 팔아 상당량의 리넨과 그 밖에 다른 제조 상품을 살 수 있었던 것으로 보인다. 그러나 프로이센에서도 더욱 빈곤한 '토지를 절반만 소유한 빈농'과 소농 그리고 하인의 수가 넘쳐났다. 폴란드 또한 제조 상품이라고 할 만한 것들을 많이 살 수 있는 평민이 사실상 매우 드물었던 것 같다.[206] 대부분의 스칸디나비아 지역에서 농부와 벌목꾼은 자유노동자였다. 그런데도 그곳에서 제조 상품을 대량으로 구입할 만한 사람은 충분치 않았다. 따라서 서유럽으로부터 상품을 살 수 있는 기회 역시 제한적이었다.[207] 서유럽인이 가까스로 자신들과 유럽 외 지역의 사치품을 상류층에 판매하는 동안, 동유럽에서 수입한 상품의 약 3분의 1은 은으로 지불해야 하는 것들이었다.[208] 심지어 은 수요는 수익 창출이 제한된 곳에서(러시아에서처럼), 혹은 수익이 발생하기 시작한 곳이나 소규모 경제 체계 내에서는(노르웨이에서처럼) 과잉 공급을 초래하기 쉬웠다.

유사한 수요 중시 경제의 문제는 서유럽과 동남아시아의 무역에 끊임없이 영향을 미쳤다. 어쨌든 원거리 무역과 관련한 문제는 부피가 큰 대형 상품을 운송하는 이전의 기선 무역에서도 제약이 되기는 했지만 말이다.[209] (또한 4장에서 살펴보았듯 18세기 미개척지에는 나중에야 수출품이 공급되었다.) 중국과 일본의 동남아시아와의 무역은 좀더 복잡한 양상을 보여준다. 여러 곳에서 다양한 화폐가 흘러 들어온 것이다. (이는 무역 균형의 정착이 목적이라기보다 오히려 차익 거래가 주요 동기였음을 가리킨다.)[210] 그리하여 구입한 수많은 중국 상품이 머나먼 서쪽 지역으로 재판매되었다. 그럼에도 불구하고 동남아시아에 판매하는 모든 상품 자체는 현저하게 작은 규모의 시장만을 찾을 수 있었던 것으로 보인다. 그래서 대규모로 선적한 상품은 특정 항구의 시장에서 과잉 공급되기 십상이었다.[211] 반면 주요 상품(베트남과 태국의 설탕, 인도네시아의 후추 등)은 중국과 일본에 팔기 위해 남아시아 및 동남아시아에 남겨두었다. 따라서 비교적 '과잉 공급' 문제에 직면하지 않고도 훨씬 더 광범위한 시장을 개척할 수 있었다. 사실상 아마도 이 같은 상품 일부를 좀더 대량으로 판매할 수 있었던 것은 이런 상품의 판매 경로였던 중국과 영국 정부 당국이 시장 참여자에 대해 아무런 규제도 하지 않았기 때문이다.[212]

다시 한 번 말하지만, 인도는 수입 및 수출 모두 복합적인 중개무역을 했다. 인도는 중국과의 무역에서 주로 농산물—면화, 천연 염료, 나중에는 아편까지—을 수출했다. 그리고 멀리 떨어진 서구에서 획득한 은의 일부를 재수출했다. 또한 중국으로부터는 금과 다양한 사치성 섬유 제품을 수입했다. (당시 일부는 재수출했지만 전량은 아니었다.) 금이 통화나 준통화로서 용도(예를 들면 종종 필요에 따라 녹여서 사용한 보석)가 있었는지는 분명 논란거리다. 그러나 이는 국가의 지불 수단 혹은 (가장 가능성이 적은) 일상적 거래 수단이라기보다 가치의 저장 수단이었을 가능성이 더 높다. 사실상 다량의 금이 충분하게 느린 속도로 유통된 것은 거래 수단으로서 수요라기보다는 대규모 사재기로 인한 수요로 비춰질 수 있다. 그렇다면 중국과의 무역에서 인도는 동남아시아나 동유럽에 비해 더 큰 규모의 거래를 했던 것으로 보인다. 이는 여전히 화폐 경제 바깥에 사는 인도인이 얼마나 많았는지에 대해 우리가 고찰했던 내용과 일치한다. 그리고 매우 불균등한 소득 분배가 있었다는 명백한 사실과도 맞아떨어진다.

그러나 18세기에 다른 지역과 이루어진 인도의 무역 형태는 아주 각양각색이었던 것으로 보인다. 인도의 수출품은 훨씬 더 다양했으며 수출 규모가 가장 큰 주요 물품—직물—은 제조 상품이었다. 영국이 인도의 삼림 지대에 관심을 보이기 시작함에 따라 마드라스와 봄베이(뭄바이의 예전 이름—옮긴이)에서는 계속해서 대규모 선박을 건조했다. 아직까지 목재 수출은 미래의 일이었다. 면화와 천연 염료 그리고 19세기의 밀 수출에 이르기까지 모두 중개무역을 통해 이루어졌다.[213] 찰스 킨들버거Charles Kindleberger가 지적했듯 사실상 인도는 18세기에 신세계의 금속으로 주조한 다량의 주화 외에는 몇 안 되는 유럽산 물품만 사들였을 뿐이다. 그러나 이는 경제 활성화가 미흡했다기보다는 지역적인 경쟁이나 운송의 어려움을 반영한 것이다.[214] 더욱이 유럽에서 수입한 주화는 (그리고 오세아니아에서 수입한 조개껍데기까지) 평민들의 통상적인 거래에서 널리 사용되었다. 이 같은 주화는 단순히 부의 가치 저장 수단으로만 쓰인 게 아니었다.[215] 인도의 여러 나라 역시 중앙아시아와 아라비아를 통해 대량으로 유럽산 무기와 군마를 수입했다.[216] 이런 것들은 소비 상품이 아니었으며, 이는 인도 경제가 '돈을 쓰는 사람들'의 경제가 아니라 '돈을 쌓아두는 사람들'의 경제로서 화폐가 심각하게 바닥난 상태였다는 추가적인 증거다. 인도는 동유럽 및 동남아시아와의 무역에서 유럽의 무역 상대국과 마찬가지로 '소규모 시장 문제'가 나타나지는 않았던 것으로 보인다. 그러나 특별한 무역 상품, 다시 말해 토지 집약적 제조 상품 거래에서는 서유럽의 수요를 충족시키지 못했다. 토지 집약적 제조 상품의 교역은 나중에 발생했다.

마지막으로, 근대 초기 유럽과의 무역이 활발했던 아프리카 일부 지역의 모습은 동남아시아와 어느 정도 닮았다. 어떤 점에서 보면, 아프리카 지역이 주요 생산품 공급원으로서 그리 유망하지는 않았지만 말이다. 여기서 우리는 다시 희박한 인구와 예속 노동자가 중요한 역할을 한 사회 구조를 발견할 수 있다. (그렇지만 보통 동남아시아의 예속 노동자와 마찬가지로 아프리카의 예속 노동자 또한 유럽의 농노에 비해 자유로웠다.) 한편, 지역의 산업은 대다수 지역 수요를 충족할 만한 능력을 완벽하게 갖추고 있었다. 수입품 대부분은 사치품에 한정되었다. 따라서 16~17세기 유럽인이 아프리카에 판매한 철은 아프리카 철 사용량의 10~15퍼센트도 안 된다는 존 손튼 John Thornton의 주장은 설득력이 있다. 심지어 수입이 이루어진 연안 지역에서도 직물 수입량이 지역 직물 사용량의 2퍼센트를 넘어서지 못했다. 반면 아프리카에서 수출한 상품은 주로 이국적인 물품들로서 아마도 상류층의 과시용으로 쓰였을 것이다. 한편, 아프리카 또한 상당량의 직물을 유럽에 판매했다.[217]

더욱이 아프리카 역시 다량의 금이 존재했기 때문에(동남아시아와 달리) 유럽인이 이곳에서 상품으로 만들어 쓸 수 있는 것은 사치품 이외에는 일반적으로 없었다. 그리고 아프리카의 주요 1차 생산물 수출 품목—후추, 금 그리고 상아에 이르기까지—은 어쨌거나 유럽의 토지를 대체할 수 없었다. 유럽인이 아프리카인에게 유럽에 필요한 것들의 생산을 강요하는 군사력을 동원하는 데는(질병에 대한 저항력까지 갖추고) 그리 오랜 시간이 걸리지 않았다.[218]

마침내 아프리카의 수출은 막대한 규모에 이르렀다. 요컨대 노예 수출이 이루어진 것이다. 그러나 당대의 관점에서 유럽이 완전히 우세한 위치를 차지한 거래임을 알 수 있다고 해서 이와 같은 노예 무역의 성장이 유럽이 아프리카에 대해 일방적으로 만들어낸 것이라고 할 수는 없다. 해외 노예 무역은 관련된 사회가 사람을 일종의 재산으로 여기는 것을 용인할 뿐만 아니라 토지를 사유재산으로 가지고 있지 않았다는 사실을 이용한 것이다. 이와 같이 사람에 대한 소유권은 축적된 부를 저장하는 하나의 방법이었다.[219] 그래서 노예를 산 유럽인은 노예 소유주로 하여금 부의 가치를 가진 그들을 생명력 없는(그래서 생산성이 떨어지면 좀더 확보할 수 있는) 고급 상품 정도로 취급하게끔 했다. 노예 무역이 확대됨에 따라 유럽은 충분한 상품 확보를 위해 계속 앞다투어 경쟁해야만 했다.[220]

그렇다면 요컨대 '농업'이라는 단어를 '빈곤'이라는 단어와 거의 유사한 의미로 만들면서, 20세기에 앞서 이루어진 무역 형태가 보통은 원자재 수출국보다 산업 수출국이 더 우세했다고 주장하는 연구는 지양해야 할 것이다.[221] 앞서 언급한 이런 무역 형태는 일단 주요 상품의 생산 과정 자체가 좀더 많은 제조 상품의 투입을 필요로 하기 시작하면 그리고 심지어 가난한 사람도 다수의 비농산품을 구입하기 시작하거나 아니면 농산품이 산업 생산품의 투입에 의지해 생산되는 경우에만 고착된다. 결론적으로, 19세기 후반과 20세기에 연구를 진행한 학자들(대체로 배타적이지 않은 마르크스주의자)은 여기서 발생한 '소비 부족'을 종종 특이한 현상이라고 말했다. 또한 대부분의 학자는 이를 핵심 지역의 부적절한 수요 문제로 본다. 생산성이 획기적으로 향상하면서 박봉인 노동자의 구매력을 훨씬 초과하는 소비 현상이 발생했다는 것이다. 따라서 일부 학자들은 새로운 자극을 받은 추가적인 시장의 필요성이 특히 자본가들에게 19세기 후반 제국주의의 물결을 불러일으켰다고 주장했다. 그러나 여기서 소비 부족 현상은 일부 산업화 이전 주변부 지역 자체의 사회 구조와 인구 상황에 의해 발생한 문제다. (이것이 그들 지역이 수입보다 수출을 더 많이 한 이유다). 또한 소비 부족 현상은 이들 지역에 필요한 토지 집약적 상품을 획득하기 위한 산업화 이전 핵심 지역(소비자가 아닌, 특정 상품의 공급이 부족했던 지역)의 노력을 방해했던 것으로 보인다.

특히 서유럽 입장에서 볼 때 동유럽은 생태적으로 막대한 양의 곡물, 목재 그리고 그 밖에 다른 토지 집약적 생산품의 수출 능력을 갖춘 주변부 지역에서 대표적인 무역 상대국이었다. 그런데 수출 관련 제도가 엄격했던 탓에 그러한 수출 능력은 동아시아 주변부 지역 같은 속도의 국내 성장으로 이어지지 못했다. 그러나 이미 살펴보았듯 그런 엄격한 제도는 급격하게 높은 수준으로 성장한 서유럽과 동유럽의 무역이 멀리 떨어진 중국의 곡물이나 목재 그리고 비료의 거래 흐름에 비하면 가벼웠다.[222] 막대한 수요와 치솟는 가격 그리고 대체로 우수한 수상 운송 능력에도 불구하고, 상대적으로 정부가 발트 해 연안의 풍부한 목재 무역량을 감축하도록 규제했다는 사실도 놀라운 일이다. 우리는 중국의 목재 무역과 비교할 만한 방대한 자료를 갖고 있지 않지만, 그래도 발트 해 연안의 벌목업은 18세기 뉴잉글랜드나 캐나다의 수출량 감축 사례에 비해 훨씬 더 억제되었던 것처럼 보인다. 뉴잉글랜드와 캐나다는 다른 수출 품목도 거의 없고 대부분의 제조 상품을 수입했다. 이는 분명 다가오는 19세기 벌목업의 전망을 어둡게 하는 것이었다.[223]

세계 체계 이론world-system theory(세계를 하나의 사회 체계로 파악해 중심부와 주변부의 비대칭 관계를 설명하는 이론—옮긴이) 연구자들의 견해는 이런 엄격한 제도를 본격적인 노동자 시대가 펼쳐지는 세계적 분기 시점에서 변화하는 순간에 동유럽의 '봉건적' 측면과 서유럽의 '자본주의적' 측면이 교류한 것으로 본다.[224] 그렇지만 이런 교류는 종류나 규모 면에서 이례적인 것이 아니며, 또한 결정적으로 유럽 간 교역에는 성장에 관한 제약이 내재되어 있음을 우리는 알고 있다. 이는 서유럽이 자국의 식량, 연료, 섬유 그리고 건축 자재 공급을 이 같은 교역을 통해 확대할 수 있는 역량을 제한했다.

단순하게 '발전이 뒤진' 무역 상대국을 찾는 것은 핵심 지역의 그 어떤 문제도 해결해주지 못했고, 해결했다 한들 그리 오래 가지 못했다.

19세기 말 폭발적 인구 성장(자연적 증가에 의한 것이든, 이주에 의한 것이든[225])도 경험하지 못하고, 일찍이 중국 국내와 일본의 '지역 II'에서 이루어진 수입 대체 방식도 갖추지 못한 동유럽이 서유럽에는 유리한 점으로 작용했을 것이다. 이런 상황은 당시 동유럽의 더 많은 토지 집약적 생산품의 수출 효용성을 떨어뜨리는 효과를 불러왔다. 이는 합스부르크 왕가의 영토와 러시아 지역 모두에서 직물부터 철도에 이르기까지 모든 것을 전부 판매할 수 있게 된 산업혁명으로 인한 막대한 생산 자본화 및 생산성 증가의 영향을 받은 것이다. 그러므로 당시 유럽 또한 (전반적으로 고려한다면) 결국에는 이전 시기에 토지를 좀더 집약적으로 이용하는 것과 관련한 제도적 장벽에서 비롯된 특정한 '후진성의 이점'을 취했을 것이다. 그러나 18세기 혹은 19세기 초의 기술 및 제도적 분위기 속에서는 아직 그 같은 이점을 취할 수 없는 상황이었다. 바로 그 시점에서 농노 해방과 공유지 분배가 유럽 중부와 동부를 가로지르며 이제 막 확산하기 시작했지만, 여전히 동유럽의 평민들은 실로 얼마 안 되는 제조 상품만을 구입할 수 있을 뿐 값비싼 자본재는 지속적으로 구하기 힘들었기 때문이다. 결론적으로, 1800년경 동유럽과 서유럽 간 무역은 17세기 중반 이후 지속적으로 서구에서 필요한 것들을 충족하기에는 턱없이 부족했다. 따라서 이번 장 앞부분에서 설명한 1800년 서유럽에서 일어난 생태적 압박은 중국이나 일본과 마찬가지로 계속 해결되지 못한 채로 남았다. 생태적 압박은 전반적인 성장을 저해했고, 좀더 노동 집약적인 산업의 위축을 강요했다. 아울러 '동아시아의'(혹은 어쩌면 '덴마크의') 발전 경로는 극적인 돌파구와 아무런 관련이 없었다. 결국 여기서 논의한 생태적 '후진성의 이점'은 중요한 차이를 만들었다. 그러나 그것들이 유용해질 때까지는 시간이 필요했다.

그사이 석탄의 획기적 발견은 생태적 구제책이라는 하나의 중대한 방식을 제공했다. 하지만 서유럽이 다양한 토지 집약적 생산품을 필요로 했다는 것을 감안하면, 그것만으로는 충분치 않았다. 서유럽의 산업 생산과 1차 생산물 소비 수준이 18세기 중반 수준을 넘어 대규모로 증가한다면—더구나 1인당 증가량이 아니라 총 증가량에서—서유럽은 새로운 무역 상대국이 필요할 것이다. 그리고 곧 살펴보겠지만, 그것은 특히 신세계일 가능성이 높았다.

6

토지 제약의 해제

일종의 새로운 주변부 지역, 아메리카

서유럽 핵심 지역 가운데 한 곳은 기술이 활성화하며 수공업 노동자가 근대 공업으로 옮겨감으로써 원공업의 막다른 골목에서 벗어날 수 있었다. 이런 전환이 이루어질 수 있었던 것은 신세계 개발로 유럽 내 자국 토지를 훨씬 더 집약적이고 생태적으로 지속 가능하게 이용하는 데 필요한 엄청난 수의 노동자를 추가로 동원할 필요가 없어졌기 때문이다. 아울러 신세계 개발이 심지어 19세기보다 앞서 발생한 인구 증가를 유지하기에 충분한 1차 생산물을 공급할 수 있었기 때문이기도 하다. 신세계는 '실질적 자원'과 별도의 처리 방법이 필요한 귀금속 모두를 생산했다. 그래서 우리는 실질적 자원을 가지고 논의를 시작해보고자 한다. 이어서 카리브 해 지역과 브라질 북동부 그리고 미국 남부의 농장 생산품에 대해서도 논의할 것이다.

신세계 농장의 수출품은 대체로 노예가 재배한 것이었다. 농장은 거의 모두 섬이나 해안가에 위치해 있었다. 결론적으로 말하면, 1차 생산물의 소득 감소에 부딪힌 자유노동자들이 수공업에 더 많은 노력을 쏟아 붓던 시기에 중국 내륙에서 장난과 링난 지역으로 공급한 방식을 카리브 해 주변 농장 지대에서는 정착시키지 못했다. 또 카리브 해 주변의 농장 수출은 구세계의 삼림 노동자가 목재 운송으로 활기를 띠었던 강둑을 떠나게 한 치솟는 운송 비용에도 시달리지 않았다. 그리고 신세계 농장주는 (동유럽의 지주나 동남아시아 후추밭의 주인과 달리) 대부분의 노동력을 해외에서 사오고 보통은 자급자족하는 생산을 줄였기 때문에 이 지역과 서유럽 간 무역은 동유럽이 원자재 무역을 하면서 시달려온 '소규모 시장의 문제'에서도 역시 벗어날 수 있었다. 신세계 수출품의 가격은 노예를 사들일 뿐만 아니라 그들을 먹이고 입히는 데 들어가는 상당한 비용을 충당하고도 남을 만큼 충분히 높아야만 했다.

왜 아프리카 노예들이 그토록 많은 식민지에서 주요 노동력이 되었는지에 대해서는 여러 가지 이유가 있다. 첫 번째이자 가장 중요한 이유는—신세계 주민들이 훗날 맞닥뜨린—주로 질병에서 비롯된 매우 높은 수준의 사망률이다. 이미 살펴보았듯 1800년 이전의 가난한 유럽인 가운데 극소수만이 자신의 뱃삯을 치를 수 있었다. 게다가 그들의 가치는 수출품 생산을 강요당하며 이송되는 노동력에 불과했다. 유럽인에 대한 노골적인 노예화가 용납되지 않자 이 같은 유럽인 이주자의 고용은 자유와 토지를 불하받을 수 있는 권리를 얻은 뒤 계약이 종료되는 계약 하인 형태가 되었다. 신세계로 이주한 유럽인(그리고 아프리카인)의 생존율이 높아지자 계약 하인 제도는 대부분의 농장주한테 지나치게 높은 비용을 지출하게끔 만들었다. 따라서 그들은 더 많은 돈을 선불로 지급하더라도 절대 풀어줄 필요가 없는 노예를 원했다.[1] 살아남은 신세계의 원주민도 간혹 노예가 되곤 했지만(특히 브라질에서) 몇 가지 이유 때문에 아프리카인을 노예로 선호했다. 왜냐하면 신세계 원주민은 유럽인과 접촉해서 사망하는 일이 많아 허약해 보였기 때문이다. 그리고 일부 유럽인이 인도적 차원에서 원주민의 노예화를 반대했기 때문이기도 했다. (그러나 아프리카인을 노예로 삼는 것은 반대하지 않았다.)[2] 또한 아메리카 원주민은 아프리카인보다 훨씬 더 쉽게 도망쳐 아직 정복하지 못한 인근의 원주민과 합류할 수 있다는 사실을 깨달았기 때문이기도 하다. (아프리카인 역시 간혹 그런 경우가 있기는 했지만 말이다.) 그리고 원주민 정복은 세기 전반前半 이후 현저히 둔화했기 때문에(천연두가 한 번 휩쓸고 지나가면 손해가 막심한 데다 수많은 토착 원주민이 총과 말을 손에 넣었다) 토착민 노예를 구하는 게 늘 쉽지만은 않았다.[3] 그에 반해, 아프리카에서 이뤄진 대규모 노예 무역 덕분에 유럽인은 노예주들이 상품을 원하는 한 현지에서 노예를 확보하는 게 비교적 쉬웠다. 반면, 에스파냐와 포르투갈 정부는 신세계의 노예 사냥을 통한 대서양 노예 무역을 선호했다. 이는 신세계 노예가 훨씬 더 감시하기 쉽고, 아프리카 노예를 사냥하는 것보다 세금 면에서도 용이했기 때문이다.[4] 그런데 해외 인구를 유입시키는 국가 간 경쟁과 군사적 재정주의는 신세계 인구가 다시 늘어나는 것을 간접적으로 가속화하는 또 다른 방식이 되었다. 아울러 이는 그런 상황에서 정착민이 (말하자면, 중국 변경 지역의 정착민과 달리) 수출 생산품에 집중하는 생산 방식을 바꾸기가 얼마나 어려운 일인지를 깨닫게 하는 데 일조했을 것이다. 노예들에게는 이런 일에 대한 선택권이 전혀 없었다. 심지어 노예주들도 선택의 여지가 없었다. 왜냐하면 그들도 노예 노동력에 대한 구매 대금을 지불해야 했기 때문이다.

영국령 서인도 제도로의 노예 수입은 1760~1810년 설탕 수출 수익의 약 4분의 1이었다. 영국 본토의 수입이 약 2분의 1을 차지했고, 영국령 북아메리카의 식량과 목재(설탕과 직접 교환한 양은 제외)가 나머지 4분의 1을 차지했다.[5] 프랑스 혁명과 아이티 혁명이 일어나기 직전, 프랑스령 카리브 해 지역의 설탕 수출량은 영국령 카리브 해 지역의 수출량보다 15퍼센트 감소했다. 그리고 18세기 전반에 걸쳐 프랑스령 카리브 해 지역의 노예 수입 규모는 영국령 카리브 해 지역의 수입 규모와 거의 동일했다. 따라서 이곳에서 노예 수입으로 거둔 수익은 설탕으로 벌어들인 수익의 30퍼센트에 해당한다고 할 수 있다.[6] 그리고 세계 제일의 노예 수입국 브라질에서 1821~1826년 수입 노예 가격으로 지불한 금액(필자가 알아낸, 여러 해 연속된 수치 중 첫 번째 값)은 같은 시기 국가 전체 수출량의 총수익과 맞먹었다.[7] 1820년대 이후에는 특이하게 매우 고가의 노예 수입이 대규모로 이루어졌는데, 이는 분명 이례적인 현상이었다. 18세기 후반 신세계의 평균 노예 가격은 아마도 전체 수출품 가치의 4분의 1에 근접했을 것이다. 이는 영국령과 프랑스령 서인도 제도의 노예 가격과 거의 같았다.[8] 이처럼 노예 무역은 유럽과 아메리카 간 무역에 근본적 차이를 빚어냈고, 제조 상품에 쓰이는 원자재나 구세계 핵심 지역과 주변부 지역 사이에 늘어난 은의 직접적 교역보다 한층 확대되었다.

더구나 구세계에서는 거의 모든 예속적인 환금 작물 생산자라 할지라도 자신의 최저 생계에 필요한 식량은 재배할 수 있었던 반면, 수많은 신세계 노예는 생계를 잇기 위한 농사를 지을 기회가 거의 없거나 전무했다. 게다가 농장주가 오랫동안 여자 노예를 극소수만 사왔기 때문에 많은 노예는 가정도 꾸리지 못했다. 반면 구세계에서 환금 작물을 생산하는 강제 노동자는 가족을 통해 자급자족에 필요한 것들을 충족할 수 있는 환경이 마련되어 있었다.[9] 이처럼 궁핍한 생활에도 불구하고 노예는 일상생활에 필요한 상당한 물품을 수입품 시장에서 구해야 했다. 이런 점에서 신세계 노예는 구세계 주변부 지역에 살던 대부분의 자유롭지 못한 노동자와 달랐다. 노예가 시장에서 구입한 물건(무엇보다도 노예가 입을 값싼 면직물)은 대부분 수입 제조 상품이었는데, 그 수익 규모는 영국령 카리브 해 지역 설탕 수출 수익금의 50퍼센트에 해당했다. 이런 상품 중 일부는 줄곧 유럽에서 만들었다. 그 밖에 다른 상품은 처음에는 유럽을 통해 인도에서 들여왔으나 나중에는 영국산 모조품으로 교체되었다.

영국령 북아메리카의 곡물과 목재는 카리브 해 지역 설탕 매출의 나머지 4분의 1을 차지했다. 그리고 이런 무역을 통해 자신들이 수입한 영국 제조 상품의 대금을 본토에 지불할 수 있었기 때문에,[10] 이 같은 무역은 영국이 상대적으로 여전히 더욱 풍부한 자본과 노동력 그리고 토지를 절감하는 수입품으로 전환하는 우회로가 되었다. 브라질과 영국령 북아메리카의 노예 농장은 카리브 해 지역 농장에 비해 필요한 물자를 현지 조달하는 경우가 더 많았는데, 특히 브라질 농장은 노예에게 음식과 의복을 아주 인색하게 지급함으로써 경비를 절감했다.[11] 이와 같이 농장주들은 해외 구입 물품을 줄였지만, 계속해서 적지 않은 물자가 필요했다.[12] 더욱이 제한된 물자만을 구입한다는 브라질 농장의 전략은—소량의 식사 제공에서 성비 불균형에 이르기까지—노예 스스로 아프리카에서 신선한 물품을 구매해 모자란 것을 보충할 필요성을 증대시켰다.

따라서 노예 제도는 구세계 핵심 지역과 주변부 지역 간 무역과 달리 유럽과 아메리카 간 무역에 일조했다. 그리하여 중국 서남부 같은 주변부 지역의 자유노동자는 생태적으로 풍요로운 상황이었다 해도 유럽 노예만큼 기여하지 못했을 것이다. 그리고 계속 자급자족을 지향하는 경제가 작동한 동유럽(또는 훗날의 자바) 같은 경제 참여국도 시간제로 수출품 생산을 강요받는 주변부 지역이 되지 않았을 것이다. 포토시Potosi(볼리비아 남부의 도시—옮긴이)의 은 수출은 원주민 인구수가 회복하면서 감소했고, 지역에는 더 많은 자급자족 경제 형태가 다시 나타났다.[13] 이는 대대적인 강압이나 유럽 상품의 지역적 수요에 대한 재생산 없이 유럽의 수요만으로는 지속적인 상품 공급을 보장받지 못했음을 보여준다. 그렇다면 은 이야기로 잠시 되돌아가보자. 여기서 강조할 필요가 있는 것은 은이 카리브 해 주변 지역에서 그토록 많은 설탕과 담배 그리고 나중에는 면화의 대규모 교역을 초래한 것은 단지 생태적 문제만은 아니라는 사실이다. 그 지역은 사회적으로나 정치적으로 거의 모든 '필요조건'을 갖추고 있었다. 사실상 영국의 이점은 프랑스, 네덜란드 또는 덴마크와 달랐다. 영국은 식량을 유럽에서 자국의 식민지까지 운송할 필요 없이 북미 대륙에 의존할 수 있었다. 이후 북미 대륙은 영국의 제조 상품을 사들였다(토지 대신 노동력과 자본을 이용해).

따라서 노예 인구의 감소 및 증가는 카리브 해 주변 지역에 왜곡된 대규모 수입품 시장과 토지 집약적 수출품 공급처를 만들어냈다. 실제로 이 지역은 오늘날 익숙한 '제3세계'의 단면을 가진 것으로 여겨지는 최초의 주변부 지역이 되었다. 생산의 효율성, 자본 집약도, 수출 범위가 증가하면서 상인은 수출품 가격을 낮게 유지하고, 더불어 주변 지역의 대규모 수입업자는 일상 용품과 자본재[이 경우에는 걷고 말도 하는, 납치된 자본재(노예—옮긴이)를 말한다]를 모두 다 수입했다. 반대로 유럽에서 식량을 포함해 생산한 대부분의 에너지 형태의 가격은 임금 및 다른 상품에 비해 18세기 내내 상승했다.[14] 따라서 신세계 농장 지역은 일종의 새로운 주변부가 되었다. 이런 주변부는 핵심 지역과 상당히 균형 잡힌 무역을 유지하기에 충분한 수입도 이뤄졌을 것이다. 더욱이 수입과 수출은 서로를 자극했다. 즉 더 많은 설탕 수출은 끊임없이 더 많은 노예, 식량, 의류 수입을 초래했다. 아울러 (흔히) 더 많은 농장 부채는 가격과 상관없이 이듬해에 더 많

은 설탕 수출을 하게끔 만들었다.[15]

한편, 대부분 농장 지역에서 한두 개의 수출 품목에 집중하는 것은 무역의 중대한 발전을 크게 촉진했다. 18세기에는 상당한 기술적 변화가 없었음에도 대서양을 오가는 운송 비용이 약 50퍼센트나 하락했다. 이러한 운송 비용 하락은 일부 정치적 변화에 기인한 것이었다. 영국 해군은 대부분의 해적 행위를 진압했다. 덕분에 운송 시 위험 부담에 대한 보험료 비용이 줄고, 소규모의 선원만 태운 채 무장하지 않은 상선이 더 많은 화물을 싣고 다닐 수 있었다.[16] 그러나 또 다른 중요한 요인(4장에서 간략하게 논의한)은 당시 화물을 하역하는 데 드는 시간이 급격히 줄었다는 것이다. 이는 좀더 집약적인 상선 운용, 선원 임금(매일 집을 떠나 생활하며, 심지어 싣고 온 화물이 다 팔릴 때까지 항구에서 마냥 기다리는 선원들에게 지급해야 하는)의 대폭적인 절감 그리고 영업 자본working capital(원자재비 등 기업이 영업 활동을 하는 데 필수적인 경영 자금—옮긴이)의 급격한 변동을 의미했다. 아울러 배가 여러 항구를 돌아다니며 흥정하는 대신, 출항하기 전 지역의 중개상이 창고에 원하는 물품을 사들여 비축함으로써 상선이 항구에 머무는 시간을 단축할 수 있었다. 말하자면, 인도양의 항구에서 수차례 기회를 노리는 것보다 차라리 각 지역에서 한두 개씩 수출품을 판매하더라도 그 같은 구매 대리인을 통하는 게 훨씬 더 용이했다.[17]

따라서 구세계 주변부 지역으로부터 더 많은 1차 생산물을 찾으려는 것은 대부분의 이용 가능한 자원을 소모해버리는 것을 의미했다. 이는 수입 대체 논리에 반하는 높은 운송 비용과 고임금의 노동 비용을 발생시키고, 신세계 대부분 지역에서 작동하던 경제 역학에도 반하는 일이었다. 그러나 정치적·사회적 요인이 수입 대체와 상반된 작용을 함으로써 단일 재배 작물 수출export monoculture(소수의 1차 생산물에 특화해 생산한 것을 수출하는 일. 예를 들어 브라질의 커피, 말레이시아의 고무 수출 등—옮긴이)은 대서양을 오가는 화물 운송료와 거래 비용을 낮췄다. 이는 뒤이어 미국에 지방 운송 비용 상승—예를 들어 내륙 깊숙한 곳으로 운송할 경우—을 초래했다. 아울러 유럽에 제조 상품 대금을 지불하고 초기 비용을 상환하기 위해 미국이 계속해서 충분한 판매를 하도록 만들었다. 이 같은 역동성은 문제의 노동력이 노예든, 계약 이민자든 혹은 초기 정착 비용이 필요한 자유노동자든 상관없이 작동했으며, 북미 대륙의 인구를 증가시키는 데도 결정적 역할을 담당했다.[18] 이것은 또한 발트 해 무역이나 중국 내륙의 무역과 달리 대서양을 횡단하는 제조 상품(그리고 납치된 '노예')의 교역이 계속 확장하는 데도 일조했다.

다시 말해, 인구 재앙과 식민지 법률의 제정 그리고 노예가 결합해 형성된 주변부 지역은 대부분의 생산이 값비싼 자본재를 필요로 하기 전 그리고 대부분의 사람이 여전히 일부 자급자족과 관련한 생산을 하던 시기에 원자재 공급원으로서 끝없이 확대되었다. 사실상 이런 상황은 동시대 대부분의 신세계 지역에서 나타났다. 페루나 멕시코는 인구 수준을 회복함에 따라 더 많은 자급자족 경제 형태가 다시 나타났고, 수출은 감소했다.[19] 카리브 해 주변 지역의 특수한 상황이 없었다면, 자유노동자가 속해 있는 부유한 핵심 지역과 예속 노동자가 속해 있는 빈곤한 주변부 지역 간 단순한 무역이 그토록 획기적인 영향력을 갖지 못했을 것이다. 예를 들면, 동유럽과 서유럽 간 무역은 양쯔 강 하류와 다양한 자유노동자가 속해 있는 그 주변부 지역 간 무역에 비해 결코 더 중요하거나 역동적이지 않았다. 그러나 세계 체계 이론가들의 주장에 따르면, 주변부 지역에 대한 노동 통제 형식은 실로 중대한 것이었다. 따라서 모든 '강요된 노동을 하는 환금 작물 생산자'를 뭉뚱그려 하나로 취급한다면, 이는 쟁점을 지나치게 단순화한 것이라 할 수 있다. 왜냐하면 신세계의 노예 제도와 식민주의는 그 방식에서 중대한 차이점이 있기 때문이다.

이론가들은 유럽(특히 영국)의 산업 성장에서 노예 제도의 중요성에 관한 초기 논점에 대해 흔히 급성장하고 있는 산업의 자극제로서 수출 시장에만 초점을 맞춰왔다. 따라서 국내 시장 역시 성장했을 뿐만 아니라 훨씬 더 큰 토대를 형성했다는 '국내주의자'들의 논점에는 취약했다. 그런 논쟁은 본질적으로 결론이 나지 않는 것일지도 모른다—만약 1748~1776년 카리브 해 지역의 수요가 영국 산업 생산 성장의 12퍼센트를 차지했다면,[20] 흔히 하는 말처럼 잔은 반이나 남은 것일까, 아니면 반이나 빈 것일까? 이와 달리 일부 시장은 다른 시장보다 중요했음을 강조하는 것이 이 책의 논점이다. 왜냐하면 신세계와 노예 무역은 확대 중인 국내 시장이 가질 수 없는 것을 제공했기 때문이다. 즉 대량으로 영국의 토지를 사용하지 않고도 공업품은 그 수량이 계속 늘어났을 뿐만 아니라 합리적인(심지어는 하락한) 가격에 토지 집약적 상품인 식량과 섬유(나중에는 목재도)로 전환될 수 있었기 때문이다.

또 하나의 신대륙, 또 다른 횡재: 귀금속

한편 멕시코와 페루, 이후에는 브라질이 막대한 양의 귀금속을 유럽으로 보냈다. 그중 일부는 에스파냐나 포르투갈 왕이 자신들의 식민지에서 모든 광산을 가로채는 것과 같은 직접적인 식민지 수탈의 결과였다. 식민지 법이 허용하는 한도 내에서 이 같은 귀금속은 1640년 전에 전체 운송량의 최소 27.5퍼센트—어쩌면 40퍼센트 정도—에 달했다.[21] 이 같은 운송률은 밀수가 급증하는 원인이 되었다. 따라서 산출량에서 군주가 실제 차지하는 몫은 절대로 높아질 수 없었으며, 법정 이율도 밀수품을 줄이기 위해 점차 낮아졌다. 하지만 이런 상황에서도 국가는 아마 등록된 생산량의 10분의 1에서 5분의 1까지 세금으로 거둬들였을 것이다.[22]

직접적인 강압을 통해 수탈한 상당 부분의 추가 물동량은 단지 약간 줄어들었을 뿐이다. 그리고 실제 토착민 스스로 노동을 했든, 아니면 돈으로 다른 노동자를 샀든, 다른 이들의 임금을 보조받았든 상관없이 강제 노동자의 많은 노동은 채굴 비용을 떨어뜨렸다.[23] 반면 이 같은 할당량의 직접적 혜택은 신세계에 거주하는 광산 기업가에게 돌아갔다. 주어진 가격에 상관없이 확실하게 생산량을 늘릴 수 있었기 때문이다. 또한 수많은 사람—중대형 규모의 광산 운영자에서 물납物納 계약으로 일하는 광부에 이르기까지—이 판매할 금과 은을 보유했으며,[24] 그들은 이렇게 모아 놓은 귀금속을 유럽의 구매자에게 넘기지 않을 수 없었다. 한편, 식민지 법은 주로 유럽과 아시아에서 가져온 상품을 귀금속과 교환하는 일을 크게 줄였다. 아울러 식민지 법은 이와 같은 수입품에 대응할 지역 대체품 생산 제한을 최소화하려 했다. 따라서 식민지에서 이 같은 무역과 가격의 규모는 왜곡되었다. 그리고 일부 합법적으로 거래되지 않는 금과 은 수출품의 추가 물량은 유럽에 일종의 '선물gift'이 되었다.

이런 '선물'의 일부는 서유럽에 국한한 것이었다. 그래서 이런 금속은 아마도 유럽 발전에 거의 기여하지 않았을 것이다. 왜냐하면 이런 금속은 유럽 북서부에서 부상하던 핵심 경제 지역을 거의 성공적으로 공격한 에스파냐의 전쟁을 포함해 수많은 전쟁의 자금으로 쓰였기 때문이다.[25] 그럼에도 불구하고 금속은 유럽 무역의 수레바퀴에 윤활유 역할을 했을지도 모른다. 또한 금속은 좀더 효율적인 군대의 성장에 확실하게 한몫을 했다. 한편 신세계의 많은 보물은 더 먼 동쪽으로 건너갔고, 유럽에 다른 상품들을 가져왔다. 이것이야말로 경제 발전 흐름이 대략 세 줄기로 갈라져 분화한 것이라고 할 수 있다.

신세계 금과 은 수출의 중대한 한 가지 흐름은 다양하고 생태적으로 풍부하면서 소규모 시장을 가진 구세계 지역—동남아시아에서 근동 및 동유럽에 이르기까지—이 유럽으로 하여금 이들 주변부 지역으로부터의 실질적인 수입품을 확대하게끔 만들었다는 사실이다. 이 같은 경우, 은 또는 (흔한 일은 아니지만) 금은 근대의 외환 보유고currency reserve처럼 사용되었다. 즉 금이나 은은 유럽이 판매한 상품에 대한 수요가 제한된 지역에서 불균형한 무역이 이루어지는 것을 은폐할 수 있도록 하는 이전된 잔여 가치의 저장 수단이었다. 그런데 유럽에서 금이나 은을 옮겨 싣기 전에 보통 이런 금속은 주화로 만들어졌음을 알 수 있다. 유럽이 이런 주변부에 공급할 상품을 제조함에 따라 이들 지역에는 꽤 규모가 큰 시장이 형성되었고, (적절한 원자재 부족으로) 지역의 생산은 제약을 받았다.[26] 급속도로 화폐 경제화한 주변부 지역 경제(예를 들어 스칸디나비아 지역 대부분)에서 적어도 이런 주화는 부분적으로나마 대중적으로 사용하는 물품이었다. 동유럽처럼 자유 시장 경제로의 전환이 거의 이루어지지 않은 주변부 지역에서 주화는 기본적으로 사치품으로 여겨졌다. 어찌 됐든 주화는 이들 주변부 지역에서 다른 상품보다 1차 생산물을 획득할 가능성을 좀더 높여주었다.

하지만 귀금속은 닳아 없어지거나 소모되는 것이 아니기 때문에(의류나 곡물과 달리) 이를 사용하는 사회 계층의 범위가 넓지 않다면 귀금속 시장 확대는 매우 어려운 일이었다. 실제로 부유한 계층에서는 은과 보석을 추가로 사재기하는 것이 가능했다. 하지만 어느 시점에서 그들은 이런 사재기에 대한 모든 책임을 충분히 져야 했고, 과시적 소비 형태로서 은은 비단이나 도자기·그림 등에 비해 가치가 떨어지기 시작했다. 이처럼 신세계 은은 15세기 서유럽이 겪었던 '귀금속 기근' 현상이 지속되었을[27] 경우보다 훨씬 더 많은 원자재를 획득하는 데 일조했다. 그러나 그 자체로는 서유럽이 화폐 제도를 채택하지 않은 구세계 경제와의 무역을 무한하게 확장하도록 할 수는 없었다.

두 번째 흐름 역시 유럽이 간접적으로나마 토지 집약적 상품을 획득하는 데 일조했다. 이는 당시 아메리카에 노예를 조달하는 비용 대부분을 충당한 아시아(주로 인도)의 다양한 제조 상품과 맞바꾸는 것이었다. 전체 화물의 약 3분의 1을 차지한 인도산 직물만으로도 18세기 영국 상인은 아프리카 노예들을 교환할 수 있었다. 또한 프랑스 상인(이들이 정교한 솜씨로 인도산 섬유를 모방한 제품을 생산하는 일도 줄어들었다)도 상품의 절반 이상이었던 인도산 직물로 노예를 구할 수 있었다.[28] 포르투갈 제국의 대부분 무역은 신세계의 상품을 배달하기 위해 배가 잠시 모국에 멈추어 섰을 뿐 아시아에서 아프리카, 브라질에 이르기까지 직항으로 이루어졌다.[29] 토지 부족에 시달리던 유럽에 신세계 노예 지역은 노동력과 자본 증대를 위한 중요 보완책이었으며, 이와 같이 나뉜 금속의 흐름은 우리가 앞서 기술한 산업화 과정을 촉진했다.

이미 살펴본 것처럼 인도에서는 많은 금화 및 은화의 흐름을 알 수 있는 확고한 사례가 있었다. 이는 '무역수지 적자'를 방어하기 위한 재산 가치의 저장 수단이기보다 매매가 중심인 광범위한 수요를 충족하기 위한 것이었다. 그러나 인도에서 통화 주조가 이뤄지고 있었다는 강력한 근거가 있기는 하지만, 이는 신세계의 금속이 존재하지 않았다면 필연적으로 나타날 현상이 아니었으며, 인도는 그저 다른 유로-아메리카Euro-America

상품을 더 많이 수입했을 것이다. 대다수 주민은 이따금씩 의례 행사(예를 들면 결혼식)를 치르는 데 필요한 물품을 구하기 위해 계속 시장에 참여했다. 따라서 세금과 그 밖에 의무적으로 납부해야 할 비용은 늘어났다. 또한 그들은 어느 정도까지는 다른 나라의 상품도 구입할 수 있었는데, 여기서 유럽의 제조 상품이 함께 경쟁했는지는 확실치 않다. 아울러 중국의 고급 섬유 제품과 도자기, 동남아시아의 산해진미 그리고 중동에서 들여온 특정한 이슬람 상품도 결국 유럽 사치품과 마찬가지로 대규모 시장을 찾지 못했다. 그러므로 인도에 유입된 금속을 그 밖에 다른 상품과 똑같이 취급한다 해도 이는 어쩌면 다른 의미에서 특별했을 것이다. 왜냐하면 유럽인은 인도야말로 유럽 상품을 그렇게 막대한 규모로 사들일 수 있을 거라고 생각했기 때문이다. (여기서 대안으로 생각해볼 수 있는 것은 무기다. 하지만 이 같은 실질적 무역에서 이미 막대한 규모로 증가한 무기 거래의 영향력이 무굴 제국 시기의 쇠퇴와 영국의 지배력 강화를 초래했는지는 분명하지 않다.)

마지막으로, 금속의 세 번째 흐름은 수십 년 동안 가장 큰 영향력을 가졌지만, 이 같은 은의 흐름이 유럽의 토지 압박을 완화하지는 못했던 것 같다. 인구가 조밀하고 크게 상업화한 아시아 일부 지역에서 사회 모든 계층이 은을 거래의 매개체로 사용했기 때문이다. 그리고 은 대신 다양한 소비 상품이 유럽과 아메리카로 유입되었다. 앞서 살펴본 것처럼 인도의 일부 무역에만 해당할 수도 있는 이 같은 설명은 특히 중국으로 유입된 막대한 양의 은에 대해서도 적용된다. 중국에서는 수백만 명의 평민이 세금 납부나 일상적인 물품 구매에 은을 지불 수단으로 사용했다.

이곳에서 은은 분명 상품이었을 뿐 미결제 계정을 청산하는 데 이용하는 잔여 재산 가치의 저장 수단은 아니었다. 사실상 1500~1640년 중국으로 은이 유입되는 동안 금과 동은 중국에 남아 있었다—결국 이것들은 대부분 유럽으로 넘어갔다.[30] 또한 중국 수출품의 대부분을 차지하는 주요 '실질적 상품'은 금속이 아니라 비단 같은 섬유 제품이었다. 이런 제품은 일부 지역에서 화폐처럼 사용되었다. 따라서 이 같은 무역에서 신세계의 은은 수많은 상품 중 차익을 노리고 거래하는 하나의 상품일 뿐이었다. 중국에서는 다른 지역보다 풍부한 많은 물품(금, 도자기, 비단)을 은으로 교환했다. 이는 중국에서 상대적으로 드문 일이었으나,[31] 세계 최대 경제를 구성하는 화폐와 국가 재정의 기초가 되면서 은의 수요는 매우 커졌다.[32] 1640년경 이런 교역은 중국이 은을 금만큼 보유하게끔 했고, 유럽이 보유한 은과도 균형을 이루었다. 따라서 은은 존재 이유를 상실해 이 같은 거래는 급격하게 쇠퇴했고, 18세기에야 겨우 회복세를 보였다.[33] 초기에 이루어진 거래 형태는 중국이 은을 수입했음에도 유럽에 중국의 토지 집약적 상품이 거의 공급되지 않았다. 그렇지만 은은 막대한 수익성을 가졌고, 은 대신 유럽으로 가져온 상품은 사치품이 대부분이었기 때문에 (중국에 점점 더 많이 쌓여간 은과 달리) 다른 지역에서 또다시 토지 집약적 1차 생산물과 교환해 사용할 수 있었다.

인도와 마찬가지로 (은 이외에) 중국에서 그토록 막대한 규모로 수입한 또 다른 상품을 상상하기는 어렵다. 설령 있었다 한들 은처럼 유용하지는 못했을 것이다. 따라서 이 같은 사례 또한 구세계 나머지 지역이 상품을 획득하는 능력에는 신세계의 광산이 중요했음을 보여준다. 상품 수입국 측면에서 중국의 은 수입 사례는 인도와 달랐다. 인도가 반드시 다량의 은을 수입해야 할 필요는 없었다는 사실을 파악하기는 훨씬 더 어렵다. 따라서 은의 유입이 없었다면 통화 매개체로서 그 밖의 수입품을 생각해봐야 할 것이고, 아니면 중국 자체의 생산적 자원을 대규모로 재분배하는 것도 생각해봐야 할 것이다. 어쩌면 이후에는 다른 수입품의 수요가 확대되었을지도 모른다. 그러나 유럽 입장에서는 금속이 중국으로 유입되든, 인도로 유입되든 별 상관없는 일이었다. 왜냐하면 간접적으로나마 이는 유럽의 토지 압박을 완화해주었기 때문이다.

신세계 보물의 다양한 용도 중 은의 이런 특별함은 앞서 설명한 내용에 따른 결과이며 대단히 불완전한 것이기도 하다. 금속이 각기 다른 최종 목적지를 갖고 각기 다른 용도로 이용된 것은 틀림없이 일종의 추세이지 절대적 규칙은 아니었을 것이다. 심지어 동유럽에서도—아마도 일반 주민은 적어도 현금 경제와 연관이 없었을 것 같은 주변 지역—수입 금속 모두가 침체된 경제 속에서 상류층이 비축해둔 추상적인 '부'를 대표하는 것은 아니었다. 한편 지구 반대편, 확실히 중국에서는 은의 사재기가 일부 존재했다. 여기서 알아둬야 할 것은 이런 행태의 일부가 도처에서 벌어지고 있었다는 사실이다. 몇몇 학자가 목도한 서구의 "돈을 쓰는 사람"과 아시아의 "돈을 모으는 사람" 사이의 뚜렷한 차이를 밝힐 근거는 없다.[34] 더욱이 예금 계좌도 없는 평범한 사람들의 세계에서 사재기로 모으는 것과 매매 수요를 구분하는 것 자체가 모호하다. 그리고 보석과 다른 물품을 과시하는 것은 흔히—생산 단위를 재생산하는—결혼을 보장받는 결정적 요소였다.

이러한 분류는 어림잡은 것이고 유동적이긴 하지만 우리에게 무언가를 보여준다. 즉 신세계의 금속은 유럽인이 늘 필요에 따라 세계 경제를 주도하기 위해 구세계 주변에 그것을 배분함으로써 '실질적' 자원으로 전환이 가능했던 단순한 '화폐'가 아니었다. 다른 지역의 역동성도 유럽 못지않게 실제로 '필요'를 창출해낼 수 있었다. 다시 말해 좀더 유용한 통화를 위한 중국의 필요, 혹은 자신들의 곡물 잉여분을 좀더 쉽게 저장하고 운송하려는 동유럽 상류층의 소망, 따라서 그들의 군사 작전에 필요한 사병도 창출해낼 수 있었다.[35] 이러한 금속의 유통 규모와 특성을 결정짓는 것은 유럽과 다른 지역의 역동성이 교차하는 지점이었다. 그래서 세계 경제는 다원화하고, 다른 지역에서 퍼져 나온 역동성의 영향력이 유럽에서 퍼져 나온 것과 마찬가지로 경제를 형성할 수 있었다.

그러나 실제로는 4장에서 살펴본 것처럼 중국은 3세기에 걸쳐 채굴한 엄청난 양의 은을 흡수할 수 있을 만큼 뚜렷하게 금속을 기반으로 성장하는 역동적인 경제를 갖추고 있지 못했다. 그러한 광산은 수십 년 내에 수익성이 없어졌을 것이다. 1500년에서 1640년까지 유럽에서 은 포화 상태로 인한 엄청난 인플레이션은 금속의 가치가 줄어들었음을 보여준다. 심지어 아시아가 유럽의 대규모 상품 공급원이 되고,[36] 또한 통화를 제정하지 않은 구세계 일부 지역이 가치를 평가 절하하는 일 없이 지속적으로 귀금속을 흡수하려 하지 않았는데도 말이다. 이는 근대 초기의 금과 은이 동시대 '화폐'와 매우 흡사한 것은 아니었음을 보여주는 또 하나의 사례다. 오늘날 주변부 지역은 엄청난 대규모 자본을 필요로 하기 때문에 경화hard currency(달러같이 국제적으로 널리 통용되는 통화—옮긴이)를 쓰는 현대인이 더 많은 자원을 획득하는 데는 결코 어려움이 없을 것이다.

그럼에도 불구하고 신세계 금속의 환적transshipment(선적항에서 선적을 한 후 목적지로 가는 중 다른 선박이나 운송 수단에 옮겨 싣는 일—옮긴이)은 서유럽의 실질적 자원 수입을 늘려주었다. 그러지 않았다면 훨씬 더 먼 곳에서 자원을 구해야 했을 것이다. 신세계 은 일부는 직물이나 도자기 혹은 향신료로 교환되었을 것이며, 또한 통화를 제정하지 않은 구세계 일부 주변부 지역의 자원 흐름을 지속적으로 확장시켰을 것이다. 그렇지만 이 같은 흐름도 중국의 수요 덕분에 가능했다. 그리고 이미 언급한 것처럼 신세계의 금속과 대개 은을 구하기 위해 환적한 아시아의 상품 그리고 신세계 자체에서 생산한 진귀한 상품(설탕이나 담배 같은)의 조합은 서유럽이 유럽 내에서 전적으로 생산한 제조 상품에 대금을 지불한 것이 아니라 구세계 나머지 지역에서 들여온 서유럽의 수입품에 대한 대금을 지불한 것을 의미했다.

따라서 일부 논문의 저자들이 강압을 통한 금과 은의 수탈과 합의된 무역을 통해 한층 더 중요해진 실질적 자원의 흐름 사이를 구분 짓는 것은 다소 인위적인 것처럼 보인다.[37] 토지와 노동이 만들어낸 신세계의 자원 수출품이 시장 외부에서 강압적으로 얻어낸 성과는 상당했다. 그뿐만 아니라 신세계의 자원 수출품은 카리브 해 지역의 농장이 신세계 전역에서 독특한 방식의 중상주의 정책을 펼칠 수 있게끔 했다. 신세계 상인을 안정된 구세계 내에서 핵심 주변부 지역끼리 교역을 가능케 하는 모든 영향력에서 벗어날 수 있도록 해주었기 때문이다. 이런 양상이 나타나지 않았다면 그리고 식민지 정부에 자금을 지불할 수 있게 해주고 아시아 상품을 환적해 아프리카나 아메리카로 공급할 수 있게끔 해준 은이 없었다면, 그렇게 많은 양의 '생태적 횡재'가 어떻게 유럽으로 가는 경로를 찾아냈는지 파악하기 어려울 것이다. 또한 유럽이 어떻게 구세계 나머지 지역으로부터 생태적 구제를 받을 수 있었는지도 알 수 없을 것이다

생태 완화의 몇 가지 측정: 공업혁명 시대의 영국

이와 관련한 수출품의 물량은 막대했다.[38] 하지만 효율적인 논의를 위해서는 이런 막대한 물량이 존재했다는 주장을 어느 정도는 철회해야 할 것이다. 논의를 위해 주요한 제도적 변화 없이도 구세계 주변부 지역에서 획득할 수 있었던 상품(예를 들어, 아마도 러시아가 대량으로 수출할 수 있었던 모피)

이 없었다고 생각해보자. 그리고 구세계가 선택해 얻은 게 신세계 농장의 감자 같은 것이라고 생각해보자(아일랜드나 프로이센 모두 잉글랜드에 대한 곡물 수출이 불가능했다면). 신세계의 막대한 어업은—중요하지는 않지만 북미 대륙에서 접근하기 쉬운—가장 인정받지 못하는 가설이다. 이는 신세계의 횡재를 막연한 의미로 바라본 것이다. 하지만 우리가 범위를 너무 넓게 잡았다면, 우리는 이러한 교환(그 뒤에 깔린 어떤 특별한 메커니즘도 아니고)이 중요하다는 것을 보여주기보다 단순히 대서양을 오간 선박의 교통량을 조사하는 셈이다. 18~19세기 초까지 논점은 거의 전적으로 면화와 담배에 집중될 것이며, 이는 19세기 중후반 유럽이 아메리카 식민지에서 대규모로 획득한 1차 생산물(면화, 담배 등)로 막대한 규모의 해상 교역을 함으로써 수익을 거둔 당시의 상황을 어느 정도 반영한 연구가 될 것이다.

시드니 민츠는 1800년 설탕이 영국 국민 열량 섭취량의 약 2퍼센트를 차지했고, 놀랍게도 1900년에는 14퍼센트를 차지했다고 추정한다.[39] 사실상 실제 수치는 훨씬 더 높게 나타날 것이다. 민츠의 방식대로 1인당 설탕 소비량에 대한 동일한 추정치를 이용하면, 1800년 영국(아일랜드를 포함해)에서 한 사람이 하루에 소비한 설탕은 90칼로리를 초과한다. 1800년 영국인이 하루에 평균 2500칼로리를 소모했다면(넉넉하게 잡아서),[40] 90칼로리는 총 섭취 열량의 거의 4퍼센트에 해당한다. 1901년 평균 설탕 섭취는 사람들이 실제로 하루에 평균 2500칼로리를 섭취했을 경우 총 열량의 18퍼센트를 넘고, 하루에 평균 2000칼로리를 섭취했을 경우에는 총 열량의 22퍼센트를 넘었을 것이다. 그리고 비록 오늘날에는 설탕을 흔히 '쓸모없는' 열량 공급원으로 폄하하고 있지만, 설탕은 모자란 단백질이 에너지로 소모되는 것을 막아줌으로써 가난한 사람들에게는 훌륭한 식사일 수 있었다.[41]

1800년에는 설탕 섭취가 총 열량의 4퍼센트를 차지했다는 게 적절해 보이지만, 열대 사탕수수 경작지 1에이커가 감자밭(18세기 대부분의 유럽인은 감자를 하찮게 여겼다[42]) 4에이커 이상, 아니면 밀밭 9~12에이커 이상의 열량을 생산했다는 점을 상기할 필요가 있다.[43] 그러므로 1800년경 영국에서 소비한 설탕 열량을 생산하는 데는(민츠의 수치[44]를 이용하면) 일반 농장의 경우 최소 130만~190만 에이커의 토지가 필요했을 것이다. 이어 1831년에는 190만~260만 에이커까지 필요했다. 아울러 이 시기 아직 경작하지 않은 채 남아 있는 유럽(특히 영국)의 토지는 대륙에서 가장 비옥한 땅이 아니었기 때문에 우리는 어쩌면 필요한 토지의 수치를 여전히 과도하게 추정한 것일 수도 있다.

18세기 말에는 일부 토지에서 육포肉脯와 선박, 나무로 만든 해군 비품 그리고 소량의 목재와 곡물을 공급했는데, 19세기 초에는 그 수량이 늘어났다. 예를 들면, 1800년 이전 영국으로 수출한 북아메리카의 목재는 소량이었다(비록 남유럽으로 수출한 것은 아니지만). 그러나 1825년 남아메리카의 목재 생산량은 유럽 삼림 100만 에이커의 산출량을 대체할 만큼 충분한 양이었고, 이후 생산량은 급등했다.[45] 그리고 신세계의 은과 마찬가지로 목재도 일부 비축분이 간접적으로 발생했는데, 이는 대부분 영국이 발트해 지역의 목재 수입 대금을 지불하느라 재수출되었다. (1780~1790년대에는 1년에 약 65만 에이커의 신세계 목재 생산량이 발트 해 지역의 목재 수입 대금을 대체했다.) 영국 총 경지 면적이 대략 1700만 에이커였다는 것을 감안할 경우[46] 그때까지 발견한 300만~400만 에이커의 신세계 '유령 토지'는 면화 경작지가 아니라 해도 영국의 토지 기반에 결코 적지 않은 추가 면적이 생긴 셈이었다. 그리고 19세기 중반 이전에는 미국 수입품이 훨씬 더 큰 인기를 끌었다.

1815년 영국은 1억 파운드가 넘는 신세계 면화를 수입했고, 1830년에는 2억 6300만 파운드를 수입했다.[47] 면섬유를 그에 맞먹는 양의 삼과 아마로 대체했다면, 상대적으로 추가로 필요한 경작지는 더 적었을 것이다. 면화의 경지 면적은 1815년 20만 에이커, 1830년 50만 에이커가 필요했다. 그러나 삼과 아마는—특히 삼은—모두 대부분의 용도에 맞지 않는, 질이 떨어지는 섬유로 취급되었다. 이런 섬유로 만든 옷을 입고서는 일하기가 훨씬 힘들었기 때문이다. 삼과 아마로 실을 잣는 과정의 기계화는 면화보다 훨씬 더 나중에 이루어졌다.[48] 더욱 중요한 것은 삼과 아마가 극히 노동 집약적이며, 집중적인 거름 투입이 필요한 작물이라는 점이다. 그런 이유로 대부분의 사람은 이 작물을 단지 정원에서만 재배했다. 300년에 걸쳐 시행한 정부의 제도와 보조금에도 불구하고 잉글랜드나 북아메리카에서 이 같은 작물의 대규모 생산을 촉진하는 일은 실패했다.[49]

이렇게 해서 남은 것은 오랫동안 유럽 의류용 섬유로 주로 사용된 양모다. 그러나 영국이 신세계 면화로 만든 실을 대체할 만큼 충분한 양을 기르는 일은 엄청난 규모의 토지를 필요로 하는 것이었다. 1815년에는 900만 에이커가 필요했고, 표본 농장의 비율을 이용하면 1830년에는 2300만 에이커의 토지가 필요했다. 이 최종적인 수치는 영국의 총 작물 생산 면적을 초과하는 것이다(목초지까지 포함해). 또한 이는 신기하게도 1500만 에이커의 추가 삼림 취득을 필요로 했던 1815년경 영국 석탄 산업의 연간 에너지 생산량에 부합하는 앤서니 리글리의 추정치를 넘어서는 것이다.[50] 여기에 1830년경 생산한 면화나 설탕 그리고 목재를 추가하면 2500만~3000만 에이커의 유령 토지가 필요했을 것이다. 이는 양호한 차이로 석탄 생산에 배당한 토지를 넘어서는 수준이었다.

5장에서 논의한 것처럼 유럽 대륙 밖의 수입품은 식습관을 변화시킴으로써 1인당 음식 필요량 역시 줄어들게 만들었다. 이는 우리의 토지 절감 추산치를 상당히 늘려 잡게 하지만, 아마도 그건 산정이 불가능할 것이다. 가정의 난방비가 저렴해진 것도 석탄 생산 증가에 크게 기여했다. 하지만 훨씬 많은 사람이 실내에서 일하게 된 것은—이는 '장난'의 경우를 따르거나 '덴마크'의 경로를 따른 게 아니라 생태적 생존을 위한 것이었다—결정적으로 값싼 석탄을 기반으로 한 에너지와 면화, 곡물 그리고 그 밖에 다른 토지 집약적 수입품 같은 해외 공급 물품에 의존했기 때문이다. 또한 실내에서 일하는 노동자는 야외에서 일하는 노동자에 비해 1인당 3분의 1 정도 적은 열량을 소모하는 것으로 나타났다.[51] 엄청난 양의 값싼 직물은 온기를 보존하는 데 일조했고, 훨씬 더 줄어든 필요 열량은 미국의 면화가 없었다면 상상할 수도 없는 일이었다. 그리고 양질의 차와 설탕이 식욕을 억제함으로써 필요 열량 역시 감소했다. 이는 해외 수탈을 통해 부분적으로나마 또 다른 자원 절감이 보이지 않게 이루어진 것이다. 여기서 대부분의 설탕은 신세계 농장에서 들여온 것이었다. 한편 차의 수입 대금은 처음에는 신세계 은으로, 그다음에는 인도산 아편으로 지불했다. 이와 같은 요인이 함께 작용해 19세기 초에는 상당한 규모의, 19세기 중후반에는 엄청난 규모의 '유령 토지'를 추가로 얻었을 것이다.

물론 미국 남부가 면화를 재배할 수 있는 유일한 장소는 아니었다. 그러나 이 지역이 없었다면 성장 초기의 맨체스터는 아주 심각한 장애에 직면했을 것이다. 이 지역의 특별한 생태적 및 제도적 유산이 없었다면 면직물 산업의 호황을 유지하기가 얼마나 어려웠을지는 이후 미국 남북전쟁 당시 발생한 면화 기근cotton famine(미국의 남북전쟁으로 인한 면화 공급 부족 때문에 영국 랭커셔 주의 면직물 공업에 발생한 큰 공황—옮긴이)을 보면 알 수 있다.

미국의 면화 수출은 단지 1862년부터 1865년 중반(1861년에는 아직 북군의 봉쇄가 효과적으로 이뤄지지 않았다)까지 중단되었을 뿐이지만, 영국은 1850년 무렵 면화 공급을 늘리기 위해 상당한 노력을 하기 시작했다. 영국은 애초 미국에서 면화 수출을 하지 않던 시절 면화 공급처를 찾기 위해 했던 것보다 훨씬 더 많은 노력을 기울여야 했다. 영국의 국력은 이런 점에서 세기 초반보다 더욱 강력해졌으며, 해상 운송의 효율성과 그 밖의 관련 기술도 훨씬 우세했다. 아마도 더욱 중요한 점은 영국에는 수많은 공장과 엄청난 수의 노동자 그리고 상품을 기대하는 소비자가 존재했으므로 그런 산업의 발전 가능성을 생각하기보다 면화 공급 감소를 막는 데 훨씬 더 치중했으며, 이로써 초기의 면화 부족을 극복할 수 있었다는 것이다. 하지만 이런 노력에도 불구하고 "원자재 공급은 …… 끝내 탄력적이지 못했던 것으로 드러났다".[52]

영국이 노력을 기울인 주요 지역은 인도였다. 인도 정부는 1850년대에 '면화 지향적인 정책의 합병과 철도 건설'을 추구했지만 초기 10년 동안에는 아무런 성과도 보지 못했다. 하지만 뒤이은 1861년에는 커다란 도약을 했다. 생산량 확대보다는 오히려 국내 소비 지출과 중국으로의 선적 물량이 크게 증가했기 때문이다. 하지만 인도의 선적 물량은 1861년 미국에서 영국으로 가는 선적 물량의 절반에도 못 미쳤다. 게다가 훨씬 더 이후에도 수출은 단지 8.6퍼센트 상승했을 뿐이다. 이 시기는 연방 봉쇄Union blockade(미국 남북전쟁 당시 남부 연방을 경제적으로 고립시키기 위해 북군이 남부의 전 해상을 봉쇄한 것—옮긴이)가 효력을 발휘하고 면화 가격이 급상승할 때였다.[53]

비교적 성공적이었던 또 다른 무역—외적인 노력은 훨씬 덜했던—은 이집트에서 이루어졌다. 이는 이집트 정부 스스로가 무함마드 알리Mohammad Ali(19세기 초반부터 20세기 중반까지 이집트를 통치한 왕조의 창건자—옮긴이) 왕조 때부터 면화 생산량을 늘리려고 노력했기 때문에 가능했다. 다시 말해, 무함마드 알리가 한때 추진했던 공장 건설은 경쟁력이 없는 것으로 드러났고, 면화 작물은 수출에 효율적이었기 때문이다. 이집트의 면화 수출은 1821년 시작되었는데, 1824년에는 2700만 파운드를 넘어섰고 1850년대에는 거의 5000만 파운드에 달했다.[54] 그러나 이는 1815년으로 거슬러 올라가면 미국 수출량의 절반에도 못 미치는 수치다. 이집트의 수출량이 최고치일 때는 2억 파운드를 기록했는데(1830년 미국의 수출량에는 크게 못 미쳤다) 그 후에는 아주 급속히 하락했다.[55] 앞서 언급한 대로 이 같은 단기적 성과는 랭커셔 면화 산업 성공 사례의 영향을 받아 무함마드 알리 정권이 추진한 40년간의 강력한 압박 끝에 이루어진 것이다—사실 미국 남북전쟁이 있을 때까지 이집트의 면화 경작은 무함마드 알리와 그의 친족들 사유지 이외에서는 크게 확대되지 않았다. 이렇듯 오랜 준비 기간에도 불구하고, 이집트는 지속 가능한 수준의 면화 생산을 이뤄내지 못했을뿐더러 생산 확대도 불가능했다. 또한—랭커셔의 면화 산업을 오랫동안 지속시킨—저렴한 가격으로 면화를 공급하지도 못했다.

미국 남북전쟁 당시, 나일 강 삼각주의 40퍼센트가량이 정해진 시기에 면화를 재배했다. 윤작을 했던 것을 감안하면, 1863~1865년의 어느 시점에서는 삼각주 지역 전체에서 면화를 재배했던 것 같다.[56] 당시 이집트에서는 물을 대기 용이한 토지가 별로 없었다는 점을 고려하면, 이 수치는 아마도 20세기의 거대한 사업을 가능케 만든 관개 시설 등 없이 경작할 수 있는 절대 최고치일 것이다. 이런 토지에서는 경작 비용이 급격히 상승해 1864년 면화 가격이 최고조로 상승했을 때에만 수익을 낼 수 있었다.[57] 게다가 원면 가격은 실제로 (사실상 1862년의 매우 낮은 가격에도 불구하고) 태사coarse yarn(면을 원료로 방적한 면사 중 굵은 실—옮긴이)보다 비쌌다.[58]

다른 전도유망한 면화 공급지—브라질, 서아프리카, 퀸즐랜드, 미얀마—는 면화 가격의 급등에도 불구하고 수출을 조장하려는 영국의 노력이 시들해지면서 거의 아무것도 생산하지 못했다.[59] 영국의 면화 소비는 1861~1862년 55퍼센트 하락했는데, 가격은(전쟁 때문에 이미 1861년에 상승했다) 2배가 되었다. 상대적인 측면에서 보면, 면화는 1860년 양모 가격의 3분의 1가량이었지만 1864년에는 더 올랐다.[60] 분명, 미국 남북전쟁이 발발했을 때도 여전히 가격이 비싼 것은 아니었는데, 창고에는 다량의 원면이 비축되어 있었고 엄청난 양의 면직물 완제품도 있었다. (따라서 더 많은 방적과 방직의 필요성이 줄어들었다.)[61] 랭커셔 공장의 일자리는 1862년 대략 절반으로 줄었고, 남아 있는 직공도 11월까지 일주일에 2~3일만 일했다. (1860~1861년에는 일주일에 6일을 일했다.)[62] 그 결과 대다수 기업(특히 소규모 기업은 현금 준비금과 설비, 그 밖의 자원 면에서 초창기 공장과 별반 달라진 게 없었다)이 파산했다.

사실, 설사 이렇게 불충분한 원면 공급일지라도 이는 19세기 초반 미국이 공급했던 양을 훨씬 초과하는 것이었다. 그러나 앞서 살펴보았듯 이것 역시 당시에는 상상도 할 수 없는 노력의 결과였다. 그리고 20세기에 개발된 농기구가 없었다면, '새로운 유럽neo-Europe(근대 유럽인이 아메리카, 오스트레일리아, 뉴질랜드 등지에서 선주민을 몰아내고 유럽 세계와 흡사한 식민지를 재창조한 과정으로, 사람뿐 아니라 유럽의 생태 환경까지 옮겨가 그대로 복제하려 했다—옮긴이)'에서 가져와 차후에 훨씬 더 큰 수확을 거둔 식량 대체 작물은 성공 가능성이 희박했을 것이다. 비교적 인구 밀도가 낮고 제도적으로 우세한 구조를 가진 유럽 본토에 비해 유럽의 식용 식물에 더 유리하고 유럽과 동일한 생태적 조화를 이룬 지역이 구세계에서는 그야말로 한 군데도 없었다.[63]

비교와 계산: 이러한 수치는 무엇을 의미하는가

혹자는 수탈과 유럽의 자본 축적에 대한 논점에 대해 사람들이 보이는 일반적 반응(4장에서 논의)처럼 이런 추정을 반대할 수도 있을 것이다. 만약 그 밖의 훨씬 더 많은 요소—유럽 내 자본 축적, 국내 식량 공급 등등—가 있었다면, 우리는 무엇이 결정적인지 판단할 수 있을까? 이 문제는 여기서 얘기하는 구체적인 사례에 대해서든, 아니면 좀더 일반적으로 개념화한 역사에 대해서든 모두 중요한 의미를 지닌다.

만약 단일 사례에서 나타나는 발전에 큰 관심을 둔다면, 규모가 작은 요소는 중요하지 않은 요인이 될 뿐 아니라 범주화하는 데도 문제가 발생한다. 포괄적 범주로서 '영국에서 수입한 신세계 농산물'은 작게는 '국내(영국) 농업 생산품'과 '유럽 나머지 지역으로부터의 수입품'을 유사한 범주로 볼 수 있다. 하지만 우리가 이런 범주를 더 축소한다면('독일에서 수입한 식량', '스칸디나비아에서 수입한 목재' 등) '미국에서 수입한 섬유' 같은 일부 신세계 하위 범주는 한층 광범위한 이런 요소 목록 가운데 가장 규모가 큰 항목에 해당한다는 것을 알 수 있다. 아울러 이렇게 나눈 범주가 얼마나 정확한지는 다른 생산품으로의 대체 가능성, 더 큰 규모의 경제 체제에 대한 구체적 분야의 중요성 등과 같은 복합적 판단(그리고 몇 가지 심도 있는 사후 가정)에 달려 있다. (이는 신세계 자원이 왜 신세계의 이익보다 더 중요해 보이는지에 대한 한 가지 이유다. 즉 돈을 벌 수 있는 명확한 다른 투자 방식은 있었지만, 토지 집약적 상품을 대량으로 얻을 만한 다른 방법이 있었는지는 분명치 않다.) 따라서 특정 상품에 대한 대체품이 항상 존재하고 시장은 항상 경제 활동과 상품 등의 상대적 중요도를 정확히 평가한다는 식으로 범주성 서술을 하지 않는다면 그와 같은 결론을 내릴 수밖에 없다. (이런 가설에 대한 몇 가지 제한을 알려면 화성인이 갑자기 지구의 화석 연료 전부를 빼앗았다고 상상해보라. 현재 세계 GDP에서 상당히 적은 비율을 차지하는 화석 연료 생산을 감안해 영향력을 평가할 수 있겠지만, 실제 영향력은 분명 훨씬 더 클 것이다.)

좀더 일반적으로 보면 어떤 사물의 극히 미세한 증가가 근본적 차이를 만들어내는 상황이 분명 존재한다. 인간의 유전자는 피그미침팬지의 유전자와 98.4퍼센트 동일하다.[64] 하지만 우리 중 누구도 인간이 지구 거의 전체에 퍼져 있는 이유가(반면 침팬지는 몇 안 되는 지역에서만 산다) 나머지 1.6퍼센트의 유전자 덕분에 다른 행동을 할 수 있기 때문이라는 설명을 부인하지 못할 것이다.

비교적 작은 차이점이 커다란 역사적 분기를 만들어낸다는 기본 관념은 옛 속담에도 있고("못 하나가 없어서……") 오늘날에도 쓰이고 있다(아프리카에서의 나비 날갯짓이 그린란드의 날씨를 바꾼다는 유명한 '카오스 이론'). 이는 사소한 차이가 크고 지속적인 분기를 만들어내지 않는다는—평형을 추구하는—모델들과는 다르다. 그래서 역사학과 경제학의 어색한 결합을 낳는다. 적어도 경제학계에서는 주어진 체계가 추구하는 목적에 따른 단 하나의 평형 상태를 받아들인다. 사소한 요소의 중요성을 받아들이면 지적인 혼돈 상태에 빠진다. 설명이 너무 뒤죽박죽 되어버리면 도저히 이해할 수 없게 되기 때문이다. 혹은 모두가 각자 자신의 개인적 관심에 적합한 것이 '중대한' 요인이라고 옹호하면 그러한 해명은 잡동사니가 될 수도 있다. 그러나 역사가 중요한 것은 그 규모가 암시하는 것보다 훨씬 더 지속적인 영향을 미치는 요소들이 때때로 존재하기 때문이다.

비교법에 근거해 그런 요인에 대해 주장하려면—부분적으로나마—고찰한 사례가 다른 상황에서도 얼마나 유사한지 밝히는 데 달려 있다. 역사는 98.4퍼센트의 유전자가 완전히 동일한 침팬지/인간의 경우처럼 결코 간단명료하지 않다. 대신 우리는 대략적인 유사성 혹은 어느 정도 상쇄할 수 있는 불리함과 밀접하게 결부된 것으로 보이는 우위에 대해 설명해왔다. 또는 대규모 분기가 출현한 시기에 특별한 차이점의 중요성을 크게 부각시킨 어떤 메커니즘을 생각하기는 어렵다는 점도 설명했다.

그러므로 석탄과 신세계가 얼마만큼 중요한지는 필자가 다른 지역에서 제시한 유사성을 독자들이 얼마나 신뢰하는지에 달려 있다. 이는 구체적인 현상에 대한 주장도 마찬가지인데, 이런 현상 자체에 대해 필자는 특별히 중요한 네 가지 근거를 제시하고자 한다.

1. 위의 추정은 그런 현상이 몇 가지 합리적인 표준(예를 들어, 영국의 국내 토지 기반)에서 보면 결코 작지 않은 관련성이 있었음을 보여준다.
2. 그런 현상은 중대한 분기를 설명하기 위해 적절한 시기에 출현한 것이다. (우리는 그런 분기의 시점을 1800년경으로 거슬러 올라갔다.)
3. 그런 현상은 제약—한정된 양의 토지—을 완화함으로써 발전에 영향을 주었다. 그렇지 않았다면 그 시기의 지식 기반과 제도 내에서 경감시키기는 매우 어려웠을 것이다.
4. 중국, 일본, 유럽 본토의 일부(덴마크 같은)에 있는 핵심 지역은 이런 우위가 결여된 사회는 어떻게 되는지 타당한 사례를 제공한다.

이런 제약의 완화가 없었다면 유럽이 맬서스 이론의 난관에 부딪혀 고통받았을 거라고 상상할 필요는 없다. 요컨대 '나비의 날갯짓이 허리케인을 유발한다' 같은 상황, 또는 좀더 장기적인 생태적 출구가 있었다면 인도, 중국, 혹은 일본이 산업혁명을 일으켰을 것이라는 상상도 마찬가지다. 유럽에서 생태적 위기가 발생할 수 있었겠지만, 반대로 훨씬 다양한 가능성 있는 결과를 상상해볼 수도 있다. 일반적으로 사람들은 토지 압박에 대해 일련의 노동 집약적 대응책을 갖추고 있었다. 이는 실제로 어느 정도 비슷한 환경에 있는 사람들이 성공적으로 적응하게끔 했지만 영국의 돌파구처럼 어떤 성과를 이끌어내지는 못했다. 이번 장 마지막 부분에서 살펴보겠지만, 사실상 이런 노동 집약적 방식은 기술적 복제가 가능했더라도 공업화를 모방하기는 힘들었을 것이다. 그러므로 필자가 선택한 요소를 강조하는 것은 크지 않은 초기의 차이점이 미래에는 엄청나게 커질 수도 있다는 원리에 대한—무모하기보다는—합리적인 환기인 셈이다.

이러한 수치를 넘어선 것들

여기서는 평형 모델이나 양적 평가로 쉽게 표현할 수 없는 역동적인 영향력에 대한 개념을 좀더 일반적으로 제시하고, 구세계 나머지 지역으로부터 유럽을 분기하게끔 한 신세계와의 몇 가지 연관 방식을 간단히 살펴보자. 우리는 이미 앞에서(3장에서) 담배와 커피 같은 신세계 수출품의 역동적인 문화적 영향에 대해—특히 시장 때문에 유발된 소비 습관과 동기에 미치는 영향에 대해—간략하게나마 다루었다. 이 책에서 제시한 생태적 산출에서는 중요하지 않을지라도 이런 '불필요한' 상품—그리고 신세계 은을 이용하는 아시아에서 얻은 그 밖의 물품—이 유럽의 경제적 역동성에 아주 중요한 '근면 혁명'을 크게 가속화했다는 데는 의심할 여지가 없다.

한 가지 예를 들면 담배·설탕·커피·차는 모두 다소 중독성이 있으며, 쉽게 준비할 수 있고, 빨리 소비되고, 단시간에 강력한 에너지를 공급했다. 그래서 특히 집과 멀리 떨어진 곳에서 장시간 노동을 하는 도중 틈틈

이 섭취하기에 완벽한 식품이었다. 이런 특성은 집과 일터가 떨어져 있을 때, 특히 공장에서 일하는 연령대에 더욱 요긴했다. (특히 영국에서는 진gin과 맥주를 일부 대체한 중국 차에 자금을 대던 신세계의 은 또한 신속하고 때때로 위험한 작업에 종사하는 인구를 더욱 많이 창출했을 것이다.) 게다가 이런 새로운 '일상 사치품'은 모두(담배는 예외) 유럽에서 재배하지 않는 것이었다. 따라서 가정에서는 결코 만들 수 없었다. 결론적으로, 이런 물품은 시장을 통해서만 구할 수 있었다. 사람들이 선망하는 면이나 비단 혹은 대중적인 섬유 혼방 제품도 마찬가지였다. 아울러 가난한 사람 사이에서도 중요한 지위의 상징이 된 은 벨트 버클과 그 밖에 다른 장식 소품 역시 그랬다.

사람들은 이런 물품을 구매해야 했을 뿐만 아니라 많은 경우 그 가격은 특화에 따른 보상이었다. 대마나 아마로 옷을 만들어 입는 가정은 고급 천을 한 조각이라도 허투루 쓸 일이 거의 없었을 것이다. 또한 비단으로 옷을 만드는 아이가 훈련 과정에서 낭비한 천을 기꺼이 버릴 정도로 엄청난 부자이지 않은 한 사람들은 그런 방식으로 생계를 유지했을 것이다. 결론적으로, 이 시기에 평범한 많은 사람에게 삶의 일부였던 이국적 상품은 가정용 생산품에서 시장용 생산품에 이르기까지 계측하기는 어렵지만 노동 시간을 중요한 방식으로 재분배하는 데 기여했을 수 있다. 그리고 이런 상품은 결과적으로 노동 분배가 증가하면서 생긴 유럽의 '국내에서 창출된' 이익에 중요했다. 또한 시드니 민츠가 제시한 대로 필자는 공장 조직에 대한 실험을 통해 농장 자체가 중요해질 가능성이 있는 한 가지 측면을 남겨놓았다.[65]

그뿐만 아니라 신세계 보물 덕분에 유럽인이 신세계 이외 지역의 부가적인 상품을 구매할 수 있었다는 것도 기억해야 한다. 이는 현지 상류층의 영향력 있는 동업자이자 훗날 식민지 지도자가 된 유럽의 군사령관과 재무 담당자가 생겨나는 데도 일조했다.[66] 농장에서 재배한 설탕 및 담배에 대한 소비세는 다른 식민지의 상품과 군사력을 키우는 데 중요한 역할을 했다. 1670~1800년(혹은 1810년까지 나폴레옹 전쟁 대부분의 시기를 포함하는 사람도 있다) 영국 정부의 세입(고정 가격으로) 증가분 절반은 관세 수입이었다. 그리고 적어도 1788~1792년 관세 수입은 차, 설탕, 인도 직물, 생사, 담배, '외국산 증류주'에 부과한 것이었다. (대부분의 럼은 카리브 해 지역의 설탕으로 만들었다. 여기에 와인은 포함되지 않는다.)[67] 동시에 이런 특별한 상품에 대한 관세는 같은 시기 영국 주요 세금 전체의 22퍼센트에 달했다.[68] 그리고 물론 이런 무역에 의지한 여러 동인도회사 스스로가 초창기 유럽의 아시아 정복 대부분을 수행했다.

또한 18세기 후반과 19세기 초에 커져가는 군사력으로 유럽인이 아시아 여러 지역에서 일어난 정치적 불안정을 이용했다는 것은 중요하지 않다. 왜냐하면 유럽 자체가 내적인 격변을 겪고 있었기 때문이다.[69] 잭 골드스톤은 17세기 중반부터 18세기 후반 유럽의 정치적 불안과 인구로 인한 자원 부족 및 가격 변동 사이의 타당성 있는 연관을 도출해냈다.[70] 정치적으로 불안정한 상황이 계속 악화하면서 해외에서 들여오는 자원은 더욱 증가했다. 신세계 상품으로 거둬들인 국가의 세입도 마찬가지로 증가했다고 할 수 있는데, 이런 세금은 국내 생산품 및 자산에 대한 세금보다 반발이 덜했기 때문이다. 대륙의 대다수 지역이 중대한 경제적 좌절을 겪은 상황에서 영국이 혁명의 시기를 비교적 무난하게 통과하고, 더구나 이 혁명이 엄청나게 광활한 제국이던 시기에 발생했다는 사실을 상기할 때, 이는 더욱더 중요해 보인다.

따라서 신세계와 그곳에서 노동을 한 아프리카인에 대한 착취는 우리가 도출한 유령 경작지 수치에 반영된 것 외에도 여러 가지 방식으로 문제가 되었을 가능성이 있다. 모든 지수를 종합할 때, 유럽 내부의 시장 운용, 가정 체계, 그 밖의 제도로 인해 다른 구세계 지역에 우위가 생겼다기보다는 이런 착취가 다른 구세계 핵심 지역과 서유럽을 더욱 차별화시켰을 가능성이 있다. 단 세 가지 강력한 가능성만이 서유럽과 적어도 동아시아 핵심 지역을 구별하는 데 비교적 중요한 요소로 존재했던 것 같다. 첫 번째는 역설적이게도 유럽의 생태적 '후진성의 이점'인데, 이는 19세기에 유럽이 생태적으로 숨 쉴 틈을 만든 미개발 자원을 남겨두었다는 뜻이다. 그러나 이미 살펴보았듯 이런 이점은 영국(혹은 저지대)이나 일부 중요한 상품(특히 섬유 작물과 목재)에까지 영향을 미치지 못했고, 결국은 생태적 불리함 때문에 유야무야되었다. 두 번째 가능성은 좋은 위치에 있던 영국의 석탄 지대 그리고 석탄/증기 혼합 기술 발전과의 관계이다. 세 번째는 자체적으로 이뤄진 산업 혁신의 물길이다. 어떤 부분은 아직도 온전히 미지의 영역이지만, 이미 살펴본 대로 산업혁명의 물결은 풍부한 석탄과 신세계 덕분에 가능해진 다른 자원의 부족 완화 두 가지 모두와 결합했기 때문에 그 중요성이 훨씬 더 컸다고 할 수 있다.

이 책의 마지막 두 단원에서는 운명적인 분기에 대한 개념을 두 가지 방식으로 설명할 것이다. 첫째 단원에서는 산업화가 영국에서 확산할 때 어떻게 이런 역동성이 변화하고 지속되었는지 간단히 살펴보면서, 19세기에 유럽이 더욱 발전하는 데 신세계가 어떤 중요한 역할을 했는지에 대한 주장을 실었다. 마지막 단원에서는 중국, 일본, 인도를 되짚어보았다. 각기 정도의 차이가 있지만 모든 지역은 생태적 압박에 대해 점차 노동 집약적 접근 방식을 채택해야 했으며, 이후 에너지 집약적 산업화가 점점 쇠퇴하자 자본 집약적인 접근 방식으로 조정했다. 여기에서 논의한 횡재가 없었다면 유럽 또한 좀더 노동 집약적인 발전 과정을 겪어야 했을 것이라고 필자는 여러 차례 주장했다. 그 때문에 마지막 사례들은 일반적인 경우로 설명하지 않을 테지만, 이쯤에서 19세기 초에 지속적인 영향을 준 중요한 분기의 순간이 나타났다는 주장으로 마무리하려 한다. 즉 이미 논의한 모든 요소 덕분에 잉글랜드는 양쯔 강 삼각주처럼 되지 않았고, 아울러 두 지역은 최근까지도 거의 유사점을 찾기 어려울 정도로 달라졌던 것이다.

공업 세계로의 진입

신세계의 토지 절약형 수입품은 1830년 이후에야 상당히 증가했다. 이 같은 증가는 수십 년간 화석 연료의 놀라운 발전과 보조를 맞추었다. 영국의 석탄 생산량은 1815~1900년 14배로 증가했지만,[71] 설탕 수입량은 같은 시기에 대략 11배 증가했으며,[72] 면화 수입은 놀랍게도 20배나 늘었다.[73] 한편, 영국 역시 아메리카의 곡물, 소고기 및 다른 1차 생산물에 의지해 살기 시작했다. 목재 수입도 급증했다. 그리고 신세계는 또한 유럽의 과잉 인구를 위한 거대한 배출구가 되었다.

물론 19세기 초 영국은 북아메리카와 카리브 해 지역에 대한 노예 매매를 중단하고, 아르헨티나에도 많은 노예를 팔지 않았다. 그러나 19세기 중반 무렵, 새로운 과학 기술 덕분에 대서양을 가로지르는 선적 비용이 18세기보다 훨씬 크게 줄어들고, 또한 그 밖의 변화들(특히 철도)로 인해 내륙 수송에 혁명이 일어났다. 이는 앞에서 논의한 과정을 크게 가속화했다. 즉 수송 비용 하락이 유럽 이민자로 하여금 아메리카의 더욱 넓은 지역에서 유럽으로 1차 생산물을 보내도록 함으로써 수송, 창업, 제조에 드는 비용을 충당할 수 있었다. (독립한 미국 정부의 성장이 그 과정을 가속화했다. 미국 정부는 과거 이윤을 추구하던 식민지 회사에 비해 국경 지대의 안보 및 개발에 쓰인 것을 돌려주는 데 관심을 두지 않았다.)

당시에는 신세계 생산자가 유럽에서 가져오길 바라고, 적어도 디자인에 대한 몇 가지 특허권 보호를 요하는 기계적(인간과 상반되는 것으로서) 자본재 역시 존재했다. 반면 저렴해진 수송비, 기계화한 생산, 유럽 이민자가 가져온 기호품은 유럽 또한 이제 신세계에 다량의 소비 상품을 판매할 수 있음을 의미했다. 그리고 간접적으로 제조한 상품뿐만 아니라 직접적인 형태의 이주 및 투자로 자본과 노동력이 다량 유입되면서, 토지가 풍부하고 시장 지향적인 미국은 점차 인구가 조밀해지고 산업화한 유럽을 완벽하게 보완해주었다.

하지만 이런 모든 변화에도 불구하고 적어도 19세기에 신세계에서 수입한 자원이 급증한 영국은 대부분의 자금을 조달하는 데 여전히 신세계로부터 수탈한 것들을 교역함으로써 벌어들인 수익에 의존했다. 사실상 영국이 '세계의 공장'으로서 명성이 높았다 하더라도 대서양을 가로지르는 수입량과 균형을 맞출 만큼 아메리카에 상품을 많이 팔지는 못했다.[74] 유럽 대륙과 북아메리카에서 수입 대체가 이뤄지면서 상황은 더욱 악화했고, 결국 수출 시장에서도 경쟁력을 가진 다른 산업이 발달했다. 결과적으로 유럽의 식민지주의와 해외 약탈—이제는 구세계에 집중된—은 1850년 이전만큼은 아니지만 수십 년간 계속 중요했다.

사실 제1차 세계대전이 일어나기 40년 전 영국은 아메리카 및 유럽 대륙과의 무역에서 상당히 큰 손실을 입었지만—선적, 보험, 이자 지불 같은 '무역 외 수지(상품 무역 이외의 서비스 수출입 등에 따른 수지—옮긴이)'를 계산한 후에도—아시아 무역에서의 엄청난 흑자를 통해 균형을 이루었다. 영국은 인도와의 무역에서 훨씬 큰 흑자를 냈는데, 인도 법률은 인위적으로 직물에서 기관차까지 모든 것을 위한 시장을 확대했다. 뒤이어 인도는 중국에 대한 아편 수출을 통해 그리고 유럽 대륙에 수출하기 위해 아주 강압적인 환경에서 생산한 차와 인디고indigo(쪽빛 염료—옮긴이) 같은 다양한 농산물로 그 같은 적자 대부분을 계속 메웠다.[75] 그러는 동안 지속적인 대규모 자본 수출을 통해 대서양 및 유럽 대륙 교역 상대국과의 큰 무역 손실도 버텨낸 영국의 능력은 자국 소비자에게만 아니라 특히 차세대 산업화 주자인 미국에도 중요했다. 미국은 이러한 영국을 기반으로 자국 시장을 보호할 수 있었고, 보호받지 못한 무방비 상태의 시장에서는 상품 판매를 통해 대규모 자본 유입을 이끌어냈다.

에릭 존스의 주장처럼 실제로 신세계(그리고 구세계의 풍토병을 견디지 못해 인구가 줄어들기도 한)를 우연히 발견한 사람들만 유럽처럼 이 지역을 이용할 수 있었던 것은 아니다. 그러나 존스가 지적한 유럽의 기업가적 능력[76]은 고려할 만한 특별한 요소도 아니고 서유럽이 세계에서 인구가 조밀한 다른 지역의 발전을 능가했던 것도 아니다. 탐험과 영구적인 정복을 준비하고, 기업 활동과 강력한 수탈을 결합한 제도를 만든 혁신을 통해—여기엔 아메리카 사람들이 천연두에 취약한 것부터 신세계 은이 엄청나게 공급되자 대대적으로 계획한 중국의 통화 제정까지, 이 모든 요인에 의해 형성된 유리한 세계적 연관성도 포함된다—서유럽은 우위를 차지했다. 결국 이로 인해 서유럽은 다양한 생태적 도전과 함께 세기 말의 '생물학적 구체제'를 유지하는 데 우월한 위치에 섰고, 토지 관련 생산품에 대한 엄청난 수요를 일으킨 산업 확장(섬유 산업에서 양조 산업과 제철 산업에 이르기까지)도 유지할 수 있었다.

최후의 비교: 노동 집약, 자원과 공업의 '성장'

이와 같이 석탄·증기·기계화로 방대한 규모의 새로운 기술적 가능성의 포문을 열었을 때, 서유럽(특히 영국)은 이들 분야에 대한 출자와 관련해 특별한 위치에 있었다. 신세계의 엄청난 미개발 자원(지하자원)이 그들의 눈앞에 펼쳐져 실제적으로 토지 제약을 해소해주었다. 더군다나 그들이 일찌감치 신세계 자원을 획득했다는 것은 그렇지 않았던 때보다 향상된 생활수준을 영위하며 19세기에 들어섰음을 의미한다. 이전의 방식으로 생활수준을 유지하던 때보다 군사력이 커지고(이를 통해 때로는 시장을 개방하도록 강요하고 다른 사람에게 독점권을 부여할 수 있었다) 수공업도 훨씬 더 규모가 커졌다. 그리고 대부분 초창기 공장 노동자는 농업에서 곧바로 이직한 소작농이 아니라 원공업에 종사하던 사람들이었다.

주로 원공업에 종사하던 사람들을 대거 끌어들인 공장 노동력의 중요성은 조엘 모키어가 제시한 유럽 산업화의 '성장' 모델에 아주 분명하게 나타나 있다. 첫째, 농업에서 '잉여 노동력'—즉 생산에 크게 영향을 주지 않을 정도로 기여도가 낮은 분야에서 해고할 수 있는 노동력[77]—을 찾기 위해 수많은 시도를 해보았지만, 그런 사례는 오늘날 제3세계에서도 드물 것으로 보인다.[78] 그리고 이미 살펴본 핵심 지역 어느 곳에서도 1800년경에는 농업 생산량이 크게 하락하지 않았다. 둘째, 이전의 원공업 노동자를 고용한 공장에는 다른 이점이 있었다. 공장 노동자가 농업에 종사했던 사람이라면, 그들에 대한 수요로 임금이 오르지는 않더라도(달리 말해 농업에서 잉여 노동력이었다면) 하락할 이유도 없을 것이다. 그리고 대량 생산 기술의 확산으로 공장에서 만든 생산품 가격이 떨어져 기업은 수익이 감소하고 어려움도 커졌을 것이다. (모키어는 필요한 고정 자본이 아주 적었다고 추정했는데, 초기 산업화에서는 이것이 일반적이다. 그리고 원자재 가격은 생산 과정에 관계없이 거의 일정하기 때문에 공장의 임금 명세서가 가장 중요한 가변 비용이다.) 그러나 초기 산업이 공장과 똑같은 생산품을 만들던 원공업 노동자에게 의지하면, 동일한 기술의 확산으로 공장 가격의 하락세를 가중시키고 또한 노동자로서는 대체 소득을 얻을 가능성이 적어진다. 따라서 공장은 임금을 내릴 수 있고 이 분야의 노동자를 계속 모집한다. 아울러 이로써 더 오랫동안 더욱 높은 수익을 유지할 수 있다.[79]

그러므로 이런 상황에서 산업은 원공업의 '성장'에서 비롯될 수 있다. 엄청난 수의 노동자를 풀어주는 동안 거의 비슷한 규모의 토지에서 농업 생산량을 유지하거나 늘리기 위해 사회적·기술적 변화가 동시에 필요한 것은 아니다. 더욱이 원공업 노동자는 흔히 더 나은 혁신을 이루는 데 유용한 일부 관련 기술 혹은 지식을 보유하고 공장으로 옮겨갔다. 이런 모든 현상은 기계화한 산업의 성장과 동시에 수년간 계속된 원공업의 성장으로 유럽이 농업과 임업에 더 많은 사람이 종사했을 때보다 훨씬 좋은 위치에 서게 되었음을 시사한다.

조금 다르게 생각해보면, 원공업과 초창기 기계화한 많은 산업이 모두 확대됨으로써 유럽은 좀더 많은 농업 생산량이 필요했다. 영국(혹은 좀더 일반적으로 유럽)이 이런 문제를 해결할 수 있는 충분한 토지를 국내에 보유했는지 여부를 제쳐놓고, 이런 농산물을 공급하는 데 노동력을 다량 투입하면 이후에 한층 심각한 문제가 발생한다. 그래서 유럽은 다른 나라 사람들을 농산물 재배에 동원해 이런 대규모 공급량을 획득한 반면, 자국 노동력은 군대·항해·무역업·제조 상품 생산에 더 많이 투입했다. 또 국내 공장이 더 많은 노동력을 필요로 함에 따라 유럽인은 원공업 노동자를 끌어들임으로써 앞서 논의한 이점을 누렸다.

시간이 흐르면서 군인과 선원은 기술적 변화(예를 들면 성능이 더 좋은 총과 선박) 덕분에 1인당 효율성이 더욱 높아졌고, 식민지 조세 제도 시행과 더불어 고용한 '원주민'으로 이를 보충하거나 대체했다. 따라서 해외 분야는 자체적 '성장'만을 경험했는데, 이는 1차 생산물을 획득하는 이런 방식이 늘어나는 유럽의 노동력을 흡수하지 못했음을 의미한다. 다른 방식으로 가능했을 수도 있겠지만 국내 농업의 광범위한 확대는 생태적으로 어려웠을 뿐만 아니라 산업 노동력의 확대를 받아들이기도 힘들었을 것이다. 1850년 이후, 결국 영국의 농업 노동력 절대치가 감소하기 시작했을 때, 이전에는 이용할 수 없었던 기술과 농업 수입품이 모두 대규모로 증가했다. 노동력 투입이 줄어들었을 때 생산량은 꾸준했지만 많이 증가하지는 않았다.[80] 이는 5장에서 논의한 이례적인(유럽에서) 덴마크 사례와 대조해보면 놀랄 만하다. 그런 상황에서 노동 집약적인 방법을 통해 생태적 안정을 찾아가는 것은 수십 년 동안의 산업화와는 상반된 것처럼 보인다. 이런 대다수 농업의 한계 수익—그리고 도시와 지방 노동자 모두의 실질 임금—은 낮고 갈수록 하락하는 추세였기 때문이다.[81]

필요한 섬유와 그 밖의 토지 집약적 투입 요소를 제공해줄 신세계는 없었지만, 중국과 일본도 유럽 전체와 같이 오랫동안 자국의 원공업 분야를 계속 확대할 방안을 찾았다. 여기에는 또한 핵심 지역에 현지의 토지 부족을 완화하기 위한 무역(그리고 어업)을 어느 정도 확장하는 게 포함되었다. 그러나 유럽의 해결 방안과 비교해보면 두 나라는 자국 농업 분야, 특히 섬유 생산의 강화 및 확대에 더욱 주력했다. 그리고 이런 과정은 18세기 말에 진행 속도 둔화와 상당한 생태적 비용을 유발했다. 일본의 인구는 1750년경 성장을 멈춘 반면, 중국은 다음 세기에 인구가 계속 증가하긴 했지만 원공업에 종사하는 인구 비율은 정체하거나 혹은 오히려 감소했던 것으로 보인다. 대부분 광범위한 원공업이 이루어진 중국에서 실제로 중대한 산업화가 쇠퇴한 지역은 없다. 대신 중국에서는 1750년에 비해 1850년에 대규모 농업이 이루어진 지역의 인구 비율이 훨씬 더 높아졌다.

1750년 중국 인구의 약 16~21퍼센트를 차지했던 양쯔 강 삼각주에서 가장 발전한 지역은 1850년경 겨우 9퍼센트, 1950년에는 약 6퍼센트에 불과했다. 앞으로 간단히 살펴보겠지만, 원공업에 종사한 이런 지역의 인구 비율은 약간 감소했지만, 어쨌든 청 제국에서 가장 큰 원공업 지역은 총 인구수가 일정하지 않았다. 링난에서 두 번째로 큰 원공업 거대 지역은 1750~1850년 인구 증가율이 약 75퍼센트였지만, 중국 전체는 약 100퍼센트 증가했다. 게다가 링난의 성장 불균형은 농업과 임업이 크게 제한을 받던 광시 지역 때문에 발생한 것이다.

이와 같이 농업 중심 지역 가운데 일부에서 원공업이 발전했더라도 1750년 이후의 인구 성장에서 농업이 큰 몫을 차지했다는 것은 1850년대의 중국이 1750년대 그리고 1950년대 못지않게 농업 중심 국가였음을 의미한다. 게다가 내륙의 농장 전역에 흩어져 있고 흔히 이상적인 농경 가정의 일원으로 보이는 원공업 노동자는 토지에 묶여 있지 않은 실제 프롤레타리아처럼 쉽게 가설상의hypothetical 공장으로 일자리를 옮길 수 없었다. 이처럼 200년 동안 혹은 1750년 이후 중국은 비교적 용이한 '성장' 경로를 따라 산업화하는 데 유리한 위치를 확보하지 못했으며, 대신 농업 분야에서 직접 공장 노동자 대부분을 끌어들이는 데 따른 모든 문제에 대처해야 했다.

그러나 미국의 초기 산업화 주역이 모두 대규모 원공업 분야에 종사했던 사람은 아니라는 점을 상기하는 것은 중요하다. 실제로 케네스 소콜로프와 데이비드 달러David Dollar는 19세기 미국과 영국을 비교하며, 영국에서 계절적 변동이 훨씬 더 심했던 농업 노동은 공장을 기반으로 한 산업 발전을 둔화시켰다는 점을 강조했다. 연중 일부 시기에 공장에서 일할 수 있는 대규모 노동자가 있었지만 임금 측면에서는 그들이 토지를 완전히 떠나면서 필요로 했던 것보다 훨씬 더 적었다. 그리고 수공업은 공장과 지속적으로 경쟁을 벌였다는 게 드러났으며, 공장과 설비 그리고 관리에 중점을 둔 투자는 농업과 산업 노동력이 좀더 완전히 분리했을 때보다 이득이 없었다. 반대로 미국에서 토지 대비 노동 비율이 매우 우세했다는 것은 농부가 곡물 재배를 에이커당 생산량은 적지만 시간당 임금은 양호한 다른 활동—예를 들면 축산업, 벌목, 과수 재배, 개간—으로 보충할 수 있었다는 것을 의미했다. 그러므로 지방의 노동력은 수공업에 많이 의존하지 않고 정규직으로 채워졌다. 그래서 공장이 세워졌을 때 영국(특히 영국 남부의 곡물 재배 및 수공예품 생산에서)보다 훨씬 더 빠르게 성장할 수 있었다.[82]

이런 주장은 영국과 미국 두 나라에 설득력이 있다. 그러나 미국의 상황은 앞서 살펴본 유럽 핵심 지역과 근본적으로 달랐다. 매우 우세한 토지 대비 노동 비율은 미국의 농장이 (이민 혹은 빠르고 자연적인 증가 및 도시와 시골 간 이주로) 분리된 산업 노동력을 수월하게 먹여 살릴 수 있었다는 것을 의미한다. 아울러 이는 농부들이 산업 고용 없이도 충분히 윤택한 삶을 누리는 상태였으며, 꽤 값비싼 노동력으로 만든 공산품도 구매할 수 있었다는 것을 의미한다. 한편 원거리 무역과 관세는 흔히 더 값싼 노동력을 사용하려는 유럽 제조업자들이 미국 시장 전부를 장악할 수 없게끔 했다.

그런 특별한 상황에서 과거 농부였던 사람들(매사추세츠, 아일랜드 혹은 독일에서 온) 사이에서 노동자를 구해야 했던 미국 공장들은 '성장' 모델과 반대로 영국 공장보다 더욱 빠르게 성장할 수 있었을 것이다. 하지만

18세기 구세계에서 어느 지역도 엄청난 인구 증가를 감당할 수 없었다. 지역 농장의 생산량을 늘리거나 산업 수출품을 생산하는 것으로는 1차 생산물을 구할 수 없었기 때문이다. 그리고 구세계 핵심 지역의 시골 인구는 원공업에 효율적이지 않았다. 이는 상당히 노동 집약적인 연중 다작을 하거나(예를 들어, 링난 지역에서) 19세기 미국 농장에서 볼 수 있는 수익성 높은 토지 집약적 고용보다는 취약한 생태를 보호하기 위한 수많은 작업(예를 들어, 덴마크에서 시행한 이회토 뿌리기와 배수로 건설 작업 등) 때문이었을 가능성이 더 높다.

이와 같이 구세계 핵심 지역은 미국 같은 방식으로 공장 노동력을 만들 수 없었다. 그곳에서는 사람들을 전일제 원공업에 투입하느냐, 아니면 최소한 시간제 농업이라도 하게 하느냐의 선택밖에 없었다. 그렇다면 원공업 노동자를 끌어들이는 것이 구세계의 산업 노동력을 만들어내는 데 가장 유리한 방법이었던 것으로 보인다. 영국은 이런 방식을 취함으로써 양쯔 강 삼각주 같은 지역보다 훨씬 부유해졌는데, 양쯔 강 삼각주는 영국이 했던 방식으로 보완해줄 주변부의 교역 상대가 없었다.

이런 주장은 또한 모키어가 제시한 유럽 산업화에 대한 '성장' 모델의 또 다른 형태로 나타날 수 있다. 이 모델은 농업에서 노동 생산성이 원공업보다 떨어지면 사람들은 우선적으로 원공업 활동에 매달린다고 추정한다. (농업은 원공업보다 유리한 위치에서 시작했지만 토지 공급이 제한적이기 때문에 훨씬 더 급속하게 큰 폭으로 하락했다.) 그러므로 일정 한계치를 넘어선 여분의 노동력은 모두 원공업으로 투입될 것이다. 문제의 지역은 식량과 수공예품 교역이 이루어지는 '세계' 시장의 상대 가격에 영향을 받지 않고, 식량(여기에 섬유와 목재를 추가할 수도 있다)과 교환하기 위해 계속 원공업 생산품을 수출할 수 있기 때문이다.

흔히 '소국小國의 가정assumption'이라고 말하는 이런 상태는 네덜란드와 벨기에에 완벽하게 들어맞는데, 이런 성장 모델은 모키어가 발전시킨 것이다—아울러 이 모델은 어떤 점에서는 양쯔 강 하류와 링난 그리고 간토와 기나이 지역에도 들어맞는다. 우리가 살펴보았듯 양쯔 강 삼각주 지역은 1차 생산물을 다량으로 수입했지만—3600만 명의 인구가 식량과 목재, 콩깻묵 비료 등의 15~22퍼센트를 수입했다—그들이 의지한 배후지와 그 상거래망은 상당히 광범위해서 18세기 중반 이 지역의 무역을 살펴보는 데에는 '소국의 가정'을 적용하는 것도 가능하다. 그러나 양쯔 강 중상류와 중국 북부 같은 일부 배후지에서 인구가 좀더 증가하고 농업 수익이 감소하면서 현지의 원공업을 좀더 발전시키게 되자 무역 조건은 원공업 생산자들에게 불리한 쪽으로 변화했다.

은으로 표시하는 면직물 가격은 해마다 변동이 있었지만 1750~1850년 명목상의 직물 가격은 변동이 없었던 것으로 보인다.[83] 광둥 지역에서 원면 가격은—비교적 양호한 자료에 따르면—뚜렷한 동향을 보이지 않는데, 보통은 단기간의 변동이 극심했다.[84] 양쯔 강 하류 지역에서 은으로 표시하는 쌀 가격은 같은 시기에 40퍼센트가량 높아졌다.[85] 이런 유일한 증가는 2장에서 언급한—방적 및 방직 작업을 하는—가설상의 여성 수입이 약 30퍼센트까지 감소한 셈인데, 쌀로 계산하면 1750년 7.2섬에서 1850년 5섬으로 줄어든 것이다.

게다가 기시모토 미오岸本美緖가 수집한 단편적인 자료는 양쯔 강 하류 지역 자체에서 원면 가격이 1750~1850년 상당히 올랐음을 보여준다. 이런 결과는 광둥의 가격 동향과 일치하는데, 이는 두 지역 간 운송 비용이 18세기 후반과 19세기 초 급격히 하락했기 때문이다. 또한 17세기 양상과도 일치하는데, 이때는 양쯔 강 삼각주 지역의 원면 가격이 쌀 가격을 거의 따라잡은 것으로 보인다.[86] 만약 기시모토의 자료가 장난 지역과 얼추 맞는다면, 방적 및 방직 수입의 하락은 1750~1794년에만(그녀의 자료는 여기까지였다) 약 50퍼센트였을 것이다. 비록 매우 높은 기준 수치에서 하락한 것이긴 하지만 말이다. 그리고 원면 가격 동향이 오랜 기간에 걸쳐 쌀 가격을 뒤쫓아왔다고 생각하면, 가설상의 방적 및 방직 기술자의 쌀 구매력은 1750~1800년 25퍼센트 하락하고 1840년에는 37퍼센트 떨어졌을 것이다.[87] 아울러 소금이나 땔감의 경우에는 훨씬 더 하락했을 것이다.

그런데 이런 보잘것없는 수입이라도 여전히 여성 자신의 생계를 유지하는 데 필요한 것은 충족할 수 있었다. 그리고 중국의 '성별 차이'는 유럽보다 심하지 않았는데, 남성의 농업 임금(실질적으로는 하락한)은 생계를 유지하기에 충분한 수준이었다. 하지만 기계로 만든 직물과 경쟁하기 전임에도 가내 직물 생산 소득이 상당히 감소한 것으로 나타났다. 아주 고품질의 면직물을 짜는 여성은 이런 압박에서 벗어날 수 있었는데, 같은 시기에 가격이 거의 2배였기 때문이다.[88] 그러나 이런 뛰어난 기술을 가진 여성은 매우 드물었고, 아마도 이런 여성은 매년 더 많은 양을 생산했을 것이다.

모키어의 모델에서 양쯔 강 하류 지역의 원공업 노동 수익 감소는 지나치게 수익이 적었던 예전의 농업으로 얼마간의 노동력을 이동하게끔 만들었다. 그 결과 농업에 대한 집중이 더욱 심해졌고 일부는 산업화 쇠퇴 징조와 결합했다.[89] 그런 이동이 심하지는 않았지만, 한 가지 지적할 만한 것이 있다. 양쯔 강 하류 지역에서 온 원면은 19세기 초 광저우(광둥) 지역에서 가격이 저렴해지고 물량이 많아 인도산 면화를 팔기 위해 가져온 외국 상인을 크게 실망시켰다. 면화 가격이 떨어진 것은 운송 방식 향상이 주된 요인이었지만[90] 면화의 양적 증가는 아마도 양쯔 강 삼각주 지역의 면화가 현지에서 방적 및 방직되는 게 아니었음을 시사한다. 하지만 이 시기 양쯔 강 하류 지역의 원면 생산량은 증가하고 중국 북부 지역의 수입이 감소하고 있었을 가능성은 거의 없어 보인다.

그렇지만 양쯔 강 삼각주 지역의 여성 대부분은 수익이 줄었어도 방적과 방직을 계속했다. 앞에서 살펴본 대로 사실상 19세기에 이 지역에서 여성이 남성과 함께 들판에서 일하는 현상은 완전히 사라졌다.[91] 일부 가정에서 자신의 아내와 딸을 사람들 눈에 잘 띄는 들판으로 보내기 싫었던 것이라면—그리고 아마도 수입을 유지하기 위해 직물 생산량을 늘리려 했을지라도—이는 골드스톤이 묘사한 유사 역진화적인 상황quasi-involutionary situation과 비슷할 것이다. 하지만 아주 적은 임금을 받고 가내 방직 및 방적을 하느라 '갇혀 있는' 여성은 공장에 기반을 둔 직물 생산에서만큼 수익을 내지는 못했다. 이 시기에 나타난 이런 양상은 영구불멸의 규범(필립 황이 주장한 대로)에 근거한 장기적인 중국 발전의 기본 특징이라기보다는 일시적인 상황일 것이다. 그리고 너무도 늦게 나타난 양상이기 때문에 골드스톤이 제안한 것처럼 공장의 발전이 없었던 것에 대해서는 어떤 기초적인 설명도 해주지 못한다.[92] 그렇지만 골드스톤이 나중에 펴낸 논문에서 주장한 대로 일단 기술을 이용할 수 있게 되자 국내 섬유 생산은 공장 생산으로 서서히 대체되었다. 어쨌든 이런 여성은 여전히 세대를 구성하는 일원이었으며, 남성(그리고 자식들도 어느 정도까지)은 점점 노동 집약적인 농업 방법과 연료 채집 그리고 토지 관리로 내몰렸다. 이는 산업화에서 그리 좋은 조짐은 아니었다.

비슷한 압박에 대한 일본의 대응은 중국과 마찬가지로 똑같은 기본 구조 내에서 이루어졌으나 장기적 차원에서 영향을 미칠 수도 있는 몇 가지 차이점이 있었다. 무엇보다 일본의 인구가 중국이나 유럽보다 이른 시기에 사상 최고치를 돌파했으며, 계속 그 수준을 유지했다. 일본의 인구 증가는 유럽과 중국 모두 감소하던 17세기 후반에 눈에 띄게 높아졌다. 이런 양상은 1720년경 안정기에 도달해 1860년경까지 지속되었다.[93] 19세기 초 중국의 인구가 느리지만 꾸준하게 증가한 것에 비해 장기간 제로 성장을 보인 일본은 생태적 제약에 따른 인구 조절이 급속하고 철저하게 이루어졌음을 보여준다. 하지만 반대로 상황이 훨씬 악화했기 때문에 인구 조절이 더욱 급격해졌다고 주장할 수도 있다. 어쨌든 1860년경까지도 일본의 전반적인 인구 밀도는 중국보다 훨씬 높았다.[94] 그리고 엄청나게 증가한 일본의 원양 어업이 중국에서는 거의 사용하지 않는(어업을 통해 잡은 물고기는 식량이나 비료로 사용했다) 일종의 생태적 구제책을 제공한 반면, 일찍이 발달한 체계적인 삼림 육성법 또한 인구 조절에 중요한 수단이었다.[95] 그리고 일본 역시 핵심 지역에서 원공업을 추가 확장하는 데 심각한 어려움을 겪었다.

1730년대에는 농산물 가격이 공산품 가격에 비해 가파르게 상승했다. 이후 또 다른 급격한 상승세를 보이기 시작한 1820년대 후반까지는 보합세를 보였다. 1735~1825년에 일반적인 평균 수준은 1720년대 중반 최고치였을 때보다 약 20퍼센트를 웃돌았고, 1730년 바닥세를 나타냈을 때보다 50퍼센트나 초과하는 수준이었다.[96] 필자는 일본 간토나 기나이 지역에서 상대 가격 변화에 대응해 산업 공동화deindustrialization 조짐이 없었다는 사실을 알고 있다. 하지만 그 지역의 인구는 감소했다. 간토 지역은 1751~1821년 인구가 16퍼센트 감소했고, 기나이 지역은 아마도 5퍼센트 감소했을 것으로 보인다. 반면 괄목할 만한 인구 증가를 보인 곳은 대개의 경우 1870년에 비교적 지속적으로 인구 밀도가 낮은 지역이었는데, 사이토 오사무의 지방 산업화지수에 나와 있는 국가 평균치보다도 훨씬 낮았다. (이와 대조적으로, 기나이 지역 인구 밀도와 지방 산업화지수는 국가 평균치보다 2배 높았다.)[97] 오래된 독점이 완화하고 있던 토사 같은 빈곤한 지역에서 산업과 인구가 크게 성장했다는 것은 이미 앞에서 살펴보았다. 그렇지만 여러 가지 독점 형태는 계속 존재했고, 그것이 인구 이동을 가로막았다. 일본 주변부 지역의 인구 성장에 대한 이런 장애 요인은 중국보다 많은 주변부 지역까지 산아 제한 압박이 확산했기 때문일 가능성도 있다(몇 가지 비교는 현재 자료를 가지고 추측한 것이긴 하지만). 그러나 궁극적으로는 대부분의 유럽 대륙은 가지고 있었지만 중국엔 부족했던 어느 정도의 유휴 생산 능력을 보호하기 위함이었다. 바꿔 말하면, 일본 전체에서 가장 발전한 지역의 인구 비율은 중국과 마찬가지로 줄어들긴 했지만, 주변부 지역의 성장이 좀더 안정적이었기 때문에 중국보다는 훨씬 완만하게 감소했다. 또한 노동 강도가 증가하긴 했지만, 이는 거의 전적으로 노동 시간이 늘어났기 때문이지 인구가 늘어났기 때문은 아니다. 도시와 소도시는 지방에 비해 상대적으로 약한 성장세를 보이긴 했지만 말이다.[98] 하지만 지방의 비교적 훨씬 높은 도시화율 또한 모키어가 언급한 "가상 잉여pseudo-surplus" 노동력이 중국의 경우보다 수공예 분야에(농업에서와는 대조적으로) 많이 축적되어 있었음을 시사한다.

우리가 예상한 대로, 인도 이야기는 일본의 경우와는 또 다르지만 어쨌든 똑같이 일반적인 구조에는 들어맞는다. 게다가 인도와 중국의 차이점은 일본과의 차이점과는 상반되게 나타나며, 이는 인도가 좀더 심각하게 오랜 기간 산업화를 가로막았음을 시사한다. 이미 살펴본 대로 인도에서는 중국이나 서유럽보다 늦은 시기에 인구가 늘어나기 시작했다. 일본보다도 훨씬 늦는데 아마도 1830년 이후, 아니면 1800년 이후가 거의 확실하다.[99] 19세기 인도에서는 경작지가 상당히 많이 증가했고 전반적으로 식량과 연료, 섬유 혹은 건축 자재가 심각하게 부족한 징후는 없었다. (물론 분배는 상당히 다른 문제였다. 예를 들면 19세기 후반, 인도는 많은 양의 곡식을 수출한 반면, 가정에서는 심각한 굶주림을 겪었다.) 하지만 뒤늦게 식민지 이전 식의 상업화가 지속되었음에도 불구하고, 영국이 지배하던 초기에는 농업이 아닌 일에 종사하는 인도 인구의 비율은 아마도 감소했을 것이다. 인도 아대륙은 베일리가 "소농화"라고 말한 현상을 겪었는데, 예전에 이주한 사람들과 이전의 수공예업자 모두 점점 더 정착형 농업으로—떠밀리다시피—옮겨갔다. 이런 과정은 영국의 식민지 건설 이전에 시작된 것으로 나타나는데, 이는 부분적으로 무굴 제국의 승계를 놓고 경쟁하는 나라들이 그 지역에 정착한 이주민이 국가 통제력과 치안 그리고 국가 세입을 늘려주길 바랐기 때문이다. 소농화 과정은 영국 통치 아래서 가속화했으며, 과거 도시민이었던 사람들의 수 역시 점점 증가했다.[100]

19세기 인도의 산업 공동화 여부에 대해서는 열띤 논쟁이 계속되었다. 그때마다 자료가 충분치 않아 이 논쟁은 해결될 것 같지 않았다.[101] 그럼에도 불구하고 18세기 후반 무렵, 전일제로 근무하는 방직공과 방적공(특히 소도시에 상주하는) 수가 상당히 감소했다는 주장은 확고하게 입증된 것 같다. 처음에는 동인도회사와 일부 다른 상인들이 점차 한 사람의 잠재 구매자에게 방직공을 보냈기 때문에(특히 벵골 지역에서) 이런 평가가 나온 것처럼 보인다. 이렇게 소득이 감소하면서 많은 숙련공이 자신이 하던 일을 떠난 것이다.[102] 이후 소득은 랭커셔와의 경쟁으로 인해 극심한 추가 압박을 받기에 이르렀다.[103] 그리고 인도에서는 도시에 사는 인구 비율이 오랫동안 상당히 감소했지만—17세기 후반 13~15퍼센트에서 1881년 9.3퍼센트에 이르기까지—그 연대를 정확하게 밝히는 것은 지금으로서는 불가능하다.[104] 1595년부터 1870년대 사이의 절대적 조건absolute term(1인당 소득은 언급하지 않았다)으로 인도에서 재배한 설탕, 면화, 인디고의 가치가 상당히 떨어졌을 것이라는 사실을 알아낸 하비브의 연구 또한 인도의 산업 공동화를 시사한다.[105]

인도에서는 시간제로 일하는 방적공과 방직공의 수가 늘어난 덕분에 방적사와 직물의 모든 생산을 자국 내에서 감당하는 게 가능했을 수도 있다. 하지만 이처럼 노동자 수가 많다는 게 전일제 원공업 노동력처럼 미래 산업화에서도 동일한 중요성을 갖는 것은 아니다. 이러한 노동 인구는 농업 생산 소득 없이 나중에 공장으로 옮겨갈 수 있는 노동자가 아니었다.[106] 또한 그들은 자신의 생산품 가격이 떨어지면 잠재적 공장 소유주에게 받는 대가도 함께 줄어드는 노동자가 아니었다. 왜냐하면 그들의 수입은 대부분 농업에서 얻는 것이었기 때문이다.

따라서 19세기 초 인도는 중국, 일본 또는 서유럽보다 화폐 경제 도입은 늦었지만 노동 인구는 그들과 유사하게 이동했고 증가하는 인구와 1인당 소비량을 감당할 생태적 조건은 그들보다 많았다고 할 수 있다. 하지만 20세기 초 무렵에는 그러한 강점이 사라진 반면 인구 밀집 지역, 그런 곳에서의 원공업 발전 제한 그리고 내수 시장 제한이라는 약점을 떠안았다. 이렇게 복잡한 문제는 중국을 궁지로 내몰았을 법한 일종의 (대체로) 시장 주도형 지역 개발 때문이 아니라 정착민에 대한 식민지(어느 정도는 토착민) 당국의 특혜와 '관습'법, 농업과 임업 분야의 수출 그리고 모국의 공산품을 파는 전속 시장captive market(선택의 여지없이 특정 상품을 구매하지 않을 수 없는 소비자층이 있는 시장—옮긴이) 때문이었다. 그 결과 인구가 크게 늘어날 때에도 1차 생산물 수출에 점점 더 주안점을 두었다. 적어도 18세기 인도에서 1차 생산물은 많은 경우, 자유노동이 아니라 거의 강제와 다름없는 (어쩌면 그보다 더한 수준일 수도 있는) 노동력으로 생산했다.[107]

그러므로 농업과 상업 분야의 상당한 성장에도 불구하고 인도는 성장을 산업 중심으로 변화시키는 데 유리한 상태가 아니었을지도 모른다. 18세기의 사회적 동향이 좀더 오래 지속되었다면 일어났을지도 모를 일과 비교해보면 인구 성장과 상품을 기계로 제조하는 데서 오는 경쟁을 좀더 오랫동안 피할 수 있었던 반면, 식민지 시대 인도의 '소농화' 형태는 '저개발의 개발'이라는 꼬리표가 붙는 게 당연한 것일지도 모르겠다. 민족주의적 학자들이 주장하는 것과 마찬가지로, 영국은 아마 인도의 가능성 높은 산업 돌파구를 방해하지 않았을 것이다. 하지만 19세기에 일어난 식민 지배는 달리 그런 돌파구를 찾지 않았을 때보다 훨씬 더 인도 상황을 어렵게 만들었을 수 있으며, 유럽이나 동아시아 경제가 직면했던 변화보다도 더 힘들었을 수 있다. 바꿔 말하면 일본과 특히 중국은 '핵심 지역'의 특성을 따르는 주변부가 늘어나면서 병목 현상에 직면했을 수 있지만, 인도는 주변부의 특성을 따르는 핵심 지역이 늘어나면서 최악의 상황에 시달렸다는 것이다.

그렇다면 놀라운 일은 '소국의 가정'이 거의 비슷한 시기에 동아시아 핵심 지역에는 해당되지 않았다는 것이다. 주로 동아시아 주변부 지역의 인구 증가와 원공업은 자국의 수요와 거의 관계없이 '세계' 시장에 내놓을 만한 양의 1차 생산물을 생산하고 있었기 때문이다. 비록 영국 인구가 폭증하고 1인당 수요도 증가했지만(처음에는 서서히 1840년경 이후에는 매우 급속히), 똑같은 가정을 영국에 계속해서 적용할 필요가 있다. 나아가 차후 100년 동안 영국뿐만 아니라 끊임없이 성장해가는 '산업 국가 유럽'에도 적용해봐야 한다. 점점 늘어나는 인구와 높아지는 1인당 소비 그리고 아주 노동 집약적이지 않은 토지 관리—모두 '유럽의 기적'을 이룬 핵심 요소—는 불가능했다. 산업화 이전 시기 유럽의 시장 경제 성공(놀랍지만 그들은 이를 이뤄냈다)은 다른 지역의 인상적인 시장 경제도 성공으로 이끌어 냈다. 심지어 다른 놀라운 점—'산업혁명'이라는 독자적 역사를 이루어낸 일련의 기술 혁신—은 이러한 것 없이도 아주 천천히 발전했을 수 있다는 사실이다.

5장에서 논의했듯 서유럽이 가진 '후진성의 이점'의 놀라운 점에 대해서는 부분적인 설명이 가능하다. 다시 말해 19세기에 와서야 제도적 장벽이 누그러졌고, 그 시점에 인구가 훨씬 늘어나면서 산업화가 진행 중인 일부 지역의 수입품 수요를 유지해야 했기 때문에 국내 자원이 개발되지 않고 남아 있었다. 하지만 이미 살펴본 대로 이러한 논쟁이 영국에 적용될 가능성은 거의 없다. 아울러 섬유와 목재에도 적용할 수 없다. 또 기술력을 따라 잡는 게 예를 들면 1에이커당 생산량 증대에 도움이 되었다고 해서 그 이유 하나만으로 유럽이 나머지 전 세계 국가들보다 물가가 빨리 급등한 이유를 설명하기는 어렵다. 물론 유럽의 목재 부족 문제는 석탄에 의해 대체로 안정되었다. 하지만 이는 한동안 영국과 그 밖의 소수 몇몇 지역에만 해당하는 문제였다. 더군다나 목재의 전반적 수요는 석탄을 대량으로 사용하는 곳에서도 계속 증가했다. 왜냐하면 목재를 다른 많은 곳에서도 사용했기 때문이다. 18세기 후반을 거쳐 19세기에는 목재 수입이 전례 없는 비율로 계속 증가했다. (앞서 살펴본 대로 석탄 역시 증기 동력 및 철도 등과 관련해 다른 중요성을 갖고 있긴 했지만 말이다.)

그러므로 유럽의 핵심 지역에서 무슨 일이 일어났는지에 대해 한층 완벽한 설명을 하기 위해서는 반드시 그 주변부 지역도 살펴봐야 한다. 아울러 그 지역들이 '세계' 시장에 공급하는 1차 생산물이 감소하기보다 오히려 증가한 이유는 무엇인지 이해해야만 한다. 답변의 일부는 오랫동안 인구 성장을 억제한 동유럽 및 러시아에서의 제도적 안배, 중국 내륙 지역에서 비교적 빠르게 나타난 것과 같은 원공업화 그리고 '후진성의 이점'을 더 많이 가졌지만 1860년 이후까지 대규모 성과를 거둘 수 없었던 일본의 지역 II에 있다. 나머지 답변의 상당 부분—그리고 초기 100년 동안 원공업에서 산업화로의 전환을 통해 유럽이 얻은 가교bridge—은 이번 장에서 논의한 대로 신세계에 있다. 신세계에는 단지 자연적 풍부함뿐만 아니라 단순히 스미스식 교역보다 훨씬 빨리 유럽에 많은 풍요를 가져다 준 독특한 제도와 상황이 있었다.

이러한 제도적 요인은 몇 가지—노예 무역과 광산 노동 제도 같은—를 포함한다. 이는 시장 원리에서 출발한 것이 분명한데, 대부분의 사람은 이 제도적 요인의 역할이 오늘날의 세계를 가능케 했다는 사실을 망각하고 종종 너무도 성급하게 '전근대' 세계의 것으로 치부해버린다. 기업 같은 다른 제도는 잘 알려져 있으며, '근대적'이고 분명 유럽에서 탄생했다. 결론적으로, 사람들은 이런 제도적 요인이 유럽 대륙 밖에서 마주친 우연에 의해 만들어진 것이자 이 뜻밖의 우연을 위해 만들어진 것이라는 사실을 망각하는 경향이 있다. 게다가 이 제도적 요인이 유럽의 군사력 유지에 쓰인 엄청난 고정 비용을 부담하는 방법으로 오랫동안 가장 중요한 역할을 했을 것이라는 사실을 잊기도 한다. 다시 말해, 이러한 제도가 기업으로 하여금 해외 식민지에 '외국산' 수입품의 양을 늘리도록 강요했으며(베네치아와 포르투갈 기업처럼 오로지 이윤 폭에만 관심을 갖기보다는), 그렇게 함으로써 유럽의 영향력을 해외로 확장했다. 그럼에도 여전히 농장에는 특화한 노예처럼 잘 알려진 제도들이 있었다. 하지만 그 역할은 우리가 이 책에서 재조명한 것처럼 유럽을 위해 일종의 새로운 주변부 지역을 만들어내는 것이었다. 이런 제도 외에도 다양한 세계적 관련성이 신세계에 유럽의 영향력을 확장하는 데 유리하게 작용했다. 요컨대 무역풍은 신세계를 오가는 순조로운 항해에 도움을 주었고, 유럽 국가들의 질병 퇴치 경쟁 그리고 중국의 은 수요 또한 유럽의 영향력을 확장하는 데 유리하게 작용했다.

대부분 유럽 밖에서 유래하고 비시장적이었던 이러한 모든 요소는 대서양 무역이 아주 독특한 자아 팽창self-expanding의 경로가 되는 데 아주 중요한 역할을 했다. 유럽(특히 영국)은 이런 경로를 통해 자국의 노동력과 자본을 심각한 압박을 받는 토지를 구제하는 데 이용할 수 있었다. 그리하여 (동아시아와 달리) 유럽은 인구 증가 및 원공업 확장 추세로 돌아섰으며, 농업 분야의 획기적 진보는 더 먼 미래의 발전을 위한 자산이 되었다. 이러한 제도적 요인이 없었다면, 이와 같은 인구 증가와 원공업 확장은 훗날 대재앙을 일으키거나 19세기에 1차 생산물의 가격이 폭등해 더 이상 인구가 늘어나지 않고 원공업 확장이 불가능하도록 만들었을 것이다. 아니면 제한된 토지 기반을 활용하고 보호하는 데 훨씬 더 노동 집약적인 접근 방식이 필요해져 인구 증가와 원공업 확장을 엄격하게 제한했을 수도 있다.

따라서 다른 지역과 큰 차이점이 없는 서유럽 핵심 지역이 어떻게 독특한 돌파구를 마련하고, 19세기 새로운 세계 경제의 중심이라는 특권을 갖게 되었으며, 급증하는 인구에 이례적인 생활수준을 제공할 수 있었는지는 시장 밖에 존재하는 여러 힘들과 유럽을 넘어선 세계적 관련성을 중심으로 설명해야 마땅하다. 지역 간 비교를 통한 지금까지의 긴 여정은 적어도 이 책 도입부에서 제시한 방법론적 의문에 대한 몇 가지 해결책을 제시해준다. 다시 말해, 산업화 직전에 매우 독립적으로 발생한 요인들 가운데에서 차이를 찾으려 하기보다는 이미 존재했던 관련성이 이러한 차이를 낳는 데 중대하다는 것을 인정해야 하는 것이다.

부록 A

1인당 육로 운송 능력에 대한 비교 분석

1800년경 독일과 인도 북부 지역

수상 운송이 비용 면에서 상당한 이점을 가졌음에도 불구하고 많은 전근대 국가에서는 대부분의 상품을 육로로 운송했다. 수상 운송 방식은 많은 경우 간편하게 이용할 수 없거나 상품이 도착하고 나서도 물가에서 육로로 먼 거리 수송이 필요했기 때문이다. 그러나 산업화 이전 국가에서 육로로 운송한 실질적 혹은 잠정적 상품의 양에 대한 분석은 거의 없다.

드문 예외로, 베르너 좀바르트가 《근대 자본주의Der Moderne Kapitalismus》(2권 1부 339~341쪽)에서 1800년경 독일의 운송 능력에 대해 분석한 것을 들 수 있다. 좀바르트는 1846년의 조사에 의거해 운송에 이용한 말의 수와 독일 관세 동맹으로 인해 장거리를 이동하는 데 이용한 말의 수를 근거로 삼았다. 이 연구에서 그는 1800년 이용한 말의 수보다 1846년 이용한 말의 수가 약간 줄어든 것으로 추정했다. (왜냐하면 철도 건설이 시작되면서 아무래도 말이 갖고 있는 장점이 줄어들었기 때문이다.) 그런 다음 좀바르트는 말이 짐을 싣고 이동할 수 있는 적당한 적재량과 연간 운송 일수를 250일로 가정해 1일 이동 거리를 곱했다. (이 마지막 가정은 좀바르트가 쓴 책에 명시되어 있지 않으며, 설명도 충분하지 않다. 하지만 좀바르트가 제시한 수치와 맞추기 위해서는 이런 가정이 필요하다.) 그에 따른 결과는 연간 5억 톤킬로미터ton kilometer(화물 수송량의 단위—옮긴이), 혹은 연간 3억 2500만 톤마일ton mile이다.

최근 논문에서 이르판 하비브는 북인도 반자라의 운송 능력을 연간 8억 2100만 미터톤마일metric ton mile로 추정했다.[1] 그런데 하비브가 조사한 결과에서 한 가지 결정적 변수—반자라족의 소 떼 규모—는 정확한 통계자료가 아니라 비공식적 전문가로부터 얻은 대략적인 결과를 토대로 한 것이라는 점이다. 따라서 그 변수인 소 떼 규모를 크게 잡기보다는 적게 잡았을 가능성이 있을 것으로 보인다.

게다가 하비브는 연간 약 115일 운송에 근거해 추산했는데, 이는 좀바르트 수치의 절반에도 못 미친다. 반자라족은 지속적으로 머무를 집이 없었고, 어쨌거나 먹을 것을 찾아서 소 떼를 계속 이동시킬 필요가 있었다. 소 떼가 길을 따라 난 풀을 뜯어먹었기 때문에 그들은 매우 값싼 운송 수단인 소들에게 거의 먹이를 따로 구입해 먹이지 않았다. 같은 이유로 하비브는 소 떼가 하루에 고작 6~7마일을 이동했다고 추정했다. 따라서 하비브가 제시한 운송일 수치—가능한 한 변수를 적게 잡아 추산하기 위해 선택한—는 비교하기에 지나치게 낮은 것으로 보인다. 운송 능력을 분석하기 위해서는 작업한 일수로 추산할 게 아니라 하루에 이용 가능한 운송 용량을 비교해야 한다. 그래서 필자는 다른 방법을 선택했다. 그 결과 독일이 우세하다는 쪽으로 약간(그저 약간일 뿐이긴 하지만) 기울었다. 다시 말해 좀바르트가 운송 일수로 추산한 가정이 타당하긴 하지만, 대략 연간 230일(독일이 250일인 것에 비해) 운송을 반영하면 하비브의 추산은 2배, 곧 연간 16억 4200만 미터톤마일, 혹은 좀바르트가 추산한 수치의 5배를 약간 넘는 수준이 된다. 운송 능력 비교에서 결정적으로 불확실한 것은 좀바르트가 영국의 미터톤을 사용했는지, 아니면 미국의 미터톤을 사용했는지 명시하고 있지 않다는 점이다(미터톤은 무역 거래에서 중량을 사용할 때 1000킬로그램을 1톤으로 하는 수량 단위를 말한다. 영국에서는 1016킬로그램이 1톤이고, 미국에서는 907킬로그램이 1톤이다—옮긴이). 만약 그가 의미하는 것이 전자라면, 북인도의 수치는 10퍼센트가량 많아지므로 독일의 5.5배일 것이다.

마지막으로, 인구수로도 나눠봐야 한다. 여기에서 사용하는 수치 역시 대략적인 것이지만, 타당한 범위는 명시할 수 있다. 맥이브디C. McEvedy와 존스R. Jones는 1800년 향후 독일 제국이 된 지역(좀바르트가 말의 수를 조사하는 데 근거로 삼은 관세 동맹에 포함된 지역과 거의 비슷하다)의 인구수를 2400만 명이라고 제시했다.[2] 니퍼다이Nipperdey는 동일한 시기에 동일한 지역의 인구가 3000만 명이라고 제시했다.[3] 반면 인도 인구수에 대한 추산은 매우 다양하다. 《케임브리지 인도 경제사Cambridge Economic History of India》에서 1800년경 인도 아대륙 인구를 추산한 범위는 1억 3900만~2억 1400만 명이다. 그렇지만 대부분의 추산은 1억 7000만~1억 9000만 명 정도이다.[4] 만약 반자라족의 활동 범위 밖인 남인도 인구를 대략 2000만 명으로 추산한다면,[5] 인도 아대륙의 인구는 1억 5000만~1억 7000만 명일 것이다. 그러므로 인도 어느 지역이든 독일 인구수의 5~7배에 달하며, 육로 운송 능력은 5배 혹은 5.5배일 것이다.

이 같은 자료는 독일의 1인당 육로 운송 능력이 북인도보다는 앞섰지만 차이는 그다지 크지 않았음을 시사한다. 게다가 이 책에서 다룬 자료가 아마도 인도에 대한 편견을 갖게 했을 것이다. 반자라족은 장거리 운송을 전문으로 했는데, 이는 우리가 현지 시장에 상품을 운반하는 동물 운송과 다른 단거리 이동을 배제하고 있음을 의미한다. 그런 이동이 산업화 이전 국가에서 아마도 육로 운송의 대부분을 차지했을 것이다. 이와 대조적으로 좀바르트는 운송에 이용하는 모든 말의 수를 계산했다. 특히 상품보다는 사람을 이동시키는 데 주로 사용한 말의 수까지 포함했다. 자료의 불확실성을 고려해볼 때, 최종적인 비교는 불가능하다. 하지만 독일과 인도 북부의 운송 능력은 거의 비슷했을 것이며, 두 지역 모두 사용하지 않은 운송 수단이 존재했을 것이다.

부록 B

18세기 후반 중국 북부 지역과 유럽의 농장에서 사용한 비료의 평가 및 이로 인한 질소량 변화

만철滿鐵(일본이 대륙을 침략하는 데 발판으로 삼은 만주철도주식회사의 약칭—옮긴이) 조사부의 20세기 자료(다른 관점에서 정확해 보이는)에는 중국 북부 지역의 빈곤한 마을에서 경작지 1무당 1800~2000근(1근은 약 600그램—옮긴이) 정도의 거름을 사용했다고 쓰여 있다. (필자는 거름 사용량을 1900근으로 추정해 설명했다.) 아울러 만철 조사부는 중국 북부 지역의 좀더 발전한 마을에서는 경작지 1무당 3000근의 거름을 사용했다고 기술했다.[1] 이것을 에이커당 킬로그램 단위로 환산하면 경작지 1에이커당 6600~1만 600킬로그램에 해당한다.

이러한 수치를 추정하기 위해 필자는 18세기 후반으로 돌아가 경작지를 일구는 가축이 매우 부족한 나라에서는[2] 돼지와 인간이 가장 중요한 거름 공급원이라고 가정했다. 그리고 추가적으로 퍼킨스가 추산한 돼지 사육 두수를 근거로 했는데, 그 수는 대략적으로 중국의 인구 추세와 유사했다.[3] 필립 황이 1790~1933년 허베이 성과 산둥 성의 인구수를 집계한 수치를 활용하면,[4] 18세기 후반의 거름 공급량은 1930년 수준의 약 60퍼센트였을 것이다.

그러나 18세기 후반의 거름 공급량이 더 적은 이유는 20세기에 비해 경작지가 더 적었기 때문이다. 황이 제시한 1933년 수치와 1753~1812년 거름 공급량 수치의 중간값을 비교하면(어쨌든 그 수치들은 서로 매우 유사하다) 1933년 수치가 1.4배임을 알 수 있다.[5]

계산한 결과, 경작지 1에이커당 거름 공급량은 5600~8900킬로그램 정도로 슬리허르 판 바트Slicher Van Bath가 18세기 후반 유럽의 수치로 제시한 4000~5600킬로그램을 훨씬 웃돈다.[6] 그리고 이런 불확실한 '유럽의' 자료는 네덜란드, 라인란트(독일과 프랑스, 룩셈부르크, 벨기에, 네덜란드 사이의 국경부터 라인 강에 이르는 지역—옮긴이), 영국, 프랑스 자료와 상당히 다르다. 아울러 중국 북부 지역 거름의 질은 비록 입증할 수는 없지만 유럽과 같거나, 아니면 유럽보다 나았을 가능성이 있다.

작물 생산량과 거름 공급량의 수준으로 토양 양분 자체의 유형을 알아내는 것은 아주 부정확한 작업이다. 일정량의 거름 투입으로—아니면 훨씬 더 중요한 콩과 식물 같은 질소 고정 작물에 의해—얼마나 많은 특정 영양소가 토양에 더해지는지는 일부 알 수 없는 요인을 포함한 여러 가지 변수에 따라 결정되기 때문이다. 이는 많은 지역적 조건의 영향을 받으므로 오늘날에도 최선의 추정 방법은 수치 범위를 폭넓게 잡는 것뿐이다. 극단적인 예를 들면, 1헥타르당 콩과 식물이 질소 15~331킬로그램을 고정시킨다고 보는 것이다.[7] 그럼에도 불구하고 이는 서유럽과 중국에서 농사로 비롯된 질소량 변화를 비교하는 데는 어느 정도 유용하다. (여기서는 특정 작물 1톤으로 얻은 질소량 같은 결정적 매개 변수에 대해 보고된 평균 결과를 사용한다.) 질소는 식물의 생장에 결정적으로 필요한 세 가지 '대량 원소' 가운데 하나이기 때문에 관심을 가질 만하다. 대량 원소 가운데 하나인 인의 양은 질소의 양과 밀접한 상관관계를 보인다. 반면, 마지막 요소인 칼륨은 분석하기가 훨씬 더 어렵다. 막대한 양의 칼륨이 토양에 존재하지만 식물에는 유용하지 않을 수 있는데, 그 이유는 정확히 알려져 있지 않다.[8] 게다가 대부분의 작물은 질소를 양분으로 이용할 수 있는 형태로 토양에 오랜 기간 저장할 수 없기 때문에—질소 고정 작물 재배로 인한 것은 제외하고—질소량의 변화는 많은 경우 전근대 시대에 토양 생산력을 제한하는 요인이었다.[9]

이러한 단서와 함께 필자는 피터 보든Peter Bowden이 다양한 매개 변수로 평가한 자료를 활용해 중국 북부 지역에서 재건된 '전형적인' 농장과 영국의 전형적인 농장을 비교했다.[10] 대체로 영국의 재배 방식은 양쯔 강 하류나 링난 또는 중국에서 경제적으로 발전한 대부분 지역과 좀더 유사하지만, 밀과 논벼의 생태적 차이점은 극복할 수 없는 문제다. 이 책에서는 최소한 중국 북부 지역 자료만을 활용해 유사한 작물을 비교했다. 말하자면 밀 1톤 재배에 따른 질소 감소량에 대한 특정 평가치를 채택함으로써 사례 간 비교를 왜곡하지 않으려 했다. 필자는 중국 북부 지역 농장에서 보통 두 번은 밀을 심고 한 번은 콩을 심는 식으로 2년에 3모작으로 윤작을 했다고 가정했다. 한편 영국 농장에서는 밀을 2년간 심고 다음 해에는 질소 고정 작용을 돕는 클로버를 심는 식으로 1년에 한 가지 작물만 재배했다고 가정했다.

밀의 이삭과 줄기가 성장하며 토양에서 흡수하는 질소는 밀 1킬로그램당 약 0.0234킬로그램인 것으로 알려졌다.[11] 밀짚을 다시 토양에 갈아 묻는다고 가정하면—일반적인 방식으로—적어도 밀짚에 있는 질소의 절반이 이 과정에서 사라진다.[12] 따라서 유럽식 농법으로는 밀 1킬로그램당

0.0214킬로그램의 질소가 필요할 것이다. 비록 과장된 것이긴 하지만 중국 북부 지역 토양에서 모든 작물의 잔해가 없어진다고 가정하면, 생산한 밀 1킬로그램당 질소 손실은 최대 0.0234킬로그램이다.

1770년대 영국의 밀 생산량은 평균적으로 1에이커당 약 23부셸bushel(곡물의 무게 단위로 밀이나 콩의 경우 1부셸은 약 27.2킬로그램—옮긴이)이었다.[13] 8부셸은 1쿼터quarter(유럽의 곡물 무게 단위—옮긴이)[14]이고 5쿼터는 1톤이다.[15] 이를 킬로그램으로 환산하면 1에이커당 523킬로그램이다. 18세기 후반 중국 북부 지역의 수치를 직접 구하기는 아주 힘들다. 그렇지만 1930년대의 최적 추정값은 1무당 약 100근의 밀을 생산한 것으로 볼 수 있다.[16] 이 시기 중국 북부 지역의 밀 경작지 1무당 작물 잔해량을 고려해보면(《산둥의 축업山東の畜業》[17]에 따르면 140근), 매우 실질적인 당시의 밀 도정률을 알 수 있다. 만약 1인당 식량 생산량이 변하지 않았다는 퍼킨스의 주장을 활용해서 1800년대의 1무당 생산량을 실제로 농사짓는 토지와 인구수의 동향을 고려해 (대략적으로) 조정하면, 1800년도 수치는 1에이커당 약 306킬로그램이라는 결과를 얻을 수 있다.[18] 따라서 6년 동안의 추이를 살펴보면, 영국 농장에서는 네 번의 밀농사로 1에이커당 총 2092킬로그램을 생산하고, 중국 북부 지역 농장은 여섯 번의 밀농사로 1에이커당 총 1816킬로그램을 생산했을 것으로 예상할 수 있다. (중국의 식량 생산 규모로 보아 중국 북부가 상대적으로 생산량이 적은 지역이기도 하지만 이곳에서 콩을 세 번 수확했다고 해서 영국 농장에 비해 전체적으로 훨씬 더 나은 식량 생산지라고 할 수는 없다.)

영국에서는 6년 동안 밀을 재배하는 데 1에이커당 44.77킬로그램의 질소를 사용하고, 중국에서는 1에이커당 42.49킬로그램을 사용해야 했다. 거름을 시작으로 이제 우리의 연구 노력을 보완해보자.

이와 같은 동시대의 수치는 가축 분뇨 거름으로 토양에 공급한 질소량이 거름 생중량(채취 직후의 건조 전 중량—옮긴이)의 약 0.9퍼센트이며, 그중 절반 혹은 그 이상이 토양에 공급된 이후 증발해 사라진다는 것을 시사한다.[19] 만약 이 수치를 18세기 후반에 적용한다면, 영국과 중국 북부 지역의 농장이 질소 고정 작물 없이도 질소 손실량을 손쉽게 보충했을 것 같지만 이는 불가능해 보인다. 그 이유는 두 지역(사실 거의 모든 지역)의 농부들은 높은 생산량을 유지하기 위해 윤작이 절대적으로 필요했을 것이기 때문이다. 그리고 20세기 후반의 질소 공급량 수치가 18세기 후반에 비해 매우 높은 데는 적어도 두 가지 이유가 있다. 첫째는 농부들이 이전 사료보다 훨씬 더 영양분이 많은 시판 사료를 먹인 가축들로부터 거름을 생산했기 때문이다. 둘째는 위의 수치가 갓 만든 거름을 사용했을 때를 적용한 것이기 때문이다. 거름은 빨리 사용하지 않으면 거름으로서 가치가 급격히 떨어진다.[20] 그러나 노동력 절감을 고려해 중국과 유럽에서는 거름을 잠시 모아두었다가 뿌리는 수밖에 없었다. 그리고 사실상 영국의 일부 농장에서 대량으로 거름을 주는 작업은 1년에 한 번 이하였다.[21]

따라서 토양을 기름지게 함으로써 얻는 이익은 20세기 추정치로 제시한 것보다 훨씬 낮을 수밖에 없지만, 얼마나 낮은지는 알 수 없다. 그러나 토양 비옥도에 따른 이익 절대치의 수준이 어느 정도였든 중국 북부의 농장은 중국의 다른 지역보다 아마도 상대적으로 우위에 있었을 것이다. 중국 북부 지역의 농부는 무게로 따져봤을 때, 1에이커당 60퍼센트 정도 많은 양의 거름을 주었을 뿐만 아니라 앞에서 언급한 대로 가축 분뇨를 묵혀둠으로써 발생하는 영양분 손실 가능성을 줄이기 위해서 좀더 자주 거름을 주었기 때문이다. 가장 중요한 이유는 중국의 경우 대부분의 가축 분뇨 거름을 돼지 분뇨로 만들었다는 것이다. 반면 영국에서는 젖소나 육우로부터 분뇨를 얻어 거름을 만드는 경우가 대부분이었다. 적어도 오늘날 돼지는 2.0~7.5퍼센트(생중량을 측정했을 때)의 질소를 포함한 상당히 좋은 거름을 만들어낸다. 그에 비해 육우는 0.6~4.9퍼센트, 젖소는 1.5~3.9퍼센트의 질소를 포함한 거름을 만들 수 있다.[22] 중국은 고품질의 거름을 자주 투입함으로써 영국보다 토양에 확실한 도움을 주었을 것이다.

마지막으로, 질소 고정 작물에 대해 이야기해보자. 중국 북부 지역에서 질소 고정 작물은 일반적으로 대두大豆였으며 영국에서는 완두콩, 강낭콩, 아니면 클로버였다. 클로버는 완두콩이나 강낭콩보다 훨씬 더 나은 질소 고정 작물이다. 현재의 조건으로 본다면 대부분의 클로버 뿌리에 붙어 있는 박테리아는 1에이커당 24~94킬로그램의 질소를 고정하는 역할을 하는데, 다양한 품종의 평균치는 1에이커당 60킬로그램이다. 이는 대두가 1에이커당 48킬로그램의 질소 고정 효과가 있으므로 클로버의 질소 고정 효과가 약간 더 높다는 것을 의미한다.[23] 그렇지만 우리의 이번 연구는 6년 동안 중국에서 콩을 세 번 재배하고, 영국에서 클로버를 두 번 재배한다고 가정했다. 그러므로 질소 고정 작물의 평균 효과를 비교해보면, 또다시 중국 농장이 우세하다고 볼 수 있다. (6년마다 1에이커당 질소 고정 효과는 중국이 144킬로그램인데 비해 영국은 120킬로그램에 불과했다.)

이런 비교는 여러 가지 불확실성이 있지만, 적어도 중국이 영국보다 상황이 더 좋지 않았다고 추정할 이유가 없음을 다시 한 번 보여주는 것이기도 하다. 그리고 영국 농장에서 클로버를 심지 않고 땅을 1년 동안 묵힌 뒤 완두콩이나 강낭콩을 재배한 게 아마도 상황을 훨씬 더 악화시켰을 것이다. 일반적으로 콩은 현재의 질소 고정 범위로 따졌을 때 1에이커당 4~26킬로그램을 고정한다(평균 12킬로그램). 그리고 완두콩은 1에이커당 7~31킬로그램의 질소를 고정한다(평균 22킬로그램). (렌틸콩은 이보다 약간 높고 누에콩은 훨씬 더 높다.)[24] 반면 스밀이 평가한 콩의 평균 생산량은 1에이커당 약 0.56톤 정도이며[25]—다시 편차가 커진다—보든이 제시한 3년 동안 2모작하는 영국 농장의 실제 콩 생산량 수치〔이는 1737년과 1738년 수치이고, 다른 수치는 모든 작물의 생산량이 이례적으로 높았던 해(1671년)의 것이다〕는 1헥타르당 13.4~15부셸이다.[26] 이는 1에이커당 거의 0.144톤에 해당하거나, 오늘날 평균의 4분의 1에 해당하는 양이다. 만약 질소 고정 효과를 똑같이 1에이커당 3킬로그램으로 낮춘다면 2년의 밀농사를 보충하기에는 너무 부족하다. (덧붙여 말하자면 완두콩과 대두, 클로버—나중에 '발전한' 농장에서 빠르게 확산한 작물—사이의 질소 고정 효과 비교는 최근 연구 경향에서는 다른 주장을 하고 있음에도 불구하고, 인클로저가 가져온 큰 차이점과는 다른 방향이었음을 시사한다.)

그러므로 요약하면, 영국이나 중국 북부 지역의 정확한 질소 변화량 평가를 계산할 수는 없지만 어쨌든 모든 증거가 중국 북부 지역의 상황이 나쁘지 않았음을 보여주며, 나아가 많은 증거가 상황이 좋았음을 나타낸다고 할 수 있다.

부록 C

프랑스와 링난, 중국 북부 지역의 삼림 면적과 연료 공급 평가(1700~1850년)

중국 북부 지역의 연료 공급 평가치는 전적으로 이곳에서 인구 밀도가 높은 지역 가운데 하나인 산둥 성 남서부의 수치이다. 필자는 앞에서 상당히 신뢰할 수 있는 자료를 근거로, 1930년대 이 지역의 연료 공급 추정치를 계산했다(기초적인 자료와 계산에 사용한 방법은 Pomeranz 1988, 부록 F 참조).

18세기 후반으로 돌아가 연료 공급 평가를 추정하기 위해 필자는 앞에서 설명했듯 이번에도 필립 황이 추정한 인구 증감률과 이 기간 동안의 중국 북부 지역 경작지 증감률 수치를 활용했다. 필자는 특별히 프랑스와 링난 그리고 중국 북부 지역 연료 공급량 변화를 개별적으로 평가할 수 있는 상세한 수치를 확보하지 못했다. 그리고 중국의 돼지 사육 두수 증감률이 거의 인구 증감률에 따라 변화한다는 퍼킨스의 주장에 다시 한 번 동의하는 한편, 농사짓는 데 사용한 가축 수의 증감률은 거의 경작지 면적 증감률에 따라 변한다는 것에도 동의한다.

지방 단위의 수치로 표시하면 경작지 면적이 거의 30퍼센트까지 감소하는데, 여기서 경작지로 사용하기 전에 이 토지를 어떤 용도로 사용했는지 추측해볼 필요가 있다. 필자는 가능성이 조금이라도 있으면 되도록 많은 땅을 최소한의 연료라도 생산하는 땅에 포함시켜서 추산한 연료 공급량 평가치를 낮추려 했다.

예를 들면, 필자는 1930년대 이 지역에서 건축과 도로용 토지의 18.9퍼센트가 연료를 공급했다고 평가했으며, 따라서 이런 지역은 바이오매스 biomass(에너지원으로 이용할 수 있는 생물 자원—옮긴이)를 생산하지 않은 것으로 봤다. 이것이 아마 처음에는 연료 공급량을 높게 평가한 이유일 것이다. 왜냐하면 건축과 도로용 토지 면적은 인구와 상업화의 변화 정도를 따라가기 때문에 1800년경에는 단지 토지의 60퍼센트만을 이 용도로 사용했다고 추정하는 것이 가장 적절하다. 그 대신 필자는 1930년대(15.1퍼센트) 토지 면적의 80퍼센트를 건축과 도로용 토지 범주로 분류했다.

농작물을 재배하지 않고 건축용이나 도로용도 아니고 완전히 쓸모없는 땅(예를 들면 바위로 된 산비탈이나 너무 모래가 많아서 아무것도 재배할 수 없는 땅)은 다음 3개 범주 가운데 하나에 속한다. 말하자면 목초지, 준準삼림지, 성숙림 지역이 그것이다(1에이커당 에너지 생산량 순서). 중국 북부 지역은 농사짓는 데 꼭 필요한 가축을 제외하고는 비교적 큰 가축이 거의 없기도 했지만, 비교적 수세기 동안 목초지가 거의 없었다. 그리고 1940년 조사에 따르면, 이 지역의 목초지에서 얻은 가축 사료는 7.5퍼센트에 불과했다. 필자는 어림잡은 추정치를 유지하기 위해 1800년경 중국 북부 지역 가축이 목초지로부터 무려 절반의 사료를 얻었다고 가정했다. 이는 단편적인 증거가 제시한 것보다 훨씬 높은 수치이며, 중국 북부 지역 모든 토지의 27퍼센트(1930년대에는 3.8퍼센트였던 것에 비해)를 이 목초지에 포함해야 한다는 의미다. 따라서 필자는 남아 있는 모든 땅의 13퍼센트를 삼림지로 분류했으며, 그것의 3분의 2는 생산량이 좀더 낮은 범주인 준삼림지로 분류했다. 이는 대략 1949년 이후 조사에서 나타난 비율이지만, 150년 전에 성숙림 비율이 높았던 것은 거의 확실하다.

결국 필자는 이용 가능한 작물 잔해량을 낮게 조정하고, 다시 퍼킨스의 가설을 따랐다. 만약 약 70퍼센트의 토지가 1930년대처럼 약 60퍼센트의 사람과 동물에게 먹을 것을 제공하고 1인당 잉여 농산물 생산량이 너무 많거나 적지 않았다면, 1에이커당 작물 생산량은 1930년대의 약 85퍼센트 수준이었다고 볼 수 있다. 필자는 1에이커당 작물 잔해량도 이와 비슷하게 약 85퍼센트라고 가정했다. 필자가 추가로 가정한 것은 가축이 1800년에도 1930년대만큼 사료를 먹었다는 것과 당시 시골 가정에서 나무나 짚 등을 연료로 사용한 방법이 거의 1930년대만큼 효과적이었다는 것이다. 그 결과 화석 연료 시대 이전을 기준으로 0.62석탄환산톤이었던 1인당 연간 연료 공급량은 꽤 안정적일 수 있었다. 이런 방법은 토지 사용 평가에 상당히 민감하기 때문에 필자가 토지 사용에 대한 추정치를 매우 적게 잡으면 연료 공급 평가치는 급격히 증가할 것이다.

반면 프랑스의 연료 공급량을 계산하는 것은 매우 단순하다. 왜냐하면 작물 잔해와 목초지를 연료로 사용하는 일이 거의 없어 식림지 외에 토지 이용 형태 등에 대해서는 신경 쓸 필요가 없기 때문이다. 1인당 연료 공급에 대한 대략적인 평가를 하기 위해 필자는 단순하게 쿠퍼J. P. Cooper의 논문에서 1550년과 1789년의 삼림지에 대해 대략적으로 언급한 수치를 인용했다. 이는 각각 대략 1800만 헥타르와 900만 헥타르다. 또 헥타르당 지속적인 연료량을 위해 필자는 스밀이 세계 평균이라고 제시한 수치인 1헥타르당 목재 3.6톤(1.8석탄환산톤)을 활용했다. 아울러 이 수치는 중국 북부 지역에도 적용했다.[1] 인구수는—1550년 1400만 명, 1789년 2500만

명—맥이브디와 존스의 논문에서 인용했다.[2]

그 결과 1550년의 1인당 연료 공급량은 2.31석탄환산톤이며, 1789년의 1인당 연료 공급량은 0.64석탄환산톤이다. 아마도 사람들은 1550년 1인당 연료를 0.5석탄환산톤 이상 쓰지 않았을 것이다. 그러므로 앞서 설명한 목재와 관련해서는 목재 공급량이 연료 말고 다른 용도로 사용하는 데 그 정도의 수량이 필요한 것이며, 연간 1인당 거의 3.6톤의 목재를 이용할 만큼 상당히 많은 양의 목재를 확보할 수 있었던 점도 고려해야 한다. 하지만 1789년 무렵 삼림 지역에 대한 모든 연간 성장률은 브로델이 추정한 연료 소비량(0.5석탄환산톤)에 맞춰야 했다. 다른 용도로 사용할 수 있는 목재는 겨우 0.29톤이었으며, 이론상으로 1800년경 중국 북부 지역에서 연료가 아닌 용도로 사용 가능한 목재량은 간신히 0.24톤을 웃도는 수준이었다. 그런데 이 2개의 수치 중 하나는 가장 심각하게 삼림이 훼손된 중국 일부 지역에 적절한 수치라고 할 수 있다. 아시아개발은행은 여기에서 사용한 프랑스와 중국 북부 지역에 해당하는 수치인 0.5석탄환산톤이 아니라 오히 0.33석탄환산톤이 1인당 지속 가능한 최소 연료 사용량이라고 제시했다.

그러나 오늘날 아시아의 가난한 사람들 대부분은 프랑스나 중국 북부 지역의 기후보다 더 따뜻한 지역에 살고 있다. 또 그들은 18세기에 살았던 사람보다 열효율이 좋은 난로와 집이 있으며, 중국 북부 지역과 달리 많은 사람이 프랑스보다 훨씬 더 연료를 효율적으로 이용하는 조리법을 사용한다. 만약 0.5석탄환산톤이 정말로 프랑스와 중국 북부 지역에 타당한 최소한의 수치라면, 1800년 무렵 일부 사람들이 많은 양의 목재를 다른 용도로 쓰는 데 할애했을 경우 심각한 연료 부족 위기에 처했을 것이다.

하지만 링난은 1753년 이미 인구 밀도가 1789년 프랑스 수준에 이르렀다. 그리고 1853년에는 거의 2배가 됐음에도 불구하고, 프랑스에 비해 다소 나은 상황이었다. 링난이 프랑스보다 연료 공급에 유리했던 점 대부분을 설명할 수 있는 요인 두 가지는 다음과 같다. 첫째, 링난은 중국 북부 지역과 마찬가지로 흔히 농작물 잔해를 연료로 사용했다는 점이다. 둘째, 링난의 아열대 기후와 중국식 조리법을 고려했을 때, 프랑스와 중국 북부 지역 사용량이라고 제시한 0.5석탄환산톤보다는 아시아개발은행이 제시한 1인당 0.33석탄환산톤이 '최소한의 생활'을 유지하기 위한 연료 소비 수준으로 타당한 것처럼 보인다는 점이다. 또 스밀은 가장 빈곤한 열대 지역 마을 사람들은 오늘날 온대 기후의 가난한 사람들이 쓰는 연료의 단지 5분의 1만 사용한다고 평가했다.[3] 링난이 아열대 기후이긴 하지만, 필자는 그 지역 사람들이 프랑스에서 사용하는 1인당 연료의 3분의 2만 필요하다고 가정함으로써 대체로 그 지역의 유리한 점을 축소했다. 특히 링난 지역 사람들이 유럽 사람들보다 좀더 경제적인 조리법을 사용했기 때문이다. 게다가 기후가 더 따뜻한 지역에서는 나무의 연간 성장률이 훨씬 높다는 사실에도 불구하고, 기후로 인해 너무 많은 차이점이 생기는 것을 막기 위해 필자는 프랑스와 중국 북부 지역 평가에 사용했던 것과 마찬가지로 1헥타르당 지속적으로 생산 가능한 목재량의 수치를 똑같이 사용했다.

여기서 먼저 해야 할 일은 시기별 삼림 지역을 추정하는 것이다. 그래서 필자는 링다셰가 제시한 1700년경 링난 지역의 삼림 면적을 평가하는 것부터 시작했다.[4] 로버트 마크스는 이러한 평가가 일반적으로 다른 자료와 일치한다고 생각했다.[5] 링은 1700년에 광둥 지역 2020만 헥타르의 54.5퍼센트, 광시 지역 1870만 헥타르의 39퍼센트가 삼림지라고 평가했다. 1937년 무렵(우리는 이 시기에 대해 더 나은 자료를 갖고 있다) 광둥의 삼림지는 10퍼센트, 광시의 삼림지는 5퍼센트 감소했다.[6] 반면, 이 두 지역의 인

표 C.1 남아 있는 삼림 지역(헥타르)

	광둥	광시	합계
1753년	9,000,000	6,500,000	15,500,000
1773년	8,200,000	6,020,000	14,220,000
1793년	7,440,000	5,660,000	13,100,000
1813년	6,560,000	5,240,000	11,800,000
1833년	5,760,000	4,940,000	10,700,000
1853년	4,880,000	4,700,000	9,580,000

구는 각각 거의 2500만 명과 1000만 명이나 증가했다.[7] 인구 증가는 삼림 파괴의 주요인이기 때문에 필자는 소실된 삼림 면적을 인구 증가 수치로 나누었다. 그리하여 인구가 한 사람 증가할 때마다 평균적으로 광둥 지역에서는 대략 0.4헥타르, 광시 지역에서는 거의 0.6헥타르의 삼림이 소실된다는 결과를 얻었다. (광둥 지역에서 벼농사를 지어 쌀을 많이 수확하려고 토지를 최대한 활용했다는 점을 고려하면 이러한 차이가 생기는 것은 타당하다.)

비록 대략적인 것이긴 하지만 이러한 접근법은 1700년대 초반의 삼림 파괴 수치를 축소하는 대신 좀더 부풀렸을 가능성이 있다. 이 시기 초반에는 연료 혹은 건축용으로 일정하게 생산하는 목재보다 더 많은 나무를 벨 필요가 없기 때문에 삼림 지역이 충분하게 남아 있었다. 그러나 이 시기 후반에는 가장 기본적인 가정용 목재를 충당하기 위해 많은 양의 나무를 베어내야 했다. 따라서 그것이 남아 있는 삼림을 훼손하는 추가적인 원인이 되었다. 그에 따른 결과는 표 C.1에 나타나 있다.

다음으로 생계를 위한 최소한의 연료 소비 수준(1인당 0.33석탄환산톤)이 어느 정도여야 작물 잔해로 충족할 수 있는지 파악해야 한다. 사용 가능한 연료 공급량을 부풀려 평가하는 것을 피하기 위해 필자는 다음과 같이 극히 비현실적인 두 가지 조건을 가정했다. 첫째, 경작지가 아닌데도 삼림이 파괴된 토지는 연료나 가축의 먹이도 전혀 생산할 수 없다고 가정했다. 그런데 이는 막대한 양의 토지를 간과한 것이기도 하다. 반면, 마크스가 평가한 모든 토지에는 1700~1937년 광둥 지역의 경작지가 포함되어 있는데, 광둥 지역은 소실된 삼림 면적의 겨우 6분의 1이지만 광시 지역은 약 3분의 1에 달한다. 결국 남은 토지 상당수는 작물을 기를 수 없는 (특히 언덕이 많은) 목초지가 된 셈이다.[8] 그러나 실제로는 상당수 목초지를 가축에게 먹일 사료를 채집하거나 다른 용도로 사용했다.

둘째, 필자는 오로지 식용 작물로부터 얻은 작물 잔해만을 포함했다. 우리는 20세기 이전에 시기별로 얼마나 많은 링난의 농지에서 각기 다른 작물을 재배했는지 알 수 없다. 하지만 1753년경 지역 자료에서 얻은 상당히 신뢰할 만한 식량 소비 추정치에 따르면, 그 수치는 6000만 섬 혹은 약 93억 근이다.[9] 그리고 벼(아울러 다른 대부분 작물)는 무게로 따지면 먹을 수 있는 생산량보다 잔해가 약간 더 많기 때문에 정확한 면적의 수치를 알 필요 없이 식용 작물에서 사용 가능한 작물 잔해의 최소 수치를 확보할 수 있다. 그러나 평가 방법이 얼마나 적은 수치에 기초한 것인지를 고려하면, 마크스가 1753년 링난 지역 식량 수요 증가분을 겨우 1680만 무라고 추산한 것은 아무런 소용이 없다.[10] 한편, 광둥 지역의 경작지만 해도 4300만 무였다(9장 참조). 그러므로 증가하고 있는 다수의 비경작지와 비삼림 지역을 이미 제외했기 때문에 연료 공급 평가에서 많은 지역—아마도 대다수 지역—의 작물 잔해량을 제외한 셈이다.

1753년의 연료로 사용 가능한 작물 잔해를 평가하기 위해 마지막으로 살펴볼 부분은 가축의 먹이로 얼마나 많은 양의 작물 잔해가 필요했는지 추산하는 것이다. 그 작업을 하기 위해 필자는 18세기 링난 지역의 한 사

표 C.2 링난 지역에서 연료가 아닌 다른 용도로 사용 가능한 목재량(1753~1853년)

	링난 삼림 지역(헥타르)	연료 공급 지역	다른 용도로 사용 가능한 목재량
1753년	15,500,000	1,650,000	13,850,000
1773년	14,200,000	1,675,000	12,525,000
1793년	13,100,000	2,260,000	10,840,000
1813년	11,800,000	2,469,000	9,331,000
1833년	10,700,000	2,956,000	7,744,000
1853년	9,580,000	3,339,000	6,241,000

람당 가축 사육 두수가 여섯 사람당 소 한 마리씩에 해당하는 20세기 중국 북부 지역과 동일하다고 추정했다. 왜냐하면 링난은 중국 북부보다 좀 더 번창한 지역이어서 돼지 사육 두수를 약간 적게 잡아 추산했을 가능성이 있기 때문이다. 반면 퍼킨스가 평가한 1인당 돼지 사육 두수는 중국 전체로 봤을 때 이 기간 동안 변화가 없었다.[11] 그런데 이 수치는 농사일을 시키는 가축의 수를 부풀려 잡은 게 거의 확실하다. 그 이유는 그렇게 쓰이는 가축의 수는 인구수보다 오히려 경작지 면적을 따라가기 마련이고, 링난 사람들은 중국 북부 지역보다 1인당 보유 경작지가 훨씬 적었기 때문이다. 그리고 가축의 먹이 소비량은 18세기에도 20세기와 같은 양으로 가정했다. 마지막으로, 필자는 가축의 먹이 필요량의 대략 절반을 작물 잔해가 아니라 다른 것으로 충당한다고 가정했다. 예를 들면, 풀을 먹이거나 나무가 우거진 곳에서 먹이를 찾아 먹이기도 하고, 사람들이 먹고 남은 음식을 주기도 하는 등의 방식이다. (풀 하나만으로도 필요한 양의 절반이 훨씬 넘는 양을 제공할 수 있다.) 이러한 방식으로 모두 평가한 결과 1753년 1인당 연료로 사용할 수 있는 작물 잔해량은 636파운드(0.318톤)이며, 1인

당 연료 생산량은 0.16석탄환산톤 혹은 최소 필요량의 절반 수준이다. 나머지 연료 필요량은 링난의 삼림 지역 1550만 헥타르 가운데 단지 165만 헥타르의 목재 생산량으로 충당했다.

그러므로 필자는 똑같이 향후 몇 년간 작물 잔해로부터 얻는 연료 공급량을 적게 잡아 평가하는 방법을 활용했다. 다시 말하면, 마크스가 20년마다 추산한 인구 증가 수치에 그가 연료 공급에 추가로 사용 가능한 작물 잔해량을 구하기 위해 추산한 1인당 식량 소비량을 곱하고(다시 한 번 식량 증가분을 재배하는 데 필요한 것보다 개간한 토지의 면적이 훨씬 더 넓었던 것을 무시하고), 인구 성장률에 따른 가축 먹이 수요량을 더해서 지속적으로 필요한 1인당 연료의 양을 추정했다. 그런 다음 작물 잔해량으로 연료 필요량을 충족시키는 것이 아니라, 얼마나 많은 삼림 지역이 지속적으로 연료 필요량을 충족시킬 수 있는지 평가했다.

마지막으로, 필자는 '여분의' 삼림지에서 지속적인 생산이 가능한 목재량을 계산해 인구 수치로 나눴다(표 C.3 참조). 분명히 인구 증가는 일반적으로 상당히 절약하는 방식의 생태적·경제적 제도 속에서도 목재의 '잉여' 공급량을 심하게 압박했다. 100년 동안 인구는 대략 75퍼센트 증가했으며, 삼림 면적은 단 40퍼센트 감소한 반면 '잉여' 목재 공급량은 55퍼센트, 1인당 잉여 목재는 75퍼센트나 감소했다. 그럼에도 불구하고 링난 지역의 목재 생산 현황 수준과 추세 모두 산업화 이전의 프랑스보다 나았다. 1550년 프랑스의 1인당 잉여 목재는 3.6톤으로 1753년 링난의 수치에 비해 우세했지만 예상한 것만큼의 차이는 아니었다. 또한 프랑스의 연료 생산에 경작지는 아무런 기여도 하지 않았기 때문에 그로 인한 부담이 '잉여' 목재에 가중되었다. 따라서 인구가 늘 때마다 '잉여' 목재에 대한 압박은 프랑스가 링난에 비해 훨씬 더 컸다. 1789년경 프랑스 인구는

표 C.3 링난의 1인당 '사용 가능한' 목재량, 1753~1853년(톤)

1753년	2.8	1813년	1.3
1773년	2.2	1833년	1.0
1793년	1.6	1853년	0.7

1550년 이후 80퍼센트를 약간 밑도는 수준으로 증가했다—이는 1753~1853년 링난과 거의 같은 수준이다. 그러나 1인당 잉여 목재는 놀랍게도 92퍼센트 감소했고, 이는 링난의 1인당 잉여 목재의 40퍼센트에 불과한 수준이었다. 두 지역 모두 새로운 연료 공급원이 없다면 심각한 문제에 부딪힐 우려가 있었다. 그런데 예상과 달리 프랑스가 훨씬 더 극심한 압박을 받은 것으로 나타났다.

부록 D

18세기 후반과 19세기 초반 영국의 다양한 수입이 제공한 '유령 토지'

설탕

수입 관세 하락으로 소비가 크게 증가하기 전인 19세기 초에도 영국의 설탕 소비는 연간 약 15만 톤에 달했다.[1] 1년에 140명의 사람에게 하루 420칼로리를 제공하려면 설탕 5.6톤이 필요하므로[2] 15만 톤의 설탕은 연간 61만 4000명에게 하루 2500칼로리를 제공한 셈이다. (사람들의 하루 섭취 열량 수치는 편차가 심한 편이다. 그러나 혁명 전 파리 평민의 섭취 열량 수치는 이보다 낮았던 것으로 추정된다.[3] 19세기 영국 노동자 대부분의 수치도 마찬가지다.[4])

설탕이 없었다면 이 많은 사람을 먹여 살리는 데 필요한 토지는 얼마나 되었어야 할까? 민츠의 전환법을 사용해 15만 톤의 설탕을 총 열량으로 환산하면 5718억 1246만 6000킬로칼로리다. 영국의 밀 생산량이 부록 B의 수치와 같다고 볼 때 작물의 10분의 1은 이듬해 종자로 챙겨두어야 했던 것을 감안하면, 씨앗을 파종한 농지 1에이커는 471킬로그램의 밀을 생산했을 것이다. 이를 제분하면—약 50퍼센트의 제분율로 계산했을 때—235킬로그램의 밀가루가 나온다.[5] 이는 1킬로그램당 약 3400킬로칼로리이며,[6] 파종한 농지 1에이커당 총 열량은 79만 9000킬로칼로리에 해당한다. 이 수치는 파종한 비옥한 토지가 대략 71만 5000에이커 필요했다는 것을 의미한다. 더욱이 보든이 요약한 영국의 농업 회계 장부에 따르면,[7] 그러한 농업은 1년에 네 마리의 쟁기질하는 황소가 필요했으며, 황소 한 마리는 1에이커에 해당하는 건초가 필요했다. (황소는 먹이의 50퍼센트를 공동 방목지에서 섭취했을 것으로 추정되며, 외양간에서 섭취하는 것은 연중 일부 시기뿐이었다.) 따라서 파종한 밀밭 20에이커에 실제로 필요한 농지는 최소한 24에이커였다. 그 결과 수입 설탕을 대체할 밀밭이 기하급수적으로 늘어나고, 이때 필요한 밀밭 면적은 85만 8000에이커에 달했을 것이다. 만약 공동 방목지를 이용하지 않고 1년 내내 쟁기질할 가축을 먹일 충분한 건초를 따로 확보해놓는다면, 필요한 밀밭 면적의 수치는 100만 1000에이커로 늘어난다. 반면 10에이커의 휴경지를 가진 삼포식 농업으로(혹은 좀 더 근대적인 클로버 농업으로) 추정하면 재배 중인 밀밭 20에이커를 따로 떼어 놓아야 할 것이다. 아울러 10에이커는 가축이 풀을 뜯도록 남겨둬야 했을 것이므로 농지 면적 수치는 107만 2000에이커로 늘어난다. 결국 실제로 휴경지 10에이커와 별도로 건초용 농지를 4에이커라고 추정하면(비록 이런 방식이 18세기 말 영국에서는 더 이상 보편적이지 않았다고 해도), 필요한 경작지 면적은 121만 5500에이커임을 알 수 있다.

다른 접근 방식은 영국 전체, 즉 연합 왕국United Kingdom이 기본적으로 단일 식량 시장을 이루고 있으며, 1770~1860년 잉글랜드가 '켈트 주변 지역'에서 공급하는 밀에 의존도가 매우 높았다는 사실에 대한 인식을 담고 있다.[8] 그런데 이런 방식은 이 지역들이 다른 열량 공급원을 가졌을 때만 가능하다. 스코틀랜드, 웨일스 그리고 아일랜드 지역을 모두 합치면 19세기 초 잉글랜드와 인구수가 거의 같고, 대략 동일한 비율의 설탕을 소비했다.[9] 디어N. Deerr가 추산한 영국 전체(연합 왕국)의 설탕 소비 평균치(1인당 약 18파운드)를 미첼B. R. Mitchell의 인구 수치[10]에 곱하면 다음과 같은 결과가 나온다.

1801년: 3억 1100만 파운드

1811년: 3억 3300만 파운드

1831년: 4억 3200만 파운드

앞서 논의했던 동일한 방법을 사용하면, 1801년 수치는 89만 2000~126만 4000에이커의 유령 토지가 나온다. 그리고 1811년 수치는 95만~134만 6000에이커, 1831년 수치는 123만 7000~175만 2000에이커다. 만약 브로델이 추산한 전형적인 유럽 대륙의 산출량 수치[11]를 대입한다면 이 모든 수치는 거의 2배에 달할 것이다. 반면 감자의 수치를 최대한 활용해 추산하면, 그 수치는 줄어들 것이다.

목재

목재의 경우는 가장 산정하기 쉽다. 필자는 1헥타르의 '자연' 숲에서(예를 들어, 조림을 통한 산림 재배가 아닌) 수확 가능한 목재의 증가량을 평가한 바클라프 스밀의 수치[12]를 사용했다. 그리고 발트 해 지역과 아메리카가 영국으로 수출한 목재량 및 보드피트board feet(목재 측정 단위. 1보드피트는 1피트×1피트×1인치의 두께, 또는 두께 1인치×폭 1인치×길이 12피트의 부피—옮긴이)를 세제곱피트로 전환한 아서 로어Arthur Lower의 수치[13]를 사용했다. 그 결과 18세기 말 발트 해 지역에서 들여온 연간 목재 수입량의 가치는 64만 6875에이커에 해당하는 것으로 추정되었다(연간 1억 5000만 보드피트를 근거로 산정). 그리고 19세기 초 북미에서 들여온 연간 목재 수입량의 가치는 100만 에이커를 약간 웃도는 것으로 추정되었다(연간 2억 5000만 보드피트를 근거로 산정).

면화

1815년 영국은 대략 1억 파운드의 면화를 신세계로부터 수입했고, 1830년에는 2억 6300만 파운드를 수입했다.[14] 정성껏 재배하면 1에이커당 대략 500파운드의 아마를 생산했기 때문에,[15] 면화 수입량을 대체하기에 충분한 아마를 1815년에는 대략 20만 에이커, 1830년에는 대략 50만 에이커에서 재배했다. 그러나 아마 생산에는 본문에서 언급한 어려운 문제가 있었고, 따라서 이와 같은 수준으로 생산을 확대하기는 극히 어려웠다. 18세기 후반, 어쩌면 영국의 아마 총 생산량은 1만 6000에이커의 농지에서 800만 파운드를 초과하기 어려웠을 것이다.[16] 그리고 삼베의 경우는 1에이커당 대략 아마와 동일한 양을 생산했으며, 아마와 마찬가지로 재배에 관한 문제를 많이 안고 있었다. 따라서 더 좋은 섬유로서 가치는 없었다.[17]

양모의 경우, 필자는 17세기 풍부한 목초지에 자리한 영국의 양 떼 목장 500에이커를 보든의 수치를 이용해 재구성했다.[18] 보든은 그 같은 목장이 총 1000마리의 거세한 숫양(연간 4.5파운드의 양털을 생산하는)과 1181마리의 다른 양(한 마리당 3.5파운드의 양털을 생산하는)을 사육할 수 있다고 평가한다. 그 결과 농장 전체에서 양모의 연간 총 생산량은 8445파운드에 달했을 것이다. 이러한 생산 비율로 보건대 농장 전체에서 양모의 연간 총 생산량을 확보하기 위해서는 1만 1841에이커의 농장이 필요했을 것이다. 또는 1815년의 면화 수입량을 대체하기 위해 592만 500에이커, 1830년의 면화 수입량을 대체할 토지로는 1539만 3300에이커가 필요했을 것이다. 1파운드의 양모는 "주요 형태"[19]인 질 좋은 64번수(번수는 실의 굵기를 나타내는 단위. 실 1파운드 무게의 길이가 면사는 840야드, 양모는 560야드일 때 각각 1번수라고 함—옮긴이)를 3만 5840야드(64×560)만큼 생산했다. 한편, 1파운드의 면화는 64번수로 64×840, 곧 5만 3760야드만큼 생산했다. 이는 양모사보다 1.5배 많은 수치다. (18세기 면사는 대부분 40~80번수 사이였다. 19세기의 방적기가 훨씬 더 질 좋은 원사를 뽑아내긴 했지만 말이다.)[20] 이를 면화 수입량만큼 충분한 양모 생산량을 얻는 데 적용하면, 1815년에는 거의 900만 에이커의 농지 그리고 1830년에는 2300만 에이커 이상의 농지가 필요했다는 것을 알 수 있다.

부록 E

중국 양쯔 강 하류 지역 농촌의 방적 산업 노동자 수입 평가(1750~1840년)

여성들이 물레질과 베 짜기를 통해 어느 정도의 소득을 올렸는지에 대한 추정치는 틀림없이 근사치에 불과할 것이다. 왜냐하면 원면과 면직 가격에 대해 확보한 자료가 아주 불규칙한 데다 단기적인 가격 변동이 꽤 크기 때문이다. 최고의 면화 가격을 면직물 가격과 맞추는 것은(혹은 그 반대의 경우도) 결과를 몹시 호도할 수 있다. 더욱이 '면직물'은 가격이 균일하지 않고, 적용한 가격 견적도 늘 명확하지 않았다. 이 책에서 조사한 시기에는 장난에서 생산한 면직물의 평균적인 품질이 부분적으로 향상되었다.[1] 왜냐하면 거대 지역의 저렴한 노동 비용이 질 낮은 면직물에 대한 지역의 필요 노동력을 충족했기 때문이다.

기시모토 미오가 제시한 원면 가격 정보[2]와 장중민張忠民의 면직물 가격 정보[3]는 우리가 연구한 상황에 모두 타당하게 들어맞는다. 또한 그러한 정보는 가장 전형적인 사례를 보여주는 것처럼 보인다. 그러나 팡싱[4]은 훨씬 더 높은 원면 가격—장중민이 최종적으로 인용한 면직물 가격만큼이나 높은—을 인용한다. 반면 18세기 자료와 면직물 가격을 광범위하게 인용한 《목면보木棉譜》(청대 저화楮華의 저서—옮긴이)는 높은 면화 가격의 측면에서 보면 타당하지만 기시모토의 원면 가격과 조합해보면 섬유 산업 종사자들에게 엄청난 소득을 가져다주었을 것이다. (팡싱이 언급한 면화 가격은 시장이 활성화한 중국 북부 지역의 가격이다. 그러나 중국 북부 지역은 원면을 장난으로 수출했기 때문에 문제는 여전히 남아 있다.) 그리고 이 차이는 중요하다. 왜냐하면—잘 알려진 쌀 가격을 감안할 때—상대적으로 높은 면화와 면직물 가격을 사용하면 낮은 가격을 사용하는 것에 비해 쌀 가격에서도 높은 소득을 발생시키는 결과를 낳기 때문이다.

결론적으로, 필자는 두 가지 측정 방법을 사용했다. 하나는 면직물과 면화 모두 높은 가격으로 계산하는 것이고, 다른 하나는 낮은 가격을 이용하는 방법이다. 비록 높은 가격을 설정한 가설은 높은 수입을 산출하지만, 물레질과 베 짜기를 결합한 각 개인(혹은 가정)의 사례에서 이 두 가지 가설은 자료에 꽤 근접한 결과를 도출했다. 또 낮은 가격 가설에서는 물레질만 했던 사람들의 경우 그 같은 노동이 성인 여성 한 명을 먹여 살릴 만큼 충분한 대가를 지불하지 못했다는 견해를 확인해주었다. 비록 이 가설은 모든 변수가 단지 가장 비관적일 가능성이 있을 경우에만 현실화하겠지만 말이다. 다시 말하면, 낮은 가격 가설에서 성인 여성 한 명은 물레질로 생계를 유지하는 것 외에 이윤이 거의 남지 않았을 것이다. 이는 놀랄 일도 아니다. 적어도 양쯔 강 삼각주에서 베 짜기를 겸하지 않고 물레질만 하는 여성은 대부분 어린 소녀였던 것으로 보이기 때문이다. 반면 높은 가격 가설에서는 물레질만 했던 성인 여성이라도 자신을 부양하는 데 지출한 것 외에 이윤이 조금은 남았다는 점을 시사한다. 이는 다소 의문스럽긴 하지만, 완전히 타당성 없는 가설은 아니다. 그리고 낮은 가격 가설에서 단지 베 짜기만 했던 여성은 꽤 높은 소득을 올렸던 것으로 나타난다. 그러나 여전히 이 가설의 타당성에는 의문의 여지가 있다. 반면, 높은 가격 가설에서는 잘 알려져 있듯 대부분 시골 지역 가정이 지출 비용을 넘어서는 소득을 산출했다.

따라서 좀더 가능성 있는 것은 낮은 가격 가설인데, 이는 필자의 가설에는 맞지 않으나 이용 가능한 가격 정보에는 부합한다. 그 결과, 필자는 본문에 나온 수치만을 이용했다. 그러나 이 부록에서 필자는 두 가지 평가치 모두를 제시한다.

18세기 중반 물레질과 베 짜기의 조합

높은 면화 가격을 적용한 가설

자료의 선택

18세기 중반의 《목면보》는 '최상품' 면직물(여기서 언급한 면직물의 품질이 어느 정도로 특별한지는 명확하지 않다) 가격이 1치寸(옷감의 길이를 세는 단위)당 동전 50문(널리 사용한 주화로 대략 은 0.001온스의 가치에 해당)을 '넘지는 않았다'고 언급하고 있다. 루한차오[5]는 1677년의 자료를 인용해 원면을 가지고 직물을 짜기 시작해 여성이 20치에 해당하는 면직물 한 필을 생산하는 데 물레질과 베 짜기 과정을 포함해 약 7일이 소요됐을 것이라고 추정한다. 이러한 평가치는 필립 황의 물리적 생산성에 대한 평가치와 크게 차이 나지 않는다. 그 같은 면직물 한 필은 1750년 은과 동전의 환율을 감안하면 대략 동전 1000문 혹은 은 1.1량의 가치가 있었을 것이다.

그러나 이런 면직물의 가치는 여성의 노동력을 반영한 것이라기보다는 직물에 포함된 면화 가격을 반영한 것이었으며, 이러한 면화 가격의 변동은 상당히 심했다. 기시모토 미오의 자료는 18세기 중반 장난에서 목화씨를 빼는 조면 과정을 거치지 않은 면화의 가격이 1근당 동전 20~40문이었음을 보여준다. 이때 일반적인 조면 과정을 거치지 않은 면화의 가격은 1근당 동전 20문이나 30문이었는데, 가뭄이 든 해에는 1근당 동전 40문을 넘기도 했다.[6] 이제 곧 살펴보겠지만, 이는 팡싱이 인용한 중국 북부 지역의 면화 가격에 비해 훨씬 낮은 것이었다. 그렇기는 하지만 기시모토의 면직물 가격을 그녀가 제시한 원면 가격과 일치시키면, 우리는 면직물에 반영한 섬유 산업 노동의 가치와 팡싱으로부터 도출한 가치에 매우 근접한 면화 자체의 가치를 구할 수 있다.[7] 저렴한 원면 가격 및 면직물 가격을 모두 반영해 추정한 이 같은 '낮은 가격' 가설은 뒤에서 더 논의하도록 하겠다.

그러나 상대적으로 낮은 기시모토의 원면 가격을《목면보》에 기록된 높은 면직물 가격과 일치시키면 문제점이 발생한다. 왜냐하면 원면 한 근에서 생산할 수 있는 손질된 면화는 겨우 0.33근이었기 때문이다. 기시모토가 추산한 조면 과정을 거치지 않은 면화 가격은 조면 과정을 거친 면화 1근당 동전 60~120문의 가격이었다. 이런 식으로 추산하면, 면직물 한 필로 만들어지는 1.33근의 면화는[8] 평년 기준으로 동전 130문 남짓의 값어치를 지녔을 것이다. 이 수치를《목면보》에 수록된 면직물 가격과 일치시키면 노동에 대한 수익은 거의 면직물 가치의 90퍼센트가 남는다. 이는 믿기 힘들 정도로 높은 것처럼 보인다. 왜냐하면 필자는 섬유 산업 노동자의 소득을 낮춰서 추산하고자 했기 때문이다. 그래서 필자는《목면보》에 수록된 면직물 가격은 원면의 가격이 높았을 때 나타난 가격이라고 추정했다. (꼭 그렇다고 확신할 수는 없지만 말이다.) 따라서 필자는 대신

18세기 후반 중국 북부 지역의 면화 가격, 즉 조면 과정을 거친 면화 1근당 가격을 동전 140~400문으로 제시한 팡싱의 훨씬 더 높은 수치를 사용했다.[9] 이 시기 중국 북부 지역은 계속해서 원면을 양쯔 강 하류로 수출했기 때문에 필자는 중국 북부 지역의 면화 가격보다 양쯔 강 하류의 면화 가격이 저렴하진 않았다고 추정했고, 그래서 팡싱의 최고 가격인 동전 400문을 채택했다(다시 말해, 소득의 감소 추세에 치중하기 위해서). 이런 '높은 가격' 가설은 뒤에서 다시 논의할 예정이다.

높은 면화 가격 가설의 결과

이런 가격 추세로는 면직물 한 필을 짜는 데 들어가는 조면 과정을 거친 면화 1.33근은 동전 533문 또는 면직물 한 필의 가격에서 절반 이상의 값어치를 가졌을 것이다. (그렇지만 이러한 가격 변동은 직접 면화를 재배해 실을 잣고 직물을 짰던 가정과는 상관이 없었다.) 팡싱 역시 이 평가치를 반영해 일반적으로 실 잣는 여성은 면화 가치의 30~50퍼센트를 소득으로 벌어들였을 것이라고 추정했다.[10] 이런 추정은 필립 황 또한 근거로 삼은 것이기도 하다. 이는 실을 잣고 베 짜는 일을 겸하는 여성은 원재료 가치에 90퍼센트 정도의 부가가치를 부여했을 것이라는 사실을 암시한다. 이는 상기한 가격들을 감안하면 상당히 낮춰 잡은 것으로 보인다. 즉 팡싱이 인용한 면직물 가격에 대한 동시대 평가치는 상당히 낮았는데, 이런 평가치는 통상적으로 면화 가격의 4배였다.[11]

만약 이와 같이 한 여성이 일주일 동안 물레질을 하고 베를 짜서 동전 467문의 소득을 올렸다면, 1년에 210일을 일할 경우 연간 동전 1만 4010문의 가치를 생산했을 것이다. (이 같은 연간 노동 일수는 20세기 초반 장난의 시골 지역에서 관찰할 수 있는, 실을 잣고 베를 짜던 이들의 노동 일수에 비해 훨씬 적은 것이다. 이들 시골 지역 섬유 산업 종사자들은 1년에 300일을 일했으며,[12] 부록 F에서 설명하는 것처럼 만약 장난의 모든 여성이 직물을 제조했다면, 이는 장난 지역 총 직물 생산량에 대한 이번 연구의 낮은 평가치와 거의 일치한다. 왜냐하면 확실치는 않지만 섬유 산업 노동자들의 연간 노동 일수가 210일보다 약간 많을 가능성이 있으며, 이번 연구의 소득 평가치 또한 하향 편중되어 있기 때문이다.) 18세기 중반의 환율에 비추어보면, 이는 은 15.5량의 가치와 맞먹는다. 만약 왕예젠王業鍵이 1750년을 중심으로 산출한 31년간의 쌀 가격(은 1.67량) 변동 평균을 사용한다면, 이는 9.3섬의 쌀을 구매할 수 있는 가치일 것이다.

낮은 면화 가격을 적용한 물레질과 베 짜기

앞에서 인용한 《목면보》의 가격이 통상적인 것은 아니다. 여기에는 진귀한 면직물이나 특별한 해의 면직물 가격을 반영했을 것이다.[13] 장중민이 인용한 은 0.3량 또는 은 0.4량의 면직물 가격은 16치를 기준으로 한 것이다(《목면보》에 수록된 면직물 길이의 80퍼센트). 그러나 중량을 나타내는 수치는 없었으며, '청 중기' 외에는 정보가 없다. 팡싱[14]은 건륭 황제 시기(재위 1736~1795년)의 면직물 가격이 평균 은 0.4량이었지만 0.7량이나 0.8량에 달할 수도 있었다고 주장한다. 팡싱은 면직물의 중량 또한 제시하고 있는데, 《목면보》에서 언급한 수치와 루한차오 및 필립 황이 추산한 측정치에서 기준이 되는 직물 한 필을 짜는 데 필요한 원면은 3근 혹은 직물 한 필 중량의 4분의 3이었다고 한다. 우리는 팡싱의 수치 은 0.4량에서 연구를 시작해보고자 한다.

18세기 중반 양쯔 강 하류 지역의 환율을 고려하면, 은 0.4량은 대략 동전 60문의 가치였다. 만약 기시모토의 면화 가격 수치가 조면 과정을 거치지 않은 면화 가격을 나타낸 것이라면(그렇지 않다면 이 가격은 터무니없이 낮은 것이고, 또한 면직물 가격이 낮더라도 매우 높은 소득을 발생시켰을 것이다), 이들 직물에 포함된 면화의 값어치는 동전 약 90문에 달할 것이다. 이러한 수치는 팡싱이 인용한 자료와 정확히 일치한다.[15] 또한 이 수치는 면직물의 값이 원면 중량의 4배였음을 말해준다. 이 정도의 직물에 부가된 노동의 가치는 동전 270문일 것이다. 이를 루한차오와 필립 황 그리고《목면보》의 수치를 염두에 두고 더 큰 규모의 피륙에 적용해 환산하면, 부가된 노동의 가치는 동전 360문에 달할 것이다. 만약 이를 일주일간 물레질과 베 짜기를 한 여성이 벌어들인 소득으로 환산하면 연간 210일을 일한 여성의 소득은 동전 1만 800문에 달하거나 또는 은 12량일 것이다. 이는 면화에 높은 가격을 적용했을 때 평가치보다 약 22퍼센트 낮은 수치이지만 1750년의 물가로 보면 7.2섬의 쌀을 사기에 여전히 충분한 소득이다. 그리고 이제 곧 살펴보겠지만, 이런 여성의 소득은 농장에서 일하는 남성 노동자와 충분히 경쟁할 만했다.

남성 노동자의 소득 및 식비에 대한 비교

1인당 연간 평균 쌀 소비 수준은 1.74~2.62섬에 달한다. 마크스는 적절한 평균치를 2.17섬으로 설정했다.[16] 필자가 살펴본 최고치는 밖에서 육체노동을 하는 성인 남성이 연간 섭취하는 5.5섬이다. 팡싱은 성인 여성의 연간 섭취량을 2.5섬으로, 어린이의 경우는 이보다 현저하게 낮은 수치를 적용했다.[17] 이들 자료는 전후 사정을 고려해 여성의 소득을 가정해보는 데 유익하다.

이 시기 장난에서 토지를 소유하지 않은 남성 농업 노동자는 보통 매년 현금으로 은 2~5량의 소득을 올렸다.[18] 더 높은 수치는 연간 소득이 아니라 월 소득을 12로 곱해 도출한 것이다. 따라서 그 같은 노동자는 1년 열두 달 내내 어떻게 해서든 일자리를 찾았던 것(그렇지 않을 가능성도 조금 있지만 불가능해 보이지는 않는다)으로 추정된다. 농업 노동자는 일하는 동안 적어도 약간의 식사를 제공받기도 했다. 이번 연구의 논점을 위해 그들에 대한 전반적인 영양분 제공이 무상으로 이루어졌다고 추정하면, 그들은 1년 내내 일자리를 찾았고 연간 주로 5섬의 쌀(이는 이용 가능한 최고 수치보다 약간 낮은 것이다)을 섭취했을 것이다. 그렇다면 이 노동자들은 현금과 쌀로 연간 은 10.4~13.4량(혹은 6.1~7.8섬의 쌀)에 해당하는 소득을 올린 셈이다

따라서 면화 가격이 아주 높았다고 가정할 때 '베 짜는 여성/실을 잣는 여성'은 남성 농업 노동자 소득 대비 116~149퍼센트의 소득을 올렸다. 남성 농업 노동자는 1년 내내 일하고 여성은 '단지' 210일 동안 일했을 뿐인데도 말이다. 여기서 각자의 식비를 제하고 남은 이윤을 살펴보면, 아울러 관례상 여성이 남성에 비해 얼마나 현저히 적게 먹는가를 생각해 보면 그 차이는 상당히 크게 벌어진다. 본인의 식비를 제한 후 여성 노동자는 6.8섬의 이윤을 남겼을 테고, 남성 노동자는 겨우 1.2~3.0섬의 이윤만을 남겼을 것이다.

면화 가격이 낮았다고 가정할 경우 '베 짜는 여성/실을 잣는 여성'은 면화 가격이 아주 높았다는 가정에 못 미치는 이윤을 남겼을 가능성이 더 크다. 그래도 여전히 남성 농업 노동자와 비교해도 충분할 만큼의 이윤은 남겼을 것이다. 여성 노동자의 소득 은 12량은 넉넉잡아 추산한 남성 농업 노동자의 소득 추정치 은 10.4~13.4량의 중간치를 약간 웃돌기 때문이다. 그런데 성인 여성은 남성에 비해 덜 먹기 때문에 여성 노동자는 또한 남성 농업 노동자에 비해 본인이 소비한 것 외에 상당히 많은 잉여 소

득을 누렸을 것이다.

이 문제를 또 다른 방식으로 풀면, 면화 가격을 높게 가정한 경우 여성 노동자는 일을 함으로써 1.9명에 해당하는 성인 남성을 먹여 살리고, 또는 (여성의 남편이 사망했을 경우) 본인과 연로한 노부모를 먹여 살리고, 혹은 시부모와 3명의 어린 아이—어쩌면 더 많은 어린 아이까지—를 먹여 살릴 수 있었을 것이다. (물론 연령에 근거해 추정해보면, 연로한 조부모가 아이들을 충분히 돌보고 가사를 도왔으므로 이 가정의 어머니는 섬유 산업에 종사할 수 있었다.) 낮은 면화 가격을 적용할 경우 여성 노동자는 1.4명에 해당하는 성인 남성을 먹여 살리고, 또는 본인과 노인 한 사람 그리고 어쩌면 무려 2명이나 되는 어린 아이를 먹여 살릴 수 있었을 것이다. 비록 이 같은 여성이 실존하기는 어렵겠지만, 어쩌면 다행히도 부인이 사망한 남성 농업 노동자가 꾸려나가는 가정에 비해 형편이 더 나빠지지 않았을 것이다. (어쩌면 다소 더 나아졌을 수도 있다.) '퇴축'의 논점에서 시사하고 있는 것처럼 이 시기 여성의 소득은 분명 최저 생계비 이하가 아니었다.

18세기 중반 베 짜기를 겸하지 않은 물레질

높은 면화 가격의 적용

물레질만 하던 여성의 경우, 상황은 훨씬 더 암울했지만 어쨌든 17세기 후반 자료를 기반으로 한 필립 황의 주장이 제시한 것만큼은 아니었다. 만약 물레질만 하던 여성이 발 페달 달린 물레를 사용했다면, 하루에 동전 8문(0.5근)의 실을 생산할 수 있었을 것이다. 만약 이런 물레를 갖추지 못했다면(게다가 베 짜는 여성 다수가 매우 어린 소녀였으며, 이들은 그 같은 물레를 사용할 수 없었다) 하루 생산량은 동전 5문(0.31근)이었다는 추정이 타당할 것이다. 왜냐하면 물레질로 벌어들인 소득은 원면 가치의 약 30~50퍼센트에 불과했을 것이며,[19] 조면 과정을 거친 면화 0.09~0.25근에 해당하는 소득을 벌어들였을 것이기 때문이다. 이는 하루 동안 그 여성이 생산한 양과 면화 가격 변동성에 따라 추산한 것이다. 논의를 위해 이 책에서는 그 중간치를 약간 밑도는 수준인 0.16근을 적용했다. 만약 면화 가격이 1근당 동전 140~400문 사이로 유동적일 때, 다시 중간치를 취하면(여기서 '베 짜는 여성/실을 잣는 여성'의 경우와 달리, 원재료의 최고가를 채택한다 해도 우리의 추정치가 더 낮아지지는 않을 것이다), 그 여성은 하루에 동전 43문을 벌거나 연간 200일을 일하고 동전 8600문(은 9.5량)의 소득을 올렸을 것이다. 이는 5.7섬의 쌀을 사기에 충분한 소득이었다. 이제 면화 가격과 실 가격에 대한 실 잣는 여성의 부가가치 비율의 중간값을 적용해보자. 그러나 우리는 여기서 발 페달이 없는 물레를 사용해 실을 자았을 여성의 최소—하루에 동전 5문—생산 추정치는 낮춰 잡을 것이다. 이 같은 사례에서 실 잣는 여성은 연간 동전 6400문 혹은 대략 은 7량의 소득을 올렸을 것이다. 쌀로는 3.9~5.3섬이다. 만약 남성 농업 노동자의 소득 능력에 대해서도 이와 같이 넉넉하게 잡은 추정치를 계속 적용하면, 이런 여성은 남성 농업 노동자에 비해 더 많은 소득을 올리지 못했을 것이다. 이런 여성의 소득은 많아 봐야 남성 노동자의 87퍼센트(실 잣는 여성의 최고 소득이 남성 농업 노동자의 최저 소득과 대등하다고 가정할 경우), 어쩌면 30퍼센트의 소득에도 미치지 못했을 수 있다(그 반대로 가정할 경우). 그러나 어쨌든 이러한 임금은 성인 여성 한 명과 최소 한 명의 어린 아이를 먹여 살릴 수 있는 것이었으며, 물레질만 하는 장난 사람 대부분이 어린 소녀였고 연간 노동 일수를

200일로 가정한 경우라는 것을 기억해야 한다.

이런 가격 범위에서 최저 가격, 생산성 범위의 최저치 그리고 연간 200일의 노동 조건을 계속 적용해야만 성인 여성 한 명의 필수적인 최저 생계비 이하의 소득 추정치(2.0섬)를 도출할 수 있는데, 아마 실제로는 그렇지 않았을 것이다. 이 같은 소득 추정치는 하루에 약 1700칼로리의 쌀을 구매할 수 있는 소득이기 때문이다. 또한 실 잣는 여성의 수입을 지나치게 평가 절하한 것이긴 하지만 그것을 평가할 수 있는 또 다른 방법이 있다. 대충 계산해도, 옷감 한 필을 생산하려면 꼬박 7일이 필요하다(훗날의 자료에서는 6일). 요컨대 실 잣는 데 4일, 베 짜는 데 1일 그리고 이것저것 자질구레한 일에 2일이 필요하다. 베를 짤 모든 준비를 갖추기 위한 6일의 노동 일수에는 이런 자질구레한 일에 필요한 이틀을 더해야만 한다. 이는 옷감 한 필을 생산하는 데 면화 가치의 40퍼센트가 베 짜는 일이 아닌 모든 과정에서 버는 하루 소득이라는 얘기다. 면화로는 0.53근, 6일이면 동전 143문(팡싱이 제시한 면화 가격의 중간치로 볼 때)에 맞먹는 가치다. 그러면 일당은 동전 24문이 되고, 200일을 일한다고 계산하면 동전 4800문이니 1년이면 쌀 3.2섬가량이 된다. 이는 아마도 성인 한 명과 아동 한 명을 먹여 살리기에 충분한 소득일 것이다. 차후에 살펴보겠지만, 이런 산출 방법은 베 짜는 사람이 실에서 완전한 옷감을 만들어내는, 옷감 한 필당 노동 시간을 단 하루라고 간주한 것이다. 그러면 그 사람은 고소득을 올리겠지만 아마도 불가능하다고 보는 게 최선일 것이다. 왜냐하면 이는 실제로 오직 '실 잣는 일'의 노동 일수를 가장 적게 평가해야만 가능하기 때문이다. 사례에서 보았듯 실잣기와 베 짜기를 겸하고 있는 대부분의 가정을 생각해보면, 물론 최종적인 결론은 서로 다른 성격의 작업이 노동력 분배에 영향을 주지 않았다는 것이다.

낮은 면화 가격의 적용

만약 면화 가격에 낮은 수치를 적용한다면 그리고 사용한 원면 비용의 40퍼센트를 계속 실 잣는 여성의 수입으로 추산한다면, 매우 낮은 소득 추정치가 나온다. 조면 한 근 가격이 동전 약 90문이라면, 또한 실 잣는 여성의 하루 작업량이 0.31근이라면 그 여성이 하루에 벌 수 있는 것은 고작 동전 11.2문, 혹은 매년 쌀 1.5섬가량이었을 것이다. 만약 '실잣기'의 소득 평가 방법을 바꾸면(실제로는 베 짜기를 제외한 활동 전부를 통합한 것), 1일 생산량은 더 적어진다. 요컨대 하루에 약 0.22근, 연간 소득으로 치면 1.2섬밖에 되지 않는다. 이는 성인 여성의 최저 생계비에 한참 못 미치는 수준일 것이다. 하지만 아마도 장난에서 이 같은 고된 노동을 했던 사춘기 직전의 소녀 한 명이 먹고살기에는 여전히 충분한 소득이었을 것이다. 그리고 이 책에서 제시한 실 잣는 여성의 소득 추정치가 면화 가격을 기초로 한 것이라는 점과 팡싱(1987)이 제시한 추정치의 출처 역시 원면의 높은 가격에서 나온 것임을 주목하는 일 또한 중요하다.[20] 다만 이 같은 노동 가치의 비율로 면화 가격이 더 저렴하게 유지될 것이라고 추정하는데 특별한 근거는 없다. 반대로, 원면 가격이 훨씬 더 저렴했던 시기와 지역에서 실 잣는 여성은 면사 가격에서 다소 더 높은 비율의 소득을 올렸을 것이다. 반면, 면사 가격에서 차지하는 노동 가치의 비율을 낮게 산출한 팡싱의 수치는 면직물 시장의 경쟁이 치열한 경제 체제에서 값비싼 면화를 이용해야 했던 여성들의 압박감을 부분적으로 반영한 것이다. 그리고 이러한 시장에서 면직물의 가격 상승은 소비자로 하여금 면직물 구매를 포기하게끔 만들었다. 이런 가격 상승은 순수하게 지역 시장에서 면화 원자재 비용 증가와 관련한 모든 문제를 극복하고자 했던 사람들마저 힘들게 만들었다. 마지막으로 중요한 점은 대부분의 사례에서 실잣기와 베 짜기를 병행했음이 반복적으로 나타난다는 사실이다. 그러므로 더 이상 베 짜기를 할 수 없는 노령 여성 같은 비교적 소수인 노동 부적합자의 소득을 유추하는 방식으로 이 두 작업을 분리해볼 수 있다.

18세기 중반의 베 짜기

실 잣는 여성에게 돌아가는 이익이 적은 이유를 살펴보면, 이익의 상당 부분이 베 짜는 여성에게 돌아갔기 때문이다. 아마도 시골 지역에서는 베 짜는 여성들 극소수만이 필요한 실 모두를 사들였을 것이다. 왜냐하면 실을 잣는 여성 대부분이 그중 일부를 자신이 쓸 용도로 뽑았을 것이고, 또 일부는 같은 일을 하는 딸이 가져갔을 것이기 때문이다. (이런 경우, 가족 구성원 각자의 노력으로 그들의 면직물이 얼마의 가격을 받았는지 근사치를 구하지 못할 가능성이 꽤 크다.) 그러나 논의를 위해 오직 베 짜기만을 하고 그 수입은 개별적으로 취하는 한 여성을 상상해보자.

옷감 한 필을 생산하는 데는 7일이 필요한데 그중 실 잣는 데 4일, 베 짜는 데 1일이 든다. 그렇다면 나머지 2일은 누구에게 분배해야 하는가? 만약 그 이틀을 베 짜는 사람이 아닌 다른 사람에게 할당한다면(분명 비현실적이긴 하지만, 실 잣는 사람의 소득을 가장 낮게 평가한 '6일 시나리오'와 결합해보면 논리적인 측면도 있다), 실 가격과 옷감 가격의 전반적 차이는 베 짜는 사람의 하루 작업량에 달려 있을 것이다. 이런 방식은 극히 높은 소득을 산출한다. 앞서 기술한 낮은 면화 가격 가설을 적용하면(이것이 좀더 보편적인 사례로 보인다), 면사를 잣는 하루 노동으로 산출하는 가치는 동전 약 168문(조면의 가치 동전 120문보다 40퍼센트 이상 더 높은)이며, 면직물로 만들었을 경우 그 가치는 동전 약 480문일 것이다. 따라서 이 같은 가설에서 단지 베 짜기만 하는 여성은 하루에 동전 312문을 벌거나, 연간 210일을 일하면 동전 6만 5520문을 벌 수 있었을 것이다—이는 은 73량에 해당하는 믿을 수 없는 수치다. 높은 면화 가격을 적용한 경우의 소득은 훨씬 더 높아서 하루 동전 640문 혹은 1년에 210일을 일하면 동전 13만 4400문이 되는데, 이 또한 분명 말도 안 되는 수치다. (이는 결국 일에 대한 보상이 없는 것으로 나타난 '6일 시나리오'에서 실 잣는 사람의 소득을 언급하는 데 설득력을 잃게 될 뿐이다.) 대신 베 짜는 사람에게 실잣기를 제외한 일에 드는 3일 모두를 할당하면 다소 그럴듯해진다. 하지만 그래도 실잣기 이외의 작업이 어쨌든 고소득을 올리는 것으로 나타난다. 낮은 가격을 적용한 경우에는 은 24.3량(농장 노동자 소득의 거의 2배), 높은 가격을 적용한 경우에는 거의 은 50량이다. 물론 낮은 가격을 적용한 경우도 문제가 없는 것은 아니지만, 적어도 이는 결국 대체로 이론적인 문제다. 판매하는 면사가 비교적 적었으므로 대부분의 가정에서는 실잣기와 베 짜기를 겸했는데, 여기서 무엇보다 가장 중요한 것은 두 가지 작업을 병행함으로써 소득을 얻는 것이었기 때문이다.

이후 시기의 물레질과 베 짜기

산발적인 가격 정보로는 1750년 이후 실 잣는 여성과 베 짜는 여성의 소득 능력에 어떤 변화가 있었는지 확신하기 어렵다. 왜냐하면 아주 공들인 고급 면직물을 제외하고는 직물 가격이 폭락한 것으로 나타났기 때문이다.[21] 그러는 사이 쌀 가격은 현저하게 상승했고(이는 문헌상 아주 잘 기록되어 있다), 따라서 가설상의 실 잣는 여성과 베 짜는 여성의 실질 구매력이 하락했음을 확신할 수 있다. 그러나 구매력이 얼마나 떨어졌는지 평가하기 위해서는 몇 가지 추정을 할 필요가 있다. 따라서 필자는 다음과 같이 가능성 있는 네 가지 가설을 구성했는데, 이는 25~50퍼센트의 구매력 감소를 산출해낸다.

A

이 가설은 가장 단순한 접근법이며, 가장 긍정적인 결과를 산출한다. 이는 높은 면화 가격 가설에서 출발하며 광둥 지역의 원면 가격 동향을 적용한 것이다. 이 지역에 출현한 대규모 외국인(그중 대다수는 인도에서 면화를 가져온 외국인이었다) 덕분에 우리는 광둥에 관해 비교적 충분한 자료를 가지고 있다. 1750~1850년 원면 가격에 장기간에 걸친 점진적 변화가 없었고[22] 면직물 가격 또한 특이한 동향을 보이지 않았기 때문에 이 모델은 섬유 산업 생산자의 명목 소득 역시 아무런 변화가 없었음을 보여준다. 쌀값 상승률이 1750~1800년 대략 22퍼센트, 1840년에는 32퍼센트에 달했으므로[23] 섬유 산업에 종사하는 여성은 쌀값이 상승함으로써 실질적으로 더 빈곤해졌을 것이다.

B

그러나 양쯔 강 유역의 원면 가격 동향은 광둥 지역과 같은 추세를 보이지 않았다. 사실상 광둥 지역의 면화 가격 폭락은 양쯔 강 유역의 원면 가격 상승세를 암시하는 것이다. 그래서 링난 지역은 오랫동안 대부분의 면화를 양쯔 강 하류에서 들여왔지만, 18세기 중에는 가격이 더 저렴한 인도산 면화도 구매하기 시작했다. 그러나 양쯔 강 하류의 면화가 또다시 광둥 지역에서 인도산 면화 수입품을 밀어내자, 이는 양쯔 강 하류와 링난 사이 운송 비용의 급격한 하락에 지대한 공헌을 했다.[24] 광둥 지역에서 운송 비용이 하락하는 동안 면화 가격에 변화가 없었다는 것은 장난의 면화 취득 원가가 상승했다는 것을 나타낸다. 그렇다면 면화 취득 원가는 어느 정도 상승했을까?

1750년 상황을 대변해주는 높은 면화 가격 가설을 도입해보자. 이를 적용하려면, 18세기 중반을 기점으로 삼아 팡싱이 제시한 최고 가격을 이용할 필요가 있다. 그러나 팡싱이 시기별로 가격 동향 자료를 제공하지는 않았기 때문에 다음 세기에 이르기까지 원면 가격의 상승 폭에 대한 얼마간의 대체 자료가 필요하다. 예측 가능한 가장 간단한 접근법은 장기적 관점에서 쌀 가격 동향에 따라 면화 가격을 추정하는 것이다. 이런 방식으로 얻은 수치는 17세기를 거치는 동안 이 두 가지 품목의 가격이 연동되었다는 사실(면화 가격이 몇 년 뒤 변화하는 양상이었지만)에서 어느 정도 타당성을 가진다.[25] 이는 가격 상승에 대한 설명으로 타당성이 있어 보이며, 혹은—이번 연구에서 좀더 중점적으로 분석한—장난의 토지/노동 비율 변화 그리고 수입한 쌀과 원면의 저렴한 구매를 어렵게 만드는 원공업을 강조한 이번 연구의 가설 또한 타당하게 만든다. 실제로, 원면이 쌀에 비해 인플레이션 대상이 될 가능성이 훨씬 크다고 생각하는 데는 그럴 만한 근거가 있다. 양쯔 강 하류의 주요 면화 공급원이던 중국 북부 지역은 1750년 이후 이례적으로 높은 인구 성장을 맞이했다. 그리고 (3장과 부록 F에서 보여준 것처럼) 물레질과 베 짜기가 확대되는 사이 아마도 중국 북부 지역 자체의 면화 재배 면적은 줄어들었을 것이다. 따라서 특히 원면의 수출 가격이 급락했을 것이다. 게다가 대운하의 운송업이 쇠퇴하면서 중국 북부 지역과 양쯔 강 하류를 오가는 운송 비용은 당연히 상승했을 것이다. 이는 장난의 원면 수입을 방해하는 커다란 요인이었다. 한편, 양쯔 강 하류와 링난 지역 간—장난이 원면을 수출한 경로—운송 비용 하락은 아마도 링난 시장의 구매자로 하여금 높아진 면화 가격에도 기꺼이 지갑을 열게끔 했을 것이다. 비록 중국 북부 지역—인구 성장이 급격하지 않고 원공업이 비교적 덜 발달한 지역—의 면화 가격이 하락한 것과 같은 이유 때문에 양쯔 강 하류로 들어오는 쌀 수입 가격도 하락했지만 그 폭은 크지 않았다. 양쯔 강 하류 지역은 만주국과의 무역이 늘어남에 따라 2차 곡물 수입량이 증가함으로써 최소한 어느 정도의 구제책은 마련할 수 있었을 것이다. 만주국에서 수입한 주요 2차 곡물은 비료용으로 제분한 대두였다. 그 밖에 밀(그대로 먹을 수 있는 얼마간의 대두까지) 또한 양쯔 강 하류 지역으로 들어왔다. 1750년 이후 쌀 가격이 상승한 것과 동일한 비율로 원면 가격이 상승했다는 것은 하나의 추정일 뿐이지만 아마도 상당히 가능성 있는 추측일 것이다.

만약 면화 가격을 대체하는 쌀 가격을 이용한다면, 1000문의 가치를 가진 원면으로 만든 옷감은 1800년 533문(앞서 논의한 팡싱의 연구를 기초로)에서 약 654문으로 가격이 상승했을 수도 있다. 팡싱의 연구에 따르면, 면직물 가격에서 섬유 산업 노동자가 소득으로 가져가는 비율은 467문에서 346문으로 떨어져 대략 25퍼센트의 하락률을 나타냈다. 그리고 같은 시기에 50년 동안 쌀 가격은 20퍼센트가 조금 넘게 올랐으며,[26] 실질 소득은 대략 40퍼센트 감소했다 이와 동일한 방식을 1840년에 적용하면, 1000문짜리 면직물에 포함된 원면의 가격이 702문으로 올랐음을 알 수 있다. 따라서 섬유 노동자의 수익은 298문이 된다. 결국 이 시기의 쌀 가격은 1섬당 은 2.20량 올랐고, 90년 사이 실질 소득은 대략 52퍼센트 감소했다.

그러나 이미 살펴본 것처럼 낮은 면화 가격 가설이 아마도 좀더 보편적인 사례라 할 수 있으며, 여기서 두 가지 가능성 있는 연구 방식을 추출할 수 있다. 첫 번째는 18세기 면화 가격을 액면 그대로 제시한 기시모토의 산발적 수치를 이용하는 방식이다. 두 번째는 그 대신 기시모토가 밝혀낸 17세기의 연구 결과를 이용하는 것이다. 다시 말해, 대체로 쌀 가격에 따라 오르내렸던 17세기의 면화 가격을 18세기와 19세기 초반에 적용하는 것이다. 두 가지 경우 모두 한정적인 자료만 사용할 수 있기 때문에 산출한 평가치는 단지 대략적인 수치일 뿐이다.

C

기시모토는 18세기 장난의 원면 가격에 대한 수많은 자료를 수집했다. 그녀의 자료는 이런 가격들이 1750~1800년 2배 이상 올랐다는 것을 보여준다. (비록 단기적인 가격 변동과 실질적인 가격 동향이 분리되는 문제에 다시금 봉착하기는 했지만 말이다.)[27] 그리고 앞에서 살펴본 것처럼 이들 가격은 장중민과 팡싱이 인용한 18세기 중반의 면직물 가격에 타당한 추정치를 산출할 수 있게끔 해준다(《목면보》에 수록된 가격을 감안하면 매우 높은 수치일 가능성이 있지만). 우리가 만약 낮은 면화 가격 가설을 이용해 1750년의 수치를 산출한다면, 기시모토의 면화 가격 및 장중민과 팡싱의 면직물 가격을 이용할 수 있을 것이다. 그러면 원면 가격은 2배가 되고, 480문의 직물 한 필에서 차지하는 원재료 가치는 120문에서 240문으로 늘어난다. 따라서 직물 한 필당 '실 잣는 여성/베 짜는 여성'이 차지하는 이윤은 360문에서 240문으로 줄어든다. 이는 명목 소득이 33퍼센트 감소한 것이다. 1800년의 쌀 가격 상승에 의해 이런 소득 감소가 심화했다고 추정한다면(기시모토의 면화 가격 자료는 1794년까지만 다룬다) 실질 소득 감소율은 45퍼센트에 달할 것이다. 만약 1840년까지 더 이상 면화 가격이 오르지 않았다고 추정한다 해도 (자료는 없지만) 쌀 가격이 계속 올랐기 때문에 실질 소득은 거의 50퍼센트 감소했을 것이다. 또한 1800년 이후에도 면화 가격이 지속적으로 올랐다면, 소득 능력은 훨씬 더 떨어졌을 것이다.

D

결론적으로, 우리는 18세기 중반의 낮은 면화 가격 가설을 이용하려 한다. 하지만 원면 가격은 쌀 가격에 연동되었음을 생각해야 한다. 그렇다면 1750~1840년 480문의 직물에 들어간 면화 비용은 120문에서 158문으로 늘어난다. 따라서 '실 잣는 여성/베 짜는 여성'이 차지하는 이윤은 360문에서 302문으로 감소한다. 그러므로 소득 감소율은 33퍼센트를 약간 밑돈다. 우청밍과 쉬디신許滌新은 19세기 중반의 자료를 인용하고 있는데, 여기서는 1821년 1단dan(100근)에 '3200'문(아마도 구리 도금 주화로 보이는)을 받고 판매한 원면에 대해 언급하고 있다.[28] 이는 70년 앞선 시기에 대한 기시모토의 자료에서 조면 과정을 거치지 않은 면화 가격과 매우 유사하다. 그러나 우와 쉬가 인용한 19세기 중반의 자료는 10~20년 후 4500~5000(문)이 좀더 일반적인 가격이었음을 보여준다(단기적으로 극심한 가격 변동이 있었다고 기록한 다른 자료와 더불어). 이 같은 자료는 원면의 가격이 쌀 가격에 연동한다는 추측에 맞게 세기를 거치면서 거의 유사한 가격 상승을 보였다. 그 시기 마지막 20년 동안의 증가치를 일괄적으로 살펴보면, 다른 수치를 나타내고 있지만 말이다.

쌀 가격의 물가연동지수와 가격이 120~158문인 면직물의 원재료 가격 상승분을 이용하면 '실 잣는 여성/베 짜는 여성'이 얻는 이윤은 360문에서 302문으로 감소한다. 이때 명목 소득은 16퍼센트의 아주 근소한 하락세를 보인다. 그러나 이를 쌀 가격 인상과 결부시키면 낮은 면화 가격 가설에서도 1840년에 산출한 실질 소득은 37퍼센트나 하락한다. (1800년에 면화 가격은 147문이고 노동에 대한 가치는 333문일 것이다—따라서 명목상의 소득 감소 비율은 7퍼센트이고, 실질 소득 감소율은 25퍼센트에 달했을 것이다.)

부록 F

1750년 이후 양쯔 강 하류 지역과 중국 전체의 면화 및 생사 생산 평가

영국, 프랑스, 독일과의 비교

광둥 지역의 비단 생산

필자는 대규모 비단 생산지 중 두 곳만 평가했다. 즉 광둥 지역(주장 강 삼각주 대부분 지역)과 양쯔 강 삼각주 지역이 그곳이다. 광둥 지역을 평가하는 방식은 기본적으로 설탕 생산량을 평가하는 데 이용했던 방식(3장에서 언급했다)과 유사하다. 먼저 경작지와 식량 작물에 필요한 토지 면적에 대한 로버트 마크스의 자료를 바탕으로 1753년 비곡물 생산에 이용한 토지를 적어도 1680만 무라고 추산했다. (마크스는 수치로 볼 때 이보다 20퍼센트가량 더 많을 것이라고 주장한다.) 그다음 설탕의 생산량 평가에서 했던 방법으로 이 토지—1680만 무—의 10분의 1을 양잠을 위한 뽕나무 재배지로 할당했다. 이는 거의 분명 과소평가한 것인데, 광둥 지역에서 뽕나무와 설탕은 가장 흔한 비곡물 작물이었고 (조사한 바에 의하면) 이 시기 광둥 지역 전체의 뽕나무 경작지는 1920년대 광둥 지역 최대 비단 산지 세 곳보다 적었기 때문이다. 앨빈 소Alvin So의 평가치를 사용하면 최고급 비단 1담擔(133파운드)(담: 중국, 타이의 중량 단위. 1담은 약 60.48킬로그램—옮긴이)을 생산하는 누에를 먹이는 데 토지 20무만큼의 뽕나무가 필요한데,[1] 토지 168만 무에서는 매년 비단 1100만 파운드가량을 생산할 수 있다.

거의 같은 시기에 광둥 지역은 중국 비단 수출량의 대략 4분의 1을 생산했다.[2] 광둥 지역은 외국 무역에 개방한 항구가 지역 내에 단 한 곳뿐이었으며, 다른 주생산지(양쯔 강 삼각주 자체)보다 주요 고품질 비단 내수 시장(양쯔 강 하류와 수도권 지역)에서 수백 마일 떨어져 있었었다. 그렇기 때문에 광둥의 비단 생산은 양쯔 강 삼각주 지역보다 수출 지향적일 수밖에 없었을 것이다. 그러므로 양쯔 강 삼각주 지역의 비단 생산량이 광둥(3300만 파운드)보다 3배 많은 것은 당연해 보인다. 또한 이와 같은 사실은 양쯔 강 삼각주 지역의 생산량을 평가할 때 염두에 두어야 하는 점이기도 하다.

장난 지역의 비단 생산

양쯔 강 삼각주 지역의 경우, 경작 방식에 대한 자료가 상당히 많다. 왕예젠은 삼각주 14개 지역의 식량 소비와 식량 수입에 대해 꼼꼼하게 평가했는데,[3] 이를 일부 식량 공급을 지역 생산품으로 대체하기 위해 얼마나 많은 토지에 식량 작물을 심었는가를 추정하는 데 이용할 수 있다. 필자는 평균 생산량 1무당 현미 1.9섬이라는 퍼킨스의 수치[4]와 왕예젠의 각 지역 인구 수치[5](실제로는 1778년 수치이지만 이 지역의 인구는 1750년 이후로 증가하지 않았다)를 사용했다. 그리고 경작한 무의 수치는 퍼킨스와 량팡중梁方仲이 기록한 공공 과세 명부(분명 높게 책정하지 않은 것)를 이용했다.[6] (이는 대부분 삼각주 근접 지역들에 대한 1735년과 1820년의 자료다.)

필자는 단 두 가지 방식에서 왕예젠의 견해를 따르지 않았는데, 이 때문에 필자의 생산량 평가치가 줄어들었다. 첫째, 필자는 양쯔 강 북부의 세 지역을 제외했다. 이들 지역도 면화와 비단을 모두 생산하긴 했으나 소금 주요 산지이기도 했으므로 비곡물용 토지를 다른 작물에 할당하는 데는 복잡한 부분이 있기 때문이다. 그 지역을 완전히 제외하면 분명 필자의 전체 생산량 평가치는 낮아질 것이다. 둘째, 필자는 평균 1인당 곡물 소비량을 쌀로 환산해 2.2섬으로 평가했는데, 왕예젠의 평가는 2.0섬이었다. 이는 마크스의 광둥 지역 평가치와 일치하며 왕예젠이 제시한 것보다 많은 토지가 곡물 재배용이었음을 의미한다.

이런 과정을 통해 표 F.1에 있는 삼각주 지역의 비곡물 경작지 총량을 산출했다. 이는 (예를 들어) 특정한 지역의 토지 절반이 면화 경작지였다는—왕예젠이 인용한—동시대 추산치와 같거나 더 낮은 수치다.

일단 이 같은 비곡물용 토지에 대한 평가치에서 재배 가능한 비곡물 경작지를 떼어놓을 필요가 있다. 장난 지역의 비곡물 경작지에서는 광둥 지역처럼 환금 작물로 전환한 게 아니라 전적으로 면화와 뽕나무를 집중 재배했다. 결과적으로 광둥 지역에서 설탕과 비단을 비곡물용 토지의 10분의 1에서 재배했다고 추정한 것처럼 재배 가능한 비곡물 경작지를 낮게 평가할 필요는 없다. 대신 이들 지역이 대규모 면화 생산과 대량의 비단 생산, 혹은 이 두 가지를 혼합했다고 주장한 왕예젠의 진술에 동의할 수 있다. 하지만 평가치를 적게 추산한 게 확실하다면 또다시 임의로 비곡물 경작지의 면적을 줄여야 할 것이다(일부 지역에서는 약 50퍼센트).

항저우, 후저우 그리고 자싱은 모두 면화 생산량이 아주 적은 대신 주로 양잠을 하는 지역이었다. 이들 지역에서 환금 작물에 이용한 토지를

표 F.1 양쯔 강 삼각주 지역의 비곡물 경작지 평가(1750년경)

행정 구역	경작지	곡물 경작지	비곡물 경작지
쑤저우	6,254,000	3,471,209	2,782,791
쑹장	4,048,871	1,877,230	2,171,641
타이창	3,962,671	1,263,409	2,699,262
창저우	5,579,264	3,222,943	2,356,321
전장	5,200,023	1,815,028	3,384,995
장닝	5,233,949	1,798,866	3,435,083
항저우	4,284,327	1,733,300	2,551,027
자싱	4,356,442	1,538,385	2,818,057
후저우	6,136,678	1,406,438	4,279,640
닝보	4,066,059	1,290,984	2,775,075
사오싱[a]	3,492,271	2,955,317	536,954

a: 사오싱은 1735년과 1820년의 전체 경작지 수치가 확연히 다른 지역이다. 1820년 수치 676만 5514는 표에 나타난 수치의 거의 2배다. 이를 채택하면 사오싱의 비곡물 경작지 비율은 60퍼센트에 약간 못 미치는 수준이 되는데, 이는 다른 삼각주 지역의 15퍼센트보다 훨씬 높은 수치다. 그래도 필자는 비단과 면화 생산량을 과도하게 평가하는 위험을 피하기 위해 (그다지 정확하다고 보기는 어려운) 좀더 낮은 수치를 이용하기로 했다.

모두 합하면 1009만 8724무인데, 여기에서는 최상급 비단 6665만 1578파운드를 생산할 수 있었다. 만약 논의를 위해 뽕나무를 재배하는 이 토지의 4분의 3만 계산해도 이들 지역에서 생산하는 비단은 대략 5000만 파운드에 달한다. 반면 쑤저우, 닝보 그리고 사오싱은 면화/비단 재배를 혼합한 지역이었다. 이번 연구에서 확보한 이전의 산출치를 보면 환금 작물용 토지는 609만 4820무다. 쑤저우의 수치가 약간 낮아 보이기는 하지만, 청대에 가장 고도로 상업화한 지역이었다는 데는 모두가 전적으로 동의한다. 사오싱의 경작지 수치가 현저히 낮으므로(표 F.1 참조) 필자는 더욱 신중하게 이 경작지 수치를 50퍼센트로 낮추었다. 이를 면화와 뽕나무로 똑같이 나누면 394만 7410무이다. 이 토지로는 고품질 비단 1005만 6453파운드를 생산할 수 있다. 그러므로 이 모든 것을 감안해 삼각주 나머지 지역의 비단 생산량을 제로라고 가정하면(확실한 경우는 아니지만), 이 지역의 연간 비단 생산량을 대략 6000만 파운드로 추산할 수 있다. 이처럼 2배나 많은 수치의 타당성을 보여주는 것은 어렵지 않을 것이다.

그러나 이번 연구에서는 너무 많은 생산지를 제외하고 고작 두 지역을 조사해 얻은 적은 수치로 산출했기 때문에 이를 전국적인 것으로 평가하기는 아주 어렵다. 그렇지만 위의 수치가 전체 중국의 비단 생산량을 나타낸 것이라 하더라도 약 7100만 파운드라고(혹은 인구 1억 7500만~2억 2500만 명의 1인당 생산량이 연간 5.1~6.5온스라고) 보기는 어렵다. 이는 많은 양은 아니지만 사치품 생산량으로는 결코 적지 않은 수치이기 때문이다.

장난 지역의 면화

50퍼센트가량의 비곡물 경작지를 임의로 줄이기는 했지만, 앞서 언급한 과정을 거쳐 산출한 수치에 따르면 면화/비단 혼합 재배 지역에서 면화는 152만 3705무를 차지했다. 이 시기에 평균 생산량이 1무당 조면 약 39파운드였음을 감안하면, 이만한 면적의 토지에서 생산하는 양은 5942만 4495파운드일 것이다. 만약 주요 면화 재배지였던 삼각주 지역의 평균치에 생산량 수치를 곱하면, 면화 5억 4776만 4778파운드가 나오는데, 여기에 앞서 제시한 수치(7100만 파운드)를 더하면 6억 파운드를 약간 상회한다. 정확하게 추산하기 위해 필자는 이 수치를 다시 임의로 5억 파운드까지 줄였다. 그럼에도 불구하고 이 수치는 전체 장난 지역의 면화 생산량에 해당하고, 1인당으로 치면 16파운드를 약간 상회한다.

장난에서 얼마나 많은 면화를 직물했는지 평가하려면 다음 두 가지 단계를 거쳐야 한다. 첫째, 직물 이외에 사용한 면화(주로 재킷과 누비이불의 충전재)를 설명해야 한다. 필자는 18세기에 그런 용도로 사용한 면화의 양에 대한 평가치를 갖고 있진 않지만, 20세기 초반 중국 전체에서 이와 같은 용도로 사용한 양이 1인당 약 1.3파운드라는 사실은 알고 있다.[7] 만약 18세기에도 똑같다고 본다면, 장난 지역에서 방적과 방직에 이용한 면화는 1인당 14.7파운드일 것이다. 필자는 이 수치에서 끝자리를 반내림해 14.5파운드로 정했다.

둘째, 장난 지역이 중국 북부에서 들어온 면화와 동남 해안 지역 및 링난에 공급한 면화(대부분 설탕과 교환)의 양을 알아야 한다. 안타깝게도 이런 유통 규모에 대한 근거 자료는 거의 없다. 하지만 입증되지 않은 일부 단편적 증거를 보면 18세기에 장난의 면화 수요는 공급보다 많았던 것으로 보인다. 그러므로 단순히 이런 유통 규모를 차치하면 지역적인 직물 생산량 평가치를 부풀리지 않게 될 것이다. 이는 필자가 앞 단락의 직물 생산량 수치를 이용해 임시방편으로 채택한 것이다. 그러나 이런 단편적 증거에도 불구하고 장난 지역이 1750년대에도 원면 수출지였다고 생각할 수 있는 몇 가지 이유가 있다. 그것은 링난의 원면 수요가 증가했고 중국 북부의 공급이 다음 세기, 곧 1850년경에 분명 멈추었기 때문이다. 불행히도 이용할 수 있는 자료를 갖고 이런 상품 유통의 흐름을 평가할 수 있는 직접적인 방법은 없다. (그리고 이런 면화 상품의 유통은 다행스럽게도 국내 생산량을 산출하는 데 중요하지 않다.) 다만 그런 상품의 유통이 이번 연구의 지역적 평가에 얼마나 영향을 줄지 추측만 할 수 있을 뿐이다.

한 가지 더 생각할 수 있는 이유는 원면을 공급하는 장난 지역이 자체 노동력으로 생산한 원면을 모두 다 직물로 만들기는 어려웠다—불가능하지는 않지만—는 사실이다. 만약 부록 E에서 추산한 여성 1인당 면직물 생산성 평가치를 필疋(피륙을 세는 단위. 보통 1필은 40자—옮긴이) 단위로 따져보면, 면화 4억 5000만 파운드는(충전재로 사용한 것은 제외) 대략 직물 3000만 필을 만들기에 충분했을 것이다. 이는 연간 여성의 면직물 생산량으로 환산했을 때 약 1000만 명이 210일을 노동해야 생산할 수 있는 양이다. 장난 지역에는 1750년 대략 1600만 명의 여성이 거주했다. 만약 인구의 연령 분포 구조가 20세기 초반과 거의 유사했다면 10~40세 연령대 여성은 거의 정확하게 1000만 명이었을 것이다.[8] 상당히 많은 여성이 양잠업에 종사하고 나머지는 면화 방적 및 방직 이외의 다양한 일을 한 것으로 알려져 있기 때문에 면직물 산업에 종사하는 성인 여성이 충분했다고 보기는 어렵다.

그런데 이 문제에는 다양한 해법이 있다. 그중 하나는 일부 8~9세 아동이 노동력(방직은 아니고 방적)에 포함되기도 했다는 점이다. 이것이 사실일 수도 있지만, 이런 일에 종사하는 어린 소녀가 30만 명 이상일 리는 없다. 50세 이상의 여성 수는 한층 많았으며(아마도 250만 명) 확실하게 이들 중 일부는 방적과 방직을 했겠지만 그 규모가 어느 정도인지는 알 도리가 없다. 남성 중 일부가 방직을 하는 경우도 있었지만 어느 정도 규모로 이 일에 종사했는지는 알 수 없다. 필자가 면화 방적과 방직에 종사하는 여성의 노동 일수를 210일이라고 임의로 추산한 것은 너무 낮은 평가였지만—이미 살펴봤듯 20세기 초반에는 300일을 초과했다—노동 일수가 훨씬 더 늘어나 유독 여성(그리고 가정)의 수입이 증가했다. 장난 지역이 원면을 들여온 만큼 공급했다고 가정하면, 이런 다양한 요인은 이번 연구에서 제시한 노동 생산성 평가치와 일치할 수도 있다. 하지만 공급과 관련해서는 해명할 부분이 다소 남아 있다. 장난의 북쪽과 직접 맞닿아 있는 상당히 번성한 세 지역처럼 일부 공급 지역은 아마도 아주 근접해 있었을 것이다. 또한 왕예젠이 '양쯔 강 삼각주'라고 정의한 곳에 포함된 지역에 거주한 10~49세 여성은 아마도 150만 명 정도였을 것이다.

나머지 해법은 남동 해안 지역과 링난에 면화를 공급했다는 것이다. 이 두 지역의 섬유 산업이 호황이었다는 사실은 장난 지역에서 많은 양의 면화를 공급했음을 말해준다. (지역 자체의 면화 생산량은 아주 적었고, 충분하지는 않지만 일부를 인도에서 수입하기도 했다.) 또한 이는 장난이 다른 지역에서 들여온 설탕의 규모를 뜻하기도 한다. 장난에서만 3억 파운드를 들여왔을 가능성이 꽤 큰데, (백설탕의) 파운드당 가격은 조면과 거의 같았다.[9] 그리고 동시대의 많은 사람은 흔히 링난-장난 지역 간 무역은 이 두 상품을 교역한 것이라고 기술했다. 그래서 장난 지역이 조면 3억 파운드를 공급했다고 단순하게 주장하고 싶은 것이다. 하지만 상품 거래에서 무역 균형이 이루어졌는지 혹은 다른 항목(다양하고 값비싼 사치품)도 포함했는지는 알 수 없다. 또 중국 북부 지역의 수요 규모도 평가하기 어렵지만(부록 F의 뒷부분 참조) 이번 연구에서 제시한 직물 생산량 수치를 얼마나 줄여야 할지 평가하는 것도 부질없어 보인다. 좀더 많은 자료가 나올 때까지는 1인당 14.5파운드가 조금 많기는 하지만 대충 그 정도라고 간단하게 말하는 게 최상일 것이다. (필자도 이 평가치를 줄이려 했다는 점을 기억했으면 좋겠다.)

그러나 최근 출간된 중요한 연구에서, 리보중이 평가한 장난 지역의 직물 생산량은 필자가 제시한 것보다 상당히 적다. (그는 청 제국 전체의 생산량을 언급하지 않았다.) 흥미롭게도 그의 평가치는 노동자 1인당 생산량을 추정한 것으로, 필자가 제시한 수치와 거의 비슷하다.[10] 하지만 그는 방적과 방직에 종사한 장난 지역 노동자 수가 훨씬 적다고 생각했다.

리보중은 쑤신우徐新吾가 제시한 쑹장 지역의 1인당 직물 소비 평가치를 장난 지역에 이용했다. 그리고 리보중은 우청밍과 쉬디신의 '공급량' 평가치를 합한 것을 장난 지역의 총 생산량으로 제시했다.[11] 그러나 쑹장 지역의 직물이 엄청나게 두꺼운 게 아니라면, 쑤신우의 평가치(필 단위로)는 쑹장 지역—아마도 청 제국에서 가장 부유한 곳—의 1인당 직물 소비량으로 환산할 수 있는데, 이는 우청밍과 쉬디신이 신중하게 평가한 청 제국 전체의 평균치보다 상당히 적다(부록 F의 뒷부분 참조). 그 후에 리보중은 이 생산량에서 거꾸로 섬유 생산에 종사한 여성들의 수를 추정했다.[12] 얼마나 많은 시골 지역의 가정에서 비농업 활동을 했는지에 대한 자신의 추정이 거의 타당하다는 사실을 이 평가치로 확인하고자 한 것이다. 그러나 농업과 섬유 산업이 결합되어 있는 가족 수가 엄청나므로 이는 아주 위험한 방법이다. 이와 반대로 필자는 섬유 산업 노동력을 근거로 추정치를 평가하는 것이 필자의 더 정밀한 추측과 훨씬 더 일치한다는 점을 강조하고 싶다.

리보중은 장난의 특정 지역에서 대략 140만 가구의 엄마와 딸이 섬유 산업에 종사했으며, 그가 제시한 장난 지역의 직물 생산량 중 약 60퍼센트를 생산할 수 있었다고 평가했다. 만약 나머지 생산량 모두 비슷한 가정에서 비슷한 비율로 생산했다면, 그렇게 모녀가 짝을 이루어 일하는 경우에 해당하는 섬유 산업 노동력은 대략 230만 명일 것이다—이는 지방 전체 가정의 절반에도 못 미치는 수치다. 그리고 직물을 생산하는 전체 성인 노동력은 대략 350만 명이었을 것이다. 이는 또한 장난 지역 전체 노동력의 19퍼센트에 해당한다. 그러나 필자에게 이런 수치는 턱없이 적어 보인다.

청대 초중반에 여러 관찰자가 장난 지역의 농업 노동력은 50~70퍼센트라고 언급했지만, 리보중은 이 수치가 너무 높다고 생각했다.[13] 대신 그는 1930년대와 1940년대 평가치를 채택했다. 이 평가치에서는 시골 지역의 가정 중 10퍼센트 남짓은 농업을 하지 않았다고 주장했지만, 이는 과소평가한 것으로 생각된다. 더 나아가 그는 장난의 인구 중 도시인은 약 15퍼센트였다고 주장했다.[14]

리보중은 시골 지역의 비농업 가정이 10퍼센트일 거라는 수치가 대체로 맞을 가능성은 있겠지만 18세기와 19세기에는 너무 적은 수치라고 확신했다. (그는 자신의 평가에 신중을 기하기 위해 어쨌든 이 수치를 이용하기는 했다.) 리보중이 너무 적은 수치라고 확신한 한 가지 이유는 지방의 방적업이 1930년대 무렵 기계화한 경쟁력을 가진 도시에 의해 엄청난 타격을 입었기 때문이다. 다른 이유는 5~6장에서 논의했듯 장난의 직물 생산(그리고 방직)이 1930년대에 쇠퇴했고 그나마 남아 있던 직물 생산업도 도시로 이동했다는 점을 생각해볼 만하다. 게다가 실질적으로 도시들이 성장하고 있었음에도 장난 이외의 지역에서 장난으로 들어오는 곡물의 양은 200년 전보다 1930년대에 더욱 줄어든 것으로 나타났다. 이는 장난의 곡물 생산량이 틀림없이 증가하고 있었다는 또 다른 증거임이 분명한데, 주로 노동력 투입이 증가한 덕분이다. 그렇게 증가한 노동력의 일부는 물론 노동자 각자가 더 많은 일을 한 것이지만, 또한 농업 노동력이 어느 정도 증가했으리라고 생각되는 타당한 이유가 있다. 이와 같은 사실로 볼 때, 200년 전 장난의 시골 지역 비농업 가정의 비율은 거의 확실하게 10퍼센트보다는 훨씬 높았을 것이다. 그리고 일부 이들 가정에서는 남성과 여성 모두 섬유 산업에 종사했기 때문에 실질적으로 직물을 생산하는 인구수는 증가했을 것이다. 만약 모든 농업 가정의 절반을 훨씬 넘는 가정의 여성이 생산한 것과 도시의 생산량 일부를 합한다면(리보중이 다른 지역을 관찰한 내용을 참고하면 청 말기 장난 지역의 노동 분배는 '남자는 쟁기질, 여자는 베 짜기'라는 이상을 거의 완벽하게 적용한 듯하다),[15] 장난 지역의 직물 생산량 수치를 특별히 더 높게 산출하기는 어렵다. 여기서 단순하게 장난의 원면 수요와 공급이 균형을 이루었다고 가정해보면, 그 수치는 조금 높긴 하지만 산출하는 데 좀더 신중을 기할 수 있다. 그래서 필자는 1750년 장난의 1인당 면화 생산량이 14파운드 이상이라는 필자의 평가치를 낮추는 게 타당하다고 생각한다.

영국과의 비교

만약 이 수치를 개략적인 평가로 받아들일 경우, 1800년대 영국의 면화·양모·리넨을 합친 1인당 생산량은 12.9파운드가 될 것이다.[16] 이때는 섬유 산업 기술의 해결책이 확산한 후 한참 시간이 흐른 시기였다. (리넨이나 양모 1파운드는 대개 면화 1파운드보다 직물 제곱피트로 환산했을 때 훨씬 양이 적기 때문에 이와 같이 다른 종류의 섬유를 한 가지 무게 단위로 합산하면 비교하기는 간단하지만 중국에 대해 잘못된 판단을 할 수 있다.) 안타깝지만 양쯔 강 삼각주 지역이 얼마나 많은 직물을 수출했는지는 알 수 없다—영국(생산량의 약 3분의 1을 수출)보다는 비율이 높았으므로[17] 이 지역의 직물 소비는 영국 수준보다 낮았을 것이다. 그러나 특히 이들 양쯔 강 삼각주 지역의 인구가 1753년 3100만 명으로 영국 인구의 거의 2배였다는 점을 감안했을 때, 중국과 유럽의 가장 생산적인 지역에서 이런 주요 상품의 생산과 소비를 대략적으로 비교하면 유사성이 있는 것처럼 보인다.

중국의 면화 생산과 유럽 다른 지역과의 비교

중국 전체와 전 유럽을 비교하려면, 자료 문제는 더욱 심각해진다. 중국과 유럽의 자료는 모두 매우 편차가 심하고 지리적으로도 너무 분산되어 있기 때문에 몇몇 주요 지역에만 집중할 수 없다. 이미 살펴보았듯 예외적인 분야는 비단인데, 중국에서 양쯔 강 하류 지역이 대부분의 비단을 생산했다. 아마도 전체 비단 생산량의 4분의 3정도를 생산했을 것이다. 그러나 비단은 전체 직물 생산량에서 낮은 비율을 차지했으며, 면화 생산지는 상당히 산재해 있었다.

불행히도 이번 연구에서 설탕, 비단 그리고 장난의 면화를 평가하는 데 사용한 방법은 명확하고 고도로 상업화한 지역에 맞게 고안한 것으로, 광범위하지만 상업화하지 않은 지역에 적용할 때는 제 기능을 하지 못했다. 그런 경우 예를 들어 이번 연구에서 추정한 1인당 식량 소비량에 조금이라도 변화가 생기면 면화 경작지(말하자면 매우 큰 규모의 총 경작지 중 3~9퍼센트)에 대해 평가한 수치가 쉽게 2배 또는 3배가 될 수 있다. 따라서 다른 방식의 연구, 즉 나중의 수치에서 역방향으로 연구할 필요가 있다.

1870년 염군의 난 및 태평천국의 난을 진압한 후, 중국은 면화를 대략 1억 8500만 파운드 재배했다.[18] 그 뒤 이 생산량은 1900년경 1억 5000만 파운드로 감소했지만 이후에는 계속 증가했다. 그런데 1750년에도 생산량이 그리 적지는 않았으며 그래서 1인당 생산량은 더욱 많았던 듯하다. 이런 주장이 놀라워 보일 수도 있지만 실제로 중국의 주요 면화 산지를 일일이 조사해 나온 결과다.

무엇보다도 청대로부터 면화 재배를 시작한 대규모 지역은 거의 없었다는 점을 유념하는 것이 중요하다.[19] 양쯔 강 중류 지역은 1750년 이후 면화 경작이 증가했지만, 그리 큰 규모의 생산지는 아니었다. 한편, 쓰촨과 산시 서부 지역에서 일부 주요 면화 산지는 19세기에 통상적으로 면화 대신 다른 환금 작물—양귀비—로 재배 품종을 전환했다. 일부 이런 현상은 1870년 이전과 이후에도 발생했다.[20] 다른 면화 경작지가 중국 전역에 산재해 있었지만, 1750년과 1870~1900년 사이 최대 산지는 양쯔 강 하류와 중국 북부 지역이었다. 양쯔 강 하류 지역의 경우 면화 생산량이 19세기에 크게 늘어났다고 믿을 만한 근거는 없다. 그리고 1750~1850년 가장 상업화한 지역에서는 인구나 경작지 모두 증가하지 않았다. 또한 나머지 지역은 성장이 침체했다. 19세기 중엽의 대참사로 막대한 손실을 입은 후 인구와 경작지는 1900년 무렵 회복했지만, 1949년 이후가 되어서야 크게 성장했다.[21] 그리고 이번 연구에서 제시한 모든 자료가 시사하는 바는 1750년에 이미 이 지역의 환금 작물 경작지 비율이 다음 200년에 걸친 비율과 같았기 때문에(사실, 이 지역의 쌀 수입은 아마도 1750년대보다 1930년대에 더 적었을 것이다. 이는 일부 토지가 식량 생산으로 돌아섰을 수도 있다는 것을 의미한다) 환금 작물 경작지 비율은 이 시기 동안 거의 같았을 것으로 추정된다. 그렇다면 면화 경작지는 적어도 1900년까지 감소했을 것이다. 왜냐하면 상당수 토지가 1870년 이후 뽕나무 경작지로 전환했기 때문이다. 그리고 이번 연구에서 산출한 수치가 단속적이긴 하지만 1750~1900년 양쯔 강 유역의 면화 생산량이 증가했다고는 얘기할 수 없다. 또 기술상의 중요한 변화가 없었고(인구도 증가하지 않았다) 아마도 노동력 투입에서도 큰 변화가 없었을 것이기 때문에 면화 생산량 증가를 예상하기는 어렵다.

마지막으로 북부 지역을 살펴보면, 이곳의 자료는 특히 전무한 데다 면화 경작지 면적은 다른 지역보다 변동이 심했을 것이다. 한편 리처드 크라우스의 평가에서는 1900년 산둥과 허베이를 합친 면화 경작지가 겨우

300만 무였는데, 1920년대에는 500만~600만 무로 증가했고(이 지역에 군벌로 인한 극심한 피해가 있었음에도 불구하고) 1930년대에는 훨씬 많아졌다.[22] (산둥과 허베이는 중국 북부의 3대 주요 면화 재배지 중 두 곳이다. 필자는 세 번째 지역인 허난에 대해서는 유용한 자료를 발견하지 못했다.) 이미 살펴봤듯 중국 면화 생산량은 1870~1900년 감소했기 때문에 이 같은 경작지 증가는 생산량이 이전 수준으로 회복했을 가능성을 보여주는 것이다. 그리고 중국 북부 지역은 19세기 말에 끔찍한 가뭄을 겪었는데, 특히 가뭄에 취약한 면화 같은 작물이 분명 악영향을 받았을 것이므로 당연히 생산량도 대부분 감소했을 것이다. 크라우스의 1920년대 수치를 보더라도 두 지역에서 경작지의 겨우 3퍼센트 정도에서만 면화를 생산했다.

반면, 자오강은 18세기 중반의 자료를 인용하는데, 즈리(청제국 때 명칭은 허베이)의 경작지 20~30퍼센트에서 면화를 재배했다고 주장한다. 이 지역 단독으로 경작지 면적을 산출하면 1400만~2100만 무다.[23] 또한 18세기 자료인 《면화도棉花圖》도 즈리 남부 바오딩 지역의 토지 20~30퍼센트가 면화 경작지였음을 보여준다.[24] 이러한 내용을 어떻게 받아들이느냐에 따라 우리는 1820년 등기된 토지가 3500만~5000만 무라는 것을 얻을 수 있다. (아마도 실제 경작지보다 상당히 축소 평가한 듯하다.) 여기에 20~30퍼센트를 곱하면 이 지역 한 곳에서만 면화 경작지가 700만~1500만 무에 달한다. 만약 산둥과 허베이 토지의 10퍼센트만 면화 경작지라 하더라도 1700만~2400만 무 혹은 1900년 수치[25]의 6~8배에 해당한다. 또한 여기에 다른 지역에 대해 앞서 이용한 평가 방법을 적용하고 경작지에 대한 공인 평가치가 비현실적으로 낮다는 것을 인정해 연간 1인당 식량 소비를 2.2섬[26]이라고 가정하면, 두 지역에서 비식량 작물에 이용할 수 있는 경작지는 비슷해진다. 그런데 만약 1750년대 경작지가 이미 1930년대

수준에 근접했다는 주장을 받아들이면, 비식량 작물 경작지는 7000만~9000만 무로 대폭 증가한다. 이는 1인당 식량 소비량을 2.2섬으로 추정하느냐, 혹은 2.5섬으로 하느냐에 따라 달라진다. 어떻든 면화는 가장 대중화한 비식량 작물이었을 것이다. 따라서 앞서 언급한 사실은 중국 북부 지역이 1870년이나 1900년보다 1750년에 더 많은 면화를 재배했다고 믿을 만한 타당한 이유가 된다.

또한 다른 자료도 같은 내용을 간접적으로 시사한다. 산둥과 허베이 인구는 1750~1870년 40퍼센트 이상 증가했고, 1913년경에는 약 80퍼센트 늘어났다. 반면 경작지는 그렇게 증가하지 않았다. 퍼킨스는 사실상 경작지가 전혀 증가하지 않았다고 주장했다.[27] 이는 필자를 크게 놀라게 했다. 5장에서 언급했듯 필자는 이들 지역의 삼림이 1930년대보다 1800년에 훨씬 더 많았다고 생각한다. 하지만 불확실한 1750년대의 공식 수치에서도 경작지는 1873년에 겨우 4퍼센트, 1930년대에는 약 45퍼센트 증가했음을 보여준다. 이 같은 '증가분'은 계속 농사만 지었던 토지대장에 기록된 수치를 많이 포함한 것이다.[28] 그리고 중국의 다른 지역에서 악화한 인구/토지 비율은 1에이커당 생산량이 크게 증가해 상당한 균형을 이루었는데, 비료의 집중적 사용(거름과 콩깻묵 모두)이 늘고, 다작을 더 많이 하고, 1무당 더 많은 노동력(예를 들면 상당히 세심한 제초 작업을 통해)을 투입했기 때문이다. 그러나 중국 북부 지역은 벼농사처럼 상당한 추가 노동력을 요하는 작물을 재배할 수 없었다. 왜냐하면 벼 재배에는 좀더 효과적인 콩깻묵이 비싸다는 이유로 주로 거름을 추가 비료로 투입했기 때문이다. 또한 다작을 하는 경우에는 작물의 성장 기간이 좀더 짧아지기 때문에 막대한 생산량 증가를 기대하기 어려웠다. 더욱이 1853년 황허의 물길이 바뀐 이후 침수와 염분화로 인해 악화한 토지 문제는 산둥 지역 수천만 무의 경작지에서 생산량이 줄어드는 원인이 되었던 것으로 보인다. 결과적으로, 식량 재배에만 이용한 중국 북부의 토지 면적은 1750~1870년, 1900년, 혹은 1930년보다 상당히 빠르게 증가했다는 게 가장 그럴듯해 보인다. 반대로 이 시기 산둥 지역 면화 생산량의 절대치는 상당히 위축했던 듯싶다.

그러므로 중국 북부 지역의 면화 생산량은 쓰촨과 산시의 생산량처럼 눈에 띄게 감소했다. 반면, 양쯔 강 하류 지역의 생산량은 거의 비슷한 수준을 유지했다. 양쯔 강 중류와 (아마도) 허난 지역—두 지역 모두 별로 중요하지 않은 면화 생산지—만 생산량이 증가했다. 이들 지역의 생산량을 보면, 1750년경 전체 중국의 면화 생산량은 분명 적어도 1870년, 1900년과 비슷했던 것 같다.

만약 좀더 신중을 기하기 위해서 1900년도 수치를 이용해 충전재와 실 잣는 용도가 아닌 다른 용도로 사용한 면화를 제외한 뒤 1900년보다 훨씬 적은 1750년의 인구(1억 7500만~2억 2500만 명)로 나누면, 1인당 평균 면화 소비량은 대략 6.2파운드다. 1870년 수치를 이용하면 1인당 거의 8파운드다. 이런 수치는 20세기 수치를 바탕으로 1840년 수치를 유추한(1840년 이후 격동의 시기에 생산량과 생활수준이 높아졌는지 낮아졌는지에 대해서는 일치된 의견이 없기 때문에 그다지 신빙성 있는 방법은 아니다) 우와 쉬의 평가치보다 상당히 높다.[29] 그들의 평가치는 필자의 평가치보다 훨씬 낮은 1인당 3.5파운드(충전재 포함) 대 7.5파운드(충전재 포함) 정도였다. 그러나 이는 실제로 크게 우려할 것 없는 수치다. 만약 인구는 2배가 되었지만(우와 쉬는 1840년의 인구가 4억 명이라는 수치를 이용했다) 전체 면화 생산량이 1750~1840년 변하지 않았다고 제시한 필자의 추정이 옳다면, 그들이 평가한 1840년의 1인당 수치는 필자가 제시한 1750년 수치의 대략 절반이 된다. 그러므로 필자가 제시한 1750년 평가치 범위는 상한선보다는 하한선으로서 타당한 것처럼 보인다.

그렇다면 이것을 어떻게 유럽의 수치와 비교할 것인가? 1800년 영국의 직물 소비량(아일랜드 포함)은 면화, 양모, 비단, 리넨 전부 합쳐 1인당 약 8.7파운드였던 것으로 나타났다.[30] 1780년대 프랑스의 리넨 생산량은 1인당 약 6.9파운드, 면화는 아주 적은 0.3파운드였다.[31] 양모에 대한 자료는 파운드보다는 제곱야드 단위만 존재하며, 직물의 정확한 환산법은 제조한 직물의 종류에 의거한다. 그런데 꽤 신빙성 있는 비율을 이용하면, 1800년경 생산량은 연간 1인당 1.18파운드다.[32] 이와 같이 프랑스 혁명 직전 프랑스의 1인당 직물 생산량은 중국의 최대 추정치와 비슷하고 최소 추정치보다는 3분의 1이 많았다. 독일에서 필자가 발견한 가장 이른 시기의 수치를 보면, 직물 생산량이 중국보다 상당히 적었다. 1816년 양모 생산량은 1인당 겨우 1.1파운드였고 면화 생산량도 1838년 1인당 0.6파운드에 불과했다. 그리고 1850년 리넨 생산량이 1인당 약 3.3파운드였는데, 총량으로 따지면 1인당 직물 생산은 5파운드였다.[33] 영국에서 직물을 수입한 독일의 직물 소비량은 분명 이 생산량보다 많았지만, 19세기 초반 독일의 연간 직물 소비량은 75년 전의 중국 평균치보다 감소했던 것으로 보인다. 필자는 19세기 말까지 동부 혹은 남부 유럽에 관한 유용한 수치는 알지 못한다. 하지만 이번 연구에서 제시한 중국에 대한 평가는 청 제국에서 가장 먼 거리에 있는 곳이면서도 번성했던 지역을 포함한 것이다. 게다가 중국의 직물 소비는 유럽의 18세기 중후반 수준에 견줄 만한 것으로 나타났다.

15. Jones 1981, 1988.

16. Hajnal 1965, 1982.

17. Jones 1988; Elvin 1973; Powelson 1994.

18. Abu-Lughod 1989; Frank 1998.

19. Jones 1981: 70-74 참조.

20. Crosby 1986: 2-5, 294-308.

21. Frank 1998: 283, 알렉산더 거센크론(Alexander Gerschenkron)을 이용.

22. Sugihara 1996.

23. 주목할 만한 점은 최근 서구 경제역사학자들이 계약을 쉽게 시행할 수 있도록 함으로써 효율적 시장을 허용하는 제도적 협의를 기술하는 데 관심을 가졌다는 것이다. (재산권을 보장해주는 국가는 많지 않았지만 말이다.) 도움이 되는 요약을 보려면 Grief 1998: 597-633 참조.

24. 관련 사례는 Ambrosoli 1997; Levine 1977; Kjaergaard 1994.

25. Wittfogel 1957; Jones 1981: 66-67, 118, 125; Mokyr 1990: 233-234, 256-260; Powelson 1994.

26. 스기하라와 하야미(Sugihara and Hayami 1989)는 '산업'혁명 아울러 '근면' 혁명은 이미 17세기에 분기하고 있었다고 보았으며, 아리기(G. Arrighi)는 이 시점을 18세기로 보았다. 더 오랜 시간을 거슬러 올라간 그 시점에 사실상 대분기의 조짐이 있었다 해도, 필자는 신세계와 석탄이 토지 사용과 자원 집약적인 경제의 문제점이 장기간 지속되는 것을 극복하게끔 해준 19세기가 될 때까지 문제가 해결된 것은 아니라고 주장할 것이다.

27. P. Huang 1990: 11-17. 관련된 주장은 Goldstone 1996 참조.

28. DeVries 1994b.

29. Braudel 1977: 60; DeVeris 1976: 210-214.

30. Flynn 1984; Hamilton 1934.

31. Braudel 1977: 60-75.

32. Mokyr 1976: 132-164; Lewis 1954: 139-191과 비교.

33. 유럽 내의 자본 축적과 관련한 '해외 공급처'에 대해서는 DeVeris 1976: 139-146, 213-214 참조. 수요에 대해서는 좀더 일반적으로 산업혁명에 요구되는 요소들의 중요성에 의문을 제기한 같은 책 176-192쪽, Mokyr 1985b: 21-23; Mokyr 1985a 참조.

34. 이런 맥락에서 '산업 특화'는 '노동력 분배'와 다르며 '복잡성'과는 더더욱 다른 것으로 밝혀졌다. 예를 들어, 매주 빵을 굽는 일을 하는 노동자는 있지만 온종일 일하는 제빵사는 없다. 이처럼 극히 복잡한 교환 법칙이 적용되는 사회가 존재할 수 있다. 그런 사회는 분명 다른 사회만큼 복잡하며 그 사회 구성원인 기술자들은 저마다 아주 복합적인 기술을 가지고 있다. 그러나 바로 그런 이유 때문에, 그 사회가 특히 판로를 찾기 위해 얼마 안 되는 일거리에 집중하도록 계속해서 내몰리는 사람들과 동일한 경제 역학을 갖는 것은 아니다.

35. 필자는 이러한 역동성을 의사(擬似) 맬서스주의라고 부른다. 왜냐하면 필자는 인구 밀도가 이 책에서 논하는 핵심 지역의 그 어떤 생활수준의 퇴보를 가져오는 데 필수적이라 주장하지 않기 때문이다. 이는 다만 산업혁명 이전 기술에 부여된 거대한 성장에 심각한 장애물인 토지/노동 비율을 악화시킬 뿐이다. 그리고 초기 산업 기술이 이런 제약을 완화시키는 동안에도 그 기술 자체가 만족스러운 것은 아니었다.

36. Blaut 1993: 42, 124, 152.

37. 상대적으로 제국 대부분의 인구가 희박했으며, 18세기에 대부분 감소한 것으로 보이는 오스만의 인구에 대해서는 McGowan 1994: 646-657 참조.

1부 사람을 놀라게 하는 무수한 닮은 점

1 유럽이 아시아보다 앞섰는가: 인구, 자본 축적과 기술 측면에서 본 유럽의 발전에 대한 해석

1. 존스가 사용한 이 용어가 구체적으로 누구를 지칭하는지는 명확하지 않다. 경우에 따라 유럽 대륙 전체, 또는 서유럽이나 심지어 북서유럽 사람들을 의미하기도 한다.
2. Jones 1981: 4-5.
3. 같은 책, 14쪽.
4. 같은 책, 22-35, 40-41쪽.
5. Van Schendel 1991: 42; Marshall 1987: 7, 23.
6. Huang 1985: 145.
7. 결과를 보려면 부록 B 참조.
8. 예를 들어 1750년경 산둥 지방에 관한 필립 황(Huang 1985: 322)의 자료에서 자급자족 인구는 1제곱마일당 400명가량이었다. 반면 상당량의 식량을 수입한 네덜란드

에서는 160명 정도(McEvedy & Jones 1978: 62-63)였다.

9. Bray 1984: 48, 198-200(유럽과 비교), Palat 1995: 60(제분하는 경우).

10. Smith 1937: 637-638.

11. Habib 1990: 376-377.

12. 부록 A 참조.

13. 예를 들어 Gardella 1999b: 101-102 참조.

14. Wu 1983: 277. 쌀 한 섬은 대략 103리터 또는 약 160파운드다.

15. Perkins 1969: 297-307; Marks 1991: 77-78.

16. Braudel 1981: 127.

17. Jones 1981: 81; DeVries 1974: 170.

18. Huang 1985: 322.

19. Xu Tan 1995: 86.

20. Smith 1958: 68.

21. Reid 1989: 57.

22. Bray 1984: 53; Palat 1995: 60.

23. Braudel 1981: 196.

24. Jones 1981: 7.

25. Hanley 1997: 104, 110-111, 117, 119-120; Reid: 36-38, 41.

26. Bairoch 1975: 7, 13, 14.

27. Stone 1979: 58.

28. Knodel 1988: 68-69.

29. Wrigley & Schofield 1981: 230, 708-713.

30. Razzell 1993: 757-758.

31. 같은 책, 759-763쪽. 조정한 기대수명은 필자가 계산한 것이다.

32. Blayo 1975: 138-139.

33. Nipperdey 1996: 89.

34. Hanley and Yamamura 1977: 221-222.

35. Smith, Eng and Lundy 1977: 51. 표에 나온 46.1세와 50.8세는 미래의 기대수명이다. 중국에 관한 최근 연구에서도 밝혀졌듯 이 수치는 유아 살해(많은 경우 궁핍해서가 아니다) 비율이 높기 때문에 출생 시 기대수명과 고령자의 기대수명의 차이

가 비정상적으로 크다는 사실을 지적하는 것이며, 후자를 통해서는 전반적인 상태에서의 기대수명을 알 수 있다. 사람들은 유아 살해가 가능했다는 것을 도저히 믿을 수 없었으며 착잡한 심정으로 측정하면서 잘사는 중국인과 일본인 사이에서는 이런 끔찍한 일이 횡행하지 않았기만을 바랐다. 한편 풍요롭게 사는 유럽의 도시인은 유아를 시골에 있는 유모에게 맡겨 양육했는데, 분명한 것은 긴 시간이 지난 후 유아의 사망률이 크게 상승했다는 사실이다.

36. Telford 1990: 133.

37. Lee and Campbell 1997: 60, 76-81.

38. Lavely and Wong 1998, 특히 721-724쪽.

39. 황실의 혈통은 만주족이지만, 중국에 거주하며 다방면으로 상당히 동화되어 있었다.

40. Li ZHongqing 1994: 7.

41. 같은 책, 9쪽.

42. Braudel 1981: 129-130.

43. Clark, Huberman & Lindert 1995: 223-226.

44. Pan(미출간): 10.

45. Marks 1991: 77-78.

46. Perkins 1969: 300에서 인용.

47. 영국에 대해서는 Clark, Huberman & Lindert 1995: 226 n. 25; Pan 1994: 327 참조. 그리고 첨부한 기록을 통해 성인 남성의 곡물 소비가 성인 여성의 2배였음을 추정할 수 있다. 만약 이 추정이 사실일 경우, 중국의 곡물 소비량을 성인 남성을 기준으로 환산하면 한 사람당 3181칼로리를 소비한 셈이다. 하지만 이 같은 방식은 성인 남녀의 열량 분배에 다소 형평성을 잃은 것일 수 있다. 그렇지만 1930년대 상하이에서 집계한 자료에 따르면 성인 여성의 곡물 소비는 성인 남성 평균의 77퍼센트였던 것으로 나타난다(Shanghai shehuiju 1989: 183). 이는 클라크, 휴버먼, 린더트가 영문 자료에서 산출한 환산율 0.733에 꽤 근접한 수치다.

48. Ng 1979: 56, Reid 1988: 48-49에서 인용.

49. Reid 1988a: 45-50.

50. Visaria and Visaria 1983: 472-473.

51. Parthasarathi 1998: 79-109.

52. Hajnal 1965, 1982. 특히 1982: 476-481쪽 참조.

53. Cornell 1996: 43-44, Hayami and Goldstone 1991: 403에서 인용.

54. Smith, Eng & Lundy 1997: 107-132.

55. Skinner and Goldstone 1991: 407에서 인용.

56. Reid 1988a: 16, 160-162.

57. Li and Guo 1994: 1-38; Li Bozhong 1994a: 41-42, 46-52.

58. Lee & Wang(미발행): 20-21; Lee & Campbell 1997: 90-95.

59. Lee Zhongqing 1994: 3.

60. Li Bozhong 1994a: 57-58.

61. Abu-Lughod 1989: 193-199.

62. Will 1980; Perdue 1987: 211-219.

63. Bernhardt 1992: 129-134.

64. Reid 1988a: 121-128.

65. Jones 1988: 130-146, 특히 145-146쪽.

66. Hao 1986: 28; Morse 1966:II. 특히 미국 시장 규모 및 비교적 저렴한 직물 가격에 대해서는 61, 180, 256, 266, 322쪽.

67. 특히 Jacob 1988: 27-30, 58-59, 64, 77, 81-82, 89-110, 123, 150-151, 158, 209, 223 참조.

68. 관련 사례는 Henderson 1984; Kawata 1979.

69. Widmer 1996: 95-99, 103-104, 107-108, 113-115.

70. Bayly 1989: 80-81.

71. 주 8에서 논의한 인구 밀도의 차이에 대해서는 산둥 지방과 네덜란드가 특히 흥미로운 사례다. 왜냐하면 관개 시설은 산둥 지방의 농업에서 중요한 요소가 아니었기 때문이다. 중국 농업 기술의 일반적인 사항에 대해서는 Bray 1984 참조. 중국 이외 지역(관개 시설을 필수로 하는)의 예시에 대해 논의할 때에는 남인도에 있는 카베리 삼각주(Kaveri delta)에서 경작자들이 수확량의 약 94퍼센트를 잃고도 살아남았다는 사실을 고려해야 한다(Van Schendel 1991: 44). 이는 한 사람의 농부가 풍족하게는 아니어도 16명을 먹여 살렸다는 의미이며, 동시에 1에이커당 생산량뿐만 아니라 노동자 1인당 생산성이 유럽의 어느 지역보다 높았다는 점을 시사하기 때문이다.

72. 철에 대해서는 Dharampal 1971: 243-244, 246-247, 260 참조. 영국의 철 가격(그

리고 선철에서 조철로의 전환)에 대해서는 Deane and Cole 1962: 222 n. 5, 223 n. 1 참조. 직조업과 염색업에 대해서는 Mitra 1978: 13 참조.

73. Thornton 1992: 45-48.

74. Haley 1997: 104-5, 110-11, 119-20; Reid 1988a: 38 참조.

75. 인도에 대해서는 Dharampa 1971: 141-164. 중국에 대해서는 Du Jiaji 1994: 154-169.

76. 유아와 임산부 관리에 대해서는 Xiong 1995. 의학 연구 출판의 대중화에 대해서는 Unschuld 1986: 183-197; Widmer 1996: 95-115; Bray 1997: 311.

77. Smil 1994: 234.

78. 관련 사례는 Anderson 1988: 154 참조.

79. Mokyr 1990: 13, 57, 83.

80. Greenberg 1951: 87.

81. Bray 1997: 217-220.

82. Elman 1990: 79-85.

83. Smil 1994: 107.

84. Elvin 1973; Frank 1998; Habbakuk 1962; Washbrook 1988.

85. Reid 1989: 61, 69-71; Reid 1988a: 135.

86. Mitra 1978: 37-41; Hossain 1979: 324-338; Arasaratnam 1980: 259-260, 263, 265, 268, 272, 278.

87. 관련 사례는 Staunton 1799: II: 138 참조.

88. '거의 하지 않았다'는 것은 물론 상대적 용어다. 드브리스와 앨런은 네덜란드와 영국을 서유럽의 다른 지역과 비교하고 동시에 네덜란드와 영국을 이전 시기와 비교하면서 원공업과 농업 상호 간의 계절에 따른 노동자 이동은 거의 없었다는 점에 주목했다. 소콜로프와 달러(Sokoloff and Dollar 1997)는 영국과 미국을 비교하면서 많은 영국 사람이 심지어 17세기 후반까지 농업과 제조업을 오가며 시간제로 일했다는 사실에 매우 놀랐다. 6장에서는 미국의 예로 돌아가서 그것의 의미를 살펴볼 것이다.

89. DeVries 1994a: 57-62. Allen, Postel-Vinay 1994: 72에서 인용.

90. Parthasarathi 1998: 101-102.

91. Mokyr 1991: 177-181.

92. MacLeod 1988: 158-181.

93. Jacob 1988: 92-93.

94. Mokyr 1990: 166.

95. 1800년경과 오늘날 훨씬 더 커진 국민소득 차이에 대해서는 Lazonick 1981: 491-516; Bairoch 1975: 3-17.

96. Braudel 1982: 522, 575; Frank 1998: 289-291.

97. Chapman, Mokyr 1990: 98-99에서 인용.

98. Li Bozhong 1998: 108.

99. H. Klein 1990: 291-293.

100. Mitra 1978: 46-47, 51, 63-66, 75-92, 113-115, 126-127, 14-15 참조. 임금 비교에 관해서는 Chaudhuri 1978: 157, 273 참조.

101. 관련 사례는 Monkyr 1990: 221 참조.

102. 관련 사례는 Hobsbawm 1975: 38.

103. 관련 사례는 Bruchey 1967: 표 2-A(쪽수 없음) 참조.

104. W. Parker 1984: 38; Mokyr 1985a: 107-108.

105. Gunst 1989: 73-74.

106. Parthasarathi 1998: 107.

107. Goldstone 1991: 186; Labrousse 1984: 343, 346-347.

108. Blaikie & Brookfield 1987: 129-140, 특히 138쪽. Kjaergaard 1994: 18-22. 더 상세한 정보는 5장 참조.

109. Blaikie & Brookfield 1987: 139.

110. 같은 책, 113쪽.

111. Chao 1973: 22-25, 30-31.

112. M. Williams 1990: 181. 일부 특정한 국가에 대해서는 Darby 1956: 203-204 참조, 그리고 Cooper 1985: 139 n. 2(프랑스)와 M. Williams 1990: 181(독일) 비교.

113. Blaikie & Brookfield 1987: 132-133.

114. Wrigley 1988: 80-81.

115. Braudel 1981: 170.

116. Grove 1995: 408.

117. 5장에서 살펴보겠지만, 서유럽의 대부분 지역은 영국에 비해 숲이 울창했지만,

19세기 들어 심각한 연료 부족과 빠르게 상승한 목재 가격으로 인해 어려움을 겪었다. 이는 서유럽 대부분 지역이 영국의 석탄 사용량 증가를 따라잡지 못했기 때문이다.

118. 유럽이 인도의 발상과 관행을 차용한 것에 대해 그로브는 "인도 밖에서 들여온 어떤 발상보다도 더 중요했다"(382쪽)고 주장한다. 적어도 1857년 이전에 대해서는 Grove 1995: 387-388, 406, 440, 471-472 참조. 중국의 영향에 대해서는 187쪽 참조. 더 이전 시기에 대해서는 77-80쪽 참조. 중국의 생태학을 공식적으로 이해하는 것과 관련해 일부 통찰력 및 한계에 대해서는 Dunstan 1997 참조. 일본의 식림법에 대해서는 Totman 1989 참조.

119. Grove 1995: 435, 463-464, 471-472, 480.

120. Morton 1981: 118-121.

121. Wrigley 1988: 54-55. 변환 문제에 대해서는 6장 276쪽, 주 50 참조.

122. Hammersley 1973: 602-607. 또한 Flinn 1978: 139-164 참조.

123. M. Williams 1990: 181.

124. Harris 1988: 25, 56. 플린(Flinn 1978: 145)은 석탄이 없었다면, 목탄 부족으로 인해 1750년 이후 영국의 철 생산이 제대로 성장하지 못했을 것이라는 점을 지적한다. 그는 이전의 생산율이 지속된 것과 목탄 위기가 더 이상 악화하지 않은 것은 바로 철 생산이 석탄을 기반으로 발전했음을 보여주는 것이라고 강조한다.

125. Harris 1988: 26; Flinn 1958: 150.

126. Harris 1988: 26.

127. Hammersley 1973: 608-610. 높은 운송비로 인해 지역에 따라 목재의 가격 차이가 컸으며, 때로는 한 판매자 또는 구매자가 물량 부족을 이용해 특정 시장을 독점했다고 해머슬리는 지적한다. 더욱이 목탄 가격에는 인건비가 상당히 포함되었기 때문에 나무 가격과는 관련성이 매우 적었다고 말한다.

128. Flinn 1978: 143-145, 147-148; Hammersley 1973: 608-610.

129. Flinn 1984: 114.

130. Flinn 1984: 26, 121-128.

131. 중국과 관련한 예는 Needham 1965: 255 참조.

132. Needham 1965: 135-156, 225-226, 369-370, 387.

133. Hartwell 1967: 102-159.

134. Needham 1965: 497.

135. Huang 1985: 114-115; Ho 1959: 137-137.

136. Huang Qichen 1989: 1-2, 46, 84.

137. 같은 책, 2, 70-72쪽.

138. 같은 책, 2쪽.

139. Sun Jingzhi 1988: 93.

140. 17세기 목록과 관련한 예는 Huang Qichen 1989: 70-72 참조.

141. Huang Qichen 1989: 109-140.

142. Needham 1965: 513-515, 522, 525-528, 531 참조(아주 정밀한 작업을 요하는 17세기 시계 제작에 대해 언급한다. 시계 제작공은 가장 좋은 서구 수입품을 모방했다). 11세기경 자동 기어 장치를 부착한 주행기록계에 대해서는 285쪽과 296쪽 참조.

143. 운송 비용에 대해서는 Skinner 1977a: 217쪽 및 중국 서북 지역 광산과 50킬로미터 떨어진 강둑의 석탄 가격이 5배에 달했다는 것을 인용한 T. Wright 1984: 9 참조. 유럽에 대해서는 DeVries & Van der Woude(1997: 37) 참조. "역사적으로 에너지 개발 비용은 자원 자체를 수집하는 비용보다 운송 비용에 더 의존했다."

144. Yu Mingxia 1991: 27.

145. 같은 책, 19, 21쪽.

146. Sun Yingxing 1637: 11권, Yu Mingxia 1991: 23에서 인용. 서북 지역보다 비가 더 많이 오는 쉬저우 광산에서도 물은 문제 되지 않았다. 같은 책, 27쪽 참조.

147. 세부 사항은 5장 참조. 그리고 Nef 1964: 174, 263-264 참조.

148. Nef 1932: 156-158; Wrigley 1988: 77-78.

149. Nef 1964: 158, 183, 203; Nef 1932: 215-224.

150. Harris 1992: 18-33, 특히 21-23, 27, 30-31쪽.

151. 정밀 기기 제작은 유럽이 세계에 자랑할 만한 기술이자 특히 그중에서도 영국만이 가진 전문 기술이었다. 수상 운송은 아시아에서도 매우 발달하긴 했지만—어떤 점에서는 유럽보다 우세했다—비교적 연안 가까이에서 항해하는 경우가 많았고, 비교적 작은 실수로도 재난을 당할 수 있는 원양 항해를 하는 일은 적었다. 대서양을 가로지르는—원거리 항해를 하는 아시아 선원들과는 다른 항해—해운 회사로서는 정밀 기기 제작이 기술적으로 필요하고 중요했다는 것은 의심할 여지가

없다. 아울러 당시는 대포를 조준하는 데 유익한 도구가 육해군에 필요할 때였다.

152. E. Thompson 1967: 66-70.

153. Mokyr 1990: 85, 103-104.

154. 또한 와트 모델은 1870년대 모델보다 4배 효율적이었다. Mokyr 1990: 90 참조.

155. 같은 책, 88쪽.

156. Von Tunzelmann 1978: 224, 289.

157. Mokyr 1990: 88, 90.

158. Von Tunzelmann 1978: 62-63.

2 유럽과 아시아의 시장 경제

1. 관련 사례는 North and Thomas 1973, 특히 157-158쪽. North 1991: 35 참조.

2. 관련 사례는 Senghaas 1985: 28-30, 65 참조.

3. P. Huang 1990: 108.

4. 같은 책, 114쪽.

5. Levi 1988: 79-99에 나오는 피에몬테 마을의 토지 시장에 대한 논의 참조.

6. R. Huang 1974: 99.

7. P. Huang 1985: 87.

8. Pomeranz 1993: 240.

9. Chen 1936: 34-35.

10. Buck 1937: 192.

11. Jing and Luo 1986: 34-35; P. Huang 1985: 103.

12. P. Huang 1990: 103-145.

13. 마크스(Marks 1984: 44)는 일부 지역에 소작인이 몰려 있긴 했지만 대부분의 토지는 자유롭게 보유할 수 있었음을 보여준다. 천한성(陣翰笙, Chen 1936: 19)은 극소수 지역을 제외한 토지 중 68퍼센트를 임대했다고 지적한다.

14. Naquin and Rawski 1987: 100-101.

15. Watson 1990: 247.

16. 관련 사례는 P. Huang 1990: 107.

17. Osborne 1994: 11-13, 15, 19.

18. P. Huang 1985: 79-81; P. Huang: 1990: 58-75.

19. Myers 1982: 290-291; Rawski 1985: 6, 주(註)에 유용한 문헌 요약이 있다. Bernhardt 1992: 24-26.

20. Zelin 1986: 510-514.

21. Buoye 1993: 54-57.

22. P. Huang 1985: 139-145.

23. F. Thompson 1963: 68.

24. Carr 1967: 51.

25. Forster 1960: 120, 162-163.

26. 네덜란드에 대해서는 DeVries 1974: 33, 38, 44-78, 54 참조. 롬바르디아에 대해서는 J. M. Roberts 1967: 68-69 참조. 스웨덴에 대해서는 M. Roberts 1967: 142, 146 참조.

27. Bloch 1966: 127-128; Brenner 1985a: 47-48.

28. DeVries 1974: 27-28, 31-32.

29. DeVriess 1974: 152, 243; DeVries 1976: 36.

30. Bloch 1966: 128-192.

31. 비율에 대해서는 DeVries 1976: 39-40 참조.

32. Ambrosoli 1997: 393-394.

33. Parker and Croot 1985: 80-81.

34. Bloch 1966: 221-222.

35. 같은 책, 233쪽.

36. 같은 책, 179-180쪽.

37. DeVries 1974: 152; DeVries 1976: 64-67. 이탈리아 북부에서 휴경을 광범위하게 금지한 것에 대해서는 Zangheri 1969: 33-37 참조.

38. J. Elliott 1961: 62-64. 또한 J. Klein 1920.

39. Nipperdey 1996: 123, 131, 134.

40. Slicher Van Bath 1977: 71; F. Thompson 1968: 63-73.

41. 우리는 여기서 왜 '농업 개인주의'가 영국보다 프랑스에서 훨씬 나중에 성공했는지, '자본주의적' 계급 구조·체제 그리고 정신에 따른 다양한 농업적 변화 패턴의 관계에 대한 과한 논쟁으로 지체할 필요가 없다. 요점은 바로 시간 차이이며, 이런 변화가 상대적으로 느리게 이루어진 것과 새로운 기술의 도입이 상대적으로 늦어진 것

사이의 중요한 연관성이다(Bloch 1966: 197-198). 더 심각한 문제는 18세기 프랑스 농업보다 영국이 우위에 있었다는 것에 의혹을 불러일으킬 때 생길 것이다. 예를 들면 새로운 기술을 개발할 연구자들의 자유를 보장하는 것이 얼마나 큰 차이점인지에 대한 의혹이 그것이다. 이 같은 의혹은 원래 오브라이언(O'Brien 1977: 174)과 톰슨(Thompson 1968: 71)이 언급했었다. 그러나 그들은 영국도 우리가 생각하는 것만큼 빠르게 새로운 기술을 채택하지 않았으며 우위에 있지도 않았다고 주장했다. 그리고 영국의 인구 규모에 대한 추가 연구에서는 영국의 농업 성장이 다시 후퇴했다는 우리의 평가를 지지하는 경향이 있었다(Cooper 1985: 141-142에서 인용). 오브라이언이 영국 초기 산업의 비약적인 발전을 충분히 설명할 수 있는 농업상의 차이점을 보여주는 것에 대해 우리에게 충고하는 것은 옳지만, 이것이 프랑스가 2세기 넘게 명백한 인구 상한 때문에 '정체했고' 생존 위기의 악순환을 겪었다는 점을 무시하는 것은 아니다(Ladurie 1974, 1976). 프랑스는 인구 밀도에서 영국, 저지대(Low Countries: 유럽 북해 연안의 벨기에, 네덜란드, 룩셈부르크 지역—옮긴이), 독일 서부, 혹은 이탈리아 북부보다 낮았지만(Cooper 1985: 138-139) 관습이 좀더 생산적인 농업 체제로 변화하는 것을 가로막았다.

42. Allen 1982; McCloskey 1975a, 1975b, 1989; Clark 1998.

43. Clark 1998: 77, 87-94.

44. 같은 책, 94-97쪽. McCloskey 1989: 159도 참조.

45. 그러나 매클로스키 등에 따르면 시장은 전혀 실패하지 않았다. 금리가 너무 높아서 대부분의 사람이 다른 식으로 잉여 곡물을 남겨 팔거나 비축하는 것으로도 기근에 대비할 수 없을 때 공동 경작은 위험을 줄이는 방법으로 합리적이었다(여러 조그만 땅에 대한 '목록'을 보유함으로써). 일단 이런 상황이 바뀌면 공동 경작의 비효율성을 이런 보장 기능으로 더 이상 상쇄하지 못하므로 사람들은 그것을 제거하려 했다.

46. 매클로스키(McCloskey 1975b: 155-156)는 이것을 가능한 문제로 언급했지만, 생산의 다른 요소에 대한 지불액은 진정한 기회비용과 동일했다고 주장한다.

47. 이런 견해와 관련해 가장 잘 인용하는 명구는 막스 베버의 《개신교 윤리와 자본주의 정신》이다. 수많은 다른 설명 중 몇 가지는 변화하는 생각에 더 초점을 두었고 나머지 설명은 물질적인 힘에 더 초점을 두었다. 하지만 그런 현상의 중요성에 대해서는 폭넓게 동의한다. 나중에 강조한 것과 함께 가장 중요하게 다룬 것 두 가지는 아래에서 논의한 페르낭 브로델과 얀 드브리스의 주장이다.

48. 관련 사례는 DeVries 1976: 219-226, 232-235 참조.

49. Wrigley 1990: 107-111 참조.

50. 관련 사례는 Phelps Brown and Hopkins(1956: 360, 1957: 289-299, 특히 296쪽) 참조. 두 저자는 늘어난 노동력을 농업이 전부 흡수하지 못하자, 사람들이 시간제와 급료가 낮은 고용에 몰려들었다고 언급했다. 또한 15~40세의 유럽 남성 중 5퍼센트 정도가 18세기 대부분 동안 전쟁에 투입되었지만(DeVries 1976: 204) 뚜렷한 노동력 부족은 나타나지 않았다.

51. Lewis 1954: 139-191.

52. DeVries 1994a: 61.

53. Mokyr 1985a: 107-108.

54. Schultz 1964: 61-70.

55. Rosenthal 1992: xii, 43, 48-50, 60, 70, 93, 120, 165.

56. Chen and Myers 1976; Marks 1997: 105-110; Perdue 1987: 165-174, 181-196(프랑스에 대한 로젠탈의 언급처럼 관개 시설의 부족이 아니라 관개 시설이 많았던 게 문제라고 지적했다). Kelly 1982: 89-103, 118-195(특히 192-195쪽), 204-219; Ludden 1985: 87-89; Stein 1982a: 109-116; Fukuzawa 1982a: 200.

57. 관련 사례는 Grantham 1989c: 43-72 참조.

58. Tilly 1975: 392-393, 397-400, 409-414.

59. Kaplan 1976: 252-299; Tilly 1975: 424-428; Meuvret 1977: vols. 4-6을 비롯한 여러 곳.

60. Goldsmith 1984: 186, 187.

61. 특히 노동자가 근무 시간 외 작업을 하면 고용주는 거기에 대한 기회비용을 부담하는데, 핵심은 그 시간에 노동자가 다른 작업을 강요받을 수 있다는 것이다. 하지만 어디에도 대체할 다른 일은 없다. 예를 들어 자본 부족, 농장주의 취향, 혹은 그 밖에 다른 이유로 농장에서는 산업적인 생산을 하지 않거나 이미 할당된 일을 하는 노동자 전원이 필요한 것은 아니다. 기회비용 역시 아주 낮았다. 어쨌든 노동자가 시간 외 근무 대신 여가를 즐긴다면, 이때 노동자에게 일을 시키는 주인이 부담할 기회비용은 실질적으로 제로가 되는 셈이다. 여가에 큰 가치를 두고 있는 자유노동자를 유인해야 하는 고용주의 경우는 예외다. 필자는 특히 동유럽의 맥락에서, 이 문제를 5장에서 더 자세히 논할 예정이다.

62. Lewis 1954; Chayanov 1966: 53-117; Huang 1990; Geertz 1963.

63. Elvin 1973: 235-267.

64. 징쑤(景甦)와 뤄룬(羅侖)의 책 331쪽에 있는 사례를 보면, '관리형 지주'는 그들 소유지의 단 20퍼센트만을 소작농 없이 경작했다(1986: 부록 1, 2). 또한 그런 지주들이 경작하는 전체 토지의 20퍼센트 이상(P. Huang 1985: 104 참조)을 소유했을 것 같지는 않은데, 이는 아마도 전체 토지의 4퍼센트를 대부분 지주와 소작농 없이 경작했다는 것을 시사한다.

65. P. Huang 1985: 85-105.

66. Ye 1983: 232-233, 239-240, 291.

67. M. Eliott 1993: 346, 383(좀더 일반적으로 만주의 노예 대부분은 집안의 하인이었다). Wei, Wu, and Lu 1982: 77-91.

68. Slicher Van Bath 1977: 113-114.

69. Soboul 1966: 159-161.

70. DeVeris 1976: 58-59; Kjaergaard 1994: 148-149, 154-155, 167, 221-223.

71. Soboul 1966: 168-179; Behrens 1977: 606-607; Mooser 1984: 99-103.

72. Brundage 1973: 2-5,

73. Kulikoff 1992: 185-186,

74. 같은 책, 191쪽,

75. 관련 사례는 Morgan 1975: 215-234,

76. 그리븐(Greven 1970: 26-27, 109, 193)은 17세기 후반 20세 성인의 평균 수명을 남성 44.2세, 여성 41.6세로 제시했다. (이후 동세대 집단은 40세를 약간 밑도는 경우도 있었다.) 하지만 20세 이하는 대단히 낮은 사망률을 보였다. 라젤(Razzell 1993: 765)은 영국의 다양한(대부분 지식인 계층) 인구 통계 도표를 제시했다. 이 도표에 따르면 25세가 된 시점에서 앞으로 남아 있는 생존 연수의 예상치는 25~31년인 것으로 나타났다. 그렇지만 18세기 중후반에는 예상 생존 연수가 약 35년(매사추세츠의 통계 수치와 거의 동일)에 달했다.

77. Galenson 1989: 52-96; Morgan 1975: 295-315 참조. 4장과 6장에서 이와 관련한 내용을 좀더 자세히 논할 것이다.

78. J. Lee 1982: 284, 293. 쓰촨 지역에 대해서는 Sun Xiaofen(1997: 30-34), 광둥 남서부 지역에 대해서는 Marks(1997: 291).

79. Lee and Wong 1991: 52-55.

80. Zelin 1986: 518.

81. 관련 사례는 Judd 1994 참조.

82. Y. C. Wang 1989: 427.

83. Predue 1987: 25, 40에서 산정한 수치.

84. 영국에 대해서는 Evritt(1967: 특히 543-563, 568-573쪽) 참조. 프랑스와 관련해 다수의 구매자 출현과 함께 단지 시장에서만 곡물 거래를 강요했던 시도에 대해서는 Kaplan(1976: 69-70), 그러한 규제의 폐지에 대해서는 90-91쪽 그리고 '매점'이 어떻게 일반화했는지에 대해서는 289-290쪽 참조. 또한 Usher 1913: 306 참조.

85. Braudel 1977: 53.

86. Mann 1987: 42, 45.

87. Pan 1994: 130-201, 특히 173-187쪽. 또한 Lu 1992: 488-490 참조.

88. Wu and Xu 1985: 112-115.

89. 같은 책, 116-118쪽.

90. 특히 이 사안에 대한 분명한 논의는 Mann 1992에서 찾아볼 수 있다.

91. Li Bozhong 1998: 107-108; Lu 1992: 480-481; P. Huang 1985: 118-120; Marks 1997: 171-173.

92. 프랑스에 대해서는 Sewell(1980: 117-121), 독일에 대해서는 Walker(1971) 참조.

93. 빈 웡(Wong 1997)은 이러한 사실을 매우 강력하게 주장했으며, 독과점 붕괴가 유럽 국가 경제에 얼마나 많은 영향력을 미쳤는지 그리고 이런 현상이 나타나지 않은 중국에 대해서도 분석했다.

94. Kellenblenz 1974: 59.

95. Walker 1971: 88-107.

96. Levine 1977: 19-20.

97. Ogilvie 1996: 128-129.

98. Kriedte, Medick and Schlumbohm 1981: 143, 182, 197-198.

99. Ogilvie 1996: 136.

100. Phelps Brown and Hopkins 1981: 3.

101. DeVries 1994a: 40-42에서 인용.

102. Allen, Postel-Vinay 1994: 72에서 인용.

103. Williamson 1990: 183.

104. DeVries 1994a: 45, 53, 56.

105. 같은 책, 61-62쪽.

106. 같은 책, 57-60, 62쪽.

107. Williamson 1994: 162, 166; Williamson 1990: 182-183. 영국의 수치는 평균적으로 남부의 차이가 훨씬 크고 북부의 차이는 훨씬 더 작았다. 182쪽에서 1797년과 1851년의 색인 수치를 백분율로 환산한 것은 필자의 것이다.

108. Postel-Vinay 1994: 65-66, 72-74.

109. 같은 책, 78-79쪽.

110. 윌리엄슨(Williamson 1990: 193)은 생계비의 다양한 차이점, 도시 생활의 불편함 그리고 시골 지역 빈민 구제의 더 커진 효용성은 임금 차이의 절반 이상을 설명해준다고 평가한다. 하지만 그는 이것들이 여전히 실질적인 노동 시장 실패를 설명하는 요소로 남아 있다고 결론지었다.

111. Saito 1978: 92.

112. Nishikawa 1978: 81-82.

113. Huang 1990: 91, 110.

114. DeVries 1994b: 249-270.

115. Braudel 1981: 132.

116. 같은 책, 134-135쪽.

117. Abel 1980: 136, 161, 191에 근거해 산정.

118. Clark 1991: 446.

119. Braudel 1981: 131-133.

120. Kriedte, Medick and Schlumbohm 1981: 28-29.

121. Levine 1977: 58-87 참조. Kriedte, Medick and Schlumbohm 1981: 57, 77-86 또한 참조.

122. Ogilvie and Cerman 1996: 1-11의 문헌 요약 참조.

123. Kriedte, Medick and Schlumbohm 1981: 100-101.

124. 같은 책, 77-88, 139쪽.

125. Nipperdey 1996: 91-93.

126. 같은 책, 121, 144, 150, 183, 192, 197쪽.

127. DeVries 1994b: 249(강조는 필자).

128. DeVries 1993: 107-121.

129. DeVries 1994b: 257.

130. Kriedte, Medick and Schlumbohm 1981: 64-65, 68-69; Medick 1982: 90-92.

131. 설탕에 대해서는 Mintz 1985: 132 참조.

132. DeVries 1976: 179-180; DeVries 1993: 107-114쪽을 비롯한 여러 곳.

133. Perkins 1969: 71.

134. Zhao 1983: 55-57.

135. 신세계의 식용 작물 보급에 대해서는 Ho(1955) 참조. 허빙디는 이러한 식용 작물을 한계지(marginal area: 최적의 조건 아래서도 겨우 생산비 정도만을 산출해내는 토지—옮긴이)에서 가장 중요한 것으로 언급한다.

136. 중국에 대해서는 Teiser 1993과 Johnson, Nathan and Rawski 1985의 논문 참조. 영국에 대해서는 Plumb 1972 참조.

137. 내가 우선 지적하고자 하는 것은 그러한 차이점이 중국인(혹은 다른 비유럽인)이 반드시 더 '비현실적'이라거나 또는 '비생산적인' 제례 의식에 자원을 '낭비'하는 경향이 있었다는 것을 의미하지는 않는다는 점이다. 지역 행사 혹은 장례 절차도 전문가냐 비전문가냐에 상관없이 동일한 자원—사람들의 시간, 음식, 관습적인 물품 등등—을 사용한다. 또한 '제례 의식'에 대한 경비가 반드시 다른 것보다 경제적으로 덜 생산적인 것도 아니다. 추모비를 세우는 것은 담배를 피우는 것과 마찬가지로 경제적 수요를 가져온다. 그런 물리적 소비 자체가 구매자나 더 나은 생산자를 만들어내는 것은 아니다. 주어진 상황에서 그것은 효과적인 생산자로서 그리고 공동체의 구성원으로서 누군가를 심리적으로 지지해주는 것이 중요했을지도 모른다.

138. P. Huang 1990: 44. 아마(638-639쪽)와 대마(48-49쪽)에서 실을 만드는 문제에 관한 기술은 Warden(1967) 참조.

139. Bray 1997: 256, 260, 263, 265.

140. Pan(1994: 36-38, 110-113; Adachi 1978 또한 참조)에 따르면 콩깻묵을 사용함으로써 적당히 아무것이나 섞어 썼던 거름의 30~50배를 대체할 수 있었으며, 따라서 그만큼 노동력이 더 적게 들었다. 그렇지 않았다면 거름을 모으기 위해 움직여야 했기 때문에 이에 따른 노동력 절감은 엄청났다. 한 가정에서 5무의 논에 투입

해야 할 거름만큼의 콩깻묵을 구매하는 데 필요한 은 3량은 장기 고용 노동자 연간 현금 급여의 5분의 3에 해당하는 금액이었다. 이는 또한 현금 총액과 현물 급여의 4분의 1에 근접하는 금액이기도 했다. 콩깻묵과 구입한 거름의 비용 차액은 아마도 대략 노동자의 한 달 총임금(지나치게 고임금이라는 측면에서)에 해당했을 것이다. 또한 들판까지 실어 나르는 데도 약 4800~6200파운드의 거름 양을 줄일 수 있었다. 농지에 거름을 얼마나 뿌렸는가에 따라 한 달 노동력의 상당 부분이 줄어들었을지도 모른다. 부유한 농민들의 콩깻묵 구입을 조사한 아다치는 이들의 구매 행위가 임금의 상당 부분을 절감시켰다고 말한다. 이와 유사한 논리를 더 소규모의 농가에 적용할 수도 있다. 〔5무의 농지는 아마도 18세기 양쯔 강 유역 하류의 평균보다 적은 규모일 것이다. 타당성 있는 평균 토지 규모에 대한 바람직한 논의에 대해서는 Pan(1994: 521-524) 참조.〕 일용직 노동자의 평균 급여를 비교하는 게 더 나을 것 같지는 않다. 그러나 일용직 노동자의 급여는 생계비를 훨씬 웃돌아야만 했다. 그런 노동자는 일을 찾지 못하는 날이 많았기 때문이다.

141. Pan 1994: 41-43.

142. Perkins 1969: 21.

143. Bernhardt 1992: 228.

144. 프랑스와 오스트리아 군주가 중국 황실의 농경 의식을 모방한 것에 대해서는 Ledderose 1991: 245-246 참조. 누에 여신 숭배—황실의 일원으로서 여성이 주관한 유일한 공식 행사—와 관련한 청나라 황후에 대해서는 Mann 1992: 79-81 참조.

145. 중국 사상가들은 종종 이런 노동을 하는 어머니를 지켜봄으로써 자녀들이 근검절약과 규율을 배운다고 주장했다. 따라서 심지어 현금 소득을 창출할 여력이 없는 여성들도 흔히 그런 일을 하도록 장려했다. 반면, 돈을 벌려는 유럽 여성은 일할 여력이 있어도 흔히 일을 하지 못하도록 강요당했다. Mann 1992: 86-89 참조.

146. Tanaka 1984: 90-92; Nishijima 1984: 61-62; Lu 1992: 490.

147. Kriedte, Medick, and Schlumbohm 1981: 50-51, 102-104.

148. P. Huang 1990: 65, Li Wenzhi et al. 1983: 407, 413-417에서 인용. 부부가 함께 일하는 노동자에 대한 계약서에는 흔히 그 부모뿐 아니라 자녀들의 식사도 포함되었을 것이다. 혹은 남편 혼자 일하는 경우에는 계약서에 더 적은 식사가 포함

되었을 것이다(아내가 남편의 식사를 얼마간 준비한다는 가정 아래). 어느 쪽 가설이든 황의 추론은 설득력을 잃는다.

149. 판민더(Pan 1994: 97-101)의 자료에 필자의 추정치를 덧붙였다.

150. Zhao 1983: 55-56.

151. Pan 1994: 348.

152. Lu 1992: 482-483.

153. Zhang Zhongmin 1988: 207.

154. 같은 책, 207-208쪽.

155. Xu Xinwu 1992: 469.

156. 부록 E 참조. 최저 가격 시나리오가 여기에서 너무도 비관적일 수 있는 이유에 대해서는 특히 '낮은 면화 가격의 적용' 부분 참조.

157. 1730~1740년대 이들 직조공의 일부 임금 수치에 대해서는 Zhao 1983: 57 참조. 이들의 임금은 실제로 그가 인용한 네 가지 사례 중 세 가지에서 은 16량 이하인 것으로 나타난다. 그러나 이 수치는 단지 현금 소득만을 포함한 것 같다. 반면 노동자들은 식사나 숙소 그리고 약간의 다른 혜택 또한 제공받은 게 거의 확실하다.

158. Li Bozhong 1998: 150-151.

159. Goldstone 1996: 1-21.

160. Li Bozhong 1996: 102-106.

161. 같은 책, 105쪽. 브레이(Bray 1997: 206-272)는 명 제국 말기, 남성들이 실제로 직물 제조에 훨씬 더 지대한 역할을 했다고 주장한다—이는 구식 규범에 지나치게 억압받지 않은 노동 분화에 관한 필자의 주장을 한층 견고하게 뒷받침해준다. 그러나 브레이의 주장은 대부분 직물 제조업의 전형적인 기술력을 대표하는 것과 고품질 제품 시장의 베 짜는 이들에 제한되어 있다(관련 사례는 239-241쪽 참조). 이런 상황은 서양 일류 요리사의 경우와 약간 유사한데, 여성이 대부분의 요리를 도맡아 하던 현실에 수많은 변화를 가져온 그들의 존재가 저절로 이루어진 것은 아니다.

162. Li Bozhong 1996: 105. 이러한 차이점은 또한 태평천국의 난 이후 농사짓는 장난의 여성들이 참고문헌에서 마지막으로 사라진 현상을 설명하는 데 도움을 줄 것이다. 왜냐하면 이 시기 장난에서는 면화 산업에서 양잠업으로 대대적인 전환이 이루어졌기 때문이다(P. Haung 1990: 120-122).

163. Gardella 1994: 172; Bray 1997: 221-122.

164. C. K. Lee 1995: 385.

165. 골드스톤은 혈연 구조가 이미 그 가치를 입증받은 기술을 채택하도록 하는 데에는 충분히 유연했지만, 새로운 기술을 고려하고 도입을 촉진하기 위해 필요한 기존의 성별 제한에는 충분히 유연하지 않았다고 주장할지도 모른다. 이것이 불가능한 것은 아니지만, 이는 본질적으로 우리로 하여금 한 가지 요소가 미친 영향의 정도를 세분화하도록 하므로 이 책에서는 그 주장의 잘못을 입증할 수 없다.

166. 자오강(Chao 1977: 30-31)은 이 기록을 철회한 상태다. 로버트 마크스가 최근 광둥 지역 섬유 산업에 대해 좀더 연구했으나 이 또한 그렇게 확실하지는 않다.

167. P. Huang 1990: 95.

168. Horrell and Humphries 1995: 102-103.

169. 관련 사례는 North 1981: 164-166.

2부 새로운 흐름에서 새로운 경제로: 소비, 투자와 자본주의

서론

1. 관련 사례는 Mukerji 1983.

3 사치품 소비와 자본주의의 탄생

1. Sombart 1967: 95.
2. Mintz 1985: 108.
3. 민츠(Mintz 1985: 57-60)는 신세계 농장이 운영, 작업 강도, 철저한 관리 및 조직화의 필요성 등 그 규모 면에서 유럽의 공장을 미리 보여준 것인지도 모른다고 주장한다. 그렇지만 그는 이와 더불어 신세계에서 작업을 강화하기 위해 직접적으로 강압적 행동을 취했다는 점이 특히 눈에 띈다고 명확히 밝히고 있다. 유럽이 새로운 사치품을 생산했다는 측면에서 이는 매우 획기적인 사실이다. 어쨌든 민츠는 특정한 방법에서 농장이 공장과 유사했다는 점을 보여주긴 하지만, 직접적인 학습 효과가 있었는지 그리고 농장 제도의 특징을 적용했을 법한 제도들이 현재도 많이 남아 있는지에 대해서는 입증하지 못한다.
4. Braudel 1982: 252, Staunton and Gardella 1994: 38에서 인용.

5. Braudel 1982: 251.

6. 수출량은 Gardella(1994: 6), 인구수는 McEvedy & Jones(1978: 28)를 토대로 했다.

7. Wu 1983: 99.

8. 19세기의 재앙 직전 중국 인구는 4억 2500만~4억 5000만 명이었던 것으로 추산되지만, 스키너(Skinner 1987: 72-76)가 최근 연구에서 밝힌 3억 8000만 명이 좀더 정확할 수도 있다.

9. Staunton 1799: II: 48; Cranmer-Byng(Macartney) 1962: 225; Dermigny 1964: III: 1253에서 인용한 편지.

10. Mintz 1985: 67.

11. 전체 유럽에 대해서는 민츠(Mintz 1985: 73)를 이용했고, 영국은 제외했다(Mintz 1985: 67). 프랑스에 대한 평가는 Braudel 1982: 226 참조.

12. 포르투갈과 에스파냐 식민지에 대해서는 Phillipps(1990: 58-61), 프랑스·네덜란드·영국 식민지에 대해서는 Steensgaard(1990a: 140)의 생산 수치 참조. 유럽 인구 수치는 McEvedy and Jones(1978: 26-29), 영국 소비 수치는 1680년 대신 Mintz(1985: 67, 73)의 1700년 수치를 이용했다.

13. Braudel 1982: 226.

14. 같은 책, 227쪽.

15. 같은 책, 224쪽.

16. Mintz 1985: 16-18, 138-139, 164.

17. McKendrick, Brewer and Plumb 1982: 1-6, 특히 4-5쪽.

18. Pollard 1981: 84-106, 111-123.

19. Daniels 1996: 55, 59, 62-63, 70-71.

20. Mazumdar 1984: 62.

21. 같은 책, 64쪽.

22. Chu 1968: 14: 20b-22a.

23. Daniels 1996: 73, 75, 80-81.

24. Mazumdar 1984: 297. 마줌다르는 중국의 설탕 생산이 아시아 다른 지역보다 아주 적지는 않았던 것 같다는 좋은 사례를 제시했다. 헨리 보섬(Henry Botham)은 18세기 후반 인도 동부와 서부 지역 모두를 경험한 농장주로서 같은 의견을 제시했다. 보섬은 중국의 자유노동자가 유럽의 아시아 및 아메리카 식민지에 예속된 노

동자보다 더 효율적으로 설탕을 재배했음을 입증했다(Daniels 1996: 93에서 인용). 다른 서구인들은 1840년대에 이르러서야 중국인이 도입한 설탕 재배 방법보다 나아졌다고 주장했다. 셰퍼드(Shepherd 1993: 159)는 대만의 1에이커당 생산량을 아주 낮게 평가했는데, 그렇게 낮은 이유는 변경 지역은 인구가 희박하고 1에이커당 생산량을 최대화하려는 압력이 본토보다 적었기 때문이다. 게다가 대만 전역에서는 설탕의 원자재인 사탕수수를 밭에서 재배했지만, 광둥 성과 푸젠 성에서는 관개시설을 이용해 재배했기 때문에 생산량을 증대시킬 수 있었다(Daniels 1996: 105, 236). Eugene Anderson(1988: 80-81)은 청나라 말기의 설탕 생산량은 1에이커당 1600~3200파운드였다고 주장했는데, 마줌다르가 제시한 2400파운드는 그 범위에서 정확히 중간이다.

25. Mazumdar 1984: 280-281.
26. 같은 책에서 인용, 272쪽.
27. Marks, 1996년 8월, 개인적 의견 교환.
28. 같은 책.
29. Mazumdar 1984: 271, 372.
30. Daniels 1996: 90의 지도 참조. 여기에는 사탕수수를 생산하는 다른 6개 행정 구역을 표시했다.
31. Daniels 1996: 97, 105.
32. 마줌다르(Mazumdar 1984: 357, 374, 376)는 도표를 통해 광둥 성이 1792년 6만 5000담 혹은 대략 160만 파운드를 수입하고, 일본으로 260만 파운드 정도를 수출했다고 제시했다. 1833년에도 광둥 성의 설탕 수출량은 3400만 파운드에 불과했다.
33. Nguyen, Reid 1988a: 31에서 인용.
34. Cushman 1975: 105.
35. 1741년의 공식 총계는 1억 4100만 명이지만, 허빙디(Ho 1959: 36-46)는 이것이 적어도 20퍼센트 적게 추산한 게 틀림없다고 주장한다. 다른 연구자들은 더 높은 수치를 제시하기도 한다.
36. Daniels 1996: 276.
37. 이런 수치는 Mazumdar 1984: 64에서 인용한 가격에 근거해 계산한 것이다. 이 결과가 더 부정확할 수밖에 없는 이유는 이 문헌에서 인용한 근(일반적으로 1근은 600그램—옮긴이) 측정법이 1.1파운드와 동일한 '관습적인 캐티(catty: 중국과 동남아시

아의 중량 단위. 1캐티는 약 1.3파운드--옮긴이)'인지 1.3파운드에 상당하는 '시장 캐티'인지 불확실하기 때문이다. 그러나 이런 오차로 인해 결과가 크게 달라질 정도는 아니다.

38. Daniels 1996: 93, 97.

39. Shepherd 1993: 482 n. 78.

40. Ng 1983: 134-135; Ng 1990: 306.

41. Daniels 1996: 85에서 인용.

42. Chang 1955: 303.

43. 이 수치는 가르델라(Gardella 1994: 8)의 표에 있는 전체 생산량에서 수출량을 제하고 중국 인구 12억으로 나눈 것이다.

44. 이런 설탕 소비의 편중 현상은 지역적 요리법의 특징, 익히 알고 있는 설탕의 수상 운송 경로 그리고 설탕을 많이 사용하는 곳과 상대적으로 사용하지 않는 곳에서 전해지는 일화를 통해 알 수 있다. 그야말로 이런 지역이 18세기 중반 중국의 설탕 대부분을 소비하고, 아울러 국내 소비는 필자가 앞서 평가한 범위에서 가장 낮다면, 이 지역 사람들은 연간 1인당 설탕 10.7파운드를 사용한 셈이다. 이는 다소 높은 수치이긴 하지만 대만의 설탕 산지 주민이 연간 10파운드를 소화했다는 관점에서 보면 전혀 이해할 수 없는 것도 아니다(Shepherd 1993: 482 n. 78).

45. Skinner 1977a: 213을 근거로 Skinner 1987의 결과를 조정한 것이다.

46. Ng 1983: 99, 157; Ng 1990: 305-306.

47. Ng 1983: 184-186, 190.

48. Daniels 1996: 87; Mintz 1985: 190.

49. 물론 이것을 모든 곳에 적용할 필요는 없지만 다음과 같은 생각을 해볼 수 있다. 예를 들어, 인도의 특정 지역에서 사회적으로 규정한 다른 식품 교역 방식이 있었다면, 대다수 사람의 설탕 사용(혹은 불용)을 현실화하는 데 아주 중요했을 수 있다. 그러나 중국과 유럽의 경우에는 설탕을 완전히 받아들이기 쉽게끔 만든 문화적 요소와 관련해 분명한 지지자가 없었다.

50. Mazumdar 1984: 80, 284-285, 287, 372.

51. 이 이론에 대한 고전적 진술은 Perkins 1969 참조.

52. Thomas 1985a: 142-147.

53. Braudel 1982: 226에서 인용.

54. 관련 사례는 Polanyi 1957.
55. Appadurai 1986: 25(강조는 원문).
56. Sahlins 1976 또한 참조.
57. Hoskins 1953: 44-59; Stone 1979: 169-170, 245-246.
58. Sombart 1967: 97, 100-105.
59. Schama 1988: 311.
60. Braudel 1982: 311-333.
61. Clunas 1991: 54-55.
62. 《금병매》, 692쪽.
63. Clunas 1991: 8-39.
64. 같은 책, 151쪽.
65. 같은 책.
66. Hanley and Yamamura 1977: 89.
67. Yamamura 1974: 41-47.
68. P. Burke 1993: 148-161, 특히 158쪽.
69. 관련 사례는 Tavernier 1925: I: 52; Raychaudhuri 1982b: 266-267; Bayly 1983: 206, 266.
70. Bayly 1983: 201-204; Bayly 1989: 51.
71. Bayly 1983: 201-202, 204-206, 266.
72. 같은 책, 466-467쪽.
73. 같은 책, 206, 268쪽.
74. 관련 사례는 Dumont 1970.
75. 관련 사례는 Stansell 1986: 164-165 참조. 약간 다른 해석이지만 유사한 실질적 의미에 대해서는 Adshead(1997: 25-26)도 참조.
76. Perlin 1979, 1985; Washbrook 1988.
77. 거대한 규모의 수행원들에 대해서는 Moosvi 1987: 175-176; Bayly 1983: 199, 266; Raychaudhuri 1982b: 181.
78. Bayly 1983: 199.
79. Tavernier 1925: I: 105; Hambly 1982: 438-442.
80. Bayly 1983: 199.

81. Reid 1989: 60, 64, 69, 71.

82. Reid 1993: 87.

83. Menzies 1992a: 64; Osako 1983; Totman 1992: 22.

84. Hanley 1997: 25-35.

85. 같은 책, 36쪽.

86. Bray 1997: 59-172, 특히 71쪽.

87. Totman 1992: 23; Totman 1995: 84; Osako 1983: 132-135; Menzies 1992a: 64, 69.

88. 관련 사례는 Perdue 1987: 109-110.

89. Saito 1978: 98.

90. Hanley 1983: 188-189.

91. Bray 1997: 77.

92. Reid 1988a: 62-73.

93. Medick 1982: 86, 90-95.

94. Kriedte, Medick and Schlumbohm 1981: 64-65, 69; Medick 1982: 90.

95. Medick 1982: 94-95.

96. 관련 사례는 Medick 1982: 103-104 참조.

97. 메디크는 작센 주의 리본 제조업자가 농부와 달라 보이길 바랐지만 부유한 농부처럼 보이지 않았다고 언급했다. 또한 메디크는 시골 장인들이 다양한 종류의 새로운 소비를 했는데, 시골 사회에서는 토지 소유권이 중요하지만 이것을 갖지 못한 장인은 이런 소비를 통해 자신의 신분을 표시했다고 주장한다. 하지만 이런 주장은 농부와는 관련이 거의 없을 것이다.

98. DeVries 1975: 220-224.

99. 같은 책, 218-220쪽.

100. 같은 책, 234-235쪽.

101. 같은 책, 236쪽.

102. Braudel 1984: 575.

103. Jones 1981. 이 같은 주장에 대한 실질적 근거는 인도인데, 앞에서도 언급했지만 그의 주장은 꽤 일리가 있다. 하지만 '아시아'와 '유럽'에 대해 포괄적으로 언급한 부분은 설득력이 크게 떨어진다.

104. Chang 1962: 326. 더 일반적으로는 296-331쪽 참조.

105. Lindert and Williamson 1982: 393, 396-397, 400-401에서 자료 산출.

106. 비필수품을 구매할 수 있는 소득이 반드시 총소득보다 균등하게 분배되는 것은 더더욱 아니다. 게다가 부의 불평등은 상황을 더욱 복잡하게 하는데, 해마다 발생한 순 재산의 적자를 소득의 일부로 상쇄하려는 부채 부담을 가진 농부를 보면 알 수 있다. 그리고 우리는 중국과 유럽의 부의 분배에 어떤 차이가 있는지에 대해 거의 알지 못한다.

107. Staunton 1799: II: 134, 141.

108. Fang 1996: 93, 97.

109. Phelps Brown and Hopkins 1981: 14. 1790년대 영국 빈곤 가정의 경우 곡물 소비는 53퍼센트를 차지했다.

110. Fang 1996. 시골 노동자의 소득에 대한 독립적인 평가가 부족했으므로, 팡싱은 그런 노동자에게 제공할 필요가 있는 것에 대해 적은 농업 설명서를 바탕으로 연구를 수행해 다섯 가지 기본 범주의 소비 상품—곡물, 그 밖의 다른 식량, 연료, 주택, 의복—의 가치와 가족의 생산 비용을 산출했다. 그의 자료에서는 드물지만 규모가 아주 큰 비용을 배제했다. 요컨대 생애 주기에 따른 의식, 보석(가난한 여성은 흔히 갖고 있지 못하지만), 접대와 그에 따른 음식(이를테면 여행 중 시장에서 사온 간단한 음식) 그리고 흔히 직물을 짜는 아내가 번 돈으로 구매하고 농장 노동자 자신의 고용·감독·급료에 관계된 사람이 알아채지 못한 항목들이 여기에 해당한다.

111. 방법 및 산출에 대한 세부 사항은 부록 F 참조.

112. 이 같은 추정을 하는 이유는 부록 F에서 더 자세히 설명했다.

113. Chao 1977: 233.

114. Deane and Cole 1962: 51, 185, 196, 202. 인구 평가는 Mitchell 1988: 8-10 참조.

115. Deane and Cole 1962: 196, 202.

116. Huang 1990: 137.

117. 소(So 1986: 81 n. 2)는 1840년 이전에 중국 비단 수출의 4분의 1을 차지한 광둥성에 대해 인용했다. 수출량은 총 생산량을 엿볼 수 있는 이상적인 자료는 아니지만 다음과 같은 사항은 알 수 있다. 요컨대 광둥 성은 중국에서 유일하게 외국과 교역할 수 있는 개방된 항구를 갖고 있었으며, 양쯔 강 하류 지역(자체적으로 가장 커다란 시장이 있었다)보다 중국의 주요 국내 사치품 시장에서 수백 킬로미터

더 떨어져 있었다. 따라서 장난 지역보다 수출 지향적이지 않았을 것으로 보이지는 않는다. 그리고 이게 사실이라면 광둥 성은 총 생산량 가운데 상당히 많은 양을 수출했다고 보아야 할 것이다.

118. Kraus 1968: 158-159, 162-164, 167.

119. Chao 1977: 23.

120. 같은 책.

121. Skinner 1977a: 213; Ho 1959: 244-247.

122. Skinner 1977a: 234-235, 713 nn. 30-32.

123. Kraus, P. Huang 1985: 128에서 인용.

124. Chao 1977: 23.

125. Fang Guanheng, Zhao Gang 1985: 99에서 인용.

126. 세부 사항은 부록 F 참조.

127. 경작지에 대한 공식 수치(너무 적게 나왔다)와 그에 대한 타당한 수정에 대해서는 P. Huang 1985: 325 참조.

128. 마크스(Marks 1991: 77)는 1인당 1.74~2.62섬이라고 평가하면서 중국 북부보다 더 번성한 지역이던 링난은 2.17섬이라고 제시했다.

129. 좀더 세밀한 사항은 부록 F 참조.

130. Perkins 1969: 233-234.

131. P. Huang 1985: 326-327.

132. 필립 황(Huang 1985: 53-69)은 토양이 안고 있는 많은 문제를 조사했다.

133. Dean and Cole 1962: 51, 185, 196, 202에 근거해 산출.

134. Mitchell 1980: 30, 449, 478.

135. Markovitch 1976: 459의 자료. 같은 책 497쪽의 평가 정보. 파운드로 환산하기 위해 필자는 Chao(1977: 234)의 거친 면직물 무게에 대한 평가와 동일한 길이 및 섬도(纖度) 면에서 양모가 면사보다 1.5배 무거웠다는 Jenkins and Ponting(1977: 11-12)의 관찰을 활용했다.

136. Mitchell 1980: 30, 449, 478.

137. Pan 1994: 85에서 인용.

138. Chen Hongmou 1962: 68: 5a-6a.

139. Dudbridge 1991: 226-252; Pomeranz 1997aa: 188-191; Wu Peiyi 1992: 39-64.

140. Brook 1998: 181.
141. Fan 1990: 279-281.
142. Rawski 1985: 17에서 인용.
143. Galeote Pereira 1953: 40; Da Cruz 1953: 109.
144. Da Cruz 1953: 92.
145. 같은 책, 96-97쪽.
146. 같은 책, 99쪽.
147. 같은 책, 106쪽.
148. 이런 집들이 자리하고 있는 곳이 마을이며, 결코 16세기 당시 지역에서 가장 상업화해 지주들이 살거나 시장이 들어선 읍내이거나 혹은 성벽으로 둘러싸인 도시가 아니라는 점에 주목하라. 더군다나 다 크루즈는 특히 이런 집들을 강도 문제가 심각했던 지역과 결부시켜 생각하는데, 그런 문제를 생각할 수 있는 지역은 보통 시골 가운데서도 경제적으로 발전하지 못한 곳이다.
149. 에셔릭(Esherick 1981)과 스트로스(Stross 1985)는 의견이 달랐지만, 존 벅의 자료가 갖는 한계점에 대해 두 가지 유용한 견해를 제시했다.
150. 관련 사례는 Pan 1994: 325-326, 382-383, 394-397 참조.
151. Bernhardt 1992: 50-52, 135-136, 219-223.
152. 링다셰(Ling 1983: 34-35)가 조사한 삼림 지역 수치에 근거한 것인데, 인구는 1700년 1억~1억 2000만 명, 1937년 4억 5000만~5억 명이었다. 삼림 벌채와 연간 1인당 목재 공급량 추세에 대해서는 5장에서 좀더 자세히 다루었다.
153. DeVries 1975: 표 6-16; Buck 1937: 456.
154. DeVries 1975: 220-224; Schuma 1988: 311, 316-320.
155. Buck 1937: 457.
156. 중국 밀농사 지역 표본에서 평균 가족 규모는 5.5명이고 벼농사 지역의 경우는 5.2명이었다(Buck 1937: 370). 드브리스의 자료에 가족 규모에 대한 수치는 없지만, 일반적인 인구적 자료를 보면 평균 수준이거나 더 많았던 것으로 보인다. 한편, 북유럽 가정은 중국 가정에 비하면 복잡하지 않은 편이다. 즉 결혼한 부부와 그 자녀가 있는 가정보다 사람 수가 훨씬 적었다. 부부 중심 가족이 아닌 공동 거주자들은 침대와 개인 소유의 몇 가지 다른 물건만 필요로 하는 경향이 있으므로, 이는 애초부터 가정에 더 많은 사람이 거주함으로써 미치는 영향을 상쇄했을 것

이다.

157. Hanley and Yamamura 1977: 357-358의 요약 참조. 실제 임금의 일반적 증가와 지역적 및 기술적 차이점의 감소에 대해서는 Nishikawa(1978: 76-79)와 Saito(1978: 85, 93, 99) 참조.

158. Hanley 1983: 190.

159. 모두 Hanley and Yamamura 1977: 88-89에서 인용.

160. Crawcour 1965: 41.

161. Raychaudhuri 1982c: 266.

162. 무스비(Moosvi 1987: 303-304)는 도시 지역이 1595년경 무굴 제국에서 거둬들인 세금 총액의 17퍼센트가량을 차지했다고 주장했다. 사용한 방법은 매우 개략적이지만 이 연구 목적을 위해서는 유용한 것 같다.

163. Moosvi 1987: 108, 129, 131, 221, 278.

164. Hambly 1982: 440.

165. Bayly 1983: 201-206.

166. Habib 1982b: 224.

167. Parthasarathi 1998: 82-101.

168. Perlin 1978: 183-184, 188; Perlin 1985: 440-443, 448 n. 83, 452; Bayly 1983: 195.

169. Parthasarathi 1998: 92-96, 99-101.

170. Ludden 1985: 46-52, 59-67, 81-96.

171. Bayly 1983: 194, 370-371, 466-467; Perlin 1978: 191.

172. Bayly 1983: 242.

173. 같은 책, 347쪽. 그러나 대조적인 견해에 대해서는 Perlin 1985: 468-470 참조.

174. Reid 1988a: 129-136; Reid 1989: 64-71.

175. DeVries 1975: 231 그리고 표 6-16.

176. Dewald 1987: 72; DeVries 1975: 표 6-8에서 6-10까지.

177. Saito 1978: 99.

178. Clunas 1991: 173.

179. 더 자세한 설명은 Skinner(1971, 1976) 참조.

180. Brook 1998: 221-222.

181. Guo Qiyuan 1962: 36: 21a.

182. Clunas 1991: 173.

183. Skinner 1977a: 238.

184. Nyren 1995: 8, 11, 17, 18, 23-24, 46-47.

185. 1843년 중국은 주민 2000명 이상 되는 마을이 1653개였다(Skinner 1977a: 229). 인구는 그때부터 크게 증가했지만 도시 지역의 인구 성장률은 늘어나지 않았다.

186. 필자는 유럽 전역의 소비 자료를 발견하지는 못했지만, 생산량을 제시하고 있는 자료를 통해 19세기 중반 설탕 소비량이 크게 증가했다는 사실을 유추할 수 있었다. Mitchell(1993: 511)은 브라질의 생산량 급증을 제시했는데, 이는 유럽 대륙 대부분 지역에서 1850~1870년대에 사탕무가 등장한 시기와 맞물려 있다(1993: 255-312).

187. E. Weber 1976: 143.

188. Mokyr 1988: 74-75, 79-90.

189. 예를 들면, 이 시기의 '서민 문화'에 대한 연구원들의 연구 결과 중 하나에서도 상이한 점을 강조했다. Kriedte, Medick and Schlumbohm 1981 vs. Medick 1982 참조.

190. Brook(1993); Peterson(1978) 참조. Clunas 1991: 169, 173.

191. Shen 1992: 489.

192. 같은 책, 488쪽.

193. Staunton 1799 II: 180.

194. DeVries 1993: 101-104.

195. Jones 1981: 113-114.

196. 물리적 내구성이 가장 적은 상품(식품과 음료)부터 어쩌면 가장 내구성 있는 상품(주택 같은)일 가능성이 있는 것들에 이르기까지 모두를 동일한 각도로 본다면 문제는 확실해진다. 분명 사람들이 얼마나 잘 먹고 있는가에 대한 정확한 척도는 매년 그들이 구입한 식품의 동향이 말해준다. 왜냐하면 전체적으로 식품은 장기간 보유하지 않기 때문에 드물게 '감가상각'할 수 있는 것을 제외하고는 이득을 주는 것이 없기 때문이다. 즉 보유한 식품의 비축량에 대한 측정치는 어느 때고 무의미하다. 하지만 사용 가능한 주택 보유는 복지 수준의 척도일 수 있다. (왜냐하면 주택은 아주 미미하게 감가상각되는 반면, 매일 사용하는 것이기 때문이다.) 주택 보유 평균 연수를 감안했을 때, 일본인이 영국인에 비해 주택에 더 많은 비용을

지출했다는 것은 일본인의 목조 주택이 석재로 지은 영국의 주택에 비해 좀더 빈번한 수리와 교체가 필요했기 때문이다. 따라서 일본인이 반드시 더 나은 집에 주거했다는 것은 분명 왜곡된 주장일 것이다. 그렇다면 내구성과 관련해 주택과 빵 덩어리—의류에서 가구에 이르기까지—를 구분 짓는 것은 무엇일까? 특히 그 물품의 용도 폐기가 실제 사용에 따른 마모로 인한 것 못지않게 유행에 의해 상당 부분 결정된다면 말이다. 일반적으로 우리는 이런 상품의 수명이 길지 않다는 근본 개념을 바탕으로 이들 상품의 연간 생산 동향(아울러 구매 동향까지도)을 국민소득에서 '감가상각' 비용으로 공제하지 않는다. 그러나 대다수 좀더 빈곤한 경제 체제에서는 감가상각된 그런 상품의 비율 차이가 국민의 복지에 지대한 영향을 끼칠 수도 있다. 아울러 이는 국민의 지출 수준과는 반비례할 것이다. (감가상각을 무시할 경우 국민들의 복지와도 명백히 반비례할 것이다.) 주거하는 곳에서 발생하는 비용이 미치는 영향은 동일하다. 개인의 지출 비용은 모두 본인에게 똑같은 영향을 미친다. 그것이 대출 이자든, 물리적 감가상각비를 상쇄하는 수리비든, 아니면 사회적 요인으로 인해 아직 물리적 기능에는 하자가 없으나 교체할 필요가 있는 일상용품에 드는 비용이든 상관없이 말이다. 더욱이 일정한 상품(예를 들어, 주택)에서 감가상각비를 공제하면 상품이 좀더 내구성이 있을지도 모른다. 반면 감가상각비를 무시하면 어떤 상품은 한층 급속하게 감가상각될지도 모른다. 결국 이러한 가정은 실제보다 유럽인을 더 부유하게 그리고 아시아인을 더 빈곤하게 보이도록 만들 뿐이다.

197. Brook 1993; Peterson 1978.

198. Shen 1992: 516.

199. Mann 1997: 16-18, 76-120.

200. 같은 책, 212-216, 219쪽.

201. Ko 1994: 266-278; Mann 1997: 121-128.

202. 어떤 수준의 것을 선택하느냐는 현실이었고, 선택한 수준은 최소한 일부 영국 사회에서 신분을 표시하는 것이 되었다. 사람들은 이 모두를 민감한 사안으로 다루었다. 특히 Handler and Segal 1990: 43-63 참조.

203. 관련 사례는 Rowe 1992: 2-3, 5-6, 32-34.

204. 스톤의 사례 참조. Stone 1979: 93-107, 특히 99-100쪽.

205. Sahlins(1976: 216). "서양에 존재하는 자산은 혈연관계가 남겨놓은 것이다."

206. Clunas 1991: 58-60, 110, 137.

207. Shen 1992: 491.

208. Teng and Fairbank 1954: 19-21.

209. 관련 사례는 Sahlins 1994(1989).

210. 태국에서 수입한 매우 다양한 사치품 목록에 대해서는 Cushman 1975: 105-106, 200-204 참조. 동남아시아 해안의 열대 정글에서 들여온 수입품에 대해서는 Warren 1982: 419-420 참조.

211. Warren 1982; Mcneill 1994: 319-325.

212. Mcneill 1994: 325-336.

213. Warren 1982: 419-434.

214. Clunas 1991: 58-60.

215. Idema 1990: 467-469(문헌 인용); Waley-Cohen 1999.

216. Barrett 1990: 224.

217. Wills 1995(미출판물. 허락을 받아 인용); Hamashita 1988: 16-18; Shalins 1994 (1989).

218. 펄린(Perlin 1991)은 전적으로 혜택(이는 인쇄술과 금속 주조 기술의 혜택을 감안해 추정한 것처럼 보인다)만을 언급하지는 않았으며, 특히 궁극적으로 은을 아시아의 국내 통화로 사용함으로써 유럽에서 수많은 주화 생산을 유발한 시장의 힘을 강조했다.

219. Flynn 1995: 429-448.

220. 이에 대한 훨씬 자세한 설명은 Flynn and Giraldez 1996; Von Glahn 1996: 83-142, 224-237; Perlin 1991: 315-348 참조.

221. Mukerji 1983.

222. Sombart 1967: 134-135.

223. 관련 사례는 Dewald 1987: 195.

224. 17~18세기 일본 중소 규모의 항구 니가타에 있는 상점에서 판매한 기성 제품의 다양성에 대해서는 Clunas 1988: 65-72; Clunas 1991: 166-156; Takekoshi 1967: 3: 11 참조.

225. Raychaudhuri 1982b: 266.

226. Arasaratnam 1980: 259—260.

227. 같은 책, 265쪽.

228. Reid 1988a: 135-136.

229. Reid 1989: 64-71.

230. Wu and Xu 1985: 437-439.

231. Howell 1992: 271-278 참조.

4 눈에 보이는 손: 유럽과 아시아의 기업 구조, 사회·정치 구조 및 '자본주의'

1. Braudel 1977: 47.

2. 같은 책, 60쪽.

3. 같은 책, 69-71쪽.

4. 같은 책, 72-74쪽.

5. Chaudhuri 1981: 40, 45; Chaudhuri 1985: 212.

6. Chandler 1977; Gardella 1992a: 317. 특히 321쪽.

7. 먼(Mann 1987: 91-93)이 제공한 훌륭한 사례는 상업적으로 성공한 명가의 중요성을 폄하하는 전통적인 자료들이다. 더불어 그가 제공한 또 다른 사례는 각기 명성 있는 성취의 사례로서 상업적 성공을 언급하고 있지만 일종의 암호와도 같은 언어로 기록되어 있다.

8. 루이푸상에 대해서는 Chan 1982: 218-235 참조. 위탕에 대해서는 Hai 1983: 48-78, 90-106; Pomeranz 1997b 참조.

9. Kwan 1990: 260-272, 290-294; Zhang Xiaobo 1995: 67-72.

10. Beattie 1979: 1-23, 127-132; Dennerline 1986: 173-179, 194-207; Rowe 1990: 51-59, 63-65; Watson 1990: 247.

11. Chan 1982: 219-222.

12. Pomeranz 1997b. 위탕에 관한 내용은 사례 참조.

13. Wu and Xu 1985: 439.

14. Rowe 1984: 72-73; Zelin 1988: 79-80, 86-90, 96-101; Zelin 1990: 87-88, 91-95, 106.

15. Habib 1990: 389.

16. 초기 관점에 대해서는 Chaudhuri(1978, 1981) 참조.

17. Chaudhuri 1985: 210-215, 226-228; Chaudhuri 1990: 386.

18. Chaudhuri 1985: 210, 214.

19. 같은 책, 228쪽.

20. 같은 책, 213쪽.

21. Totman 1993: 333쪽(강제 공채), 519쪽(1831년까지 이어진 일부 채무 불이행).

22. Clark 1996: 587-588.

23. Kwan 1990; Zhang Xiaobo 1995.

24. Zelin 1988: 87-95, 97-109; Zelin 1990: 86-88, 92, 95, 98; Kwan 1990: 271-272, 290-300; Pomeranz 1997b.

25. 관원빈(關文斌)의 주(Kwan 1990: 272 n. 2)에 따르면, 이런 유사점에서 예외는 회사에 필요한 납입 자본과 함께 특정 투자자를 위한 유동성을 조정한 주식 시장이 없었다는 것이다. 그러나 위탕은 그것을 능숙하게 처리할 방법을 찾은 것으로 보인다(Pomeranz 1997b).

26. Ho 1954.

27. Zelin 1990: 99-100, 105; Zhang Xiaobo 1995: 88-91; Kwan 1990: 175-187, 262-276.

28. Ng 1990: 315. 대표적인 설명에 대해서는 Van Leur 1995 참조.

29. Shepherd and Walton 1972: 87.

30. Gardella 1994: 34-35; Gardella 1992: 101-107.

31. Wills 1995; Godley 1981: 60-61,

32. 명나라 공공 재정에 대해서는 R. Huang 1974: 5, 24, 49-50, 80, 104, 112, 114, 119, 148, 150, 203 참조. 세입을 늘리기 위해 상인을 끌어들이는 문제에 대해서는 Zhang Xiaobo 1995: 94-98 참조. 관직의 판매에 대해서는 Ho 1962: 33, 47-50, 정부 재정에 대한 상인들의 비교적 적은 개입 및 근대 유럽과의 비교는 Wong 1997 참조.

33. Van der Wee 1977: 345, 352, 368, 373.

34. Lieberman 1990: 79-80.

35. Subrahmanyam 1993: 18-25; Reid 1993: 116, 120.

36. Reid 1988a: 120-121, 126-129, 145.

37. 무굴 제국, 사파위 왕조, 오스만 제국의 '군사적 재정주의'에 관한 일반적 설명은 Bayly, 1989: 52-55 참조.

38. Perlin 1985: 특히 422, 431-432, 442-446쪽. Perlin 1979: 179, 187-192.

39. Perlin 1985: 448 n. 83, 452.

40. 같은 책, 442-448, 452쪽. 또한 Wink 1983: 606-608.

41. Perlin 1985: 431-432.

42. Subrahmanyam 1990: 298-342.

43. Subrahmanyam 1993: 1장.

44. 같은 책, 20-26쪽. Subrahmanyam 1990: 298-342; Perlin 1979: 172-237.

45. Subrahmanyam 1993: 16.

46. C. Hill 1980: 188-189.

47. Subrahmanyam 1993: 18-27; Subrahmanyam 1986: 357-377.

48. Van Schendel 1991: 38.

49. Marshall 1987: 40, 51, 59, 71, 75-79.

50. Bayly 1983.

51. 같은 책, 383-387쪽.

52. Schama 1988: 347.

53. Bayly 1983: 387-388.

54. DeVries 1976: 211; Clark 1996: 567,

55. Habib 1982d: 376-377; Chaudhuri 1981: 45; Perlin 1990: 269.

56. Hanley and Yamamura 1977: 345.

57. Zhang Xiaobo 1995: 97.

58. Pan 1985: 40-55; Pan 1994: 103-130.

59. L. Hill(미발행).

60. Braudel 1977: 60.

61. DeVries 1976: 213-231.

62. 3장의 논의 참조.

63. Riskin 1975: 65-80, 특히 75쪽.

64. Hanley and Yamamura 1977: 357에서 인용.

65. Pan 1994 : 3장.

66. 2장 참조.

67. Griffin 1977: 43-59; Morris and Williams 1958: 137-149.

68. DeVries 1976: 211.

69. 같은 책, 165-167, 252쪽. de Zeeuw 1978.

70. 브로델(Braudel 1982: 585)은 이러한 활동이 유럽에 비해 아시아에서는 일반적이지 않았다고 주장했다. Grardella 1992a: 319-321; Perlin 1990: 258-301.

71. Subrahmanyam 1993: 62-74, 136. 또한 Bayly 1989: 67-74 참조.

72. Ukers 1935: 1-5; Chaudhuri 1985: 92, 198-199.

73. Habib 1990: 398; Wang Gungwu 1990: 421.

74. Brenning 1997: 326-338, 331-332.

75. Subrahmanyam 1993: 186; Subrahmanyam 1990: 193-218; Blussé 1986: 97-99, 116, 120, 123-129, 154, 165; Ng 1990: 311-312; Bayly 1989: 69; Lombard 1981: 179-180; Pearson 1991: 108.

76. Chaudhuri 1978, 1981; Strrnsgaard 1982.

77. 1760년 이전 여러 해 동안의 동인도회사에 대해서는 Chaudhuri(1978: 444-452) 참조. 1760년 이후는 Bayly(1989: 98, 120) 참조, 네덜란드 동인도회사(VOC)에 대해서는 Glamann(1981: 249-250, 264-265)과 Gaastra(1981: 69) 참조. 좀더 일반적인 내용은 Lombard 1981: 179 참조.

78. Hobsbawm 1975: 109-115.

79. Braudel 1977: 60. 이런 상황은 슐츠가 1960년대까지 여러 '저개발' 지역에 대해 주장한 것과 유사하다는 생각이 들 것이다. 슐츠는 새로운 농업 기술에 대한 투자 제한은 저축한 돈의 부적절한 공급 때문이 아니라 몇몇 사람이 제시했듯 새로운 기술과 다른 투자 기회의 부적절한 공급 때문이며, 이는 지주와 다른 부자들이 선택을 고려해본 특별한 환경에서 가치를 판명한 경우에만 이뤄졌다고 주장했다. Schultz 1964: 83-90, 96-101 참조.

80. 로이(Roy 1997: 78-114)는 기업 형태가 기능상 훨씬 대규모인 아메리카 철도망 성장에 오히려 필요하지 않았다는 식의 도발적인 주장을 했다. 그러나 철도에서 자본가들의 이익이 극대화되자 다른 회사들도 기업 형태를 따라 했다. 본질적으로 그 형태는 그들이 해오던 업무 조직 방식보다 효율적이지 않았지만 말이다.

81. 북미의 사례에 대해서는 민간 자금과 기업 형태(심지어 절대 배당금을 지불하지 않은 사업일지라도)에 대해 다룬 Majewski(1994: 47-105, 특히 50-51, 93-94, 109쪽 이후 내용) 참조. 철도가 등장했을 때 은행의 중요성이 늘어난 것에 대해서는 D. Klein

and Majewski 1991: 12-18 참조. 철도 시대 이전 정부 보조금(그래서 공공부채 시장이 된)의 중대한 역할에 대해서는 Goodrich 1960: 51-65 참조.

82. Smith 1937: 637-638.

83. 19세기 초가 되어서야 머캐덤(MacAdam)은 중국에서 오늘날 그의 이름을 딴 기술을 가지고 돌아와 유럽의 도로 건설 기술에 크게 기여했다. Heske 1938: 24 참조.

84. Schran 1978: 30-31.

85. Albion 1965: 103(산지 가격의 20배에 달한 최종 가격에 대해 언급) vs. Li Bozhong 1994b: 93. 리보중이 여기에서 언급한 근거는 상당히 애매하고 막연하지만, 그러한 근거는 보편적으로 산지 가격의 10배 가까이 되었음을 보여주는 것 같다. 물론 이런 비율은 다양한 산지와 목재 종류에 따라 달랐을 것이다. 그러나 적어도 운송 기반 시설의 부족이 중국 벌목업에서 특별한 문제점이었을 것이라고 주장하는 사람들은 이를 입증할 책임이 있다고 본다.

86. Braudel 1982: 196-205.

87. Rabb 1967: 35-48; Andrews 1984: 18-19.

88. DeVries 1976: 213.

89. O'Brien 1982: 17. 나중에 펴낸 논문에서(O'Brien 1990: 171, 176-177), 오브라이언은 유럽 대륙 밖에 있는 지역에서 얻은 수익은 총자본 구성의 5분의 1에서 6분의 1을 기금으로 적립하는 것이 가능했으나, 다양한 종류의 억압으로 인해 자신이 추정한 비율이 감소했다고 인정했다. 따라서 그가 제시한 최초의 수치를 고수하는 것이 더 현명할 것 같다.

90. Kuznets 1968: 47-50.

91. O'Brien 1982: 17.

92. DeVries 1994a: 58-60.

93. 담배의 심한 기복에 대해서는 Morgan 1975: 185-186, 197 참조. 시장에 대한 보장과 참여 제한에 대한 욕구에 대해서는 Kulikoff 1992: 17-18, 27-28, 35, 39.

94. 갤런슨(Galenson 1989: 56-64)은 계약제 노동자(indentured servant)로 도착한 사람들의 수를 추정했으며, 항해 비용이 비숙련 노동자—특히 젊은 노동자—대부분의 수입을 훨씬 웃돌았음을 밝혀냈다. 추측건대 이 같은 방식은 독일, 혹은 유럽의 다른 일부 지역에서 온 이주민들에게 더욱더 강력하게 유지됐을 것이다(그곳에 비해 일반적으로 임금이 낮은 영국에서).

95. Galenson 1989: 57.

96. 식민지 시절 심지어 북아메리카—적어도 아메리카 대륙의 수출을 지배한 일부 지역—의 경제까지 발달시킨 유럽 수요의 중요성을 총체적으로 다룬 McCusker and Menard 1985 참조. 특히 이 문제에 관한 일반적인 주장은 17-34쪽 참조. 또한 Shepherd and Walton 1972 참조.

97. Von Glahn 1996: 214.

98. Flynn and Giraldez 1996: 321-329.

99. Flynn 1984: 47에서 여러 유럽 국가에 대해 인용한 구절 참조.

100. 세계적인 무역에서 '우위에 있었다'는 얘기가 다른 유사한 규모의 전환이 바짝 뒤따랐을 가능성이 있었다는 뜻은 아니다. 그 당시 광산업, 인쇄업 그리고 그 밖에 다른 관련 기술 및 광산의 분포를 고려해보면, 중국에서 화폐로서 은은 사실상 대체품이라기보다는 가치를 지닌 것이었다. 상당히 특이한 상황, 다시 말해 높은 가격 인상과 대륙 간 운송비를 감당할 수 있는 대량 판매 시장을 위한 상품들 사이에서 사실상 은은 독특한 상품이 되었을 것이다. (최근 필자의 동료 빈 웡은 나와 대화를 나누던 중 아마도 1850년 이전 유럽이 수출할 수 있었던 유일한 것은 비교적 대용품에 가까운 소량의 수출 상품과 군비를 확충하고 있던 중국에서 대량 판매 가능성이 있는 수출품이었을 것이라고 주장했다.) 만일 이러한 주장들을 받아들인다면, 유럽의 부상과 관련해 여전히 커지고 있던 우발적 사태와 위기에 대해 설명할 수 있을 것이다.

101. Frank 1998: 158-164.

102. 관련 사례는 Arrighi 1994: 73 참조.

103. Steensgaard 1982: 235-258. 회사가 신속한 결과물을 내주길 바라는 주주들을 방어하려는 VOC 중역들에 대한 국가의 조력에 대해서는 Gaastra(1981: 57) 또한 참조. '탈피'와 '발언권'이라는 전문 용어는 Hirschmann(1970)에서 가져온 것이다.

104. Mokyr 1990: 140, 184-186.

105. 같은 책, 183-186쪽.

106. North 1994: 263.

107. 영향력 있는 예시에 대해서는 Braudel 1977: 68 참조.

108. Chaudhuri 1985: 210-214, 1990: 384-386. 피어슨(Pearson 1991: 97-103)은 유사한 주장을 펼친다. 그러나 재정적 압박을 결정하는 주요 변수는 제국이 직면한

군사적 압박의 규모가 아니라 세금을 거둘 수 있었던 농민들의 규모라고 보았다.

109. 인도의 증거에 대해서는 Perlin 1979의 여러 곳 참조. Bayly 1983: 217.

110. Kwan 1990: 146-147; Mann 1987: 42(상인들에게 허가권을 준 목적은 세입을 늘리려는 게 아니라 시장을 규제하기 위함이었다); Mann 1992: 76-79; Zhang Xiaobo 1995: 94-98.

111. 19세기 전반기 차와 설탕의 소비 확대는 수입량 증가가 원인이었다기보다는 주로 가격 하락의 영향을 받은 것이었다는 근거에 대해서는 Clark, Huberman, and Lindert 1995: 233-235. 또한 Mokyr 1988: 74-75, 79-86.

112. 노스(North 1994: 262-263)는 재산권 보장이 국가를 도왔을 뿐만 아니라 세입의 필요성 때문에 재산권 보장이 줄어드는(예를 들어, 에스파냐와 포르투갈) 현상도 초래했다고 인정한다. 그럼에도 불구하고 후자의 경우는 결국 성공했고 국가의 세금 징수가 필요해졌다는 점을 강조한다.

113. 틸리가 자국민들로부터 국가적 자원을 증대시키기 위해 자본 집약적인 전략과 강제 집약적인 전략 사이의 선택을 언급하고 있다는 점을 주목하라(예를 들어, 강제 노역과 서비스 구매 사이, 혹은 용병의 고용과 징병제 사이의 선택). 틸리는 다른 국가와 유럽 이외의 문제를 다루는 경우 모두가 강압적인 접근법을 사용했다는 점을 부인하지 않는다.

114. Tilly 1990: 134-137, 150-151. 덴마크는 '강제 및 자본 집약적인' 집단에 부합할 것이다. 왜냐하면 덴마크는 18세기 유럽에서 가장 높은 수준의 세금을 부과했던—유럽에서 대부분의 세금은 대규모 군대와 함대를 유지하는 데 쓰였다—나라 중 하나이기 때문이다. 또한 제법 큰 규모의 상업과 많은 해외 무역 회사를 가진 덕분이기도 했다. 그러나 이처럼 피나는 노력에도 불구하고, 덴마크는 과거 영토의 일부와 그들이 미친 영향력의 잔재만을 남기고 1658년 오늘날의 스웨덴 남부 지역 그리고 1814년에는 노르웨이를 잃었다. 아울러 이후 슐레스비히-홀슈타인(Schleswig-Holstein)과 아이슬란드 또한 상실했다. Kjaergaard 1994: 4-5, 14-15 참조.

115. Bayly 1989: 8, 116, 161, 195-213, 235-236; E. Thompson 1966.

116. 프랑스 국가 건설과 인클로저, 토지 통합 등의 장애물 간의 관계에 대해서는 Brenner(1985a, b) 참조. 그리고 지방 재판권과 권위 향상을 위한 장벽들에 대해서는 Rosenthal(1992) 참조. 여기서 이런 정책이 정권의 세수와 징병 기반을 확

보하기 위한 농민 보호 정책에 해당한다고 주장한 브레너의 의견은 주목할 만한 가치가 있다. 이러한 주장은 사실상 공유지 분배 정책을 반대한 부유층과 특권층이 있었다고 지적하는 학자들(Cooper, Rosenthal 등 참조)로부터 비난을 받아왔다. 사회 내부적으로 어떻게든 더 '경쟁력 있는' 경제 제도를 선택하기 위한 국가 간 경쟁 구도가 얼마나 불분명한지 설명하는 것은 이와 같은 사실이 진실이라는 것에 힘을 실어줄 뿐이다.

117. Arrighi 1994: 282-284.

118. G. Parker 1988: 63-64.

119. Reid 1988a: 122-123 참조.

120. Bayly 1989: 52-53, 67-70; Marshall 1987: 70-82.

121. 관련 사례는 Marshall 1980: 15-17, 21-23, 27; Bayly 1989: 98 참조.

122. Crosby 1986: 71-103, 196-216.

123. Morgan 1975: 198.

124. 관련 사례는 Mintz 1985: 163-164, 170.

125. 재정적으로 중요한 신세계 수입품 관련 부분에 대해서는 O'Brien(1988: 11, 15)과 이 책의 6장 참조.

126. Galenson 1989: 67-68.

127. 관련 사례는 Heidhues 1996: 164-182 참조.

128. Blussé(1986: 26-27) 참조. 바타비아 인근 지역의 일반적인 고임금 노동자에 관한 적절한 사례에 대해서는 Reid(1988a: 129-131) 참조.

129. Wang Gungwu 1990: 400-421.

130. Blussé 1981: 174.

131. 같은 책, 175쪽.

132. Blussé 1986: 94-97. 이 사건에서 발생한 일에 대한 청나라의 이해에 대해서는 Fu 1966: 173-174 참조.

133. "한 제국의 경제를 세계 전체를 아우르는 것으로 주장한다면, 다른 경제 체제로 빠져나가는 부분으로 인해 그 제국의 경제는 풍요로워질 수 없다. 그러므로 제국의 경제는 유일한 경제 체제다(이는 분명 중국인의 사상이었으며 그들의 신념이기도 했을 것이다)"라는 견해에 대해서는 Wallerstein 1974: 45 참조. 청나라의 보복 논의에 대해서는 Cushman 1978; Fu 1966: 173-174 참조.

134. 중국인이 지나치게 많은 해외 관계를 맺었다는 점에 관한 특별한 우려(외국인들의 입장과는 상반된) 그리고 상업주의 확대와 해상 군사력 강화는 동일한 비중을 가진 것이므로 해외 상업주의의 확대를 해외 군사력의 위협으로 보았다는 청나라의 의심 어린 시각에 대해서는 Wills(1979, 1995) 참조. 안보에 관한 청나라의 주된 관심사는 내란이었다는 것—내란 위협은 궁극적으로 고국으로 귀환한 사람들에게 허가한 무력으로 인해 증대되었다—에 대해서는 Wong 1997: 83-89 참조.

135. 좀더 자세한 설명은 Wills 1994: 223-228 참조.

136. Santamaria 1966: 78-79.

137. McCusker and Menard 1985: 199.

138. 선적 비용에 대해서는 Ng(1983: 157) 참조. 설탕의 양에 대해서는 같은 책(163쪽)과 Shepherd 1993: 156-166; Deerr 1949: 193-203; Phillips 1990: 49, 61; Steensgaard 1990a: 140 참조.

139. 예를 들어, 이 지역에서 에스파냐의 통치가 얼마나 미약했는지에 관한 연구 사례는 de Jesus(1982: 21-37) 참조. 마닐라 근방에서는 에스파냐의 통치가 좀더 강력했다 해도, 그곳의 중국인 수는 에스파냐 사람들을 큰 폭으로 뛰어넘었다.

140. 1603년의 대학살 전야에 마닐라 파리안(parian: 중국 상인들의 집단 거주지—옮긴이)에 있던 중국인 수는 무려 3만 명에 달했다(Bernal 1966: 51). 한편, 중국인은 1770년에 필라델피아 3만 명, 뉴욕 2만 5000명 그리고 보스턴 1만 6000명이 거주했다(McCusker and Menard 1985: 131).

141. 블뤼세(Blussé 1986: 97)는 1800년 바타비아와 그곳에 인접한 오지에 10만 명의 중국인이 거주했다고 주장한다.

142. 여기에 대해서는 Shepherd 1993: 162-168 참조.

143. 이 같은 주장은 Wrigley(1988)가 제시했으며 Wong(1997)이 구체화했다.

144. 인구 밀도가 '충분한' 지역은 인구가 조밀한 지역과 동일한 뜻이 아님을 주목하라. 예를 들어, 북인도는 서유럽보다 제곱마일당 인구수가 더 많았지만 그곳의 생태 환경은 상당히 더 많은 인구를 부양할 수 있었다. 비교적 인구 밀도가 '충분한' 지역은 주요한 기술적 돌파구 없이도 많은 사람을 부양할 수 있는 곳이다. 그런 지역은 생태적 위기가 닥치기 쉽고 비교적 부족한 생산 요소(토지나 자본)를 통제하는 엘리트층이 (넘쳐나는) 예속 노동자를 고집할 가능성이 거의 없으므로 노동 시장의 출현과 더불어 일반적 요소 시장을 위한 비교적 좋은 조건을 지닌다. 이런

조건이 18세기 후반 중국, 일본, 서유럽을 특징 짓는 것 같다. 즉 세 지역 모두 이 시기에 전례 없는 인구 수준에 도달했는데, 산업화가 시작되면서 인구 증가율이 크게 상승했다(유럽은 곧바로, 일본은 두 세대가 지나서, 중국은 한 세기 이상 지난 후). 이에 비해 거의 동일한 인구 과잉 상태인 일부 지역, 즉 인도·자바·베트남 같은 지역은 이런 면에서 볼 때 인구 성장이 더욱 느렸고 19세기 초반이나 중반에 매우 급속하게 증가하기 시작한 것으로 나타난다. 동유럽의 경우 급속한 인구 증가는 훨씬 후에 시작되었다.

145. Levin(1977)과 Kriedte, Medick and Schlumbhm(1981)을 Elvin(1973)이나 P. Huang(1990)과 비교. 또한 Wong(1977)도 이들과 유사한 점을 지적했다.

3부 스미스와 맬서스를 넘어서: 생태적 제약에서 지속적 공업 발전으로

5 공통된 제약: 서구와 동아시아의 생태적 긴장

1. Moosvi 1987: 402, 405; Subrahmanyam 1990: 358-360; Habib 1982a: 166-167; Visaria and Visaria 1983: 463-465.
2. Gadgil and Guha 1993: 91-110.
3. Van Schendel 1991: 38.
4. Rangarajan 1994: 149-152.
5. Raychaudhuri 1982a: 180-181; Habib 1982a: 168; Habib 1982c: 249; Fukuzawa 1982b: 251-252; Raychaudhuri 1982b: 284, 304; Raychaudhuri 1982c: 335; Arasaratnam 1980: 259-260.
6. Chaudhuri 1978: 155-156; Latham 1978a: 50.
7. 예를 들어 중국, 일본, 서유럽의 표준 계정에 대해서는 Raychaudhuri(1982b: 306), Bayly(1983: 204-206, 251, 266, 272, 290), Prakash(1981: 196-197)를 비교해볼 것.
8. 워시브룩(Washbrook 1988)은 18세기 인도가 '자본주의' 체제였지만 어떤 면에서는 산업화를 주도하지 못했다고 주장하면서 대략 이런 논점을 밝혔다. 그는 흔히 노동력이 예속되었다기보다—필자도 역시 중요하다고 생각하는—인건비가 저렴했다는 점에 중점을 두고, 싼값의 유휴 생산력에 대한 문제는 논하지 않았다. 이런 가설의 다른 측면은 해외 무역이 '잉여 생산물의 출구'로 발전했다는 점이며, 이는 대개

19세기 후반과 20세기에 평야가 많은 나라에 적용되었다(Myint 1958; Lewis 1954 참조). 이들 경제학자가 주장하는 바는 그런 환경에서 성장하려면 적어도 얼마간의 소규모 자본이라도 필요하다는 것이다. 따라서 이 책의 논점을 위해서는 비교적 투자가 거의 없고 변형 가능한 기술에 대한 많은 투자도 확실하지 않은 상황에서 상류층의 수입이 증가할 수 있다는 주장을 재정립해야 할지도 모른다.

9. 이런 논점은 특히 Perlin 1994: 83-85; Perlin 1985: 468-473에서 주장했다.
10. Fernand Braudel(1981: 70)이 언급한 구절.
11. 중국에 대해서는 Ho(1959), 일본에 대해서는 Saito(1985: 185-188), 유럽에 대해서는 McEvedy & Jones(1978: 26-30) 참조.
12. Nipperdey 1996: 126-127, 130-131.
13. Grantham 1989b: 147, 151.
14. 관련 사례는 Clark 1991: 454-455.
15. Ambrosoli 1997: 367, 374, 392-395, 412.
16. 같은 책, 412쪽.
17. F. Thompson 1989: 189, 193; Ambrosoli 1997: 395, 412.
18. McEvedy and Jones 1978: 28-29; Granthum 1989a: 43.
19. Thomas 1985a: 149.
20. Nipperdy 1996: 92-93, 97.
21. Thomas 1985a: 141.
22. 같은 책.
23. 같은 책, 145-46쪽. 대륙의 수입을 비교하려면 141쪽 참조.
24. Clark, Huberman & Lindert 1995: 215.
25. 같은 책, 226-228쪽.
26. 같은 책, 225쪽.
27. Mokyr 1990: 111.
28. Clark, Huberman, and Lindert 1995: 233.
29. 같은 책, 235쪽.
30. 같은 책, 233쪽.
31. 같은 책, 234쪽.
32. 수입에 대해서는 Bruchey 1967: 표 2-A 참조. 아마에 대한 보조금과 그러한 보조

금의 제한된 영향에 대해서는 Warden 1967: 362-364 참조.

33. Grantham 1989a: 49-71. 대륙의 아마 생산량에 대한 한정된 전망은 Warden 1967: 362-364 참조.

34. Totman 1995: 104; Totman 1989: 116-170; Li Bozhong 1994b: 88; Osako 1983: 132, 135, 142; Menzies 1996: 651-654.

35. Grove 1995: 187, 199, 261, 264-266, 299-300, 332-336, 365, 382, 387-406, 409, 427, 435, 440, 463-464, 471-472.

36. Kjaergaard 1994: 18-19, 89-91.

37. Braudel 1981: 367.

38. 그런 평가치를 보려면 예를 들어, Asian Development Bank 1982: 114, 360 참조. 이 최소량은 조리 방법에 따라 유럽에서는 다소 더 높아진다. 그리고 물론 더 추운 지역인 북유럽의 경우엔 당연히 더 높다. (이에 비해 동시대 아시아 대부분은 가난했지만, 중국 북부 지역을 제외하고는 비교적 따뜻한 기후에서 생활했다.)

39. Kjaergaard 1994: 18-19, 89-91.

40. 같은 책, 97쪽.

41. Goldstone 1991: 186.

42. Labrousse 1984: 343, 346-347.

43. Nef 1932: I: 174, 263.

44. Nef 1964: 262-264.

45. 그러나 철과 관련해 주목할 만한 점은 스웨덴과 러시아의 경쟁적 우위는 풍부한 연료가 아니라 저렴한 노동 비용과 고품질의 철광석 덕분이었다는 것이다(Flinn 1958: 151).

46. Thomas 1985a: 140; Thomas 1985b: 729.

47. Braudel 1981: 367.

48. 부록 D 참조.

49. Kjaergaard 1994: 120.

50. Nef 1932: I: 169.

51. De Zeeuw 1978: 23-25.

52. DeVeries and Van der Woude 1997: 709-710, 719-720.

53. 같은 책, 709 n. 18.

54. 네덜란드의 수치는 위의 책에서 제시한 평가에 근거했다(수입한 석탄의 기여도는 제외). 719쪽의 논평에서 19세기 토탄 생산량은 17세기와 18세기를 합친 것과 같았다. 영국의 석탄 생산량은 미첼(Mitchell 1988: 247)이 제시한 수치를 바탕으로 했다. 석탄의 에너지 함량은 스밀(Smil 1985: 36)의 평가에 근거했는데, 연탄과 무연탄을 반반씩 혼합한 것으로 추정된다.

55. 퀘벡에 대해서는 Lower(1973: 36) 참조, 뉴잉글랜드에 대해서는 Cronon 1983: 109-110; Gadgil and Guha 1993: 119; Albion 1965: 161; Thomas 1985a: 140 참조.

56. Cooper 1985: 139 n. 2 참조.

57. M. Williams 1990: 181.

58. Kjaergaard 1994: 15.

59. 삼림 면적 평가치는 Ling(1983: 35) 참조.

60. M. Williams 1990: 181.

61. 같은 책. Heske 1938: 5, 25-26.

62. Slicher Van Bath 1977: 90.

63. 같은 책, 89쪽.

64. Kjaergaard 1994: 107.

65. Slicher Van Bath 1977: 95.

66. Blaikie and Brookfield 1987: 131-132.

67. Kjaergaard 1994: 60, 85-86.

68. Ambrosoli 1997: 374.

69. 같은 책, 392-394쪽.

70. Blaikie and Brookfield 1987: 140.

71. Hobsbawm 1975: 106; F. Thompson 1968: 62-77.

72. Kjaergaard 1994: 20-21.

73. 같은 책, 21, 40-41, 50-56쪽.

74. Blaikie and Brookfield 1987: 129-131, 138, 140.

75. 같은 책, 137쪽.

76. 같은 책, 136쪽.

77. 같은 책, 133쪽. Lamb 1982: 235-236도 참조.

78. Grove 1995.

79. 이들 관계에 대한 유용한 요점 정리는 Cronon 1983: 122-123 참조.
80. Li Bozhong 1994b: 86-89, 94; Viraphol 1977: 180.
81. Marks 1997: 320. 리보중(Li Bozhong 1998: 48, 200 n. 23)은 장난 지역의 거름 부족과 농장 밖의 비료 원료로의 전환을 언급했다. 그러나 그는 다른 목적을 위한 거름 사용보다 새로운 비료의 이점을 강조했다.
82. Y. C. Wang 1986: 90-95; Y. C. Wang 1989: 427; Marks 1991: 76-79.
83. 논벼의 생태에 대한 고전적 서술에 대해서는 Geertz 1963: 29-37 참조. 질소 부족을 회복하기 위해 논에 뿌리는 건조 조류 용량에 대해서는 Smil 1985: 140 참조.
84. Perkins 1969: 71-72.
85. 필자는 링난에 대해 마스크와 개인적으로 의견을 나누었다. 양쯔 강 하류 지역에 대해서는 Perkins(1969: 21) 참조.
86. 부록 B에 있는 추정치에 대한 설명 참조.
87. 부록 B 참조.
88. Chi 1963: 14-15.
89. Rossiter 1975: 149-153, 172; Ambrosoli 1997: 395; Hobsbawm 1975: 106; F. Thompson 1968: 65-70. 부록 B도 참조.
90. Ling 1983: 34.
91. 부록 C 참조.
92. Totman 1992: 22와 Schoppa 1989: 147-167를 비교. Perdue 1987: 227, 230; Will 1980; Osborne 1994: 30-31.
93. Schoppa 1989: 120-139와 147-163을 비교. Perdue 1987: 196, 202, 219-233도 참조.
94. Osborne 1994: 30.
95. Ling 1983: 33.
96. 같은 책, 34쪽.
97. Osborne 1994: 36.
98. 같은 책, 30-31쪽.
99. Vermeer 1990: 141-147, 156, 161.
100. Totman 1992: 23.
101. Hanley and Yamamura(1977: 16-28)는 이런 견해를 조사하고 이를 비평했다. 로버츠(Roberts 1991: 88-95)는 좀더 복합적인 분석의 필요성을 제시하고 고전적

견해를 실제로 일부 시기 및 지역에 적용할 수 있다고 주장했다.

102. 관련 사례는 M. Williams 1990: 181-182 참조.

103. Marks 1997: 280.

104. Ling 1983: 34. 로버트 마크스는 링난 지역의 생태적 역사에 대한 광범위한 조사를 처음 시도한 학자로서 일반적으로 타당성 있는 이 같은 수치를 밝혀냈다.

105. Ling 1983: 35.

106. Marks 1997: 280에 근거함.

107. 사실상 우리는 인구가 증가할 때마다 이전 시기에는 삼림 감소가 더 적었고 그 이후에는 더 많았을 것으로 예상할 수 있다. 사람들은 더 좋은 토지에 우선적으로 정착했고, 따라서 인구가 증가 초기에는 아마도 토지가 더 필요하지 않았을 것이다. (토지 생산성이 향상하면서 이런 문제를 상쇄했지만 말이다.) 게다가 훨씬 이전 시기에는 인구 증가로 연료 수요가 높아져도 연간 목재 성장률을 초과하지 않는 선에서 충족할 수 있었다. 그러나 인구가 더욱 조밀해지면서 연료를 위한 벌채가 감당할 수 있는 산출량을 초과했는데, 이는 적어도 일부 지역에서 악순환을 일으켰다.

108. McEvedy & Jones 1978: 59의 프랑스 인구 통계.

109. 난로 설비, 볶음 요리법, 조리의 연료 효율성에 영향을 미치는 다른 재료에 대해서는 Anderson 1988: 149-151, 154 참조. 부록 C도 참조.

110. 이런 형태의 나무 재배와 유럽과의 차이점에 대해서는 Menzies 1996: 663, 667 참조.

111. 그런 일반화는 청 왕조를 세운 만주족 정복자보다는 중국 민족의 상류층, 상인, 지주와 훨씬 더 관련이 있다. 그러나 만주족은 베이징과 만주를 제외하고는 수적으로 많지 않았다. 더욱이 만주족은 그들만의 문화적 이점인 '호전성'이 약해져 사냥과 승마 관습을 버렸으며, 소수의 한족이 사냥이나 승마를 이어갔다.

112. Pomeranz 1993: 134.

113. Xu Tan 1986: 138.

114. Staunton 1799: I: 279, II: 46.

115. 같은 책, I: 266쪽, II: 46, 169쪽.

116. 같은 책, II: 138, 141쪽.

117. 같은 책, II: 142쪽.

118. 20세기 연료 부족과 불법적인 벌목에 대해서는 Pomeranz 1993: 124-125, 143-145 참조.

119. Pomeranz 1993: 125; Pomeranz: 1988: 부록 F 참조.

120. 부록 C 참조. 삼림 지대의 수치는 전체 지역에 대한 링다셰(1983)의 수치보다 상당히 높았다. 그러나 필자는 수치가 너무 높게 나올 수 있었던 두 가지 이유만 살펴보겠다. 한 가지는 필자가 1에이커당 작물 생산량을 지나치게 과대평가했을 수 있다는 것이다. 그럴 경우 생태적으로 처참하고 기술적으로 신통치 않았던 19세기에 생산량의 증가가 인구 증가보다도 훨씬 더 급격했다는 가망성 없는 결론을 내릴 수도 있다. 다른 한 가지는 필자가 이 지역에서 비식량 작물을 재배한 토지 규모를 상당히 과소평가했다는 것이다. 이 지역은 밀과 수수에 엄청나게 집중했던 것으로 보이며(20세기에는 그랬다) 상대적으로 담배와 면화는 생산량이 적었다. 이런 주장은 좀더 설득력이 있다. 필자는 3장에서 전체적으로 볼 때 중국 북부 지역이 18세기 후반에는 100년 뒤보다 이마도 면화를 더 많이 재배했을 것이라고 주장했다. 그러나 필자가 평가한 삼림지 수치가 이런 이유 때문에 틀렸다면, 이는 생각했던 것보다 연료에 이용한 농작물 잔해가 더 많았고 1800년경의 중국이 필자가 제시한 것보다 더 번성했음을 의미한다.

121. Marks 1997: 224.

122. 유럽의 수치에 대해서는 Richards 1990: 164 참조.

123. 관련 사례는 Hsieh(1973)의 지도 I-17과 I-23 참조. 평균 연간 강수량은 중국 북부 대부분 지역이 대략 500밀리미터였다(7월과 8월에만 250밀리미터, 10월에서 4월까지는 기껏해야 150밀리미터). 북유럽과 비교하려면 Wallen 1970: 63, 114, 162-192, 227-239 참조.

124. Grove 1995: 56-59, 155, 199쪽을 비롯한 여러 곳 참조.

125. Smil 1994: 38-49; *China News Digest*, 1998년 5월 21일자.

126. Pan 1994: 57-59.

127. Zuo and Zhang 1990: 476. 그럼에도 불구하고 이 지역은 이례적이었다. 왜냐하면 청나라가 계속해서 중요하게 보호하던 지역이었기 때문이다.

128. 《제남부지(濟南府志)》 1839: 권 6. 사라진 물과 관련한 구체적인 사항은 6: 24a-b, 6: 32a, 6: 33b, 6: 35a, 6: 36a-b, 6: 40b, 6: 42b 참조.

129. 《속수역성현지(續修歷城縣志)》 권 10-12. 72개 샘에 대한 내용은 10: 44a 참조.

130. Pomeranz 1993: 3~5장 참조.

131. 스기하라(Sugihara 1997)는 같은 현상을 좀더 낙관적으로 이해했다. 그래서 훗날 동아시아의 '기적'으로 남은 대규모 인구를 기반으로 한 지역에서 서구 기술을 채택 및 적용함으로써 가장 부유한 서방 국가와 경쟁할 만한 생활수준을 가진 유일한 나라(일본)가 탄생했다고 주장했다. 또한 이것은 나머지 비유럽 세계와 달리 일본에 수많은 혜택을 가져왔고, 아울러 20세기 세계 국내 총생산(GDP)의 총 성장률이 서방 국가들의 성장률보다 더 증가하는 원인이 되었다고 주장했다.

132. Kjaergaard 1994: 151. 사실상 키아에르고르는 주당 노동 시간이 50퍼센트 증가하면 연간 노동 일수가 더 많아진다는 것을 발견했기 때문에 가능성 있는 증가율은 50퍼센트 이상이다. 또한 이회토 뿌리기에 대해서는 55-56쪽 참조. 여기에서 그는 톤데(tonde: 0.55헥타르)당 110일 노동이 가능하다고 예상했으나, 나중에는 톤데당 50일을 기반으로 추산했다.

133. Kjaergaard 1994: 37-38.

134. 같은 책, 151-154쪽.

135. 같은 책, 123쪽.

136. 같은 책, 158쪽.

137. 같은 책, 127-128쪽.

138. Lee and Wang(미발행): 6, 10.

139. Sugihara 1996: 38.

140. Hanley and Yamamura 1977: 19-28, 132-136, 163-171; Howell 1992: 271-275.

141. 물론 좀더 개방된 여러 경제 국가에서는 더 형편없었다.

142. Borah 1943: 85-101; Schurz 1939: 44-45, 364-366.

143. Li Bozhong 1998: 108.

144. Lu 1992: 482-483.

145. Perdue 1987: 219-233; Skinner 1987: 67-77.

146. Perdue 1987: 204.

147. Liang 1981: 396-397, 400-404(1850년 이전). 1774년과 그 이후의 것은 Lin and Chen(1981: 39) 참조. 1842년 수치는 열거한 모든 지역에서 매우 높고 1711년 허난의 수치는 몹시 낮았는데(그러나 이 지역의 이후 성장률은 훨씬 더 인상적이다), 이 2개는 제외했다.

148. Lee and Wang(미발행), 특히 7장과 8장 참조. 또한 입양에 대해서는 Waltner (1990); Dennerline(1986) 참조.

149. Cain 1982: 173.

150. 관련 사례는 Buck 1964: 367 참조.

151. Wakefield 1992: 224-229, 254.

152. Wakefield 1994: 201, 227-228.

153. Skinner 1977a: 213, 226. Skinner 1987에서 약간 조정.

154. 추가적인 논의는 부록 F 참조.

155. Menzies 1996: 619-622, 644-665, 659-663.

156. Perkins 1969: 21, 315, 318-319, 321.

157. 같은 책, 234쪽.

158. Perdue 1987: 56-57.

159. 같은 책, 129, 132쪽.

160. 고전적인 연구 결과에 대해서는 Ho 1995: 192, 196-197 참조.

161. Fang 1996: 97.

162. Perdue 1987: 113-135; Perkins 1969: 21.

163. Mazumdar 1984: 269-270; Gardella 1994: 32.

164. Perdue 1987: 134 .

165. 북부와 남부를 연결하는 대운하의 쇠퇴에 대해서는 Hoshi 1971: 223-227; Pomeranz 1993: 154-164 참조. 일부 지역에서 면화를 대체한 아편에 대해서는 Chao 1977: 23 참조.

166. Will and Wong 1991: 496-497.

167. Mann 1992: 75-96; Li Bozhong 1996: 99-107.

168. Mann 1992: 86; Wong 1997.

169. 생태적으로 취약한 중국 북부 지역의 국고 보조금 제도에 관한 이 같은 장황한 설명은 그러나 19세기 말 무렵 이 보조금 제도를 철회했다는 사실을 강조한다. (따라서 이는 20세기에 지속된 급속한 인구 성장을 설명하지 못한다.) Pomeranz 1993 참조.

170. Wong 1997: 139. 224-229 또한 참조.

171. 핵심 지역의 인구 침체에 대해서는 Iwahashi(1981: 440)와 비교해 Saito(1985:

211) 참조. 18세기 중반 심각한 기근에도 불구하고 주변부 지역의 지속적인 인구 성장에 대해서는 L. Roberts 1991: 87-91 참조.

172. L. Roberts 1991: 88-100, 115-121.

173. 같은 책, 271-299쪽.

174. Smith (1959), Palat 1995: 62에서 인용.

175. Saito 1983: 40-43.

176. Wu and Xu 1985: 435-446; Li Bozhong 1994b: 93; Braudel 1981: 365-367. 마드리드에 대해서는 Ringrose 1970: 27 참조. 이례적으로 마드리드는 값비싼 자원을 사들일 만한 여유가 있었다. (따라서 규모가 커지면서 가까이 있는 내륙 지역은 공급이 불가능했다.) 왜냐하면 세금을 징수하는 위치에 있었고, 신세계 은의 중개지였기 때문이다. 마드리드는 자신들이 생산한 어떤 상품도 1차 생산물로 교환하지 않았고 인근 주변 국가들로부터 그 어떤 임대료나 세금도 빚지지 않았다.

177. Li Bozhong 1994b: 93에서 인용.

178. Menzies 1996: 634.

179. Hanley and Yamamura 1977: 19-23, 131-146. 지역 II에서 다이묘 통제의 더 큰 효율성은 부분적으로 특이한 통치자의 문제인 것처럼 보인다. (지역 I은 도쿠가와 막부 통치자들의 광범한 지배를 받았다. 그들은 '외부의' 대다수 다이묘 영역은 엄격하게 다스린 데 비해 자신의 영지에는 관대한 편이었다.) 또한 부분적으로는 지역 II에서 소도시 및 교역이 덜 발달했고 농장 외의 고용 기회가 적었기 때문이다.

180. Totman 1995: 104.

181. 같은 책, 102쪽.

182. 같은 책, 105-107쪽.

183. Hagen 1985: 114; Hagen 1986a: 71-72.

184. Hagen 1985: 114; Hagen 1996: 308; Hagen(미발행): 38-39.

185. Blum 1961: 309-310, 552-554; Hagen 1996: 307; Reid 1988a: 129-130과 비교 Fukuzawa 1982b: 251; Habib 1982c: 248; Ludden 1985: 42-50, 80-84.

186. Kochanowicz 1989: 100-102.

187. Hagen 1985: 104, 107, 111; Hagen 1986b: 154; Hagen(미발행): 38-39, 43.

188. Hagen 1988과 Hagen(미발행)의 사료 요약본 참조.

189. Pach 1990: 183, 186-188, 190. Kriedte, Medick and Schlumbohm 1981: 178-199에 있는 키시(Kisch)의 주장.

190. Kriedte, Medick and Schlumbohm 1981: 14, 19. 굿(Good 1984: 22)은 토지 비옥도가 떨어지는 곳의 원공업과 농지의 경작이 부재했던 것과 관련해 오스트리아-헝가리에 대해 동일한 지적을 했다.

191. Gunst 1989: 64, 69. 보헤미아에는 대규모 토지와 고도로 발달한 원공업 모두 존재했지만, 토지의 경우 두 가지 특이한 방식으로 발전을 이루었다. 첫째는 농민이 동유럽의 규범에 따라 특별히 강력한 권리를 갖고 있었다는 점이고, 두 번째는 대부분의 농지가 형성되기 전에 광산업 분야가 우세했다는 점이다. 따라서 비교적 대규모 도시 인구가 발생했고, 이례적인 화폐 경제를 초래했다. 토지에서 생산한 잉여 농산물은 대부분 서구 수출을 목표로 하기보다는 지역의 시장을 겨냥한 것이었다. (어쨌든 식량용 곡물보다는 주로 호밀과 양조용 홉을 생산했다.)

192. Good 1984: 23.

193. Hagen 1986a: 73-90.

194. Rosener 1994: 113.

195. Hagen 1986a: 88.

196. Hagen 1997.

197. Rosener 1994: 154.

198. Good 1984: 34.

199. Rosener 1994: 130-132.

200. Gunst 1989: 63-64.

201. Albion 1965: 103 vs. Li Bozhong 1994b: 93. 리보중이 인용한 일부 가격에 관한 기록이 '은 몇 량' 혹은 '은 수십 량'이라는 용어를 사용함으로써 모호해졌다는 점을 강조해야만 할 것이다.

202. Hagen 1986a: 86-92.

203. Rosener 1994: 172-184.

204. Good 1984: 70.

205. Gunst 1989: 76-77.

206. Hagen(미발행).

207. 러시아 화폐 경제의 한계점에 대해서는 Blum(1961: 132-134), 스칸디나비아에

대해서는 Jeannin(1969: 94), 노르웨이에 대해서는 Kindleberger(1990: 58-59) 참조.

208. Glamann 1977: 262-263.

209. Barrett 1990: 250-251.

210. Von Glahn 1996: 132.

211. Van Leur 1955: 67, 135-136, 162, 197-200.

212. Cushman 1975: 105-106, 124, 200-211; Vairaphol 1977: 107-121, 181-209.

213. 선박에 대해서는 Wadia(1955), 삼림에 대해서는 Rangarajan(1994), 면화 지대와 삼림 벌채에 대해서는 McAlpin and Richards(1983), 밀에 대해서는 Latham and Neal(1983: 271-273) 참조.

214. Kindleberger 1990: 68-69. 인도에 판매한 상품 목록에 대해서는 Chaudhuri 1978: 475-476 참조.

215. Perlin 1987: 248-314.

216. Chaudhuri 1990: 278-283.

217. Thornton 1992: 45-54.

218. 같은 책, 112-125쪽. Crosby 1986: 136-142.

219. Thornton 1992: 85-90.

220. 이 같은 무역 때문에 충분한 인도산 면직물을 구하는 것이 어려웠다는 점에 대해서는(이는 영국의 면직물 호황에 일조했다) Hobsbawm 1975: 57-58; Chaudhuri 1978: 273-275.

221. 이러한 추정은 경제적 예속 관계 및 세계 경제 체계를 가장 완벽하게 기술한 것이라는 사실을 알 수 있다. 이는 핵심 지역과의 격차를 줄일 수 있었던 세계 경제의 주변부 지역이 된 나라가 얼마나 적었는지 강조한다. 그러나 이 같은 추정 역시 경제 발전 계획의 다양성 그리고 농업 자원의 이동과 가능한 한 신속한 산업 기반 구축의 필요성을 강조한 관점에 기초한 것이다. 전자와 달리 후자의 이론은 세계 시장 참여자들의 영향력에 대한 원칙에서 종종 호평을 받고 있다.

222. 이 책 1장 앞부분과 5장 앞부분 참조.

223. 18세기 후반 발트 해 연안, 뉴잉글랜드와 캐나다에 대해서는 Lower(1973: 22, 31-32); McCusker and Menard(1985) 참조. 19세기 위 지역들에 대해서는 Lower 1973: 59-134; Tucker and Richards 1983: xii-xvii 참조.

224. Wallerstein 1974: 71-89.

225. 이주의 경우, 이 책은 다양한 사회 제도를 유지하려는 다양한 국가가 존재했다는 사실이 유럽에 문제가 되었다는 또 다른 관점을 취했다. 그러나 이주의 촉진은 경쟁으로 인한 압박이 아니라 효과가 단기적이라는 이유로 또다시 가로막혔다. 러시아 황제는 종종 특혜를 약속하며 독일인을 유인했다. 그러나 러시아의 대부분 토지와 농부의 법적 상황을 감안하면, 심지어 흑토 지대(Black Earth belt: 토양이 비옥한 흑색토 분포 지역—옮긴이)조차 인구가 넘쳐났던 베스트팔렌이나 이스트 앵글리아(East Anglia) 사람들을 유인하지 못했을 것이다. 마치 쓰촨이나 장시(江西) 지방의 고지대가 푸젠 사람이나 만주의 산둥 사람들을 유인하지 못한 것처럼 말이다. 대신, 유럽인은 자신이 살던 곳에 머무르며 신세계가 그들을 유혹할 때까지 기다렸다. 그들이 17세기나 18세기에 신세계로 향했다면 일시적인 자유의 상실을 대가로 치러야 했을 테지만 19세기나 20세기에 갔다면 그들을 실어다줄 배의 삼등칸 좌석 비용이 훨씬 더 저렴하거나 급격히 떨어졌을 것이다.

6 토지 제약의 해제: 일종의 새로운 주변부 지역, 아메리카

1. Galenson 1989: 52, 76; Morgan 1975: 215-216, 296-299.

2. Thornton 1992: 135-136.

3. 같은 책, 138-141쪽.

4. 같은 책, 136-137쪽.

5. Miller 1986: 70의 노예 가격에 기초한 추산. Mitchell 1988: 462-464와 Deerr 1949-1950: 1의 조사를 기초로 한 영국의 수입 자료. 부록 D도 참조.

6. 수출 규모에 대해서는 영국령 카리브 해 지역(1949-1950: I :193-203)과 프랑스령 카리브 해 지역(I: 235-242)에 대해 다룬 디어(Deerr)의 논문 참조. 노예 수입에 대해서는 Curtin 1969: 216 참조.

7. 밀러(Miller 1986: 70)와 루트비히(Ludwig 1985: 107, 314)가 산출한 1821~1826년의 수치는 노예 1인당 약 25만 레알(real: 포르투갈의 옛 통화 단위—옮긴이)을 지출한 것으로 보인다. 산출 방법은 서인도 제도와 동일하다.

8. 노예 구입과 가격에 대해서는 Miller 1986: 70; Ludwig 1985: 107, 314; Curtin 1969: 216 참조. 1796년과 1806년 브라질의 수출 실적에 대해서는 Morineau 1985: 177-178 참조.

9. 예를 들어, 브라질의 성비와 혼인율에 대해서는 Schwartz(1985: 354-358, 385) 참조.
10. Shepherd and Walton 1972: 43-44; Richardson 1987: 765-766 참조.
11. 브라질에 대해서는 Schwartz(1985: 136-138, 296, 436, 441-442) 참조.
12. 예를 들어, 노예의 옷을 만들기 위해 브라질로 운송해온 가장 값싼 옷감에 대해서는 Subrahmanyam(1993: 182-185) 참조.
13. Lang 1975: 61, 65-66. 에스파냐 통치하의 신세계에서 내부적으로 결집되어 있으면서도 자립적이었던 상당한 수준의 경제를 재해석하는 것과 관련해 좀더 일반적인 논의는 Stern(1988) 참조.
14. 관련 사례는 Goldstone 1991: 186의 도표. Thomas 1985a: 140-141 또한 참조.
15. 리처드슨(Richardson 1987: 745-746)은 특정 연도의 영국령 서인도 제도의 설탕 수출과 이듬해 그 지역의 노예 수요 간 직접적인 관계가 결국 더 많은 설탕을 생산하는 결과를 낳았다는 것을 보여준다.
16. Shepherd and Walton 1972: 81-84.
17. 같은 책, 52-53, 87쪽. 한 상선이 인도양의 항구에서 싣고 온 매우 다양한 화물에 대해서는 Van Leur 1955: 132, 253; Chaudhuri 1978: 204-208 참조.
18. Shepherd and Walton 1972. 특히 McCusker and Menard 1985: 18, 23, 28-30.
19. Lang 1975: 61, 65-66.
20. Richardson 1987: 768.
21. Hamilton 1934; Flynn and Giraldez 1996: 321-329.
22. Morineau 1985: 102, 121, 289.
23. Stern 1988: 849-852; Tandeter 1993: 15-85.
24. Stern 1988: 852-854.
25. Flynn 1984: 43.
26. 펄린(Perlin 1994: 113-118, 147-174)은 이 시기에 주화를 통상 '상품'과 상반되는 개념의 '화폐'라기보다 제조 상품으로 생각하는 측면이 더 강했다고 강조한다. 펄린(Perlin 1991: 239-373, 특히 248-249, 268-280)은 흔히 외진 지역을 겨냥한 시장을 위해 고안한 상품으로서 주화 생산을 조사했다.
27. Day 1978: 3-54.
28. H. Klein 1990: 291.
29. Subrahmanyam 1993: 183-185.

30. Flynn and Giraldez 1997: xxvii; Von Glahn 1996: 129-133, 224-229.

31. 다른 지역의 금/은 비율에 관한 자료는 Von Glahn 1996: 127 참조.

32. Flynn and Giraldez 1997: xix.

33. Von Glahn 1996: 128, 232.

34. 이와 같은 주장이 가진 차이점과 그 주장의 지속적인 중요성을 최근에 수정한 것에 대해서는 Kindleberger 1990 참조.

35. Blum 1961: 201-204.

36. Hamilton 1934; Flynn and Giraldez 1996: 323-329.

37. 예를 들면 Jones 1981: 83-84 참조.

38. 이 부분에 전반적으로 적용한 산출 방식에 대해서는 부록 D 참조.

39. Mintz 1985: 133.

40. 클라크, 휴버먼, 린더트(Clark, Huberman and Lindert 1995: 223)는 노동자 가정의 1인당 열량 소모량에 대한 다양한 조사 결과를 한 곳에 모았다. 그리고 (1787~1796년 시골 지역의 가난한 사람들을 기준으로) 성인 남성 1인당 섭취 열량을 낮게는 1500칼로리, (1863년과 1889~1890년 도시 근로자를 기준으로) 높게는 2400칼로리라고 추정했다. 그뿐만 아니라 1860년대 시골 노동자는 3200칼로리를 소모했다고 추정했다. 그러나 마지막에 언급한 수치는 1인당 2500칼로리보다 적을 수도 있었다는 해석이 가능하다.

41. Daniels 1996: 277.

42. Braudel 1981: 170; Salaman 1949: 479-484.

43. Mintz 1985: 191.

44. 민츠는 여기서 '브리튼(Britain: 잉글랜드·스코틀랜드·웨일스를 통칭—옮긴이)'을 언급한다. 그러나 이 수치는 디어와 미첼이 연합 왕국(정식 명칭은 그레이트브리튼 북아일랜드 연합 왕국—옮긴이)에 대한 수치를 제공한 것이기 때문에 민츠가 언급한 브리튼 역시 연합 왕국을 의미하는 것 같다. 하지만 이는 그의 연구 목적에 별다른 차이를 가져오지 않을 것이다. 그리고 이미 살펴본 바와 같이 1770년부터 잉글랜드는 웨일스, 스코틀랜드 그리고 아일랜드에서 막대한 식량을 공급받고 있었기 때문에—이러한 식량 공급은 해당 지역에서 줄어들었고, 이들 지역은 최소한의 필요 열량을 충족시킬 방법도 없었을 것이다—우리는 연합 왕국의 수치를 산업화하던 잉글랜드를 먹여 살리는 카리브 해 지역의 기여도를 평가하는 데 사용할 필요

가 있다.

45. 산출 방식에 대해서는 부록 D와 Lower 1973: 259의 수출량 수치 참조.

46. Mitchell 1988: 186. 이는 실제로 나중의 수치이다(1867). 그러나 더 이른 시기의 수치도 유용하며, 그 시점에는 수치가 꽤 안정적이었던 것으로 보인다.

47. Mann 1860: 112.

48. Mokyr 1990: 103.

49. 잉글랜드와 그 식민지에 대해서는 Warden(1967: 32-40) 참조.

50. Wrigley 1988: 54-55. 리글리는 자료 기준일을 실제로 '조지 3세가 사망한 해(1820년)'로 정했다. 그러나 미첼(Michell 1988: 247)의 석탄 생산 통계에 따르면 1815년 에너지 생산에 필요한 석탄량은 실제로 1500만 톤에 달했다. 더욱 중요한 점은 1에이커의 삼림 지대가 1년에 2톤의 건조 목재를 생산했다는 리글리의 추정치는 그가 지적했듯 아마도 여유 있게 평가한 수치일 수 있으며, 석탄 추정치에 대한 그의 깐깐함은 수치를 낮춰서 평가하는 데 영향을 미칠 수도 있다. 그는 스밀(Smil 1983: 36)처럼 그리고 필자가 여타 지역에 적용한 방식처럼 동시대 세계적인 평균치를 사용했다. 따라서 석탄의 영향력에 대한 그의 추정은 '유령 토지' 2100만 에이커를 약간 초과하는 수준으로 높아질 것이다.

51. Clark, Huberman and Lindert 1995: 223 vs. 226.

52. Farnie 1979: 136.

53. 같은 책, 137, 142, 145-146, 151쪽.

54. Issawi 1966: 362, 416-417. 518쪽에서 측정법 전환.

55. 같은 책, 417쪽.

56. Owen 1966: 424.

57. 같은 책.

58. Farnie 1979: 145.

59. 같은 책, 150쪽.

60. 같은 책, 147, 162쪽.

61. 같은 책, 138-139, 144-145쪽.

62. 같은 책, 145-146쪽.

63. 일반적으로 Crosby 1986 참조.

64. Diamond 1992: 23.

65. Mintz 1985: 46-61.

66. Bayly 1989: 74; Washbrook 1988.

67. O'Brien 1988: 15에 있는 자료에서 추정.

68. 같은 책, 11쪽에서 추정.

69. 베일리(Bayly 1989)는 유럽 제국주의의 새 물결을 여는 데 북아프리카부터 자바섬까지의 무슬림 제국을 뒤흔든 상업주의에 근거한 정치적 위기의 중요성을 훌륭히 설명했다. 아울러 유럽인이 본국과 더 밀접하다고 생각했던 '국민의 일반적 사고(事故)'와 이런 위기 사이의 보편적 유사성에 대해서도 언급했다.

70. Goldstone 1991의 여러 곳.

71. Mitchell 1988: 247.

72. Mitchell 1988: 709-711에 근거해 추정.

73. Farnie 1979: 7과 비교. 설탕 소비에 대해서는 Mitchell(1988: 709-712) 참조. 미첼(Mitchell 1988: 196-201)은 1920년대까지는 국내 생산량이 현저히 적었음을 보여준다. Bruchey 1967: 표 2-A.

74. 무역 균형에 대해서는 Latham(1978b: 69)와 Hobsbawm(1975: 138, 144-145) 참조. 라틴아메리카에서 영국 시장의 한계에 대해서는 Platt(1972: 4-5) 참조.

75. Latham 1978b: 69-70, 80, 89; Farnie 1979: 325; Hobsbawm 1975: 149 참조.

76. Jones 1981: 84.

77. Lewis 1954: 139-191. 이후의 문헌은 Myint 1958: 317-337 참조.

78. Schultz 1964: 61-70.

79. Mokyr 1976: 132-164.

80. 톰슨(Thompson 1989: 189)은 농장 노동자 1인당 식량 생산량이 1840~1900년대 초 약 50퍼센트 증가했지만 농장 노동자 수는 25퍼센트 감소했으며, 순수익은 생산량의 12.5퍼센트였다고 제시했다. 게다가 이런 수익조차도 농장 밖의 화학약품 이용과 다른 농업 생산물이 크게 증가해 획득한 것이었다(193-199쪽 참조).

81. 임금 추세에 대해서는 Kjaergaard 1994: 160 참조.

82. Sokoloff and Dollar 1997: 1-20.

83. Zhang Zhongmin 1988: 208.

84. Dermigny 1964: IV: 표 19 참조.

85. Y. C. Wang 1992: 42, 45.

86. Kishimoto 1997: 139, 141; Greenberg 1951: 92; Dermigny 1964: IV: 표 19. 좀더 자세한 사항은 부록 E 참조.

87. 좀더 자세한 사항은 부록 E 참조.

88. Zhang Zhongmin 1988: 194.

89. 이러한 관계를 그래프로 그리면 다음과 같다.

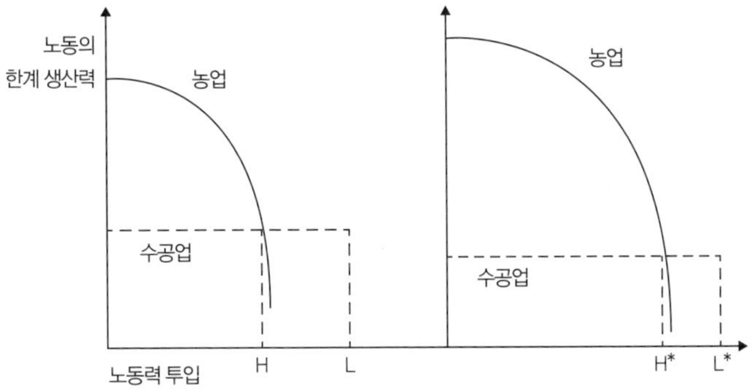

Time T=1 Time T=2

1차 생산물의 상대 가격 상승 이전 1차 생산물의 상대 가격 상승 이후

H, H*=노동력이 수공업으로 바뀐 시점

L, L*=총 노동력 투입량

L-H, L*-H*=수공업에 전념한 노동력

90. Greenberg 1951: 91-92.

91. Li Bozhong 1996; Greenberg 1951: 103-104 참조

92. 필자가 2장과 그 밖의 다른 곳에서도 주장했듯 이런 특별한 미개발에 많은 설명이 필요한지는 분명치 않다. 중국과 다른 지역 사이에는 많은 장벽이 있었고, 좀더 '자연적인' 방법으로는 원공업화의 가능성이 없었던 것으로 보인다. 설명할 필요가 있는 것은 대부분의 유럽이 이 방법을 좇지 않은 이유다. 따라서 전 세계는 영국을 따르려 했는데 오히려 유럽은 중국을 따르려(혹은 영국이 플랑드르를 따르려) 했던 것으로 보일 수도 있다.

93. Saito 1985: 185.

94. McEvedy and Jones 1978: 166-171, 179-181. 특히 일본에서 경작할 수 있는 토지의 비율이 낮았다는 점에 주목하라.

95. Totman 1989: 81-170; Howell 1992: 271-275.

96. Saito and Shinbo 1989: 91.

97. Saito(1985: 211) 참조. 그리고 Iwahashi(1981: 440)와 비교.

98. Sugihara 1997: 153.

99. Moosvi 1987: 402, 405; Subrahmanyam 1990: 358-360; Habib 1982a: 166-167; Visaria and Visaria 1983: 463-465.

100. Bayly 1983: 219-226, 290-292; Bayly 1989: 188-189.

101. 관련 사례는 Bagchi 1976; Vicziany 1979: 105-143; Bagchi 1979: 147-161; Perlin 1983: 89-95; Harnetty 1991: 455-510.

102. Hossain 1979: 326-335; Mitra 1978: 23, 25, 29, 32, 37-38, 48-49, 56, 79-80, 84, 87-92, 132, 144, 164, 172-173.

103. Harnetty 1991: 463-466, 505-507; Mitra 1978: 188, 194-195.

104. Habib 1982a: 168-169.

105. 같은 책.

106. 20세기까지 인도 농업에서 진정한 '잉여 노동자'가 없었다는 것에 대해서는 Schultz 1964: 61-70 참조.

107. 예를 들어, 차 재배 농장에 대해서는 Bayly(1989) 참조.

부록 A 1인당 육로 운송 능력에 대한 비교 분석: 1800년경 독일과 인도 북부 지역

1. Habib 1990.

2. McEvedy and Jones 1978: 71.

3. Nipperdey 1996: 85.

4. Visaria and Visaria 1983: 466.

5. Subrahmanyam 1990: 360.

부록 B 18세기 후반 중국 북부 지역과 유럽의 농장에서 사용한 비료의 평가 및 이로 인한 질소량 변화

1. 모든 수치는 P. Huang 1985: 147-148에서 인용.

2. 같은 책, 138-154쪽 참조.

3. Perkins 1969: 71.

4. P. Huang 1985: 322.
5. 같은 책, 327쪽.
6. Slicher Van Bath 1977: 94.
7. Smil 1985: 140.
8. Smil 1990: 429.
9. Kjaergaard 1994: 22, 58, 87.
10. Bowden 1990.
11. 스밀(Smil 1985: 174)의 1헥타르당 수치를 근거로 했음. 스밀(Smil 1983: 203)의 다소 다른 정보에 근거한 예상치는 밀 1킬로그램당 0.0209킬로그램으로 대략 비슷한 수치를 보였다.
12. Smil 1985: 218.
13. Bowden 1990: 197.
14. 같은 책, 373쪽, 표 48, 주 a.
15. 같은 책, 32쪽.
16. 관련 사례는 Perkins 1969: 267, 270 참조.
17. 南滿洲鐵道株式會社 1936: 33.
18. 퍼킨스가 1930년대부터 1800년경까지 거슬러 올라가면서 연구한 농업 매개 변수 분석에 대해 좀더 살펴보려면 부록 C와 Pomeranz(1995) 참조.
19. Smil 1983: 333-334, 336.
20. 같은 책, 335-336쪽.
21. Slicher Van Bath 1977: 94-95.
22. Smil 1985: 153.
23. 같은 책, 142쪽.
24. 같은 책.
25. 같은 책, 145쪽.
26. Bowden 1990: 374-375.

부록 C 프랑스와 링난, 중국 북부 지역의 삼림 면적과 연료 공급 평가(1700~1850년)

1. Cooper 1985: 139 주 2; Smil 1983: 100-101.
2. McEvedy and Jones 1978: 59.

3. Smil and Knowland 1980: 119.

4. Ling 1983: 34.

5. 1996년 8월 마크스와의 개인적인 대화.

6. Ling 1983: 35.

7. Marks 1997: 280.

8. 같은 책, 280, 319-327쪽 참조.

9. Marks 1997: 251.

10. 같은 책, 250쪽.

11. Perkins 1969: 71.

부록 D 18세기 후반과 19세기 초반 영국의 다양한 수입이 제공한 '유령 토지'

1. 민츠(Mintz 1985: 143)는 '브리티시(북아일랜드를 포함하지 않은 영국—옮긴이)'의 수치를 잘못 사용했다. 미첼(Mitchell 1988)이 실제 수치를 산출했음.

2. Mintz 1985: 191.

3. Braudel 1981: 130.

4. Clark, Huberman and Lindert 1995: 223-226.

5. Aykroyd and Doughty 1970: 86-88.

6. 같은 책, 89쪽.

7. Bowden 1990: 73, 75, 294.

8. Thomas 1985a 참조.

9. Deerr 1950:II: 532.

10. Mitchell 1988: 9-10.

11. Braudel 1981: 121.

12. Smill 1983: 36.

13. Lower 1973: 25, 39, 259.

14. Mann 1860: 112.

15. Warden 1967: 11.

16. Rimmer 1960: 5.

17. Warden 1967: 49.

18. Bowden 1990: 86.

19. Jenkins and Ponting 1982: 11-12.

20. Mann 1860: 26-27.

부록 E 중국 양쯔 강 하류 지역 농촌의 방적 산업 노동자 수입 평가(1750~1840년)

1. Fang 1987: 89.

2. Kishimoto 1997.

3. Zhang Zhongmin 1988.

4. Fang 1987.

5. Lu 1992: 481.

6. Kishimoto 1997: 139.

7. Fang 1987: 92.

8. P. Huang 1990: 84.

9. Fang 1987: 84.

10. 같은 책, 88쪽.

11. 같은 책, 92쪽.

12. Xu Xinwu 1992: 469.

13. Zhang Zhongmin 1988: 207.

14. Fang 1987: 92.

15. 같은 책, 92쪽.

16. Marks 1991: 77-78.

17. Pan 1994: 327.

18. Zhao 1983: 57.

19. Fang 1987: 88

20. Fang 1987.

21. Zhang Zhongmin 1988: 207-208.

22. Dermigny 1964: IV: 표 19.

23. Y.C. Wang 1992: 41-44.

24. 관련 사례는 Greenberg 1951: 91-92 참조.

25. Kishimoto 1997: 141.

26. Y. C. Wang 1992: 41-44.

27. Kishimoto 1997: 139.

28. Wu and Xu 1985: 323.

부록 F 1750년 이후 양쯔 강 하류 지역과 중국 전체의 면화 및 생사 생산 평가: 영국, 프랑스, 독일과의 비교

1. So 1986: 80.
2. 같은 책, 81쪽 주 2.
3. Y. C. Wang 1989.
4. Perkins 1969: 21.
5. Y. C. Wang 1989: 427.
6. Perkins 1969: 230; Liang Fangzhong 1981: 401-413.
7. Chao 1977: 233.
8. Buck 1964: 377.
9. 설탕 가격에 대해서는 Mazumdar(1984: 64), 면화 가격에 대해서는 부록 E 참조.
10. Li Bozhong 1998: 150-151, 219n. 28.
11. 같은 책, 109쪽.
12. 같은 책, 185쪽 주 10.
13. 같은 책, 22-23쪽.
14. 같은 책, 20-22쪽.
15. Li Bozhong 1996: 99-107.
16. Deane and Cole 1962: 51, 185, 196, 202; Mitchell 1988: 99-107의 인구 수치. 아일랜드는 짐작건대 1인당 생산량 수치가 낮았고 양쯔 강 삼각주 지역에는 비교적 크게 빈곤한 지역이 없었기 때문에 양쯔 강 삼각주 지역과 브리튼을 비교하는 것을 이상적인 방법으로 선호했을 것이다. 하지만 필자는 영국 연합 왕국의 수치를 통합할 수밖에 없었다.
17. Deane and Cole 1962: 185, 196, 202.
18. Chao(1977: 233)와 Kraus(1968: 162)에 근거해 산출.
19. Zhao 1977: 23.
20. 같은 책.
21. Li Bozhong 1994a: 34; Skinner 1977a: 213, Skinner 1987에 맞춤.

22. Kraus(1968), P. Huang 1985: 126, 128에서 인용.

23. Chao 1977: 23.

24. Zhang Gang 1985: 99에서 인용. 정딩(正定), 순더(順德), 광핑(廣平), 다밍(大名), 지저우(冀州), 자오저우(趙州), 선저우(深州), 딩저우(定州)의 경작지 수치와 Liang(1980: 401)이 산출한 허젠(河間), 바오딩의 수치도 합했다.

25. 경작지에 대한 공식 수치가 너무 낮아서 타당성 있게 수정했다. P. Huang 1985: 325 참조.

26. 마크스(Marks 1991: 77)는 1인당 1.74~2.64섬으로 평가치를 언급하며 중국 북부 지역에서 좀더 번성했던 링난은 2.17이라고 제시했다.

27. Perkins 1969: 219.

28. P. Huang 1985: 322.

29. 같은 책, 322쪽.

30. Deane and Cole 1962: 51, 185, 196, 202에 근거해 산출.

31. Mitchell 1980: 30, 448, 478의 자료.

32. Markovitch 1976: 459. 측정 방법에 대한 정보는 497쪽. 파운드로 환산하기 위해 필자가 이용한 것은 자오강(Chao 1977: 234)의 거친 광목 무게에 대한 평가와 젠킨스와 폰팅(Jenkins and Ponting 1982: 11-12)의 연구 결과로, 양모사는 같은 길이와 재질이었을 때 면사보다 1.5배 무거웠다.

33. Mitchell 1980: 30, 448, 464, 478의 자료.

참고문헌

Abel, Wilhelm. 1980. *Agrarian Fluctuations in Europe from the 13th to the 20th Centuries*. New York: St. Martin's Press.

Abu-Lughod, Janet. 1989. *Before European Hegemony: The World System, A. D. 1250-1350*. New York: Oxford University Press.

Adachi Keiji(足立啓二). 1978. "大豆粕流通と清代の商業的農業".《東洋史研究》37:3. 35-63.

Adshead, S. A. M. 1997. *Material Culture in Europe and China, 1400-1800*. New York: St. Martin's Press; London: MacMillan Press.

Albion, R. G. 1965 (1926). *Forests and Sea Power: The Timber Problem of the Royal Navy*. Hamden, Conn.: Archon.

Alexander, Paul, Peter Boomgaard, and Ben White. 1991. *In the Shadow of Agriculture: Non-farm Activities in the Javanese Economy, Past and Present*. Amsterdam: Royal Tropical Institute.

Allen, Robert. 1982. "The Efficiency and Distributional Consequences of Eighteenth Century Enclosures." *Economic Journal* 92:4 937-53.

Ambrosoli, Mauro. 1997. *The Wild and the Sown*. Cambridge: Cambridge University Press.

Amin, Samir. 1974. *Accumulation on a World Scale*. New York: Monthly Review Press.

Anderson, Eugene. 1988. *The Food of China*. New Haven: Yale University Press.

____, and Marja Anderson. 1977. "Modern China: South." In K. C. Chang, ed., *Food in Chinese Culture: Anthropological and Historical Perspectives*. New Haven: Yale University Press. 317-82.

Andrews, Kenneth. 1984. *Trade, Plunder and Settlement: Maritime Enterprise and the Genesis of the British Empire, 1480-1630*. Cambridge: Cambridge University Press.

Appadurai, Arjun. 1986. "Introduction: Commodities and the Politics of Value." In Arjun Appadurai, *The Social Life of Things: Commodities in Cultural Perspective*. Cambridge: Cambridge University Press. 3-63.

Arasaratnam, S. 1980. "Weavers, Merchants and Company: The Handloom Industry in Southeastern India, 1750-1790." *Indian Economic and Social History Review* 17:3. 257-81.

Arrighi, Giovanni. 1994. *The Long Twentieth Century: Money, Power, and the Origins of Our Times.* New York: Verso.

Asian Development Bank. 1982. *Asian Energy Problems*. New York: Frederick A. Praeger.

Aykroyd, W. R., and Joyce Doughty. 1970. *Wheat in Human Nutrition*. Rome: United Nations Food and Agriculture Organization.

Bagchi, A. K. 1976. "De-industrialization in India in the Nineteenth Century: Some Theoretical Implications." *Journal of Development Studies* 12:2 (January): 135-64.

____. 1979. "A Reply [to Marika Vicziany]." *Indian Economic and Social History Review* 16:2. 147-61.

Bairoch, Paul. 1975. "The Main Trends in National Economic Disparities since the Industrial Revolution." In Paul Bairoch and Maurice Levy-Leboyer, eds., *Disparities in Economic Development since the Industrial Revolution*. New York: St. Martin's Press. 3-17.

Bakewell, Peter. 1988. *Silver and Entrepreneurship in Seventeenth Century*

Potosi. Santa Fe: University of New Mexico Press.

Barrett, Ward. 1990. "World Bullion Flows, 1450-1800." In James Tracy, ed., *The Rise of Merchant Empires*. New York: Cambridge University Press. 224-54.

Bayly, C. A. 1983. *Rulers, Townsmen, and Bazaars*. Cambridge: Cambridge University Press.

____. 1989. *Imperial Meridian: The British Empire and the World, 1780-1830*. London: Longman's.

Beattie, Hilary. 1979. *Land and Lineage in China: A Study of T'ung-ch'eng County, Anhwei, in the Ming and Ch'ing Dynasties*. Cambridge: Cambridge University Press.

Behrens, Betty. 1977. "Government and Society." In E. E. Rich and C. H. Wilson, eds., *The Cambridge Economic History of Europe, Volume V*. Cambridge: Cambridge University Press. 549-620.

Bellah, Robert. 1957. *Tokugawa Religion: The Values of Pre-Industrial Japan*. Glencoe, Ill.: Free Press.

Bernal, Rafael. 1966. "The Chinese Colony in Manila, 1570-1770." In Alfonso Felix, ed., *The Chinese in the Philippines, 1570-1770*. Manila: Solidaridad Publishing. 40-66.

Bernhardt, Kathryn. 1992. *Rents, Taxes and Peasant Resistance: The Lower Yangzi Region, 1840-1950.* Stanford: Stanford University Press.

Bhargava, Meena. 1993. "Perception and Classification of the Rights of the social Classes: Gorakhpur and the East India Company in the Late 18th and Early 19th Centuries." *Indian Economic and Social History Review* 30:2. 215-37.

Blaikie, Piers, and Harold Brookfield. 1987. *Land Degradation and Society*. London: Meteun.

Blaut, James. 1993. *The Colonizer's Model of the World: Geographical Diffusionism and Eurocentric History*. New York: Guilford.

Blayo, Yves. 1975. "La mortalité en France de 1740 à 1829" (Mortality in France, 1740 to 1829). *Population* (November-December): 138-39.

Bloch, Marc. 1966. *French Rural History*. Berkeley: University of California Press.

Blum, Jerome. 1961. *Lord and Peasant in Russia, from the Ninth to the Nineteenth Century*. Princeton: Princeton University Press.

____. 1971. "The Internal Structure and Polity of the European Village Community from the Fifteenth to the Nineteenth Century." *Journal of Modern History* 43:4 (December): 541-76.

Blussé, Leonard. 1981. "Batavia 1619-1740: The Rise and Fall of a Chinese Colonial Town." *Journal of Southeast Asian Studies* 12:1 (March): 159-78.

____. 1986. *Strange Company: Chinese Settlers, Mestizo Women and the Dutch in VOC Batavia*. Dordrecht, Holland: Foris Pubications.

Borah, Woodrow. 1943. *Silk Raising in Colonial Mexico*. Berkeley: University of California Press.

Borgstrom, George. 1972. *The Hungry Planet: The Modern World at the Edge of Famine*. New York: MacMillan.

Bowden, Peter, ed. 1990. *Economic Change: Wages, Profits, and Rents, 1500-1750*. Vol. 1 of Joan Thirsk, gen. ed., *Chapters from the Agrarian History of England and Wales*. Cambridge: Cambridge University Press.

Boxer, Charles, ed. 1953. *South China in the 16th Century*. London: Hakluyt Society.

Braudel, Fernand. 1977. *Afterthoughts on Material Civilization and Capitalism*. Baltimore: Johns Hopkins University Press.

____. 1981. *The Structures of Everyday Life: The Limits of the Possible*. Trans. Sian Reynolds. New York: Harper and Row.

____. 1982. The Wheels of Commerce. Trans. Sian Reynolds. New York: Harper and Row.

____. 1984. The Perspective of the World. Trans. Sian Reynolds. Berkeley: University of California Press.

Bray, Francesca. 1984. *Agriculture*. Part II of Vol. 6, *Biology and Biological Technology* (Vol. 41 overall). In Joseph Needham, ed., *Science and*

Civilization in China. Cambridge: Cambridge University Press.

____. 1985. *The Rice Economies: Technology and Development in Asian Societies*. New York: Oxford University Press.

____. 1997. *Technology and Gender: Fabrics of Power in Late Imperial China*. Berkeley: University of California Press.

Brenner, Robert. 1985. "Agrarian Class Structure and Economic Development." In T. H. Aston and C. H. E. Philpin, eds., *The Brenner Debate: Agrarian Class Structure and Economic Development in Pre-Industrial Europe*. Cambridge: Cambridge University Press. 10-63.

Brenner, Robert. 1985. "The Agrarian Roots of European Capitalism." In T. H. Aston and C. H. Philpin, eds., *The Brenner Debate: Agrarian Class Structure and Economic Development in Pre-Industrial Europe.* New York: Cambridge University Press. 213-327.

Brennig, Joseph. 1977. "Chief Merchants and the European Enclaves of 17th Century Coromandel." *Modern Asian Studies* 11:3. 321-40.

____. 1986. "Textile Producers and Production in Late 17th Century Coromandel." *Indian Economic and Social History Review* 23:4. 333-53.

Britnell, R. H. 1993. *The Commercialization of English Society, 1000-1500.* Cambridge: Cambridge University Press.

Brook, Timothy. 1993. *Praying for Power: Buddhism and the Formation of Gentry Society in Late-Ming China*. Cambridge, Mass.: Harvard University Press.

____. 1998. The Confusions of Pleasure: Commerce and Culture in Ming China. Berkeley: University of California Press.

Bruchey, Stuart. 1967. *Cotton and the Growth of the American Economy, 1790-1860*. New York: Harcourt Brace.

Brundage, Anthony. 1978. *The Making of the New Poor Law: The Politics of Inquiry, Enactment, and Implementation, 1832-1839*. New Brunswick, N.J.: Rutgers University Press.

Buck, John L. 1964 (1937). *Land Utilization in China*. New York: Paragon Book Reprint Corp.

Buoye, Thomas. 1993. "From Patrimony to Commodity: Changing Concepts of Land and Social Conflict in Guangdong Province during the Qianlong Reign (1736-1795)." *Late Imperial China* 14:2 (December): 33-59.

Burke, Peter. 1993. "*Res et Verba*: Conspicuous Consumption in the Early Modern World." In John Brewer and Roy Porter, eds., *Consumption and the World of Goods*. New York: Routledge. 148-61.

Butel, Paul. 1990. "France, the Antilles, and Europe, 1700-1900." In James Tracy, ed., *The Rise of Merchant Empires*. Cambridge: Cambridge University Press. 153-73.

Cain, M. 1982. "Perspectives on Family and Fertility in Developing Countries." *Population Studies* 36:2 (July): 159-75.

Carr, Raymond. 1967. "Spain." In Albert Goodwin, ed., *The European Nobility in the Eighteenth Century*. New York: Harper and Row. 43-59.

Chan, Wellington. 1977. *Merchants, Mandarins and Modern Enterprise in Late Ch'ing China*. Cambridge, Mass.: Harvard University Press.

____. 1982. "The Organizational Structure of the Traditional Chinese Firm and Its Modern Reform." *Business History Review* 56:2 (Summer): 218-35.

Chandler, Alfred D. 1977. *The Visible Hand: The Managerial Revolution in American Business*. Cambridge, Mass.: Harvard University Press.

Chang Chung-li. 1955. *The Chinese Gentry: Studies on Their Role in Nineteenth Century Chinese Society*. Seattle: University of Washington Press.

____. 1962. *The Income of the Chinese Gentry*. Seattle: University of Washington Press.

Chao Kang (Zhao Gang, 趙岡). 1975. "The Growth of a Modern Cotton Textile Industry and the Competition with Handicrafts." In Dwight Perkins et. al., *China's Modern Economy in Historical Perspective*. Stanford: Stanford University Press. 167-201.

____. 1977. *The Development of Cotton Textile Production in China*. Cambridge, Mass.: Harvard University Press.

____. 1983. "中國歷史上工資水平的變遷".《中國文化復興月刊》16:9 (9月): 52-57.

____. 1986. *Man and Land in Chinese History: An Economic Analysis*. Stanford: Stanford University Press.

Chaudhuri, 1978. K. N. Chaudhuri, *The Trading World of Asia and the English East India Company, 1660-1760.* Cambridge: Cambridge University Press.

Chaudhuri, K. N. 1981. "The English East India Company in the 17th and 18th Centuries: A Pre-Modern Multi-national Organization." In Leonard Blussé and Femme Gaastra, eds., *Companies and Trade*. Leiden: Leiden University Press. 29-46.

____. 1985. *Trade and Civilization in the Indian Ocean: An Economic History from the Rise of Islam to 1750*. Cambridge: Cambridge University Press.

____. 1990. *Asia before Europe: Economy and Civilization of the Indian Ocean from the Rise of Islam of Islam to 1750*. Cambridge: Cambridge University Press.

Chaussinand-Nogaret, Guy. 1985. *The French Nobility in the 18th Century*. Cambridge: Cambridge University Press.

Chayanov, A. U. 1966 (1925). *The Theory of Peasant Economy*. Homewood, Ill.: Irwin.

Chen Han-seng. 1936. *Landlord and Peasant in China*. New York: International Publishers.

Chen Hongmou(陳宏謀). 1962 (1820). "風俗條約". 賀長齡·魏源編,《皇朝經世文編》68:4a-6b (pp. 1752-1753). 臺灣: 國風出版社.

Chen Fu-mei and Ramon Myers. 1976. "Customary Law and the Economic Growth of China during the Ch'ing Period." *Ch'ing-shi wen-t'i* 3:1. 4-12.

Chi Ch'ao-ting. 1963 (1936). *Key Economic Areas in Chinese History*. New York: Paragon.

China News Digest, May 21, 1998.

Chu Dajun(屈大均) 1968 (1680).《廣東新語》. 臺北: 臺灣學生書局.

Clark, Gregory. 1991. "Yields Per Acre in English Agriculture, 1250-1860: Evidence from Labour Inputs." *Economic History Review* 44:3. 445-60.

____. 1996. "The Political Foundations of Modern Economic Growth: England 1540-1800." *Journal of Interdisciplinary History* 26:4 (Spring): 563-88.

____. 1998. "Commons Sense: Common Property Rights, Efficiency, and Institutional Change." *Journal of Economic History* 58:1 (March): 73-102.

Clark, Gregory, Michael Huberman, and Peter H. Lindert. 1995. "A British Food Puzzle, 1770-1850." *Economic History Review* 48:1. 215-37.

Clunas, Craig. 1988. *Chinese Furniture*. London: Bamboo Publishers.

____. 1991. *Superfluous Things: Material Culture and Social Status in Early Modern China*. Cambridge: Polity Press.

Cooper, J. P. 1985. "In Search of Agrarian Capitalism." In T. H. Aston and C. H. Philpin, eds., *The Brenner Debate: Agrarian Class Structure and Economic Development in Pre-Industrial Europe*. New York: Cambridge University Press. 138-91.

Cornell, Laurel. 1996. "Infanticide in Early Modern Japan? Demography, Culture and Population Growth." *Journal of Asian Studies* 55:1 (February): 22-50.

Cranmer-Byng, J. L., 1962. *An Embassy to China: Being the Journal Kept by Lord Macartney during His Embassy to the Emperor Ch'ien-lung, 1793-1794*. London: Longman's.

Crawcour, E. S. 1965. "The Tokugawa Heritage." In William W. Lockwood, ed., *The State and Economic Enterprise in Japan*. Princeton: Princeton University Press. 17-44.

____. 1968. "Changes in Japanese Commerce in the Tokugawa Period." In John W. Hall, ed., *Studies in the Institutional History of Early Modern Japan*. Princeton: Princeton University Press. 189-202.

Cronon, William. 1983. *Changes in the Land: Indians, Colonists, and the Ecology of New England*. New York: Hill and Wang.

Crosby, Alfred. 1986. *Ecological Imperialism: The Biological Expansion of*

Europe, 900-1900. Cambridge: Cambridge University Press.

Curtin, Philip. 1969. *The Atlantic Slave Trade: A Census*. Madison: University of Wisconsin Press.

____. 1984. *Cross-Cultural Trade in Eorld History*. Cambridge: Cambridge University Press.

____. 1990. *The Rise and Fall of the Plantation Complex: Essays in Atlantic History*. New York: Cambridge University Press.

Cushman, Jennifer. 1975. "Fields from the Sea: Chinese Junk Trade with Siam during the Late Eighteenth and Early Nineteenth Centuries." Ph.D. diss., Cornell University.

____. 1978. "Duke Ch'ing-fu Deliberates: A Mid-Eighteenth Century Reassessment of Sino-Nanyang Commercial Relations." *Papers on Far Eastern History* 17 (March): 137-56.

Da Cruz, Gaspar. 1953 (1570). "The Treatise of Fr. Gaspar da Cruz, O.P." In Charles R. Boxer, ed. and trans., *South China in the Sixteenth Century*. London: Hakluyt Society. 45-239.

Daniels, Christian. 1996. "Agro-Industries: Sugarcane Technology." Volume 6, Part III of Joseph Needham, ed., *Science and Civilization in China*. New York: Cambridge University Press. Section 42a:5-539.

Darby, H. C. 1956. "The Clearing of the Woodland in Europe." In B. L. Thomas, ed., *Man's Role in Changing the Face of the Earth*. Chicago: University of Chicago Press. 187-216.

Day, John. 1978. "The Bullion Famine of the 15th Century." *Past and Present* 79 (May): 3-54.

Deane, Phyllis, and W. A. Cole. 1962. *British Economic Growth, 1688-1959.* New York: Cambridge University Press.

Deerr, Noel. 1949-50. *The History of Sugar*. Vols. 1 and 2. New York: Chapman and Hall.

deJesus, Eduard C. 1982. "Control and Compromise in the Cagayan Valley." In

Eduard C. de Jesus and Alfred W. McCoy, *Philippine Social History: Global Trade and Local Transformation*. Quezon City: Ateneo de Manila University Press. 21-38.

Dennerline, Jerry. 1986. "Marriage, Adoption and Charity in the Development of Lineages in Wu-Hsi from Sung to Ch'ing." In Patricia Ebrey and James Watson, eds., *Kinship Organization in Late Imperial China*. Berkeley: University of California Press. 170-209.

Dermigny, Louis. 1964. *La Chine et l'Occident: Le commerce à Canton au XVIIIe siècle 1719-1833* (China and the West: The Canton trade in the eighteenth century, 1719-1833). 4 vols. Paris: S.E.V.P.E.N.

DeVries, Jan. 1974. *The Dutch Rural Economy in the Golden Age, 1500-1700*. New Haven: Yale University Press.

____. 1975. "Peasant Demand and Economic Development: Friesland 1550-1750." In William Parker and E. L. Jones, eds., *European Peasants and Their Markets*. Princeton: Princeton University Press. 205-65.

____. 1976. *The Economy of Europe in an Age of Crisis*, 1600-1750. New York: Cambridge University Press.

____. 1993. "Between Consumption and the World of Goods." In John Brewer and Roy Porter, eds., *Consumption and the World of Goods*. London: Routledge. 85-132.

____. 1994a. "How Did Pre-Industrial Labour Markets Function?" In George Grantham and Mary MacKinnon, eds., *Labour Market Evolution*. London: Routledge. 39-63.

____. 1994b. "The Industrious Revolution and the Industrial Revolution." *Journal of Economic History* 54:2 (June): 249-70.

____, and Ad. Van der Woude. 1997. *The First Modern Economy: Success, Failure, and Perseverance of the Dutch Economy, 1500-1815*. Cambridge: Cambridge University Ptess.

Dewald, Jonathan. 1987. *Pont St. Pierre, 1398-1789: Lordship, Community, and*

Capitalism in Early Modern France. Berkeley: University of California Press.

de Zeeuw, J. W. 1978. "Peat and the Dutch Golden Age: The Historical Meaning of Energy Attainability." *Afdeling Agrarische Geschiedenis Bijdragen* 21. 3-31.

Dharampal, ed. 1971. *Indian Science and Technology in the Eighteenth Century: Some Contemporary European Accounts*. Dehli: Impex India.

Diamond, Jared. 1992. *The Third Chimpanzee: The Evolution and Future of the Human Animal*. New York: Harper Collins.

Du Jiaji(杜家驥). 1994. "淸代天花病之流行, 防治及其對皇族人口之影響初探". 李中淸·郭松義編,《淸代皇族人口行爲的社會環境》. 北京: 北京大學出版社. 154-169.

Dudbridge, Glen. 1991. "A Pilgrimage in Seventeenth Century Fiction: T'ai-shan and the *Hsing-shih yin-yuan chuan*."《通報》77:4-5. 226-52.

Dumont, Louis. 1970. *Homo Hierarchicus: An Essay on the Caste System*. Chicago: University of Chicago Press.

Dunstan, Helen. 1977. "Official Thinking on Environmental Issues and the State' s Environmental Roles in Eighteenth Century China." In Mark Elvin and Liu Ts'ui-jung, eds., *Sediments of Time*. Cambridge: Cambridge University Press. 585-614.

Earle, Peter. 1989. *The Making of the English Middle Class: Business, Society and Family Life in London, 1660-1730.* Berkeley: University of California Press.

Elliott, J. H. 1961. "The Decline of Spain." *Past and Present* 20 (November): 52-75.

____. 1990 "The Seizure of Overseas Territories by the European Powers." In Hans Pohl, ed., *The European Discovery of the World and Its Economic Effects on Pre-Industrial Society, 1500-1800*. Stuttgart: Franz Steiner Verlag. 43-61.

Elliott, Mark. 1993. "Resident Aliens: The Manchu Experience in China, 1644-1800." Ph.D. diss., University of California, Berkeley.

Elman, Benjamin. 1990. *From Philosophy to Philology: Intellectual and Social*

Aspects of Change in Late Imperial China. Cambridge, Mass.: Harvard University Press.

Elvin, Mark. 1973. *The Pattern of the Chinese Past*. Stanford: Stanford University Press.

Engerman, Stanley. 1994. "The Industrial Revolution Revisited." In Graham Snookes, ed., *Was the Industrial Revolution Necessary?* London: Routledge. 112-23.

Esherick, Joseph. 1981. "Number Games: A Note on Land Distribution in Pre-Revolutionary China." *Modern China* 7:4. 387-412.

Everitt, Alan. 1967. "The Marketing of Agricultural Produce." In Joan Thirsk, ed., *The Agrarian History of England and Wales*. Vol. 4 Cambridge: Cambridge University Press.

Fairbank, John K. 1968. "A Preliminary Framework," and "The Early Treaty System in the Chinese World Order." In John K. Fairbank, ed., *The Chinese World Order*. Cambridge, Mass.: Harvard University Press.

Fan Shuzhi(樊樹志). 1990.《明清江南市鎭探微》. 上海: 復旦大學出版社.

Fang Xing(方行). 1987. "論清代前期綿紡織的社會分工".《中國經濟史研究》2:1. 79-94.

____. 1996. "清代江南農民的消費".《中國經濟史研究》11:3. 91-98.

Farnie, D. A. 1979. *The English Cotton Industry and the World Market, 1815-1896*. New York: Oxford University Press.

Ferguson, James. 1988. "Cultural Exchange: New Developments in the Anthropology of Commodities." *Cultural Anthropology* 3:4. 488-513.

Fletcher, Joseph. 1995. *Studies in Chinese and Islamic Inner Asia*. Ed. Beatrice Forbes Manz. Brookfield, Vt.: Variorum.

Flinn, M. W. 1958. "The Growth of the English Iron Industry, 1660-1760." *Economic History Review* 2d ser. 11:2 (1958): 144-53.

____. 1978. "Technical Change as an Escape from Resource Scarcity: England in the 17th and 18th Centuries." In William Parker and Antoni Marczak, eds., *Natural Resources in European History*. Washington, D.C.: Resources for the

Future. 139-59.

Flinn, Michael W. 1984. *The History of the British Coal Industry. Volume 2. 1700-1830: The Industrial Revolution*. Oxford: Clarendon Press.

Flynn, Dennis. 1984. "Early Capitalism Despite New World Bullion: An Anti-Wallerstinian Interpretation of Imperial Spain." Translation of "El desarrollo del primer capitalismo a pesar de los metales preciosos del Nuevo Mondo: Una interpretacion anti-Wallerstein de la Espana Imperial." *Revista de Historia Economica* 2:2 (Spring): 29-57.

____. 1995. "Arbitrage, China, and World Trade in the Early Modern Period." *Journal of the Economic and Social History of the Orient* 38:4. 429-48.

____, and Arturo Giraldez. 1996. "China and the Spanish Empire." *Revista de Historia Economica* 14:2 (Spring): 309-38.

____. 1997. "Introduction." In Dennis Flynn and Arturo Giraldez, eds., *Metals and Monies in an Emerging Global Economy*. Aldershot, U.K.: Variorum, xv-xl.

Forster, Robert. 1960. *The Nobility of Toulouse in the Eighteenth Century: A Social and Economic Study.* Baltimore: Johns Hopkins University Press.

Frank, Andre Gunder. 1969. *Capitalism and Underdevelopment in Latin America: Historical Studies of Chile and Brazil*. New York: Monthly Review Press.

____. 1998. *ReOrient: The Silver Age in Asia and the World Economy*. Berkeley: University of California Press.

Fu Lo-shu. 1966. *A Documentary Chronicle of Sino-Western Relations, 1644-1820*. Tuscon: University of Arizona Press and Association for Asian Studies.

Fukuzawa, H. 1982a. "The State and the Economy: Maharashtra and the Deccan." In Tapan Raychaudhuri and Irfan Habib, eds., *The Cambridge Economic History of India, Volume 1 c. 1200-c. 1750*. Cambridge: Cambridge University Press. 193-202.

____. 1982b. "Agrarian Relations and Land Revenue: The Medieval Deccan and Maharashtra." In Tapan Raychaudhuri and Irfan Habib, eds., *The Cambridge Economic History of India, Volume 1 c. 1200-c. 1750*. Cambridge: Cambridge

University Press. 249-60.

____. 1982c. "Non-Agricultural Production: Maharashtra and the Deccan." In Tapan Raychaudhuri and Irfan Habib, eds., *The Cambridge Economic History of India, Volume 1 c. 1200-c. 1750*. Cambridge: Cambridge University Press. 308-14.

Gaastra, Femme. 1981. "The Shifting Balance of Trade of the Dutch East India Company." In Leonard Blussé and Femme Gaastra, eds., *Companies and Trade*. Leiden: Leiden University Press. 47-70.

Gadgil, Madhav, and Ramachandra Guha. 1993. *This Fissured Land: An Ecological History of India*. Berkeley: University of California Press.

Galenson, David. 1989. "Labor Markets in Colonial America." In David Galenson, ed., *Markets in History*. New York: Cambridge University Press. 52-96.

Galeote Pereira. 1953 (1555). "The Report of Galeote Pereira." In Charles Boxer, ed. and trans., *South China in the Sixteenth Century*. London: Hakluyt Society. 3-45.

Ganesh, K. N. 1991. "Ownership and Control of Land in Medieval Kerala: Janmam-Kanam Relations during the 16th-18th Centuries." *Indian Economic and Social History Review* 28:3. 300-23.

Gardella, Robert. 1990. "The Min-Pei Tea Trade during the Late Ch'ien Lung and Chia-Ch'ing Eras: Foreign Commerce and the Mid-Ch'ing Fu-chien Highlands." In Edward Vermeer, ed., *Development and Decline of Fukien Province in the Seventeenth and Eighteenth Centuries.* Leiden: E. J. Brill. 317-47.

____. 1992a. "Squaring Accounts." *Journal of Asian Studies* 51:2 (May): 317-39.

____. 1992b. "Qing Administration of the Tea Trade: Four Facets over Three Centuries." In Jane Kate Leonard and John Watt, eds., *To Achieve Security and Wealth: The Qing State and the Economy 1644-1912*. Ithaca: Cornell East Asia Series. 97-118.

____. 1994. *Harvesting Mountains: Fujian and the China Tea Trade, 1757-1937*.

Berkeley: University of California Press.

Geertz, Clifford. 1963. *Agricultural Involution: The Process of Ecological Change in Indonesia*. Berkeley: University of California Press.

Glamann, Kristof. 1977. "The Changing Patterns of Trade." In E. E. Rich and C. H. Wilson, eds., *The Cambridge Economic History of Europe*. Volume V. New York: Cambridge University Press. 185-285.

____. 1981. *Dutch Asiatic Trade, 1620-1740*. 's-Gravenhage: Martinus Nijhoff.

Godley, Michael. 1981. *The Mandarin Capitalists from Nanyang: Overseas Chinese Enterprise in the Modernization of China, 1893-1911*. Cambridge: Cambridge University Press.

Goldsmith, James. 1984. "The Agrarian History of Preindustrial France: Where Do We Go from Here?" *Journal of European Economic History* 13:1 (Spring): 175-99.

Goldstone, Jack. 1991. *Revolution and Rebellion in the Early Modern World*. Berkeley: University of California Press.

____. 1996. "Gender, Work and Culture: Why the Industrial Revolution Came Early to England but Late to China." *Sociological Perspectives* 39:1. 1-21.

Good, David. 1984. *The Economic Rise of the Habsburg Empire*. Berkeley: University of California Press.

Goodrich, Carter. 1960. *Government Promotion of American Canals and Railroads*. New York: Columbia University Press.

Grantham, George. 1989a. "Agrarian Organization in the Century of Industrialization: Europe, Russia, and North America." In George Grantham and Carol Leonard, eds., *Agrarian Organization in the Century of Industrialization: Europe, Russia, and North America*. Greenwich, Conn.: JAI Press. 1-24.

____. 1989b. "Capital and Agrarian Structure in Early Nineteenth Century France." In George Grantham and Carol Leonard, eds., *Agrarian Organization in the Century of Industrialization: Europe, Russia, and North America*. Greenwich,

Conn.: JAI Press. 137-61.

____. 1989c. "Agricultural Supply during the Industrial Revolution: French Evidence and European Implications." *Journal of Economic History* 49:1 (March): 43-72.

Greenberg, Michael. 1951. *British Trade and the Opening of China*. New York: Oxford University Press.

Greif, Avner. 1998. "Theorie des jeux et analyse historique des institutions" (Game theory and the historical analysis of institutions). *Annales HSS* 3 (May-June): 597-633.

Greven, Philip. 1970. *Four Generations: Population, Land, and Family in Colonial Andover, Massachusetts.* Ithaca: Cornell University Press.

Griffin, Alan R. 1977. *The British Coalmining Industry: Retrospect and Prospect*. Buxton, Derbys, England: Moorland Publishing.

Grove, Richard. 1995. *Green Imperialism: Colonial Expansion, Tropical Island Edens, and the Origins of Environmentalism, 1600-1800*. Cambridge: Cambridge University Press.

Guerrero, Milagros. 1966. In Alfonso Felix, ed., *The Chinese in the Philippines, 1570-1770*. Manila: Solidaridad Publishing. 15-39.

Gunst, Peter. 1989. "Agrarian Systems of Central and Eastern Europe." In Daniel Chirot, ed., *The Origins of Backwardness in Eastern Europe*. Berkeley: University of California Press. 53-91.

Guo Qiyuan(郭起元). 1962 (1820). "論閩省務本節用書". 賀長齡·魏源編, 《皇朝經世文編》 36:20a-21a (pp. 929-930). 臺北: 國風出版社.

Habbakuk, John. 1962. *American and British Technology in the Nineteenth Century: The Search for Labour-Saving Inventions*. Cambridge: Cambridge University Press.

Habib, Irfan. 1982a. "Population." In Tapan Raychaudhuri and Irfan Habib, eds., *The Cambridge Economic History of India, Volume 1 c. 1200-c. 1750*. Cambridge: Cambridge University Press. 163-71.

____. 1982b. "Systems of Agricultural Production: North India." In Tapan Raychaudhuri and Irfan Habib, eds., *The Cambridge Economic History of India, Volume 1 c. 1200-c. 1750*. Cambridge: Cambridge University Press. 214-25.

____. 1982c. "Agrarian Relations and Land Revenue: North India." In Tapan Raychaudhuri and Irfan Habib, eds., *The Cambridge Economic History of India, Volume 1 c. 1200-c. 1750*. Cambridge: Cambridge University Press. 235-49.

____. 1982d. "Monetary System and Prices." In Tapan Raychaudhuri and Irfan Habib, eds., *The Cambridge Economic History of India, Volume 1 c. 1200-c. 1750.* Cambridge: Cambridge University Press. 360-81.

____. 1990. "Merchant Communities in Pre-Colonial India." In James Tracy, ed., *The Rise of Merchant Empires*. Cambridge: Cambridge University Press. 371-99.

Hagen, William. 1985. "How Mighty the Junker? Peasant Rents and Seigneurial Profits in 16th Century Brandenburg." *Past and Present* 108. 80-116.

____. 1986a. "The Junkers' Faithless Servants: Peasant Insubordination and the Breakdown of Serfdom in Brandenburg-Prussia, 1763-1811." In Richard Evans and W. R. Lee, eds., *The German Peasantry*. London: Croom Helm. 71-101.

____. 1986b. "Working for the Junker: The Standard of Living of Manorial Laborers in Brandenburg, 1584-1810." *Journal of Modern History* 58 (March) 143-58.

____. 1988. "Capitalism and the Countryside in Early Modern Europe: Interpretations, Models, Debates." *Agricultural History* 62:1. 13-47.

____. 1991. Review of Daniel Chirot, ed., *The Origins of Backwardness in Eastern Europe. Journal of Social History* 24:4 (Summer): 889-92.

____. 1996a. "Subject Farmers in Brandenburg-Prussia and Poland: Village Life and Fortunes under Manorialism in Early Modern Central Europe." In M. L. Bush, ed., *Serfdom and Slavery: Studies in Legal Bondage*. London: Longman. 296-310.

____. 1996b. Review of Jürgen Schlumbohm, *Lebenslaufe, Familien, Höfe. Die Bauern und Heuerleute des Osnabrückischen Kirchspiels Belm in proto-industrieller Zeit*. In *Central European History* 29:3. 41 6-19.

____. Forthcoming. "Village Life in East-Elbian Germany and Poland, 1400-1800: Subjection, Self-Defence, Survival." In Tom Scott, ed., *The Peasantries of Europe, 1400-1800*. London: Longman.

Hai Shan(海山). 1983. "玉堂春秋—濟寧市玉堂醬園簡史".《濟寧市史料》no. 1: 48-78, no. 2: 90-106.

Hajnal, John. 1965. "European Marriage Patterns in Perspective." In D. V. Glass and D. E. C. Eversley, eds., *Population in History*. Chicago: Aldine Publishing. 101-46.

____. 1982. "Two Kinds of Preindustrial Household Formation System." *Population and Development Review* 8:3 (September): 449-94.

Hamashita Takeshi(濱下武志). 1988. "The Tribute Trade System and Modern Asia." *Memoirs of the Research Department of the Tōyō Bunko* 46. 7-25.

Hamashita Takeshi(濱下武志). 1994. "近代東アジア國際體系". 平野健一郎編,《地域システムと國際關係》. 講座現代アジア 4. 東京: 東京大學出版會, 285-325.

Hambly, Gavin R. G. 1982. "Towns and Cities: Mughal India." In Tapan Raychaudhuri and Irfan Habib, eds., *The Cambridge Economic History of India, Volume 1 c. 1200-c. 1750*. Cambridge: Cambridge University Press. 434-51.

Hamilton, Earl. 1934. *American Treasure and the Price Revolution in Spain*. Cambridge, Mass.: Harvard University Press.

Hammersley, G. 1973. "The Charcoal Iron Industry and Its Fuel, 1540-1750." *Economic History Review* 2d ser. 26:2. 593-613.

Handler, Richard, and Daniel Segal. 1990. *Jane Austen and the Fiction of Culture: An Essay on the Narration of Social Realities*. Tucson: University of Arizona Press.

Hanley, Susan. 1983. "A High Standard of Living in Tokugawa Japan: Fact or Fantasy." *Journal of Economic History* 43:1. 183-92.

____. 1997. *Everyday Things in Premodern Japan: The Hidden Legacy of Material Culture*. Berkeley: University of California Press.

____, and Kozo Yamamura. 1977. *Economic and Demographic change in Pre-Industrial Japan, 1600-1868*. Princeton: Princeton University Press.

Hao, Yen-p'ing. 1986. *The Commercial Revolution in Nineteenth Century China: The Rise of Sino-Western Capitalism*. Berkeley: University of California Press.

Harnetty, Peter. 1991. "'Deindustrialization' Revisited: The Handloom Weavers of the Central Provinces of India, c. 1800-1947." *Modern Asian Studies* 25:3. 455-510.

Harris, John R. 1989. *The British Iron Industry, 1700-1850*. London and New York: Macmillan.

____. 1992. *Essays on Industry and Technology in the 18th Century: England and France*. New York: Variorum.

Hartwell, Robert. 1962. "A Revolution in the Iron and Coal Industries during the Northern Sung." *Journal of Asian Studies* 21:2 (February): 153-62.

____. 1967. "A Cycle of Economic Change in Imperial China: Coal and Iron in Northeast China, 750-1350." *Journal of the Economic and Social History of the Orient* 10:1 (July): 102-59.

____. 1982. "Demographic, Social and Political Transformations of China, 750-1550." *Harvard Journal of Asiatic Studies* 42:2 (December): 365-442.

Hayami Akira(速水融). 1989. "近代日本の經濟發展とIndustrious Revolution". 速水融・齋藤修・杉山伸也編,《德川社會からの展望ー發展・構造・國際關係》. 東京: 同文館. 19-32.

Heidhues, Mary Somers. 1996 "Chinese Settlements in Rural Southeast Asia: Unwritten Histories." In Anthony Reid, ed., *Sojourners and Settlers: Histories of Southeast Asia and the Chinese in Honour of Jennifer Cushman*. St. Leonards, New South Wales: Association for Asian Studies of Australia with Allen and Unwin. 164-82.

Henderson, John. 1984. *The Development and Decline of Chinese Cosmology*. New York: Columbia University Press.

Heske, Franz. 1938. *German Forestry*. New Haven: Yale University Press.

Hill, Christopher. 1980. *The Century of Revolution: 1603-1714*. Walton-on-Thames: Nelson.

Hill, Lamar. unpublished "Extreame Detriment: Failed Credit and the Narration of Indebtedness in the Jacobean Court of Requests." Unpublished paper, cited with permission of the author.

Hirschman, Albert. 1970. *Exit, Voice and Loyalty: Responses to Decline in Firms, Organizations, and States*. Cambridge, Mass.: Harvard University Press.

Ho Ping-ti. 1954. "The Salt Merchants of Yang-chou." *Harvard Journal of Asiatic Studies* 17. 130-68.

____. 1955. "The Introduction of American Food Plants into China." *American Anthropologist* 57. 191-201.

____. 1959. *Studies on the Population of China, 1368-1953*. Cambridge, Mass.: Harvard University Press.

____. 1962. *The Ladder of Success in Imperial China: Aspects of Social Mobility, 1368-1911*. New York: Columbia University Press.

Hobsbawm, Eric. 1975. *Industry and Empire*. London: Penguin.

Hodgson, Marshall. 1993. *Rethinking World History: Essays on Europe, Islam, and World History*. Edited, with an introduction and conclusion by Edmund Burke III. Cambridge: Cambridge University Press.

Horrell, Sara, and Jane Humphries. 1995. "Woman's Labour Force Participation and the Transition eo the Male-Breadwinner Family, 1790-1865." *Economic History Review* 48:1. 89-117.

Hoshi Ayao(星斌夫). 1971.《大運河ー中國の漕運》. 東京: 近藤出版社.

Hoskins, W. G. 1953. "The Rebuiling of Rural England." *Past and Present* 4. 44-59.

Hossain, Hameeda. 1979. "The Alienation of Weavers: Impact of the conflict between the Revenue and Commercial Interests of the East India Company, 1750-1800." *Indian Economic and Social History Review* 16:3. 323-45.

Howell, David. 1992. "Proto-Industrial Origins of Japanese Capitalism." *Journal of Asian Studies* 51:2 (May): 269-80.

Hsieh, Chiao-min. 1973. *Atlas of China*. New York: McGraw-Hill.

Huang, Philip. 1985. *The Peasant Economy and Social Change in North China*. Stanford: Stanford University Press.

____. 1990. *The Peasant Family and Rural Development in the Lower Yangzi Region, 1350-1988*. Stanford: Stanford University Press.

Huang Qichen(黃啓臣). 1989.《十四一十七世紀中國鋼鐵生産史》, 鄭州: 中州古籍出版社.

Huang, Ray. 1974. *Taxation and Government Finance in 16th Century Ming China*. Cambridge: Cambridge University Press.

Idema, Wilt. 1990. "Cannons, Clocks and Clever Monkeys: Europeana, Europeans, and Europe in Some Early Ch'ing Novels." In Eduard Vermeer, ed., *The Development and Decline of Fukien Province in the 17th and 18th Centuries*. Leiden: E. J. Brill. 459-88.

Issawi, Charles, ed. 1966. *The Economic History of the Middle East, 1800-1914*. Chicago: University of Chicago Press.

Iwahashi Masaru(岩橋勝). 1981.《近世日本物價史の研究: 近世米價の構造と變動》. 東京: 大原新生社.

Jacob, Margaret. 1988. *The Cultural Meaning of the Scientific Revolution*. New York: Alfred A. Knopf.

Jeannin, Pierre. 1969. *L'Europe de nord-Ouest et du nord aux XVIIe et XVIIIe siècles* (North and northwest Europe in the seventeenth and eighteenth centuries). Paris: Presses Universitaires de France.

Jenkins, D. T., and K. G. Ponting. *The British Wool Textile Industry, 1770-1914*. London: Heinemann Educational Books.

《금병매(金甁梅)》. 1957. 上海: 卿雲圖書公司.

《제남부지(濟南府志)》. 濟南. 1839.

Jing Su and Luo Lun(景甦·羅侖). 1986 (1958).《淸代山東經營地主經濟硏究》(修訂本). 濟南: 齊魯書社.

Johnson, David, Andrew Nathan, and Everlyn Rawski. 1985. *Popular Culture in Late Imperial China*. Berkeley: University of California Press.

Jones, Eric L. 1981. *The European Miracle: Environments, Economies, and Geopolitics in the History of Europe and Asia*. Cambridge: Cambridge University Press.

____. 1988. *Growth Recurring: Economic Change in World History*. New York: Oxford University Press.

Judd, Ellen. 1994. *Gender and Power in Rural North China*. Stanford: Stanford University Press.

Kaplan, Steven. 1976. *Bread, Politics, and Political Economy in the Reign of Louis XV*. The Hague: Martinus Nijhoff.

Kawata Tei'ichi(河田悌一). 1979. "清代學術の一側面".《東方學》57. 84-105.

Kellenblenz, Herman. 1974 "Rural Industries in the West from the End of the Middle Ages to the Eighteenth Century." In Peter Earle, ed., *Essays in European Economic History, 1500-1800*. Oxford: Clarendon. 45-88.

Kelly, William. 1982. *Water Control in Tokugawa Japan: Irrigation Organization in a Japanese River Basin, 1600-1870*. Ithaca: Cornell University East Asia Papers #3.

Kindleberger, Charles. 1990. "Spenders and Hoarders." In Charles Kindleberger, ed., *Historical Economics: Art or Science*. Berkeley: University of California Press. 35-85.

Kishimoto Mio(岸本美緒). 1987. "清代物價史研究の現象".《中國近代史研究》5. (4月): 79-104.

____. 1997.《清代中國の物價と經濟變動》. 東京: 硏文出版.

Kjaergaard, Thorkild. 1994. *The Danish Revolution, 1500-1800*. Cambridge: Cambridge University Press.

Klein, Daniel, and John Majewski. 1991. "Promoters and Investors in Antebellum America: The Spread of Plank Road Fever." Irvine: University of California Irvine Institute for Transportation Studies Working Paper 91-1.

Klein, Herbert. 1990. "Economic Aspects of the 18th Century Atlantic Slave Trade." In James Tracy, ed., *The Rise of Merchant Empires*. Cambridge: Cambridge University Press. 287-310.

Klein, Julius. 1920. *The Mesta: A Study in Spanish Economic History*. Port Washington, N.Y.: Kennikat Press.

Knaap, Gerritt. 1995. "The Demography of Ambon in the 17th Century: Evidence from Proto-Censuses." *Journal of Southeast Asian Studies* 26:2 (September): 227-41.

Knodel, John. 1988. *Demographic Behavior in the Past: A Study of Fourteen German Village Populations in the Eighteenth and Nineteenth Centuries*. New York: Cambridge University Press.

Ko, Dorothy. 1994. *Teachers of the Inner Chambers: Women and Culture in Seventeenth-Century China*. Stanford: Stanford University Press.

Kochanowicz, Jacek. 1989. "The Polish Economy and the Evolution of Dependency." In Daniel Chirot, ed., *The Origins of Backwardness in Eastern Europe*. Berkeley: University of California Press. 92-130.

Kraus, Richard. 1968. "Cotton and Cotton Goods in China, 1918-1936: The Impact of Modernization on the Traditional Sector." Ph.D. diss., Harvard University.

Kriedte, Peter, Hans Medick, and Jürgen Schlumbohm. 1981. *Industrialization before Industrialization*. Cambridge: Cambridge University Press.

Kulikoff, Alan. 1992. *The Agrarian Origins of American Capitalism*. Charlottesville: University Press of Virginia.

Kuznets, Simon. 1968. "Capital Formation in Modern Economic Growth (and Some Implications for the Past)." *Third International Conference of Economic History: Munich 1965*. Paris: Mouton 1968. 1: 15-53.

Kwan Man-bun, 1990. "The Merchant World of Tianjin: Society and Economy of a Chinese City." Ph.D. diss. Stanford University.

Labrousse, Ernest. 1984 (1933). *Esquisse du mouvement des prix et des revenus en France au XVIIIe siècle* (Outline of the movements of prices and incomes in eighteenth-century France). Paris: Librairie Dalloz.

Ladurie, Emmanuel LeRoy. 1974. "A Long Agrarian Cycle: Languedoc, 1500-1700." In Peter Earle, ed., *Essays in European Economic History*. Oxford: Oxford University Press. 143-64.

____. 1976. "De la crise ultime à la vraie croissance, 1660-1789" (From the final crisis to true growth). In Georges Duby and A. Walton, *Historie de la France Rurale*. Volume 2. (Paris: Seuil). 359-575.

Lamb, H. H. 1982. *Climate, History and the Modern World*. London and New York: Methuen.

Lamoreaux, Naomi. 1994. *Insider Lending: Banks, Personal Connections and Economic Development in Industrial New England*. Cambridge: Cambridge University Press and National Bureau of Economic Research.

Landes, David. 1969. *The Unbound Prometheus: Technological Change and Industrial Development in Western Europe from 1750 to the Present*. Cambridge: Cambridge University Press.

Lang, James. 1975. *Conquest and Commerce: Spain and England in the Americas*. New York: Academic Press.

Latham, A. J. H. 1978a. "Merchandise Trade Imbalances and Uneven Development in India and China." *Journal of European Economic History* 7 (Spring): 33-60.

____. 1978b. *The International Economy and the Undeveloped World, 1865-1914*. Totowa, N.J.: Rowman and Littlefield.

____, and Larry Neal. 1983 "The International Market in Rice and Wheat, 1868-1914." *Economic History Review* 2d ser. 36. 260-80.

Lavely, William, and R. Bin Wong. 1998. "Revising the Malthusian Narrative: The Comparative Study of Population Dynamics in Late Imperial China." *Journal of Asian Studies* 57:3 (August): 714-48.

Lazonick, William. 1981. "Production Relations, Labor Productivity and Choice of Technique: British and U.S. Spinning." *Journal of Economic History* 41:3 (September): 491-516.

Ledderose, Lothar. 1991. "Chinese Influence on European Art, Sixteenth to Eighteenth Centuries." In Thomas Lee, ed., *China and Europe*. Hong Kong: Chinese University Press. 221-50.

Lee, Ching Kwan. 1995 "Engendering the Worlds of Labor: Women Workers, Labor Markets and Production Politics in the South China Economic Miracle." *American Sociological Review* 60 (June): 378-97.

Lee, James. 1982. "The Legacy of Immigration in Southwest China, 1250-1850." *Annales de Demographie Historique* 279-304.

____, and Cameron Campbell. 1997. *Fate and Fortune in Rural China: Social Organization and Population Behavior in Liaoning, 1774-1873*. Cambridge: Cambridge University Press.

____, and Wang Feng. Forthcoming. "Malthusian Mythologies and Chinese Realities." Cambridge, Mass.: Harvard University Press.

____, and R. Bin Wong. 1991. "Population Movements in Qing China and Their Linguistic Legacy." In William S-Y. Wang, ed., *Languages and Dialects of China*. Berkeley: Journal of Chinese Linguistics Monograph Series. 52-77.

Lee, Robert H. G. 1979. *The Manchurian Frontier in Ch'ing History*. Cambridge, Mass.: Harvard University Press.

Levi, Giovanni. 1988. *Inheriting Power: The Story of an Exorcist*. Chicago: University of Chicago Press.

Levine, David. 1977. *Family Formation in an Age of Nascent Capitalism*. New York: Academic Press.

Lewis, Arthur. 1954. "Economic Development with Unlimited Supplies of Labor." *Manchester School of Economics and Social Studies* 22:2 (May): 139-91.

Li Bozhong(李伯重). 1994a. "控制增長, 以保富裕: 淸代前中期江南的人口行爲".《新史學》5:3 (9월): 25-71.

____. 1994b. "明淸時期江南的木材問題".《中國社會經濟史硏究》1:86-96.

____. 1996. "從'夫婦竝做'到'男耕女織'".《中國經濟史硏究》11:3. 99-107.

____. 1998. *Agricultural Development in Jiangnan, 1620-1850*. New York: St. Martin's Press.

Li Wenzhi et al.(李文治等). 1983.《明淸時代的資本主義萌芽問題》. 北京: 中國社會科學出版社.

Li Zhihuan(李治寰). 1990.《中國食糖史稿》. 北京: 農業出版社.

Li Zhongqing(李中淸). 1994. "中國人口制度: 淸代人口行爲及其意義". 李中淸·郭松義 編,《淸代皇族人口行爲的社會環境》. 北京: 北京大學出版社. 1-17.

____, and Guo Songyi(郭松義)編. 1994.《淸代皇族人口行爲的社會環境》. 北京: 北京大學出版社.

Liang Fangzhong(梁方仲). 1981.《中國歷代戶口, 田地, 田賦統計》. 上海: 上海人民出版社.

Lieberman, Victor. 1990. "Wallerstein's System and the International Context of Early Modern Southeast Asian History." *Journal of Asian History* 24: 70-90.

____. 1993. "Abu-Lughod's Egalitarian World Order. A Review Article." *Comparative Studies in Society and History* 544-50.

Lin Man-houng, 1990. "From Sweet Potato to Silver: The New World and 18th Century China as Reflected in Wang Hui-tsu's Passage about the Grain Prices." In Hans Pohl, ed., *The European Discovery of the World and Its Economic Effects on Pre-Industrial Society, 1500-1800*. Stuttgart: Franz Steiner Verlag. 304-27.

Li Dangrui and chen Daiguang(林富瑞·陳代光). 1981.《河南人口地理志》. 河南省科學院地理硏究所.

Lindert, Peter, and Jeffrey Williamson. 1982. "Revising England's Social Tables 1688-1812." *Explorations in Economic History* 19:4 (October). 385-408.

Ling Daxie(凌大燮). 1983. "我國森林資源的變遷".《中國農史》3:2. 26-36.

Lombard, Denys. 1981. "Questions on the Contact between European Companies and Asian Societies." In Leonard Blussé and Femme Gaastra, eds., *Companies and Trade*. The Hague: Martinus Nijhoff. 179-87.

Lombard-Salmon, Claudine. 1972. *Un example d'Acculturation Chinoise: La province du Gui Zhou au XVIIIe siècle*. Paris: École Française d'Extreme Orient.

Lower, Arthur R. M. 1973. *Great Britain's Woodyard: British America and the Timber Trade, 1763-1867*. Montreal: McGill University Press.

Lu Hanchao. 1992. "Arrested Development: Cotton and Cotton Markets in Shanghai, 1350-1843." *Modern China* 18:4 (October): 468-99.

Ludden, David. 1985. *Peasant History in South India*. Princeton: Princeton University Press.

____. 1988. "Agrarian Commercialism in Eighteenth-Century South India: Evidence from the 1823 Titunelveli Census." *Indian Economic and Social History Review* 25:4. 493-517.

Ludwig, Armin K. 1985. *Brazil: A Handbook of Historical Statistics*. Boston: G. K. Hall and Co.

MacLeod, Christine. 1988. *Inventing the Industrial Revolution: The English Patent System, 1660-1800*. New York: Cambridge University Press.

Majewski, John. 1994. "Commerce and Community: Economic Culture and Internal Improvements in Pennsylvania and Virginia, 1790-1860." Ph.D. diss. UCLA.

Mann, James A. 1860. *The Cotton Trade of Great Britain*. London: Simpkin and Marshall.

Mann, Susan. 1987. *Local Merchants and the Chinese Bureaucracy, 1750-1950*. Stanford: Stanford University Press.

____. 1992. "Household Handicrafts and State Policy in Qing Tirnes." In Jane Kate Leonard and John Watt, eds., *To Achieve Security and Wealth: The Qing State and the Economy*. Ithaca: Cornell University Press. 75-96.

____. 1997. *Precious Records: Women in China's Long Eighteenth Century*. Stanford: Stanford University Press.

Markovitch, T. J. 1976. *Les industries lainières de Colbert à la Revolution*. (The woollen industries from Colbert to the Revolution). Geneva: Librairie Droz.

Marks, Robert. 1984. *Rural Revolution in South China: Peasants and the Making of History in Haifeng County, 1570-1930*. Madison: University of Wisconsin Press.

____. 1991. "Rice Prices, Food Supply, and Market Structure in 18th Century China." *Late Imperial China* 12:2 (December): 64-116.

____. 1997. *Tigers, Rice, Silk, and Silt: Environment and Economy in Guangdong, 1250-1850*. New York: Cambridge University Press.

Marshall, P. J. 1980. "Western Arms in Maritime Asia in the Early Phases of Expansion." *Modern Asian Studies* 14:1. 12-28.

____. 1987. *Bengal—The British Bridgehead: Eastern India, 1740-1828*. New York: Cambridge University Press.

Mazumdar, Sucheta. 1984. "A History of the Sugar Industry in China: The Political Economy of a Cash Crop in Guangdong, 1644-1834." Ph.D. diss. UCLA.

McAlpin, Michele, and John Richards. 1983. "Cotton Cultivation and Land Clearing in the Bombay Deccan and Karnatak, 1818-1920." In John Richards and Richard Tucker, eds., *Global Deforestation and the Nineteenth-Century World Economy*. Durham: Duke Press Policy Studies. 68-94.

McCloskey, Donald. 1975a. "The Persistence of English Common Fields." In E. L. Jones and William Parker, eds., *European Peasants and Their Markets: Essays in Agrarian Economic History*. Princeton: Princeton University Press. 73-119.

____. 1975b. "The Economics of Enclosure: A Market Analysis." In E. L. Jones and William Parker, eds., *European Peasants and Their Markets: Essays in Agrarian Economic History*. Princeton: Princeton University Press. 123-60.

____. 1989. "The Open Fields of England: Rent, Risk and the Rate of Interest, 1300-1815." In David Galenson, ed., *Markets in History: Economic Studies of the Past*. Cambridge: Cambridge University Press. 5-49.

____. 1991. "History, Differential Equations, and the Problem of Narration."

History and Theory 30:1. 21-36.

McCusker, John, and Russell Menard. 1985. *The Economy of British America, 1607-1789*. Chapel Hill: University of North Carolina Press.

McEvedy, Colin, and Richard Jones. 1978. *Atlas of World Population History*. New York: Penguin.

McGowan, Bruce. 1994. "The Age of the Ayans, 1699-1812." In Halil Inalcik and Donald Quatert, eds., *An Economic and Social History of the Ottoman Empire*. 2 vols. New York: Cambridge University Press. 637-758.

McKendrick, Neil, John Brewer, and J. H. Plumb. 1982. *The Birth of a Consumer Society: The Commercialization of Eighteenth-Century England*. Bloomington: Indiana University Press.

McNeill, John R. 1994. "Of Rats and Men: A Synoptic Environmental History of the Island Pacific." *Journal of World History* 5:2. 299-349.

Medick, Hans. 1982. "Plebeian Culture in the Transition to Capitalism." In Raphael Samuel and Gareth Stedman-Jones, eds., *Culture, Ideology, and Politics*. Cambridge: Cambridge University Press. 84-112.

Menzies, Nicholas. 1992a. "Sources of Demand and Cycles of Logging in Pre-Modern China." In John Dargavel and Richard Tucker, eds., *Changing Pacific Forests*. Durham, N.C.: Forest History Society. 64-76.

____. 1992b. "Strategic Space: Exclusion and Inclusion in Wildland Policies in Late Imperial China." *Modern Asian Studies* 6:4 (October): 719-34.

____. 1996. "Forestry." In Joseph Needham, ed., *Science and Civilization in China*. Vol. 27. Cambridge: Cambridge University Press. 541-690.

Metzger, Thomas. 1973. *The Internal Organization of the Chinese Bureaucracy: Legal, Normative, and Communications Aspects*. Cambridge, Mass.: Harvard University Press.

____. 1977. *Escape from Predicament: Neo-Confucianism and China's Evolving Political Culture*. New York: Columbia University Press.

Meuvret, Jean. 1977-88. *Le Problème des subsistances à l'époque Louis XIV*

(The subsistence problem in the age of Louis the Fourteenth). 6 vols. Paris: Mouton.

Miller, Joseph. 1986. "Slave Prices in the Portuguese Southern Atlantic, 1600-1830." In Paul Lovejoy, ed., *Africans in Bondage*. Madison: University of Wisconsin Press. 43-77.

南滿洲鐵道株式會社. 1936.《山東の畜業》. 天津: Mantetsu.

Mintz, Sidney. 1985. *Sweetness and Power: The Place of Sugar in Modern History*. New York: Penguin.

Mitchell, B. R. 1980. *European Historical Statistics, 1750-1975*. New York: Facts on File.

____. 1988. *British Historical Statistics*. New York: Cambridge University Press

____. 1993. *Historical Statistics: The Americas*. New York: Stockton Press.

Mitra, Debendra Bijoy. 1978. *The Cotton Weavers of Bengal, 1757-1833*. Calcutta: Firma KLM Private Limited.

Mokyr, Joel. 1976. *Industrialization in the Low Countries, 1795-1850*. New Haven: Yale University Press.

____. 1985a. "Demand and Supply in the Industrial Revolution." In Joel Mokyr, ed., *The Economics of the Industrial Revolution*. Totowa, N.J.: Rowman and Allanheld. 97-118.

____. 1985b. "The Industrial Revolution and the New Economic History." In Joel Mokyr, ed., *The Economics of the Industrial Revolution*. Totowa, N.J.: Rowman and Allanheld. 1-52.

____. 1988. "Is There Life in the Pessimist Case? Consumption during the Industrial Revolution, 1790-1850." *Journal of Economic History* 48:1. 69-92.

____. 1990. *The Lever of Riches: Technological Creativity and Economic Progress*. New York: Oxford University Press.

____. 1991. "Cheap Labor, Dear Labor and the Industrial Revolution." In David Landes, Patrice Higgonet, and Henry Rosovsky, eds., *Favorites of Fortune*. Cambridge, Mass.: Harvard University Press. 177-200.

____. 1994. "Progress and Inertia in Technological Change." In Mark Thomas and John James, eds., *Capitalism in Context: Essays on Economic Development and Culture in Honor of R. M. Hartwell*. Chicago: University of Chicago Press. 230-54.

Moore, Barrington. 1966. *Social Origins of Dictatorship and Democracy*. Boston: Beacon Press.

Mooser, Josef. 1984. *Ländliche Klassengesellschaft, 1770-1848* (Rural class society, 1770-1848). Gottingen: Vandenhoeck and Ruprecht.

Moosvi, Shireen. 1987. *The Economy of the Mughal Empire c. 1595: A Statistical Study*. Delhi: Oxford University Press.

Morgan, Edmund S. 1975. *American Slavery, American Freedom: The Ordeal of Colonial Virginia*. New York: W. W. Norton and Co.

Morineau, Michel. 1985. *Incroyables Gazettes et Fabuleux Metaux* (Incredible gazettes and fabulous metals). Cambridge: Cambridge University Press.

Morris, J. H., and L. J. Williams, 1958. *The South Wales Coal Industry, 1841-1875*. Cardiff: University of Wales Press.

Morse, Hosea Ballou. 1966. *A Chronicle of the East India Company Trading to China*. 4 vols. Taipei: Chengwen (reprint).

Morton, A. G. 1981. *History of Botanical Science*. New York: Academic Press.

Mote, Frederick. 1977. "Yuan and Ming." In K. C. Chang, ed., *Food in Chinese Culture*. New Haven: Yale University Press. 195-257.

Mukerji, Chandra. 1983. *From Graven Images: Patterns of Modern Materialism*. New York: Columbia University Press.

Myers, Ramon. 1982. "Customary Law, Markets, and Resource Transactions in Late Imperial China." In Roger Ransom, Richard Sutch, and Gary Walton, eds., *Explorations in the New Economic History: Essays in Honor of Douglass C. North*. New York: Academic Press 273-98.

Myint, H. 1958. "The 'Classical' Theory of International Trade and the Underdeveloped Counties." *Economic Journal* 68. 317-37.

Najita, Tetsuo. 1987. *Visions of Virtue in Tokugawa Japan*. Chicago: University of Chicago Press.

Naquin, Susan, and Evelyn Rawski, 1987. *Chinese Society in the Eighteenth Century*. New Haven: Yale University Press.

Needham, Joseph. 1965. With assistance from Wang Ling. *Physics and Physical Technology*. Vol. 4, part 2 (vol. 27 overall). In Joseph Needham, et al., *Science and Civilization in China*. Cambridge: Cambridge University Press.

Nef, John. *The Rise of the British Coal Industry*. London: Routledge.

____. 1964. *The Conquest of the Material World*. Chicago: University of Chicago Press.

Ng Chin-keong. 1983. *Trade and Society: The Amoy Network on the China Coast, 1683-1735*. Singapore: Singapore University Press.

____. 1990. "The South Fukienese Junk Trade at Amoy from the 17th to the Early 18th Centuries." In Eduard Vermeer, ed., *Development and Decline of Fukien Province in the 17th and 18th Centuries*. Leiden: E. J. Brill. 297-316.

Nipperdey, Thomas. 1996. *Germany from Napoleon to Bismarck, 1800-1866*. Princeton: Princeton University Press.

Nishijima Sadao. 1984. "The Formation of the Early Chinese Cotton Industry." In Linda Grove and Christian Daniels, eds., *State and Society in China*. Tokyo: University of Tokyo Press. 17-78.

Nishikawa, Shunsaku. 1978. "Productivity, Subsistence, and By-Employment in the Mid-Nineteenth Century Choshu." *Explorations in Economic History* 15. 69-83.

North, Douglass. 1981. *Structure and Change in Economic History*. New York: W. W. Norton.

____. 1991. "Institutions, Transaction Costs, and the Rise of Merchant Empires." In James D. Tracy, ed., *The Political Economy of Merchant Empires*. Cambridge: Cambridge University Press. 22-40.

____. 1994. "The Evolution of Efficient Markets in History." In John James and

Mark Thomas, eds., *Capitalism in Context: Essays on Economic Development and Culture in Honor of R. M. Hartwell*. Chicago: University of Chicago Press. 257-64.

____, and Robert Paul Thomas. 1973. *The Rise of the Western World: A New Economic History*. Cambridge: Cambridge University Press.

____, and Barry Weingast. 1989. "Constitutions and Commitment: The Evolution of Institutions Governing Public Choice in 17th Century England." *Journal of Economic History* 49. 803-32.

Nyren, Eve. 1995. *The Bonds of Matrimony=Hsing Shih Yin Yuan Chuan*. (Translation of seventeenth-century novel, attributed by some to Pu Songling.) Lewiston, N.Y.: E. Mellen Press.

O'Brien, Patrick K. 1977. "Agriculture and the Industrial Revolution." *Economic History Review* 2d ser. 30:166-81.

____. 1982. "European Economic Development: The Contribution of the Periphery." *Economic History Review* 35:1 (February): 1-18.

____. 1988. "The Political Economy of English Taxation." *Economic History Review* 41:1 (February): 1-32.

____. 1990. "European Industrialization: From the Voyages of Discovery to the Industrial Revolution." In Hans Pohl, ed., *The European Discovery of the World and Its Economic Effects on Pre-Industrial Society, 1500-1800*. Stuttgart: Franz Steiner Verlag. 154-77.

____, and Caglar Keyder. 1978. *Economic Growth in Britain and France, 1780-1914*. London: George Allen and Unwin.

Ogilvie, Sheilagh. 1996. "Proto-Industrialization in Germany." In Sheilagh Ogilvie and Markus Cerman, eds., *European Proto-Industrialization*. Cambridge: Cambridge University Press. 118-36.

____, and Markus Cerman. 1996. "Introduction: The Theories of Proto-Industrialization." In Sheilagh Ogilvie and Markus Cerman, eds., *European Proto-Industrialization*. Cambridge: Cambridge University Press. 1-11.

Osako, Masako M. 1983. "Forest Preservation in Tokugawa Japan." In John R. Richards and Richard P. Tucker, eds., *Global Deforestation and the 19th Century World Economy*. Durham: Duke University Press Policy Series. 129-45.

Osborne, Anne. 1994. "The Local Politics of Land Reclamation in the Lower Yangzi Highlands." *Late Imperial China* 15:1 (June): 1-46.

Owen, E. R. J. 1966. "Egyptian Cotton and the American Civil War, 1860-1866." In Chalres Issawi, ed., *The Economic History of the Middle East, 1800-1914*. Chicago: University of Chicago Press. 416-29.

Pach, Z. S. P. 1990. "The East-Central European Aspect of the Overseas Discoveries and Colonization." In Hans Pohl, ed., *The European Discovery of the World and Its Economic Effects on Pre-Industrial Society, 1500-1800*. Stuttgart: Franz Steinr Verlag. 178-94.

Palat, Ravi. 1995. "Historical Transformations in Agrarian Systems Based on Wet-Rice Cultivation: Toward an Alternative Model of Social Change." In Philip McMichael, ed., *Food and Agrarian Orders in the World Economy*. Westport, Conn.: Greenwood Press. 55-76.

Pan, Ming-te(潘敏德). 1985.《中國近代典當業之研究(1644-1937)》. 臺北: 臺灣師範大學歷史研究所專刊 13號.

____. 1994. "Rural Credit Market and the Peasant Economy (1600-1949)—The State, Elite, Peasant, and 'Usury.'" Ph.D. diss., University of California, Irvine.

____. 1998. "Who Was Worse Off?" Paper delivered at 1998 meeting of Chinese Historians in the United States, Seattle, Wash.

Parker, Geoffrey. 1988. *The Military Revolution: Military Innovation and the Rise of the West, 1500-1800*. New York: Cambridge University Press.

Parker, Willam. 1984, 1991. *America, Europe, and the Wider World*. 2 vols. Cambridge: Cambridge University Press.

Parker, David, and Patricia Croot. 1985. "Agrarian Class Structure and the Development of Capitalism: France and England Compared." In T. H. Aston and

C. H. E. Philpin, eds., *The Brenner Debate: Agrarian Class Structure and Economic Development in Pre-Industrial Europe*. Cambridge: Cambridge University Press. 79-90.

Parthasarathi, Prasannan. 1998. "Rethinking Wages and Competitiveness in the Eighteenth Century: Britain and South India." *Past and Present* 158 (February): 79-109.

Pearson, M. N. 1991. "Merchants and States." In James D. Tracy, ed., *The Political Economy of Merchant Empires*. Cambridge: Cambridge University Press. 41-116.

Perdue, Peter. 1987. *Exhausting the Earth: State and Peasant in Hunan, 1500-1850*. Cambridge, Mass.: Harvard University Press.

Perkins, Dwight H. 1969. *Agricultural Development in China, 1368-1968*. Chicago: Aldine Publishing.

Perlin, Frank. 1978. "Of White Whale and Countrymen in the 18th Century Maratha Deccan: Extended Class Relations, Rights, and the Problem of Rural Autonomy under the Old Regime." *Journal of Peasant Studies* 5:2. 172-237.

____. 1983. "Proto-Industrialization and Pre-Colonial South Asia." *Past and Present* 98 (February): 30-95.

____. 1985. "State Formation Reconsidered, Part Two." *Modern Asian Studies* 19:3. 415-80.

____. 1987. "Money Use in Pre-colonial India." In John F. Richards, ed., *Imperial Monetary Systems in Early Modern India*. New York: Oxford University Press. 232-373.

____. 1988 "Disarticulation of the World: Writing India's Economic History." *Comparative Studies in Society and History* 30:2 (April): 379-87.

____. 1990. "Financial Institutions and Business Practices across the Euro-Asian Interface: Comparative and Structural Considerations, 1500-1900." In Hans Pohl, ed., *The European Discovery of the World and Its Economic Effects on Pre-Industrial Society 1500-1800*. Stuttgart: Franz Steiner Verlag. 257-303.

____. 1991. "World Economic Integration before Industrialization and the Euro-Asian Monetary Continuum." In H. G. Van Cauwenberghe, ed., *Money, Coin, and Commerce: Essays in the Monetary History of Asia and Europe*. Leuven: Leuven University Press. 239-374.

____. 1994. *Unbroken Landscape: Commodity, Category, Sign and Identity: Their Production as Myth and Knowledge from 1500*. Aldershot, U.K.: Variorum.

Peterson, Willard. 1978. *Bitter Gourd: Fang I-chih and the Impetus for Intellectual Change in the Ming.* New Haven: Yale University Press.

Phelps Brown, E. H., and Sheila Hopkins. 1956. "Seven Centuries of the Prices of Consumables, Compared with Builders' Wage-rates." *Economica* 23:4 (November): 296-314.

____. 1957. "Wage-rates and Prices: Evidence for Population Pressure in the Sixteenth Century." *Economica* 24:4 (November): 289-99.

____. 1981. *A Perspective of Wages and Prices*. London: Methuen.

Phillips, Carla Rahn. 1990. "The Growth and Composition of Trade in the Iberian Empires, 1450-1750." In James Tracy, ed., *The Rise of Merchant Empires*. New York: Cambridge University Press. 34-101.

Platt, D. C. M. 1972. *Latin America and British Trade, 1806-1914*. London: A&C Black.

Plumb, J. H. 1972. *The Commercialization of Leisure in Eighteenth-Century England*. Reading: University of Reading Press.

Polanyi, Karl. 1957. *The Great Transformation*. Boston: Beacon Press.

Pollard, Sidney. 1981. *Peaceful Conquest: The Industrialization of Europe, 1760-1970*. New York: Oxford University Press.

Pomeranz, Kenneth. 1988. "The Making of a Hinterland: State, Society, and Economy in Inland North China 1900-1937." Ph.D. diss., Yale University.

____. 1993. *The Making of a Hinterland: State, Society, and Economy in Inland North China, 1853-1937*. Berkeley: University of California Press.

____. 1995. "How Exhausted an Earth? Some Thoughts on Qing (1644-1911)

Environmental History." *Chinese Environmental History Newsletter* 2:2 (November): 7-11.

____. 1997a. "Power, Gender and Pluralism in the Cult of the Goddess of Taishan." In R. Bin Wong, Theodore Hunters, and Pauline Yu, eds., *Culture and State in Chinese History*. Stanford: Stanford University Press. 182-204.

____. 1997b "Gentry Merchants Revisited: Family, Firm, and Financing in the Yutang Co. of Jining, 1779-1956." *Late Imperial China* 18:1 (June): 1-38.

Postel-Vinay, Giles. 1994. "The Dis-Integration of Traditional Labour Markets in France: From Agriculture *and* Industry to Agriculture *or* Industry." In George Grantham and Mary MacKinnon, eds., *Labour Market Evolution*. London: Routledge 1994. 64-83.

Powelson, John. 1994. *Centuries of Economic Endeavor: Parallel Paths in Japan and Europe and Their Contrast with the Third World*. Ann Arbor: University of Michigan Press.

Prakash, Om. 1981. "European Trade and South Asian Economies: Some Regional Contrasts, 1600-1800." In Leonard Blussé and Femme Gaastra, eds., *Companies and Trade: Essays on Overseas Trading Companies during the Ancien Régime*. Leiden: Leiden University Press. 189-205.

Rabb, Theodore K. 1967. *Enterprise and Empire: Merchant and Gentry Investment in the Expansion of England, 1575-1630*. Cambridge, Mass.: Harvard University Press.

Rangarajan, Mahesh. 1994. "Imperial Agendas and India's Forests: The Early History of Indian Forestry, 1800-1878." *Indian Economic and Social History Review* 31:2. 147-167.

Rawski, Evelyn. 1972. *Agrarian Change and the Peasant Economy of South China*. Cambridge, Mass.: Harvard University Press.

____. 1985. "Economic and Social Foundations of Late Imperial Culture." In David Johnson, Andrew Nathan, and Evelyn Rawski, eds., *Popular Culture in Late Imperial China*. Berkeley: University of California Press. 3-33.

Raychaudhuri, Tapan. 1982a. "The State and the Economy: The Mughal Empire." In Tapan Raychaudhuri and Irfan Habib, eds., *The Cambridge Economic History of India, Volume 1 c. 1200-c. 1750*. Cambridge: Cambridge University Press. 172-92.

____. 1982b. "Non-Agricultural Production: Mughal India." In Tapan Raychaudhuri and Irfan Habib, eds., *The Cambridge Economic History of India, Volume 1 c. 1200-c. 1750*. Cambridge: Cambridge University Press. 261-307.

____. 1982c. "Inland Trade." In Tapan Raychaudhuri and Irfan Habib, eds., *The Cambridge Economic History of India, Volume 1 c. 1200-c. 1750*. Cambridge: Cambridge University Press. 325-59.

Razzell, Peter. 1993. "The Growth of PouPulation in Eighteenth Century England: A Critical Reappraisal." *Journal of Economic History* 53:4 (December): 743-71.

Reid, Anthony. 1988a. *Southeast Asia in the Age of Commerce: Volume I, The Lands below the Winds*. New Haven: Yale University Press.

____. 1988b. "Women's Roles in Pre-Colonial Southeast Asia." *Modern Asian Studies* 22:3 (July): 626-46.

____. 1989. "The Organization of Production in Southeast Asian Port Cities." In Frank Broeze, ed., *Brides of the Sea: Port Cities of Asia from the 16th to 20th Centuries*. Honolulu: University of Hawaii Press. 55-74.

____. 1990. "The System of Trade and Shipping in Maritime South and Southeast Asia and the Effects of the Development of the Cape Route to Europe." In Hans Pohl, ed., *The European Discovery of the World and Its Economic Effects on Pre-Industrial Society, 1500-1800*. Stuttgart: Franz Steiner Verlag. 74-96.

____. 1993. *Southeast Asia in the Age of Commerce: Volume II, Expansion and Commerce*. New Haven: Yale University Press.

Richards, John. 1990. "Land Transformation." In B. L. Turner II et al., eds., *The Earth as Transformed by Human Action*. Cambridge: Cambridge University Press. 163-78.

Richardson, David. 1987. "The Slave Trade, Sugar, and British Economic Growth, 1748-1776." *Journal of Interdisciplinary History* 17:4 (Spring): 739-69.

Rimmer, W. G. 1960. *Marshalls of Leeds, Flax Spinners, 1788-1886*. Cambridge: Cambridge University Press.

Ringrose, David. 1970. *Transportation and Economic Stagnation in Spain*. Durham: Duke University Press.

Riskin, Carl. 1975. "Surplus and Stagnation in Modern China." In Dwight Perkins, ed., *China's Modern Economy in Historical Perspective*. Stanford: Stanford University Press. 49-84.

Roberts, J. M. 1967. "Lombardy." In Albert Goodwin, ed., *The European Nobility in the Eighteenth Century*. New York: Harper and Row. 60-82.

Roberts, Luke. 1991. "The Merchant Origins of National Prosperity Thought in 18th Century Tosa." Ph.D. diss., Princeton University.

Roberts, Michael. 1967. "Sweden." In Albert Goodwin, ed., *The European Nobility in the Eighteenth Century*. New York: Harper and Row. 136-53.

Rosener, Werner. 1994. *The Peasantry of Europe*. London: Basil Blackwell.

Rosenthal, Jean-Laurent. 1992. *The Fruits of Revolution: Property Rights, Litigation, and French Agriculture, 1700-1860.* Cambridge: Cambridge University Press.

Rossiter, Margaret. 1975. *The Emergence of Agricultural Science: Justus Liebig and the Americans, 1840-1880.* New Haven: Yale University Press.

Rowe, William. 1984. *Hankow: Commerce and Society in a Chinese City, 1796-1889.* Stanford: Stanford University Press.

____. 1989. *Hankow: Conflict and Community in a Chinese City, 1796-1895.* Stanford: Stanford University Press.

____. 1990. "Success Stories: Lineage and Elite Status in Hanyang County Hubei, c. 1368-1949." In Joseph Esherick and Mary Rankin, *Chinese Rural Elites and Patterns of Dominance*. Berkeley: University of California Press. 51-81.

____. 1992. "Women and the Family in Mid-Qing Thought: The Case of Chen

Hongmou." *Late Imperial China* 13:2 (December): 1-41.

Roy, William G. 1997. *Socializing Capital: The Rise of the Large Industrial Corporation in America*. Princeton: Princeton University Press.

Rozanov, Boris, Victor Targulian, and D. S. Orlov. 1990. "Soils." In B. L. Turner et al., *The Earth as Transformed by Human Action*. New York: Cambridge University Press. 203-14.

Sahlins, Marshall. 1976. *Culture and Practical Reason*. Chicago: University of Chicago Press.

____. 1994 (1989). "Cosmologies of Capitalism: The Trans-Pacific Sector of the World System." In Nicholas Dirks, Geoff Eley, and Sherry B. Ortner, eds., *Culture/Power/History*. Princeton: Princeton University Press. 412-55.

Saito Osamu(齋藤修). 1978. "The Labor Market in Tokugawa Japan: Wage Differentials and the Real Wage Level, 1727-1830." *Explorations in Economic History* 15. 84-100.

____. 1983. "Population and the Peasant Family Economy in Proto-Industrial Japan." In *Journal of Family History* 8:1 (Spring): 30-54.

____. 1985.《プロト工業化の時代: 西歐と日本の比較史》. 東京: 日本評論社.

____. and Shinbo Hiroshi(新保博). 1989.《近代成長の胎動》. 東京: 岩波書店.

Salaman, Redcliffe N. 1949. *The History and Social Influence of the Potato*. Cambridge: Cambridge University Press.

Santamaria, Alberto. 1966 "The Chinese Parian." In Alfonso Felix, ed., *The Chinese in the Philippines, 1570-1770.* Manila: Solidaridad Publishing. 67-118.

Schama, Simon. 1988. *The Embarrassment of Riches: An Interpretation of Dutch Culture in the Golden Age*. New York: Alfred A. Knopf.

Schoppa, R. Keith. 1989. *Xiang Lake: Nine Centuries of Chinese Life*. New Haven: Yale University Press.

Schran, Peter. 1978. "A Reassessment of Inland Communications in Late Ch'ing China."《清史問題》3:10. 28-48.

Schultz, Theodore. 1964. *Transforming Traditional Agriculture*. New Haven: Yale

University Press.
Schurz, William. 1939. *The Manila Galleon*. New York: E. P. Dutton.
Schwartz, Stuart. 1985. *Sugar Plantations in the Formation of Brazilian Society: Bahia, 1550-1835*. New York: Cambridge University Press.
____. 1992. *Slaves, Peasants, and Rebels: Reconsidering Brazilian Slavery*. Chicago: University of Chicago Press.
Senghaas, Dieter. 1985. *The European Experience: A Historical Critique of Development Theory*. Dover: Berg Publishers.
Sewell, William. 1980. *Work and Revolution in France: The Language of Labor from the Old Regime to 1848*. New York: Cambridge University Press.
Shanghai shehuiju(上海社會局). 1989 (1935).《上海之商業》. 臺北: 文海出版社.
Shen Congwen(沈從文). 1992.《中國古代服飾研究》. 香港: 商務印書館.
Shepherd, John Z. 1993. *Statecraft and Political Economy on the Taiwan Frontier, 1600-1800*. Stanford: Stanford University Press.
Shepherd, James F. and Gary M. Walton. 1972. *Shipping, Maritime Trade, and the Economic Development of Colonial North America*. Cambridge: Cambridge University Press.
Skinner, G. William. 1971. "Chinese Peasants and the Closed Community: An Open and Shut Case." *Comparative Studies in Society and History* 13:2. 270-81.
____. 1976. "Mobility Strategies in Late Imperial China: A Regional Systems Analysis." In Carol A. Smith, ed., *Regional Analysis*. New York: Academic Press. Vol. 1. 327-64.
____. 1977a. "Regional Urbanization in Nineteenth-Century China." In G. William Skinner, ed., *The City in Late Imperial China*. Stanford: Stanford University Press. 211-49.
____. 1977b. "Cities and the Hierarchy of Local Systems." In G. William Skinner, ed., *The City in Late Imperial China*. Stanford: Stanford University Press. 275-351.

____. 1987. "Sichuan's Population in the 19th Century: Lessons from Disaggregated Data." *Late Imperial China* 8:1 (June): 1-79.

Slicher Van Bath, B. H. 1977 "Agriculture in the Vital Revolution." In E. E. Rich and C. H. Wilson, *The Cambridge Economic History of Europe*. Vol. 5. New York: Cambridge University Press. 42-132.

Smil, Vaclav. 1983. *Biomass Energies*. New York: Plenum.

____. 1984. *The Bad Earth*. Armonk, N.Y.: M. E. Sharpe.

____. 1985. *Carbon, Nitrogen, Sulfur*. New York: Plenum.

____. 1990. "Nitrogen and Phosphorus." In B. L. Turner et. al., *The Earth as Transformed by Human Action*. New York: Cambridge University Press. 423-36.

____. 1993. *China's Environmental Crisis: An Inquiry into the Limits of National Development*. Armonk, N.Y.: M. E. Sharpe.

____. 1994. *Energy in World History*. Boulder: Westview.

____, and William Knowland. 1980. *Energy in the Developing World: The Real Energy Crisis*. Oxford: Oxford University Press.

Smith, Adam. 1937 (1776). *The Wealth of Nations*. Ed. Edwin Cannan. New York: Modern Library.

Smith, Thomas. 1958. *The Agrarian Origins of Modern Japan*. Stanford: Stanford University Press.

____, Robert Eng, and Robert Lundy. 1977. *Nakahara: Family Farming and Population in a Japanese Village*. Stanford: Stanford University Press.

Snookes, Graham. 1994a. "New Perspectives on the Industrial Revolution." In Graham Snookes, ed., *Was the Industrial Revolution Necessary?* London: Routledge. 1-26.

____. 1994b. "Great Waves of Economic Change." In Graham Snookes, ed., *Was the Industrial Revolution Necessary?* London: Routledge. 43-78.

So, Alvin. 1986. *The South China Silk District: Local Historical Transformation and World-System Theory*. Albany: SUNY Press.

Soboul, Albert. 1966. *La France à la veille de la Revolution: Economie et société*

(France on the eve of the revolution: Economy and society). Paris: Société d' Edition d'Enseignement Superieur.

Sokoloff, Kenneth, and David Dollar. 1997. "Agricultural Seasonality and the Organization of Manufacturing in Early Industrial Economies: The Contrast between England and the United States." *Journal of Economic History* 57:2 (June): 1-20.

Solow, Barbara. 1992. "Why Columbus Failed: The New World without Slavery." In Wolfgang Reinhard and Peter Waldman, eds., *Nord und Süd in Amerika*. Freiburg: Rombach Verlag. 1111-23.

Sombart, Werner. 1924-27. *Der Modern Kapitalismus* (Modern capitalism). Munich: Dunckner and Humblot.

____. 1967. *Capitalism and Luxury*. Ann Arbor: University of Michigan Press.

Spence, Jonathan. 1977. "Ch'ing." In K. C. Chang, ed., *Food in Chinese Culture*. New Haven: Yale University Press. 259-94.

Stansell, Christine. 1986. *City of Women: Sex and Class in New York City, 1790-1860*. Urbana: University of Illinois Press.

Staunton, George. 1799. *An Authentic Account of an Embassy from the King of Great Britain to the Emperor of China.* 3 vols. Philadelphia: R. Campbell.

Steensgaard, Niels. 1982. "The Dutch East India Co. as an Institutional Innovation." In Maurice Aymard, ed., *Dutch Capitalism and World Capitalism*. New York: Cambridge University Press. 235-58.

____. 1990a. "Trade of England and the Dutch before 1750." In Jarnes Tracy, ed., The Rise of Merchant Empires. New York: Cambridge University Press. 102-52.

____. 1990b. "Commodities, Bullion and Services in International Transactions before 1750." In Hans Pohl, ed., *The European Discovery of the World and Its Economic Effects on Pre-Industrial Society, 1500-1800*. Stuttgart: Franz Steiner Verlag. 9-23.

Stein, Burton. 1982a. "Vijayanagara c. 1350-1564." In Tapan Raychaudhuri and

Irfan Habib, eds., *The Cambridge Economic History of India, Volume 1 c. 1200- c. 1750.* Cambridge: Cambridge University Press. 102-24

____. 1982b. "State and Economy: The South." In Tapan Raychaudhuri and Irfan Habib, eds., *The Cambridge Economic History of India, Volume 1 c. 1200- c. 1750*. Cambridge: Cambridge University Press. 203-13.

____. 1985. "State Formation and Economy Reconsidered Part One." *Modern Asian Studies* 19:3. 387-413.

Stern, Steve J. 1988. "Feudalism, Capitalism and the World System in the Perspective of Latin America and the Caribbean." *American Historical Review* 93:4 (October): 829-72.

Stone, Lawrence. 1979. *The Family, Sex, and Marriage in England, 1500-1800*. New York: Harper and Row.

Stross, Randall. 1985 "Number Games Rejected: The Misleading Allure of Tenancy Estimates." *Republican China* 10:3 (June): 1-17.

Subrahmanyam, Sanjay. 1986. "Aspects of State Formation in South India and Southeast Asia." *Indian Economic and Social History Review* 23:4. 357-77.

____. 1990. *The Political Economy of Commerce: South India, 1500-1650*. Cambridge: Cambridge University Press.

____. 1993. *The Portuguese Empire in Asia, 1500-1700*. London: Longman's.

____. 1996. "The European Miracle and the East Asian Miracle: Towards a New Global Economic History." *Sangyō to Keizai* 11:2. 27-48.

Sugihara, Kaoru. 1997. "Agriculture and Industrialization: the Japanese Experience." In Peter Mathias and John Davis, eds., *Agriculture and Economic Growth*. Oxford: Blackwell Publishers. 148-66.

Sun Jingzhi. 1988. *Economic Geography of China*. New York: Oxford University Press.

Sun Xiaofen(孫曉芬). 1997.《淸代前期的移民塡四川》. 成都: 四川大學出版社.

Takekoshi, Yosaburo. 1967 (1930). *The Economic Aspects of the History of the Civilization of Japan*. Vol. 3. New York: Macmillan.

Tanaka Masatoshi(田中正俊). 1984. "明清時代の問屋制前貸生産について－衣料生産を主とする研究史的覺え書". 西嶋定生博士還暦記念論叢編集委員會編, 《東アジア史における國家と農民》. 東京: 山川出版社.

Tandeter, Enrique. 1993. *Coercion and Market: Silver Mining in Colonial Potosi, 1692-1816*. Albuquerque: University of New Mexico Press.

Tavernier, Jean-Baptiste. 1925 (1676). *Travels in India*. 2 vols. Trans. from the 1676 French edition by V. Ball. Ed. William Crooke. London: Oxford University Press.

Teiser, Stephen. 1993. "The Growth of Purgatory." In Patricia Ebrey and Peter Gregory, eds., *Religion and Society in T'ang and Sung China*. Honolulu: University of Hawaii Press. 115-46.

Telford, Ted. 1990. "Patching the Holes in Chinese Genealogies: Mortality in the Lineage Population of Tongcheng County, 1300-1800." *Late Imperial China* 11:2 (December): 116-36.

Teng Ssu-yu and John K. Fairbank, eds. 1954. *China's Response to the West*. Cambridge, Mass.: Harvard University Press.

Terada Takanobu(寺田隆信). 1972. 《山西商人の研究 明代における商人および商業資本》. 京都: 東洋史研究會.

Thomas, Brinley. 1985a. "Food Supply in the United Kingdom during the Industrial Revolution." In Joel Mokyr, ed., *The Economics of the Industrial Revolution*. Totowa, N.J.: Rowman and Allanheld. 137-50.

____. 1985b. "Escaping from Constraints: The Industrial Revolution in a Malthusian Context." *Journal of Interdisciplinary History* 15:4 (Spring): 729-53.

Thomaz, Luis Filipe Feirera Reis. 1993. "The Malay Sultanate of Melaka." In Anthony Reid, ed., *Southeast Asia in the Early Modern Period: Trade, Power, and Belief*. Ithaca: Cornell University Press. 70-89.

Thompson, E. P. 1966. *The Making of the English Working Class*. New York: Vintage.

____. 1967. "Work, Time and Industrial Discipline." *Past and Present* 38 (December):

56-97.

Thompson, F. M. L. 1963. *English Landed Society in the Nineteenth Century*. London: Routledge.

____. 1968. "The Second Agricultural Revolution, 1815-1880." *Economic History Review* 21:1. 62-77.

____. 1989. "Rural Society and Agricultural Change in 19th Century Britain." In George Grantham and Carol Leonard, eds., *Agrarian Organization in the Century of Industrialization: Europe Russia and North America*. Greenwich, Conn.: JAI Press. 187-202.

Thornton, John. 1992. *Africa and Africans in the Marking of the Atlantic World, 1400-1680*. Cambridge: Cambridge University Press.

Tilly, Charles. 1975. "Food Supply and Public Order in Modern Europe." In Charles Tilly, ed., *The Formation of National States in Western Europe*. Princeton: Princeton University Press. 380-455.

____. 1984. *Big Structures, Large Processes, Huge Comparisons*. New York: Russell Sage Foundation.

____. 1990. *Coercion, Capital and European States, AD 990-1990*. London: Basil Blackwell.

Totman, Conrad. 1989. *The Green Archipelago: Forestry in Preindustrial Japan*. Berkeley: University of California Press.

____. 1992. "Forest Products Trade in Pre-Industrial Japan." In John Dargavel and Richard Tucker, eds., *Changing Pacific Forests*. Durham, N.C.: Forest History Society. 19-24.

____. 1993. *Early Modern Japan*. Berkeley: University of California Press.

____. 1995. *The Lumber Industry in Early Modern Japan*. Honolulu: University of Hawaii Press.

Tracy, James. 1991. "Introduction." In James D. Tracy, ed., *The Political Economy of Merchant Empires*. Cambridge: Cambridge University Press. 1-21.

Tucker, Richard P., and J. F. Richards, eds. 1983. *Global Deforestation and the Nineteenth-Century World Economy*. Durham: Duke University Press.

Ukers, William. 1935. *All about Coffee*. New York: The Tea and Coffee Trade Journal Company.

Unschuld, Paul. 1986. *Medicine in China: A History of Pharmaceutics*. Berkeley: University of California Press.

Usher, Abbott Payson. 1913. *The History of the Grain Trade in France, 1400-1710*. Cambridge, Mass.: Harvard University Press.

Van der Wee, Herman. 1977. "Monetary, Credit, and Banking Systems." In E. E. Rich and C. H. Wilson, *The Cambridge Economic History of Europe*. Vol. 5. Cambridge: Cambridge University Press. 290-393.

Van Leur, J. C. 1955. *Indonesian Trade and Society: Essays in Asian Social and Economic History*. The Hague: W. Van Hoeve.

Van Schendel, Willem. 1991. *Three Deltas: Accumulation and Rural Poverty in Rural Burma, Bengal, and South India*. New Delhi: Sage Publications.

Vermeer, Eduard. 1990. "The Decline of Hsing-hua Prefecture in the Early Ch'ing." In Eduard Vermeer, ed., *Development and Decline of Fukien Province in the 17th and 18th Centuries*. Leiden: E. J. Brill. 101-63.

Vicziany, Marika. 1979. "The Deindustrialization of India in the 19th Century: A Methodological Critique of Amiya Kumar Bagchi." *Indian Economic and Social History Review* 16:2. 105-45.

Viraphol, Sarasin. 1977. *Tribute and Profit: Sino-Siamese Trade, 1652-1853*. Cambridge, Mass.: Harvard University Press.

Visaria, Leela, and Pravin Visaria. 1983. "Population." In Dharma Kumar, ed., *The Cambridge Economic History of India: Volume 2, 1757-1970*. Cambridge: Cambridge University Press. 463-532.

Von Glahn, Richard. 1996. *Fountain of Fortune: Money and Monetary Policy in China, 1000-1700*. Berkeley: University of California Press.

Von Tunzelmann, G. N. 1978. *Steam Power and British Industrialization to 1860*.

Oxford: Oxford University Press.

Wadia, Ardeshir Ruttonji. 1955. *The Bombay Dockyard and the Wadia Master Builders*. Bombay: A. R. Wadia.

Wakefield, David. 1992. "Household Division in Qing and Republican China: Inher-itance, Family Property, and Economic Development." Ph.D. diss., University of California, Los Angeles.

Waley-Cohen, Joanna. 1999. *The Sextants of Beijing: Global Currents in Chinese History*. New York: W. W. Norton.

Walker, Mack. 1971. *German Home Towns: Community, State, and General Estate, 1648-1871*. Ithaca: Comell University Press.

Wallen, C. C., ed. 1970. *Climates of Northern and Western Europe*. Amsterdam: Elsevier Publishing Co.

Wallerstein, Immanuel. 1974. *Capitalist Agriculture and the Origins of the European World Economy*. New York: Academic Press.

____. 1989. *The Modern World-System III: 1730s-1840s*. New York: Acadernic Press.

Waltner, Ann. 1990. *Getting an Heir: Adoption and the Construction of Kinship in Late Imperial China*. Honolulu: University of Hawaii Press.

Wang Gungwu. 1990. "Merchants without Empire." In James Tracy, ed., *The Rise of Merchant Empires.* Cambridge: Cambridge University Press. 400-421.

Wang, Yeh-chien. 1973. *Land Taxation in Imperial China, 1750-1911*. Cambridge, Mass.: Harvard University Press.

____. 1989. "Food Supply and Grain Prices in the Yangtze Delta in the Eighteenth Century." In *The Second Conference on Modern Chinese History*. 3 vols. Taibei: Academia Sinica. 2:423-62.

____. 1986. "Food Supply in 18th Century Fukien." *Late Imperial China* 7:2 (December): 80-111.

____. 1992 "Secular Trends of Rice Prices in the Yangzi Delta, 1638-1935." In Thomas Rawski and Lillian Li, eds., *Chinese History in Economic Perspective*.

Berkeley: University of California Press. 35-68.

Warden, Alexander J. 1967. *The Linen Trade*. London: Cass.

Warren, James. 1982. "The Sulu Sultanate." In Eduard de Jesus and Alfred McCoy, eds., *Philippine Social History: Global Trade and Local Transformation*. Quezon City: Ateneo de Manila University Press. 415-44.

Washbrook, D. A. 1988. "Progress and Problems: South Asian Economic and Social History, c. 1720-1860." *Modern Asian Economic and Social History* 22:1. 57-96.

Watson, Rubie. 1990. "Corporate Property and Local Leadership in the Pearl River Delta, 1898-1941." In Joseph Esherick and Mary Rankin, eds., *Chinese Local Elites and Patterns of Dominance*. Berkeley: University of California Press. 239-60.

Weatherill, Lorna. 1988. *Consumer Behavior and Material Culture in Britain, 1660-1760*. New York: Routledge.

Weber, Eugen. 1976. *Peasants into Frenchmen: The Modernization of Rural France, 1870-1914*. Stanford: Stanford University Press.

Weber, Max. 1992. *The Protestant Ethic and the Spirit of Capitalism*. London: Routledge.

Wei Qingyuan, Wu Qiyan, and Lu Su(韋慶遠·吳奇衍·魯素). 1982.《清代奴婢制度》. 北京: 中國人民大學出版社.

Widmer, Ellen. 1996. "The Huanduzhai of Hangzhou and Suzhou: A Study in Seventeenth-Century Publishing." *Harvard Journal of Asiatic Studies* 56:1. 77-122.

Wigen, Karen, and Martin Lewis. 1997. *The Myth of Continents*. Berkeley: University of California Press.

Will, Pierre-Etienne. 1980. "Une cycle hydraulique en Chine: La province du Hubei du 16eme au 19e siècles" (A hydraulic cycle in China: The province of Hubei from the sixteenth through nineteenth centuries). *Bulletin de l'école française d'extreme orient* 68. 261-88.

____, and R. Bin Wong. 1991. *Nourish the People: The State Civilian Granary System in China, 1650-1850*. Ann Arbor: University of Michigan Press.

Williams, Eric. 1944. *Capitalism and Slavery*. New York: Russell and Russell.

Williams, Michael. 1990. "Forests." In B. L. Turner et al., *The Earth as Transformed by Human Action*. New York: Cambridge University Press. 179-202.

Williamson, Jeffrey. 1990. *Coping with City Growth during the British Industrial Revolution*. New York: Cambridge University Press.

____. 1994. "Leaving the Farm to Go to the City: Did They Leave Fast Enough?" In John James and Mark Thomas, eds., *Capitalism in Context: Essays on Economic Development and Culture in Honor of R. M. Hartwell*. Chicago: University of Chicago Press. 159-82.

Wills, John E., Jr. 1979. "Maritime China from Wang Chih to Shih Lang: Themes in Peripheral History." In Jonathan Spence and John Wills, eds., *From Ming to Ch'ing*. New Haven: Yale University Press. 201-38.

____. 1984. *Embassies and Illusions: Dutch and Portuguese Envoys to K'ang-hsi, 1666-1687*. Cambridge, Mass.: Harvard University Press.

____. 1993. "European Consumption and Asian Production in the Seventeenth and Eighteenth Centuries." In John Brewer and Roy Porter, eds., *Consumption and the World of Goods*. London: Routledge. 133-47.

____. 1994. *Mountain of Fame: Portraits in Chinese History*. Princeton: Princeton University Press.

____. 1995. "How We Got Obsessed with the 'Tribute System' and Why It's Time to Get Over It." Paper delivered at annual meeting of the Association for Asian Studies, Washington, D.C.

Wink, Andre. 1983. "Maratha Revenue Farming." *Modern Asian Studies* 17:4. 591-628.

Wittfogel, Karl. 1957. *Oriental Despotism: A Comparative Study of Total Power*. New Haven: Yale University Press.

Wolfe, Martin. 1972. *The Fiscal System of Renaissance France*. New Haven: Yale University Press.

Wong, R. Bin. 1997. *China Transformed: Historical Change and the Limits of European Experience*. Ithaca: Cornell University Press.

Wright, Mary C. 1962. *The Last Stand of Chinese Conservatism*. Stanford: Stanford University Press.

Wright, Tim. 1984. *Coal Mining in China's Economy and Society, 1895-1937*. Cambridge: Cambridge University Press.

Wrigley, E. Anthony. 1988. *Continuity, Chance, and Change: The Character of the Industrial Revolution in England*. Cambridge: Cambridge University Press.

____. 1990. "Brake or Accelerator? Urban Growth and Population Growth before the Industrial Revolution." In A. D. van der Woude, Akira Hayami, and Jan DeVries, eds., *Urbanization in History*. Oxford: Clarendon Press. 101-12.

Wrigley, E. Anthony. 1994. "The Classical Economists, the Stationary State, and the Industrial Revolution." In Graham Snookes, ed., *Was the Industrial Revolution Necessary?* London: Routledge. 27-42.

____, and Roger Schofield. 1981. *The Population History of England, 1540-1871*. Cambridge: Cambridge University Press.

Wu Chengming(吳承明). 1983.《中國資本主義與國內市場》. 中國社會科學出版社.

____, and Xu Dixin(許滌新). 1985.《中國資本主義的萌芽》. 北京: 人民出版社.

Wu Peiyi. 1992. "Women Pilgrims to Taishan." In Susan Naquin and Chun-fang Yu, eds., *Pilgrims and Sacred Sites in China*. Berkeley: University of California Press. 39-64.

Xiong Pingzhen(熊秉眞). 1995.《幼幼: 傳統中國的襁褓之道》. 臺北: 聯經.

Xu Tan(許檀). 1986. "明淸時期的臨淸商業",《中國經濟史研究》2 (1986): 135-157.

____. 1995. "明淸時期山東的糧食流通".《歷史档案》57. 81-88.

Xu Xinwu, ed.(徐新吾主編). 1992.《江南土布史》. 上海: 社會科學院出版社.

Xuxiu Licheng xianzhi(《續修歷城縣志》). 1968 (1924 濟南). 臺北: 成文出版社.

Yamamura, Kozo. 1974. *A Study of Samurai Income and Entrepreneurship:*

Quantita-tive Analysis of Economic and Social Aspects of the Samurai in Tokugawa and Meiji Japan. Cambridge, Mass.: Harvard University Press.

Ye Xian'en(葉顯恩). 1983.《明清徽州農村社會與佃僕制》. 合肥: 安徽人民出版社.

Yu Mingxia(余明俠). 1991.《徐州煤鑛史》. 南京: 江蘇古籍出版社.

Yu Yingshi(余英時). 1985. "儒家思想與經濟發展: 中國近世宗教倫理與商人精神". *The Chinese Intellectual* 6 (Winter): 3-45.

Zangheri, R. 1969. "The Historical Relationship between Agricultural and Economic Development in Italy." In E. L. Jones and S. J. Woolf, eds., *Agrarian Change and Economic Development*. London: Methuen. 23-40.

Zelin, Madeleine. 1986. "The Rights of Tenants in Mid-Qing Sichuan." *Journal of Asian Studies* 45:3 (May): 499-526.

____. 1988. "Capital Accumulation and Investment Strategies in Early Modern China: The Case of the Furong Salt Yards." *Late Imperial China* 9:1 (June): 79-122.

____. 1990. "The Fu-Rong Salt Yard Elite." In Joseph Esherick and Mary Rankin, eds., *Chinese Local Elites and Pattterns of Dominance*. Berkeley: University of California Press. 82-112.

Zhang Gang(張崗). 1985. "清代直隸商品經濟分析".《河北師範學院學報》#3. 9-104.

Zhang Xiaobo. 1995. "Merchant Associational Activism in Early Twentieth Century China: The Tianjin General Chamber of Commerce, 1904-1928." Ph.D. diss., Columbia University.

Zhang Zhongmin(張忠民). 1988.《上海從開發到開放》. 昆明: 雲南人民出版社.

Zhao Gang(趙岡). 1983. "中國歷史上工資水平的變遷".《中國文化復興月刊》16:9 (9月): 52-57.

Zuo Dakang and Zhang Peiyuan. 1990. "The Huang-Huai-Hai Plain." In B. L. Turner et al., *The Earth as Transformed by Human Action*. New York: Cambridge University Press. 473-77.

찾아보기

* 쪽수 옆 괄호 안 숫자는 주 번호입니다

ⓛ

◎

ⓩ